图书在版编目（CIP）数据

阳泉年鉴. 2015 / 阳泉市地方志编纂委员会编. —
北京：方志出版社，2015.11
ISBN 978-7-5144-1784-5

Ⅰ. ①阳… Ⅱ. ①阳… Ⅲ. ①阳泉市—2015—年鉴
Ⅳ. ①Z522.53

中国版本图书馆 CIP 数据核字（2015）第 263358 号

阳泉年鉴（2015）

编　　者：阳泉市地方志编纂委员会
责任编辑：罗　滔
出 版 人：冀祥德
出 版 者：方志出版社
　　地址　北京市朝阳区潘家园东里 9 号（国家方志馆 4 层）
　　邮编　100021
　　网址　http://www.fzph.org
发　　行：方志出版社发行中心
　　电话（010）67110500
经　　销：各地新华书店
印　　刷：厦门翰林彩印股份有限责任公司
开　　本：889×1194　1/16
印　　张：25.5
字　　数：866 千字
版　　次：2015 年 11 月第 1 版　2015 年 11 月第 1 次印刷
印　　数：0001~1600 册
ISBN 978-7-5144-1784-5　定价：200.00 元

阳泉市地方志编纂委员会

主　　任	陈永奇
副 主 任	刘高官　郜爱国　杨永生　刘　星
	王明厚　任佟苏
委　　员	杨全生　王良义　高巨海　何海平
	郭少敏　王伟锁　武建功　潘维新
	赵雪青　郭玉珠　董雪卉

《阳泉年鉴》编辑部

主　　编	任佟苏
副 主 编	董雪卉　高忠乐
编辑人员	张卫萍　霍冬梅　孟学武　胡　蓉
	任泉荣　李　静　武　杰
彩页设计	李　静
英文目录	路予强
文字排版	徐　涛
封面摄影	续　敏

编辑说明

●《阳泉年鉴》创刊于1989年，是中共阳泉市委、阳泉市人民政府组织编纂的地方综合性资料工具书，旨在逐年记载阳泉市经济和社会发展的历史进程，翔实反映全市各个领域的新成就、新进展、新经验和新问题，为社会各界了解阳泉、认识阳泉、研究阳泉、建设阳泉提供服务，力求思想性、科学性、资料性和实用性的统一。

●本版年鉴为第20部，除彩页、特载部分及事物追述需要外，记事时限为2014年1月1日至2014年12月31日。

●本版年鉴原则上采用分类编辑的方法。全书设特载、概况、中国共产党阳泉市委员会、阳泉市人民代表大会常务委员会、阳泉市人民政府、中国人民政治协商会议阳泉市委员会、中国共产党阳泉市纪律检查委员会、武装、民主党派工商联、群众团体、法治、经济管理、工业、农业、水利、商业贸易、交通邮电、建设环保、财税金融、教育科技、文化、卫生体育、社会生活、旅游服务、区县简况、人物、大事记、统计资料28个部类，并设有附录、英文目录和中文索引。多数部类根据不同情况，下设类目、分目、细目、条目4个层次，有的条目下还设有子目。条目标题统一用黑体字加【 】表示。

●年鉴稿件均经撰稿单位审核，主要数据经阳泉市统计局审核。

●《阳泉年鉴》创办以来，得到了社会各界的大力支持和热情帮助，在此谨表感谢和敬意。

阳泉市行政区划图
阳泉市
孟县
平定县
郊区
城区
矿区
孟县 秀水镇
平定县
寿阳县 朝阳镇
井陉县
井陉矿区
平山县 平山镇
定襄县 晋昌镇
忻州市
太原市
晋中市
河北省
图例
市政府驻地
县(区)政府驻地
乡、镇政府驻地
行政村
省界
市界
县(区)界
铁路、车站
石太高速铁路
高速公路及名称
国家高速编号及名称
国道
省道
县道
河流
山峰
G5 京昆高速
G20 青银高速
比例尺 1：21万

中共阳泉市委员会

2015年11月28日，市委书记陈永奇到市污水处理厂一期提标改造、污水处理二期工程、城市饮用水水质改善工程和娘子关供水二期等项目工地现场办公、解决问题，督促指导水务重点工程项目建设

2015年8月11日，市委全面深化改革领导小组召开第四次会议，贯彻落实中央、省委改革领导小组会议精神，总结上半年全市深化改革工作情况，安排推进下半年全面深化改革各项工作

2015年8月，市委副书记王旭明到平定县调研农村土地确权登记颁证工作

2015年2月，市委常委、市委宣传部部长杨永生在春节前夕慰问城区环卫工人

2015年7月，市委常委、市委政法委书记王湜洲调研政法机关服务保障全市重点工程项目建设工作

2015年6月，市委常委、常务副市长李利生带领各县区、市投资促进局及相关部门工作人员到上海开展系列招商推介活动

2015年8月，市委常委、市委秘书长刘星带领相关职能部门工作人员到平定县检查安全、环保、信访稳定工作

2015年10月，市委常委、市委统战部部长李云峰带领市直商会、各县（区）民营企业家到飞雕电器集团有限公司考察

2015年7月，市委常委、市委组织部部长李定武到平定县金潭企业孵化基地调研

2015年7月，市委常委、市纪委书记王帅红到郊区就落实“两个责任”情况进行督促检查

阳泉市人大常委会

2015年4月21日至23日，阳泉市第十四届人民代表大会第五次会议在阳泉宾馆召开，市人大常委会主任刘高官做常委会工作报告

2014年9月3日，市人大常委会召开全市城乡环境卫生综合整治工作专题询问会议

2014年12月23日，市人大常委会组成人员和人大代表对市政府城乡环境卫生综合整治专题询问整改工作情况进行满意度测评

2014年10月30日，市人大常委会主持召开人大代表评议地税工作测评会议

2014年12月12日，市人大常委会机关召开学习讨论落实活动动员会

2014年8月20日至21日，市人大常委会组织视察全市城乡环境卫生综合整治工作

2014年8月22日，市人大常委会组织视察市十四届人大四次会议重点建议办理情况

2014年9月4日，市人大常委会组织视察市十四届人大四次会议确立的关于发展园区经济重点建议落实情况

2014年9月24日，市人大常委会机关举办学习习近平总书记在庆祝人大成立60周年大会上的讲话精神交流会

2014年9月29日，市人大常委会组织视察生态新城建设情况

2014年8月20日，市人大常委会组织调研全市反贪污贿赂工作

2014年7月3日，市人大常委会组织开展农产品质量安全“一法一条例”执法检查

2014年11月27日，市人大常委会组织调研全市单独两孩政策实施情况

阳泉市人民政府

2015年12月，市委副书记、代市长董一兵到开发区科技园区就项目推进、产品研发、市场需求等情况进行调研

2015年12月，市委副书记、代市长董一兵到城区南山街道新华东街社区进行调研

2015年12月11日，市政府召开安委会全体（扩大）会

2015年5月，市委常委、常务副市长李利生参加第九届中博会产业推介活动

2015年8月，副市长郝培亮到开发区方大添加剂厂现场检查危化品环境安全

2015年5月，副市长任衍钢到郊区调研桃林沟游乐场建设项目

2015年4月，副市长董仙桃到盂县东麻河驿村视察森林防火祭祖墙建设情况

2015年6月，副市长赵峰参加消防安全实战演练

2015年8月，市政府秘书长王明厚到县区督察空气质量保障工作

政协阳泉市委员会

2015年4月20日，政协阳泉市第十二届委员会第四次会议在阳泉宾馆开幕，市政协主席郜爱国做工作报告

2015年4月3日，市政协主席郜爱国带领机关干部职工到平定县嘉山绿化平台植树点义务植树

2015年3月20日，市政协副主席曹凯民带领部分市政协委员到市银监局，就金融系统支持地方经济转型发展情况进行调研

2015年3月23日，市政协副主席许文珍带领社会法制委、学习文史委和教科文卫体委政协委员，到市强制隔离戒毒所调研戒毒康复工作

2015年3月17日，市政协副主席赵永红带领教科文卫体委政协委员，就民营医疗机构发展情况进行调研

2015年3月17日，市政协副主席李天祥带领部分市政协委员就矸石山综合治理情况进行调研

2015年3月18日，市政协副主席任美福带领部分政协委员就市、县两级污水处理提标改造及中水利用情况进行调研

2015年4月8日，市政协副主席李顺宽带领部分政协委员，围绕阳泉市旅游文化发展情况开展调研

2015年3月18日，市政协副主席赵平有带领部分市政协委员，专题调研城市建设管理、安全发展情况

2015年6月26日，市政协机关党总支书记、秘书长郭运生带领部分机关干部到七亘大捷遗址开展爱国主义专题教育活动

中共阳泉市纪律检查委员会

市委常委、市纪委书记王帅红主讲“三严三实”专题党课

中共阳泉市第十一届纪律检查委员会第五次全体会议在阳泉宾馆召开

市纪委常委会专题听取机关各厅、部、室“三转”清单情况汇报

市纪委邀请省纪委纪检监察三室负责人做纪律审查工作专题讲座

市纪委党风政风监督室研究部署解决群众身边腐败问题和“四风”问题工作

市纪委信访室研究建立全市涉纪信访台账工作

市纪委案件监督管理室检查办案安全工作

市纪委纪检监察一室研究案件

市纪委案件审理室研究起草案件审理报告

今日阳泉

周京 摄

目　　录

特　载

概　况

中国共产党阳泉市委员会

阳泉市人民代表大会常务委员会

阳泉市人民政府

中国人民政治协商会议阳泉市委员会

中国共产党阳泉市纪律检查委员会

武 装

民主党派 工商联

群众团体

法　治

经济管理

工　业

农　业

水　利

商业贸易

交通　邮电

建设　环保

财税　金融

教育　科技

文　化

卫生 体育

社会生活

旅游　服务

区县简况

人　物

大 事 记

统计资料

附　录

CONTENTS

SPECIAL ARTICLES

BRIEF INTRODUCTION

The Communist Party of China Yangquan Commission

The Standing Committee of the People's Congress of Yangquan City

The People's Government of Yangquan City

CPPCC Yangquan Committee

The CPC Yangquan Discipline Inspection and Supervision Commission

Military Work

DEMOCRATIC PARTIES AND CHAMBER OF INDUSTRY AND COMMERCE

MASS ORGANIZATIONS

LEGAL SYSTEM

ECONOMIC MANAGEMENT

INDUSTRIES

AGRICULTURE

WATER CONSERVANCY

COMMERCE AND TRADE

TRANSPORTATION, POST AND TELECOMMUNICATION

特

载

中共阳泉市委关于深入贯彻党的十八届三中全会精神加快实施“四大战略”的若干意见

（2014年1月16日）

为深入贯彻党的十八届三中全会和省委十届五次全会精神，根据《中共中央关于全面深化改革若干重大问题的决定》和《中共山西省委关于深入贯彻党的十八届三中全会精神、加快推进转型综改区建设的若干意见》的部署要求，紧密结合阳泉实际，就加快实施“四大战略”、推进转型跨越发展提出如下意见。

一、以实施“四大战略”为着力点全面深化改革

1.深刻理解和全面把握党的十八届三中全会、省委十届五次全会精神。《中共中央关于全面深化改革若干重大问题的决定》，是我们党坚持以邓小平理论、“三个代表”重要思想、科学发展观为指导，在新形势下坚定不移地贯彻党的基本理论、基本路线、基本纲领、基本经验、基本要求，坚定不移高举改革开放大旗的庄严宣示和重要体现。《中共山西省委关于深入贯彻党的十八届三中全会精神、加快推进转型综改区建设的若干意见》，充分体现了中央要求和我省实际，具有很强的政策性、针对性和可操作性，是推进山西全面深化改革、加快转型综改区建设的重要纲领性、指导性文件。各级各部门要将学习贯彻十八届三中全会和省委十届五次全会精神作为一项重要政治任务，把思想和行动统一到全会精神和中央、省委要求上来，深刻领会“三个进一步解放”和“转型综改”的总要求，准确把握我市实施“四大战略”的总目标、总任务，牢固树立进取意识、机遇意识、责任意识，全面深化改革，坚决破除各方面体制机制弊端，奋力开创全面建成小康社会的新局面。

2.全面深化改革、推进转型综改区建设要以实施“四大战略”为切入点。实践证明，“四大战略”符合阳泉发展实际，与国家和全省发展战略衔接紧密，具有鲜明的科学性、针对性和可操作性，是阳泉实现转型跨越、全面建成小康社会的实践纲领和行动指南。贯彻落实党的十八届三中全会精神和省委十届五次全会精神，全面深化改革，推进综改试验区建设，就必须加快实施“四大战略”，勇于先行先试，善于攻坚克难，着力在重要领域、重大改革上创新突破，在产业转型、政策创新、破解难题上整体推进，进一步激发创新活力和发展动力，统筹推进经济社会全面协调可持续发展。

3.实施“四大战略”、全面深化改革的总体要求。按照中央全面深化改革的指导思想、总目标和路线图，贯彻省委推进转型综改区建设的总体安排部署，以转型跨越发展为主题、以转变发展方式为主线，坚持正确的改革方向，坚持胆子要大、步子要稳、因地制宜、鼓励创新的原则，进一步凝聚发展共识，形成改革合力，破解转型难题，拓宽发展路径，加快实施工业强市、文化兴市、扩城阔市、生态靓市战略，探索走出一条资源型城市实现科学发展、全面建成小康社会的新路子。

4.实施“四大战略”、全面深化改革的目标任务。“四大战略”是阳泉转型跨越的主战略，是实现全面建成小康社会的主方向。实施“四大战略”，就是要围绕振兴工业，紧紧抓住产业壮大、企业发展、创优创名、科技兴工、素质提升等关键环节，深入实施工业振兴计划；着力提高公共文化产品和服务供给能力，打造文化品牌，发展文化产业；坚持以人为核心的新型城镇化理念，推进城乡统筹、城乡一体化发展，加大旧城改造力度，加快新城开发步伐；加强生态环境建设，创建宜居宜业美丽家园，把阳泉打造成具有山城特色的山水园林城市。

二、大力推进政府职能转变

5.优化政府组织结构。以职能转变为核心，优化机构设置，理顺权责关系，做好市县政府机构改革工作。市政府设置工作部门32个，县级政府设置工作部门14个至22个，跟踪检查各部门职能调整及“三定”规定的落实情况，完善市县食品药品监督管理体制改革工作。做好工商、质监管理体制调整衔接工作，实现市县分级管理。建立统一完善的医疗保障体系，整合城镇职工医疗保险、城镇居民医疗保险、新型农村合作医疗的职责。整合卫生和人口计生部门职责和机构，优化配置基层医疗卫生和计划生育服务资源。整合房屋登记、林地登记、土地登记等职责和机构，建立以土地为核心的不动产统一登记管理制度。完善金融管理体制，加强金融业管理。依托现有政务服务平台，整合工程建设项目招投标、土地使用权和矿业权出让、国有产权交易、政府采购等平台，建立全市统一规范的公共资源交易平台，充分发挥市公共资源交易中心作用。

6.加快推进事业单位分类改革。制定人事、收入分配、社会保险、财政等事业单位改革配套措施，深入推进公益服务事业单位、承担行政职能事业单位和从事生产经营活动事业单位改革。继续推进阳泉市文化艺术学校事业单位法人治理结构试点工作，为建立完善事业单位法人治理结构创造和积累改革经验。严格控制事业单位人员编制，优化各职能部门班子结构，合理设置和精简领导职数。调整优化事业单位机构编制资源，确保不突破2012年底全市事业单位机构编制总额。

7.加大行政审批制度改革力度。深化行政审批制度改革，切实做好取消和下放行政审批项目衔接工作，实现审批事项最少、审批时间最短、审批流程最优、审批效率最高的目标。公开政府各部门全部审批事项清单，推动进一步取消和下放，促进规范管理，接受社会监督。加强行政审批服务中心建设，提升“两集中、两到位”水平。推进建设项目并联审批，实行“统一受理、分段实施、同步审批、限时办结”。健全完善重点项目绿色通道建设，优化审批流程，缩短审批时限。加强监督检查，严肃处理各类违法违纪行为。

8.进一步降低市场准入门槛。积极推进登记注册制度便利化，推行公司注册认缴登记制。除法律、法规另有规定外，取消注册资本最低要求。放宽市场主体变更条件和登记住所(经营场所)条件。打造企业信用信息平台，完善企业信用信息公示制度，运用信息公示、信息共享、信用约束等手段，促进市场主体诚信经营。实行企业年报制度，改革市场监管方式，推行属地监管。

9.积极稳妥推进扩权强县改革。落实省委、省政府扩权强县工作的部署和要求，将所有能下放的事项全部下放到县区。围绕扩权事项，完善相关配套措施。创新扩权政策运用机制，用足用活扩权政策。探索区直管社区体制，适时开展扩权强镇试点改革。大力发展飞地经济，探索实行托管，拓展发展空间。

三、充分发挥市场配置资源的决定性作用

10.完善矿产资源市场配置机制。完善市公共资源交易中心职能，加快矿产资源矿业权交易有形市场建设，健全全市网上交易和网上监管机制。除国家有明确规定外，全部资源的矿业权均进场交易，统一监督管理，实现阳光操作。研究制定矿产资源矿业权转包、出租、出让、抵押等市场交易规则，加快建立矿业权二级交易市场，促进矿业权流转。

11.逐步实现集体、国有建设用地同等入市、同权同价。稳步推进农村集体经营性建设用地通过出让、租赁、入股和抵押等方式入市流转。建立统一的城乡建设用地有形交易市场和交易门户网站。严格落实国家、省制定的城乡建设用地流转交易管理办法，明确建设用地交易范围，健全建设用地交易规则和操作流程，规范交易信息披露，建立监督制约和责任追究机制。逐步缩小征地范围，明确公益性行业用地和营利性行业用地间的界限。进一步规范征地程序，确保征地程序合法、补偿标准公开。

12. 积极探索用地保障和耕地保护相协调的新途径。严守全市102.45万亩耕地保护红线，确保农业和粮食安全。争取城乡建设用地增减挂钩突破县域范围，加快工矿废弃地复垦利用试点推广工作。多渠道筹集资金，在全市实施土地综合整治。土地开垦费专款专用，确保建设用地占补平衡，并通过有偿使用方式在市域内进行调剂。探索建立土地开发多元整治机制，积极引入个人、企业、信贷等社会资金参与土地综合整治。

13.创新金融服务体系。加快地方金融机构改革，优化股东结构，积极引进战略投资，促进城市商业银行增强实力，建立现代金融制度。支持民间资本依法设立民营中小型银行、消费金融公司、村镇银行、融资再担保公司、小额再贷款公司等金融机构。提高直接融资比例，积极开展债券市场融资。加大企业改制上市力度，大力发展创业投资和私募股权投资基金。创新城镇化建设投融资机制,完善市县两级城镇化建设投融资体系。积极开展农业房屋产权、集体建设用地使用权、土地承包经营权、林权等抵押贷款业务。强化落实县级政府处置非法集资责任,进一步改善金融生态和信用环境。

14.建立全面反映市场供求的产品价格新机制。积极稳妥推进水、电、气、热领域的价格改革,建立煤、电、气、热等能源产品价格联动机制。明确政府定价的商品和服务范围,下放和放开部分价格管理权限,提高价格制定透明度。

四、深化国有企业改革和大力发展混合所有制经济

15.深化国有企业产权制度改革。对工业企业,大力引进民间资本和优质战略投资者进行混合所有制改革重组,实现"退城进园、集聚发展"。对商贸流通企业,积极推行股权激励或员工持股,实现"改革重组、多元发展"。对资不抵债、扭亏无望的国有企业,加大破产关闭力度,实现"破产关闭、盘活资产"。盘活存量土地,有效解决国有企业改革成本。通过多种形式改革,形成经营者能上能下、人员能进能出、收入能增能减的市场化经营机制,提高企业效率、增强企业活力。

16.创新国有资产监管和收益管理体制。进一步转变政府职能,完善经营性国有资产集中统一监管的国资管理体制。健全完善国资监管制度,明确国有资产监管机构职能定位,加强以管资本为主的国有资产监管。根据不同国有企业的功能定位,实施分类监管、分类指导、分类考核。组建或改组国有资本投资运营公司,优化配置国有资本,处置闲置资产和不良债务,实现国有资本保值增值。

17.推行国企信息公开制度。推进国有企业"企务公开",实施公开透明的国有企业信息公开制度。市属国有企业定期公布重大事项、财务信息、经营状况、重大投资、薪酬水平、职务消费、业务消费等信息,接受社会监督。

18.推动国企建立现代企业制度。健全完善协调运转、有效制衡的企业法人治理结构,推动国有企业完善现代企业制度。加强企业董事会建设,落实董事会业绩考核、薪酬管理和经理层选聘等职权。建立职业经理人制度,增加市场化选聘比例,建立健全经营管理者选聘、考核、奖惩和退出机制。规范完善国有企业管理人员业绩考核、薪酬管理、职务消费、业务消费等考核评价和分配管理制度,健全企业管理人员激励约束机制。探索现代企业制度与党组织发挥政治核心作用、职工民主管理实现相互融合、共同推进的有效途径。

19.大力发展混合所有制经济。大力支持和吸引民营资本参与国有企业、集体企业改革,发展混合所有制经济,实现各种所有者经济交叉持股、相互促进、融合发展。支持发展非公有资本控股的混合所有制经济,鼓励非公有制企业通过相互参股、职工持股、出让产权、资本运作和上市挂牌等形式建立开放多元的现代产权结构。完善混合所有制企业管理制度,坚持同股同权,共同参与企业经营管理。探索混合所有制企业员工持股有效形式,鼓励企业员工持股。

20.支持非公有制经济快速健康发展。实行统一的市场准入制度,严禁在国家法律法规规章和标准外设置行业准入、市场准入门槛。鼓励支持民间资本以独资、参股、控股等多种方式进入基础设施、市政公用和金融、电信运营、文化、医疗、育幼养老等行业和领域,依法享受平等政策。支持非公有制企业建立研发机构和企业技术中心,引进各类专业人才,开展"产学研"合作,开发"专精特新"的产品、技术。建立非公有制经济发展联席会议制度,进一步优化非公有制经济发展环境。

五、加大科技创新和人才支撑力度

21.加快实施创新驱动发展战略。制定《关于深化科技体制改革,加快创新体系建设的实施意见》,不断完善具有区域特色的科技创新体系。创新产学研长效合作新机制,全面落实《北京市科委、山西省科技厅与阳泉市人民政府关于推进阳泉与北京科技合作的协议》。鼓励国有企业建立国家、省级技术中心、工程技术研究中心,支持中小企业以多种形式设立技术开发机构。建立政府引导、企业主体的多元化、宽渠道科技投入体系,加大全社会科技研发投入。市属各部门设立的研究开发类和科技创新类计划项目80%由企业牵头承担。推进中小企业知识产权战略工程,建立知识产权保护与执法联系会议制度,依法加强知识产权保护。

22.创新人才引进、培育与使用机制。坚持高端引领、以用为本的原则,创新人才引进机制,完善《阳泉市招才引智奖励办法》,在重点转型项目上加强人才与项目的对接,依靠重大科技专项、重要产业项目和重点课题研究引进一批高科技人才,鼓励支持事业、企业单位引进各类承接型人才、实用型人才。开展产业英才建设工程,围绕全市重点产业培育和造就一批领军人才。鼓励支持高校、科研院所和事业、企业单位的科技人才创办、领办或合办科技实体。实施人才创新创业扶持奖励政策,健全技术要素参与分配制度,职务发明成果收益60%以上划归研发团队拥有。加快东城科技创新园建设,建立创新链与产业链匹配机制、研发项目筛选与落地机制、科技型中小企业培育机制。完善不同层次不同类型人才的评价发现机制,对急需的高层次人才实行一事一议制度。消除人才流动政策性壁垒,加强人才市场建设,优化人才资源配置。加大本地人才培养、管理、使用力度。

23.大力推进科技创新平台建设。加快阳泉市高新技术园孵化器提质扩容步伐,积极扶持县区及有条件的企业打造具有特色的专业孵化器,建设我市的区域孵化体系。围绕以煤为基、多元发展,按照清洁、安全、低碳、高效的方向,搭建平台、开拓市场、完善政策,引进一流的研发机构、科研项目、科技企业,打造产研一体、产园一体、产融一体的区域发展新格局。推动阳泉经济技术开发区建成高新经济技术开发区。整合完善科技资源综合服务平台,争取与北京科技企业数据库、首都科技资源平台、科易网实现连接,形成科技资源共享平台,最大程度地服务科技创新。

六、深化财税体制改革

24.改进财政预算管理制度。细化政府性基金预算编制,健全政府性基金支出项目库,逐步提高国有资本收益上缴比例,规范社保预算编报,将政府所有收支全面纳入财政预算管理。扩大预算公开范围,2015年之前市县两级政府全部公开财政预决算和“三公”经费决算。按照国家和省有关要求,做好清理规范与财政收支增幅或生产总值增幅挂钩的支出事项工作。落实省财政厅关于逐步健全权责发生制政府综合财务报告制度改革工作要求,安排纳入省级试点范围的县(区)开展试编工作。探索建立债务预算管理制度,实行融资平台公司名录管理制度,有效化解存量债务,严控新增债务。

25.优化纳税服务。积极推进税收信息化建设,创新优化税收征管和服务方式方法。清理整顿各类税收优惠,为企业发展营造公平竞争的税赋环境。

26.建立事权与支出责任相适应的制度。在省与市事权支出责任划分的基础上,研究政府事权清单,逐项明确市、县(区)政府各自的事权,探索建立与事权相适应的支出制度。按照中央、省设计的地方事权与支出责任体制,及时足额兑现上级财政对各县(区)转移支付,以及市级对县(区)应承担的配套转移支付。

七、加快统筹城乡发展步伐

27.加快构建新型农业经营体系。开展农村土地承包经营权确权登记颁证试点,稳定家庭承包经营制度,大力发展专业大户、家庭农场,探索集体经营、合作经营、公司经营等农业经营新方式。设立土地流转专项扶持资金,培育土地承包经营权流转市场,完善土地流转管理服务体系和土地承包经营纠纷调解仲裁体系建设,引导和保障土地承包经营权规范有序流转,发展适度规模经营。鼓励农村发展专业合作、股份合作、信用合作等多种类型的合作经济。鼓励和引导工商资本到农村发展适合企业化经营的现代种养业和农产品加工业。大力发展主体多元、形式多样、竞争充分的农业社会化服务组织。

28.拓宽增加农民收入的渠道。不断充实“一县一业、一村一品”的具体模式,加快现代特色农业发展。推动现代特色农业示范园区建设。探索建立农村土地物权服务中心,对土地进行收储、价格评估、交易和金融担保。探索农村集体产权制度改革,保障农民对集体资产股份权益,赋予农民对集体资产股份占有、收益、有偿推出及抵押、担保、继承权。开展新型职业农民培训,提升农民增收能力。

29.加快推进扶贫体制机制创新。抓住全省开展百企千村产业扶贫开发工程的契机,以13个贫困乡镇为重点,大力实施“22233”产业扶贫开发工程,支持引导22家重点企业,通过规模化开发建设,带动233个贫困村脱贫致富。不断完善支持企业产业扶贫开发的政策措施,强化扶贫队伍建设,形成非贫困县扶贫攻坚新机制。完善机关企事业单位定点扶贫方式,引导社会力量以多种形式支持参与扶贫开发。推进定点扶贫工作与干部下乡住村包村增收活动有机结合,形成互为支撑、协调推进的工作机制。

30.加快推进城镇化建设。围绕提高城镇化质量,加快转变城镇化发展方式,按照以人为本、优化布局、生态文明、传承文化、产城互动、科学有序的原则,积极稳妥扎实推进新型城镇化。坚持产业为基、就业为本,强化住房、教育牵动,着力促进城镇基本公共服务常住人口全覆盖,加快棚户区和城中村改造。以项目为引领,加快建设生态新城。实施“大县城”战略,优化城镇结构,统筹城乡发展。加快重点镇建设步伐,完善基础配套设施,不断提升小城镇综合承载能力。推进新农村建设,启动农村人居环境改善工程,建设美丽乡村。

31.提升信息化水平和实施城市“畅通工程”。在网络信息方面,整合现有信息化管理资源,建立统一、畅通、安全的信息管理机制,提升信息化水平。加快“智慧阳泉”建设,以互联网、物联网、云计算为基础,提高信息技术高度集成和信息资源综合利用水平,建设城市信息化基础运营平台,在城市管理、网络问政、应急指挥、便民服务、决策支持等方面先行先试,打造全国同类城市智慧化建设的示范城市。在城市交通方面,继续实施城市畅通工程,以解决城市拥堵为重点,完善优化路网体系,积极发展公共交通。

八、创新区域经济发展和对外开放管理体制

32.创新对外开放管理体制机制。强化和完善对外开放领导组职责,负责全市对外开放工作的整体规划、全盘统筹、上下协调、过程督促。以提高项目落地率为核心,实行“六位一体”招商引资管理模式。建立和健全项目负责制、督查制和问责制,完善外商投资项目审批绿色通道,推行“一站式”、“保姆式”服务,提供权益保障、投资促进、风险预警等服务。支持本地优势企业在市外建立资源基地,参与区域和国际经济合作竞争,促进对内对外开放、走出去和引进来的更好结合。逐步下放外商投资项目审批权限,完善建立外商投资项目审批绿色通道。培植壮大外贸主体。

33.创新园区管理体制。理顺园区建设领导体制,研究解决涉及园区建设的重大决策、建设规划、配套政策及相关问题协调等事宜。探索园区建设市场化运作、多元化投入新机制，用足用好相关扶持政策，将环境容量和用地指标优先向园区倾斜，力求在产业升级、要素保障、机制创新、统筹发展等方面有新的突破。建立园区建设考核评价机制，并纳入年度目标责任考核范围，实行奖优罚劣。

34.创新区域合作机制。充分发挥自身优势，积极加强同周边地区的合作。以产业协作为纽带，主动接轨太原都市圈，瞄准北京，融入环渤海，对接长三角、珠三角，不断提高区域合作水平。进一步完善飞地经济发展模式，加强县区间经济合作。拓展区域合作范围，探索与省内外区域间的飞地经济合作模式。

九、推进文化体制机制创新

35.完善文化管理体制。理顺文化管理部门与所属文化企事业单位关系，推动文化行政管理由办文化向管文化、由管微观向管宏观、由面向所属单位向面向全社会转变。完善国有文化资产管理机制，实现管人管事管资产管导向相统一。推动国有文化企业建立现代企业制度，逐步完成国有专业艺术院团公司制、股份制改造。明确公益性文化事业单位功能定位，建立完善法人治理结构。建立意识形态工作层级负责、目标考核和责任追究制度。按照积极利用、科学发展、依法管理、确保安全的方针，完善互联网管理领导体制和工作机制，健全传统媒体和新兴媒体融合发展机制。

36.构建新型公共文化服务体系。坚持政府主导，构建面向基层、覆盖城乡、结构合理、功能健全、实用高效、惠及全民的现代公共文化服务体系。推进公共文化设施提档升级，推行公共文化设施免费开放。实行政府购买公共文化服务制度，推动文化惠民项目与群众文化需求有效对接。改进公共文化机构管理机制，提升服务效能和水平。推动公共文化服务社会化发展，鼓励社会力量、社会资本参与或捐助公共文化服务体系建设。建立文化低保、文化扶贫长效机制。

37.健全新型文化市场体系。加强政策引导，搭建发展平台，积极培育文化产品和要素市场。进一步规范和发展文化市场，科学布局文化产业园区、基地建设，培育若干“文化一条街”。大力发展知识产权、资本、技术、信息、文化经纪等要素市场，打造“中共第一城”、“中国版画城” 等文化品牌，促进文化产业与旅游、商务、科技、体育融合发展。积极引进文化战略投资者，引导推动骨干文化企业跨行业、跨所有制兼并重组，提高文化产业规模化、集约化、专业化水平。完善文化经济政策，扩大政府文化资助和文化采购，加强版权保护工作。建立文艺创作扶持基金，培育外向型文化企业，扩大对外文化交流，加快阳泉文化“走出去”步伐。完善审核审批制度，节俭举办节庆文化活动。

十、推进民生建设和社会治理体制创新

38.完善促进就业创业体制机制。建立政府投资、招商引资和重大建设项目新增就业岗位预估和考核制度，实现经济发展与促进就业联动。加强就业创业扶持政策落实和资金投入绩效考核，建立完善促进就业创业资金投入长效机制。扩大失业保险基金支出范围，强化失业保险基金促进就业的功能。进一步完善鼓励以创业促进就业机制，引深创业型城市创建活动。开展政府购买基层公共服务岗位吸纳高校毕业生就业试点，完善高校毕业生到城乡基层、非公有制企业就业的服务和保障制度。实施中等职业教育免费、就业培训和就业信息服务三个“全覆盖”，各级用于职业技能培训和创业培训资金的比例逐步达到本级就业专项资金总量的 20%。探索建立政府投资项目就业评审制度，健全政府投资和重大项目建设带动就业机制。

39.形成合理有序的收入分配格局。完善工资决定和正常增长机制，建立健全治理欠薪工作机制，积极推动企业工资集体协商工作，落实最低工资标准和工资指导线制度，规范农民工工资保证金制度，促进中低收入职工工资合理增长。根据国家、省统一部署，深化机关单位工资制度改革，优化工资收入结构。建立健全符合事业单位特点、体现岗位绩效和分级分类管理的事业单位工资分配制度。

40.建立更加公平的社会保障制度。统筹城乡居民最低生活保障制度，健全社会救助资金筹集和标准调整机制，加大城乡低保、农村五保提标力度，扩大覆盖面，提高补差水平。完善跨部门、多层次、信息共享的低收入家庭经济状况核对信息平台。加强社会保险基金管理和监督，确保基金安全和有效使用。积极推进企业年金工作，构建多层次社会保障体系。建立社会救助部门联系会议制度，将社会救助纳入政府工作考核和绩效考核体系。加快发展社会养老服务业，支持多元主体参与养老服务业发展。

41.深化医药卫生体制改革。推进公立医院改革，建立完善公立医院绩效考核评价机制。发挥医保杠杆作用，支付比例进一步向基层医疗卫生机构倾斜，逐步实行分级诊疗，促进优质卫生资源纵向流动。强化三级医院与县级医院紧密型协作关系，增强县级医院服务能力。推进医师多点执业，促进卫生人才资源按市场需求流动。继续在社区卫生机构和村卫生室推行签约服务，提升规范化水平，完善村卫生室经费保障和乡村医生退养机制。完善医疗保障体系，大力推进城乡居民大病保险试点工作。建立健全医疗机构与养老、康复机构协作机制。设立政府引导资金，建立多渠道融资平台，支持社会办医，鼓励社会资本以多种形式参与公立医院改制重组，支持社会资本举办非营利性医疗机构、提升基本医疗卫生服务,发展医疗产业集团。扶持中医药事业发展。

42.推进教育领域综合改革。合理配置教育资源,优化学校布局,盘活存量资源,促进义务教育均衡化发展,加快发展远程教育和继续教育,支持和引导民办教育,完善现代教育体系,推进教育现代化建设,实现各级各类教育协调发展。完善教育经费投入保障机制,把教育作为财政支出重点领域予以优先保障。引导社会资金兴教助学。探索整合市属中职学校,建立职业教育集团。

43.加强基层社会治理体系和平台建设。以基层党组织建设为核心,发挥城乡自治组织职能,构建社区、社工、社团"三社联动"基层治理机制,组织引导广大群众对社会事务实行民主协商、自我管理。完善社区网格化管理和社会化服务机制,推进基层综合服务管理平台建设,推广社区公共服务中心,实现社区居务、政务分开。加强现代社会组织建设和管理,引导和规范各类社会组织健康发展。加快建立以公益性、示范性、专业性为主要特征的社会组织培育基地,重点扶持发展公益类社区社会组织。健全公共财政对社会组织的资助、补贴、奖励政策。

44.创新有效预防和化解社会矛盾机制。落实《阳泉市重大社会决策、重大工程项目社会稳定风险评估实施细则》,全面推行社会稳定风险评估制度,从源头上防止重大矛盾纠纷。建立健全乡镇(街道)、农村(社区)调解组织,构建人民调解、行政调解、司法调解、社会调解衔接联动的大调解格局。完善处理信访突出问题及群体性事件联席会议制度、领导干部接访下访制度,推行联合接访和第三方参与接访,严格落实信访工作责任查究制度。推进涉法涉诉信访改革,把涉法涉诉信访纳入法治轨道解决,实行涉法涉诉信访依法终结制度。推进信访工作制度改革,建立以互联网为主渠道的群众投诉受理机制,开展信访事项办理群众满意度评价,打造"阳光信访"。

45.全方位推进法治阳泉、平安阳泉建设。把维护社会大局稳定作为基本任务,把促进社会公平正义作为核心价值追求,把保障人民安居乐业作为根本目标,积极深化改革,加强和改进政法工作。全面实施"六六创安"工程,构建打击、防范、控制、服务、管理、建设"一体化"的平安建设体制机制。加强社会治安综合治理,构建专群结合、网上网下联动、打防管控一体化社会治安防控体系。进一步完善社会服务管理体系,充分发挥分析、研判、运用、保障、处置功能。健全完善公共安全体系,进一步加强食品药品、安全生产、道路交通、消防、信息网络、突发事件应急管理等重点行业、重点领域的安全管理工作,切实遏制和预防重特大公共安全事故。健全完善突发事件应急体系,推进应急志愿者队伍建设。依法促进网络健康发展,完善公安便民在线服务。

十一、加强资源型老工业城市生态文明建设体制创新

46. 构建自然资源资产管理新机制。加紧探索森林、山岭、荒地等自然生态空间统一确权登记试点工作。加快出台阳泉主体功能区划,完善《阳泉市生态功能区划》,实现功能区划城乡全覆盖、空间一张图,协调衔接空间管制、土地用途管制的类型与区划。加大造林绿化力度,加快推进国家森林城市创建步伐。加强对自然保护区、风景名胜区以及湿地、水源地保护区、水系等生态敏感区的保护。完善能源、水、土地节约集约使用制度,健全各级政府分级行使自然资源和国土空间用途管制职责,严肃查处违法违规行为。

47. 严格控制生态红线。严格落实水资源管理制度,建立"三条红线"和"四项制度",形成科学合理的水资源配置格局,基本建成节水型社会。建立水资源保护与河湖健康保障体系,改善水功能区水质,实现城镇供水水源地水质全面达标,娘子关泉域阳泉水生态得到有效修复。建立资源环境承载能力监测预警机制,对环境容量超载区域实行限制性措施。以县区为考核单元,建立对水环境等生态环境损害责任终身追究制。以水资源、水生态、水环境承载能力构架和优化城市产业布局,提升城市综合功能,以水带绿、以水带景、以水带城,努力打造"美丽阳泉"。

48.完善资源有偿使用制度和生态补偿制度。建立健全资源开发生态环境补偿机制,完善并推广开采矿山环境恢复治理保证金制度,指导督促矿山开发企业开展矿山环境恢复治理工作。健全矿产资源开发"事前防范、事中监督、事后处置"的生态环境管理制度,实行矿产资源开采、地质环境恢复治理、土地复垦与生态修复同步规划、同步实施。逐步建立污染物排污权交易管理制度和工作机制,新、改、扩建项目主要污染物排污总量必须通过排污交易获得。实行各县区地表水跨界断面水质考核生态补偿机制,对达不到水功能区标准的扣缴生态补偿金。

49.创新生态环境保护管理体制。推行环保执法网格化管理,实现环境污染的全防全控。建立严格监管所有污染物排放的环境保护管理制度,及时公布环境信息,健全举报和社会监督制度,对环境违法行为严肃查处。严格建设项目环评审批,严把环保准入关。加强PM2.5 源解析工作,做好重污染天气条件下空气质量监测预警和应急管理,加大大气污染治理力度。实施绿色信贷,环保与金融部门联合把关,对环境违法企业不予信贷支持。

十二、加强对全面深化改革的领导

50.加强实施"四大战略"组织领导。市委成立由市委书记任组长、市长任副组长的全面深化改革领导小组,负责重大改革措施的组织实施、统筹协调、整体推

进和督促落实。市委常委会每季度召开一次研究深化改革、推进“四大战略”专题会议。各级党委要切实履行对改革的领导责任，完善科学民主决策机制，以重大问题为导向，牢牢把握方向，大胆探索实践，坚决把中央和省、市委的各项改革举措落到实处。

51.充分发挥人大政协职能作用。健全人大审议、讨论、决定重大事项制度，健全完善政府向本级人大报告制度，接受人大的咨询、审议和监督；推进协商民主广泛多层制度化发展，积极构建程序合理、环节完整的协商民主体系。充分发挥人大代表、政协委员的职能优势，凝聚各方面改革智慧和力量，积极为全面深化改革、加快实施“四大战略”建言献策，加强对改革政策措施落实情况的民主监督。

52.进一步加强干部队伍建设。深化干部人事制度改革，坚持党管干部原则和新时期“好干部”标准，完善民主推荐，改进干部考察，规范公开选拔和竞争上岗，严格把握破格提拔，构建管用有效、简便易行的选人用人机制。重视选拔优秀年轻干部，合理使用其他年龄段干部，形成老中青梯次配备、专业结构合理的领导班子。完善干部管理制度，推进干部跨条块跨领域交流，统筹用好各类干部资源。制定《2013—2017年阳泉市干部教育培训实施办法》，整体推进党政干部、企业经营管理人员、专业技术人员“三支队伍”的教育培训，提高领导班子和领导干部推动发展的能力。完善干部考核机制，健全领导干部谈心谈话、党员干部民主生活会机制，改进干部道德品行考核办法，建立综合分析研判制度，增强考察识别干部的全面性和准确性。

53.加强基层党组织建设。以“基层组织提升年”为契机，结合开展第二批群众路线教育实践活动，扎实做好八项重点工作。加强基层党组织带头人队伍建设，抓好“领头雁”培训工作。总结推广民事代办、联村党委、扁平化管理、党代表工作室等党建亮点工作经验，统筹推进各领域党建工作。制定《进一步加强和改进农村基层党组织建设的意见》和《进一步加强和改进社区基层党组织建设的意见》，灵活多样地推进党组织设置，开展社会组织党组织集中组建活动。积极推进党内基层民主建设，全面推广党代表工作室，普遍试行乡镇党代会年会制，做好党代会常任制工作。做好“三级联述联评联考”及其延伸工作，完善星级管理，建立晋位升级长效机制。继续推进非公企业“双强十好”创建活动，确保党组织和党的工作全覆盖。加强党员队伍建设。总结推广党员党性分析试点经验，积极探索不合格党员退出机制。以完善组织设置、整顿领导班子、加强党员发展教育管理、抓问题整改为重点，扎实开展后进村集中整顿工作。切实解决部分农村及社区基层党组织活动经费不足和基层干部待遇偏低等问题，增强基层组织的创造力、凝聚力和战斗力。

54.加强党风廉政建设和反腐败工作。强化党委(党组)党风廉政建设的主体责任，教育引导各级领导干部认真履行抓班子、带队伍、做表率、谋发展的政治责任。完善党的纪律检查工作双重领导体制，强化上级纪委对下级纪委的领导，改革完善反腐败协调小组职能。按照转职能、转方式、转作风的要求，各级纪检监察机关要聚焦主业，坚决查处腐败问题和腐败现象。严明党的纪律特别是政治纪律，教育引导党员强化宗旨意识，坚定理想信念。健全加强作风建设的常态化机制，加强对党员干部作风建设情况的监督检查。强化反腐倡廉和权力运行的制约与监督，严格执行《党政机关厉行节约反对浪费条例》等党纪法规，严格落实“八项规定”，提倡艰苦奋斗，反对铺张浪费。强化反腐倡廉宣传教育，使领导干部不想腐；加强体制机制创新和制度建设，强化监督管理，严肃纪律，使领导干部不能腐；坚持有腐必惩、有贪必肃，使领导干部不敢腐。

55.完善以实施“四大战略”为重点的工作考评机制。健全完善考核指标设置，突出对重大改革、重大任务、重大事项的考核，注重考核发展思路、发展规划的连续性，执行各项改革任务的实际效果。加强对政绩的综合分析，全面历史辩证地评价领导班子和领导干部的政绩，形成促进转型综改区建设的积极导向。严格责任追究制度，对决策失误，给国家利益、群众利益造成重大损失和恶劣影响的，视情节轻重，给予组织处理或党纪政纪处分。改革考核办法，统筹整合考核资源，精简专项考核，简化考核程序，提高考核效率。

56.凝聚推动实施“四大战略”的强大合力。坚持党的群众路线，健全完善领导机关和领导干部直接联系群众工作方法，引深领导干部下乡住村包村增收和“访知解”集中走访活动，在为民服务中凝聚改革的力量。充分发挥民主党派、工商联、工青妇等群团组织作用，进一步巩固和扩大全面深化改革的深厚群众基础，为实施“四大战略”、推进转型跨越贡献智慧和力量。加强舆论宣传引导，弘扬社会主义核心价值观，最广泛凝聚人民群众推动改革的智慧和力量，为改革提供强大的精神动力。建立社会参与机制，强化对改革政策的宣传和舆情引导，加强成功经验和先进典型的宣传，做好中央和省、市委改革决策部署的宣传解读，及时回答干部群众关心的思想认识问题，形成支持改革、鼓励干事、宽容失误、激活创新的良好氛围，最大程度汇聚推进改革的正能量。

全市各级党组织、广大党员干部和人民群众要紧密团结在习近平同志为总书记的党中央周围，解放思想，锐意改革，勇于创新，攻坚克难，不断开创改革发展新局面，为实施“四大战略”、加快转型跨越发展、实现“千亿阳泉、百万新城”而努力奋斗！

政府工作报告

——2015年4月22日在阳泉市第十四届
人民代表大会第五次会议上

市长 陈永奇

各位代表:

现在,我代表市人民政府向大会报告工作,请予审议,并请市政协委员和其他列席人员提出意见。

一、2014年工作回顾

过去的一年,面对严峻复杂的经济形势,在省委、省政府和市委的坚强领导下,我们全面贯彻落实党的十八大、十八届三中、四中全会精神和习近平总书记系列重要讲话精神,按照省委“深入学习贯彻习近平总书记系列重要讲话精神,净化政治生态,实现弊革风清,重塑山西形象,促进富民强省”总体要求,努力作为,奋力拼搏,各项工作都取得了新的成绩,全面建成小康社会迈出坚实步伐。

经济平稳增长。认真贯彻落实国家、省稳增长政策措施,深入开展“项目见效年”活动,大力实施百日新开工项目计划,狠抓四大领域“六十工程”,“六位一体”目标任务全面完成,全市重点工程完成投资476亿元。积极扩大消费需求,新建改造103个连锁早餐经营网点,建成400个农村便民信息化连锁商店。下大力帮扶企业,坚持与阳煤集团的联席会议制度,建立市、县领导对口联系企业精准帮扶工作机制,设立了中小企业发展资金和高新技术产业发展基金,减免企业税费,协调企业贷款78.9亿元。及时化解华通短融风险。大力发展“飞地经济”,促进经济增长(飞地项目达到20个,总投资105亿元)。2014年,地区生产总值完成616.6亿元,同比增长3.2%;规模以上工业增加值完成239.1亿元,增长4.2%;全社会固定资产投资完成517亿元,增长6.6%;社会消费品零售总额完成271亿元,增长9.9%;外贸出口完成1.49亿美元,增长24.1%;公共财政收入完成47亿元,增长0.5%;城乡居民人均可支配收入分别达到24825元、10742元,增长7.4%、10.1%;居民消费价格上涨1.3%;城镇登记失业率控制在3.1%以内。

改革蹄疾步稳。全面完成我市转型综改2014年行动计划各项任务,在全省综改专项考核中排名第2。深化行政审批制度改革,市本级行政审批项目减少到78项。积极推进工商登记改革,全市新注册小微企业1267户,增长60%。基本完成政府机构改革,市县两级均取消部门管理机构。出台了深化国资国企改革实施意见,南煤集团成功重组,市阀门厂、水泵厂改制工作有序推进。扎实推进农村土地承包确权登记试点和经营权流转。深入推进户籍制度改革。开发区托管部分行政村工作正式启动。我市获批“国家中小城市综合改革试点市”。同时,被批准为全省唯一一家省级创新型城市试点,科技成果、专利转化率在全省名列前茅。继续完善财政资金分配使用管理办法和人事管理办法,制定出台政府投资工程项目招投标管理办法,规范招商引资政策,创优发展环境。

结构调整有力推进。稳定煤炭,全面落实省政府“煤炭20条”“17条”,制定出台我市12条政策措施,下大力清理规范涉煤收费,取消49个煤焦收费站,为企业减负5.2亿元;优化产品结构,提高洗选比例,稳定煤炭市场;加快现代化矿井建设,程庄、上社、汇能3座矿井通过省级验收,冠裕、富鑫、常顺3座改造矿井竣工投产。加快电力,阳煤远盛、盂县鑫磊、南煤西上庄和国际能源裕光煤电4个发电项目取得“路条”,总装机达到472万千瓦。河坡2×35万千瓦发电项目投产在望,垃圾焚烧发电项目开工建设;中广核风电一期49.5兆瓦、晋阳新能源一期50兆瓦光伏发电项目并网发电。扩大煤化,阳煤乙二醇项目土建基本完工,平定西格里泉海特种石墨技改项目即将投产。做强装备,平定煜昌机械3万吨大型铸件项目达产达效,阳煤华越机械高端液压支架项目顺利推进。创新冶金,兆丰铝业二期70万吨氧化铝、兆丰天成20万吨高精铝板带一期12.5万吨项目投产。重组耐材,研究制定规范高铝(耐火)黏土烧结产业发展指导意见,优化生产布局,淘汰落后产能。做大旅游,出台了加快旅游业发展意见,梁家寨大泉温泉国际度假区一期投入运营，桃林沟景区新建配套项目完工，水神山佛教文化区主体完工，全市旅游总收入增长23.8%。与此同时，大力发展信息产业，百度云计算中心一期3万台服务器模组建成并投入运行。在一批重大项目的带动下，全市重大结构发生明显变化，第三产业占比达到43.6%，比上年提高3个百分点；非煤产业投资在工业中的比重达到76.1%，提高17.3个百分点；新兴产业投资在工业中的比重达到54.4%，提高14.2个百分点；民间投资占固定资产投资的比重达到54%，提高2.9个百分点。

"三农"工作成效显著。不折不扣落实各项强农惠农富农政策，我市又出台了10项补贴政策。粮食总产量达到2.94亿公斤，再创历史新高。新增设施蔬菜1500亩、干果经济林3.2万亩、中药材2万亩、食用菌42万平方米。新发展"一村一品"专业村62个、农民专业合作社256家。畜牧业产值达到9亿元，增长5.9%。现代农业示范园区加快推进，全市农产品龙头加工企业实现销售收入21亿元，增长20%。"百企千村"产业扶贫项目累计完成投资7.5亿元。农村人居环境改善"四大工程"完成投资10.9亿元，改造县乡公路36千米，改造49处农村集中式供水工程，建成老年人日间照料中心120个，启动了采煤沉陷区治理搬迁试点工作。全力办好农村"五件实事"，改造困难家庭危房3200户，建设幼儿园15所，配备保洁员3831名、垃圾收运车994台，培训新型职业农民3000人，易地搬迁贫困人口885人，走在全省前列。

城镇化进程加快。围绕扩容提质，加快推进城市建设。阳左、西环高速建成通车，盂五高速主体完工，形成了100千米环形高速圈。汽车客运南站建设进展顺利。继续实施道路畅通工程，华盛桥、赛鱼桥、白羊墅桥竣工通车，沃尔玛地下通道建成启用，泉西路工程顺利推进。全面开展城市环境卫生综合整治，脏乱差问题得到有效遏制。加快建设智慧城市，数字化城市管理水平得到提升。大力推动新城建设，漾泉大道一期、二期工程加快推进，李荫路互通工程竣工，新城大道供热和供水管网建设全面完成，城乡规划展览馆主体完工，阳泉职业技术学院新校区开工建设。娘子关提水工程二期主体工程完工，城市居民饮用水水质改善工程进展顺利，污水处理厂二期工程启动。特别是全市人民期盼的阳大铁路摆上议事日程，前期工作顺利推进，即将开工。大县城和重点镇建设成效明显。全市城镇化率达到64.96%。

生态建设不断加强。全力推进大气污染防治净空工程，严格实行建筑施工工地整治、矸山治理等10项措施，淘汰黄标车、老旧车17985辆，圆满完成APEC会议期间环境空气质量保障工作，全年主要污染物减排任务全部完成，化学需氧量、氨氮、二氧化硫、氮氧化物、烟尘和粉尘排放量分别下降2.12%、0.05%、5.16%、9.23%、0.33%、0.45%。强化节能监察和考核，实施14项节能改造项目，单位能耗下降3.5%以上，超额完成年度任务。开展河流污染整治专项行动，水土流失治理面积达到5.07万亩。完成营造林13.86万亩。

民生持续改善。民生投入占公共财政支出的比例达到八成以上。新增城镇就业2.52万人。城镇社会保险综合参保率达到97.8%。城镇居民医保成年人、未成年人人均财政补助标准分别提高到330元、320元，新农合人均财政补助标准提高到320元，并实行了城乡居民大病保险。城乡低保标准每人每月分别提高到410元、225元，农村五保对象集中供养、分散供养标准每人每年分别提高到6000元、3000元，继续走在全省前列。开工建设保障性住房6331套，基本建成9121套。发放28.9万吨农户"暖心煤"。333户家庭享受到"单独两孩"政策。落实机关事业单位增资政策，发布企业工资指导线，提高最低工资标准。企业退(职)休人员基础养老金人均提高10%。教育事业蓬勃发展，盂县、郊区、矿区通过国家义务教育均衡发展验收，高考取得佳绩，山西工程技术学院挂牌。开展偏远贫困农村"一年一场戏"文化惠民活动，受到群众欢迎。我市体育健儿在亚运会、省运会等重大赛事上摘金夺银，取得历史性突破。

安全生产形势持续明显好转。严格落实"党政同责、一岗双责、齐抓共管"责任体系，深入开展安全生产大检查和重点行业领域专项整治，强化隐患排查治理，全市各类生产经营性事故起数、死亡人数分别下降15.7%、22.2%，煤矿百万吨死亡率下降到0.044。始终保持严厉打击私挖滥采高压态势，查处取缔各类非法违法采矿267起，有力维护了正常的矿业生产秩序。

扎实推进民主法治建设，自觉接受人大监督和政协的民主监督。积极支持各民主党派、工商联、无党派人士参政议政，共办理人大代表建议182件、政协提案436件。深入推进"法治阳泉""平安阳泉"建设，创新社会治安防控体系，荣获全国"六五"普法中期先进市称号。不断完善基层民主制度，有序推进村委会换届选举，社会保持和谐稳定。

与此同时，深入开展国防教育和"双拥"工作，大力发展妇女儿童、老龄、残疾人和红十字会等事业，民族宗教、外事、侨务、气象、地震、人防、档案、史志等工作都取得新进展。

一年来，我们认真开展第二批党的群众路线教育实践活动，严格执行中央"八项规定"和国务院"约法三章"，持续用力纠正、反对"四风"，全市"三公"经费下降27.3%，文风会风进一步改进，政府效能得到提升。深入开展学习讨论落实活动，不断加强党风廉政建设和反腐败斗争，以“零容忍”态度严肃查处了一批领导干部违纪违法问题和腐败案件。

各位代表，2014 年，是我市发展史上较为困难的一年。一年来，我们风雨同舟、众志成城，攻坚克难、砥砺奋进，尽管经济增速大幅放缓，一些指标不尽如人意，但民生改善、社会事业发展没有削弱反而加强，教育、科技、卫生、体育等优势领域工作继续走在全省前列，人均收入、社会保障等继续保持先进水平，多年期盼的铁路、道路、供水、饮水、生态、环保等打基础、利长远的工程项目建成或正在推进。事非经过不知难，能够取得这样的成绩，实属不易。这是省委、省政府坚强领导和亲切关怀的结果，是市委统揽全局的结果，是市人大、市政协监督支持的结果，是全市上下共同奋斗的结果。在此，我代表市人民政府，向全市人民，向驻地部队指战员、武警官兵、公安民警和中央、省驻地单位，向各民主党派、工商联、无党派人士、人民团体和所有关心支持阳泉改革发展的各界人士，表示崇高的敬意和衷心的感谢!

在看到成绩的同时，也要清醒地认识到，我市经济社会发展中还存在许多困难和问题，我们的工作中还存在许多差距和不足。主要是：经济下行压力持续加大，经济总量不大、结构不优、质量不高、增速不快、发展方式粗放；大项目、好项目少，新的增长点不多；企业经营困难，特别是中小企业融资难、融资贵；一些重点领域和关键环节改革滞后，创新能力不强，经济发展内生动力不足；安全生产压力依然较大，财政增收乏力与民生刚性支出增加的矛盾进一步加剧。干部对经济新常态的认识还不到位，适应和引领新常态的能力还不足，应对经济下行压力的办法还不多；政府自身建设、干部作风与人民群众期盼还有一定差距，“四风”问题仍然存在，有的干部为官不为、不敢担当，甚至一些领导干部发生严重腐败。对此，我们要坚持问题导向，采取切实有效措施，认真加以解决!

二、2015 年工作安排

2015 年是全面深化改革的关键之年，是全面推进依法治国的启动之年，是全面完成“十二五”规划的收官之年，是我省全面推进“六大发展”的开局之年，也是我市创建省级文明城市的启航之年。

当前，世界经济复苏艰难曲折，我国经济下行压力还在加大，我省资源型经济步履维艰，我们面临的形势依然严峻复杂。同时，更要看到我国经济发展仍处于可以大有作为的战略机遇期，总体向好的基本面没有改变，随着我省转型综改区建设的深入推进，改革红利将不断释放，省委、省政府确定了“五句话”的总体要求，全力推进“六大发展”，加之近年来我市有一大批重大项目已经或即将投产达效，这为我们克服困难、应对危机、促进发展奠定了坚实基础、提供了有力保障。“信心比黄金更重要”，有信心就有勇气，有信心就有办法。我们要用坚定的信念凝神聚力，用顽强的意志共克时艰，努力促进经济社会持续健康发展。

做好全年政府工作，要全面贯彻党的十八大和十八届三中、四中全会精神，以邓小平理论、“三个代表”重要思想、科学发展观为指导，深入学习贯彻落实习近平总书记系列重要讲话精神，围绕“四个全面”总体布局，适应经济发展新常态，坚持稳中求进工作总基调，以提高经济发展质量和效益为中心，按照“六大发展”要求，大力实施“四大战略”，统筹推进经济、政治、文化、社会和生态文明建设，全面深化改革，不断扩大开放，坚持依法治市，突出创新驱动，强化风险防控，保障改善民生，不断开创各项工作的新局面。

全市经济社会发展的主要预期指标是：地区生产总值增长 6%左右；全社会固定资产投资增长 16%左右；规模以上工业增加值增长 5%；公共财政预算收入增长 3%；社会消费品零售总额增长 10%；城乡居民人均可支配收入分别增长 7%、7%以上；城镇新增就业岗位 2.5 万个，登记失业率控制在 4%以内；居民消费价格涨幅控制在 3%左右。

约束性指标是：万元生产总值综合能耗、万元生产总值二氧化碳和二氧化硫、化学需氧量、氮氧化物、氨氮、烟尘、粉尘排放量等指标完成省定任务。

为实现上述目标，在全面做好各项工作的基础上，要突出抓好以下几个方面的工作：

（一）深化改革创新，最大限度激发发展活力和动力。

全面启动“国家中小城市综合改革试点市”工作，深入推进转型综改试验区建设，重点实施 12 项重大改革、10 项重大事项、20 个重大项目、2 个重大课题。

加大行政审批制度改革。认真梳理政府审批事项，尽快公布市级政府部门权力清单，加快探索制定负面清单。扎实做好新一轮省政府取消、调整和下放行政审批项目的落实和承接工作。继续深化行政审批“两集中、两到位”，进一步优化审批流程，推行并联审批，提高行政效率。深化商事制度改革，推进“三证合一”。实行网上办理和电子监察，加强事中事后监管，降低行政成本，实现便民、利民。深化行政执法体制改革，提高政府公信力和执行力。

深化国资国企改革。推行经营性国有资产监管全覆盖，所有市直部门所属企业一律脱钩，由市国资委统一监管。积极推动国有企业重大信息公开。着力推进商贸服务企业改革，力争早日完成旅馆、照相馆等企业改制。引进战略投资者，完成水泵厂、阀门厂等重点企业改革重组、退城入园。有序推进停产歇业企业破产，今年结合城建工作完成5户企业破产。

加快地方金融改革。推进市商业银行改革，引入战略投资，优化股权结构，实行公开招聘，完善法人治理结构，逐步做大做强。鼓励符合条件的农信社改制组建农商行。引进全国性股份制银行、有实力的城市商业银行在我市设立分支机构。鼓励小额贷款公司增资扩股，向规模化、规范化方向发展。培育、支持企业上市融资，提高直接融资比例。强化公众防范意识，严厉打击非法集资，优化金融生态，防范金融风险。

深化农村改革。全面开展农村土地确权登记颁证工作，力争年内基本完成；推进农村土地经营权有序流转，发展规模经营。鼓励有条件的乡村采取土地“领养”、土地“领种”等形式，盘活土地存量。积极培育种养大户、家庭农场、农民合作社、农业龙头企业等新型主体，推广新型农业经营方式。实施国有林场林区改革，建立生态公益林政策性保险制度。推进水权制度、小型水利工程产权和农业水价综合改革。

大力发展民营经济。坚持“两个毫不动摇”方针，废除一切不合理规定，消除各种隐性壁垒，鼓励、支持、引导民营经济发展，大力发展混合所有制经济。推出第三批向社会资本开放的项目名单，推行政府与社会资本合作(PPP)建设模式。探索设立政府投资基金，用好中小微企业发展专项资金和高新技术产业发展基金。积极推进股权众筹，探索发展众创空间等新型创业服务平台，支持“创客”等各类创新主体发展。推广平定金潭孵化基地建设经验，深入实施中小企业成长工程，孵化发展一批小而特、小而新、小而精的小微企业，培育壮大一批销售收入过亿元的“小巨人”企业，支持做强一批骨干企业，逐步改变“阳煤患感冒、全市打喷嚏”一企独大的产业现状。

加快实施创新驱动。以创建省级科技创新型城市为契机，加强高新技术创业园、科技企业孵化器、企业研发机构科技创新服务体系建设，引导企业加大科技创新投入，实施科技重大项目，营造大众创业、万众创新的浓厚氛围。积极推动“互联网+”行动，培育发展电商平台，建设阳泉特产网站，促进电子商务与贸易物流、工业生产、金融服务等领域联动发展。落实与北京科委的合作协议，积极引进科技项目和人才，打造阳泉经济发展新引擎。

积极扩大对外开放。紧紧抓住国家实施“一带一路”战略和京津冀协同发展机遇，主动融入环渤海经济圈，积极对接长三角、珠三角，加强区域交流合作，实施全产业链招商、精准式招商、集群化招商，强化以商招商、专业招商，发挥好北京、天津、广州等委托代理机构作用，大力引进我市发展急需的资金、项目、管理、技术和人才。

同时，继续深化文化、教育、医疗等领域改革。积极推进公务用车、污染者付费制度改革以及扩权强镇试点等工作。继续采取托管方式，并创造条件推进行政区划调整，拓展发展空间，优化发展布局。

改革创新是振兴发展阳泉的必由之路。我们要勇于冲破思想观念障碍，敢于突破利益固化藩篱，知难而进、迎难而上，全面深化改革，全力推动创新，为全市经济社会发展激发活力、增添动力！

(二)紧紧抓住投资关键和企业主体，努力保持经济平稳健康发展。

充分发挥投资关键作用。扎实开展“项目提质增效年”活动，坚持内涵与外延并重、数量与质量并重、存量与增量并重的原则，突出抓好铁路、公路、水利、外送电通道和电网建设、低热值煤发电、煤层气、节能环保、新兴产业、城乡人居环境改善和能源等十大领域“1215”工程。重点推进阳大铁路、泉西路、漾泉大道二期、西上庄煤矿、职业技术学院新校区、阳煤乙二醇、天元绿色家电、盂县新瑞利邦规模化肉牛养殖、阳煤远盛电源点、盂县晋阳新能源二期50兆瓦光伏发电等十大标志性项目，集中推进采煤沉陷区治理、棚户区改造、城镇供排水扩容提质、老工业区搬迁改造、循环经济和生态环保、装备制造业、新型城镇化、现代农业、传统产业提升改造、新能源等十大重点工程包。继续坚持“六位一体”推进机制，实行领导包项目、市直部门与县区双责任制、联审联批等制度，执行双挂牌、专项督查等机制，严格责任考核，确保全年完成固定资产投资600亿元。

挖掘消费潜力。建设便民蔬菜店、农村便民店，推动农家店“一网多用”。完善“15分钟便民商圈”，发展专卖店、商业综合体、社区多业态店等新型业态，积极参加“山西品牌中华行”活动。促进家政养老、文体娱乐等服务消费，倡导节能环保等绿色消费。同时，鼓励企业在境外设立营销平台，积极扩大出口业务，促进对外贸易稳定增长。

突出企业重点。不折不扣贯彻落实省市减轻企业负担、促进工业稳定运行政策措施，进一步精简、下放涉企行政权力，减少、规范涉企收费，加大政策支持力度，创优发展环境。设立2000万元的综合产业扶持基金，重点支持装备制造、文化旅游、新能源、新材料、节能环保、食品医药和现代服务业等产业发展。坚持与阳煤集团的联席会议制度，继续实施政府领导对口联系企业精准帮扶工作机制，加强指导服务，帮助企业解决困难和问题。加强政银企合作，争取金融机构扩大信贷投放，努力缓解企业融资难、融资贵状况。

(三)加快产业转型升级,提高经济发展质量和效益。

做好“革命兴煤”大文章。完成南庄等5座现代化矿井达标建设。推动地方煤矿整合,进一步提高产业集中度。提高煤炭洗选配能力,促进煤电联营,增加煤炭就地转化,实现集约高效利用。加快建设煤炭综合信息平台,规范煤矿建设和生产秩序。大力推进技术创新、产业创新、商业模式创新和管理创新,推动煤炭产业向市场主导型、清洁低碳型、集约高效型、延伸加工型、生态环保型、安全保障型转变。

推进“非煤产业”大发展。积极争取阳煤远盛等4个“路条”项目早日核准、开工建设,抓好盂县—河北500千伏特高压输变电工程,确保河坡发电公司2×35万千瓦项目尽快竣工投产,加快电力行业发展。做好新建30万吨铝加工、100万吨氧化铝和200万吨铝土矿建设的前期工作;推进阳煤集团盂县铝土矿公司120万吨废渣浮选项目建设,稳定氧化铝原料供应,努力打造晋东铝工业基地。坚决关停土小竖窑,推进高铝黏土烧结产业集聚区建设,鼓励重组改造,彻底改变耐火材料行业“多、小、散、乱、差”状况。推动阳煤盂县化工项目尽快投产,加快乙二醇项目建设,大力支持阳煤集团再上一批煤化工项目,鼓励发展精细化工,积极扩大煤化工产业整体规模。推进阳煤华越机械、盂县非晶合金变压器带材等项目建设,不断提高煤矿机械、煤矿电气和通用机械等制造业水平,努力做强装备制造业。

搭建“新兴产业”大舞台。新能源产业,积极发展水电、风能、生物质能,重点抓好中广核风电二期、晋煤漾泉蓝焰煤层气开发利用等项目建设,规划建设国家光伏产业基地。节能环保产业,重点建设河坡垃圾焚烧发电项目,推进天元绿色家电项目尽快投产、吉天利铅酸蓄电池项目稳定运行。电子信息产业,重点抓好三度聋音发声系统开发等项目,特别是要以百度云计算为依托,强力推进发展上下游产业和产品,逐步形成硬件、软件、信息技术集成服务产业链。

拓展“现代服务业”大市场。统筹发展生产性服务业和生活性服务业,大力发展连锁经营、物流配送、快递、线上线下(O2O)等新型业态,促进传统零售企业转型升级,拓宽我市产品对外销售市场。大力发展旅游业,加强跨区域合作,着力打造藏山—大汖温泉—五台山、娘子关—固关—药林寺—大寨、百团大战遗址公园—桃林沟—翠枫山—小河古村等精品旅游线路。积极发展乡村休闲游、生态游。加大宣传促销力度,不断提升我市旅游知名度和影响力。积极引进社会资本,大力发展老年服务产业。

同时,继续大力发展总部经济、楼宇经济、飞地经济、园区经济、循环经济和县域经济“六种经济”。从市级层面,重点抓好园区经济和飞地经济,将优先抓好东城工业园区建设,统一规划布局,尽快通路、通电、通水,搭建项目平台;进一步完善推进措施,加大对发展飞地经济的考核权重,加快推进金星物资机械产业基地、蒙牛物流基地等项目,促进地源热泵、矿山电动应急救援车等更多项目落地开工、早日见效,力争再引进一批新的“飞地”项目落户阳泉。

产业转型升级是阳泉发展的希望和出路。我们要始终坚持转型升级这条主线不偏移,坚定不移、坚持不懈地推进产业结构调整和发展方式转变,浴火重生,再铸辉煌!

(四)扎实做好“三农”工作,促进农业增效农民增收。

夯实农业发展基础。全面落实各项强农惠农富农政策,进一步加大对“三农”的投入力度。加强农田水利建设,大力改造中低产田。抓好乌河水库建设、龙华河水库移民工程,完成实灌面积13万亩。积极实施平定岭南河、岔口等病险水库除险加固工程。确保粮食产量稳定在2.1亿公斤以上。

大力发展特色农业。抓好西烟、张庄、河底等市级现代农业示范园区建设,各县区再培育1—2个县级示范园区。新发展“一村一品”专业村92个,积极培育核桃、中药材、设施蔬菜、食用菌等特色种植业,小杂粮产量力争达到4000万公斤以上。大力发展猪、鸡、牛、羊等畜禽养殖业。深入实施农产品加工“513”工程,销售收入力争增长20%。培训新型职业农民3000人。

深入推进扶贫开发。按照精准扶贫的要求,积极推进专项扶贫、产业扶贫和社会扶贫,大力实施“百企千村”产业扶贫开发工程,继续开展领导干部包村增收、机关事业单位定点扶贫和工矿商贸企业帮扶活动。完成易地扶贫移民搬迁1000人。全年实现6000贫困人口脱贫,贫困农民人均可支配收入增长10%。

(五)着力改善人居环境,提高城镇化质量和水平。

以卫生创建为抓手,掀起新时期爱国卫生运动新高潮,着力改善城乡人居环境;坚持产城融合,统筹旧城改造与新城开发,加快城镇化进程。

深入推进农村人居环境改善。继续实施完善提质、农民安居、环境整治、宜居示范四大工程。完善提质工程,要完成农村公路改造300公里,实施农村公路安全生命防护工程50公里,完成16个村的煤层气、天然气等清洁能源入户工程。农民安居工程,要积极实施盂县路家村镇等采煤沉陷区治理和地质灾害避让搬迁,完成农村危房改造1500户。环境整治工程,要重点开展10个乡镇386个村的乡村清洁达标和创星工作,实施好12个村生活污水治理工程。宜居示范工程,要全力抓好全市35个美丽宜居示范村创建,力争再有3—5个村进入省级美丽宜居示范村行列。

启动实施城市人居环境改善工程。着力实施设施提升、城市安居、城中村改造、环境提质四大工程,加快棚户区和城中村改造,新开工建设保障性住房15856套,基本建成7800套,完成投资30亿元。用足用活老工业基地搬迁改造政策,加快城市供气供热供水管网建设,推进河坡电厂集中供热配套管网、老旧热力和煤气管网改造等项目建设。

加快新型城镇化步伐。扎实推进旧城提质,加快泉西路、洪城北路延伸、阳钢转盘改造,抓好阳泉客运南站、五渡公交停车场工程。加快新城建设步伐,积极推进平阳路一期、宁波北路一期和新城支路路网等道路建设,确保漾泉大道二期工程竣工通车。继续抓好起步区建设,加快三泉、大西庄等保障房建设。确保盂五高速公路年内建成通车。推进数字化城市管理,加快智慧阳泉建设步伐。深化户籍制度改革,推进农业转移人口市民化。抓好盂县、平定大县城建设,实施好国家级、省级重点镇建设。

(六)大力加强文化建设,提高我市文化软实力。

提高公共文化服务水平。加快构建覆盖城乡、便捷高效的现代公共文化服务体系,健全公共文化服务设施网络,推进基层文化设施、农家书屋提档升级。加大政府购买公共文化服务力度,认真做好偏远贫困村"一年一场戏"文化惠民工作。重视并加强文物和非物质文化遗产保护。开展全民健身系列活动,不断提高竞技体育水平,承办好全国蹦床冠军赛。

推动文化产业发展壮大。进一步挖掘阳泉特色文化亮点,展现阳泉文化底蕴,培育阳泉文化品牌。大力支持文化产业园区基地建设,推进中国刻花瓷文化园、平定刻花瓷文化传习园、平定砂器旅游文化产业园等重点项目建设。鼓励各县区积极建设"文化一条街"等文化产品市场。加强文学艺术创作与生产,努力推出一批精品力作。发挥比较优势,大力发展体育产业。

积极创建省级文明城市。坚持党政负责、部门联动、全民参与、齐抓共管的创建工作机制,落实主体责任,分解细化任务,大力实施市民素质提升、行政效能创优、文化精品打造、市容整治优化、文明品牌创建五大工程。要以社会主义核心价值观为引领,加强社会公德、职业道德、家庭美德和个人品德教育,进一步提高市民文明素质和城市文明程度,全面提升我市的城市品位和对外形象。通过两到三年的努力,使我市城市管理水平全面提升,城市面貌显著变化,社会风气显著改善,文明程度显著提高,力争早日跨入省级文明城市行列。

(七)打好节能环保攻坚战,推进生态文明建设。

加强大气污染防治。控扬尘。加强建筑工地扬尘治理,所有运输物料车辆必须密闭苫盖;城市道路实行机械化洒扫、精细化保洁、立体化喷雾降尘;大型煤场料场要安装抑尘网和喷淋设施,坚决取缔城市周边的小煤场小料场。治面源。按照谁开采谁治理、谁生产谁负责的原则,根治矸山污染,做到不欠新账、渐还旧账;杜绝垃圾、秸秆焚烧,加大餐饮业油烟和露天烧烤整治力度。减燃煤。取缔和改造燃煤设施,在"城中村"和城乡接合部大力推广清洁能源改造。今年要关停淘汰高污染燃料禁燃区内的20台燃煤锅炉,对禁燃区外的27台燃煤锅炉实施脱硫除尘改造。管尾气。继续淘汰黄标车、老旧车,加强机动车尾气的检测与管理。查违法。出重拳、严惩处,坚决打击矾石窑、石灰窑等各类违法排污行为。

深入实施节能减排。坚持"绿色发展",强化对重点耗能企业的节能监察和考核,大力推行合同能源管理。推进煤炭、电力、化工等工业企业节能改造。加强交通运输、建筑行业、公共机构、居民生活等领域节能工作。实施一批节能改造示范项目。强化农业面源污染治理。加快市县污水处理厂改造建设步伐,确保完成"十二五"规划任务。

扎实推进生态建设。重点实施市区外围环城绿化、桃河流域综合治理、三北防护林打造、太行山绿化等造林工程,加快阳五高速通道绿化,继续打造平定、盂县、郊区绿色循环圈,确保全年完成各类营造林11万亩以上。积极开展生态环境治理修复工程,推进沉陷区治理、土地复垦、林地恢复、地下水保护和重点流域治理,完成水土流失治理面积27.4平方千米。开工建设娘子关供水一期更新改造工程,完成娘子关供水二期续建工程;积极推进城市饮用水水质改善工程,确保年内完工;加快推进娘子关饮用水源地污染企业关闭搬迁,确保水源地环境安全。建设39处农村饮水安全工程,解决和改善1.5万人安全饮水问题。相信通过我们的共同努力,山城阳泉一定会青山常在、清水长流、空气常新!

(八)毫不放松强化安全生产,全力营造安全发展环境。

牢固树立"以人为本、安全发展"理念,强化红线意识和底线思维,始终坚持"三个决不能过高估计"基本判断和"三个敬畏"基本要求,慎之又慎、严之又严地抓好安全生产。坚持"党政同责、一岗双责、齐抓共管",落实企业安全生产主体责任和政府安全生产监管职责,推进依法治安。以全员"知责、履责"为主题,以隐患排查治理制度化为抓手,以打非治违为重点,坚持把煤矿安全生产作为重中之重,同时突出抓好道路交通安全、油气管道、城市燃气、建筑施工、民爆物品、危险化学品、特种设备、消防等重点行业和领域安全工作。继续实行"456"工作法,深入开展"四不两直"督查活动,严格实行安全生产和重大安全生产事故风险“一票否决制”,严查事故,严肃问责,促进全市安全生产形势持续稳定好转。

始终保持打击私挖滥采的高压态势,坚决做到不揭一个盖、不挖一两煤。要进一步完善包片包点、突查暗访、有奖举报等制度,尤其对浅层煤、浅层矿地方和场所要加大巡查力度,对私挖滥采行为要严厉打击,对私挖滥采案件要坚决查处,切实维护正常的矿业秩序。

(九)大力发展社会事业,着力保障和改善民生。

全面促进创业就业。深化国家级创业型城市创建工作,进一步完善创业就业扶持政策,健全政府投资和重大项目建设带动就业机制。继续实施小微企业吸纳劳动者就业的鼓励政策、高校毕业生自主创业扶持政策和困难企业帮扶政策,大力实施大学生创业引领计划和农民工职业技能提升计划,认真抓好零就业家庭、失业人员及城镇就业困难人员的就业援助工作。建立健全小额担保贷款融资服务支持体系,解决融资瓶颈,落实贴息政策,扩大小额贷款规模,完善创业培训、指导服务“一条龙”“一站式”服务机制,给自主创业者搭好台、架好桥,以创业带动就业。

切实加强社会保障。加快推进机关事业单位养老保险制度改革,继续提高企业退休人员基础养老金、城乡居民基础养老金、城乡低保、农村五保对象补助水平。建立健全老年福利制度。推进城乡居民基本医疗保险制度整合,完善城乡居民大病保险制度,深化医保支付方式改革。积极稳妥推进工伤预防和工伤康复。

不断提升医疗卫生服务水平。全面推进县级公立医院和基层医疗卫生机构综合改革。巩固和推进基层医疗卫生机构实施国家基本药物制度。加强医疗联合体建设,开展县乡医联体建设试点,切实提高县域内医疗服务能力。新农合参合率保持在99%以上,人均筹资标准提高到470元。人均基本公共卫生服务经费提高到40元,为农村60岁以上老年人实行免费健康体检。鼓励社会资本兴办医疗机构。全面做好人口计生工作。

努力促进各类教育协调发展。新改扩建16所农村幼儿园和10所城镇公办标准化幼儿园。支持平定、城区通过国家义务教育发展基本均衡县区验收,率先实现全市整体达标。继续推进校园文化建设和普通高中特色化发展工程,加快阳泉职业技术学院新校区建设。进一步加强教师队伍建设,改善和优化教师队伍结构,提高整体素质。

多措并举促进居民增收。通过稳定扩大就业、鼓励自主创业、提高居民保障水平和补贴水平、拓宽居民投资渠道等,增加城镇居民收入。通过提高农业生产经营效益、扩大外出务工、提高农业补贴和农民社保标准、发放暖心煤补贴等,促进农民增收。完善机关事业单位工资制度。健全企业工资决定和正常增长机制,建立职工工资劳资共决机制。发布年度企业工资增长指导线,提高最低工资标准。贯彻落实中央《关于构建和谐劳动关系的意见》,健全农民工工资支付保障机制。

加强和创新社会管理。全面落实依法治国要求,加快“法治阳泉”建设步伐。深入开展“平安阳泉”建设,加强社会治安综合治理。依法有序抓好信访工作,及时妥善处理群众诉求。健全完善应急管理体系,进一步提升突发事件处置能力和水平。推进天网工程建设,健全立体化社会治安防控体系。深入开展“打黑除恶”斗争。全面推广矿区社会管理服务中心经验,建立专业化社区工作者队伍,推动服务和管理力量向基层倾斜。加强食品药品安全监管,确保群众“舌尖上的安全”。

支持国防和军队建设,做好双拥、优抚安置和人防工作。发展妇女儿童、老龄、残疾人和红十字会等事业。做好地震、民族宗教、外事、侨务、档案、史志等工作。

人民对美好生活的向往,就是我们的奋斗目标。我们要把保障和改善民生作为一切工作的出发点和落脚点,持续加大民生投入力度,兜底线、补短板、建机制,让人民群众有更多的获得感!

三、加强政府自身建设

做好政府工作,必须加强自身建设。我们要全面推进依法治市、依法行政,努力建设法治政府、服务政府、责任政府、创新政府、廉洁政府。

(一)依法行政。要依宪行政,坚持“法定职责必须为、法无授权不可为”,严格按照宪法规定的权限和程序行使权力、履行职责。官员不可任性。要落实“六权治本”要求,完善并严格执行财政资金分配使用管理办法、人事管理办法和政府投资工程项目招投标管理办法,加快推进公共资源交易平台和政务服务平台建设,用制度管财、管人、管事、管工程。自觉接受人大的监督和政协的民主监督,加强行政监察,强化审计监督,充分发挥舆论监督、群众监督作用。

(二)科学施政。完善依法、科学、民主决策机制,把公众参与、专家论证、集体讨论决定等确定为重大行政决策的法定程序。以发展为先、民生为本、稳定为要,进一步简政放权,加快转变政府职能,切实推进政企分开、政资分开、政事分开,理顺关系,优化结构,提高效率,努力形成权责一致、分工合理、决策科学、执行顺畅、监督有力的行政管理体制。认真总结“十二五”规划完成情况,深入分析面临的形势,以改革的精神、创新的理念,科学编制好我市“十三五”规划,谋划好未来五年的发展蓝图。

（三）廉洁从政。不折不扣执行中央“八项规定”和国务院“约法三章”，扎实开展专项整治。严格落实主体责任，抓好政府系统党风廉政建设和反腐败斗争。践行“三严三实”，深入持久反对“四风”，严控“三公”经费，厉行勤俭节约，改进文风会风，树立新风正气。加大重点领域腐败问题查处力度，以最坚决的态度减少腐败存量，用最果断的措施遏制腐败增量，始终保持惩治腐败的高压态势，以反腐倡廉成效取信于民！

（四）为民勤政。巩固群众路线教育实践活动、学习讨论落实活动成果，将其转化为抓落实、促发展的实际成效。要强化服务意识，始终把为人民群众谋福祉作为最大责任，及时回应群众诉求、解决群众困难。要强化责任意识，在事关全市改革发展大局和群众切身利益的事情上，立说立行，一抓到底，打通政策落实的“最后一公里”。要强化督查考核，对为官不为、懒政怠政行为，坚决查处，决不姑息。要始终保持奋发有为、昂扬向上的精神状态，夙夜在公，履职尽责，决不辜负全市人民的期望和重托！

各位代表！尽管当前我市经济社会发展面临一些困难和问题，但越是困难，我们越要看到希望、看到光明，越要增强战胜困难的勇气和信心。让我们更加紧密地团结在以习近平同志为总书记的党中央周围，在省委、省政府和市委的坚强领导下，咬定目标，只争朝夕，戮力同心，攻坚克难，为推动全市经济社会持续健康发展、实现全面建成小康社会目标做出新的更大贡献！

附：《政府工作报告》名词解释

1.“五句话”总体要求：即山西省委提出的“深入学习贯彻习近平总书记系列重要讲话精神，净化政治生态，实现弊革风清，重塑山西形象，促进富民强省”总体要求。

2.“四个全面”：即全面建成小康社会、全面深化改革、全面依法治国、全面从严治党。“四个全面”的战略思想是以习近平同志为总书记的党中央坚持和发展中国特色社会主义的全新布局。

3.“六大发展”：即廉洁发展、转型发展、创新发展、绿色发展、安全发展、统筹发展。

4.国家中小城市综合改革试点市：2015 年 3 月，国家发改委批复全国 61 个地区开展中小城市综合改革试点，山西省仅阳泉市和晋中市获批。该项政策围绕增强中小城市资源聚集能力、人口吸纳能力和综合承载能力，立足破解中小城市改革发展面临的突出矛盾和问题，以大幅度减少政府对资源的直接配置、优化政府保障公共服务、促进公平竞争、推动可持续发展为目标，加快推进产城融合、城市投融资、土地要素、民生保障、城市治理等五个重点领域改革，着力构建促进中小城市健康发展的体制机制。

5.“三证合一”：即将工商、税务、质检的“三证三号”合并为“一证一号”。

6.两个毫不动摇：即必须毫不动摇巩固和发展公有制经济，坚持公有制主体地位，发挥国有经济主导作用，不断增强国有经济活力、控制力、影响力；必须毫不动摇鼓励、支持、引导非公有制经济发展，激发非公有制经济活力和创造力。

7.PPP 模式：即英文 Public—Private—Partnership（公私合作）的缩写，是政府和社会资本通过合作来提供公共产品或服务的一种项目融资模式。在该模式下，通常社会资本承担设计、建设、运营、维护基础设施的大部分工作，政府部门负责基础设施及公共服务价格和质量监管。

8.股权众筹：基于互联网渠道而进行融资的模式。即公司面向普通投资者，出让一定比例的股份，投资者通过出资入股公司，获得未来收益。

9.众创空间：即把握互联网环境下创新创业特点和需求，通过市场化机制、专业化服务和资本化途径构建的低成本、便利化、全要素、开放式的新型创业服务平台的统称。

10.“创客”：来源于英文单词“Maker”，是指出于兴趣与爱好，努力把各种创意转变为现实的人。

11.“互联网 +”：就是利用互联网平台，利用信息通信技术，把互联网和包括传统行业在内的各行各业结合起来，在新的领域创造一种新的生态。

12.“1215”工程：为加快项目建设，促进投资增长，市政府今年决定实施“1215”工程，即：储备 100 个前期项目，新开工 200 个项目，积极推进 100 个续建项目，确保 50 个项目竣工投产。

13.“O2O”：即英文 Online-to-Offline（线上线下）的缩写，是电子商务的一种模式。该模式通过互联网将商家信息、商品信息、团购信息、打折信息、免费信息等展现给消费者，消费者经过线上筛选、线下比较体验后有选择地进行消费，并在线上支付。

14.安全生产“456”工作法：即采取不发通知、不打招呼、不听汇报、不用陪同接待、直奔基层、直插现场“四不两直”的方式，市长突击检查安全生产工作 4 次，各位副市长 5 次，市直有关部门和县（区）政府主要负责人 6 次。

15.“六权治本”：即依法确定权力、科学配置权力、制度限制权力、阳光使用权力、合力监督权力、严惩滥用权力。

16.“三严三实”：即严以修身、严以用权、严以律己，谋事要实、创业要实、做人要实。

概况

基本情况

自然地理

【位置 面积】 阳泉市位于山西省东部,地处黄土高原东缘、太行山中段西麓。北与忻州市接壤,西与太原市连接,南接晋中市,东邻河北省石家庄市。总面积4558.93平方千米,地理坐标:北纬37° 40′ —38° 31′ 、东经112° 54′ —114° 04′ 。朔黄铁路、石太铁路、石太高速铁路和太旧高速公路、太阳高速公路、307国道自西向东横穿市境,阳五高速公路、207国道纵贯市境南北,交通便利。 (杨 辑)

【地质 地貌】 地质 阳泉市位于山西中台隆东部,跨越五台隆起的南部、太行拱断束中段西侧、沁水台拗陷东北边缘,系3个构造单元的交汇处。

境内的出露地层由老至新依次为:中太古界阜平岩群、龙泉关岩群,上太古界龙华河岩群,下元古界滹沱群,中元古界长城系,下古生界寒武系、奥陶系,上古生界石炭系、二叠系,中生界三叠系,新生界第三系、第四系。各地层的分布情况:中太古界、上太古界和下元古界主要分布于盂县的北部;中元古界主要分布于平定县的东部;下古生界主要分布于盂县的中部、东部和平定县的东部,上古生界主要分布于盂县的南部、阳泉市郊区以及平定县的中部和西部;中生界仅在平定县的西南部有少量分布;新生界分布于盂县、阳泉市郊区以及平定县的中部。

境内岩浆岩分布不广,主要发育在盂县北部基底变质岩系中,中北部和南部盖层中亦有出露。岩性以基性岩为主,中性岩为次,侵入岩、喷出岩、脉岩均有产出;其中吕梁期、燕山期的基性脉岩较为发育,喜山期的喷出岩具一定规模。它们均有不同程度的次生变化,部分已变质或混合岩化,并且与许多重要矿产有密切关系。

地貌 阳泉市地貌以山地为主,山高谷深,地面崎岖不平。东部为太行山,西部为系舟山的支脉,均呈近南北向展布,山地约占总面积的75%。山脉之间分布着一些盆地,面积较大的有西烟盆地、盂城盆地和平定—阳泉盆地。西烟盆地和盂城盆地底部各为一块面积不大的平原,平定—阳泉盆地底部是一片起伏和缓的土石丘陵。平原和丘陵约占总面积的25%。境内黄土层厚度较薄,且西部大于东部,呈黄土高原东缘的特色。从整体看,地势西高东低。最高点为北方山山脉的坪塔梁主峰,海拔1803.6米;最低点在娘子关绵河河谷与井陉县接壤处,海拔350米;最大相对高差1453.6米。市中心海拔约700米。 (杨 辑)

【气候 水文】 气候 2014年阳泉市的气候特点是:全市降水北中部少南部略多,气温偏高,日照偏少,出现霜冻、风雹、病虫害、干旱灾害,雾霾天气较严重。季节分布而言,降水冬、春、夏季少,秋季多;气温冬、春、秋季高,夏季略低;日照北中部春、夏季多,冬、秋季少,平定各季均偏少。2014年春季北部遭受霜冻灾害;春末夏初出现旱情;夏季降水分布不均,大部分地区降水不足,局部风雹灾害多发,个别乡镇发生病虫害;秋季光温条件好。综合评价2014年阳泉市气候对农业的影响属正常偏差年景。

阳泉市年降水量在327.4毫米—538.3毫米,阳泉327.4毫米、盂县431.7毫米、平定县538.3毫米,阳泉和盂县分别比常年平均偏少168.6毫米和93.6毫米,平定县比常年平均偏多29.7毫米。平均气温在9.9℃—11.4℃之间,阳泉11.2℃、盂县9.9℃、平定县11.4℃,比常年平均偏高0.5℃—0.6℃;年极端最高气温35.3℃—37.4℃;年极端

最低气温为 -18.0℃—-16.0℃。年日照时数在 2296.2 小时—2606.4 小时,阳泉 2310.0 小时、盂县 2606.4 小时、平定县 2296.2 小时,比常年平均偏少 77.9 小时—378.6 小时。

灾害天气偏少,主要有区域性的霜冻、风雹、病虫害、雾霾等。霜冻:5 月 3 日至 5 日,盂县出现霜冻,3 日早晨西部东梁、西烟两乡镇最低气温降到 -2℃。风雹:主要出现在 6 月 16 日至 17 日、8 月 17 日、8 月 21 日、8 月 23 日、8 月 27 日、9 月 1 日至 2 日。病虫害:8 月初,盂县东部、平定南部等地区出现大小斑病,仅仙人乡受灾面积达到 1733 公顷(2.6 万余亩),其中绝收面积 443 公顷(6650 亩),导致受害农田产量大量减产。雾霾:2 月下旬、10 月上旬出现较严重雾霾天气过程。

水文　境内除西部有约 22 平方千米属黄河流域外,其余均属海河流域。滹沱河及桃河是境内的主要河流。除滹沱河的干流外,其余河流均属暴雨型间歇河流,含沙量较大。阳泉站 2014 年实测年输沙量 0.05 万吨,输沙模数 0.4 吨 / 平方千米。境内地下水丰富,主要类型是碳酸盐岩类岩溶裂隙水,在东部露头形成娘子关岩溶大泉。年内,境内降水丰枯程度为“偏枯”。平均面降雨量为 445.8 毫米,折合水体 20.41 亿立方米。比上年减少 24.4%。实测最大点雨量 623.4 毫米,为田家庄雨量站测得;最小点雨量为 350.0 毫米,为东凌井雨量站测得。二者比值为 1.8 : 1。境内主要河流水污染依然严重,均为超 V 类水质。　(李润春　徐峰伟)

【土壤 植被】　土壤　全市土壤面积共 384555 公顷(5768321 亩),占全市总面积的 86.38%,可分为 4 个土类、6 个亚土类、23 个土属和 91 个土种。4 个土类是褐土土类、潮土土类、粗古土土类和石质土土类。其中褐土是一种地带性土壤,为境内的主要土壤类型,面积 334533 公顷(5017993 亩),约占全市土壤总面积的 87%。

植被　境内属暖温带落叶林阔叶林地带。植被随环境条件的不同而形成 6 种植被类型:温性针叶林,主要是油松林、侧柏林;温性针阔叶混交林,主要为油松、辽东栎、麻栎混交林;温性阔叶林,主要为刺槐、杨树、鹅耳枥林;灌草丛,境内为山皂荚、白羊草灌草丛;草丛,主要为白羊草草丛;栽培植被,主要有玉米、小麦、谷类、豆类和水稻等。此外,还有常见的北方油料作物、蔬菜和瓜果等。　(张　艳)

【自然资源】　2014 年末,全市土地总面积无变更,为 4558.93 平方千米。其中,盂县 2514 平方千米,占全市总面积的 55%;平定县 1391 平方千米,占全市总面积的 30.5%;郊区 627 平方千米,占全市总面积的 13.8%;城区 14.77 平方千米,占全市总面积的 0.32%;矿区 11.83 平方千米,占全市总面积的 0.25%。

耕地 76311.73 公顷,占总面积的 16.74%;园地 3175.58 公顷,占总面积的 0.70%;林地 155736.68 公顷,占总面积的 34.16%;草地 115080.01 公顷,占总面积的 25.24%;城镇村及工矿用地 27993.01 公顷,占总面积的 6.14%;交通运输用地 6799.61 公顷,占总面积的 1.49%;水域及水利设施用地 3647.40 公顷,占总面积的 0.80%;其他土地 67149.26 公顷,占总面积的 14.73%。全市 76311.73 公顷耕地面积中,水浇地为 1555.20 公顷,占总耕地的 2 %;旱地为 74756.53 公顷,占总耕地的 97.96%。坡度为 15° 以上的耕地为 15783.37 公顷,占总耕地面积的 20.68%。全市人均耕地面积为 0.83 亩(全国人均耕地面积 1.4 亩、全省人均耕地 1.48 亩),耕地后备资源匮乏,土地利用程度低、质量差。

2014 年阳泉市土地利用现状变更表

表 1　单位:公顷

变更后地类		代码	年初面积	年内减少面积	年内增加面积	年末面积
耕地	小计	01	76306.27	291.32	296.78	76311.73
	水田	011	0	0	0	0
	水浇地	012	1581.44	26.24	0	1555.20
	旱地	013	74724.83	265.08	296.78	74756.53
园地	小计	02	3188.83	13.25	0	3175.58
	果园	021	2823.41	13.23	0	2810.18
	茶园	022	0	0	0	0
	其他园地	023	365.42	0.02	0	365.40
林地	小计	03	155810.35	73.67	0	155736.68
	有林地	031	41739.56	25.10	0	41714.46
	灌木林地	032	77429.60	21.19	0	77408.41
	其他林地	033	36641.19	27.38	0	36613.81

续表 1-1

变更后地类		代码	年初面积	年内减少面积	年内增加面积	年末面积
草地	小计	04	115400.42	320.41	0	115080.01
	天然牧草地	041	0.65	0	0	0.65
	人工牧草地	042	10.54	0	0	10.54
	其他草地	043	115389.23	320.41	0	115068.82
城镇村及工矿用地	小计	20	27727.94	34.04	299.11	27993.01
	城市	201	3449.97	1.3	65.72	3514.39
	建制镇	202	2696	0.69	103.24	2798.55
	村庄	203	15417.16	44.21	211.13	15584.08
	采矿用地	204	5774.48	80.54	9.40	5703.34
	风景名胜及特殊用地	205	390.33	0.27	2.59	392.65
交通运输用地	小计	10	6538.96	5.9	266.55	6799.61
	铁路用地	101	477.20	0	0.05	477.25
	公路用地	102	2913.50	0.12	266.91	3180.29
	农村道路	104	3146.91	11.49	5.3	3140.72
	机场用地	105	0	0	0	0
	港口码头用地	106	0	0	0	0
	管道运输用地	107	1.35	0	0	1.35
水域及水利设施用地	小计	11	3662.19	15.26	0.47	3647.40
	河流水面	111	757.96	2.69	0	755.27
	湖泊水面	112	0.11	0	0	0.11
	水库水面	113	164.02	0.94	0	163.08
	坑塘水面	114	69.07	1	0	68.07
	沿海滩涂	115	0	0	0	0
	内陆滩涂	116	2495.35	10.40	0	2484.95
	沟渠	117	151.52	0.27	0.51	151.76
	水工建筑用地	118	24.16	0	0	24.16
	冰川及永久积雪	119	0	0	0	0
其他土地	小计	12	67258.32	153.72	44.66	67149.26
	设施农用地	122	249.78	2.49	36.34	283.63
	田坎	123	11512.12	34.60	13.55	11491.07
	盐碱地	124	0	0	0	0
	沼泽地	125	0	0	0	0
	沙地	126	0	0	0	0
	裸地	127	55496.42	121.86	0	55374.56
合　计			455893.28	1011.52	1011.52	455893.28

（赵振宁）

水资源　2014 年，阳泉市河川径流量为 3.1151 亿立方米（含泉水出露量），比上年减少 35.0%，比多年平均值偏少 39.0%；径流深为 68.0 毫米；地下水为 2.2634 亿立方米（含泉水分配量）；扣除重复量后全市水资源总量为 2.5556 亿立方米（含泉水分配量）。

矿产资源　截至 2014 年末，阳泉市发现矿产资源 65 种，其中探明资源储量的矿产资源 13 种，又以煤炭、硫铁矿、铝土矿、耐火黏土等矿产储量较大。截至年底，全市煤炭保有储量约 82 亿吨，已设采矿权 62 亿吨，未利用的储量约 19.85 亿

吨。全市煤炭年生产能力为0.7亿吨,按平均回采率70%和储量备用系数1.4计算,全市煤炭可采储量服务年限约35年。

全市铝土资源保有储量约8700万吨,占全省保有储量(11亿吨)的7.9%。其中郊区勘探区4600万吨、盂县勘探区4100万吨。（赵振宁　徐峰伟）

人　口

【年末总人口】 据2014年阳泉市人口抽样调查,年末全市常住人口为139.27万人,比上年末增加6644人。详见表2。（潘维新　和继明）

【人口性别构成】 据2014年人口抽样调查,全市总人口中,男性人口为717525人,占总人口的51.52%;女性人口为675149人,占总人口的48.48%;人口性别比为106.28,详见表3。（潘维新　和继明）

【城乡人口】 据2014年人口抽样调查,全市总人口中,居住在城镇的人口为904662人,占总人口的64.96%;居住在乡村的人口为488012人,占总人口的35.04%。详见表4。（潘维新　和继明）

【人口自然变动】 据2014年人口抽样调查,全年全市出生人口为1.41万人,人口出生率为10.14‰;死亡人口0.74万人,死亡率为5.36‰;自然增长率为4.78‰。详见表5。（潘维新　和继明）

2014年阳泉市分县区年末总人口及人口密度一览表

表2　单位:户、人、人/平方千米

	年末总户数	年末总人口	人口密度
阳泉市	527906	1392674	305.00
市　区	247938	732678	1120.30
其中:城区	60644	196241	13286.00
矿区	75329	247848	20951.00
郊区	111965	288589	460.00
平定县	144937	341434	245.00
盂　县	135031	318562	127.00

注:开发区人口数包括在郊区人口数内。（潘维新　和继明）

2014年阳泉市分县区人口性别构成一览表

表3　单位:人

	男性	女性	性别比(以女性为100)
阳　泉　市	717525	675149	106.28
城　区	97186	99055	98.11
矿　区	127127	120721	105.31
郊　区	150017	138572	108.26
平定县	178180	163254	109.14
盂　县	165015	153547	107.47

注:开发区人口数包括在郊区人口数内。（潘维新　和继明）

2014年阳泉市分县区城乡人口一览表

表4　单位:人、%

	城镇人口	乡村人口	城镇人口比重
阳　泉　市	904662	488012	64.96
城　区	196241	—	100.00
矿　区	247848	—	100.00
郊　区	206297	82292	71.48
平定县	131707	209727	38.57
盂　县	122569	195993	38.48

注:开发区人口数包括在郊区人口数内。（潘维新　和继明）

2014年阳泉市分县区人口自然变动情况一览表

表5　单位:‰

	人口出生率	人口死亡率	人口自然增长率
阳　泉　市	10.14	5.36	4.78
城　区	9.71	4.72	4.99
矿　区	9.22	4.76	4.46
郊　区	8.92	5.96	2.96
平定县	11.58	6.20	5.38
盂　县	11.69	4.77	5.92

注:开发区人口数包括在郊区人口数内。（潘维新　和继明）

民族　宗教

【民族】 截至年末,全市共有汉族、蒙古族、回族、藏族、维吾尔族、苗族、彝族、壮族、布依族、朝鲜族、满族、侗族、瑶族、白族、土家族、哈尼族、傣族、黎族、傈僳族、佤族、畲族、高山族、拉祜族、纳西族、景颇族、土族、仫佬族、羌族、毛南族、仡佬族、锡伯族、阿昌族、鄂温克族共33个民族。汉族人口占全市总人口的99.65%。少数民族人口有5000余人,占总人口的0.35%。超过百人以上的少数民族有回族、蒙古族、土家族、彝族、苗族、壮族和满族,其中回族是境内人口最多的少数民族,有1501人。盂县秀水镇东白水村是全省唯一的蒙古族聚居村,有蒙古族

人口410人，占该村总人数的36.6%，蒙古族户数110户，占该村总户数的27%。（冯晓琴）

【宗教】 截至年底，全市有佛教、道教、基督教、天主教、伊斯兰教五大宗教，分布在境内的寺观教堂和固定宗教活动场所400多处，信教群众10万余人，占全市总人口的7.1%；其中，佛教、道教信众8.7万人，基督教1.3万人，天主教0.26万人，伊斯兰教0.3万人。宗教团体有市佛教协会、市基督教"两会"（基督教"三自"爱国运动委员会、基督教协会）、天主教爱国会筹备组、市伊斯兰教协会；经政府批准的法定宗教活动场所36处，其中佛教24处、道教2处、基督教7处、天主教2处、伊斯兰教1处。全市依法备案的宗教教职人员77人，其中佛教比丘（比丘尼）35人、道教2人、天主教神甫2人、基督教长老4人、传道员33人、伊斯兰教阿訇1人。（冯晓琴）

行政区划

【行政简况】 2014年，阳泉市辖3区、2县、12个街道办事处、20个镇、12个乡、127个居民委员会（社区）和960个村民委员会。详见表6。（潘维新　和继明）

2014年阳泉市行政区划统计表

表6　单位：个

	全市	城区	矿区	郊区	平定县	盂县
市辖区	3	1	1	1	–	–
市辖县	2	–	–	–	1	1
街道办事处	12	6	6	–	–	–
镇	20	–	–	4	8	8
乡	12	–	–	4	2	6
居民委员会(社区)	127	46	38	10	23	10
村民委员会	960	–	–	189	318	453

注：开发区所辖3个社区和5个行政村包括在郊区内。（潘维新　和继明）

国民经济和社会发展

【简况】 2014年，面对复杂严峻的外部经济形势和内部结构性矛盾，特别是受煤炭价格持续下降及大宗工业产品产能过剩等因素影响，阳泉市的经济发展面临巨大压力，工业经济增速下滑，服务业整体不振，企业效益明显回落，财政收入增收乏力。但是，经过全市上下共同努力，整体经济依然保持平稳运行势头，各项社会事业得到一定发展。

全年实现地区生产总值616.6亿元，按可比价计算，比上年增长3.2%。其中，第一产业增加值11.0亿元，增长4.8%，占生产总值的1.8%；第二产业增加值336.9亿元，增长3.5%，占生产总值的54.6%；第三产业增加值268.7亿元，增长2.7%，占生产总值的43.6%。人均地区生产总值44382元，按2014年平均汇率计算为7225美元。

居民消费价格比上年上涨1.3%，其中食品价格上涨1.8%、商品零售价格上涨0.3%。工业生产者出厂价格下降10.3%，其中生产资料价格下降10.6%、生活资料价格上涨4.5%。工业生产者购进价格下降2.4%。详见表7。

2014年居民消费价格涨幅表

表7　单位：%

指　标	涨幅比上年
居民消费价格	1.3
食　品	1.8
烟酒及用品	0.1
衣　着	3.5
家庭设备用品及维修服务	0.0
医疗保健和个人用品	0.6
交通和通信	0.1
娱乐教育文化用品及服务	1.5
居　住	0.4

（潘维新　和继明）

全市城镇新增就业25225人。转移农村劳动力10377人。年末城镇登记失业率3.13%。（潘维新）

【农业】 全年全市农作物种植面积59114.8公顷，比上年增加214.5公顷。其中，粮食种植面积56786.5公顷，减少70.5公顷；油料种植面积110.6公顷，减少55.5公顷。在粮食种植面积中，玉米种植面积48060公顷，增加594公顷。粮食产量29.4万吨，增加0.3万吨，增产0.9%。其中，夏粮810吨，下降50.6%；秋粮29.3万吨，增产1.2%。

全年完成造林8400公顷，比上年增长12.7%，其中人工造林面积6800公顷，增长0.9%。木材产量2780立方米。

全市肉类总产量19924.3吨，比上年增长5.6%。其中，猪肉产量15276吨，增长0.3%；禽肉产量3513吨，增长31.1%；年末生猪存栏142524头，出栏203665头。牛奶产量6518吨，下降0.7%。禽蛋产量27800吨，增长8.0%。水产品产量810吨，增长7.1%。

年末，全市农业机械总动力136.5万千瓦，比上年增长2.2%。机械耕地面积4.6万公顷，增长3.0%；机械播种面积4.2万公顷，机械收获面积0.8万公顷，分别增长3.0%和29.1%。全市农机化经营总收入8.0亿元，增长8.4%。

年末，全市有农业产业化龙头企业55家，农民专业合作社2076家。（潘维新　和继明）

【工业和建筑业】 截至年末，全市规模以上（年主营业务收入2000万元以上)工业企业140家,比上年减少21家。完成工业增加值239.1亿元,增长4.2%。其中,国有及国有控股企业下降0.7%,集体企业下降14.7%,股份制企业增长5.1%,外商及港澳台企业下降7.9%。分轻重工业看,轻工业增加值4.1亿元,下降16.7%;重工业增加值235亿元,增长4.6%。分行业增加值增速看,煤炭行业增长5.4%、冶金行业增长9.5%、电力行业下降1.4%、炼焦行业增长90.2%、化工行业下降33.6%、机电行业下降16.7%、建材行业增长25.9%。

全社会原煤产量6212.4万吨,比上年下降3.8%;发电量107.7亿千瓦小时,下降5.8%;规模以上工业其他主要工业产量为:洗煤3772万吨,增长12.5%;液体乳0.5万吨,下降17%;焦炭70.8万吨,增长66.6%;耐火材料121.6万吨,增长106.4%;水泥364.6万吨,增长25.2%;氧化铝60.6万吨,增长55.8%;铝锭7.5万吨,下降65.0%;石墨及碳素3.6万吨,下降6.1%。

规模以上工业企业实现主营业务收入559.7亿元,比上年下降32.3%。其中,煤炭、焦炭、冶金和电力工业分别实现主营业务收入349.5亿元、5.3亿元、43.7亿元和38.7亿元,煤炭、冶金、电力工业分别下降35.5%、32.6%、22.9%,焦炭增长4.0%;化学、建材、装备制造、食品工业分别实现主营业务收入10.2亿元、39.4亿元、53.9亿元、3.5亿元,建材、食品工业分别增长2.9%、58.3%,化学、装备制造工业分别下降41.6%、40.7%。

规模以上工业实现利税21.4亿元,下降58.7%;实现利润-20.7亿元,下降432.9%。

全市建筑业实现增加值43.5亿元,按可比价计算,比上年下降0.7%。具有建筑业资质等级的总承包和专业承包建筑业企业实现利润3.8亿元,下降17.4%。　(潘维新　和继明)

【固定资产投资】　全年全社会固定资产投资517.4亿元,比上年增长6.6%。其中,国有及国有控股投资231.3亿元,增长1.2%;民间投资279.4亿元,增长12.6%。内资企业投资510.7亿元,增长7.1%;外商及港澳台商企业投资6.7亿元,下降23.9%。

在全社会固定资产投资中,第一产业投资26.1亿元,比上年增长47.5%;第二产业投资223.5亿元,增长6.0%;第三产业投资267.8亿元,增长4.2%。在第二产业中,工业投资219.6亿元,增长4.6%。其中,煤炭工业投资52.4亿元,下降39.8%;非煤产业投资167.2亿元,增长36.0%;传统产业(煤炭、焦炭、冶金、电力)投资合计100.1亿元,下降20.2%;非传统产业投资合计119.5亿元,增长41.4%。详见表8。

全市在建固定资产投资项目598个。其中,5亿元以上项目42个,计划总投资648.1亿元,完成投资114.3亿元。

全年房地产开发投资52.7亿元,比上年下降27.2%。其中,住宅投资43.4亿元,下降18.8%;商业营业用房投资4.7亿元,下降48.5%。保障性住房建设实际完成投资29.2亿元,开工新建各类保障性住房6511套,基本建成保障性住房及棚户区改造住房9121套。详见表9。　(潘维新　和继明)

【能源】　全年全市一次能源生产折标准煤4437.5万吨,比上年下降3.8%;二次能源生产折标准煤252.2万吨,增长10.1%。规模以上工业总能耗折标准煤613.1万吨,下降6.3%,其中主要耗能工业企业单位产品能源消耗主要有:炼焦工

2014年分行业全社会固定资产投资及其增长速度简表

表8　　单位:亿元、%

行　业	投资额	比上年增长
全　市	517.40	6.60
农林牧渔业	26.10	46.60
采矿业	101.60	-0.60
制造业	80.10	2.20
电力、热力、燃气及水的生产和供应业	37.80	28.60
建筑业	3.90	387.50
批发和零售业	8.60	48.30
交通运输、仓储和邮政业	26.30	-27.50
住宿和餐饮业	1.10	-86.10
信息传输、软件和信息技术服务业	16.20	-22.50
房地产业	132.50	14.90
租赁和商务服务业	39.00	197.70
科学研究和技术服务业	0.20	-96.20
水利、环境和公共设施管理业	28.70	-28.60
居民服务和其他服务业	1.70	466.70
教　育	2.10	-34.40
卫生、社会工作	2.70	-3.60
文化、体育和娱乐业	4.20	1300.00
公共管理和社会组织	4.60	-17.90

(潘维新　和继明)

2014 年阳泉市房地产开发和销售主要指标完成情况简表

表 9　　单位:亿元、万平方米、%

指　　标	绝对数	比上年增　长
投资完成额	52.7	-27.2
其中:住宅	43.4	-18.8
房屋施工面积	672.6	-18.3
其中:住宅	532.6	-16.4
房屋新开工面积	177.5	-20.3
其中:住宅	146.3	-23.4
房屋竣工面积	78.6	-48.7
其中:住宅	69.3	-50.5
商品房销售面积	73.7	-13.6
其中:住宅	71.5	-12.5

(潘维新　和继明)

序单位能耗 148.0 千克标准 / 吨,下降 14.8%;单位电解铝综合能耗 1718.4 千克标准煤 / 吨,下降 0.5%;电厂火力发电标准煤耗 330.5 克标准煤 / 千瓦小时,下降 0.9%。

全社会用电总量 68.6 亿千瓦小时,比上年下降 13.7%。第一产业用电 0.5 亿千瓦小时,占全社会用电量 0.8%;第二产业用电 55.9 亿千瓦小时,占 81.5%,其中工业用电 55.3 亿千瓦小时;第三产业用电 7.2 亿千瓦小时,占 10.4 %;城乡居民生活用电 5.0 亿千瓦小时,占 7.3%。(潘维新　和继明)

【国内贸易】 全年全市社会消费品零售总额 271.2 亿元,比上年增长 9.9%。按经营地统计,城镇消费品零售额 252.5 亿元,增长 10.2%;乡村消费品零售额 18.7 亿元,增长 6.3%。按消费形态统计,餐饮收入额 38.3 亿元,增长 16.0%;商品零售额 232.9 亿元,增长 9.0%。

分行业看,批发业零售额 57.9 亿元,比上年增长 17.0%;零售业零售额 175 亿元,增长 6.6%;住宿业零售额 10.5 亿元,增长 12.6%;餐饮业零售额 27.8 亿元,增长 17.1%。

在限额以上批发和零售业(年销售额 2000 万元及以上批发企业和年销售额 500 万元及以上零售企业)零售额中,汽车类销售额比上年下降 2.6%,石油及制品类销售额下降 11.7%,服装、鞋帽、针纺织品类销售额增长 4.4%,粮油、食品、饮料、烟酒类销售额下降 1.1%,通信器材类销售额下降 12.4%,家用电器和音像器材类销售额下降 11.8%,金银珠宝类销售额下降 12.3%,体育、娱乐用品类销售额增长 42.1%,化妆品类销售额增长 12.7%。(潘维新　和继明)

【对外经济】 全年全市海关进出口总额 19567 万美元,比上年下降 8.3%。其中,进口额 4645 万美元,下降 50.1%;出口额 14922 万美元,增长 24.1%。

全市新设立外商直接投资企业 1 家;按全口径统计实际使用外商直接投资金额 27600 万美元,增长 4.2%。　(潘维新　和继明)

【交通 邮电】 年末,全市公路线路里程 5370.6 千米,比上年末增加 26.6 千米。

2014 年客货运输量及增速简表

表 10

指　　标	单位	绝对数	比上年增长(%)
旅客运输量	万人	2301.4	1.3
其中:铁路	万人	259.0	4.3
公路	万人	2042.4	1.0
货物运输量	万吨	8543.3	5.4
其中:铁路	万吨	4053.9	-0.6
公路	万吨	4489.5	11.3

(潘维新　和继明)

年末全市民用汽车保有量 17.4 万辆(包括三轮汽车和低速货车 1168 辆),比上年末增长 4.4%,其中私人汽车 14.4 万辆,增长 7.7%。年内新注册汽车 1.7 万辆,下降 16.0%。年末轿车保有量 10.4 万辆,增长 10.7%,其中私人轿车 9.4 万辆,增长 13.4%。

全市完成邮电业务总量 16.3 亿元,比上年增长 11.6%。其中,邮政业务总量 1.2 亿元,下降 2.5%;电信业务总量 15.1 亿元,增长 13.3%。年末移动电话用户 143.5 万户,其中,3G 移动电话用户 52.3 万户。全市宽带接入用户 30.5 万户,增长 8.5%。(潘维新　和继明)

【旅游】 年内,全市接待海外旅游 3995 人次,接待国内旅游者 1816.8 万人次,分别增长 4.5%和 22.5%;旅游外汇收入 87.3 万美元,国内旅游收入 149.2 亿元,旅游总收入 149.4 亿元,分别增长 4.3%、24.5%和 23.8%。　(潘维新　和继明)

【财政 金融 保险】 全年全市财政总收入 98.1 亿元,比上年下降 6.3%。公共财政预算收入 47.0 亿元,增长 0.5%。税收收入 35.5 亿元,增长 2.4%,其中国内增值税、营业税、企业所得税、个人所得税、资源税和城市维护建设税共计完成税收 26.5 亿元,下降 6.1%。公共财政预算支出 86.9 亿元,增长 0.6%。其中教育支出增长 2.4%、医疗卫生与计划生育支出增长 0.7%、文化体育与传媒支出增长 5.7%、农林水事务支出下降 3.9%、社会保障和就业支出下降 4.1%、节能环保支出下降 37.8%。

年末全市金融机构本外币各项存款余额 1154.2 亿元,比年初增加 3.2 亿元,增长 0.3%;各项贷款余额 649.4 亿元,比年初增加 30.7 亿元,增长 5.0%。

全市农村金融合作机构(农村信用社、农村商业银行)人民币存款余额 307.3 亿元,比年初增加 4.7 亿元,增长 1.5%;人民币贷款余额 182.7 亿元,比年初增加 5.4 亿元,增长 3.1%。

全市保费收入 23.9 亿元,比上年增长 7.6%。人身险保费收入 16.1 亿元,增长 7.1%,其中,寿险保费收入 15.6 亿元,增长 7.9%;财产险保费收入7.8亿元（其中机动车辆险保费收入6.2亿元，增长6.2%），增长8.2%。支付各类赔款及给付9.4亿元，增长11.9%。（潘维新　和继明）

【教育 科技】 年末，全市高等院校达到2所。全市普通高等教育招生4580人，在校生12817人，毕业生4020人；中等职业教育招生3739人，在校生14213人，毕业生6216人；普通高中招生9779人，在校生30085人，毕业生9879人；初中招生17683人，在校生42472人，毕业生13332人；普通小学招生13458人，在校生83680人，毕业生13416人；特殊教育招生73人，在校生537人，毕业生58人；学前教育招生13539人，在校生32919人，毕业生13452人；农民实用技术培训12.5万人次。

全市专利申请量与授权量分别为1078件和483件，与上年相比，专利申请量下降8.3%，授权量增长55.3%；其中发明专利申请量与授权量分别为361件和23件，分别下降15.0%和4.2%。全年共签订各类技术合同20项，合同成交总额5299.7万元，增长15.7%。新登记科技成果28项。市级企业技术中心29家。按照国家高新技术企业认定办法，年末已有高新技术企业17家。（潘维新　和继明）

【文化 卫生 体育】 年末，全市共有群众艺术馆1个、文化馆5个、艺术表演团体6个、公共图书馆6个。有线电视用户33.2万户。全年共发行《阳泉日报》730万份。

全市共有卫生机构(含诊所、村卫生室)1440个，床位7428张。妇幼保健院(所、站)6个。卫生机构共有卫生技术人员9283人。全市3个农业县(区)全部开展了新型农村合作医疗试点工作，有57.2万名农民参加了合作医疗。

阳泉市运动员在国内外重大比赛中获金、银、铜牌分别为74枚、54枚和59枚(含非奥运项目比赛)。全市销售中国体育彩票4652万元，比上年增长4.8%。（潘维新　和继明）

【人民生活和社会保障】 全年全市居民人均可支配收入19419元，比上年增长8.4%；城镇常住居民人均可支配收入24825元，增长7.4%；农村常住居民人均可支配收入10742元，增长10.1%；城镇占调查总户数20%的低收入居民人均可支配收入8018元，增长8.2%；农村占人口20%的低收入居民收入3880元，增长12.4%。

年末，参加城镇职工基本养老保险31.45万人，比上年增加6.35万人；参加农村养老保险37.02万人，增加0.22万人；参加城镇医疗保险63.04万人，增加0.44万人；参加失业保险25.05万人，增加0.05万人；参加工伤保险24.84万人，增加0.44万人；参加生育保险24.58万人，增加0.08万人。

全市三区两县的最低工资标准同步提高，城区、矿区、郊区最低工资标准为1450元，平定县、盂县为1250元，均比上年提高160元。

全市共有城市最低生活保障对象4.06万人，比上年减少0.14万人；农村最低生活保障对象4.29万人，比上年增加0.19万人，0.74万人纳入农村五保供养；全年共发放最低保障资金2.35亿元，比上年增加0.13亿元。全市城镇社会保险参保率为97.8%。

全市共有救助站3个。共有各类提供住宿的社会服务机构36个，养老服务机构床位数3881张，各类福利院床位数350张，收养122人。城镇各种社区服务设施97个，其中综合性社区服务中心7个。全年销售福利彩票2.11亿元，筹集社会福利资金1401万元，接收社会捐赠款27.3万元。（潘维新　和继明）

【环境和安全生产】 全年全市空气质量二级以上天数为178天，优良天数比例为48.8%，综合污染指数为8.62，环境空气质量稳定达到国家二级标准〔按照《环境空气质量标准》(GB 3095-2012)〕。化学需氧量、氨氮、二氧化硫、氮氧化物、烟尘和工业粉尘分别减排2.12%、0.05%、5.16%、9.23%、0.33%、0.45%。

全年各类自然灾害造成直接经济损失1.3亿元，农作物受灾面积4.6万公顷，其中绝收4727公顷。

全年共发生各类安全事故430起，下降1.6%；死亡64人，下降14.9%。全市煤炭百万吨死亡率0.05。（潘维新　和继明）

注：1.地区生产总值、各产业增加值绝对数按现价计算，增长速度按不变价格计算。

2.从2011年起，规模以上工业企业统计标准由过去的年主营业务收入500万元提高到2000万元，固定资产投资统计起点由项目计划总投资50万元提高到500万元，限额以上批发零售企业是指年销售额2000万元及以上的批发企业和年销售额500万元及以上的零售企业。

3.从2011年起，邮电业务总量（包括邮政业务和电信业务总量）由之前的以2000年不变价计算调整为以2010年不变价计算；保险公司保费收入按行业新确认口径统计。

4.由于个别部门数据口径有调整，故与上年相比速度有变化。

机构设置和领导人名录

中共阳泉市委员会

书　记　洪发科

副书记　陈永奇
　　　　王旭明

常　委　洪发科
　　　　陈永奇　王旭明
　　　　王　民(10月免)
　　　　杨永生　王湜洲　李利生
　　　　刘　星　李云峰　李定武
　　　　密国林(12月免)

田桂明(12月任)
秘书长 刘 星
常务副秘书长 高永红
副秘书长 叶 挺
冯维明(兼)
段宏华(兼)
杜林森(兼)
安海润(兼)
程会平

市委工作部门

办公厅
副主任 叶 挺 杜林森(兼)
程会平 张如晟
保密委员会办公室(挂市国家保密局的牌子)
主任(局长) 刘彦忠
机要局
局 长 杨文耀
督查室(挂市委督查室的牌子)
主 任 张国庭
市委 市政府信访局
局 长 段宏华
副局长 宋宝计 李东方
纪检组长 窦 彪
市处理信访突出问题及群体性事件联席会议办公室
专职副主任 和富金
市委防范办
主 任 安海润
副主任 张贵平
组织部
部 长 李定武
常务副部长 张宝明
副部长 樊如珍(兼) 李富平
史喜平(兼) 王国胜
市委人才工作领导组办公室
主 任 王吉贵
市委组织部大学生村干部管理办公室
主 任 王 洪
老干部局
局 长 史喜平
副局长 高永青 李姝君(女)
宣传部
部 长 杨永生
常务副部长 史玉宝
副部长 周建新(兼) 杨鸿龙(兼)
陈保明 王海明
市精神文明办公室
主 任 郑满贵
统一战线工作部
部 长 李云峰
常务副部长 高和平
副部长 丁国华 王谦柱(兼)
台湾工作办公室(挂市政府台湾事务办公室牌子)
副主任 张丽娟(女) 田剑钧
王东洪(挂职)
政法委员会
书 记 王湜洲
常务副书记 安少杰
副书记 王海贵 裴阳林
政治部主任 王海贵
社会治安综合治理委员会办公室
主 任 安少杰
副主任 王富明 田卫国(挂职)
政策研究室
主 任 杜林森
副主任 赵俊明 冯 智
市直属机关工作委员会
书 记 张志先
副书记 齐宏卫 翟朝晖
纪检工委书记 刘以源
机构编制委员会办公室
主 任 李维程
副主任 秦新民 张瑞铭
党校(行政学院)
校 长 王旭明
院 长 彭喜平(女)
常务副校长 彭喜平(女)
常务副院长 胡计平
副校长 胡计平 刘海峰 赵全锁
副院长 刘海峰 赵全锁
教育长 李青魁
市委信息化中心
主 任 苏 涛
阳泉日报社
社 长 杨鸿龙
总 编 李文生
副总编 王 丽(女)
宁英挺(10月去世)
刘 峥(女)
纪检组长 郑文君(女)
市新闻中心
主 任 李忠义
副主任 王 浩
市委党史研究室
主 任 郭玉珠
副主任 刘玉林
市接待办公室
主 任 冯维明
市委讲师团
团 长 刘瑞平
副团长 苏恒亮

中共阳泉市纪律检查委员会

书 记 王 民(10月免)
常务副书记 朱 刚
副书记 李立国 谭伟中
常 委 王 民(10月免)
朱 刚 李立国 谭伟中
刘玉琪 穆素平 李贵亮
要 旗 卢东华(女)

阳泉市人大常委会

党组书记 刘高官
党组副书记 王振国
主 任 刘高官
副主任 王振国 刘兆林
吴丽萍(女) 孙金明
吕昌政 刘志强
秘书长 唐 麟
副秘书长 李润怀 史友松(兼)
桑晓飞(兼) 侯润林

人大常委会工作机构

办公厅
主 任 李润怀
副主任 高永恩
调查研究室
主 任 史友松
法制委员会
主任委员 吕志坚(女)
副主任委员 任 庆
财政经济委员会
主任委员 丁国忠
副主任委员 郭玉霞(女)
教育科学文化卫生委员会
主任委员 王玉明

副主任委员　史小梅(女)
农村委员会
主任委员　李国庆(女)
副主任委员　张国强
城乡建设环境保护委员会
主任委员　樊文平
副主任委员　桑晓飞
人事代表工作委员会
主　任　胡万明
民族宗教侨务外事工作委员会
主　任　赵永东

阳泉市人民政府

党组书记　陈永奇
党组副书记　李利生
市　长　陈永奇
常务副市长　李利生
副市长　郝培亮　任衍钢
董仙桃(女)　赵　峰
徐　芃(挂职,10月免)
秘书长　王明厚
市长助理　王斌权(兼,6月免)
呼亚民(兼)
副秘书长　王建义　苏　昱(兼)
张利军(兼)　刘占峰
王丽萍(女)　王耀东
李茂学(挂职)

政府机构

办公厅
主　任　王建义
副主任　张利军(兼)　刘占峰
王丽萍(女)　王耀东
史俊宝　王存才
李茂学(挂职)
市政府研究室
主　任　赵成全
副主任　韩贵堂
市政府统筹城乡发展工作办公室
主　任　张东民
副主任　张谦琦
市政府金融工作办公室
主　任　郝千文
副主任　王拥国
孙铁玲(女)
市政府应急管理办公室
专职副主任　郑守忠
市政府督查室
主　任　赵瑞翔
市政府法制办公室
主　任　杜衡茂
副主任　降廷亮
市发展和改革委员会
党组书记　主任　杨全生
党组副书记　辛北一　巨建军
副主任　白振东　张　敏　蔺计平
张慧清
纪检组长　杨淳孝
市资源城市转型工作办公室
主　任　彭国勇
副主任　张忠灵
市经济和信息化委员会(市政府国有资产监督管理委员会)
主任　党委副书记　王良义
党委书记　副主任　武喜科
党委副书记　胡元农
副主任　王式清　姬振良　王开英
刘志钧　常悟江
纪检书记　李建平
总工程师　仇录新
监事会主席　陈志斌　张晓东
路　毅
教育局
党组书记　局长　高巨海
党组副书记　史润才
副局长　史润才　肖有世　冯素清
纪检组长　付万灵
市直教育工委
书　记　史润才
副书记　刘文国
纪工委书记　付万灵
科学技术局
党组书记　局长　何海平
党组副书记　陆兴武
副局长　陆兴武　张永红　高全红
纪检组长　白振才
总工程师　闫守琦
公安局
党委书记　局长　王斌权(6月免)
尚建军(6月任)
党委副书记　常务副局长　刘　勇
副局长　吕湘涛　聂志忠　李宝祥
纪检书记(组长)　崔荣贵
政治部主任　李银江
刑事侦察支队
队　长　张广宏
治安管理支队
队　长　李慧林
国内安全保卫支队
支队长　姚新平
交通警察支队
支队长　张明川
政　委　相秋亮
看守所
所　长　范俊杰
监察局
局　长　李立国
副局长　崔正宏　穆素平　要　旗
石文斌
民政局
党组书记　局长　于秉富
党组副书记　耿　胜
副局长　耿　胜　李先德　王骞元
纪检组长　郝惠平
煤炭工业局
党组书记　局长　呼亚民
副局长　孙金宁　王文生
总工程师　武　威
纪检组长　张爱生
司法局
党组书记　局长　张俊堂
党组副书记　李瑞平
副局长　李瑞平　李拉义　段怀平
纪检组长　冯正杰
政治部主任　高　玮
市委依法治市领导组办公室
专职副主任　梁来柱
财政局
党组书记　局长　郭少敏
党组副书记　孙存恩
副局长　孙存恩　程志强　张成宏
赵玉兵
纪检组长　谷建立
总会计师　叶文鑫
人力资源和社会保障局
党组书记　局长　樊如珍
副局长　王素林　王志轩　王东义
张小军
纪检组长　苗国昌
市人民政府军队转业干部安置工作领导组办公室
主　任　韩虎福

市外国专家局
局　长　王瑞业
市住房保障和城乡建设管理局
党组书记 局长　王伟锁
党组副书记　孙希平　聂志福
副局长　聂志福　郑耀东　田联虎
　　　　张小武
纪检组长　王建国
总工程师　梁　明
总会计师　董华云
市直建设工委
书　记　王伟锁
副书记　刘同林
纪工委书记　王建国
爱国卫生运动委员会
专职副主任　李和丰
房改办
专职副主任　郭志强
行政执法局
党组书记 局长　孙希平
安监局
党组书记 局长　孔禄泉
党组副书记　刘宪云
副局长　何文斌　毕映楷　李　宏
纪检组长　张其钊
交通运输局
党组书记 局长　黄少英
副局长　解毛吉　焦建星　曹慧晟
　　　　陈志刚(兼)
纪检组长　贾小梅(女)
总会计师　李　涵
总工程师　张俊秀
市国防动员委员会交通战备办公室
主　任　张运贤
农业委员会
党组书记 主任　武建功
党组副书记　邓宝柱
副主任　乔玉珍　刘卫东　郭真祥
　　　　闫贵寿　高　宏
纪检组长　吕建平
总农艺师　任仔苏
总畜牧兽医师　毛新辉
市委农村工作领导组办公室
主　任　武建功
副主任　邓宝柱　乔玉珍　刘卫东
　　　　郭真祥　闫贵寿　高　宏
水务局
党组书记 局长　申志纯
副局长　武小星　高红波　赵泽毅
纪检组长　贺占忠
总工程师　王吉魁
林业局
党组书记 局长　杨自明
副局长　王洪波　李　旭　郗新华
总工程师　尹宝珍
纪检组长　彭　飞
商务局
党组书记 局长　王　励
党组副书记　王芳田
副局长　王芳田　刘振华　刘建民
纪检组长　崔丽青(女)
总会计师　李宇红
粮食局
党组书记 局长　姬德耀
副局长　董　锁　郭清亮　周万谨
总经济师　赵志鹏
纪检组长　商广利
文化广电新闻出版局(市版权局)
党组书记 局长　高士萍(女)
副局长　白　平　康菊芬(女)
　　　　李曜雷(女)
纪检组长　石慧生
卫生局
党组书记 局长　张永忠
副局长　武　滨　史梅生(女)
　　　　晋　玮
纪检组长　赵海贯
体育局
党组书记 局长　马爱民
副局长　张保泉　于剑刚(兼)
　　　　赵　强　王满田
纪检组长　李若斌
人口和计划生育委员会
党组书记 主任　郑清明
党组副书记　任晓雪(女)
副主任　董茂林　田　强　张松山
纪检组长　徐晓琴(女)
审计局
党组书记 局长　李润萍(女)
副局长　张东明　彭乃良　陈　峰
纪检组长　李燕飞(女)
总审计师　李　军
统计局
党组书记 局长　潘维新
副局长　魏海文　商继萍(女)
　　　　张　华
纪检组长　郭艳芳(女)
总统计师　和继明
环境保护局
党组书记 局长　荆存柱
副局长　高小选　李瑞明　胡贵卿
　　　　赵金亭
纪检组长　毕映富
总工程师　王建源
规划局
党组书记 局长　乔　岚
副局长　史金才(兼)　陈　海(兼)
　　　　耿年生　曹　浩　刘连生
　　　　穆素怀(挂职)
纪检组长　王惠卿(女)
总规划师　陈　海
国土资源局
局　长　林　青
副局长　王润科　高志荣　肖卯怀
　　　　王光荣　张东平
纪检组长　刘　荣(女)
总工程师　孙玉鹏
食品药品监督管理局
党组书记 局长　贺聪明
副局长　宋桂花(女)　高　恒
　　　　张宝安(女)
纪检组长　史元平
物价局
党组书记 局长　辛北一
党组副书记　陈　前
副局长　颉树茂　闫志明(正科)
市旅游局(市政府外事侨务办公室)
党组书记 局长　韩晓晨
副局长　贺志强　王洲平
纪检组长　杨　杰
民族宗教事务局
党组书记 局长　刘海民
副局长　王保柱　王斌全(挂职)
纪检组长　王书霖
人民防空办公室
党组书记 主任　尚永葆
副主任　许金海　赵建明
纪检组长　苏计成

其他机构

市人民政府机关事务管理局
党组书记 局长　王卫东
副局长　王杰志　张伟东

纪检组长　李俊贤

市地方志办公室

主　任　任佟苏

副主任　董雪卉(女)

市人民政府发展研究中心

主　任　王东柱

副主任　张红刚　李鹏飞　李志刚

市行政审批服务中心

党组书记 主任　弓林柱

副主任　董　晖

阳泉仲裁委员会秘书处

副主任 秘书长　张利平

副主任　姜彦杰

市农业机械化发展中心

党组书记 主任　卢怀长

副主任　李志钢　杨秀明　闫丽新

市民营企业局(市中小企业局)

副局长　刘玉寿　王瑞萍(女)
董　璋

市供销合作社联合社

党委书记 主任　张映涛

副主任　李志峰　光喜珍

纪检书记　王武科

市档案局(档案馆)

党组书记 局(馆)长　赵雪青(女)

副局(馆)长　王宇翔　张瑞萍(女)

市地震局

党组书记 局长　魏英祖

副局长　梁素萍(女)

总工程师　郭连清

市劳教所

所　长　温　文

政　委　余建平

副所长　王述建　闫学智

市住房公积金管理中心

主　任　崔建立

市失业保险管理服务中心

主　任　周国宏

市医疗保险管理服务中心

主　任　朱风雷

市养老保险管理服务中心

主　任　陈海滨

市水土保持委员会办公室(市水土保持监督监测总站)

主　任(站长)　翟金瑞

市人才开发交流服务中心(阳泉人才市场)

主　任　曹晓岚(女)

市政府采购中心

主　任　李瑞兴

市老年大学办公室

专职副校长　赵惠英(女)

市红十字会办公室

专职副会长　王金良

市公共资源交易中心

主　任　郭　斌

市城镇集体工业联合社

党委书记 主任　孙　轩

纪委书记　李永福

副主任　刘晋明　陈占春(女)
商　忠

市政府驻京联络处

主　任　王鲜义

市经济信息中心(市信息化中心)

主　任　闫　亮

副主任　王立新　赵绍明

市投资促进局

党组书记 局长　张利军

副局长　翟占元　王占山

纪检组长　李丽新(女)

阳泉师范高等专科学校

党委书记　杨　勇

党委副书记 校长　陈永昶

党委副书记 纪委书记　牛泉璎(女)

副校长　王素明　郜润科

山西广播电视大学阳泉分校

校　长　吉云辉

副校长　石　维　董志功　李　华

市工业学校

校长 党总支副书记　杜光辉

党总支书记　陈立军

副校长　张计珍　张雅艳(女)
张大虎

市卫生学校

校　长　屈建民

党总支书记　高海砚

副校长　宋璐波(女)
梁永庆　王海平

市交通职业学校

校长 党总支副书记　刘保福

党总支书记　史辉华

副校长　程致清　王镇南　李计元

市文化艺术学校

校　长　史秀莉(女)

党支部书记　王树敏

副校长　张有贵　孙福利

市第一高级职业中学(市现代技术学校)

校长 党总支副书记　翟旭红

党总支书记　夏中权

副校长　吴计生　郑晋宝
周珍祥(女)

市体育运动学校

校　长　于剑刚

党支部书记　吴晋东

副校长　乔泉生　高书怀　李新光

省农业广播电视学校阳泉分校

校　长　胡永胜

阳泉高级技工学校

校　长　胡海泉

党总支书记　赵文飚

市工业干部学校

校　长　李巧生

市第一中学校

校长 党委副书记　曹学仁

党委书记　苏有社

副校长　贾爱寿　刘和生
朱晋艺(女)

市第二中学校

校长 党委副书记　李慎行

党委书记　李建富

副校长　王传红　白丽萍(女)
张权泉(女)

市第三中学校

校长 党总支副书记　张　毅

党总支书记　宫　辉

副校长　刘宏彬　闫思善　胡海中

市第四中学校

校　长　武　瑾

党支部书记　张爱虎

市第六中学校

校　长　马润玉

党支部书记　郑万泉

市第七中学校

校　长　李增秀

党支部书记　薛喜炎

市第十中学校

校　长　赵　鉴

市第十一中学校

校长 党委副书记　薛利敏

党委书记　史生岗

副校长　程润华　白敦华　李黎牛

市第十二中学校

校　长　原林生

党支部书记　冯丽萍(女)
市第十三中学校
校　长　史克利
党支部书记　武世明
市第十四中学校
校　长　李文生
党支部书记　刘跃生
市第十五中学校
校长　党总支副书记　杨敬国
党总支书记　张万龙
副校长　杜瑞平　王彦来　杨　军
市第十六中学校
校　长　郭志明
市第十七中学校
校长　党总支副书记　高瑞斌
党支部书记　冯海林
副校长　张毅军　郭建忠　李文珠
市第十八中学校
校　长　梁转孩
党支部书记　乔仁良
市第十九中学校
校　长　郝连晖
党总支书记　晋庆平
市实验中学
校长　党总支副书记　张有明
党支部书记　崔建国
副校长　李晓文　刘锁贞
市疾病预防控制中心
主　任　王连栓
副主任　石志英　吴秋状　范志国
　　　　权红红(女)
市人口和计划生育服务中心
主　任　胡长卿
市文化市场行政综合执法大队
队　长　霍美文
阳泉美术院
院　长　王雨来
阳泉展览馆
馆　长　张小平
市青少年宫
主　任　宋嘉文
市招生考试中心
主　任　程保存
市社会福利院
院　长　任刚瑞
市军队离退休干部休养所
所　长　王　慧
市矿山救护大队(市安全生产应急救援中心)
队　长　郭建波
政　委　郝常青
市蔬菜技术服务中心
主　任　王英利
市水资源管理委员会办公室(市水资源管理征费稽查队)
主　任(队长)　张江华
市保障性住房管理中心(市经济适用房发展中心)
主　任　鲁宏仁
市治理非法超限超载办公室
主　任　程建军
盂县龙华口水库筹建处
主　任　王建明
平定县娘子关旅游景区管理委员会
主　任　刘顺彬
郊区白泉工业园区管理委员会
主　任　马大刚
党工委书记　朱红梅(女)
市广播电视台
党组书记　台长　周建新
总　编　苗振岗
副台长　梁旭光　赵　雁(女)
　　　　高海平
纪检组长　石　磊
总会计师　王玉林
市园林管理局
局　长　米　楠
副局长　李　海
纪检组长　杨利忠
市第一人民医院
院长　党委副书记　王凯红
党委书记　王希章
纪检书记　姬九颖(女)
总会计师　郭风华(女)
副院长　冯振山　景建刚　高健康
　　　　王世伟
市第二人民医院
院　长　张凤英(女)
党委书记　史一书
市第三人民医院
院长　党委副书记　檀虎亮
党委书记　田兰英(女)
纪委书记　赵宏明(女)
副院长　董虎林　陈魁胜　王希军
　　　　宋晋萍(女)
市第四人民医院
院长　党委副书记　吕爱文
党委书记　任巧花(女)
市中医医院
院　长　张秋万
市妇幼保健院
院　长　潘玉泉
党支部书记　宋智华(女)
市紧急医疗救援中心
主　任　王存义
市规划设计院
院　长　史金才
市工人文化宫
主　任　马文林
市人事考试中心
主　任　任晓忠
山西省阳泉市晋东公证处
主　任　高天宝
市体育中心
主　任　刘丽娟(女)
市就业指导中心
主　任　冯　峰
市市政工程管理局
局长　党总支副书记　杨智滨
市娘子关泉域管理处
处　长　霍建光
市老干部活动中心
主　任　温银兔
市散装水泥办公室
主　任　贾东庆
市道路运输管理处
处　长　尚保银
市经贸资产经营中心
主　任　张学军
市梁家寨温泉疗养院
院　长　张铭德
市建筑设计院
院长　党总支副书记　王　跃
党总支书记　曹　宇
副院长　周兴高
总工程师　王海彦
总建筑师　孟旭鹏
平定县供水管理局
局　长　霍建洲
党委书记　韩俊富
市房地产开发总公司
经　理　王蝉兆
市农村服务中心
主　任　葛景山

政协阳泉市委员会

党组书记　主席　郜爱国
党组副书记　曹凯民
副主席　曹凯民　许文珍
赵永红(女)　李天祥
任美福　李顺宽　赵平有
秘书长　郭运生
副秘书长　姚文新　王　镒(兼)
杨　瑞(女)

政协工作机构

办公厅
主　任　姚文新
副主任　苏向东
研究室
主　任　王　镒
提案委员会
主　任　焦文录
副主任　武建功(兼)　李建平(兼)
李继红(兼)
杨红梅(女,兼)
经济委员会
主　任　李保明(1月任)
副主任　张利军(兼)　武喜科(兼)
李润萍(女,兼)
孙希平(兼)　赵林玉(兼)
农村委员会
主　任　靳爱银
副主任　安海润(兼)　赵海润(兼)
曹慧晟(兼)　王保柱(兼)
王满田(兼)
社会法制委员会
主　任　石建勋
副主任　吕　冬(女,兼)
张文英(女,兼)
闫运成(兼)　张爱国(兼)
张　璇(女,兼)
教科文卫体委员会
主　任　张贵红
副主任　张秀亲(女,兼)
刘文国(兼)　李银苟(兼)
郑　强(兼)
学习和文史资料委员会
主　任　杨静芳(女)
副主任　任佟苏(兼)　李　力(兼)
郭祯田(兼)　刘海峰(兼)

阳泉市中级人民法院

党组书记　院长　陈明华
党组副书记　常务副院长　王志德
副院长　于昌明　吕　冬(女)
刘瑞光
纪检组长　刘敬辉
政治部主任　刘秀成
院长助理　李　林
执行局局长　李永祥

阳泉市人民检察院

党组书记　检察长　王守林
党组副书记　常务副检察长
郭隆文
副检察长　阎运成　刘振斌
范海生
纪检组长　尚锐利
政治部主任　杨喜平
反贪污贿赂局局长　赵　彦

荫营地区检察院

党组书记　检察长　邓百福
副检察长　张存庆　庞有清
纪检组长　张福拴

民主党派与工商联

中国国民党革命委员会阳泉市委员会
主　委　赵海润
中国民主同盟阳泉市委员会
主　委　赵永红(女)
中国民主建国会阳泉市委员会
主　委　刘兆林
中国民主促进会阳泉市委员会
主　委　任衍钢
中国农工民主党阳泉市委员会
主　委　李继红
九三学社阳泉市委员会
主　委　李天祥
工商业联合会
书　记　王谦柱
主　席　张秀亲(女)

群众团体

总工会
党组书记　主席　王振国
党组副书记　杨日祥
常务副主席　杨日祥
副主席　张建军
张建起(兼)
杜　莉(女)
纪检组长　胡书春
经费审查委员会主任　杨海平
中国共产主义青年团阳泉市委员会
书　记　李海民
副书记　黄洁诚　王克波
阳泉市少工委
主　任　李俊斌
妇女联合会
党组书记　主席　朱玉芳(女)
副主席　韩　静(女)
苏秀莲(女)
妇儿工委办公室主任　康翠荣(女)
科学技术协会
党组书记　王文科
副主席　王文科
任美福(兼)　张庆恒(兼)
韩　锦(兼)　安海润(兼)
郝葆良(兼)　肖有世(兼)
郭建明(兼)　刘振发(兼)
乔国强(兼)
文学艺术界联合会
党组书记　李银苟
主　席　侯讵望
副主席　赵存珍
归国华侨联合会
主　席　信秀莲(女)
副主席　杨毅群(兼)　段　富(兼)
朱　钢(兼)　王少岩(兼)
刘东升(兼)　赵作栋(兼)
残疾人联合会
党组书记　理事长　黄俊德
副理事长　陈　鸣　王　治
中国国际贸易促进委员会阳泉支会
(中国国际商会阳泉商会)
党组书记　会长　张　弛
副会长　李录喜　延鹏翀
市红十字会
专职副会长　王金良

阳泉军分区

司令员 密国林(9月免)
王志忠(9月任)
政 委 田桂明
参谋长 荆俊明
政治部主任 夏 晗
后勤部部长 黄厚杰

预备役步兵第二四八团

团 长 吴海平
政 委 王 勇
副团长 赵小四
司令部参谋长 付 强
政治处主任 刘熙华(12月免)
后勤和装备处处长
卢晓刚(5月免)
苏东晓(5月任)

武警阳泉市支队

支队长 杜文明(1月免)
张文才(1月任)
政治委员 张晓东
副支队长 展玉峰(1月免)
李玉龙 王伟(1月任)
副政治委员 牛秀才
参谋长 冯 彬(1月免)
王 诚(1月任)
政治处主任 王东红
后勤处处长 王 伟(1月免)
孙长荣(1月任)

武警阳泉市消防支队

支队长 范发江(11月免)
冯鹏跃(11月任)
政 委 史普山(11月免)
原龙胜(11月任)
副支队长 王晓波 郭文江

中央 省驻阳泉单位

太原理工大学阳泉学院(山西工程技术学院)
党委书记 杨广耀
校 长 韩保清
党委副书记 韩保清 宋 红(女)
郑德明
纪委书记 刘春爱
副校长 宋 红(女) 王玉清
郑捧柱

中国银监会阳泉监管分局
党委书记 局长 李 忠
副局长 张惠平(1月免)
郝建华(1月任)
杨秀军(2月任)
纪检书记 郝建华(1月免)
刘育东(2月任)

中国人民银行阳泉市中心支行
党委书记 行长 侯 龙
副行长 黄 奋 张 勇 王春江
纪检书记 史润青
工会主任 郝勤科

中国农业发展银行阳泉市分行
党委书记 行长 李卫平(3月任)
副行长 申宝军 阎石玉

阳泉市邮政管理局
局 长 陈志刚
副局长 柴茂林

阳泉供电分公司
党委书记 王文贤
经 理 姚劲松
副经理 王文贤 冯宇新 韩俊玉
王林顿 刘雪召
党委副书记 纪委书记 马文彪
工会主席 郑继平
总会计师 冯家贤

阳泉市工商行政管理局
党组书记 局长 贾 权
副局长 张继寿 荆忠海 王希礼
李 艳(女)
纪检组长 袁丰庆
开发区分局局长 赵福攀

阳泉市国家税务局
党组书记 局长 刘守功(8月免)
曾随正(8月任)
副局长 李兴文 王志刚
纪检组长 李显斌
总经济师 胡国胜
总会计师 赵银启

阳泉市地方税务局
党组书记 局长 陈明泽
副局长 张 旋 程志明 李建全
纪检组长 田 野(7月任)
总会计师 贾志刚
总经济师 秦 峰

阳泉市质量技术监督局
党组书记 局长 张志成
副局长 霍保平 杨俊发 王叶峰
总工程师 孙玉平
纪检组长 李卫平

阳泉市烟草专卖局(公司)
党组书记 局长 经理 程 智
副经理 赵永恒
副局长 邵彦斌
总会计师 耿 艳(女)
纪检组长 郭 兴
工会主席 李国民

山西省公路局阳泉分局
党委书记 闫献忠
局 长 禹彦荣
党委副书记 纪检书记 王牛孩
副局长 曹成江 宋振宏 吕彦明
冯仁科

山西省阳泉市交通运输执法局
党委书记 范文生
局 长 段志伟
党委副书记 纪检书记 冯晋泉
副局长 张晓阳
工会主席 冯晋泉

阳泉出入境检验检疫局
党组书记 局长 耿 毅(3月任)
副局长 高少平 杜 伟

阳泉市气象局
局 长 马文瑞
副局长 高俊寿 崔文革
纪检组长 宋以俭

山西省无委会阳泉管理处
处 长 王 春

国家统计局阳泉调查队
队 长 高 潮
副队长 杨海田
纪检组长 阎海旺

阳泉市水文水资源勘测分局
局 长 石东海(7月免)
李文炜(7月任)

山西省盐务管理局阳泉盐务分局
局 长 张小川
副局长 张亚刚

山西省阳泉第一监狱
党委书记 监狱长(矿长) 李树民

山西省阳泉第二监狱
党委书记 监狱长(矿长) 安年春
(郭宇扬 程祎生)

中国共产党阳泉市委员会

综合工作

【袁纯清到阳泉调研】 1月7日，省委书记袁纯清到阳泉市就“智慧阳泉”工程建设情况进行调研。袁纯清到位于中国移动阳泉分公司的“智慧阳泉中心”现场，听取“智慧阳泉”建设专题汇报，实地查看中心情况，并现场观摩各项应用的操作演示。袁纯清对“智慧阳泉”建设的工作进展情况表示肯定，并对下一步建设工作提出要求。

8月7日，省委书记袁纯清到阳泉郊区李家庄乡汉河沟村、河坡发电厂、盂县梁家寨温泉生态景区、山西康泰来农业生态科技有限公司、鑫源伟业农业开发有限公司进行调研。袁纯清要求阳泉市要加快推进社会主义新农村建设，选好农村带头人，建强村“两委”班子，把资源的比较优势挖掘出来，把广大群众的发展积极性更充分地调动起来，走出一条立足实际的发展路子，带动一方群众致富。 （李　敏）

【市委十一届四次全会暨全市经济工作会议】 1月15日，中共阳泉市委十一届四次全会暨全市经济工作会议在阳泉宾馆举行。会议贯彻落实中共十八届三中全会精神、中央经济工作会议精神、省委十届五次全会暨全省经济工作会议精神，听取市委常委会2013年工作报告，审议通过《中共阳泉市委关于深入贯彻党的十八届三中全会精神，加快实施“四大战略”的若干意见》，市委委员对被考核的县区和市直部门（单位）的全年工作开展情况进行总体评价，表决通过递补市委委员的决定，并就做好2014年经济工作进行全面安排部署，动员全市各级党组织、广大党员干部和人民群众进一步统一思想认识，坚持稳中求进、改革创新的总要求，以综改试验区建设为统领，以提高经济增长质量和效益为中心，进一步强力推进“工业强市、文化兴市、扩城阔市、生态靓市”四大战略，着力实现“项目建设、改革开放、民生改善”新突破，全面加强经济、政治、文化、社会和生态文明建设，以党的群众路线教育实践活动为抓手加强党的建设，为走出资源型城市转型跨越发展新路、全面建成小康社会努力奋斗。 （李　敏）

【《关于深入贯彻党的十八届三中全会精神 加快实施“四大战略”的若干意见》】 1月17日，中共阳泉市委下发《关于深入贯彻党的十八届三中全会精神，加快实施“四大战略”的若干意见》（阳发〔2014〕2号）。“意见”的总体思路是，深刻理解和全面把握党的十八届三中全会、省委十届五次全会精神，按照省委推进转型综改区建设的总体安排部署，以转型跨越发展为主题，以转变发展方式为主线实施“四大战略”，牢固树立进取意识、机遇意识、责任意识，全面深化改革，坚决破除各方面体制机制弊端，奋力开创全面建成小康社会的新局面。“意见”要求，围绕振兴工业，紧紧抓住产业壮大、企业发展、创优创名、科技兴工、素质提升等关键环节，深入实施工业振兴计划；着力提高公共文化产品和服务供给能力，打造文化品牌，发展文化产业；坚持以人为核心的新型城镇化理念，推进城乡统筹、城乡一体化发展，加大旧城改造力度，加快新城开发步伐；加强生态环境建设，创建宜居宜业美丽家园，把阳泉打造成具有山城特色的山水园林城市。 （李　敏）

【党的群众路线教育实践活动动员大会】 2月20日，市委召开党的群众路线教育实践活动动员大会，深入学习贯彻中央、省委的决策部署，对全市开展群众路线教育实践活动作出安排。省委第七督导组组长、省人大常委会民宗侨外工委副主任秦良玉出席会议并讲话。省委督导组，市级四大班子领导，部分退休老领导，市群众路线教育实践活动领导小组全体成员，县区党政正职，市级民主党派、工商联负责人和无党派代表人士，驻市的中央、省直属单位和部分企事业单位负责人等近300人参加会议。（李　敏）

【中央第八巡回督导组到阳泉督导】 3月26日至28日，以全国政协教科文卫体委员会副主任邢元敏为组长，山东省人大常委会原副主任崔曰臣为副组长的党的群众路线教育实践活动中央第八巡回督导组到阳泉市，开展巡回督导并进行工作座谈。督导组一行先后深入市第十一中学、市交通局、郊区平坦镇、矿区段南沟社区等地实地了解情况，并与市、县(区)、乡(镇)三级党员干部代表座谈。邢元敏要求，阳泉市在深入推进党的群众路线教育实践活动过程中，要紧密结合习近平总书记在河南兰考调研讲话精神，深化全市党员领导干部的思想和行动自觉性，进一步增强搞好教育实践活动的责任心和紧迫感，通过活动增强每个党员领导干部的党性修养、宗旨意识和群众观念，增强对群众的感情，高标准、严要求开展教育实践活动，积极实现教育实践活动机制体制的常态化、长效化。（李　敏）

【焦裕禄精神专题学习讨论会】 5月20日，市委常委召开主题为“焦裕禄精神的时代内涵是什么、我向焦裕禄学什么、如何争做一名焦裕禄式的好干部”专题学习讨论会。讨论中，市委常委对照焦裕禄精神，深学细照，反躬自省，开展学习讨论。省委派驻阳泉市督导组组长秦良玉、副组长郭燕平到会指导。（李　敏）

【党的群众路线教育实践活动专题民主生活会】 6月25日至26日，市委常委举行党的群众路线教育实践活动专题民主生活会。此次民主生活会是按照中央、省委统一部署和阳泉市党的群众路线教育实践活动的总体安排进行的。查摆问题、开展批评与自我批评是教育实践活动的关键环节，而召开专题民主生活会又是这一环节的核心。会上，市委常委班子成员联系各自的思想实际、岗位职责和工作情况，对照“三严三实”(严以修身、严以用权、严以律己，谋事要实、创业要实、做人要实)要求，聚焦“四风”(形式主义、官僚主义、享乐主义和奢靡之风)进行对照检查，开展了严肃认真的批评和自我批评，深刻剖析思想根源，提出努力方向和整改措施。省委派驻阳泉市督导组组长秦良玉和省委活动办、省纪委、省委组织部、省委派驻阳泉市督导组有关领导到会指导。（李　敏）

【王钦敏到阳泉调研】 7月4日，全国政协副主席、全国工商联主席王钦敏一行到阳泉市，重点就落实企业投资自主权和示范项目开展第三方评估工作进行调研，并召开座谈会征求部分企业家代表的意见和建议。调研组一行深入部分民营企业，了解企业生产经营状况和项目建设情况。针对企业家代表主要反映的有关政策配套相对滞后、技术人才短缺、政策宣传不够到位、企业税费负担重、融资难、融资贵等具体问题，王钦敏希望各级政府和工商联组织要进一步加大支持服务力度，多深入企业了解问题，解决难题，不断激发市场经济活力和企业内生动力，继续推动非公有制经济持续健康发展。（李　敏）

【汪洋到阳泉调研】 7月17日至18日，中共中央政治局委员、国务院副总理汪洋在山西考察调研农业农村工作期间，深入阳泉市村庄农户、田间地头，了解农业生产、农村改革和政策落实情况，与干部群众共商兴农富农之道。汪洋要求各级政府要敢于啃硬骨头，要勇于负责，真抓实干，扎实解决农村改革发展中的困难和问题。他强调各地区、各有关部门要贯彻落实中央关于深化农村改革、促进农业农村发展的决策部署和政策措施，进一步强化责任，加大力度，完善机制，确保完成全年农业发展、农民增收和农村改革任务，为稳增长、促改革、调结构、惠民生做出新贡献。（李　敏）

【沈跃跃到阳泉进行执法检查】 7月28日至30日，全国人大常委会副委员长沈跃跃率队在山西进行《中华人民共和国大气污染防治法》执法检查期间，深入阳泉市的企业单位实地查看环境综合整治、工业污染治理等情况，并与人大代表、基层执法人员和企业代表座谈。沈跃跃要求各级政府要把执法检查作为推动工作的契机，着力抓好大气污染防治行动计划各项措施的落实工作，要坚持打好调整产业结构和布局、治理大气污染这场攻坚战，不断推动大气污染防治向纵深发展。（李　敏）

【市委全面深化改革领导小组会议】 8月12日，市委全面深化改革领导小组举行第一次会议，听取各专项小组的工作进展情况汇报，审议《中共阳泉市委全面深化改革领导小组2014年度工作要点》《中共阳泉市委全面深化改革领导小组工作规则》《中共阳泉市委全面深化改革领导小组专项小组工作规则》《中共阳泉市委全面深化改革领导小组办公室职责及工作细则》等文件。根据中央和省委的统一部署，年内，阳泉市成立了市委全面深化改革领导小组及7个专项改革小组，并根据各自承担的职能任务迅速展开工作，全面启动全市新一轮全面深化改革工作。在学习贯彻党的十八届三中全会精神的基础上，市委全面深化改革领导小组及办公室将全市改革任务分解细化为360项具体任务，并落实到各专项小组和相关单位，明确牵头单位、责任和时限，同时研究制订了全年工作要点，明确了改革任务。

11月13日，市委全面深化改

革领导小组召开第二次会议，专题研究阳泉市公有制企业改革工作。至年底，全市全面深化改革工作进展顺利。（李　敏）

【李小鹏到阳泉督查】 9月17日，省长李小鹏带领省督查组到阳泉市督查项目见效年进展情况。省委常委、常务副省长高建民，省政府秘书长廉毅敏，省经信委、省住建厅、省国资委、省发改委、省统计局负责人，以及晋中市、太原市的领导参加督查。督查组深入盂县、平定县和郊区，重点督查了太钢鑫磊循环经济产业园冶金灰、康泰来农业产业园、梁家寨温泉国际旅游景区、百度云计算（阳泉）中心、山西兆丰天成高精铝板带和龙泉锦园移民搬迁工程等项目。晚上，李小鹏主持召开督查汇报点评会，他要求阳泉市要牢固树立党的意识、责任意识和忧患意识，全面贯彻落实中央决策部署和省委、省政府工作要求，推进重点工程，集中力量加快项目见效，全力推动经济社会持续健康发展，奋力完成全年目标任务。（李　敏）

【楼阳生到阳泉调研】 9月23日至24日，省委副书记楼阳生到盂县、郊区、开发区，就全市经济社会发展和人民群众生产生活、重点项目进展、新农村建设等方面的工作进行调研，并召开座谈会。楼阳生先后考察盂县辛庄村，郊区上千亩坪村、下千亩坪村、桃林沟村，山西鑫磊循环经济产业园、鑫源伟业农业开发公司、河坡发电有限责任公司和百度云计算中心等，并听取阳泉市、盂县、郊区和阳煤集团公司的工作汇报。楼阳生要求阳泉市要加快推进传统产业转型升级，大力发展新兴产业和第三产业，把全面深化改革与加快综改试验区建设结合起来，推动经济社会健康可持续发展；把“三农”工作摆在富民强省的突出位置，坚持以城镇带农、以产业富农、以改革兴农，促进农业增产增效、农民持续增收。（李　敏）

【烈士纪念日公祭活动】 9月30日，阳泉市首个烈士纪念日公祭活动在狮脑山革命烈士纪念碑前广场举行。市委、市人大、市政府、市政协四套班子领导，各界干部群众代表，烈属、老战士代表，大、中、小学师生代表，解放军和武警官兵代表，政法干警代表，医疗卫生系统代表等共计600余人参加公祭活动。市委副书记王旭明宣读祭文，市委常委、常务副市长李利生主持仪式。公祭活动现场庄严肃穆，全体人员肃立奏唱国歌，100名少先队员齐唱中国少年先锋队队歌。市委、市人大、市政府、市政协、阳泉军分区、驻地部队、各界群众、烈士遗属和老战士分别向革命烈士纪念碑敬献花篮。全体人员向先烈三鞠躬，表达哀思，缅怀功绩，并瞻仰革命烈士纪念碑，参观革命烈士纪念馆。

同一时间，平定县、盂县、郊区分别在七亘烈士纪念碑、里独头烈士陵园、下白泉烈士陵园举行公祭活动。（刘　蓉）

【十八届四中全会精神学习】 10月28日，市委理论学习中心组专题学习党的十八届四中全会精神。与会人员集体学习《中共中央关于全面推进依法治国若干重大问题的决定》，并进行讨论。

11月14日，市委理论学习中心组以“漾泉大讲堂”的形式举行专题学习扩大会，邀请中央党校政法部主任张恒山作了题为《全面推进依法治国》的专题辅导。（李　敏）

【盛茂林到阳泉调研】 11月18日至19日，省委常委、省委组织部部长盛茂林深入阳泉市郊区、平定县、城区、矿区等地，就农村“两委”换届、党的群众路线教育实践活动整改落实情况、基层党组织建设等工作进行调研。其间，盛茂林重点考察了百度云计算（阳泉）中心、天元绿色循环经济产业集聚园区、大正伟业农牧有限公司等转型产业和重点项目。盛茂林要求阳泉市要坚持为民服务宗旨，加强基层党组织建设，抓好教育实践活动整改落实各项工作，组织开展好农村“两委”换届选举，营造风清气正的换届环境，为“净化政治生态、实现弊革风清、重塑山西形象、促进富民强省”增添强大动力。（李　敏）

【孙绍骋到阳泉调研】 11月19日至20日，省委常委、省委统战部部长孙绍骋到阳泉市调研统战工作。孙绍骋先后到平定县金潭小微企业孵化基地、阳泉长青石油压裂支撑剂有限公司、山西天元循环经济产业示范园等民营中小微企业，转型发展重点项目百度云计算（阳泉）中心，宗教活动场所盂县永清寺，矿区社会服务管理指导中心和城区德胜街社区等地调研考察。调研期间，孙绍骋出席了全市中小微企业发展座谈会。孙绍骋对阳泉市的统战工作表示肯定，并对下一步工作提出要求。（李　敏）

【张复明到阳泉调研】 11月20日至21日，副省长张复明到阳泉市就科技创新、教育发展和文化改革发展进行调研。张复明先后到山西昌鑫生物农业科技有限公司、山西春明激光科技有限公司、阳泉市经济技术开发区、平定古窑陶艺有限公司、阳泉一中、赛鱼小学和太原理工大学阳泉学院等地进行考察。张复明强调，各级各部门要学习贯彻党的十八届三中、四中全会精神，进一步深化科技、文化体制机制改革创新，强化企业科技创新主体地位，深入挖掘文化资源，促进文化遗产的传承与发展；强化学校安全能力建设，全面推进素质教育，促进义务教育均衡发展。（李　敏）

【王儒林到阳泉调研】 12月18日，省委书记王儒林到阳泉市调研指导工作。省委常委、省委秘书长王伟中陪同调研。王儒林先后到盂县、开发区、郊区、矿区等地，对山西鑫磊循环经济产业园、山西康泰来生态农业产业园、百度云计算(阳泉)中心、郊区桃林沟村、矿区社会服务管理指导中心、山西兆丰天成铝材有限责任公司等进行考察调研,了解生产建设一线情况,与基层干部群众进行座谈。王儒林在调研中强调,阳泉市要贯彻十八届三中、四中全会精神和中央经济工作会议精神,组织开展学习讨论落实活动,团结带领广大干部群众振奋精神,增强创新发展意识,积极转变发展方式,调整产业结构,打造发展亮点,为"净化政治生态、实现弊革风清,重塑山西形象、促进富民强省"而努力工作。 (李 敏)

组织工作

【概况】 2014年,阳泉市组织工作在深入学习习近平总书记系列讲话精神的基础上,以党的群众路线教育实践活动、学习讨论落实活动、从严治部"三项活动"为抓手,匡正选人用人风气,夯实基层基础,创新人才工程,强化自身建设,各项任务圆满完成或稳步推进。一是教育实践活动取得成效。通过党的群众路线教育实践活动,党员干部受到深刻教育,干部作风得到明显转变,党群干群关系更加和谐,作风建设制度进一步完善。二是干部教育培训有了新创新。打造"1-3-2-5"(在阳泉电大建立一个集教学、管理、考核于一体的"一站式"在线学习平台;建强教学管理队伍、技术支持队伍、资源审核队伍;确保资源整合到位、平台建设到位;实现培训对象全覆盖、教学资源大整合、跟踪管理新突破、规范考核严要求、能力素质双提升)干部在线学习工程,建立能容纳3万名干部在线学习、考试的山西干部在线阳泉分平台,利用各类优质资源开展形式多样的干部选学和分类送学活动。三是干部队伍建设迈上新台阶。结合干部队伍建设的实际需要和群众路线教育实践活动的要求,重点抓好领导班子建设,突出抓好年轻干部培养,深入推进干部人事制度改革,创新完善目标责任考核工作。四是干部监督管理得到新加强。贯彻新修订的《党政领导干部选拔任用工作条例》,建立健全从严治吏制度体系,做好超职数配备干部专项治理工作、领导干部个人有关事项报告抽查核实工作、"带病提拔"倒查工作、党政领导干部在企业兼(任)职及借用人员专项清理工作,加强干部日常监督管理。五是基层组织建设得到新提升。推广联村党委"产业联建"经验做法,创新党组织设置模式。推动城乡基层党建资源整合,实行街道办事处"大工委制"和社区"大党委制"。推进党代表工作室规范化建设,开展在职党员到社区报到服务群众工作、"访、知、解"集中走访活动、非公有制领域"双强十好"(发展强、党建强;领导班子好、党员队伍好、工作机制好、发展业绩好、群众反映好、生产经营好、发展势头好、劳动关系好、文化建设好、社会履责好)党组织创建活动。推进村"两委"换届工作,全市"两委"换届工作基本完成。六是党员队伍管理工作取得新进展。重点开展党性分析试点工作,分类分级、分期分批开展"领头雁"培训工作,提升党员队伍素质。七是大学生村官工作有了新推进。开展大学生村官践行党的群众路线"十个一"(开展一次主题宣传活动,当好理论政策的宣传员;走访一遍全村农户,当好村情民意的调查员;记录一本民情日志,当好教育活动的资料员;完成一份调研报告,当好农村建设的研究员;作出一份公开承诺,当好群众事务的代办员;举办一次科技文化活动,当好科学知识的推广员;开展一系列关爱行动,当好弱势群体的帮扶员;开展一次矛盾化解活动,当好邻里纠纷的调解员;联系一户困难家庭,当好困难群众的服务员;办好一些惠民实事,当好创业富民的示范员)活动,推进大学生村官任职地调整和有序流动工作,进一步完善大学生村官工作联席会议制度,开展大学生村官联席会议成员单位与大学生村官"结对帮带"活动。八是人才工作水平实现新跨越。举办"2014高层次人才项目推介会"暨第三届海外博士阳泉行活动,创新实施"名医工程"人才引进工作,开展"健全人才向基层流动、向艰苦地区和岗位流动、在一线创业的激励机制"专题调研,组织各领域拔尖人才休假疗养。九是展现组织部门新风貌。严抓教育培训,推动学风建设;严抓实践锻炼,促进素质提升;严抓纪律约束,推动作风建设;注重活动牵引,推动重点工作,树立组织部门良好形象。 (史丽娟)

【党的群众路线教育实践活动】 2月至10月,中共阳泉市委按照中央、省委的决策部署,围绕"为民务实清廉"这一主题,坚持"照镜子、正衣冠、洗洗澡、治治病"的总要求,组织开展了党的群众路线教育实践活动。全市参加活动的范围是,市、县(区)领导班子,机关及其直属企事业单位,乡镇、街道办事处和农村、社区,非公有制经济组织、社会组织和其他基层党组织。全市4个市级班子、186个县级班子、4341个基层党组织,市级党员干部30名、县级干部980名、科级干部5476名、党员7.62万名,参加教育实践活动。为确保活动效果,成立阳泉市党的群众路线教育实践活动领导小组,设立专门办公室,组建20个督导组、5个行业指导组,反复研究并制订了教育实践活动实施方案。活动分四个批次逐次推进,第一批次为市级领导班子;第二批次为市直机关和市属企事业单位、县级领导班子;第三批次为县(区)直机关和县(区)属企事业单位,乡镇、街道办事处;第四批次为农村、社区及其他基层组织。每一批次教育实践活动严格按照四个阶段组织实施,即活动筹备、动员部署阶段,学习教育、听取意见阶段,查摆问题、开展批评阶段,整改落实、建章立制阶段。每个阶段开始有方案、督导有要点、结束不转段、认真“回头看”，及时发现问题，组织“回炉”、补课，保证活动的质量。

全市教育实践活动的主要做法和特点，一是狠抓学习教育，在打牢思想基础、提升宗旨意识上下功夫。坚持领导带头学、突出重点学、创新方式学，达到提高宗旨意识、问题意识、活动意识的目的。二是突出问题导向，在找准穴位、抓住要害上用实招。突出重点查、对照镜子查、严格标准查，基本达到“深、准、实、全、像”的要求。三是力求知行合一，在即知即行、边查边改上求实效。把解决问题与学习教育结合起来、把解决问题与发现问题结合起来、把解决问题与集中整治结合起来。建立领导班子和个人问题、责任、整改的“三合一台账”，明确整改路线图、时间表、任务书，做到立说立改、边学边改、即知即改。四是坚持群众观点，在引导群众参与、坚持根本标准上使实劲。坚持开门搞活动，通过政务热线、行风监督、民主评议等多种方式请群众参与，让群众监督、评判，为群众排忧解难，确保教育实践活动真正取得实效。五是严肃党内政治生活，在深入自我剖析、严肃开展批评上动真格。结合召开专题民主生活会，拿起批评与自我批评的武器，开展积极健康的思想斗争，做到开门见山不绕弯、聚焦“四风”不散光、用词尖锐不留情，杜绝了脸谱化、表面化、程式化等倾向。六是抓常抓细抓长，在破立并举、建章立制上用硬功。坚持破立并举，注重建章立制，基本形成横向到边、纵向到底的整治“四风”制度体系。七是从严督导指导，在促进上下联动、凝聚整体合力上做文章。有效发挥各级督导组、活动办、行业指导组的作用，凝聚成推进活动有序开展的合力，确保教育实践活动取得实效。通过开展教育实践活动，全市上下进一步统一思想认识，与中央、省委保持高度一致的自觉性进一步增强；强化了群众观念，贯彻党的群众路线的主动性明显提升；遏制了“四风”蔓延，群众反映强烈的突出问题得到有效解决；恢复和发扬了批评和自我批评的优良传统，形成党内政治生活新常态；绷紧作风建设弦，广大党员干部的精神面貌有了明显改观；保障了中心工作，做到两手抓、两不误、两促进。

截至年底，全市各级纪检监察机关共处分违纪党员干部308人，对腐败形成高压态势。全年全市压缩会议、文件、评比达标表彰活动2832个，减少各类领导小组和议事协调机构277个，减少34项一票否决事项，取消和下放行政审批事项96项，清退公务用车265台，调整清理多占办公用房面积14143平方米，压缩“三公”经费3921万元。坚决整治“会所中的歪风”、培训中心的腐败，坚决整治“裸官”“走读”“吃空饷”“收红包”及购物卡、参加天价培训、党政领导干部在企业兼职等问题，党风、政风和社会风气明显转变。（毛晋喜）

【干部教育工作】 年内，市委组织部研究制订了《2013–2017年阳泉市干部教育培训实施办法》，开展了6期学习党的十八届三中全会精神专题培训班，培训县级干部956名。结合全市学习讨论落实活动的开展，举办“阳泉市领导干部学习讨论落实活动专题研讨班”，对市、县（区）213名主要领导干部进行专题培训。举办中青年干部培训班，培训干部50人。推进马克思主义经典著作进课堂工作，举办全省党校系统马克思主义经典著作教学阳泉现场会，活动经验在《全国干部教育通讯》《学习时报》和人民网等报刊媒体进行专题报道。创新培训模式，打造“1–3–2–5”干部在线学习工程，建立能容纳3万名干部在线学习、考试的山西干部在线阳泉分平台，累计注册各类干部7039人，解决干部“挂学”问题。利用各类优质资源，全年开展选学班次8期，培训干部520余人次，为5个县区完成送教14讲，培训干部2640余人次，为62家市直部门和31家企事业单位送学120余场次，培训干部4290余人次。（史丽娟）

【干部队伍建设】 年内，市委组织部全力加强全市干部队伍建设工作。一是重点抓好领导班子建设。结合领导班子建设需要和党的群众路线教育实践活动要求，对5个县区和63个市直党政领导班子进行全方位综合研判，提出市管领导班子建设初步意见，建立完善领导班子和领导干部基层联系点制度、市管干部谈话制度、各级领导班子议事决策程序、重大事项报告制度等，提升了各级领导班子的整体合力。二是突出抓好年轻干部培养。强化对各类挂职干部的跟踪管理，通过查阅资料、实地走访、举行座谈会等方式，全面掌握挂职干部的履职情况；选拔2名优秀党政干部和7名优秀专业技术人员赴新疆支援；选拔20名新任副县级领导干部到信访维稳一线挂职锻炼；探索实施市县优秀年轻干部双向交流挂职、优秀科级干部赴重点工程一线挂职锻炼等工作，为年轻干部成长“搭台子、压担子”。三是推进干部人事制度改革。对照新修订的《党政领导干部选拔任用工作条例》的具体规定和要求，制订或修订《阳泉市市管干部选拔任用规程》《阳泉市市管领导干部选拔任用动议办法》和《阳泉市市管干部考察工作制度》等；创新完善干部道德品行测评系统，集中对645名市管党政领导干部进行测评，并将结果引入考评体系；依托公务员信息库，建立全市干部数据中心，开发干部任免系统，实现从动议、民主推荐、考察到讨论决定的全程纪实。四是创新完善年度目标责任考核工作。优化考核评价的项目和指标体系，在结果评价环节增加“综合研判”，强化考核结果运用，坚持“尊重民意、发扬民主、注重实绩、以德为先、全员考核”的原则，对82个市直

单位年度目标责任完成情况进行集中考核。　(史丽娟)

【干部监督工作】 年内,市委组织部贯彻中央"八项规定",坚决遏制"四风",开展干部监督工作。一是贯彻新修订的《党政领导干部选拔任用工作条例》。以系列主题活动为载体,以全市各级领导干部为重点,多层次、多形式、全方位地开展对新修订的《党政领导干部选拔任用工作条例》的学习宣传和贯彻落实工作。二是健全从严治吏制度体系。完善干部监督联席会议制度、干部监督信息沟通制度,坚持经济责任审计制度、科级干部选拔任用事前报批备案制度、举报件通报制度、诫勉函询制度等,建立起领导干部个人有关事项报告抽查核实联系工作机制,重新修订和制订《阳泉市市管干部任前公示规定》《阳泉市干部监督工作联系会议制度》等10项制度,从制度上规范干部日常监督管理工作。三是加强干部日常监督管理。做好超职数配备干部专项治理工作,查实全市实际超职数配备县级领导职数42名、科级领导职数246名;开展领导干部个人有关事项报告抽查核实工作,制订随机抽查核实工作方案,对33名市管干部进行查核;集中开展"带病提拔"倒查工作,严格立项督查和倒查问责,把责任追究制度落到实处;开展党政领导干部在企业兼(任)职的清理工作和借用人员专项清理工作,免去兼(任)职人员70名,清退借用人员685名;完成全市78家管档单位、31449卷人事档案专项清理工作;开展电视问政作风建设评议活动;开展举报件受理核查工作,共查核各类干部问题举报10件,诫勉谈话2人,提醒谈话3人,约谈4人,发举报件通报3期。　(史丽娟)

【人才工作】 年内,市委组织部强化党管人才工作,突出抓好人才培养、引进、使用、管理和宣传等各个环节,创新人才工作体制机制,拓宽人才工作领域,实施人才工程,创优人才发展环境,为服务全市经济社会各项事业发展做出贡献。一是实施重大人才工程。举办"2014高层次人才项目推介"活动,即第三届海外博士阳泉行活动,创新实施"名医工程"人才引进工作,组织开展全市"育才功臣"评选活动,以一系列人才工程为抓手,推进人才工作发展。二是推进拔尖人才服务管理。深入到产业英才和拔尖人才所在单位开展走访活动,现场了解其生产生活中遇到的困难,并积极协调相关部门帮助解决难题;组织教育、卫生、农业等领域的拔尖人才赴盂县大汖温泉休假疗养,对14名产业英才和各领域做出突出贡献的优秀人才进行春节慰问,组织拔尖人才进行健康体检;集中开展对全市175名拔尖人才的届中考核工作,落实对拔尖人才的动态管理。三是开展调查研究。开展"健全人才向基层流动、向艰苦地区和岗位流动、在一线创业的激励机制"和教育卫生系统人才工作专题调研,为破解制约当前人才发展难题提供决策依据。四是推进人才项目落地。加大对海外博士阳泉行活动开展后落地项目的跟踪服务力度,开展全方位、深层次的服务,通过全面、细致了解人才项目推进情况,反复深入项目厂房和工地进行调研协调,推动海外人才项目的落地投产。五是营造良好的人才氛围。发挥新闻媒体作用,加大阳泉电视台、阳泉人民广播电台、阳泉人才工作网、《阳泉日报》和《阳泉人才工作通讯》"五位一体"人才工作宣传力度,基本实现人才宣传的常态化、规范化、全面化和专业化,营造了关心、关爱、关注人才发展的良好氛围。　(史丽娟)

【基层组织建设】 年内,市委组织部以"基层组织提升年"活动为抓手,着力夯实基层基础。一是"领头雁"培训全覆盖。精心组织、分类实施、分级推进,共培训农村(社区)"两委"主干1939名,其他班子成员、骨干党员、大学生村干部和后备干部4332名。二是集中整顿软弱涣散村级组织。坚持分类指导抓整顿、一村一策定计划、上下合力严督查、找准症结促转化,对55个软弱涣散村级组织进行集中整顿,调整"两委"班子成员46名,解决突出问题102件,为村"两委"换届奠定基础。三是推进党代表工作室建设。出台《关于全面推进党代表工作室建设的实施意见》和《市级以上党代表进驻党代表工作室的实施方案》,推进党代表工作室规范化建设,全市建成140个党代表工作室,各级党代表已入住并开展工作。四是开展"在职党员到社区报到"活动。市委常委带头深入北岭社区集中开展"认领'微心愿'·共圆幸福梦"活动,为全市在职党员到社区报到工作起到示范引领作用,带动全市18816名在职党员到社区报到,认领12928个服务岗位,促进在职党员真正走进社区发挥作用。五是组织实施社会组织党组织集中组建工作。按照有利于加强领导、活跃基层、发挥作用的原则,全市共组建80个社会组织党组织,实现30人以上的社会组织有党员、3名党员以上的社会组织建立党组织的目标。六是全面推行党组织书记抓基层党建专项述职评议考核工作。在推行市、县(区)、乡镇(街道办事处)三级联述联评联考的基础上,拓展和延伸到各领域党组织书记,强化党建责任落实,全市5个县区、32个乡镇、11个街道办事处和市委直属的27个党(工)委全部推行党组织书记抓党建专项述职评议考核工作。七是新一轮村"两委"换届工作基本完成。成立换届工作领导机构和督导组,制订市级领导包点联系制度,印发《换届工作指导手册》《选举工作问答》等,出台候选人资格联审、选前谈话、全程签字、现场回避等12项制度,明确换届纪律要求,建立信访、舆情、突发事件的快速应对处置机制、案件专办制度。八是深入开展非公有制企业党组织"双强十好"创建活动。组织65名非公有制企业党组织书记和党建指导员开展专题培训，集中选树10个省级、50个市级、20个县级“双强十好”党组织纳入直接联系和重点管理范围，发挥了示范带动作用。九是优化党组织设置形式。推广郊区联村党委和盂县梁家寨产业联建的经验做法，全市共组建17个联合党组织，涉及9个乡镇、77个村、5个企业。十是做好农村后备干部培养工作。建立完善农村后备干部信息库，选拔培养了一支数量充足、素质优良、结构合理、作风过硬的农村后备干部队伍。（史丽娟）

【大学生村官工作】 年内，市委组织部深入开展大学生村官践行党的群众路线“十个一”活动，关心关爱行动受益群众7461人，化解矛盾882次，联系困难家庭785户，办惠民实事1510件。推进大学生村官任职地调整工作，制订推行《大学生村官任职地调整实施办法》，完成跨市、县（区）调整大学生村官25名。推进大学生村官有序流动工作，在全市定向选聘乡镇（街道办事处）事业单位工作人员101名。完善大学生村官工作联席会议制度，开展大学生村官联席会议成员单位与大学生村官“结对帮带”活动。（史丽娟）

【从严治部】 年内，市委组织部结合党的群众路线教育实践活动，围绕“从严治部”主题，大力加强自身建设，深入推进作风转变，着力建设“讲政治、重公道、业务精、作风好”的模范部门。一是从严教育培训，推动学风建设。延伸“组工干部讲习堂”制度，深入学习领会习近平总书记系列重要讲话精神；在中央党校举办阳泉市组工干部学习十八届四中全会精神培训班；组织部机关全体工作人员赴郊区辛庄、盂县张家堖、平定县七亘等抗战遗址接受爱国主义教育；举办党的群众路线专题理论辅导讲座和先进典型专题报告会；开展观看警示教育片、听取廉政讲座、参观反腐倡廉展室、进行廉政宣誓等系列活动。二是从严实践锻炼，推动能力建设。开展“组织部长下基层”活动和市县（区）组织部长面对面谈心活动，建立“领导干部下基层蹲点调研”制度；延伸组织工作“大调研”活动，深入农村、社区、企业、机关等调研点进行走访调研；开展“访民生、知民情、解民事”集中走访活动，部领导班子成员带头到农村开展“下乡住村”活动；深化“在职党员进社区”活动，组织部机关全体到德胜街社区开展认领“微心愿”、义务劳动、慰问困难等活动。三是从严纪律约束，推动作风建设。部领导班子带头执行民主集中制，严格遵守中央“八项规定”，部班子、机关党支部、党小组分层召开民主生活会和组织生活会，坚决解决“四风”问题；开展部机关开放日活动，邀请各类代表到部机关进行实地参观和座谈交流；健全完善内部管理制度，制订或重申组工干部行为规范、纪律要求、廉政要求，完善部机关干部百分量化考核办法；建设开通阳泉大组工网和OA办公系统，进一步规范日常办公流程，逐步实现无纸化电子办公；以深入开展“对标找问题、谈标挖根源、确标抓整改、践标作承诺”的“四标活动”为抓手，启动组织系统“三个一批”（甄别一批不廉洁的干部、退出一批不作为的干部、掌握一批善作为的好干部）工作。四是加大人文关怀，推动和谐建设。建立组工干部文化长廊，积极开展形式多样的文体活动；定期开展组工干部谈心谈话活动；建立组工干部规范准入制度、选调制度和管理制度；建立上下级组工干部双向挂职锻炼机制，积极推行内部轮岗制度等。（史丽娟）

【学习讨论落实活动】 12月5日，市委举行全市学习讨论落实活动动员大会，学习贯彻全省学习讨论落实活动动员大会精神，安排部署全市开展学习讨论落实活动有关工作。省委学习讨论落实活动第三督导组组长王铁选出席会议并讲话。按照全省统一部署，此次学习讨论落实活动从12月开始到2015年3月底结束，为期4个月。活动的主题是“深入学习习近平总书记系列重要讲话精神，净化政治生态，实现弊革风清，重塑山西形象，促进富民强省”。活动的主体是全市各级党组织和广大党员干部，重点是乡镇（街道办事处）以上领导机关、领导班子和领导干部。活动过程中不分段、不转段，有计划、有重点、有目的地统筹协调推进。

16日至18日，市委组织部组织了全市领导干部学习讨论落实活动专题研讨班，邀请省司法厅厅长崔国红为市级四套班子领导，各县区、市直部门主要负责人作了题为《认真学习贯彻十八届四中全会精神，着力推进“六权治本”，深化法治山西建设》的辅导报告。截至年底，全市学习讨论落实活动有序推进。（毛晋喜）

宣传工作

【理论学习】 2014年，市委宣传部围绕中共十八大和十八届三中、四中全会精神，以及习近平总书记系列重要讲话精神，结合党的群众路线教育实践活动，深化学习内涵，加强理论宣传，注重成果转化，确保理论武装入心入脑。以中心组学习为龙头，以学习型党组织建设为抓手，以漾泉大讲堂、理论骨干培训班为载体，不断掀起学习热潮。全年市委中心组共组织14次集中学习。举办5期“漾泉大讲堂”，听众达3000人次。举办《习近平总书记系列重要讲话读本》理论骨干培训班和学习贯彻中共十八届四中全会精神理论骨干培训班，300余人参加培训。组织全市各级党组织和党员学习《马克思主义哲学十讲》《世界社会主义五百年》《习近平总书记系列重要讲话读本》等9

本理论书籍。建立健全“阳泉市县级党委(党组)理论学习中心组学习制度”等一系列规章制度。开展“五进”(进农村、进机关、进社区、进校园、进企业)宣讲活动。市委宣讲团赴基层宣讲60余场，听众达1.1万余人次。组织全市理论工作者和理论骨干在各类报刊上发表理论文章200余篇。组织开展阳泉市第十一届精神文明建设“五个一工程”优秀文章申报活动,选出《理论宣讲要走好群众路线》《对阳泉市郊区推进城乡一体化建设的思考》《人民性是全面深化改革的最高价值》3篇优秀文章参加全省的评选。开展“学习习近平总书记系列重要讲话精神心得体会”主题征文活动、纪念市政研会成立30周年“新时期思想政治工作的新思考”征文活动。报送7篇论文参加山西省思想政治工作优秀成果评选,5篇文章分获一、二等奖。 (马晓鹿)

【舆论引导】 年内,市委宣传部牢牢把握宣传思想工作的出发点和着力点,立足全市实际,努力凝聚正面宣传合力,营造强大舆论声势。整合各类新闻媒体优势,继续实施大栏目、大活动、大集中的宣传战役,突出宣传市委、市政府的重大部署和人民群众的重大关切。组织中共十八届三中和四中全会精神、习近平总书记系列重要讲话精神、党的群众路线教育实践活动等大型活动的宣传报道工作。《阳泉日报》和阳泉广播电视台先后开设65个专栏,刊播相关主题性报道共计5600余条。安排刊播国防教育、征兵、禁毒、创建国家模范环保城市、安全生产月等相关公益广告和宣传标语口号5000余次。加强、改进对突发事件和热点问题的舆论引导。《阳泉日报》和阳泉广播电视台对国内外重大问题、敏感问题的宣传,统一使用新华社的稿件,强化正面宣传。紧扣实施“四大战略”(工业强市、文化兴市、扩城阔市、生态靓市)、打好转型综改攻坚战这条主线,围绕重点项目,开展“实施‘四大战略’助推转型综改”大型集中采访活动。邀请新华社等40家中央、省、市媒体组成采访团,就基层社会管理、“项目见效年”等重点工作进行采访报道。全年共完成外宣稿件527篇(条),其中国家级传统媒体刊发18篇,新媒体刊发80篇;《山西日报》刊发220篇,山西广播电视台发稿181条(电台87条、电视94条),省级新媒体发稿28篇。完成《人民日报》省特刊的约稿组稿、《中国民航》第8期的阳泉市文化旅游资源、《山西晚报》阳泉市党的群众路线教育实践活动“镜鉴”特刊的约稿组稿任务。完成外宣画册《灵秀阳泉》的出版印刷工作。协助山西广播电视台完成大型高清航拍纪录片《飞越山西 晋善晋美·阳泉》的拍摄任务。 (马晓鹿)

【新兴媒体管理】 年内，市委宣传部充分发挥新兴媒体覆盖广、传播快、时效强的优势,按照积极利用、科学发展、依法管理、确保安全的要求,不断强化网络管理,网络宣传工作开启新局面。通过互联网宣传党和国家的方针政策，宣传市委市政府推进转型跨越发展的重要举措、重点工程和重点项目，组织阳泉属地新闻网站上传阳泉新闻22837条,转载人民网、新华网等媒体稿件9116条,发表微博3750条。坚持以“围绕主题干实事、服务大局构和谐”为主题,做好24小时网上舆情监测，全年共发送每日舆情短信528条,编报《一周网络舆情动态》52期、《网络舆情专报》5期。针对网上的热点问题,及时发布权威信息、报道事件真相、阻断谣言、释疑解惑，完成国家和省网信办安排的网评任务44项，发表帖文55262条，阳泉市的网评工作受到省委宣传部表扬。对阳泉新闻网和阳泉网络广播电视台进行年检，对新闻信息内容管理人员进行登记、培训和考核。开展打击互联网传播淫秽色情及低俗信息专项行动、清理整治网络视频有害信息专项行动和网站信息安全检查工作，清理网上违法有害信息28条，属地网络环境得到净化。全年上报舆情信息9121条,被中宣部采用561条,被中央领导批示56条,完成特殊任务7次,继续保持在全国直报点的靠前位置，多项工作受到省委宣传部表扬。(马晓鹿)

【精神塑造】 年内,市委宣传部深化社会主义核心价值观和“阳泉精神”的宣传教育,实施公民道德建设工程,推进思想道德建设,推动区域、城乡文明协调发展。挖掘身边好人、道德模范,在中央文明办揭晓的9月“中国好人榜”名单中,阳泉市有4人上榜。在第五届山西道德模范评选表彰活动中,1人获“见义勇为道德模范”称号,2人获提名奖。在第二季度“山西好人”评选中,1人获“山西孝老爱亲好人”称号。举办第三届阳泉道德模范颁奖典礼,表彰当选的道德模范和提名奖获得者。启动“阳泉好人”评选表彰工作。以创建文明单位为载体，做好第四届全国文明村镇、文明单位申报推荐和复查工作。在省级文明村镇、社区、单位复查验收工作中，全市90家单位受到省文明委表彰。其中,15个单位被授予“省级文明单位标兵”称号、43个单位被授予“省级文明单位”称号、6个乡镇被授予“省级文明乡镇”称号、19个村被授予“省级文明村”称号、7个社区被授予“省级文明社区”称号,有5人获得“先进工作者”荣誉称号。

同时,加大网络文明传播力度,22名网络文明传播志愿者撰写博文、发布微博共计7121条。举办“童心向党 共唱中国梦”少儿合唱比赛。王惠卿创作的童谣《我叫小雷锋》在省文明办、省教育厅、团省委等部门组织的优秀童谣征集评选活动中荣获一等奖。市文明办获得优秀组织奖。推动“3·5”学雷锋志愿服务日、“12·5”国际志愿者日等重要时间节点活动常态化,开展丰富多彩的志愿服务活动。开展“培育和践行社会主义核心价值观、弘扬‘阳泉精神’”系列宣传活动。组织开展主题征文、知识竞赛等，提高社会主义核心价值观和“阳泉精神”在广大群众中的知晓率。开展“善行义举”立榜活动，展现了个人善行义举的先进事迹。（马晓鹿）

【中共十八届三中 四中全会精神宣讲】 2014年，市委讲师团继续以中共十八届三中全会精神为重点，加强宣讲工作。春节后上班第一天，配合市委宣传部，邀请有关教授到阳泉市讲课，以中心组理论学习扩大会议的形式，集体团拜，引深学习。随后，市委讲师团教员分赴市政协、市委老干部局、盂县地税局、阳泉一监等20多家单位，宣讲中共十八届三中全会精神，受到各单位好评。10月，中共十八届四中全会召开后，按照市委和市委宣传部的安排部署，讲师团确定宣讲团组成人员，拟定宣讲方案，撰写出宣讲提纲。12月，组织宣讲团成员赴中央党校参加中共十八届四中全会精神集中培训。培训结束后，宣讲人员深入各县区、市直机关、企业、学校、社区、农村开展十八届四中全会精神宣讲，效果良好。（郭政丽）

【《习近平总书记系列重要讲话读本》理论骨干培训班】 8月21日至22日，阳泉市《习近平总书记系列重要讲话读本》理论骨干培训班在市委党校举办，全市各部门、各单位的理论骨干200余人参加培训。此次培训由市委讲师团与市委宣传部联合组织，市委宣传部领导和讲师团理论教员进行授课，内容包括《学习习近平总书记关于宣传思想工作重要讲话》《关于坚持和发展中国特色社会主义》《关于全面深化改革》《关于党要管党、从严治党》等。（郭政丽）

【党的群众路线教育实践活动精神宣讲】 年内，在全市开展的党的群众路线教育实践活动中，市委讲师团组织多名理论教员进机关、厂矿、企业、学校、农村，宣讲党的群众路线教育实践活动精神，先后宣讲30余场，受众5000余人。宣讲内容包括中央、省委、市委关于党的群众路线教育实践活动的有关文件精神，中国国情，全面深化改革的重大战略意义，中共十八届四中全会精神等。宣讲全面透彻，贴近群众，受到干部群众欢迎。（郭政丽）

【理论研究】 年内，市委讲师团以服务全市转型发展为宗旨，以打造阳泉文化品牌为重点，精选课题，深入调研，撰写出一批理论文章，先后在《阳泉日报》《阳泉宣传》《阳泉组工通讯》及《党建研究》等报刊上刊发。其中，《以坚定的党性原则搞好宣讲工作》《打铁还需自身硬——谈新形势下党员领导干部的修养》《纯洁的精神家园是怎样构建的——谈共产党员改造主观世界的现实意义》等多篇理论文章在《阳泉日报·理论版》发表；刘瑞平、苏恒亮、韩继全、郝转琴共同撰写的《理论宣传要走好群众路线》一文，于7月17日、24日发表于《阳泉日报·理论版》，后被市委宣传部推荐参加全省精神文明建设“五个一工程”优秀理论文章评奖。11月，市委讲师团承接了市发改委“十三五”规划前期两大课题——《阳泉市“十三五”人口发展与人力资源发展研究》和《阳泉市“十三五”新型城镇化体制机制研究》，至年底，完成资料收集、社会调查、撰写报告工作，课题初步成型。（郭政丽）

【党委中心组学习服务】 年内，市委讲师团继续把配合市委宣传部服务好市委中心组学习作为一项政治任务来抓，提高各级领导干部的政治理论素质和政策水平。作为市委中心组秘书处成员，市委讲师团积极为市委中心组学习准备资料，主动提供学习议题，提前联系授课教师，在提高服务质量上下功夫。在服务县级党委（党组）中心组学习方面，联系教师并为县级党委（党组）中心组授课，同时进行有效的督促、考核评定活动，使县级党委（党组）中心组的学习进一步常规化、制度化、科学化。在扩大中心组学习成果方面，在《阳泉日报》上及时刊发中心组学习成果，将学习成果转化为理论成果，扩大了中心组学习的影响力和辐射作用，对全市党员干部的学习起到引领示范作用。（郭政丽）

【宣传阵地建设】 年内，市委讲师团加大宣传阵地建设，利用阳泉人民广播电台《山城论坛》节目、阳泉电视台访谈节目、《阳泉日报》理论版、互联网理论栏目等平台，做了多期专题专栏节目，宣传中共十八大精神、十八届三中和四中全会精神、习近平总书记系列重要讲话精神，并就社会热点、难点和群众普遍关心的问题进行理论和政策解读，为增强群众理论素养和构建和谐社会提供了理论支撑。（郭政丽）

统战工作

【概况】 2014年，全市统一战线学习贯彻中共十八大、十八届三中和四中全会精神、习近平总书记系列重要讲话精神，围绕中心，服务大局，做实思想引领，做优常规工作，做好创新工作，做牢基础工作，统一战线各领域工作扎实推进，成效明显。全市统一战线有民革、民盟、民建、民进、农工党、九三学社6个民主党派市级组织和市工商联、市侨联2个统战团体，有民主党派成员1127人，基层组织72个。全市包括汉族在内共有34个民族，少数民族人口3379人。有佛教、道教、伊斯兰教、基督教、天主教五大宗教，合法宗教活动场所37处，信教群众5万余人。党外代表人士配备基本到位，全市有市、县（区）两级党外代表人士1000余人，其中市委统战部重点联系的党外代表人士300余人。全市非公有制企业达到36639户，从业人员26.25万人。4000余名非公有制经济代表人士中有600余人分别担任省、市、县(区)的人大代表、政协委员、工商联执委等社会职务。全市有4个县区统战部部长由党委常委担任，1个县区统战部部长兼任政协副主席。2014年，阳泉市统战调研、宣传、信息3项工作继续在全省保持先进，并创历史最好成绩。市委统战部被评为“全省统战理论政策研究先进单位”；宣传工作位列全省第一，荣获“全省统战宣传工作先进单位”称号；信息工作积分居全省第二，获得一等奖。(郭乾杰)

【民营企业家座谈会】 2月20日，阳泉市召开民营企业家座谈会，听取企业家对优化发展环境、促进民营经济发展的意见建议。市委常委、市委统战部部长李云峰出席会议，市委统战部、市工商联负责人及部分民营企业家参加座谈。会上，不同行业的民营企业家代表结合各自企业的发展情况，围绕会议主题踊跃发言，提出许多有建设性的意见建议。(郭乾杰)

【“走基层 献良策 比贡献”活动月】 从3月26日开始，市委统战部牵头，组织各民主党派、工商联、侨联和无党派代表人士中的部分人大代表和政协委员开展“走基层 献良策 比贡献”活动月。活动共有7项内容。一是30余名党外人大代表和政协委员于3月26日下午到市阀门有限公司，围绕企业转型发展进行专题调研。二是按照活动方案，深入基层，关注民生，促进群众关注的热点难点问题得到有效解决。围绕综改试验区、重点工程建设等重点问题开展调研，撰写提案、议案，发挥示范作用。三是市委组织召开第一次党外人士双月座谈会，就市政府2014年为民办实事计划提出建议，请市政府领导通报情况、听取意见。四是围绕全市“两会”前的《政府工作报告》，开展学习研究讨论，提出真知灼见，提供决策参考。五是邀请市人大、市政协分管议案和提案工作的负责人，就如何写好提交全市“两会”的议案、提案和社情民意进行专题讲座。六是全市“两会”期间，撰写和提交议案、提案，反映社情民意，参加大会和小组讨论发言，履行参政议政职能。七是召开专题会议进行活动点评，搞好总结交流，并在媒体上进行专题报道。(郭乾杰)

【无党派代表人士学习实践小组成立大会】 5月22日，阳泉市无党派代表人士学习实践小组成立大会召开。市委常委、市委统战部部长李云峰出席会议并讲话，市人大常委会副主任吴丽萍、市政协副主席许文珍出席会议，全市各个行业的80余名无党派代表人士参加会议。会上下发《阳泉市无党派代表人士学习实践小组实施方案》，共106名无党派代表人士组成4个小组开展活动。无党派代表人士学习实践小组是具有统战性质的，坚持自觉、自主、自为原则，进行自我教育、自我管理的活动组织。学习实践小组的成立，为无党派人士学习教育、建言献策、服务社会、锻炼成长、联谊交友搭建了平台。(郭乾杰)

【“同心同向健步行 爱我阳泉随手拍”活动】 9月29日，全市统一战线系统开展“同心同向健步行 爱我阳泉随手拍”活动，纪念全国首个烈士纪念日，迎接国庆65周年。市领导李云峰、刘兆林、吴丽萍、任衍钢、许文珍、赵永红、李天祥出席活动，全市各民主党派、工商联、侨联、民族宗教界、无党派人士等各方面代表200余人参加活动。

全市统一战线各界人士从狮脑山脚下出发，将“健步行”与“随手拍”相结合，利用各种新媒体手段，随手捕捉和记录活动场景、沿途红色印记以及反映全市改革发展新变化的图片、视频，即时编发诗歌、短文，当天即在全市统战新媒体平台发送各类信息600余条。随后，举行缅怀先烈仪式，全体人员以奏唱国歌、默哀、敬献花篮、代表发言、参观革命烈士纪念馆等形式，表达了全市统一战线系统继承先烈遗志、努力推进全市经济社会发展的坚定信念。(郭乾杰)

【党外干部培训班】 11月7日至28日，阳泉市第十一期党外干部培训班举行，50名党外干部参加培训。内容包括中共十八届四中全会精神、习近平总书记系列重要讲话精神、反腐倡廉教育、阳泉市市情、统战理论与实践研讨等。市政府领导、有关部门和单位负责人、省委党校和市委党校教授、市委统战部干部共19人为培训班授课。培训期间，全体学员赴井冈山红色文化教育学院进行了为期一周的革命传统教育，并深入市内社区、企业进行调研。(郭乾杰)

【党外代表人士双月座谈会】 3月5日，市委办公厅、市政府办公厅印发《阳泉市党外人士双月座谈会工作规范》(阳办发〔2014〕15号)。于4月9日、7月16日、9月18日、11月6日、12月29日共召开5次全市党外代表人士双月座谈会，先后邀请市委常委、常务副市长李利生和副市长郝培亮、任衍钢、董仙桃、赵峰，分别就“市政府为民办实事项目”“城市建设与管理”“发展旅游产业，促进转型跨越”“加快农业产业化发展，促进农业结构调整”和“促进工业经济健康运行”等议题与党外代表人士进行座谈，征求意见建议。为使座谈会真正取得实效，每次会议召开前，市委统战部先组织专题调研，针对议题开展研究讨论，形成发言提纲；会议召开后，对发言内容进行梳理汇总，以“专报”呈送市四套班子领导，以“通报”分送有关单位，并对上一次座谈会的意见建议效果进行反馈。(郭乾杰)

政法工作

【违法犯罪惩治】 2014年，全市政法机关特别是公安机关紧紧抓住影响群众安全感的刑事犯罪案件，加大侦破和惩治力度，始终保持对各类刑事犯罪活动的高压态势。全年全市刑事案件立案5642起，与2013年相比，减少743起，下降11.6%；“八类案件”（杀人、纵火、投毒、抢劫、强奸、绑架、爆炸、故意伤害等八种暴力恶性案件）立案356起，减少12起，下降3.3%；治安案件下降3.4%。破获各类刑事案件2074起，破获“八类”案件257起，打击处理各类违法犯罪人员11169人。大案要案基本做到发一破一，23起现行命案全部破获，自2012年起连续3年保持命案全破，群众居家更安心，出行更放心。全市法院全年共受理各类案件13001件，审结、执结12210件（含旧存），其中刑事案件1117件，审结1024件（含旧存）。全市检察院共批准和决定逮捕各类刑事犯罪412件517人，起诉869件1231人；共立查贪污贿赂犯罪案件47件64人，比2013年分别上升23.7%和10.3%，均创历史新高；反渎职部门立查渎职侵权犯罪案件16件17人，同步介入重大安全生产责任事故调查，共立案查办事故所涉渎职等职务犯罪案件9件10人。（赵克玉）

【法治阳泉建设】 年内，市委政法委通过制订实施办法和组建执法监督人才库、组织开展案件评查等活动，做好涉法涉诉信访改革工作，省委政法委交办的166件涉法涉诉信访积案提前化解完毕；组织协调相关部门完成《中共阳泉市委关于贯彻落实党的十八届四中全会和省委十届六次全会精神 加快推进法治阳泉建设的实施意见》的起草工作。全市法院强力打造审判流程、裁判文书、执行信息3大公开平台，建成基层法律服务、诉讼服务大厅、网络平台3大服务载体，全市两级法院裁判文书上网全省排名第一。检察机关推进“阳光检察”工程，构建“开放、动态、透明、便民”的阳光司法机制，全省首次“阳光检察”理论研讨会在阳泉市召开；推进预防职务犯罪专项活动，完成预防案例分析30件，提出预防检察建议33件，开展预防宣讲217次，查询行贿档案3856次，预防职务犯罪工作扎实有效。公安机关实行执法办案五级审核把关机制和执法质量三级考评机制，推进“民生警务、亲民公安”建设，9类71项便民措施惠及民生。司法机关引深“1+6”（“1”是市委依法治市领导组及其办公室；“6”是执法检查、依法行政、公正司法、依法经营、基层民主法治建设、普法和依法治理6个联席会议制度）工作机制建设，普法依法治理工作形成合力，深入开展。市法学会发挥党委政府联系广大法学工作者、法律工作者的桥梁纽带作用，加强法学会基层组织建设，全市有4个县区成立法学会并召开第一次会员代表大会。（赵克玉）

【政法宣传工作】 年内，阳泉市在市级层面形成《阳泉日报·法制专版》《阳泉政法》杂志、“阳泉政法网”3大宣传阵地，在市级政法机关层面形成《阳泉审判》和《阳泉检察》杂志、门户网站、官方微博、微信平台等多点重要补充，宣传阵地更加立体，宣传形式更加多元。市检察院和矿区检察院联合创作拍摄的微电影《茶殇》，是阳泉市首部以预防职务犯罪为题材的微电影，获得全国检察机关举办的首届预防职务犯罪专题微电影评选活动特等奖。市交警部门创作的电视专栏节目《小刘说道——最后的晚餐》荣获“全国文明交通宣传作品优秀奖”。市公安局政治部以侯明华为原型组织拍摄的微电影《片警侯哥》，用艺术形式生动再现了侯明华28年义务照顾辖区30多位困难老人的感人事迹，在全省首届微电影大赛中荣获三等奖。5月29日，《法制日报》以《干部群众同坐一条板凳都是参与者——阳泉基层社会治理的那些人那些事》为题，对阳泉市2014年的社会治安综合治理工作进行专题宣传报道。法制网、人民网、新浪网、凤凰网等网络媒体进行转载，《阳泉日报》进行转发，社会反响良好。（赵克玉）

【“一村（社区）一警”联系走访活动】 年内，市委政法委在全市政法机关部署开展以“知民情、解民忧、护民安”为主题的“一村（社区）一警”联系走访活动。全市1327名政法干警与960个村和111个社区建立联系，走访群众2万余户，征求意见建议2292条，排查案件线索和治安隐患1095件，帮扶群众困难、化解矛盾纠纷近千件，提供法律服务1577人次。“一村（社区）一警”联系走访活动让干警接地气，让群众得实惠，促进了全市广大政法干警转变思想作风、密切警民关系、塑造为民务实清廉形象。（赵克玉）

【“双十佳”评选表彰】 9月，市委政法委联合市劳动竞赛委员会开展阳泉市政法系统第七届执法为民“双十佳”评选表彰活动。经过自下而上层层推荐、媒体公示、社会监督、领导组审核评选、市委政法委和市劳动竞赛委员会审定等程序，评选出新一届“双十佳”。市人民检察院反贪污贿赂局等10个集体荣膺“执法为民十佳集体”称号，市劳动竞赛委员会分别记集体一等功一次；郊区公安分局河底派出所所长司泉生等10名个人荣膺“执法为民十佳干警”称号，市劳动竞赛委员会分别记个人一等功一次；矿区公安分局马家坪派出所社区民警侯明华荣获特别奖。12月25日，阳泉市政法系统第七届执法为民“双十佳”获奖集体、获奖干警座谈会在阳泉宾馆召开。12月30日，阳

泉市政法系统第七届执法为民“双十佳”颁奖仪式在市电视台举行,市委、市人大、市政府、市政协有关领导出席。 (赵克玉)

【井冈山干部培训】 10月27日至11月3日,由市委组织部、市委政法委共同组织的全市政法干部培训班在井冈山红色文化教育学院举行。此次培训由市委常委、市委政法委书记王湜洲和市人民检察院检察长王守林带队,49名市、县(区)两级政法机关人员参加。在为期一周的培训中,全体学员听取了《井冈山斗争与井冈山精神》《井冈山精神代代相传》《学习毛泽东战略思维,提高研判能力》等专题讲座,邀请相关专家学者就涉法涉诉信访问题进行研究分析,对中共十八届四中全会精神进行深入学习解读。通过学习培训,全体学员受到一次深刻的爱国主义教育、理想信念教育和革命传统教育,思想境界得到提升,实践能力得到进一步增强。 (赵克玉)

【全国先进单位和个人】 年内,市委政法委加强政法队伍建设,对全市各级政法机关和广大政法干警在作风上严格要求,在导向上弘扬正气,全系统共有9个集体和6名个人跻身全国先进行列。

市中级人民法院未成年人案件综合审判庭(简称“少年庭”)被最高人民法院授予“全国法院少年法庭工作先进集体”称号。市司法局被司法部评为“全国法律援助先进单位”。矿区道路事故纠纷人民调解委员会被司法部授予“模范人民调解委员会”称号。矿区人民法院立案庭被全国妇联授予“全国三八红旗集体”称号。平定县被全国普法办授予“全国‘六五’普法中期先进县区”称号。平定县公安局被公安部评为“全国公安机关执法示范单位”。平定县检察院被最高人民检察院荣记“集体一等功”。平定县人民法院巨城法庭被最高人民法院授予“全国法院先进集体”称号。平定县法律援助中心便民大厅被司法部授予“全国法律援助便民服务示范窗口”称号。

市中院刑一庭副庭长魏增玲被最高人民法院授予“全国法院办案标兵”称号。矿区公安分局马家坪派出所社区民警侯明华被公安部评为“全国2013百姓口碑警察”。郊区政法委书记王建华、山西真安律师事务所主任岳瑜荣膺“全国‘六五’普法中期先进个人”称号。矿区沙坪司法所所长姚曜、平定县锁簧镇人民调解委员会调解员侯洪波被司法部授予“模范人民调解员”称号。

此外,阳泉市于6月被全国普法办表彰为“全国‘六五’普法中期先进城市”。 (赵克玉)

综治工作

【概况】 2014年,全市各级政法机关和综治成员单位按照《2014年全市综治(平安建设)工作要点》和《2014年平安阳泉行动计划》,围绕“深化平安阳泉建设”这条主线,实施“六六创安”(打好打黑除恶等“六场硬仗”,开展对社会治安重点地区“六项整治”,推进社会治安防控体系“六网覆盖”,化解征地拆迁等“六类纠纷”,抓好刑释解教人员等“六类特殊人群”管控帮教,深化以“平安社区”等为主要内容的“六安联创”活动)工程,在责任制落实、严打整治、治安防控和平安创建等方面取得重点突破。全市各级政法机关以“六场硬仗”(打黑除恶、打击“两抢一盗”、治爆缉枪、打击电信诈骗、打击非法传销、破案追逃)为抓手,加大刑事打击力度,刑事治安案件近十年中首次出现“双下降”,平安成效凸显;以“六项整治”(针对城乡接合部、城中村、工矿区、出租房屋、九小场所、校园及其周边六类地区开展的集中整治)为抓手,加大重点整治力度,内部单位安全防范、民爆危险物品管理、交通、消防、黄赌毒和“六类地区”(城乡结合部、城中村、工矿区、出租房屋、九小场所、校园及其周边)的整治实现全覆盖、无死角,平安环境改观;以“六网覆盖”(街面防控网、社区防控网、单位内部防控网、视频监控网、区域警务协作网、虚拟社会防控网)为抓手,加大治安防控力度,“天网”二期工程和公安机关“五化”(立体化架构、网格化布警、实战化平台、扁平化指挥、随警化保障)社会治安防控体系建设稳步推进,平安建设科技含量提高,平安触角得到延伸;以“六类纠纷”(征地拆迁、村矿矛盾、劳动关系、医患关系、交通事故、环境污染)为抓手,加大矛盾化解力度,浙江“枫桥经验”和全省矛盾纠纷大调解左权现场推进会精神得到贯彻,平安关口前移;以“六类特殊人群”(刑释解教、社区矫正、吸毒、易肇事肇祸精神病患者、社会闲散青少年、艾滋病人)为抓手,加大社会治理力度,社会服务管理体系日臻完善,平安基础进一步夯实;以“六安联创”(创建平安家庭,平安单位,平安矿区,平安社区,平安乡镇和平安县、市、区)为抓手,加大督查考评力度,平安建设覆盖面不断拓展,平安载体进一步丰富,群众安全感和满意度稳步提升。 (赵克玉)

【平安阳泉建设】 年内,全市以“六安联创”为抓手,加强督查考评力度,平安阳泉建设的载体进一步丰富。市综治办严格做好对综治工作的督查考核和奖惩评定工作,在年初召开的市委政法工作会议上,对2013年度省级平安县区、市级综治工作先进县区、市级综治工作达标县区等集体给予58万元的奖励。8月,市综治办在经过县区推荐、逐级申报、实地复查、征求意见、社会公示的基础上,组织对全市首批98家平安建设先进集体进行命名表彰,颁发奖牌,发放奖金,激发了社会各方积极争先创优、参与平安建设的工作热情。与此同时,市综治办还严格落实社会治安综合治理一票否决制的有关规定,对综治工作不力的两个单位予以一票否决,对8名相关综治责任人追究处分,对18名综治责任人实行诫勉谈话,对16个单位实行挂牌督办。在推进地方平安建设工作的同时,还重点开展行业平安创建工作,全市平安医院创建推进会、平安家庭创建现场会相继召开。 (赵克玉)

【铁路护路联防】 年内,全市各级铁路护路联防组织贯彻落实全省铁路护路联防工作会议和市委政法工作会议精神,坚持"网格管路、科技护路、矛排稳路、整治保路、宣传兴路、队建强路"的总体思路,加强组织领导,创新体制机制,严格规范管理,狠抓工作落实,开展平安铁路"双示范"(平安铁路示范区、平安铁路示范线)创建活动,解决影响铁路安全的突出问题和安全隐患,确保国民经济大动脉的安全畅通。一是实行网格管路,夯实护路联防基层基础;二是搞好科技护路,提升铁路沿线治安防控水平;三是强化日常排查,确保铁路治安大局稳定;四是开展整治保路,解决涉路治安突出问题;五是注重宣传兴路,营造爱路护路浓厚氛围;六是重视队建强路,提高驾驭铁路治安局势的能力。通过狠抓各项工作措施的落实,努力打造安全、生态、和谐、亮丽的平安铁路线,为全市转型跨越发展和实施"四大战略"营造了一个和谐稳定的铁路治安环境。 (赵克玉)

【社会治安整治】 年内,全市以"六项整治"为抓手,加大重点整治力度,平安环境得到改善。市综治办发挥在"六项整治"中的组织协调作用,结合全市实际,在"六类地区"的基础上增加"四类重点地区"(商业聚集区、人口密集区、流动人口集中区、特殊行业积聚区),对地区内以及行业系统内的各类问题实行全方位排查整治,实现重点整治工作全覆盖、无死角。全年全市排查问题地区160个,整治率100%。公安机关本着"什么治安问题突出就整治什么问题、哪里治安混乱就整治哪里"的原则,开展专项整治,及时消除安全隐患。一是加强内部防范。对内部单位安全防范开展治安隐患大排查,发现整改安全隐患35处,参与处理并依法追究安全生产事故刑事责任人5名。二是加强民爆危险物品管理。成功侦破"5·9"涉枪案件,全年收缴各类枪支20支、子弹350发、炸药135公斤以及其他危险品,确保了"不流失、不炸响"工作目标的实现。三是加强交通安全管理。淘汰黄标车和老旧车17985辆,完成省政府下达任务的102%。对沃尔玛、华盛桥及周边3条主干道和8个主要路口实施限行分流,缓解了该地区的交通拥堵状况;查处道路交通违法行为35万余起,道路交通事故死亡人数明显下降。四是加强消防安全管理。年内,公安消防部门下发责令改正通知书2144份,消除火灾隐患5121处,火灾起数和死亡人数较2013年分别下降2.58%和50%,连续22年未发生较大或重大以上火灾事故。五是加强对"黄赌毒"丑恶现象的扫除力度。破获相关案件839起,抓获违法人员1190名,收缴赌博游戏机50余台、毒品1600余克,净化了社会风气。六是加强对食品药品犯罪的打击力度。公安机关专门成立食品药品犯罪侦查支队,连续捣毁非法生产假冒腐竹和无证经营假冒豆皮的黑窝点,保障了人民群众的餐桌安全。 (赵克玉)

【社会治安防控体系建设】 年内,市委政法委牵头总抓的"天网"二期工程稳步推进,年内新增视频探头10614个(其中公共视频探头523个、社会视频探头10091个),监控区域开始向农村和小区延伸。平定县在基层警务建设中注重打造"民生警务、亲民公安",为全市提供了范式。全市建成警务室214个(其中城市区127个、农业县区87个)。城区建立了阳泉市第一支平安志愿者队伍,工作经验在全省综治办主任座谈会上进行交流。全市明确提出"建立8支、不少于1.3万人"的平安志愿者队伍建设目标,群防群治全覆盖工作有序推进。公安机关推进"五化"社会治安防控体系建设,提升对复杂社会治安的驾驭能力。全市主城区打破行政界限划分为10大巡逻区域,配备警力339名,每个区域配备1台流动警务车和2台快反巡逻车,易发案时段和地段的警力配置更加科学合理,群众"见警率"大大提高。随着街面巡逻工作的全面启动实施,一个以指挥中心为龙头、巡特警为骨干、派出所为主体、巡防队伍为辅助,多个警种联勤联动、多种力量群防群治的工作体系正在形成,一个具有快速反应和快速打击能力的实战警务平台渐具雏形。 (赵克玉)

【矛盾纠纷排查化解】 年内,市综治办在全市组织开展矛盾纠纷百日集中排查化解专项行动,做好"六类纠纷"的排查调处工作,三级矛盾纠纷调解中心建设推进,人民调解经费保障初步落实。全年全市共排查矛盾纠纷1783起,调处1623起,调处成功率91%。两级法院发挥司法能动作用,注重在工作实践中及时化解矛盾。开展专项执行工作,全年执结涉民生案件133件,执行到位2000余万元,保障了当事人的胜诉权益;发挥调解在化解婚姻、家庭、邻里纠纷等民商事案件中的作用,全年诉前调解案件1475件,全市民商事案件一审调撤率达56.9%;全年受理各类民商事案件7432件,审结6847件(含旧存),标的27亿元。检察机关成立全省首家未成年人定向关护中心,确保20名涉罪未成年人在不捕、不诉后得到良好的监护帮教;完善检调对接、和解息诉机制,共办理民事申诉和解案件31件;依法不批捕或不起诉333案492人。全市司法行政系统着眼于"防早、防小、防激化",组建医疗纠纷调委会、保险行业调委会、物业纠纷调委会等行业性、专业性调委会，全市共建立人民调解委员会 1151 个，配备人民调解员 4591 名，全年调处各类矛盾纠纷 2041 件,调解成功率 92%。（赵克玉）

【基层社会服务管理】 年内,全市召开基层社会服务管理工作郊区现场推进会,借鉴先进经验;举办业务骨干培训班,提升基层社会服务管理工作人员素质;多层次组织课题调研,为领导科学决策提供依据;强力推进“621”(建立 6 个县区级示范点、20 个乡镇街道办事处级示范点、100 个村社区级示范点)示范工程建设,带动全市体系建设提档升级。全年全市在基层社会服务管理体系建设方面注入资金 4500 万元,县乡村“三级中心”全部建成,包括县(区)级高标准社会服务管理指导中心 6 个、乡镇(街道办事处)级社会服务管理中心 45 个、村(社区)级社会服务管理中心 1073 个，全市 2326 个基础网格全部配备了网格员和 3G 手机,县(区)级社会服务管理指导中心协调督办的职能作用进一步强化,乡镇(街道办事处)级社会服务管理中心承上启下的主导作用进一步突出。年内,全市“三级中心”录入基本人口信息 130 余万人,录入困难人群 3.11 万人,录入符合“六类特殊人群”条件的人员 9953 人;累计受理平安建设、公共服务等五大类事件 19.6 万件次,处置 19.5 万件次，处置率达 99.4%。全年全市累计接收矫正对象 2368 人,依法解矫 1530 人,郊区、平定县、盂县均建成矫正管理服务中心。全市累计接收刑释解教人员 739 人，衔接率和帮教率均达 100%,平安阳泉建设的基层基础得到夯实。强制隔离戒毒所全力维护场所安全稳定,连续 10 年实现“四无”(无逃跑、无非正常死亡、无所内发案、无重大生产事故)工作目标。矿区作为全省、全国在基层社会服务管理体系建设方面的先进县区,继续探索创造新经验领跑全市,典型引领作用得到充分发挥。省委政法委在阳泉市举办全省基层社会服务管理研讨班,将矿区“三级中心”作为实践教学点进行重点观摩。省市各级领导和全国各省市组织到矿区社会服务管理指导中心进行观摩学习,对矿区的成功经验给予肯定。（赵克玉）

机关党的工作

【机关党建责任落实】 年内，市直机关工委遵循“抓党建就是抓发展、促稳定、保民生”“不抓党建工作是失职,抓不好党建工作是不称职”的思路,把机关党建责任落到实处。年初，工委把党建工作考核内容细化量化为 12 项 68 条，用党建责任书的形式强化责任,形成上下联动、齐抓共管的工作合力。年内,开展联述联评联考工作,做到述职述党建、评议评党建、考核考党建、任用干部看党建。9 月 17 日,按照“提交报告、民主测评、个别座谈、查阅资料、实地查看、综合评定”程序,组织市委办、市人防办等 14 家基层党组织书记就党建目标责任制完成、基层组织提升年、在职党员进社区、党建工作十大品牌创建等情况，进行专项述职,并由工委书记进行点评。为做到全面、客观、公正,工委组织市党代会代表、人大代表、政协委员、党员代表、群众代表、服务对象和党务干部代表共计 110 人，对党组织书记专项述职进行测评打分。随后,工委领导班子成员按照各自分工和联系点,对其余 76 家直属党组织书记分 4 组进行专项述职。年末,采取交叉检查、现场观摩、代表评议等办法，对全年党建目标责任制完成情况进行全面考核。各基层党组织党建责任落实良好，促进了全市经济社会的发展。（苏青华）

【基层组织提升年活动】 年内,市直机关工委根据省委、市委的安排部署，开展基层组织提升年活动。年初,工委成立以书记为组长、班子成员为副组长的基层组织提升年活动领导小组,组织召开基层组织提升年动员会,下发《市直机关开展基层组织提升年活动实施方案》。年内,向未按期进行换届的基层党组织的书记下发“催办通知单”,督促基层限期完成换届选举。对没有党员活动室的直属党组织加大督办力度,采取调研、约谈、协商的办法,促成 20 家单位建立了活动室,活动室创建率达到 88%。围绕“固本强基、服务发展”,在基层党组织中加强跟踪问效工作,重点对 185 个三星级以下党组织进行整顿,其中 130 个实现晋位升级。（苏青华）

【在职党员进社区活动】 年内,市直机关工委所属基层党组织和广大党员采取整建制报到和党员个人主动到居住地报到两种方式,进社区认领服务岗位,受到社区居民欢迎。市四大班子领导都以普通党员身份进社区认领微心愿。基层党组织到社区报到率为 98%,党员个人报到率为 70%,覆盖城区 39 个社区,共为 1200 多户低保家庭点亮微心愿,共圆幸福梦,加之基础设施建设、环境卫生清理、购买书籍等共投入资金 150 多万元。在市总工会和市气象局建立市直机关党群系统和政府系统 2 个党代表工作室,52 名省、市党代表分别与城区新市街社区和北岭社区对接,定期深入基层,倾听群众意见。“七一”期间开展纪念中国共产党成立 93 周年暨在职党员进社区集中日活动,市直机关广大党员与社区离退休党员一起,以不同的方式庆祝党的生日。工委组织阳坡垴社区的 39 名老党员到“晋东小延安”辛庄村进行参观,并重温入党誓词。（苏青华）

【党员发展和培训教育】 年内,市直机关工委严格标准程序，做好党员发展和培训教育工作。完善发展党员工作推荐制、培训制、公示制、预审制、票决制和责任追究制等制度,新发展党员 75 名。培训教育方面,以习近平总书记系列重要讲话精神为内容,坚持以人为本、分类管理、分级实施,提升党员干部队伍素质。首次对市直机关科级干部进行轮训,分 10 期共培训 1921 人;4 月,举办市直机关入党积极分子和预备党员培训班,共培训 200 人;11 月,在全国干部教育培训基地武汉大学举办市直机关基层党组织书记培训班,市委常委、市委秘书长刘星出席开班仪式,55 人参加学习培训;12 月 31 日,在市委党校对新任党务干部进行实务操作培训。创新教育培训模式,结合基层需求,成立市直机关工委流动党校,第一批聘任兼职教师 30 人,整合教育资源,实行菜单式对接服务,为市直机关党员干部尤其是基层党员接受教育提供新平台,建立新机制。从 9 月开始,在市直机关党员干部中开展“为民、务实、清廉、做表率”主题读书活动,所读书目为市委常委推荐的 11 本书(《之江新语》《世界社会主义五百年》《复兴之路》《毛泽东谈读书学习》《中国文脉》《论中国》《中国震撼》《苦难辉煌》《中国历代政治得失》《为官思想录》《大清相国》)和市委宣传部推荐的 4 本书(《习近平总书记系列重要讲话读本》《改革是中国最大的红利》《中华史纲》《苏共亡党二十年祭》),活动收到读书心得 309 篇,评出一等奖 9 篇、二等奖 18 篇、三等奖 59 篇;市交通运输局等 30 个单位获得优秀组织奖。读书活动提高了机关党员干部的执行能力,增强了机关党员干部的责任意识和担当意识。 (苏青华)

【第八次党建双年会暨城区经验交流会】 10 月 15 日,市直机关第八次党建双年会暨城区经验交流会在城区召开,市直机关工委隶属党组织单位负责人、城区区委主要领导和所属党组织负责人、各县区工委书记等 130 人参加会议。会议总结 2013 年和 2014 年全市机关党建工作情况,17 家单位在会上进行经验交流;市直机关工委与城区区委签订《深入推进在职党员进社区,开展“三联三亮十进”,共建幸福社区》协议书。大会组织与会人员现场观摩城区 3 个单位的党建工作,交流学习先进经验。 (苏青华)

【机关纪检工作】 年内,市直机关纪工委坚持围绕中心,服务机关党建大局,以思想教育为先导,以作风建设为重点,以制约和监督权力为核心,建立健全惩治和预防腐败体系各项制度,推进反腐倡廉各项工作。一是将党风廉政建设和反腐败工作的内容细化量化列入党建责任书,将党风廉政建设任务逐项分解、细化到人,形成分工负责、齐抓共管的工作格局。二是开展“五型”(效率型、责任型、学习型、服务型、廉政型)机关创建和廉政文化进机关活动,加大明察暗访和监督检查力度,解决机关作风方面存在的慵懒散、奢私贪、蛮横硬等突出问题。三是督促指导不设纪检组的 40 余家单位,在 795 台办公电脑上安装廉政屏保,营造“廉荣贪耻”的机关氛围。四是落实上级转职能、转方式、转作风的“三转”工作要求,履行好监督、执纪、问责职能。按照干部管理权限,对下属单位拟提拔重用干部的廉政档案进行严格把关,全年为市直机关 5 名拟提拔干部进行廉政鉴定,避免了“带病上岗”“带病提拔”现象的发生。五是严格落实“两个责任”。结合市直机关实际,下发《阳泉市直机关工委关于落实党风廉政建设主体责任和监督责任的实施意见》,层层传导压力,促进“两个责任”贯彻落实。 (苏青华)

【机关群团工作】 年内,市直机关工委落实党建带群建制度,切实发挥好群团组织的作用。10 月、11 月,分别对 42 名团组织书记和 90 名工会主席进行集中培训。“五一”前夕,举办市直机关拔河比赛,59 支代表队 1000 多名队员参加了比赛。团工委开展“展时代风采,实现青春梦想”主题活动,组织 10 家市直单位的 50 多名志愿者为困难群众开展便民服务,向市福利院的孩子赠送图书 200 多本,为市福利院的老人和孩子免费照相、体检义诊,奉献了爱心。 (苏青华)

政研工作

【调查研究】 2014 年,市委政研室围绕市委十届五次全会、全市经济工作会议以及市委和市政府关注的重大问题,突出以问题为导向,超前谋划,主动服务,强化调研的质量意识和服务理念,从企业改革、教育发展、党建制度、基层治理等几个方面深入基层、深入群众,通过陪同调研、自主调研等方式,翔实掌握了全市教育均衡发展、公有制企业改革、民事代办工作法、权力运行制约与监督等方面的实际情况和工作进展,通过总结经验、查找问题、提出建议,使调查研究成为市委科学决策的重要依托和载体。年内,市委政研室制订出《调研工作实施意见》,确定郊区旧街乡调研基地和市国资委调研点,及时汲取基层创新源泉,及时反映基层面临的实际困难,聚民智,接地气,转作风。全年形成高质量的调研报告 9 篇,其中,《关于用足用好失业保险基金为国企改革提供资金支持的建议》《发展城郊型农业 打造保安沟生态、休闲、旅游一条沟情况》《郊区旧街乡发展城郊休闲农业发展对策研究》《关于市属工业企业退城进园改革发展的建议》等调研报告紧密结合实际,贴近基层,针对性和可操作性强。年底时,保安沟已被列为郊区改革重点项目,正申报全市综改重点项目。 (贾德存)

【文稿起草】 年内,市委政研室围绕全市工作大局,把高质量地完成文稿起草和领导讲话作为服务领导决策的重要内容,作为当好参谋助手的重要抓手,牢固树立质量意识,弘扬朴实文风,全年共起草领导讲话、领导署名文章、市委汇报材料、调查报告等80余篇,近100万字,受到市委主要领导的肯定,发挥了以文辅政的职能作用。其中,市委十一届四次全会《关于深入贯彻党的十八届三中全会精神、加快实施“四大战略”的若干意见》的起草工作,政研室全面贯彻落实习近平总书记系列重要讲话精神,结合阳泉经济社会发展新的阶段性特征,先后八易其稿,就政府机构改革、审批制度改革、金融创新、纪律监察、党的建设等提出具体意见措施,最终形成正式报告提交全会审议;吃透上级精神,充分领会领导意图,详细掌握所需材料,先后起草市委全面深化改革领导小组两次全体会议书记讲话;撰写《深化国资国企改革,振兴阳泉工业经济》的署名文章,12月19日刊登于《山西日报·发展导报》头版;起草了公共权力监督与制约、公有制企业改革、深改工作总结等经验材料。　(贾德存)

【《阳泉工作》被评为“全国城市优秀党刊”】 10月23日、24日,由中共阳泉市委主办、市委政研室承办的市级机关党刊《阳泉工作》,在河南省洛阳市召开的全国城市党刊研究会第23届年会上被评为“全国城市优秀党刊”。《阳泉工作》全年出版6期,累计发行7000余份,刊发各类稿件120多篇,计70余万字。在基本覆盖全市各级党组织的基础上,扩大与外省市的交流,每期向省内外地市交流200多份,全面准确地宣传党的理论、路线、方针和政策,及时总结和传播阳泉经济社会各方面发展的新情况、新创造、新经验和新典型,为促发展、谋转型、推改革发挥了应有的作用。　(贾德存)

【全面深化改革服务工作】 年内,市委将全面深化改革领导小组办公室设在市委政研室,一个机构,两块牌子。作为服务市委全面深化改革领导小组的日常性办事机构,深改办公室先后制订了《中共阳泉市委全面深化改革领导小组工作规则》《中共阳泉市委全面深化改革领导小组专项小组工作规则》等。制订印发《贯彻实施〈关于深入贯彻党的十八届三中全会精神、加快实施“四大战略”的若干意见〉重要举措分工方案》,将市委十一届四次全会《关于深入贯彻党的十八届三中全会精神、加快实施“四大战略”的若干意见》细化分解为360项具体改革任务。印发了《市委全面深化改革领导小组2014年工作要点》,成为全市深化改革年度工作的指导性文件。

创办《阳泉改革》信息,宣传中央和省委、市委的决策部署,反映深改工作动态。至年底,共编发信息50余期,被省委深革办采用11期。8月12日,召开市委全面深化改革领导小组第一次全体会议暨专项小组工作汇报会,听取各专项小组工作进展情况,就全市全面深化改革工作提出要求。11月13日,召开市委全面深化改革领导小组第二次会议,专题研究全市公有制企业改革有关情况,并对公有制企业改革的目标方向、指导思想、法规依据、国资监管等作出明确要求,推进了全市的全面深化改革工作。　(贾德存)

保密工作

【保密宣传教育】 2014年,市保密局把保密宣传教育作为保密管理的基础性工作,组织实施《阳泉市“六五”保密宣传教育规划》,做到宣传教育常抓不懈。一是转发《国家秘密定密管理暂行规定》,下发《关于开展定密授权工作的通知》和定密授权申请书、定密授权决定书、不予授权决定书样张,同时配发《国家秘密及其密级具体范围的规定汇编》,推动了全市党政机关、涉密单位的规范定密工作。二是先后到阳泉一监、市地税局、阳煤集团、市发改委等单位举办保密专题讲座,宣讲保密形势、保密法规、防范技能和定密知识,500余人接受教育。三是把《全国窃密泄密案例警示教育展》和《涉密经济数据泄露警示录》作为群众路线教育实践活动的学习内容,在市委办公厅、市政府办公厅等单位播放。四是在市、县(区)党政机关大楼悬挂保密宣传展板、挂图,推进机关保密法制宣传教育。五是每逢重要节假日,市、县(区)保密局在党政机关办公楼大厅张贴保密提示,提醒各部门、各单位认真清理文件资料,组织保密检查,做好各项保密工作。六是开展保密委主任讲保密专题党课活动,全市各县区、市直单位100余名分管领导听取市委常委、市委秘书长刘星讲授的保密专题党课。　(刘彦忠)

【保密监督管理】 年内,市保密局积极行使保密行政管理职能,加强保密监督管理。一是按照国务院精简行政审批事项的总体部署,重新修订市保密局行政审批事项清单,并向社会公布,进一步规范保密行政管理。二是按照机关单位涉密岗位,遵循最小化原则,对各单位涉密人员进行规范确定和核查统计,完成年度保密工作数据统计任务。三是开展全市中央涉密文件保密管理、涉密载体销毁工作专项检查。四是完成全市国家考试试卷保密室的检查验收,在高考、中考和卫生系统资格考试期间,全程参与保密管理,发挥监督、指导、服务、保障作用。五是开展印制国家秘密载体资质审查工作。　(刘彦忠)

【计算机网络保密管理】 年内,市保密局狠抓保密技术基础设施建设,开展计算机及网络保密管理工作。一是发挥技术优势,提升技术检查和服务保障能力,加强对保密检查平台和无线信号屏蔽设备的运行管理,开展对信息系统、互联网信息和重大涉密会议保密技术检查。

二是继续开展涉密计算机防护设备的推广安装工作。三是启动保密综合业务信息系统建设。四是开展网络核查分类工作,加强涉密网络和非涉密网络的保密管理。五是开展涉密信息系统方案评审和建成网络测评工作。 (刘彦忠)

老干部工作

【老干部待遇落实】 2014年,市委老干部局围绕"转型发展、科学发展"这一主题,落实各项老干部政策,保障老干部政治待遇、生活待遇落实,老干部的满意度不断提高。

政治待遇方面,以庆祝中华人民共和国成立65周年为契机,组织开展形式多样的活动。召开2场老干部情况通报会、9场党的群众路线教育实践活动老干部征求意见座谈会。5月,组织36名地市级老干部参观山西大正伟业蛋鸡养殖及禽蛋加工项目、天元商厦"城市矿产"资源循环利用产业集聚项目、中科春明全固态高功率激光器生产项目。6月、11月,分3批组织44名市级老领导和享受副市级待遇的老干部赴盂县大汖温泉疗养院进行健康疗养。落实市直80家行政事业单位党支部补助经费,共计40万元。结合党的群众路线教育实践活动,采取报告会、座谈会、支部学习、送学上门、培训班等多种形式,引导广大离退休干部深入学习领会党的十八大、十八届三中、十八届四中全会精神,学习全国离退休干部"双先"表彰大会精神和习近平总书记系列重要讲话精神。组织各级老干部开展向龚全珍学习的活动。

生活待遇方面,9月24日,全省利用社区资源做好离退休干部服务工作推进会在市老干部活动中心召开,与会人员参观了城区新华东街等3个示范点社区。全市符合提高护理费标准条件的267名离休干部的护理费全部补发到位,约96万元。11月,分3批组织市级老领导和享受副市级待遇的老干部80余人在市一院体检。 (石 君)

【市老干部活动中心正式运行】 8月21日,市老干部活动中心正式运行。为给全市退休老干部提供一个服务功能更加齐全、服务环境更加舒适的学习活动场所,2013年9月,市老干部活动中心改造工程开工,2014年1月顺利完工。投入改造资金400余万元,改造后的活动场馆使用面积为5000平方米,有大型场馆2间、中型活动厅3间、小型活动室60余间。

为使市老干部活动中心真正发挥职能作用,市委老干部局多次与市财政局协调争取设备设施购置经费,配备配好活动器材,同时培训工作人员,并组织中层以上干部赴外地学习取经,提升业务技能。2月,对全市147个单位的2500多名离退休干部进行摸底、汇总,办理活动证。创造条件吸纳一批老干部团体,如老年太极拳队、模特队及豫剧团开展活动,得到团体成员的一致好评。5月,组队参加全省第十四届全民运动会老年组太极拳(剑)比赛,获得42式集体太极剑一等奖、太极拳二等奖及个人一、二、三等奖的好成绩。此外,为提升全市老干部活动品味,经多方考察,征求意见,引进民间手工艺黑陶、根雕、集邮、剪纸、布艺、彩面塑、葫芦雕刻、红色收藏、阳泉评说、诗词曲赋等学习活动项目,丰富了广大老干部的退休生活,弘扬了民间艺术。

年内,市老干部活动中心被省委老干部局评为"全省先进老干部活动中心"。 (石 君)

【盛茂林调研老干部工作】 11月19日,省委常委、省委组织部部长盛茂林到市老干部活动中心和市老年大学调研。陈永奇、王旭明、李定武、赵平有等市领导陪同调研。盛茂林一行首先参观了市老干部活动中心的活动设施和文化品牌区,看望正在台球室、棋牌室、乒乓球室活动的老干部,赞扬了老干部的良好精神风貌,并祝福老干部健康快乐。随后,盛茂林一行到市老年大学看望正在上课的老年大学师生,并与师生亲切交谈,勉励学员认真学习,学有所得,学有所乐,学有所成,让晚年生活更加丰富多彩。盛茂林对市老干部活动中心和市老年大学的工作表示肯定,对下一步工作提出要求。 (石 君)

【老领导老干部慰问】 春节前,阳泉市四大班子领导在市委老干部局和有关部门工作人员陪同下,分11组慰问市级老领导、老领导遗属和县区老干部代表76人,为他们送去慰问金、慰问信,并致以新春的问候;市委老干部局工作人员分4路对特殊困难的18名离休干部、47名退休干部和35名离休干部遗孀进行慰问,发放困难救助金9.75万元。

国庆节前后,市直各单位和各县区对全市离休干部进行慰问。此外,市委老干部局还对8名在北京、天津、河北等处安置的离休干部进行走访慰问。 (石 君)

【老干部党校开班】 6月26日,阳泉市老干部党校开班仪式暨全市离退休干部党支部书记培训班开班仪式在市老干部活动中心举行。各县区老干部代表、市直各单位所属离退休干部党支部书记、市委老干部局及下属事业单位党员共120人参加开班仪式。市老干部党校经市编办批准,在市老年大学挂牌运行。年内共举办2期离退休干部党支部书记培训班,效果良好。 (石 君)

【老干部工作领导组会议】 8月15日,阳泉市老干部工作领导组会议召开。市委老干部工作领导组组长、市委副书记、市长陈永奇主持会议并讲话。副组长、市委常委、常务副市长李利生,副组长、市委常委、市委秘书长刘星,副组长、市委常委、市委组织部部长李定武出席会议。领导组成员单位负责人参加会议,市政协副主席、市老年大学常务副校长赵平有列席会议。

会上,市委组织部副部长、市委老干部局局长史喜平作情况说明,有关部门负责人提出意见建议。会议议定四个问题,一是把79个非财政供养单位的177名离休干部的医疗统筹金,共计79.16万元全部纳入财政预算,彻底解决部分离休干部就医看病和医疗费报销难的问题;二是确定从2014年起,由市委老干部局统一组织市级老领导和享受副市级待遇的老干部,每年进行一次健康体检,解决市级老领导和享受副市级待遇的老干部体检标准不统一、时间不定期、无人组织的问题;三是确定建立组织市级老领导和享受副市级待遇的老干部,每年参观一次重点项目工程制度的长效机制;四是确定建立每年两次向老干部通报全市情况制度的长效机制。 (石　君)

【全省利用社区资源做好离退休干部服务工作推进会】 9月24日,全省利用社区资源做好离退休干部服务工作推进会在市老干部活动中心召开。全省11个市的市委老干部局局长、生活待遇科科长和部分省直单位离退休人员管理处处长共120余人参加会议。省委组织部副部长、省委老干部局局长陈跃钢出席会议并讲话。会议学习贯彻全国老干部工作会议精神,总结交流利用社区资源做好离退休干部服务工作的经验和做法,对下一步推进此项工作作了安排部署。会上,阳泉市、大同市矿区、神池县、太原市杏花岭区胜利桥社区、长子县、侯马市6个单位作典型经验交流。会议期间,与会人员还参观了城区新华东街、矿区虎尾沟和段南沟3个示范点社区以及市老年大学、市老干部活动中心,参观了阳泉市首届"红色记忆"收藏展。 (石　君)

【"迎国庆 庆重阳"系列活动】 为庆祝中华人民共和国成立65周年和欢度重阳节,市委老干部局在全市组织开展以"弘扬正能量,共筑中国梦"为主题的系列活动,丰富了广大离退休干部的精神文化生活,也激发了老干部发挥余热、奉献社会的热情。

9月12日至18日,由市委组织部、市委老干部局主办,市老年大学和市书画家协会承办的"迎国庆·庆重阳"书画摄影展在市展览馆举行,共征集到作品484件,展出334件。

9月22日,举办"迎国庆、庆重阳"老干部座谈会,部分市级老领导、市直单位离退休干部党支部书记代表、涉老组织代表等参加座谈。

9月22日至10月15日,在市老干部活动中心举办阳泉市首届"红色记忆"收藏展,展出市内10余位收藏家的藏品,按徽章、像章、画册、书刊、邮品、照片、雕塑、绣品、影像和宣传画10个类别划分,分10个展室展出2000余件展品。省委组织部副部长、省委老干部局局长陈跃钢,以及全省利用社区资源做好离退休干部推进会参会代表、全市离退休干部、在职党员干部6000余人参观展览。

9月29日,组织3支老年大学文艺队伍赴市委老干部局扶贫点旧街乡南沟村、市福利院颐养中心进行演出,并为市福利院孤残儿童捐赠善款2000元。

10月16日至17日,"迎国庆、庆重阳"健身秧歌比赛在市老干部活动中心举办。共有15支老干部队伍参赛,最终评出金奖4名、银奖5名、铜奖6名。 (石　君)

党校工作

【马克思主义经典著作进课堂系列工程】 年内,市委党校贯彻落实习近平总书记关于领导干部要重视学习马克思主义经典著作的指示精神,在2013年出台《阳泉市党校系统马克思主义经典著作进课堂系列工程实施方案》、启动为期5年(2013-2018)的马克思主义经典著作师资培训工程的基础上,继续采取措施,推进经典著作进课堂工作。

在2014年市第十期中青班教学中,首次将马克思主义经典著作作为一个教学单元纳入教学计划。7月8日,组织召开全市全面推进领导干部学习马克思主义经典著作动员大会,印发《阳泉市领导干部学习马克思主义经典著作系统工程实施方案》,并为全市县级干部配发千余套《马列主义经典著作选编(党员干部读本)》和《马列主义经典著作选编学习导读》。8月27日,全省党校系统马克思主义经典著作教学阳泉现场会举行,阳泉校院的《认真贯彻习近平总书记讲话精神,扎实推进马克思主义经典进课堂》获全省党校行政学院系统教学经验交流评奖"优秀教学成果一等奖"。11月27日,组织召开全市深化马克思主义经典著作学习汇报会。市委副书记、市委党校校长王旭明对深化经典著作学习工作提出具体要求。

年内,经典著作专题课认领数达25门,先后在县干班、中青班、党外干部班、公务员班、军转班、科级干部班和其他班次开设经典著作课程。与此同时,"送经典课进单位"活动也渐次铺开。人民网、新华网、光明网、《山西日报》、中组部《全国干部教育通讯》、中央党校《学习时报》、井冈山干部学院网、《山西党校报》等30多家各级媒体和刊物对此项工作持续关注,跟踪报道70余次。 (徐惠芳)

【全省党校系统马克思主义经典著作教学阳泉现场会】 8月27日,山西省党校系统马克思主义经典著作教学阳泉现场会在市委党校举行。省委党校常务副校长王联辉,市委副书记、市委党校校长王旭明出席会议并讲话。省委党校有关领导、各处室负责人，全省各市、企业党校分管领导和教务处（科）长，全市各县区党校负责人，以及市委党校全体教职工共150余人参加会议。市委党校常务副校长彭喜平作马克思主义经典著作进课堂工作经验介绍。与会人员观看了专题片《让经典述说真理——中共阳泉市委党校实施经典著作进课堂系统工程纪实》，参观了市委党校马克思主义经典著作进课堂资料陈列室、图书室等，并到狮脑山百团大战纪念馆、“中共第一城”纪念碑进行现场教学。（徐惠芳）

【马克思主义经典著作导读课程专题师资培训班】 8月10日至15日，全市党校系统马克思主义经典著作导读课程专题师资培训班在北京大学举办。此次培训由中央党校、北京大学、中国人民大学的知名专家教授授课，课程包括《资本论》及其当代价值、《1844年经济学哲学手稿》导读、《德意志意识形态》与马克思的哲学变革、列宁晚年著作与社会主义建设的初步探索、《共产党宣言》与共产党人的历史使命、《经典的读法——以马恩的几本科学社会主义经典著作为例》、恩格斯《自然辩证法》导读等。培训拓展了党校教师经典著作学习内容，促进了党校主渠道、主阵地作用的更好发挥。（徐惠芳）

【党校科研工作】 年内，市委党校（市行政学院）立足于党的哲学社会科学研究机构的职能定位，围绕实施市委、市政府确定的“四大战略”重大举措，推进教学、科研、资政一体化建设，发挥教学“专题库”和资政“思想库”的作用，科研能力和水平不断提高。全年专兼职教师在各级各类刊物发表论文共计37篇，其中国家级刊物发表2篇、省级11篇、市级24篇。课题研究方面，年内完成4项省级以上科研课题结项工作，其中包括3项山西省哲学社会科学规划课题、1项全国行政学院科研合作课题；完成1项科研项目招标课题结项。成功申报市级课题2项，均被列为阳泉市哲学社会科学“十三五”规划前期研究课题；申报省级课题2项，年底正在评审中。完成《习近平总书记关于基层党的建设新论断研究》《和谐视域下的养老问题探析——以山西省阳泉市为例》《资源型经济转型中的政府作用研究——以阳泉市为例》等多项研究成果。中共十八届四中全会召开后，为适应法制中国建设的新要求，在原有3个重点学科组的基础上，校院委及时研究组建法制建设学科组，把《关于阳泉市立法权问题研究》确定为年度科研项目招标课题。校院学刊《阳泉论坛》全年出刊6期，编发各类文章60余篇，累计出刊55期，成为推动理论研讨、浓厚学术氛围、塑造科研品牌、服务决策咨询的重要载体和平台。（徐惠芳）

【中青年干部培训班】 9月2日至12月25日，阳泉市第十期中青年干部培训班在市委党校举办。此次培训学制3个月，计568个学时，共有全市49个单位的49名中青年干部参加培训学习。培训班按照党性教育、经典著作、政治理论、省情市情、能力提升5个单元组织实施教学，采用集中辅导、在线学习、现场教学、延伸培训、专题调研、模拟法庭、分组讨论、学员论坛等多种教学形式，通过撰写体会、查阅笔记、闭卷考试、综合考察等多种形式，实行学时学分考核管理，培训取得预期效果。在12月25日举行的毕业典礼上，3名学员代表作学习成果汇报，市委组织部对优秀学员进行表彰。（徐惠芳）

【模拟法庭教学】 11月26日，市委党校首次将“模拟法庭”这一全新的教学模式引入市第十期中青年干部培训班课堂，走在全省党校系统前列。

此次模拟法庭教学活动是市第十期中青年干部培训班最后一个教学环节。活动以“深化教学改革、创新教学方式、提高教学质量”为主题，目的是深入学习贯彻中共十八届四中全会精神，拓展学员视野，强化其理论联系实际和依法行政的能力与水平。“模拟法庭”设在市委党校五楼第一报告厅，主席台正中悬挂着国徽，审判长、审判员、书记员、原告、被告及代理人，均由第十期中青班学员扮演，其余学员、党校教师及法院工作人员旁听。“庭审”中，法庭调查、法庭辩论、当事人最后陈述、合议庭合议等程序依次进行，整个“审判”过程高潮迭起，尤其是法庭辩论时，“被告代理人”与“原告代理人”辩论激烈，严密的逻辑思维得到法院工作人员肯定，活动取得预期效果。（徐惠芳）

【教学“专题库”评审会】 5月8日，市委党校2014年度教学“专题库”评审会举行，对教师新申报的教学课题进行集中评审，共有20个课题入选“专题库”。

市委党校自2007年启动此项工作，至2014年已连续开展8年，“专题库”入选课题累计达到270余个，内容涵盖政治、经济、文化、社会、生态、党建、法律等多个方面。近几年，市委党校通过建立教学“专题库”，启动主体班课程集体讲评制度、教师赛讲制度、青年教师任课资格证制度，采取改进讲授式教学、做精现场式教学、推广辩论式教学、拓展模拟式教学、深化互动式教学、探索研究式教学、推进选修式教学、加大案例式教学等一系列深化教学改革措施，激发了广大教师的工作积极性和责任心，同时为年轻教师成长提供了平台，推动了党校名师队伍建设。（徐惠芳）

【军转干部岗前培训班】 5月27日，阳泉市军转干部岗前培训班在市委党校开班，市军转安置工作领导组和市人社局负责人出席开班典礼。此次共有20名军转干部参加培训，时间为1个月，开设行政能力测验、申论、市情市策、基础知识等课程，内容包括军转安置政策、《中华人民共和国公务员法》概述等16个方面。培训按照“理论联系实际、学用一致、按需施教、讲求实效”的原则，采用多种教学方式组织实施教学。培训对于帮助军转干部从思想上、能力上和心理上适应新环境、新任务，改善军转干部知识结构，促进工作角色转换具有积极的意义。（徐惠芳）

【市直机关科级干部轮训班】 4月10日，市直机关科级干部学习贯彻习近平总书记系列讲话精神暨党的群众路线教育实践活动专题轮训班开班。培训采取“脱产轮训、集中辅导”方式进行，共举办10期，每期2天，参训对象为市直机关工委所属88个基层党组织的1900余名科级干部。培训内容包括习近平总书记系列重要讲话精神、中共十八届三中全会精神、党的群众路线教育实践活动有关文件、党风廉政建设法律法规及案例教育等。（徐惠芳）

【新录用公务员初任培训班】 6月9日，全市2013年度新录用公务员初任培训班开班。此次培训分两期进行，第一期培训时间为6月9日至20日，第二期为6月23日至7月4日。培训对象为2013年度全市行政机关新录用公务员和参照公务员法管理单位工作人员，参训学员共计191名，其中市级机关131名(公安劳教系统76名)、县区级机关49名、乡镇街道机关11名。培训内容包括中国特色社会主义理论体系、中共十八届三中全会精神、党性党风党纪、党史国史、社会主义核心价值体系、公务员职业道德建设、依法行政、公共政策、公务员制度、公务员权利与义务、公共突发事件应急能力、公文写作与处理等。培训以集中授课为主，同时邀请领导干部和先进模范人物为学员授课。（徐惠芳）

党史工作

【《中国共产党阳泉历史(2003-2012)》征求意见稿完成】 2014年，市委党史研究室集中力量推进《中国共产党阳泉历史(2003-2012)》编纂工作，于10月底完成征求意见稿。本着“征集全面、编纂规范、讲求质量”的原则，市委党史研究室在下发方案、分解任务、督促推进的基础上，历时6个月对搜集到的史料进行反复筛选和归纳提炼，对形成的初稿先后进行了3次交叉修改与校对，最终完成征求意见稿。（毕瑾璟）

【《中国共产党阳泉市组织史资料(第三卷)》报送出版社】 12月，由市委党史研究室和市委组织部共同编纂的《中国共产党阳泉市组织史资料(第三卷)》报送中共党史出版社审读。该书编纂工作于2013年5月启动，主要记述1997年12月至2012年12月底全市县级以上部门和单位的工作及领导人变化情况。为尽快完成此项工作，市委党史研究室先后5次组织召开全市撰稿人会议进行安排、部署、推进。在借鉴外地先进经验的基础上，市委党史研究室严格按照组织史编写规范，对全市300多个部门和单位提供的资料进行编纂。同时还聘请4位退休老干部严格把关，经过四审四校形成送审稿。年底，《中国共产党阳泉市组织史资料(第三卷)》送审稿被省委党史办公室评为“全省党史系统党史优秀成果一等奖”。（毕瑾璟）

【《阳泉党史》】 年内，市委党史研究室本着“挖掘党史资源、传承革命传统、感悟信仰力量、构筑精神高地”的宗旨，以践行党的群众路线为特色，对内部刊物《阳泉党史》的封面、内容、版式等进行重新设计，使刊物内容更接地气，栏目更丰富，文章更具可读性。《阳泉党史》全年出刊4期，刊登各类文稿80余篇，普及党史知识，弘扬时代精神，反映阳泉地方党史研究的最新成果，受到社会各界关注。（毕瑾璟）

【“阳泉党史网”获“全省党史系统优秀网站”称号】 年内，“阳泉党史网”被省委党史办公室评为“全省党史系统优秀网站”。2003年，市委党史研究室在全省党史系统中率先开办党史网页。2010年建起“阳泉党史网”。“阳泉党史网”以“追寻历史痕迹、高扬红色旋律”为宗旨，通过开设的党史宣教、党史问答、党史人物、研究著述等栏目，传承革命传统，服务党的建设，发挥资政育人社会功能。尤其是2014年，“阳泉党史网”报道市委党史研究室开展党的群众路线教育实践活动的最新进展，为巩固和发展教育实践成果搭建了良好的平台，此外，“阳泉党史网”还图文并茂地记录了市委党史研究室深入“晋东小延安”辛庄村、红色地道遗址平定县南庄村等地的采访活动，宣传阳泉市的红色资源，促进了党史教育基地的建设和开发利用。（毕瑾璟）

【《中共山西年鉴》阳泉部分组稿任务完成】 6月，市委党史研究室完成《中共山西年鉴》阳泉部分组稿任务。根据省委党史办公室的统一部署，市委党史研究室精心组织，协同相关单位完成初稿撰写任务，内容包括领导论坛、组织机构、党建概况、专题特载、时代先锋、人事变动和附录7项，于6月初上报省委党史办公室。12月，《中共山西年鉴》阳泉部分被《中共山西年鉴》编辑部评为“2014年稿件质量检查评比一等奖”。（毕瑾璟）

【县区党史正本编纂】 为讴歌先烈的光辉业绩，颂扬伟大的民族精神，激发全市党员干部和广大青少年为实现中华民族伟大复兴的中国梦的进取斗志，2011年，县区党史正本编纂工作启动。随后，市委党史研究室领导多次深入5个县区调研，督促县区党史正本编纂工作，尤其对未完成党史正本编纂任务的县区进行重点指导，确保其加快进度、保证质量。城区、矿区分别于2009年、2013年出版党史正本。至2014年底，平定县完成送审稿，盂县、郊区完成征求意见稿。 （毕瑾璟）

【《阳泉红色旅游指南》《阳泉改革开放实录》编纂工作启动】 年内，市委党史研究室启动《阳泉红色旅游指南》和《阳泉改革开放实录》编纂工作。围绕市委、市政府提出的“文化兴市”战略，《阳泉红色旅游指南》坚持把红色旅游景点开发与红色文化传承有机结合，使党史工作与旅游工作实现和谐统一。该书拟对市内每一处红色遗址和自然景观进行文字表述，同时又有照片配图，在突出红色的同时，兼顾古色和绿色。年底时，资料、照片收集工作结束，初稿形成。《阳泉改革开放实录》分概述、专题研究和县域经济3大板块，共18个专题，将全方位、多视角展示阳泉市改革开放的光辉历程和取得的巨大成就。年底时，资料征集工作仍在进行中。 （毕瑾璟）

关心下一代工作

【中共十八届三中 四中全会精神宣讲】 2014年，市关工委通过举办培训班、组织报告团下基层等形式，开展中共十八届三中、四中全会精神宣讲。一是举办县区关工委主任、特邀通讯员和“五老”（老干部、老战士、老教师、老专家、老模范）辅导员等100余人参加的培训班，邀请市委宣传部常务副部长史玉宝详细解读《关于全面深化改革若干重大问题的决定》和《关于全面推进依法治国的若干重大问题的决定》。二是组织“五老”报告团进学校、进课堂，联系改革发展实际和青少年思想状况，对中共十八届三中、四中全会报告中提出的一系列新思想、新观点、新论断和新举措进行解读，使广大青少年加深了对两个报告的理解。全年全市共组织“五老”报告会452场，有近10万人次聆听讲解。 （张 琛）

【“中华魂”主题读书活动】 2014年是阳泉市连续第19年举办“中华魂”读书教育活动，活动的主题是“放飞梦想”，从3月开始，至12月结束。读书活动按照购书、阅读、汇报演讲、总结表彰等步骤进行，《放飞梦想》读本全市购书6万余册。各单位利用升旗仪式、班会、队会、晨读课组织师生学习“中华魂”读本。不少学校还通过有奖征文、知识竞赛、出板报、办专栏、演讲比赛和组织社会活动等形式引深读书活动，把“中华魂”读本的内容融入德育、文化教育以及校园文化建设中。随后，各学校、各县区都进行层层选拔，有75名选手进入市级预赛。经过激烈角逐，最后有23名选手入围决赛。12月17日，“中华魂”读书演讲决赛和颁奖仪式在阳泉电视台演播厅举行，最终张琪晨、白艳锋、田慧琴、曹慧娴和杨光毅分获小学组、中学组、青年组和双人组一等奖，另有8名选手荣获二等奖，10名选手荣获三等奖。 （张 琛）

【“五老”网吧义务监督员】 12月，市关工委与市文化广电新闻出版局联合下发《关于重新聘任全市“五老”网吧义务监督员的通知》，审定和重新聘任“五老”网吧义务监督员（含部分社区干部）153名，其中城区81名、矿区20名、郊区7名、平定县20名、盂县20名、市直5名，并颁发山西省互联网上网服务营业场所监督证。 （张 琛）

【关工委宣传工作】 年内，市关工委继续做好各项宣传工作，及时报道全市关工委系统的重大活动和基层关工委的工作经验、工作动态。在《阳泉日报·教育周刊》上刊登了1期“中华魂”主题读书教育活动专辑；常年在《阳泉日报·教育周刊》上开办“火炬”专栏，全年累计刊发稿件28篇。充分发挥市关工委特约通讯员的作用，组织他们采写了一批反映全市关工委工作、展示“五老”风采和青少年积极向上的良好精神风貌的新闻稿件及文章15篇，分别在《关心下一代》《阳泉日报》、阳泉电视台、阳泉人民广播电台等刊物和新闻媒体上刊播，扩大了关工委和“五老”的社会影响。（张 琛）

阳泉市人民代表大会常务委员会

综合工作

【十四届人大四次会议】 2014年4月22日至24日，阳泉市第十四届人民代表大会第四次会议在阳泉宾馆举行。会议应出席代表286名，实际到会271名，列席人员112名。会议听取和审议市人民政府市长陈永奇所作的《阳泉市人民政府工作报告》、市人大常委会主任刘高官所作的《阳泉市人民代表大会常务委员会工作报告》、市中级人民法院院长陈明华所作的《阳泉市中级人民法院工作报告》和市人民检察院检察长王守林所作的《阳泉市人民检察院工作报告》。会议审查和批准市人民政府《关于阳泉市2013年国民经济和社会发展计划执行情况与2014年国民经济和社会发展计划(草案)的报告》；批准《阳泉市2014年国民经济和社会发展计划》；审查和批准市人民政府《关于阳泉市2013年全市和市本级预算执行情况与2014年全市和市本级预算(草案)的报告》；批准《阳泉市2014年市本级预算》。会议通过《关于阳泉市人民政府工作报告的决议》及其他相应决议。会议确立"关于加强城乡环境卫生综合整治"的议事原案为大会议案。会议期间，人大代表向大会提出建议191件，其中10件被确立为需要重点办理的建议。 (杨柳青)

【代表工作】 年内，市人大常委会坚持通过举办讲座、经验交流、集体培训、学习考察、订阅学习资料等形式，做好代表培训工作，提升代表的政治、业务素质和履职能力。坚持通过落实常委会组成人员联系代表制度、重大事项向代表通报制度、邀请代表列席常委会会议制度和为代表寄送有关报刊资料制度等，为广大代表知情知政和参政督政搭建平台、提供服务。坚持通过推进代表工作规范化、制度化，更好地发挥闭会期间代表的作用，组建市人大代表活动小组并制订活动制度，出台《关于切实改进代表工作充分发挥代表作用的若干意见》《关于进一步规范市人大代表履职行为的暂行办法》，促进代表履职。坚持通过组织代表参加视察调研、执法检查和专项工作评议，增强代表履职的针对性和实效性。坚持通过采取集中交办、重点督办、集中视察、定期督查、跟踪检查、提高面商率、听取代表反馈意见、听取和审议专项工作报告等做法，加强对代表建议的督办工作。市十四届人大四次会议确立大会议案1件，形成代表建议共191件，其中重点建议10件。这些议案建议交由市政府办理的182件，占94.8%；交由市委工作部门办理的10件，占5.2%。经市委、市政府相关职能部门认真办理，年底时已办结136件，办结率为70.8%；尚在办理的52件，占建议总数的27.1%；由于政策不允许或暂时不能办理的4件，占建议总数的2.1%。代表对办理结果总体满意。 (杨柳青)

【信访工作】 年内，市人大常委会高度重视信访工作，通过加强信访工作进行监督。坚持落实信访接待制度，完善信访联席会议制度、加强信访案件分析研判、强化信访案件督查督办，全年共接待和处理群众来信来访339件391人次，接待群体性上访12件51人次，通过发函督办、电话催办、交流座谈等多种形式开展督查督办工作，预防化解不和谐、不稳定因素，维护人民群众的合法权益，促进社会和谐稳定发展。 (杨柳青)

依法履职

【依法行使监督权】 年内，市人大常委会综合运用听取和审议专项工作报告、专题调研、执法检查、规范性文件备案审查、工作评议和专题询问等方式，开展对“一府两院”的工作监督和法律监督。全年召开常委会会议8次，听取和审议《关于2013年市本级财政决算（草案）的报告和2014年上半年全市财政预算执行情况的报告》《关于2013年市本级预算执行及其他财政收支情况的审计报告》《关于2014年上半年国民经济和社会发展计划执行情况的报告》《关于全市农业机械化工作情况的报告》等“一府两院”专项工作报告15个。

为促进代表履职，在常委会会议召开前，组织代表开展调研，全年开展对经济技术开发区信息产业示范园建设、天元集团发展循环经济、东坪煤业集团科技促转型等专题调研活动。为促进“一府两院”依法行政、公正司法和有关法律法规在全市的正确实施，常委会开展了对《中华人民共和国土地管理法》《中华人民共和国税收征管法》《中华人民共和国国家通用语言文字法》《山西省大气污染防治条例》等法律法规执行情况的检查。为维护国家法制统一、促进社会公平正义，常委会加强对规范性文件的备案审查工作，对市政府报送的《阳泉市道路交通事故社会救助基金管理实施办法》《阳泉市保障性住房建设管理实施细则》《阳泉市物业管理细则》等7个规范性文件进行合法性审查。围绕社会普遍关注的热点难点问题，开展2014年“阳泉环保行”活动，开展对市地税局的工作评议、对城乡环境卫生综合整治情况专题询问。（杨柳青）

【重大事项审议决定】 年内，市人大常委会围绕经济社会发展中的重大事项，在调查研究、广泛征集意见、听取和审议专项工作报告的基础上，作出决定和决议。为进一步改善全市城乡环境卫生状况，市十四届人大四次会议作出《关于〈加强城乡环境卫生综合整治的议案〉的决定》。为维护国民经济计划和财政预决算工作的严肃性和权威性，在常委会举行的第二十一次会议上，组成人员先后听取和审议市政府关于2013年市本级财政决算（草案）和2014年上半年全市预算执行情况的报告，会议表决通过市政府2014年上半年全市预算执行情况的报告，作出市人大常委会关于批准2013年市本级财政决算的决议。（杨柳青）

【专题询问】 9月3日，市人大常委会举行城乡环境卫生综合整治情况专题询问会议。听取和审议市政府关于城乡环境卫生综合整治工作情况的报告，观看全市城乡环境卫生综合整治情况电视专题片和记者暗访电视资料片。出席会议的20位市人大常委会委员和代表，围绕人代会关于加强城乡环境卫生整治情况及建筑垃圾乱堆乱倒、交通堵塞、停车难、污水处理能力不足、城乡结合部及城中村脏乱差、农村垃圾无处处理、宠物粪便污染、城市基础设施滞后、住宅底商饭店油烟噪声污染和长效机制建立等方面的问题进行询问。市政府和各县区政府及市住建局、市爱卫办、市规划局、市环保局、市公安局等22个相关部门负责人就询问问题进行回答。（杨柳青）

【工作评议】 7月下旬到10月中旬，市人大常委会组织省、市两级人大代表，对市地税局展开工作评议。根据市人大常委会工作评议的总体部署和评议实施方案要求，市人大常委会于7月下旬专门成立工作评议领导组。8月中旬，评议领导组和省、市人大代表组成的调研组先后深入城区地税局、市地税局直属三分局以及市地税局机关，采取实地察看、听汇报、查资料，以及座谈交流等方式进行调研。为提高评议质量，评议办公室联系与地税关联度较强的政府工作部门及其地税服务对象，就地税系统依法治税、规范管理、专业化服务和促进地方经济发展等方面的情况征求意见，全面了解全市地税工作情况。9月2日，市人大常委会组织召开人大代表集中评议地税工作会议。会上，市地税局负责人报告近几年全市地税工作的总体情况，10位省、市人大代表作评议发言，指出市地税工作存在的问题，并提出合理化的建议。集中评议会之后，市人大常委会向市地税局反馈意见，市地税局按要求在规定时间内进行集中整改，并于10月下旬向市人大常委会工作评议领导组提交整改工作报告。随后，44位省、市人大代表对市地税局整改工作情况进行测评。（杨柳青）

【人事任免】 年内，市人大常委会始终坚持党管干部和人大依法任免干部相结合的原则，充分发扬民主，严格依法办事，组织做好被任命人员任前法律考试、任职提请、供职发言、任免表决、任免材料整理归档、媒体公布任免结果等工作。全年通过召开常委会会议依法任免国家机关工作人员15人次。为加强对干部的任后监督，市人大常委会把人大监督贯穿于任命人员任职的全过程，制订出《关于对任命人员实行年度工作报告的制度》，把任免和监督结合起来，努力构建人事监督新机制。（杨柳青）

【“阳泉环保行”活动】 年内，市人大常委会持续关注和推动环保工作，开展了以“共同行动，守护蓝天”为主题的2014年“阳泉环保行”活动。6月至10月，组织有关行政执法部门和新闻宣传单位，配合山西省三晋环保行记者团，就全市2014年净空工程专项行动实施情况、《中华人民共和国大气污染防治法》和《山西省大气污染防治条例》的贯彻落实情况、工业企业污染防治情况、机动车尾气污染防治情况等进行集中采访，并反馈意见，相关责任部门进行整改。随后对有关情况进行跟踪监督、情况汇总，促进了全市环境质量的进一步改善。（杨柳青）

宣传工作

【新闻宣传】 年内,市人大常委会编发《阳泉人大》6期,在《阳泉日报》上编发"人大广角"9期,在阳泉人民广播电台播发"人大之声"156期,在市级以上媒体发表各类稿件380余件,其中发表在《人民代表报》及省级以上媒体的稿件14篇。市人大常委会以纪念全国人民代表大会成立60周年暨地方人大设立常委会35周年纪念为契机,举办座谈会、征文、书画摄影展等系列活动,总结人大工作的宝贵经验,向社会展示人大工作取得的成就,为推动全市人大工作和民主法制建设营造了舆论氛围。 (杨柳青)

【参加全国二十四城市人大工作研讨会】 5月29日至30日,市人大常委会主任刘高官参加在山西省长治市召开的全国二十四城市人大工作研讨会第25次会议。11月6日至7日,市人大常委会秘书长唐麟参加在江苏省镇江市召开的全国二十四城市人大工作研讨会第26次秘书长会议。两次会议分别围绕"推动人民代表大会制度与时俱进""加快推进人大工作理论创新、实践创新、制度创新"进行交流和研讨,对坚持和完善人民代表大会制度、促进地方人大工作具有积极的推动作用。 (杨柳青)

【全国人大成立60周年暨地方人大设立常委会35周年座谈会】 9月15日,市人大常委会组织召开纪念全国人民代表大会成立60周年暨地方人大设立常委会35周年座谈会。市人大常委会主任刘高官主持会议。市长陈永奇、市委副书记王旭明等市领导出席会议。市人大常委会部分退休老领导、市十四届及往届人大常委会部分组成人员、各县区人大常委会主任、部分驻市的省人大代表和市人大代表参加座谈会。与会人员结合自己的实际情况,畅谈阳泉市坚持和完善人民代表大会制度所取得的巨大成就和宝贵经验,研讨新时期完善人大制度、做好人大工作的一系列理论和实践问题,提出许多推动人民代表大会制度与时俱进的意见和建议。 (杨柳青)

【地方人大代表和干部培训学习】 为进一步提高人大代表、常委会机关干部的理论素养和履职水平,11月24日至28日、12月1日至5日,市人大常委会分两批组织常委会机关干部、县区人大常委会机关干部、部分人大代表到全国人大常委会北京培训基地,参加2014年第十期、第十一期地方人大代表和干部培训班学习。此次培训围绕"学习中共十八大及十八届四中全会精神、做好人大监督工作、提高议案建议质量、国际形势和我国周边安全面临的挑战、我国经济发展面临的新形势"等课程进行系统讲解,对学员们提高履职能力和服务水平起了促进作用。 (杨柳青)

【离退休干部党支部获"全国离退休干部先进集体"称号】 11月26日,在全国离退休干部先进集体和先进个人表彰大会上,阳泉市人大常委会机关离退休干部党支部被授予"全国离退休干部先进集体"荣誉称号。市人大常委会机关离退休干部党支部成立于1993年9月,有党员40余名,平均年龄71岁,曾担任过副县级以上领导职务的占97%。支部成立20多年中,先后5次被省委、省政府和省委组织部、省委老干部局授予"先进离退休干部党支部"称号,多次受到市委、市人大、市政府及有关部门表彰。近几年,离退休干部党支部坚持以"五好"(支部班子好、党员队伍好、活动开展好、制度建设好、作用发挥好)党支部建设为目标,通过开展各种活动,在加强中改进,在继承中创新,在创新中发展,走出一条老有所学、老有所教、老有所养、老有所为、老有所乐的离退休干部党支部建设新路子。 (石　君)

阳泉市人民政府

综合工作

【经济发展概况】 2014年,阳泉市全面贯彻落实中共十八大、十八届三中、十八届四中全会精神和习近平总书记系列重要讲话精神,攻坚克难,锐意进取,各项工作都取得新的成绩。与2013年相比,地区生产总值完成616.6亿元,增长3.2%;规模以上工业增加值完成239.1亿元,增长4.2%;全社会固定资产投资完成517亿元,增长6.6%;社会消费品零售总额完成271亿元,增长9.9%;外贸出口完成1.49亿美元,增长24.1%;公共财政收入完成47亿元,增长0.5%;城乡居民人均可支配收入分别达到24825元、10742元,增长7.4%、10.1%;居民消费价格上涨1.3%;城镇登记失业率控制在3.1%。 (师红艳)

【经济社会发展重大举措及成效】 年内,阳泉市狠抓经济建设,同时加快发展社会事业,加大民生投入,使发展成果最大限度惠及全市人民。

经济平稳增长。贯彻落实国家、山西省稳增长政策措施,开展"项目见效年"活动,实施百日新开工项目计划,狠抓四大领域"六十工程","六位一体"(项目储备、签约、落地、开工、建设、投产)目标任务全面完成,全市重点工程完成投资476亿元。扩大消费需求,新建改造103个连锁早餐经营网点,建成400个农村便民信息化连锁商店。下大力帮扶企业,坚持与阳煤集团的联席会议制度,建立市、县领导对口联系企业精准帮扶工作机制,设立中小企业发展资金和高新技术产业发展基金,减免企业税费,协调企业贷款78.9亿元。及时化解华通短融风险。发展"飞地经济",促进经济增长,飞地项目达到20个,总投资105亿元。

改革不断深化。全面完成转型综改2014年行动计划各项任务,在全省综改专项考核中排名第二。深化行政审批制度改革,市本级行政审批项目减少到78项。推进工商登记改革,全市新注册小微企业1267户,增长60%。基本完成政府机构改革,市县两级均取消部门管理机构。出台深化国资国企改革实施意见,南煤集团成功重组,市阀门厂、水泵厂改制工作有序推进。推进农村土地承包确权登记试点和经营权流转。开发区托管部分行政村工作正式启动。阳泉市获批"国家中小城市综合改革试点市",被批准为全省唯一一家省级创新型城市试点,科技成果、专利转化率在全省名列前茅。

结构调整有力推进。稳定煤炭,全面落实省政府"煤炭20条""17条",制订出台阳泉市12条政策措施,清理规范涉煤收费,取消49个煤焦收费站,为企业减负5.2亿元;优化产品结构,提高洗选比例,稳定煤炭市场;加快现代化矿井建设,程庄、上社、汇能3座矿井通过省级验收,冠裕、富鑫、常顺3座改造矿井竣工投产。加快电力,阳煤远盛、盂县鑫磊、南煤西上庄和国际能源裕光煤电4个发电项目取得"路条",总装机达到472万千瓦。河坡2×35万千瓦发电项目投产在望,垃圾焚烧发电项目开工建设;中广核风电一期49.5兆瓦、晋阳新能源一期50兆瓦光伏发电项目并网发电。扩大煤化,阳煤乙二醇项目土建基本完工,平定西格里泉海特种石墨技改项目即将投产。做强装备,平定煜昌机械3万吨大型铸件项目达产达效,阳煤华越机械高端液压支架项目顺利推进。创新冶金,兆丰铝业二期70万吨氧化铝、兆丰天成20万吨高精铝板带一期12.5万吨项目投产。重组耐材,研究制订规范高铝(耐火)黏土烧结产业发展指导意见,优化生产布局,淘汰落后产能。做大旅游,出台加快旅游业发展意见,梁家寨大宋温泉国际度假区一期投入运营,桃林沟景区新建配套项目完工,水神山佛教文化区主体完工，全市旅游总收入增长23.8%。与此同时，大力发展信息产业，百度云计算中心一期3万台服务器模组建成并投入运行。在一批重大项目的带动下，全市重大结构发生明显变化，第三产业占比达到43.6%，比2013年提高3个百分点；非煤产业投资在工业中的比重达到76.1%，提高17.3个百分点；新兴产业投资在工业中的比重达到54.4%，提高14.2个百分点；民间投资占固定资产投资的比重达到54%，提高2.9个百分点。

“三农”工作成效显著。落实各项强农惠农富农政策，阳泉市出台10项补贴政策。粮食总产量达到2.94亿公斤，再创历史新高。新增设施蔬菜15公顷(1500亩)、干果经济林2133.33公顷(3.2万亩)、中药材1333.33公顷(2万亩)、食用菌42万平方米。新发展“一村一品”专业村62个、农民专业合作社256家。畜牧业产值达到9亿元，增长5.9%。现代农业示范园区加快推进，全市农产品龙头加工企业实现销售收入21亿元，增长20%。“百企千村”产业扶贫项目累计完成投资7.5亿元。农村人居环境改善“四大工程”(完善提质工程、农民安居工程、环境整治工程、宜居示范工程)完成投资10.9亿元，改造县乡公路36千米，改造49处农村集中式供水工程，建成老年人日间照料中心120个，启动采煤沉陷区治理搬迁试点工作。全力办好农村“五件实事”，改造困难家庭危房3200户，建设幼儿园15所，配备保洁员3831名、垃圾收运车994台，培训新型职业农民3000人，易地搬迁贫困人口885人，走在全省前列。

城镇化进程加快。围绕扩容提质，加快推进城市建设。阳左、西环高速建成通车，盂五高速主体完工，形成100千米环形高速圈。汽车客运南站建设进展顺利。继续实施道路畅通工程，华盛桥、赛鱼桥、白羊墅桥竣工通车，沃尔玛地下通道建成启用，泉西路工程顺利推进。全面开展城市环境卫生综合整治，脏乱差问题得到有效遏制。加快建设智慧城市，数字化城市管理水平得到提升。推动新城建设，漾泉大道一期、二期工程加快推进，李荫路互通工程竣工，新城大道供热和供水管网建设全面完成，城乡规划展览馆主体完工，阳泉职业技术学院新校区开工建设。娘子关提水工程二期主体工程完工，城市居民饮用水水质改善工程进展顺利，污水处理厂二期工程启动。阳大铁路前期工作顺利推进，即将开工。大县城和重点镇建设成效明显。全市城镇化率达到64.96%。

生态建设不断加强。继续推进大气污染防治净空工程，实行建筑施工工地整治、矸山治理等10项措施，全年淘汰黄标车、老旧车17985辆，完成APEC会议期间环境空气质量保障工作，全年主要污染物减排任务全部完成，化学需氧量、氨氮、二氧化硫、氮氧化物、烟尘和粉尘排放量分别下降2.12%、0.05%、5.16%、9.23%、0.33%、0.45%。强化节能监察和考核，实施14项节能改造项目，单位能耗下降3.5%以上，超额完成年度任务。开展河流污染整治专项行动，水土流失治理面积达到3380公顷(5.07万亩)。完成营造林9240公顷(13.86万亩)。

民生持续改善。民生投入占公共财政支出的比例达到八成以上。新增城镇就业2.52万人。城镇社会保险综合参保率达到97.8%。城镇居民医保成年人、未成年人人均财政补助标准分别提高到330元、320元，新农合人均财政补助标准提高到320元，并实行城乡居民大病保险。城乡低保标准每人每月分别提高到410元、225元，农村五保对象集中供养、分散供养标准每人每年分别提高到6000元、3000元，继续走在全省前列。开工建设保障性住房6331套，基本建成9121套。发放28.9万吨农户“暖心煤”。333户家庭享受到“单独两孩”政策。落实机关事业单位增资政策，发布企业工资指导线，提高最低工资标准。企业退(职)休人员基础养老金人均提高10%。教育事业蓬勃发展，盂县、郊区、矿区通过国家义务教育均衡发展验收，高考取得佳绩，山西工程技术学院挂牌。开展偏远贫困农村“一年一场戏”文化惠民活动，受到群众欢迎。体育健儿在亚运会、省运会等重大赛事上摘金夺银，取得历史性突破。

安全生产形势持续明显好转。严格落实“党政同责、一岗双责、齐抓共管”责任体系，开展安全生产大检查和重点行业领域专项整治，强化隐患排查治理，全市各类生产经营性事故起数、死亡人数分别下降15.7%、22.2%，煤矿百万吨死亡率下降到0.044。始终保持严厉打击私挖滥采高压态势，查处取缔各类非法违法采矿267起，维护了正常的矿业生产秩序。

民主法治建设推进。自觉接受人大监督和政协的民主监督。支持各民主党派、工商联、无党派人士参政议政，共办理人大代表建议182件、政协提案436件。推进“法治阳泉”“平安阳泉”建设，创新社会治安防控体系，荣获全国“六五”普法中期先进市称号。完善基层民主制度，推进村委会换届选举，社会保持和谐稳定。

政府自身建设加强。开展第二批党的群众路线教育实践活动，严格执行中央“八项规定”和国务院“约法三章”，持续用力纠正、反对“四风”，全市“三公经费”下降27.3%，文风会风进一步改进，政府效能得到提升。深入开展学习讨论落实活动，加强党风廉政建设和反腐败斗争，以“零容忍”态度严肃查处了一批领导干部违纪违法问题和腐败案件。（师红艳）

【经济社会发展中存在的问题】 年内，全市经济与社会发展虽然取得很大成绩，但仍存在一些问题。经济下行压力持续加大，经济总量不大、结构不优、质量不高、增速不快、发展方式粗放；大项目、好项目少，新的增长点不多；企业经营困难，特别是中小企业融资难、融资贵；一些重点领域和关键环节改革滞后，创新能力不强，经济发展内生动力不足；安全生产压力依然较大，财政增收乏力与民生刚性支出增加的矛盾进一步加剧。干部对经济新常态的认识不到位，适应和引领新常态的能力不足，应对经济下行压力的办法不多；政府自身建设、干部作风与人民群众期盼还有一定差距，“四风”问题仍然存在，有的干部为官不为、不敢担当，甚至一些领导干部发生严重腐败。（师红艳）

人事工作

【公务员考录】 2014年，阳泉市首次组织实施党群和行政机关公务员联动考录工作。3月22日发布招考公告，经过报名、资格审查、笔试、资格复审、面试、体检、考察、公示等程序，11月初基本完成各项考录工作。11月12日，新录用的189名公务员（含参照公务员管理人员）到岗，另有3名考生因怀孕推后补检，暂缓录用。

新录用人员结构分布情况为：市级机关130人，县区级机关62人；公安机关92人；男性125人（公安机关81人），女性67人；硕士研究生学历9人，大学本科学历119人，大学专科学历64人；25周岁以下119人，26周岁至30周岁62人，31周岁以上11人；应往届毕业生101人，服务基层项目人员22人（其中大学生村干部17人、西部计划3人、大学生退役士兵2人），在职人员20人，其他49人；工人家庭67人，农民家庭54人，干部家庭49人，商人家庭12人，知识分子家庭2人，自由职业家庭8人。（郑 兵）

【科级公务员任职培训】 10月27日，市直机关第一期科级公务员任职培训在市委党校开班，85名正科级公务员参加培训，时间为10天。培训采取集中培训、网络在线学习和岗位实践相结合的方式进行，学习内容包括习近平总书记系列重要讲话精神、中共十八届三中和四中全会精神、马克思主义经典课程、公务员能力素质提升、预防职务犯罪等。对公务员进行任职培训是《中华人民共和国公务员法》规定的法定任务，按照培训计划，市委组织部、市人力资源和社会保障局决定利用2年时间分3期对2011年以后市直机关新晋升的260余名正科级公务员进行集中培训，对政法机关执法办案一线人员进行网络在线培训。（郑 兵）

【公务员平时考核试点工作】 为加强公务员日常管理和监督，转变机关作风，激励鞭策公务员立足岗位干事创业，年内，市人力资源和社会保障局在完善公务员年度考核的基础上，开展公务员平时考核工作。在调研的基础上，于6月中旬研究起草了公务员平时考核试点工作意见，明确平时考核的方法、程序、结果运用等内容，初步选定市委老干部局、市住房和城乡建设管理局、市交通运输局、市公安局开发区分局、市公积金管理中心5个市直单位作为公务员平时考核试点单位，并将试点方案下发试点单位征求意见。12月底以市委组织部、市人社局文件形式下发《关于开展公务员平时考核试点工作的通知》。在确定市直试点单位的基础上，要求各县区选择3–5个单位同步开展试点，并在试点单位推行周记实、月小结、季考评的考核方法，明确年度考核优秀等次人选应在季度考评至少有2次被确定为优秀等次的人员中产生，在不断积累试点经验的基础上再全面推行平时考核工作。（郑 兵）

【评比达标表彰活动清理规范】 为规范全市评比达标表彰活动，防止评比达标表彰活动过多过滥现象，12月，市人力资源和社会保障局研究起草《关于规范我市评比达标表彰活动的通知》，并以市委办公厅、市政府办公厅文件下发。通知要求，在中央未出台新的政策之前，市级以下党委、政府及其部门不得开展评比达标表彰活动。如遇重大突发事件、重要专项工作需临时表彰的，相关部门应向市人力资源和社会保障局提出设立评比达标表彰项目申请，经市委、市政府同意后，按规定程序向省委、省政府申报。面向地区内部、行业内部组织开展的年度考核、绩效考核、目标考核、责任制考核等，相关部门应向市人力资源和社会保障局提出申请，经市委、市政府同意，并报经省评比达标表彰工作协调小组办公室审核认定后方可开展。属业务性质的资质评定、等级评定、技术考核，以单位内设机构和人员为评选对象的评比达标表彰项目，不在规范范围之内。（郑 兵）

【专业技术人才队伍建设】 年内，市人力资源和社会保障局以中青年科技人才为主体，对全市煤炭、现代农业等重点领域的1.5万人次专业技术人员进行分批分类培训。加强高端人才培养，围绕创新型城市建设，在全市范围内开展高层次人才选拔工作，先后向省人力资源和社会保障厅推荐11名高级专业技术人员参加享受国务院政府特殊津贴、山西省学术技术带头人等的选拔。经过评选，市第三人民医院副主任医师崔彦明、市第十一中学高级教师王建辉入选2014年山西省学术技术带头人。（郑 兵）

【高层次人才服务基层活动】 年内，市人力资源和社会保障局先后组织省、市41名专家与县区41个项目完成对接服务，采取现场示范指导、开展技术培训、举办专题讲座等形式，帮助项目单位解决部分种植、养殖难题和医疗诊

治、教育教学过程中的疑难问题，成效明显。 （郑 兵）

【招才引智项目落实】 年内，市人力资源和社会保障局开展招才引智项目落实活动。组织有关单位参加省人力资源和社会保障厅举办的“2014年山西·太原人才智力交流大会暨第二届外国专家服务山西人才项目洽谈活动”，阳泉市21个招聘单位共提供岗位590个，接待应聘者3000余人，有489名各类人才与各招聘单位达成签约意向。与市教育局联合组织，赴天津为市工业学校等职业技术学校专场招聘专业教师20名。 （郑 兵）

【军转干部安置】 年内，市人力资源和社会保障局继续实行考试考核相结合的安置办法，完成年度军转干部安置任务。全年共接收军转干部19名，其中计划安置18名（正团职1名、副团职及以下17名），自主择业1名。18名计划安置的军转干部全部安排进入市级机关工作。 （郑 兵）

【高校毕业生就业创业扶持】 6月，《阳泉市关于贯彻落实国家和省2014年出台有关高校毕业生创业就业等工作政策性文件的通知》出台；同月，《阳泉市关于调整高校毕业生就业见习生活补贴标准的通知》出台，根据通知要求，从2014年6月1日起，将高校毕业生就业见习生活补助标准由每人每月1290元提高至每人每月1450元。8月，印发《阳泉市人社局关于建立国有企业公开招聘信息平台的通知》，促进公平就业。继续做好困难高校毕业生求职补贴发放工作，为182名家庭困难的高校毕业生发放求职补贴18.2万元。 （郑 兵）

【高校毕业生就业见习工作】 年内，市人才市场专门开设“高校毕业生就业见习窗口”，利用每月8日、18日、28日举办的现场人才招聘会和网络招聘会，以及全国高校毕业生就业服务月（周）等平台，为有见习意愿的高校毕业生及时提供见习岗位。另外，将两年内未实现首次就业的高校毕业生也纳入见习范围。取消对小微企业吸纳高校毕业生见习的条件设置，将市内小微企业全部列为高校毕业生见习单位，阳泉市卓越房地产有限公司、阳泉颐高数码市场有限公司等7家小微企业申请认定见习单位，促进高校毕业生就业工作。全年市直有272名高校毕业生参加就业见习，发放就业见习补贴303万元，超额完成省人社厅下达的就业见习任务指标。 （郑 兵）

【政府购买基层公共服务岗位试点工作】 年内，阳泉市作为全省首批政府购买基层公共服务岗位试点城市，按照省人社厅的安排部署，对报名的高校毕业生进行资格审核、体检、岗前培训等工作，共为全市各县区乡镇、街道办事处（社区）录用基层公共服务人员249名，全部签订聘用合同，于9月5日报到上岗。按照规定，聘用人员聘期3年，工资待遇按当地最低工资标准支付，并缴纳社会保险，所需资金全部由省财政承担。 （郑 兵）

【人才招聘】 年内，市人才市场共举办现场招聘会39场、网络招聘会78场，其中包括见习单位专场招聘会3场、春季和秋季大型招聘会2场、妇女专场招聘会1场、公安消防人员专场招聘1场、阳泉煤专毕业生专场招聘会1场、事业单位现场报名专场1场、公益性招聘会24场，累计参会单位1152家次，共提供招聘岗位4944个次，招聘需求人数17523人次。阳泉人才网为425家用人单位发布招聘信息1596条，网站服务全年访问量突破15万人次。 （郑 兵）

【人事代理】 年内，市人才市场新办理人事代理手续1850人，其中个人代理1579人、单位代理271人，95%是高校毕业生，人员类别涉及公安系统流动人口管理员、消防系统文职工作人员、保险系统中层管理人员、卫生系统全员聘用的医护人员、百度云计算中层管理人员等。另外，办理人事代理人员档案工资审批3231人次；为366名代理人员代评审专业技术职称；为552名代理人员办理了缴纳养老、医疗等社会保险手续；办理代理人员调动及调档手续470人，办理学生档案转出手续145人，开具与档案相关证明445份。 （郑 兵）

【人才测评】 年内，市人社部门根据各党政机关、企事业单位的人才评价需求，推进升级换代后的人才测评系统全面应用。对拟聘用工程系列专业技术职称的51名技术人员进行综合素质测评，对2014年度市直事业单位新招录的285名工作人员进行实用16PF心理素质人才测评，对18名军转干部进行领导能力测评和实用16PF心理素质人才测评，为高校毕业生提供毕业生就业指导测评20余人次。针对不同的岗位性质和人员自身特点，有针对性地选取不同模块，对受测人员的综合能力、素质、个性特点风格进行全方面评价，为单位选人用人提供了科学依据。 （郑 兵）

机构与编制管理

【政府职能转变和机构改革】 2014年，根据中共中央、国务院《关于地方政府职能转变和机构改革的意见》（中发〔2013〕9号）和省委、省政府《关于市县政府职能转变和机构改革的意见》（晋发〔2014〕12号）精神，阳泉市开展了政府职能转变和机构改革工作。6月，经过调研摸底，征求意见建议，多方沟通协调，形成改革意见，报省委、省政府批复后，印发了《阳泉市人民政府职能转变和机构改革方案》。此次改革主要内容是:将市卫生局的职责、市人口和计划生育委员会的计划生育管理与服务职责整合,组建市卫生和计划生育委员会,优化配置并充分利用医疗卫生和计划生育这两个体系资源。调整省级以下工商、质监行政管理体制,实行分级管理,接收阳泉市工商行政管理局和阳泉市质量技术监督局,为市政府工作部门;市辖区、开发区工商、质监行政机构为市工商行政管理局和市质量技术监督局的派出机构,由市局直接管理;县工商行政管理局和县质量技术监督局,为同级政府工作部门。继续完善食品药品监督管理体制,确保食品药品监管机构有足够的力量和资源有效履行职责,提高食品药品安全质量水平。按照职能有机统一的大部门体制改革要求,将市文物管理局的行政职责划入市文化广电新闻出版局,市文化广电新闻出版局名称调整为市文化局,挂市文物局、市版权局牌子。将市粮食局、市商务局的职责整合,组建市商务粮食局,加强流通领域的监管力量。不再设部门管理机构,原市物价局并入市发展和改革委员会,原市城市管理行政执法局并入市住房保障和城乡建设管理局。市统筹城乡发展工作办公室(市重点工程建设办公室)、市政府研究室、市政府应急管理办公室仍为市政府办公厅内设机构,市政府金融工作办公室仍设在市政府办公厅,为内设机构。此次机构改革后,市政府设置办公厅和工作部门32个。

县区政府职能转变和机构改革工作同步推进,各县区加大机构整合力度,合并了一些职能相近、职能弱化的部门。县区政府设置办公室和工作部门依次为平定县和盂县各24个、郊区23个、城区和矿区各20个,均不设部门管理机构。市、县两级均按时间要求完成改革工作,走在全省前列。 (邢 烨)

【行政审批制度改革】 年内,阳泉市按照“依法依规、实事求是、从严把关”的原则,全面清理市政府各部门行政审批事项,主要完成两项工作。一是公布市政府部门行政审批类权力清单。经过部门摸底、调查、核实、汇总和征求意见等,重点核实行政审批项目目录以外的具有审批性质的事项,摸清行政审批事项底数。梳理出市政府部门行政审批类权力清单(不含行政执法类),经市政府常务会议研究,以阳政发〔2014〕26号文件下发,并在市政府门户网、市机构编制网站、市政府各部门网站公布。阳泉市政府部门行政审批类权力清单共计287项,其中行政许可事项74项、非行政许可事项4项、扩权强县事项21项及其他具有审批性质的事项188项。二是做好省取消下放行政审批事项的承接工作,减少政府对市场主体及社会事务的过度管制和限制。年内,省政府共下发取消和下放行政审批事项文件4个,对照政府相关部门的行政审批事项,经市政府常务会议研究,以阳政发〔2014〕25号文件下发。对接省项目,阳泉市取消行政审批项目5项,取消行政审批项目部分内容1项;承接行政审批项目8项,承接部分管理层级行政审批项目3项;承接年审年检事项1项,取消年审年检事项3项。此外,为进一步简政放权,市政府取消下放行政审批项目20项,其中取消11项、下放9项。 (邢 烨)

【机构编制事项优化调整】 年内,市编办以“严控总量、盘活存量、优化结构、增减平衡”为原则,解决了重点领域和关键环节的20余项机构编制事项优化调整工作。为进一步聚焦主责主业,加强纪检检查力度,重新确定市纪律检查委员会机关(市监察局)内设机构;为加强市级工伤保险和生育保险统筹业务经办工作,将医保中心内设机构工伤生育保险科分设为工伤保险科和生育保险科;为加强市辖区的年度目标责任考核工作,郊区、城区、矿区成立考核办;为便于对全市建筑垃圾、工程渣土的统一规范管理,调整市环境卫生管理监督中心机构编制;为做好全市改善农村人居环境工作,在市农委增设农村人居环境工作科,并成立市农村人居环境建设中心;为更好地履行司法行政强制隔离戒毒工作职能,将市劳动教养所更名为市强制隔离戒毒所,并调整内设机构。 (邢 烨)

【机关事业单位领导职数清查】 年内,按照全省关于严禁超职数配备干部电视电话会议精神,阳泉市开展机构事业单位领导职数清查工作。通过查阅历年的机构编制文件,按照审批权限逐个逐项进行梳理,做到每个职数都有据可依,并以此为基础,扩大到清查每个单位的机构名称、机构规格、经费来源、编制数、领导职数、内设机构等信息。通过清查,摸清各单位的基本信息,整理出《市级党政群机关事业单位机构编制领导职数核定情况统计表》和《市级党政群机关领导职数核定情况变动表》,建立翔实的台账,完善机构编制管理系统,确保数据真实、信息准确。 (邢 烨)

【机构和人员编制核查】 年内,阳泉市统一部署,明确责任,严格按照中央、省的有关要求,确保机构和人员编制核查工作有序开展、有力推进、有效落实。一是认识开展机构和人员编制核查工作的重要意义。通过核查,进一步核清总量,探清结构,掌握最准确的机构编制和实有人员情况,确保机构编制只减不增。二是做好前期准备,夯实核查工作基础。5月28日,《关于印发〈关于深入开展机构和人员编制核查与进一步完善实名制管理工作实施方案〉的通知》(阳编字〔2014〕1号)印发,对全市核查工作做出安排部署。召集市委办、市政府办、市纪委(监察局)、市委组织部、市人社局、市财政局、市审计局的相关负责人及各县区编办主任,召开核查工作动员部署会。三是组织实施,提高工作质量。对各单位负责核查填报的近500名工作人员进行专题培训。抽调专门人员,租用办公场所,集中办公,联合审核,严格把关,责任到人。四是加大督查力度,确保市县(区)核查工作同步推进。多次对县区进行督促指导,不定期召开县区核查工作汇报会和工作推进会,确保全市核查工作完成。10月,中编办电子政务中心主任伏宁一行4人,对阳泉市开展核查工作进行督导检查并给予充分肯定。按照核查工作要求,全市于10月下旬全面完成机构编制核查工作。此次应参加核查的机构共1852个,其中党政群机关510个、事业单位1342个,全部在规定时间内完成信息采集、公示监督、联合审核、信息汇总阶段的工作。 (邢 烨)

【事业单位登记管理】 年内,市编办完成事业单位登记管理工作。一是严格把关,切实规范登记管理。严格遵循《事业单位登记管理暂行条例》的规定,规范登记管理行为,对事业单位提交的登记事项,从资料的齐全性、有效性、真实性等方面进行认真审查,确保标准不降低、步骤不减少、程序不简化。二是做好2013年度事业单位法人年检工作,审查事业单位提交的《年度报告书》及相关资料,凡报告内容不完全、未签字盖章、资产负债表不符合要求的,一律不予受理。同时进一步加强监管力度,开展事业单位实地核查和年度报告公开工作,全年共有130个事业单位年报信息在网上公开,主动接受社会监督。三是规范资料,加强登记档案和信息管理。年检结束后,对档案资料再一次进行科学分类、规范整理、查缺补漏,对手续完备的档案进行归档,确保归档文件材料齐全、有效、清晰,签字、盖章手续完备,促进了档案管理工作的制度化和规范化。 (邢 烨)

【机关事业单位网站标识管理】 年内,市编办根据中央有关文件要求,开展全市机关事业单位网站标识管理工作。10月30日,山西省党政机关、事业单位网站开办审核、资格复核和标识管理培训会议召开后,市编办及时与市委宣传部联合发文,要求各部门、各单位根据实际情况,抓紧报送网站标识申请资料。与此同时,市编办严格审核,对填写不规范和不正确的信息一律退回改正,资料完善、提交正确的单位下发网站标识。至年底,全市党政群机关事业单位网站共挂标45个。 (邢 烨)

行政审批工作

【概况】 2014年,市行政审批服务中心深化行政审批制度改革,审批事项继续精简,审批时限大幅压缩,窗口建设不断加强,电子监察不断完善,大厅管理更加规范,政府效能明显提高,政务环境明显优化,为实现富民强市做出贡献。中心各窗口全年共受理各类审批事项16004件,按期办结率达到99.67%;分中心共办理审批服务事项757384件。 (黄志君)

【行政审批项目清理】 从2001年至2014年初,阳泉市市本级行政审批项目共先后共经历7次清理和精简,审批项目由原来的853项减少到84项。2014年,阳泉市继续加大清理力度,本着“精简高效、面向基层、便民利民”的原则,做好国务院、省政府取消和下放项目的承接工作,会同项目实施单位对84项市本级审批项目进行第8轮清理,梳理出各部门行政审批类权力清单,市本级保留审批项目78项,项目保有数全省最少。12月30日,市政府召开常务会议研究通过,以阳政发〔2014〕26号文件公布保留事项目录和行政审批类权力清单,并在市政府门户网站和《阳泉日报》等媒体上进行公示,接受社会监督。 (黄志君)

【审批流程优化】 年内,市行政审批服务中心按照“便民、高效”的原则,根据《关于做好行政审批项目流程再造工作的实施方案》,推动各部门实施保留事项审批流程再造。通过提高即办事项的比例,将承诺办理的审批环节压缩在3–4个环节,承诺办理时限再压缩50%。市级保留审批事项的办理总时限由2400个工作日压缩到748个工作日,压缩率达68.8%。特别是对建设项目实行并联审批,采取“大串联、小并联”的模式,分项目准备、项目立项、规划许可、施工许可、联合验收5个阶段实施,审批时限由之前的300多天压缩到38个工作日完成,办理时限的压缩率达到75%。 (黄志君)

【审批窗口建设】 年内,市行政审批服务中心督促协调市园林局、市交警支队整合职能,将涉及园林建设审批、货车临时通行证和交通违章查询等事项进驻市行政审批服务中心大厅集中办理,向社会提供审批服务。同时,为规范审批、强化授权、改善服务,1月22日制订出《阳泉市行政审批首席代表管理办法》,对首席代表的选派条件、履职要求作出明确规定,解决“职能不到位、人员不到位、授权不到位”三大难题,推动了政府职能转变,提高了办事效率。 (黄志君)

【建设项目并联审批】 年内,为促进全市的重点项目早落地、早开工、早建设,市行政审批服务中心推进各相关部门实施建设项目并联审批。中心将建设项目并联审批划分为准备阶段、项目立项、规划许可、施工许可、联合验收5个阶段,实行统一受理申请、统一组织协调、统一现场踏勘、统一联合审图、统一联合验收、统一收费发证,各部门同步审批。7月下旬,由市规划局牵头,市行政审批服务中心召集发改、国土、环保、人防、园林、国安、水务、地震、消防、供电、供水等部门的联审窗口，对河坡发电有限责任公司 2×350 兆瓦超临界热电联产机组项目进行规划许可阶段的联审，参会人员阐述了审批理由，对工程建设不完善的地方提出改进意见。联审提高了效率，节省了成本，深受项目建设单位欢迎。（黄志君）

【电子政务建设】 年内，按照“智慧阳泉”建设总体部署，市行政审批服务中心推进电子政务建设，建立了集行政审批、效能监察、绩效考核、统计分析于一体的上下联动的实时电子监察系统。该系统纳入阳泉市惩防体系信息网“一网七平台”（公共资源交易暨电子监察平台、行政审批暨电子监察系统、食品安全生产责任监管网格化信息平台、阳光农廉网平台、工程建设领域项目信息暨信用信息公开共享平台、“12388”信访举报投诉平台、煤矿安全生产责任监管平台），与“智慧阳泉”联网运行。同时，中心协调督促 3 个县区中心和 7 个市直分中心的审批专网与电子监察系统联网工作，初步实现市、县（区）行政审批电子监察系统联网。加强网上申报平台建设，制订出《阳泉市网上审批工作方案》《阳泉市网上审批系统运行管理办法》，扩大和完善审批网络功能，推行审批表格网上下载、部分审批事项网上预审、审批结果网上查询。至年底，凡进入电子监控的审批事项均按照规定时限完成审批，所有审批结果均通过审批中心门户网站和市政府门户网站对外公示。（黄志君）

对台工作

【台胞台属慰问】 市委常委、市委秘书长刘星分别于 1 月 20 日、8 月 27 日带领市台办负责人，看望和慰问台胞台属代表，为他们送去慰问品和节日问候。每到一户，刘星都亲切询问台胞台属的工作生活情况，鼓励他们发挥桥梁纽带作用，多与台湾亲友保持联系，介绍阳泉经济社会发展情况，邀请台湾同胞到阳泉探亲、投资、兴业，促进两岸交流合作，为推动两岸关系和平发展做出贡献。同时嘱咐工作人员要加强与台胞台属的沟通联系，关心照顾好他们的生活，多为他们办实事、做好事、解难事。（郭兆文）

【台湾农业考察团到阳泉考察】 1 月 16 日至 21 日，由台湾知名人士王进士带队的台湾屏东农业考察团一行 11 人应邀到阳泉市考察投资环境。副市长董仙桃会见考察团一行，市台办、市投资促进局、市贸促会负责人陪同考察。考察团先后参观农贸市场、超市、蔬菜瓜果批发交易市场，考察平定县、盂县等地的农业种植和养殖项目，实地了解阳泉的土壤、气候、交通运输、农产品流通及投资政策等，并与相关企业进行对接洽谈。考察团认为阳泉在发展现代农业上有较大潜力，与台湾在特色水果种植、特色养殖、饲料加工等方面有较大的合作空间，可以优势互补。（郭兆文）

【台胞突发事件处置】 年内，市台办妥善处置一起突发事件，受到国台办、海峡两岸关系协会和省台办的充分肯定，被省台办列为全省涉台突发事件业务培训典型案例。4 月 3 日，85 岁的台胞唐先生到阳泉市探亲时迷路、生病，住院后一度昏迷生命垂危，医院先后 3 次下病危通知书，而家属又不在身边，情况非常危急。对此，省台办和市委、市政府高度重视，市台办、城区台办及相关部门密切配合，积极协调，竭尽全力对老人实施抢救。经过 23 天的精心治疗，老人于 4 月 25 日康复安全返回台湾。（郭兆文）

【专题入岛宣传】 年内，市台办开展“魅力东方——走进阳泉”专题入岛宣传工作。制订工作方案，安排拍摄内容，全程协调指导前期筹备、采访拍摄、后期制作、刊播报道等工作，完成此项工作。6 月中旬，邀请台湾中天电视台和《联合报》的 3 名记者到阳泉市进行为期 3 天的采访拍摄，先后拍摄林里关王庙、银园山庄等旅游景点，挑绣、黑陶、珐花器等传统工艺制作，以及文迓鼓、广场晨练、地方戏曲、农民书法、美食等。于中秋节期间在电视、报纸、网络等媒体上刊播。9 月 5 日，《联合报》以《山西阳泉郊区令人屏息的山水与文化》为题进行整版宣传。中天亚洲台、中天综合台、中视主频、中视 HD 台于 9 月 6 日至 9 日黄金时段共 8 次播放专题节目《民间艺术在阳泉 工艺说唱地方特色》，凤凰网凤凰视频、联合新闻网等多家网络媒体均上传播放，点击人数众多。专题宣传充分展示了阳泉市的自然人文资源和近几年的经济社会发展成果，提高了阳泉市的知名度和美誉度。此项工作得到国台办的充分肯定，被评为“2014 年度最具宣传价值报道”，阳泉市被评为 5 个重点入岛宣传单位之一。（郭兆文）

【参加“情系两岸·共圆中国梦”征文大赛】 7 月，市台办与团市委、市关工委联合组织全市各中小学参加全省“情系两岸·共圆中国梦”征文大赛暨晋台青少年交流活动，取得良好成绩。活动由省台办、团省委和省关工委联合组织，全市广大中小学生和青少年围绕活动主题，通过作文、书法、绘画等作品，寄托共同期望，展望美好未来，抒发中华文化一脉相承、两岸同胞一家亲的深厚情感和爱国情怀。全市共征集到各类作品 500 余件，初步评选入围 76 件，最终有 27 名同学获奖，其中一等奖 2 名、二等奖 5 名、三等奖 5 名、优秀奖 15 名。市台办、团市委获得最佳组织奖。（郭兆文）

【与台经济文化交流服务】 年内，市台办筹备并组织市经济技术开发区、市商务局 5 名工作人员赴台参加第三届晋台经贸交流合作恳谈会。指导县区、有关部门开展与台交流活动,为6人审批办理赴台手续。邀请台湾屏东农业考察团一行11人到阳泉市考察投资环境。继续推进农业交流后续项目,为山西森郁农业科技有限公司董事长张宝全、总经理崔文平赴台考察神秘果种植和开展相关合作及时办理赴台手续,促进阳泉市与台湾的经济文化交流。（郭兆文）

【网络宣传】 年内,市台办维护“文献名邦 魅力阳泉”网,发挥网络平台优势,围绕中央对台工作政策、两岸经济文化交流、阳泉经济社会建设成就、文化旅游资源、中秋慰问等主题,开展宣传报道。全年上传稿件390余篇,点击量达到220万次(全省第3名),每月点击量均在15万次以上,累计总点击量达到360万次,“文献名邦 魅力阳泉”网成为展示阳泉市形象的一个窗口。

与此同时,积极向上级对台宣传权威网站供稿,全年在中国台湾网发表稿件11篇,其中有6篇被新华社新华网宣传推广,中国日报网、山西新闻网、山西省政府网、阳泉政府网等多家网络媒体进行转载。（郭兆文）

外事工作

【因公出国(境)管理】 2014年,市外事侨务办公室严格做好因公出国(境)审批工作。制订出访计划,调整出访人员结构,杜绝无实质性内容出访,按要求报送细化市级领导出访计划。通过严格审批程序和明确工作流程,全市因公出访管理工作更加规范,全年共受理因公出访3批3人次,无一例违规违纪现象发生。（董素静 靳红平）

【《关于进一步加强国家工作人员因公临时出国管理的实施细则》出台】 年初,市外侨办研究草拟了《关于进一步加强国家工作人员因公临时出国管理的实施细则》,在征求市委组织部、市财政局等部门意见后,上报市委、市政府审议。6月30日,市委办公厅、市政府办公厅以阳办发〔2014〕34号文件下发各县区、各部门、各单位执行。《关于进一步加强国家工作人员因公临时出国管理的实施细则》以中央和省有关政策为依据,共分6章22条,分别从计划管理、审批管理、经费预算管理、监督检查等方面,对全市各级国家工作人员因公临时出国工作的申报审批流程作了详细的规定和说明。此为阳泉市在因公出国管理方面出台的首个规定。（董素静 靳红平）

【澳大利亚国际商会团到阳泉考察】 11月2日至3日,应市政府邀请,澳大利亚国际商会首席执行官麦克·果先生一行到阳泉市考察访问。市长陈永奇会见访问团一行,对他们的来访表示热烈欢迎,并介绍阳泉市的基本情况和未来的发展思路。副市长任衍钢主持召开“阳泉—巴瑟斯特合作交流座谈会”,市外侨办、市发改委、市农委、市商务局、市教育局、市贸促会负责人出席。座谈会上,澳大利亚国际商会团代表介绍来访目的及拟合作项目及运作方式,阳泉市参会人员向客人介绍经贸、科技、教育、农业、能源等领域的招商引资情况和合作项目。会后,澳大利亚国际商会团客人参观了阳泉市旅游景点“赵氏孤儿”故事的发源地——盂县藏山。（董素静 靳红平）

【县区外侨办设立】 10月31日,市委、市政府印发各县区人民政府机构改革方案,规定各县区人民政府办公室挂县区人民政府外事侨务办公室牌子。至此,阳泉市5个县区全部成立外事侨务办公室,覆盖全市的外事侨务工作网络形成,有助于推进阳泉市全方位、多层次、多渠道的对外开放工作,做到整合资源、形成合力、上下联动、服务基层。（董素静 靳红平）

【陈永奇向英国切市新任市长寄发贺电】 4月23日,市长陈永奇向阳泉市的国际友好城市英国切斯特菲尔德市新任市长亚历克西斯·迪乌夫寄发贺电,祝贺他就任切市市长。4月7日,市外侨办收到英国切市市政会关于亚历克西斯·迪乌夫将就任切市市长的电子邮件。为增进两市友城关系,市外侨办积极协调,沟通联系,报请市长陈永奇审定贺电文稿,并及时寄发。贺电在5月14日切市市政会全体会议后的官方晚宴上进行宣读。（董素静 靳红平）

侨务工作

【困难归侨侨眷慰问】 1月10日,市政府副市长任衍钢、市外侨办负责人带领工作人员走访困难归侨侨眷,为他们送去慰问金和春节祝福。任衍钢一行先后到印尼归侨余共梅、尤紫娥和蒙古归侨刘可从家中慰问,询问他们的健康状况和生活情况,并叮嘱市外侨办负责人要协调各方力量,努力帮助困难归侨侨眷克服生活困难。此次慰问活动中,市外侨办共为20户困难归侨侨眷发放慰问金1.4万元。（董素静 靳红平）

【8名归侨侨眷免费安装助听器】 5月12日,在省外侨办和省慈善总会联合举办的“天籁列车”慈善助听器捐赠活动中,阳泉市8位有听障的归侨侨眷免费获得助听器。4月,市外侨办接到省外侨办通知后,及时联系全市260多位归侨侨眷了解情况,为家庭困难的听障患者进行了信息登记,并上报省外侨办和省慈善总会。经过多次沟通与积极争取,最终为8位有听障的归侨侨眷免费安装助听器。

“天籁列车”慈善项目由著名慈善家、旅澳华侨魏基成先生发起设立,通过免费为无力购买助听器的听障患者安装助听器,帮助解决

他们在就学、就业及生活中存在的听力困难。（董素静 靳红平）

【助学金发放】 8月19日，阳泉市特困“三侨生”（归侨青年、归侨子女、华侨在国内的子女）助学金发放仪式举行。副市长任衍钢、市外侨办主任韩晓晨将1.2万元助学金发放到7名困难学生手中，其中2名高中生每人1000元，5名大学生每人2000元。（董素静 靳红平）

【侨法知识竞赛】 8月，市外侨办、市侨联、市司法局和市委依法治市办公室联合举办侨法知识竞赛。竞赛内容涵盖《中华人民共和国归侨侨眷权益保护法》《中华人民共和国归侨侨眷权益保护法实施办法》《中华人民共和国公益事业捐赠法》《山西省实施〈中华人民共和国归侨侨眷权益保护法〉办法》等，活动历时2个多月。竞赛试题及答题要求在《阳泉日报》上进行公布，全市共有31家单位组织人员参加，共收到竞赛答题卡1449份。活动最终抽出一等奖5名、二等奖10名、三等奖20名，市水务局等5个单位获得优秀组织奖，在全市营造了学法、用法和依法护侨的良好氛围。（董素静 靳红平）

法治建设

【概况】 年初，市政府法制办印发《阳泉市2014年政府法制工作要点》，明确全年依法行政工作的指导思想、工作目标和主要措施，完善《2014年阳泉市依法行政工作目标责任考核指标》，将依法行政工作纳入市委、市政府年度目标责任考核管理，同部署，同落实，同考核。

加强规范性文件管理工作。通过印发规范性文件征求意见函和回复省法制办法规规章征求意见函10件，听取社会意见，严格落实行政决策民主、科学、有效。严格规范性文件备案审查工作，年内出台的5个规范性文件，均按照规定及时向省人民政府和市人大常委会进行报送备案。

推行行政执法责任制，强化行政执法监督，促进执法行为规范化。完善《阳泉市人民政府依法行政工作目标责任考核指标》，并下发全市。要求各级各部门对照指标完善行政执法责任制的落实。对全市行政执法主体、机构、人员和制度等情况进行梳理，并上报省法制办。组织行政执法证件年度审核，通过严格落实执法人员资格审核和持证上岗，确保执法主体合法和执法行为规范。

建立健全行政决策机制，坚持依法、科学、民主决策。为进一步提升依法行政的工作力度，推进法律顾问工作，开展法律顾问选聘工作，市政府法律顾问人数由之前的1人增加到5人，《阳泉市法律顾问工作规则》起草完毕。同时，要求各级各部门按照健全公众参与、专家论证、风险评估、合法性审查和政府决定相结合的行政决策机制的要求，完善行政决策机制，推进政府决策的法制化、民主化和科学化。

完善制度，提升行政复议与应诉工作水平。加强行政复议机构和队伍建设，完善行政复议制度，依法严格办理行政复议案件，促进全市行政复议工作的规范化建设。全市各级行政复议机关共受理复议案件29件，审结29件。其中维持22件，占76%；经调解后终止4件，占14%；撤销、责令履行、确认违法共3件，占10%。全年全市行政应诉案件共113件，市政府配合人民法院的行政审判工作，应诉过程中按规定向法院提交相关材料。组织全市行政执法单位执法人员旁听法院行政诉讼庭审。协调推进行政案件相对集中管辖工作。

加强政府法制理论研究和宣传培训工作。健全干部学法制度。组织县级干部参加市行政学院的法制学习，科级以下干部由各单位自行组织培训，将培训情况、学习成绩作为考核内容和任职晋升的依据。指导各单位完善学法制度，推广市工商局、市质监局的学法形式。5月和9月，先后组织3次全市依法行政培训活动。8月，在全市组织“依法行政宣传月”活动。8名市直单位法制工作者参加省法制办在省委党校举办的领导干部依法行政培训学习。全年印发《阳泉市政府法制信息》12期。（苗 青）

【全市行政执法人员观摩法院庭审】 10月，市中级人民法院开庭审理市工商局行政处罚的行政诉讼案件，市政府法制办组织全市各县区政府法制办、市直各单位共90余人参加庭审旁听。通过观摩法院庭审对行政执法行为合法性的审查，以现场教育的方式，促使全市行政执法人员反思政府日常的执法行为能否经受得起行政诉讼的检验，在提高行政执法人员责任意识、依法行政意识和执法能力方面收到较好的效果。（苗 青）

【法制宣传】 年内，全市各级各部门围绕市委、市政府总体战略部署，开展形式多样、丰富多彩的法制宣传活动，在全市营造了浓厚的依法行政氛围，扩大了依法行政在社会各阶层中的影响力。7月，市政府法制办转发《山西省人民政府法制办公室关于开展2014年度“依法行政宣传月”活动的通知》，对8月全市开展的“依法行政宣传月”活动进行全面安排。8月，各县区政府、市直各单位集体宣传培训近百次，市直各部门开展标语宣传50余次、摆放展板80多块、发放宣传资料近10万份。除宣传月外，全市各行政执法单位结合各自的专业内容，开展多种宣传活动。市人社局协同市医疗保险管理服务中心集中开展以“依法参加工伤保险，保障职工工伤权益”为主题的宣传活动，在全市各县区共设置7个宣传站，发放宣传资料6000余份，还借助电视、报纸等媒体扩大宣传覆盖面。市商务局利用“3·15”消费者权益保护日、6月“安全生产月”和“食品安全宣传周”等系列宣传活动,全面宣传商务法律法规,接受群众咨询和监督。市档案局以“国际档案日”宣传活动为契机,向市民广泛宣传档案法律法规。市政府法制办通过《阳泉市政府法制信息》,将全市各级各部门依法行政的好做法、好经验、新成绩、新亮点及时进行宣传。（苗　青）

【规范性文件管理】 年内,市政府法制办开展规范性文件管理工作,对规范性文件的起草、审核、备案和清理等作出详细规定,加强规范性文件前置审查和备案审查等工作。指导市规划局起草并制订《公文处理制度》《保密制度》《法律文书签发制度》等一系列制度,指导市民政局制订下发《阳泉市民政局规范性文件管理办法》。3月,市政府办公厅印发《地方性法规和省政府规章草案及市政府规范性文件征求各县区及市直部门意见的规定》。

组织开展全市范围的规范性文件清理工作。5月,开展“集中清理在市场经济活动中实行地区封锁的规定”清理活动,成立工作协调小组,制订出活动实施方案,经过清理,市、县(区)两级机关均未制订过涉及地区封锁内容的规范性文件和其他文件,没有违反国家税收法律法规的区域性税收优惠政策和歧视外地企业、实行地方保护的财政补贴政策和各类优惠政策,在招投标活动中没有限制、排斥外地企业参与的有关规定。11月,开展规范性文件中涉及行政许可事项内容的清理活动,经清理,有1件规范性文件被废止。（苗　青）

【行政执法责任制落实】 年内,为进一步规范行政执法行为,市政府法制办完善《依法行政工作目标责任考核指标》并下发全市,要求各级各部门对照指标不断完善行政执法责任制的落实。对全市行政执法主体、机构、人员和制度等情况进行梳理并上报省法制办。对近几年所发的执法证件进行年度审核,为1574个证件发放了注册标识,注销证件281个,组织开展全市近2000人的行政执法证件新证申领工作。通过严格落实执法人员资格审核和持证上岗,杜绝没有执法资格的人员从事执法行为,确保执法主体合法,执法行为规范。指导市人口和计划生育委员会制订完善行政执法公示制度、行政执法主体资格制度等7项制度。指导市文化局、市公路局、市安监局等单位制订出一系列制度和文件。市公路、农业、环保、质监、文化、住建、公安等部门共开展各类专项执法检查1200余次,维护了经济社会的稳定和发展。接受重大行政处罚备案市安监局2件、市食品药品监督管理局1件。市法制办深入工商、住建等行政执法单位指导开展案卷评查工作。（苗　青）

【行政执法专项检查】 年内,围绕人民群众普遍关注的热点问题和市政府中心工作,全市各级各部门共组织开展各类专项执法检查1200余次,维护了经济社会的稳定和发展。市公路局开展为期3个月的“规范公路执法行为,提升交通服务水平”专项整治工作。市住建局在建筑市场和工程质量安全日常监管中,针对排查出的违法违规工程项目下达责令改正通知书104份、停工(核查)通知书6份、停止违法行为通知书2份、行政处罚决定书13份,罚款25.21万元。房地产市场专项检查中,对以收取定金的名义违规预售商品房的不法行为下达责令整改通知书1份、行政处罚决定书1份,罚款1万元。开展保障性安居工程建设专项检查6次,下达督导通知17份。市政管理方面,全市城镇燃气专项整治检查12次,相关部门先后赴市煤气公司、市液化气公司、晋东天然气阳泉分公司等单位进行燃气安全检查和考核;对盂县建设局、郊区建设局、平定县建设局的燃气安全工作进行监督检查,并对存在的问题提出整改意见,对违法经营行为下达责令整改通知书5份。市政、园林日常执法检查中,下达责令整改通知书42份。全年市气象行政执法120余次,共下达停止违法行为通知书33份、行政处罚告知书20份、行政处罚决定书8份。组织执法人员不定期上街巡查,打击查处违法施放气球行为。市农委印发《阳泉市2014年生鲜乳质量安全专项整治行动方案》《阳泉市2014年“瘦肉精”专项整治方案》等,组织开展农药及农药使用专项整治、“瘦肉精”专项整治、生鲜乳违禁物质专项整治等8项专项整治行动,对存在的问题及时进行整改。（苗　青）

民政工作

【社区建设】 年内,市民政局以开展“三社联动”(以社区为平台、以社团为支撑、以社工为骨干)社区治理试点工作为抓手,构建和完善社区服务体系,推动基层社会管理创新。全市确立“一委一居一中心”(党委、居委会、社区服务管理中心)社区治理组织架构,城区构建起“11245”(1个载体,即创建幸福社区;1个平台,即城区社会治理综合服务平台;2面旗帜,即全市首家全国科普示范社区——小阳泉南社区的艳荣工作室和市科普益民计划先进单位——新华东街社区的冬花精神;构建“以社会为依托、以社区为平台、以社团为载体、以社工为支撑”的“四社联动”和小康、美丽、智慧、幸福、平安社区的“五型建设”)社区治理模式。从减负增效、去行政化入手,制订社区工作事项准入制度,厘清社区职责,明确工作任务。完善社区居委会组织体系,发挥社区成员代表大会和协商议事会的作用,健全民主管理制度。在开展“三社联动”、服务社区居民的活动中，推进社区居民自治制度化、规范化和程序化。至年底，全市共打造“三社联动”示范项目103个，培育发展社区社会组织270个，发展志愿者队伍444支。同时，市民政局出台激励措施，提升社区干部素质。建立定期培训教育制度，将社区“两委”干部的培训工作纳入各级政府的年度工作目标任务中，全年对290名社区干部进行“三社联动”工作培训。建立起社区干部岗位报酬自然增长机制，社区干部每人提高300元的岗位报酬落实到位。

为加快农村社区建设，年内，市民政局选择3个经济发展水平较高、村民自治工作基础扎实的农村社区作为省、市“三社联动”试点单位，探索建立农村社区服务体系，以此带动全市农村社区建设和发展。（刘 蓉）

【村委会换届】 年内，全市民政系统组织开展第十届村委会换届工作。换届前重点突出县区、乡镇、村三级党组织的主体责任，摸排矛盾纠纷，吃透选情民意，加强村民、村党员的思想教育工作。换届中做到严明纪律、严格程序，确保换届工作的平稳有序。至年底，有911个村完成村委会换届，完成率为94.9%。（刘 蓉）

【社会组织管理】 年内，市民政局降低准入门槛，积极开展社会组织规范化管理工作。一是开展2012-2013年度社会组织评估工作，对54家社会组织进行资料审核、财务审计、实地考察，评出AAA等级社会团体10个、民办非企业5个。二是对全市社会团体开展集中清理规范，其中换届更换法人的社团9个、注销6个、合并4个、撤销登记8个，并对涉煤社团和涉企社团收费情况进行清理规范。三是支持公益服务类社会组织发展，市民政局取消前置审批，采取无需找主管单位或部门挂靠、直接向登记管理机关申请成立登记的方式，为4家公益服务类社会组织办理注册登记。对2013年6月底前登记的132个社会组织进行年检，年检率为69%。四是加强社会组织党建工作，实行社会组织登记注册与党组织组建同步审批，在市级社会组织中组建党支部11个。五是推进社区社会组织登记备案工作，对不符合登记条件的社区社会组织实行备案管理，对社区和涉农等基层社会组织降低准入门槛，全年全市登记社区社会组织9个，备案社区社会组织118个。至年底，全市社会组织发展到479个，其中社会团体332个、民办非企业147个；备案社区社会组织241个。（刘 蓉）

【优抚工作】 年内，阳泉市全面落实各项优抚政策。全市4290名优抚对象抚恤补助金按时、足额发放到位，全年下拨各类抚恤补助资金4074.35万元。明确市三院、四院作为全市优抚对象“六减免”（手术及麻醉费、CT检查费、B超检查费、胸透费、住院床位费按规定标准均减免10%，女性孕检费减免50%）市级定点医疗机构，组织506名“参试”人员（部分原8023部队及其他参加核试验军队退役人员）在市三院进行体检。严格审批330名“两参”（参战、参试退役人员）、老烈子（年满60周年的烈士子女）和60周岁农村籍退役士兵待遇。为849名伤残军人完成换证工作，烈士证换发、补发工作稳步推进。至年底，全市1604个零散烈士墓的抢救保护任务基本完成；零散烈士纪念设施抢救保护任务完成76个，完工率80%。将全市各县区《革命烈士英名录》进行电子录入，优抚信息管理系统和烈士褒扬系统实现中央、省、市、县四级联网、动态管理，优抚对象二代身份证采集认证工作全省排名第三。（刘 蓉）

【双拥工作】 “八一”前后，市民政局组织开展形式多样的慰问活动，为驻地部队送戏、送书，并送去慰问金10万元。联合市妇联、阳泉军分区政治部开展阳泉市“十佳”兵妈妈、好军嫂评选活动，对吕素英等20人进行表彰。全市国防教育、拥军优属、拥政爱民、军警民联防联动的双拥服务网络形成。（刘 蓉）

【退役士兵安置】 2014年，全市安置2012年退役士兵336人，安置遗留问题总人数110人，办理自谋职业33人，发放自谋职业保障金110余万元，收取有偿转移资金220万元，发放待分配期间生活补助金110万元。为2013年底退役士兵发放自主就业金372.45万元。继续加强退役士兵职业教育和技能培训工作，在往年开办的创业班、焊铆班、烹饪班、种养殖班的基础上，新增机动车驾驶班，全市160名自主就业退役士兵参加培训，95%的参训人员获得职业资格认证。（刘 蓉）

【地名管理工作】 年内，全市地名管理工作稳步推进。《中国政区大典阳泉分卷》经过反复修改通过省民政厅审核，上报民政部。市民政局制订了《推进行政区划优化调整工作方案》，加快区划调整步伐。“平安边界”创建活动在全市范围内展开，初步形成界桩管护责任落实体系。完成阳泉与晋中、城区与矿区的行政区域界线联检工作。在全市范围内开展形式多样的地名普查宣传活动。（刘 蓉）

信访工作

【概况】 2014年，全市信访总量15916件（人）次，比2013年下降5.38%。其中，市信访局受理信访总量11142件（人）次，比2013年下降5.71%；中央、省交办信访案件74件，办结率100%，息诉罢访率97.2%，办结率和息诉罢访率均居全省第一；进京非正常上访180人次，排全省第七；赴省集体上访67

批次1667人次，越级上访大幅下降。全年未发生因信访问题引发极端恶性事件、因信访问题引发媒体炒作事件，进京非正常上访量退出全省前5位。（赵丽东）

【信访渠道畅通拓宽】 年内，全市信访部门以工作制度改革为主线，畅通和拓宽信访渠道。一是加强源头预防和矛盾排查。把社会稳定风险评估工作作为前置程序和刚性门槛，建立完善市、县（区）、乡镇（街道办事处）、村（社区）四级矛盾排查化解网络，抓早抓小，及时就地化解矛盾纠纷。全年全市共排查出信访问题330个，化解321个，化解率97.3%。二是完善联合接访机制。坚持职能部门进中心、挂职干部进中心、领导接访进中心，实现信访事项"一站式受理、一条龙服务、一揽子解决"。年内，初访办结率达到100%，重复访为11.96%。三是推进网上信访工作。全面开通网上信访事项受理办理，推行"信、访、网、电"一体化，实现信访事项办理过程和结果可查询、可跟踪、可督办、可评价。四是改进领导干部接访下访。将固定的领导接待日制度改为领导预约专题接访制度，实现领导接访由"普通门诊"转变为"专家会诊"，提高了工作效率，强化了接访针对性。全年市、县（区）两级领导干部共接待上访群众312批次1403人次，群众反映的合理诉求得到妥善解决。（赵丽东）

【信访秩序规范】 年内，全市各级各部门按照"四项规范、四项追究"（规范信访工作行为、规范解决信访问题责任者行为、规范信访事项制造者行为、规范信访人行为；对信访工作者、解决信访问题责任者、信访事项制造者、信访人引发问题，造成影响的，追究相关责任人责任）的有关要求，层层签订信访工作目标责任书，细化职责，明确任务，严格工作考核，严格责任追究，对思想不重视、制度不落实、工作不得力，导致信访工作出现问题的，严格按照《阳泉市党员领导干部信访工作责任追究暂行办法》等有关规定，严肃追究相关部门和人员的责任。年内，先后有3个县区、16个乡镇（街道办事处）被黄牌警告，3名县级领导和24名乡、科级领导被诫勉谈话，2个乡镇（街道办事处）被市信访联席会议建议组织调整，5名党政干部受到纪律处分。对按照政策已经解决到位或已经信访终结，上访人仍长期缠访、闹访甚至采取非正常上访，危害社会公共秩序，涉嫌违法犯罪的，严格按照《关于公安机关处置信访活动中违法犯罪行为适用法律的指导意见》，依法严肃处理。全年全市公安机关先后依法处理赴省进京非正常上访人员72人88次，其中训诫38人次、行政拘留50人次，对减少赴省进京非正常上访、维护正常的信访秩序起到积极作用。（赵丽东）

【信访突出问题专项解决】 6月15日至12月31日，阳泉市在全市范围内开展解决信访突出问题专项活动。成立由市委、市政府和阳煤集团公司领导组成的领导组，下设涉纪类、涉法涉诉类、行政类、进京非正常上访治理4个领导小组和领导组办公室，下辖8个重点领域专项小组。年内，市、县（区）两级领导共接待上访群众312批次1403人次，群众反映的问题大部分得到及时解决；化解行政类、涉法涉诉类、涉纪类信访积案272件，一大批信访突出问题得到有效解决。（赵丽东）

统计工作

【第三次全国经济普查】 2014年，全市各级普查机构在上年下发通知、层层签订目标责任书等工作的基础上，采取措施，协同作战，完成第三次全国经济普查各项任务。经过全市各级普查机构及2000多名普查人员的努力，完成机构组建、宣传动员、方案设计、普查试点、人员培训、小区划分、电子地图绘制、资料整理、单位核查、现场采集数据、集中审核查询、事后质量抽查、数据汇总评估等各项任务，普查主题工作基本结束。此次普查运用现代信息技术手段，普查全过程公开透明，数据质量和工作效率明显提高，全面查清第二、第三产业家底，客观真实地反映了全市经济社会发展状况。（王国婷）

【统计课题研究】 年内，市统计局抽调精兵强将围绕全市转型综改中心工作，开展《新常态下阳泉市PPI对工业增加值速度的影响》和《阳泉居民收入问题研究》两项重大课题研究，重点分析在转型综改试验区建设背景下阳泉市工业经济、民生事业等方面的实际情况及发展趋势。其中，《新常态下阳泉市PPI对工业增加值速度的影响》内容分为九大部分，即课题的提出背景、PPI的生产过程、阳泉工业经济的现状和影响因素、阳泉PPI的短期波动和长期趋势、PPI趋势对比及与煤炭价格的匹配程度分析、影响PPI变动的因素、PPI变动对阳泉工业增加值速度的影响、课题结论、对策建议。《阳泉居民收入问题研究》分为四大部分，即阳泉居民收入变化历程概述、阳泉居民收入现状特征、影响阳泉居民收入增长的主要因素分析、对提高阳泉居民收入的思考和建议。

12月13日，由省科技厅组织召开转型综改重大课题软科学成果评审鉴定会，邀请省社科院副院长潘云、省发展研究中心副主任焦斌龙、山西财经大学统计学院院长米子川、省统计局副局长张晓东、国家统计局山西调查总队副总队长陈并生等专家和领导对两项课题进行评审。参加评审的专家和领导对两大课题进行客观认真的研读与评价，并提出指正意见。评审结果认为，《新常态下阳泉市PPI对工业增加值速度的影响》和《阳泉居民收入问题研究》分别达到国内领先和国内先进水平。同月，在全市转型综改工作目标责任考核中，两项课题获得由市综改办颁发的全市转型综改第三方年度考核第一名的荣誉。（王国婷）

【统计优质服务】 年内，市统计局加大统计分析、信息撰写力度，提高优质服务水平。结合全市产业结构特点，撰写印发《统计专报》8 篇、《统计报告》34 篇、《统计信息》198 篇，其中 20 多篇得到市领导批示，不少意见建议体现在市委市政府决策部署中。继续开展"中国统计开放日"活动，联合国家统计局阳泉调查队于 9 月举行宣传活动，设立展板 20 余块，全面反映阳泉统计工作近几年取得的成就。市统计局组织各专业科室，联合财政、税务、金融等部门，编印《2013 阳泉发展报告》1000 余册，以文字和图表的形式解读 2013 年全市经济发展情况。在全市"两会"召开期间，发放给人大代表、政协委员，为代表委员参政议政、建言献策、履行职能提供参考。（王国婷）

【《阳泉统计年鉴（2014）》】 9 月，《阳泉统计年鉴(2014)》由中国统计出版社公开出版发行。《阳泉统计年鉴(2014)》系统收录了全市和各县区 2013 年经济、社会各方面的统计数据，是一部全面反映阳泉经济和社会发展情况的资料性年刊。年鉴正文分为 11 个篇章，内容涉及综合、工业、农业、能源、交通、投资、物价等方面，附录部分收录中华人民共和国 2013 年国民经济和社会发展统计公报、山西省 2013 年国民经济和社会发展统计公报、阳泉市 2013 年国民经济和社会发展统计公报、阳泉市 2013 年城市建设统计公报。（王国婷）

【农村统计一套表联网直报】 年内，市统计局开展农村统计方法制度改革，全市 32 个乡镇和 960 个村均实现农村统计一套表联网直报。农村统计实行一套表联网直报是改善农村统计环境、夯实农村统计基础、提高农村统计工作效率和数据质量的重大举措，为此，市、县(区)、乡(镇)、村各级统计机构统一认识、同步工作、全面启动，先后对县、乡、村统计人员进行全员培训。年底，全市 32 个乡镇和 960 个村均实现联网直报。

10 月，省统计局在盂县召开农村统计一套表联网直报现场会，全省各市、县统计局领导和业务骨干参加会议，总结推广阳泉市的经验，并实地观摩盂县仙人乡堖上村和北下庄乡等乡村统计人员的联网直报演示。（王国婷）

【人口抽样调查】 年内，市统计局制订下发《阳泉市统计局关于认真做好 2014 年人口变动抽样调查的通知》，对全市调查工作进行安排部署。同时，紧抓重点，强化培训，详细讲解制度方案、填表说明、编码规则等业务知识，强调各阶段的工作重点和注意事项。在入户登记工作开始后，市统计局社会科业务人员深入到抽中调查小区，对登记工作进行督查指导，对漏登出租房户等行为现场提出整改要求，并及时下发《关于做好人口抽样调查入户登记阶段复查工作的紧急通知》，确保入户登记数据质量和全市城镇化率、人口增长率等指标的真实可靠。此次抽样调查结果准确，上报及时，得到省统计局领导的好评。（王国婷）

【粮食产量抽样调查】 年内，市统计局开展粮食产量抽样调查工作。一是召开现场会做好培训工作。9 月 26 号，在平定县召开全市粮食产量"实割实测"现场培训会，对整个测产过程进行系统讲解，并实地进行演示，使市、县两级农调人员对此项工作有了全新的了解，确保调查工作的规范操作。二是做好节日期间的"实割实测"工作。国庆长假期间，正值农民秋收季节，也是统计人员的测产季节，市、县区两级农村统计人员到样本地块进行现场取样，确保有关数据的按时上报。三是各县区实行工作人员包点负责制。测产期间，每天向市统计局上报工作进度，确保在规定时间内完成工作任务。经过广大统计人员的共同努力，完成全市粮食产量抽样调查工作，于 9 月底前上报省统计局。10 月 14 日，《中国信息报》对阳泉市国庆期间的测产工作进行报道。（王国婷）

安全生产

【概况】 2014 年，全市各级、各部门、各单位贯彻落实中央和省委、省政府关于安全生产工作的系列部署要求，坚守"发展决不能以牺牲人的生命为代价"这条不可逾越的"红线"，把维护人民群众生命财产安全作为最高职责，推进安全生产各项措施的落实，安全生产继续保持总体平稳发展的态势。全年全市共发生各类生产安全事故 430 起、死亡 64 人(不包括阳煤集团、荫营煤矿、固庄煤矿)，与 2013 年相比，事故起数减少 7 起、下降 1.6%，死亡人数减少 10 人、下降 13.51%。其中发生各类生产经营性事故 43 起、死亡 35 人，事故起数减少 8 起、下降 15.69%，死亡人数减少 10 人、下降 22.22%，全市生产经营性事故总死亡人数占省政府年度控制指标的 68.63%。

具体情况为，发生煤矿事故 1 起、死亡 1 人，事故起数减少 1 起、下降 50%，死亡人数减少 5 人、下降 83.33%；发生工矿商贸其他行业（含铁路交通、特种设备）事故 1 起、死亡 1 人，事故起数增加 1 起、死亡人数增加 1 人(2013 年同期无事故)；发生道路交通事故 88 起、死亡 61 人，事故起数增加 3 起、上升 3.53%，死亡人数减少 3 人、下降 4.69%，其中生产经营性道路交通事故41起、死亡33人,事故起数减少7人、下降14.8%,死亡人数减少4人、下降10.81%;发生消防火灾事故340起、死亡1人(非生产经营性事故),事故起数减少9起、下降2.58%,死亡人数减少1人、下降50%。

非煤矿山、危险化学品、烟花爆竹、民爆物品、冶金工贸、建筑施工等行业企业实现安全生产无事故。全市未发生一次死亡10人以上的事故。（荆向峰）

【安全生产重点工作和职责落实】 年初,市政府以1号文件下发《关于做好2014年安全生产工作的通知》,明确10个方面的重点工作任务。市政府先后召开政府常务会议、安委全体(扩大)会议6次,及时通报全市安全生产情况,周密部署各阶段安全生产工作任务。市委、市政府主要领导多次深入基层一线检查调研安全生产工作,真正把安全生产放在首要位置。11月,市安委会下发《关于开展安全生产“知责、履责”活动的通知》,以时间分段细化了5个步骤,对活动进行周密的安排部署。各县区、市直有关部门、省营企业均以正式文件明确了单位领导干部、监管人员和从业人员的岗位安全职责。开展覆盖全市的安全生产“知责、履责”考试,省、市企业副总经理以上人员和市直行业主管部门班子成员参考人数达到324人,起到检查和考核的作用。（荆向峰）

【安全监管实现“五个全覆盖”】 9月,市政府向各县区专门下发“五个全覆盖”工作目标责任书,细化21项具体工作任务,推进安全生产工作落实。11月,出台《中共阳泉市委、阳泉市人民政府关于安全生产党政同责的实施意见》,明确党委、政府及其工作部门共20项安全生产工作职责;各县区也都制订了党政同责实施细则,实现党政同责在市、县(区)全覆盖。上半年督促各县区和市直有关部门书面报告领导干部履行安全生产“一岗双责”制的情况,下半年组织各级党政领导干部签订安全生产“一岗双责”责任书,并要求在年度述职时要述安,实现安全生产“一岗双责”制全覆盖。市政府调整市安委会主要成员,市长陈永奇任市安委会主任,成员单位由48个增加到58个;各县区长均担任各自县区安委会主任,实现政府主要负责人担任安委会主任全覆盖。11月,市安委办在全省率先下发《关于市、县(区)安监部门向同级党委组织部门报送安全生产情况的通知》,明确月度、季度、年度及其他有关报送内容,市、县(区)安监部门每月向同级党委组织部门报送《安全生产月报》,实现安监部门每季度向同级党委组织部门报送安全生产情况全覆盖。在2012年市政府正式发文明确44个部门单位安全监管职责的基础上,按照“管行业必须管安全、管业务必须管安全、管生产经营必须管安全”的要求,2014年制订《关于进一步明确市直部门单位安全生产监管职责的通知》,细化明确54个部门单位的安全监管职责,建立了横向到边、纵向到底、无缝对接、无一遗漏的安全监管责任体系,实现“三个必须”全覆盖。（荆向峰）

【安全生产执法检查】 年内,阳泉市按照全省的统一部署,持续开展安全生产大检查。市长、各位副市长和各县区政府、市直有关部门主要负责人按照“456”(市长突查4次、各位副市长突查5次,市直有关部门主要负责人和县区政府主要负责人突查6次)的要求,采取“四不两直”(不发通知、不打招呼、不听汇报、不用陪同和接待,直插基层、直奔现场)方式突查安全生产情况。开展“六打六治”(打击矿山企业无证开采、超越批准的矿区范围采矿行为,整治图纸造假、图实不符等问题;打击破坏损害油气管道行为,整治管道周边乱建乱挖乱钻问题;打击危化品非法运输行为,整治无证经营、充装、运输,非法改装、认证,违法挂靠、外包,违规装载等问题;打击无资质施工行为,整治层层转包、违法分包问题;打击客车客船非法营运行为,整治无证经营、超范围经营、挂靠经营及超速、超员、疲劳驾驶和长途客车违规夜间行驶等问题;打击“三合一”“多合一”场所违法生产经营行为,整治违规住人、消防设施缺失损坏、安全出口疏散通道堵塞封闭、建设工程未经消防审核验收等问题)打非治违专项行动,明确每个“一打一治”的牵头部门,通过联合执法、备案督查、严格考核等措施,对六类非法违法、违规违章行为进行集中打击和整治。开展煤矿隐患排查治理专项行动、非煤矿山整顿关闭、油气输送管道隐患整治攻坚战、消防安全大排查大整治、道路交通“打四非查四违”(打击非法改装伪装危化品运输车的行为,打击危化品生产、销售企业为不具备运输许可的车辆非法灌装危化品的行为,打击不具备运输许可的车辆非法运输危化品的行为,打击不具备资格的人员非法驾驶、押运危化品运输车辆的行为;查处客运车辆违反夜间停运规定、违反接驳运输规定、严重交通违法、违反动态监控制度的行为)集中整治等多次专项执法检查,规范行业安全生产秩序。全年全市共组织各级督查检查组589个,检查各类企事业单位及场所1.38万个次,排查安全隐患16781条,整改率为98.65%,其中8处消防火灾重大隐患全部整改到位。（荆向峰）

【安全生产制度措施创新】 年初,市安委办制订《县(区)安全生产工作督查评价制度》,牵头每季度对各县区安全责任落实、隐患排查治理等重点内容进行综合督查评价,《中国安全生产报》对此进行宣传报道。综合督查评价中,市安委办组织8个市直有关部门,采取“看现场、查问题、听汇报、搞测评”的方式，对各县区安全生产工作进行综合督查评价，现场填写 36 份市直部门负责人测评表和 68 份县区部门负责人自评表，累计提出综合督查意见 18 条，及时将评价结果报告市委、市政府。7 月 31 日，市安委会召开全体（扩大）会议，依据评价结果，首次采取“面对面”的方式，对各县区和市直有关部门安全生产工作情况进行点评、排队和通报，推动了全市安全生产工作的落实。（荆向峰）

【安全生产基层基础强化】 年内，全市 30 个乡镇、998 个乡村分别被市安委办和各县区安委办命名为安全乡镇、安全乡村，分别超过省下达指标数的 16.67%和 13.27%。市、县（区）政府按 2013 年度财政总收入的 2‰优先安排和落实安全专项资金，为安全监管提供经费保障。345 个高危企业达到三级以上安全生产标准化，对阳光发电公司等 7 个单位的 19 处四级以上重大危险源进行动态监控，安全生产保障能力明显增强。市、县（区）对 600 余个高危企业安全生产应急预案实行备案管理，累计组织开展综合演练 7 次、专项演练 18 次、现场处置演练 74 次，特别是市政府组织开展油气输送管道泄漏突发事故应急救援演练，安全生产应急处置水平有了新的提升。同时，继续严格执行安全生产“零报告”制度，畅通安全生产信息渠道。（荆向峰）

【安全生产宣传教育】 6 月，阳泉市组织“安全生产月”活动，开展安全发展记者行等 23 项全市性宣教行动，累计发放各类安全宣传资料 42 万份。市安委办继续发挥阳泉安监网站、《阳泉安全发展》和安全短信平台的宣传作用，“一网一刊一平台”联合打造了阳泉安全宣传的新名片；在市内 3 个大型户外 LED 显示屏、阳泉电视台各频道的黄金时段滚动播放安全生产公益广告，增强全民安全意识；举办新的《中华人民共和国安全生产法》宣传贯彻启动仪式，印制发放 1 万份国家安监总局致全国企业负责人的公开信，发放 3000 余册《安全生产法释义》和《安全生产法学习指导》，并组织 18 场《中华人民共和国安全生产法》宣讲活动，在全市营造了浓厚的安全生产氛围。同时，加强安全生产培训，各类安全生产培训机构共培训包括农民工在内的从业人员 1.8 万人次，高危企业“三项岗位人员”（主要负责人、安全管理人员和生产经营单位特种作业人员）持证上岗率基本达到 100%。（荆向峰）

【安全生产责任事故查处】 年内，盂县政府按照“四不放过”（事故原因未查清不放过、责任人未处理不放过、整改措施未落实不放过、有关人员未受到教育不放过）原则和“科学严谨、实事求是、依法依规、注重实效”要求，先后组织调查处理了“3·15”盂县大地耐火煤气发生炉爆炸事故和“3·27”盂县东坪煤矿运输事故，累计追究责任人 18 名，其中追究刑事责任 2 人、党政纪处分 11 人。严格执行生产安全事故报告及统计分析制度，在规定时限内将事故有关情况上报省政府和省直有关部门，每月对事故起数、死亡人数等主要指标进行统计和公告，增强安全生产工作的透明度。开通“12350”安全生产 24 小时举报受理电话，累计接到各类举报 64 起，全部指派专人在第一时间进行核查和处理。（荆向峰）

【3 人及以上事故】 8 月 3 日，省道 314 线 48 千米 +600 米路段发生一起重型半挂牵引车与小型轿车接触事故，导致 3 人死亡。11 月 8 日，桃南西街简子沟路段发生一起小型轿车与重型半挂牵引车尾部相撞事故，导致 3 人死亡。12 月 4 日，七良线 3 千米 +255 米路段发生一起半挂货车与小型轿车接触事故，导致 3 人死亡。（荆向峰）

方志工作

【《山西省地方志志·阳泉》编纂任务完成】 3 月，市地方志办公室完成《山西省地方志志·阳泉》编纂任务，按要求上报省地方志办公室。《山西省地方志志》是第二轮《山西省志》中的一卷，编纂工作由省地方志办公室组织，全省 11 个地市各设一章，阳泉市为第七章。根据省地方志办公室的统一安排部署，市地方志办公室精心组织，责成专人严格按照《山西省地方志志》的篇目设置要求，对阳泉市及所属三区两县的地方志工作进行汇总编纂，内容包括概况、机构设置、市县志编修、乡镇村志编修、部门志地情文献编修 5 节，共计 1.35 万字。（霍冬梅）

【《阳泉年鉴（2014）》出版】 9 月，《阳泉年鉴（2014）》正式出版。该书是阳泉市地方志办公室主持编纂的第 19 部反映阳泉市市情的综合性城市年鉴，全面记载 2013 年度阳泉市经济和社会的发展变化情况，翔实反映 2013 年全市各个领域的新成就、新进展、新经验、新事物和新问题。全书共计 98.9 万字，28 个部类，设有中英文目录、附录、主题索引，由方志出版社出版，厦门翰林彩印股份有限公司印刷。（霍冬梅）

【“方志文化讲坛”】 年内，市地方志办公室在网络平台“阳泉方志网”创办“方志文化讲坛”，系统讲授方志知识。全年主办 4 期，分别为《方志的起源与发展》《方志的性质、特征与功能》《方志的体裁》《方志资料的搜集、考订与整理》。方志文化讲坛的创办，受到方志工作者以及方志爱好者的普遍关注，全年点击量达 4000 多人次，对于提高社会对方志文化的认识、推动方志文化的普及、促进方志工作的开展发挥了积极作用。（霍冬梅）

【市地方志办公室被评为全省先进集体】 年内,市地方志办公室被山西省地方志办公室评为全省地方志系统先进集体。

多年来,市地方志办公室坚持贯彻落实《地方志工作条例》,做好各项地方志工作,促进了全市地方志事业的健康发展。截至2014年底,新修《阳泉市志》初稿撰写任务基本完成,总纂工作全面展开;新修《盂县志》《阳泉市郊区志》已经出版,《阳泉市矿区志》通过终审,《平定县志》通过初审,《阳泉市城区志》编纂工作也在推进。《阳泉年鉴》自1989年开编以来,在全市社会各界的通力合作下,已公开出版19部,由于编校质量上乘,在全国年鉴编校质量评比活动中多次获奖,受到社会各界的好评。指导编纂并公开出版的行业志、部门志、乡镇志达10多部。开通"阳泉方志网"站,搭建读志用志网络平台。推进阳泉市方志馆筹建工作,市发改委、规划部门已经原则同意立项筹建。(霍冬梅)

【专志评审】 年内,市地方志办公室指导市直单位开展专志编修工作,先后主持完成《阳泉市卫生志》(150万字)《阳泉市商业银行志》(66万字)两部专志的评审工作,对志稿在篇目设计、体例规范、资料运用、史实考证、行文要求等方面的存在问题和修改工作提出具体的意见与建议,为完善专志初稿、确保出版质量奠定了基础。 (霍冬梅)

改革与发展研究

【阳泉转型综改战略定位与路径研究】 年内,市政府发展研究中心创新工作思路,开门搞研究,在山西财经大学专家组的指导下,完成《阳泉转型综改的战略定位与路径研究》这一课题。市政府发展研究中心从市情出发,结合阳泉市发展的战略规划,针对如何摆脱一煤独大、产业结构相对单一的发展模式开展研究。多次与山西财经大学专家组进行座谈、电话沟通,邀请专家组成员实地了解阳泉市产业机制和资源型城市转型发展情况,并组织相关部门负责人进行座谈。经过反复修改完善,12月完成《阳泉转型综改的战略定位与路径研究》这一课题。之后,邀请省内专家学者对该课题进行评审,专家学者一致认为该课题深度广、可操作性强,对全省的综改试验区建设有指导性作用,课题被认定达到国内先进水平。 (宋琪巍)

【《阳泉经济》】 年内,市政府发展研究中心围绕市委、市政府的中心工作,围绕全市经济社会发展和人民群众关心的热点问题,积极组稿,认真编辑,精心排版。全年编发《阳泉经济》6期,累计刊发全市农业、经济、基础设施建设等方面的稿件80余篇、共计30余万字。此外,配合郊区政府开展的旅游推广年活动,专门编辑了1期全彩页增刊,宣传郊区的特色旅游。《阳泉经济》为市委、市政府领导科学决策提供了理论参考,发挥了理论引导作用,社会反响良好。 (宋琪巍)

【调查研究】 年内,市政府发展研究中心在深入基层调查研究的基础上,完成《船小好调头 转型当蹄疾——关于阳泉发挥优势加快转型发展的调查研究》《新一轮价税财配套改革的基本思路》《新一轮土地制度改革的五个政策要点》《阳泉市发展节能环保产业的政策支撑》《对阳泉家庭农场培育发展的若干思考》等11篇调研报告,为全市经济发展提供了决策建议。 (宋琪巍)

【《精选汇编2004-2013年研究报告》】 11月,市政府发展研究中心编印了《精选汇编2004-2013年研究报告》。根据年初确定的工作计划,市政府发展研究中心组织专门人员,对各科室报送的2004-2013年间的200多篇研究报告和40余个课题进行多次讨论和研究,最终选定研究报告88篇、课题26个。经过文字录入、压缩、校对等工作,最终编印出《精选汇编2004-2013年研究报告》一书。随后赠送给市内有关领导和企事业单位,同时还与省内同类机构进行交流,并赠送国家图书馆和山西省图书馆馆藏。 (宋琪巍)

综合工作

【学习型政协建设】 2014年,市政协把学习贯彻中共十八大、十八届三中、十八届四中全会精神和习近平总书记系列重要讲话精神放在突出位置,统筹推进多层次、多形式的学习活动,坚持以中国特色社会主义理论引领事业发展、以社会主义核心价值观凝聚各界共识、以党的路线方针政策统一思想行动。

围绕庆祝人民政协成立65周年开展学习活动,加深对中国梦重大战略思想的认识。举办系列学习活动和座谈会,开展理论研讨征文,展现委员履职成果,探讨协商民主路径。为引导参加人民政协的各党派团体和各族各界人士始终不渝地坚持中国共产党的领导,始终不渝地坚持和发展中国特色社会主义,市政协组织委员学习中国特色社会主义理论,学习习近平总书记重要讲话,坚定了广大政协委员和机关干部在中国共产党领导下走中国特色社会主义发展道路的政治信念,加深了对中国特色社会主义理论体系的认识。

围绕中央、省委、市委的重要文件和会议精神加强学习,增强转型跨越发展的自觉性和主动性。按照省委、市委的部署要求,采取中心组学习、常委会学习和机关支部学习等形式,学习贯彻中共十八届三中、四中全会精神和省委十届六次全会精神,学习省委、市委关于开展党的群众路线教育实践活动和学习讨论落实活动的重要文件精神,确保中央、省委、市委重大决策部署在政协系统得到贯彻落实。党的群众路线教育实践活动中,先后举办中共十八届四中全会和宪法专题讲座,组织观看廉政教育片,提高广大委员和机关干部对依法治国精神实质、根本要求的理解认识,增强用法治理念和法治思维履行职能、推进工作的责任感与主动性。

围绕履行职能需要开展学习活动,提升服务全市转型发展的能力和水平。市政协结合工作实际,坚持集中学习与自学相结合、理论学习与业务知识学习相结合,聘请专家授课,撰写学习心得,相互交流探讨,组织新增补委员进行培训,机关干部集中学习20多次,网络在线学习均达到或超过规定学时,还开展2次“送教上门”培训。通过开展学习活动,人民政协和广大政协委员团结合作的共同思想政治基础进一步夯实,履职能力和水平进一步提升。 (苏向东)

【团结合作】 年内,市政协把凝聚人心、协调关系、促进和谐作为工作的重要内容,把握团结和民主两大主题,加强政协工作中的多党合作建设,使政协的整体功能和系统优势得到发挥。贯彻《中共中央关于进一步加强中国共产党领导的多党合作和政治协商制度建设的意见》,坚持政协与党派团体联系会议制度,为党派团体搭建参政舞台。支持党派团体通过政协各种会议、重要活动以及撰写提案、反映社情民意等途径参政议政。组织开展联合调研、视察活动,为党派团体知情明政、建言献策提供条件。年内,参加政协的各民主党派、团体共提出提案63件,进行大会发言30多人次,与政协各专门委员会联合调研10次,参与市政协的各项会议、活动20多次,参加市政协各项活动100多人次,发挥了各民主党派、团体在政协组织中的重要作用。 (苏向东)

【政协宣传工作】 年内,市政协在巩固广播电视、报刊等宣传阵地的同时,通过阳泉政协网页,将外宣阵地延伸到网络媒体。制作宣传展板、电视专题片,对政协工作进行系统、全面的宣传,形成良好的社会效应。全年编发《阳泉政协》及其专刊6期,在市级以上新闻媒体发表理论文章、新闻稿件170多篇

中国人民政治协商会议阳泉市委员会

(幅)。为纪念抗战胜利暨世界反法西斯战争胜利70周年，市政协在挖掘旧有资料的基础上，开辟新的征集领域，征集到娘子关战役相关史料35万字，为历史研究提供第一手资料。在此基础上，编辑出版《阳泉文史资料》第20辑。同时，做好中华人民共和国成立后文史资料征集整理工作，共征集有关资料20余万字，为出版《阳泉文史资料》第21辑奠定基础。（苏向东）

【人民政协成立65周年理论研讨会征文】 2014年是人民政协成立65周年，为大力宣传人民政协的光辉历程和伟大成就，探索新形势下人民政协协商民主的路径、办法和经验，市政协组织开展"庆祝人民政协成立65周年理论研讨会"征文活动。征文以"政协记忆"为主题，对象以政协机关工作人员和政协委员为主。征文活动中，组委会共收到稿件80余篇，其中15篇被评为优秀稿件，市政协对获奖作者进行表彰。这些征文从不同侧面反映了人民政协蓬勃发展的生动实践和宝贵经验，展现了人民政协前进的步伐和履职成果，对于宣传政协成果、扩大政协影响、推动政协工作起了积极作用。（苏向东）

【人民政协成立65周年座谈会】 9月30日，市政协召开庆祝人民政协成立65周年座谈会。会议主要内容是学习贯彻习近平总书记在庆祝中国人民政治协商会议成立65周年大会上的重要讲话精神和省委书记王儒林在全省庆祝人民政协成立65周年大会上的重要讲话精神，回顾人民政协走过的65年光辉历程，总结人民政协蓬勃发展的生动实践和宝贵经验，交流畅谈对人民政协的深刻认识和履职感受，团结各方力量、汇聚各方智慧，推动阳泉市人民政协事业不断向前发展。市政协主席郜爱国主持会议，市委副书记王旭明出席会议并讲话。市四大班子领导，市中级人民法院院长，市政协部分退休老领导出席会议。各民主党派、人民团体负责人，驻市的部分省政协委员，市委统战部副部长，各县区政协主席等参加座谈会。会上，省政协委员、副市长、民进阳泉市委主委任衍钢，阳泉市总工会常务副主席杨日祥，郊区政协主席王如生分别代表各民主党派市委、各人民团体、政协组织发言，重温人民政协事业走过的光辉历程，交流各自从事政协工作的经验。（苏向东）

政治协商

【十二届委员会第三次会议】 4月21日至24日，政协山西省阳泉市第十二届委员会第三次会议在阳泉宾馆召开。应到委员291名，实到272名。会议审议和通过市政协主席郜爱国代表市政协十二届常委会所作的工作报告，市政协副主席李天祥代表市政协十二届常委会所作的提案工作情况报告。与会委员列席阳泉市第十四届人民代表大会第四次会议。组织政协委员对《政府工作报告》和其他报告中涉及全市发展的重要问题进行联组发言，并通过小组讨论的方式畅所欲言，集思广益，就推动国企改革、新型城镇化建设等转型发展中的经济和社会问题提出意见和建议。会议增补马军、王满田、李立国、李保明、张建军5人为市政协十二届委员会常委。（苏向东）

【常委会专题会议】 年内，市政协发挥人民政协智力密集的优势，抓住事关全市全面深化改革的综合性、全局性、前瞻性的重大问题，深化调研深度和广度，运用常委会、听证会等各种形式，开展协商议政，为推进党政科学民主决策发挥了重要作用。常委会议先后就国资国企改革、新型城镇化建设、现代职业教育发展进行专题协商，形成《深化我市市属企业改革的建议》《以就地就近城镇化为途径，提高我市新型城镇化水平的建议》《关于对阳泉市职业教育发展的建议》等20多个建议案。建议案充分吸收和反映专家学者、社会各界人士的意见与建议，所建之言、所论之策具有前瞻性和可操作性，引起市委、市政府主要领导的重视和关注，其中不少意见建议在市委全面深化改革领导小组出台的《关于深化国资国企改革的实施意见》和相关部门制订的《阳泉市新型城镇化规划》《阳泉市改善农村人居环境规划》中得到吸收和采纳。（苏向东）

民主监督

【提案督办】 年内，市政协共收到提案427件，经审查立案358件。为提高提案办理质量，市政协采取党政领导批办、政协领导督办、现场视察办案、面对面协商办案等做法，促进提案办结率、落实率和委员满意率的不断提高，提案办结率达到100%，发挥了提案在民主监督中的作用。与此同时，还坚持联合走访与单独走访相结合、了解情况与指导协调相结合、总结经验与宣传引导相结合的方式，回应社会关注和民生关切，促进《实施农村环境连片整治优化的建议》《加强娘子关水源地保护与利用的建议》等重点提案的落实。（苏向东）

【依法治市推进工作】 年内，市政协贯彻落实中共十八届四中全会通过的《中共中央关于全面推进依法治国若干重大问题的决定》，创新工作方式，积极推进依法治市工作。一是开展送法下基层活动。组织联系界别的委员和法律工作者先后深入矿区桥头社区、盂县仙人乡堖上村开展送法下基层活动，为300多名基层群众进行普法宣传，解答了30多名群众的现场咨询，发放宣传资料1000余份。会同市人大法工委、团市委，开展政协委员与共青团员面对面活动，并选聘6名市政协委员为固定联络员，长期参与青少年维权活动。二是推动法律法规的贯彻落实。通过多种形式的活动，推动《中华人民共和国未成年人保护法》《中华人民共和国预防未成年人犯罪法》《山西省未成年人保护条例》的贯彻落实。深入市中级人民法院、市直有关单位和市档案馆，开展市国有企业破产适应政策及法律、法规专题调研，政协委员根据调研情况提出意见和建议，促进相关工作的开展。三是推进审判公开工作。先后组织20名市政协委员，参加市中级人民法院在阳泉第二监狱监区进行的减刑案件公开审理，参加市中级人民法院宪法日法庭开放日活动，通过亲临法庭见证法庭审理全过程，了解法院在立案、审判、执行工作中的相关流程和诸多便民措施。四是推进"阳光检察"工程。组织5名市政协委员参加市人民检察院优秀案件评审监督工作，了解检察工作的办事、咨询、举报、控告、申诉和参与诉讼过程，增强政协委员对检察工作的知情权、表达权、参与权和监督权，促进和维护社会公平正义。　　（苏向东）

【社情民意信息工作】 年内，市政协坚持把反映社情民意作为提高政协履职能力建设的重要工作来抓，精心组织，突出重点，在参政议政、民主监督中发挥了作用。一是广辟渠道，加强与上下级政协和各信息报送单位的沟通联系，了解信息导向，掌握工作进度，及时反馈情况，引导采编方向，完善报送内容。二是定性分析，及时解决信息工作中存在的问题，表彰先进，提出要求，明确责任，为社情民意工作有的放矢开展打下良好的基础。三是不定期地就如何提高社情民意工作成效、出精品信息进行研究，深入基层，开展联合调研、专题调研、跟踪调研，打造一批精品信息。全年共收集有关民生方面的社情民意信息350余篇，编发《社情民意》61期96篇，上报省政协175篇，其中，《全国"两会"前委员关注的热点问题》等7篇信息被全国政协采用，《建议调整煤矿企业权价款计征方式》等32篇信息被省政协采用，获各级领导批示和有关部门反馈10余篇。　　（苏向东）

参政议政

【调研视察】 年内，市政协各专委会结合自身特点和优势，找准位置，主动作为，先后就中小学校园文化建设、全市养老服务体系建设、新城规划建设文物及传统村落保护、扶贫开发和移民搬迁、黄标车及老旧车淘汰等工作开展调研。在此基础上，形成一批有深度、有价值的调研报告，促进相关工作实效的提高。其中，市长陈永奇就《阳泉新城建设中优秀传统文化保护传承的调研报告》作出批示，要求规划、住建、发改委等部门高度重视，研究落实。副市长董仙桃就《关于我市扶贫开发移民搬迁工作的调研报告》作出批示，随后市政府制订出台《阳泉市移民搬迁工作实施办法》。同时，按照省政协要求完成"扩大对外开放，促进转型发展""加强农村宗教事务管理""维护职工合法权益""古村落保护"等专题调研工作，形成的调研报告在省政协常委会上印发，实事求是地将各种意见提交给省委、省政府，为各级领导科学决策提供参考。　　（苏向东）

【阳大铁路建设项目方案优化听证协商会】 8月26日，市政协创新参政议政方式，就全市人民关注的阳大铁路建设项目方案优化召开听证协商会。市政协主席郜爱国，副主席曹凯民、赵永红、李天祥、任美福、李顺宽、赵平有，秘书长郭运生和部分市政协常委、委员参加会议。会上，市发改委、市规划局、铁道第三勘探设计院集团有限公司相关负责人分别就阳大铁路整体情况、站场选址方案及周边道路情况、线路走向及站点设置作了详细介绍。

阳大铁路是从阳泉北站至大寨之间，途经阳泉市盂县、郊区、平定县至晋中市昔阳县的客货两用铁路建设项目，由省政府、市政府和阳煤集团共同筹措资本金，以阳泉市为主体组建阳大铁路公司负责建设。其中，阳泉北至阳泉东为新建线路，阳泉东至大寨段则利用既有的白荫线和阳涉线（阳涉线改造由阳涉铁路公司解决，相关客运设施建设由阳大铁路公司投资）。阳大铁路全长77千米，计划投资45.9亿元，建设工期3年。铁路建成后将会进一步方便沿线地区群众出行，促进周边区域经济发展，完善晋东地区铁路路网结构。经过前期酝酿和可行性研究，阳大铁路建设项目建议书获省发改委批复，接轨方案获北京铁路局审查。在听取汇报后，与会人员畅所欲言，结合阳泉市实际，从铁路站点设置、线路走向等方面对阳大铁路优化建设项目方案进行交流座谈，并提出意见和建议。　　（苏向东）

中国共产党阳泉市纪律检查委员会

综合工作

【党风廉政建设责任制落实】 2014年，市委贯彻落实中央、省委关于推进党风廉政建设和反腐败斗争的决策部署，带头落实党风廉政建设主体责任，全力支持纪检监察机关履行监督责任。市委常委会9次专题研究案件查处、作风建设等涉及反腐倡廉建设全局的重要部署、重大问题，对推进党风廉政建设和反腐败工作旗帜鲜明、态度坚决、领导有力、推进有序。特别是市委常委会专题听取市纪委关于全市党风廉政建设和反腐败斗争形势分析报告，市委、市政府主要领导多次对反腐倡廉建设中的重大问题、重点工作、重要信访举报件和查办案件工作作出批示。市纪委起草、市委出台《中共阳泉市委关于落实党风廉政建设主体责任和监督责任的意见》，明确要求各级党委(党组)要认真履行抓党风廉政建设的统一领导、选人用人、源头治理、匡正风气、支持保障、示范表率六个方面的主体责任，各级纪委(纪检组)要履行组织协调、监督检查、正风肃纪、惩腐肃贪、“一案三查”(查当事人的违纪违法责任，查党委、党组的主体责任，查纪委、纪检机构的监督责任)、修身律己六个方面的监督责任，并建立各级党的组织向上级党委、纪委落实党风廉政建设主体责任报告制度，下级党委要定期向上级党委全委会、纪委全委会公开述廉以及党委、纪委委员质询、评议制度，完善落实党风廉政建设责任制、推进惩防体系建设的检查考核办法和责任追究办法。落实中央《建立健全惩治和预防腐败体系2013–2017年工作规划》和《山西省贯彻落实〈建立健全惩治和预防腐败体系2013–2017年工作规划〉的实施办法》，市委制订了阳泉市贯彻落实省委“实施办法”的实施意见，将中央、省委提出的工作任务，结合阳泉实际，分解为5个方面75项具体任务，确定12个牵头单位、46个配合单位，明确任务，细化责任，整体推进党风廉政建设任务落实。

坚持从严落实责任，层层传导压力。年初，市委办公厅、市政府办公厅制订下发《关于2014年全市分解落实党风廉政建设和推进惩防体系建设工作任务的意见》，将反腐倡廉工作任务分解为43项重点工作任务，分别分解落实到16位市委、市政府领导头上，确定牵头单位32个、配合部门53个，做到任务分解和责任落实到位。市责任制办将2014年度党风廉政建设责任制和推进惩治体制建设考核结果分为优秀、良好、合格、不合格4类予以通报。市责任制办公室通过召开牵头单位联系会议、组织自查、年中督查、重点抽查、专项检查、定期通报等方式，督促检查各县区、各单位、各部门反腐倡廉建设的整体情况和牵头任务的落实情况。市纪委两次督查全市各级党委(党组)落实主体责任、纪委(纪检组)落实监督责任情况和惩防体系建设重点任务推进情况。市纪委监察局班子成员及相关厅室对“两个责任”落实不到位的党委(党组)、纪委(纪检组)相关责任人诫勉谈话143人次、约谈176人次，市纪委监察局对落实“两个责任”的苗头性、倾向性问题函询70件次，推动全市党风廉政建设“两个责任”和推进惩防体系建设各项任务的落实。 (穆成明　杨国太)

【纪律检查体制改革】 年内，市纪委落实中央和省委、市委关于全面深化改革的部署，成立纪律检查体制改革小组，抓好深化纪律检查体制改革各项任务落实。按照中央纪委、省纪委“转职能、转方式、转作风”的要求，市委办公厅、市政府办公厅出台《关于进一步推进纪检监察机关“三转”的指导意见》。市纪委全面履行党的纪律检查和政府行政监察两项职能，以聚焦主业、强化执纪监督问责为核心，对内设机构及其职责进行整合，坚决撤销与纪检监察工作无关的机构，坚决清理不符合“三转”要求的职责，在保持内设机构数、行政编制总数、领导职数不变的基础上，将人员力量向执纪监督一线倾斜，完成第二轮内设机构调整。调整后，市纪委、市监察局内设机构为16个厅、部、室，即办公厅、组织部、宣传部、政策法规研究室、党风政风监督室（市政府纠正部门和行业不正之风办公室）、信访室、案件监督管理室、案件审理室（申诉复查室）、纪检监察干部监督室和7个纪检监察室。与调整前相比，纪检监察室的数量增加到7个、编制数增加到24个；履行执纪监督问责的内设机构增加到12个、占内设机构总数的75%，编制数增加到38个、占编制总数的62.3%。（穆成明　杨国太）

【违纪案件反思】 9月12日，市委原常委、市纪委原书记王民涉嫌严重违纪违法被上级纪委立案调查。根据省纪委、市委安排，市纪委常务副书记朱刚主持市纪委全局工作。王民严重违纪违法被上级纪委立案调查后，市纪委监察局全体干部职工特别是委局班子认真落实省委、省纪委“认理认账认责、认罚认改认干”的要求，带头把自己摆进去，敢于向自己开刀、敢于向私心说不、敢于向顽疾宣战，从灵魂深处深刻反思自身在班子建设、队伍建设和履行职责等方面存在的问题与教训，并向省纪委、市委分别提交专题反思剖析报告。在省纪委的坚强领导下，清理清退王民严重违纪违法案件涉及的违规调动提拔的10名纪检监察干部和事业单位工作人员；查处13名纪检监察干部违纪违法问题、4名纪检监察干部违反工作纪律问题；将直属自收自支事业单位混岗在机关厅室的工作人员全部退回，净化队伍，纯洁了组织。（穆成明　杨国太）

案件查办

【坚决纠正“四风” 落实“八项规定”】 年内，市纪委监察局以开展党的群众路线教育实践活动为契机，在全市开展衙门作风、奢侈浪费之风、借机敛财之风专项整治活动，并采取不发通知、不打招呼、不听汇报、不陪同，直接奔赴现场、直接解决问题的“四不两直”工作方法，制订约谈、明察暗访、点名道姓曝光、责任倒查等6项制度，约谈县区纪委书记、市纪委派驻联组组长和纪检组长20人次，分两期点名道姓、公开通报11起典型案件。同时，紧盯重要时间节点，紧盯“四风”隐形、变异问题，加强对党员干部公款吃喝、公款旅游、公款送礼、公车私用、大操大办婚丧喜庆并借机敛财等问题开展监督检查，保持整治“四风”的高压态势。全年全市共查处违反中央“八项规定”精神和存在“四风”问题的党员干部及工作人员171人，其中免职2人、撤职1人、党内严重警告2人、党内警告10人、行政记大过1人、行政记过9人、行政警告28人，产生震慑作用。（穆成明　杨国太）

【惩治腐败】 年内，全市各级纪检监察机关把坚决惩治腐败、遏制腐败蔓延作为头等任务，支持、配合好中央纪委、省纪委在山西省、阳泉市的案件查办工作。市纪委抽调2名班子成员、3名室主任、4名业务骨干，协助上级纪委做好案件查办、“两规”保障、调查取证等工作。严格审查和处置党员干部违反党纪政纪、涉嫌违法的行为，严肃问责安全生产和其他责任事故相关责任人，查办一批违纪违法案件，保持惩治腐败高压态势。全年全市各级纪检监察机关共受理群众信访举报872件，比2013年上升9.9%；初核线索182件，上升18.9%；立查案件234件，上升47.1%；处分违纪党员干部308人（其中县级干部24人、乡科级干部84人，移送司法机关18人），上升15.3%。

市纪委先后立案查处平定县政府原副县长王海平、盂县县委党校原常务副校长张文星、城区人大常委会原副主任兼区总工会主席范秀林等大要案件。特别是从9月起，市纪委实行委局机关全员办案、委局班子成员包案制度，全员集中培训办案人员，筛选排查案件线索31件，加大自办案件力度。9月至12月，全市各级纪检监察机关立查案件96件，处分违纪党员干部127人，其中县级干部9人、乡科级干部30人，给予撤职以上重处分47人，移送司法机关6人，实现办案数量与质量同步提升。严格落实办案安全责任制，加强对办案场所、办案对象和办案人员的监督管理，做到安全文明办案。（穆成明　杨国太）

【严肃农村“两委”换届纪律】 年内，全市各级纪检监察机关严格履行党风廉政建设监督责任，从严落实省委、省纪委、市委关于严肃农村“两委”换届选举工作纪律的各项规定，特别是对9项破坏农村“两委”换届选举工作的拉票贿选违纪违法行为，坚持“有案必查”“露头就打”，从重从快，发现一起查处一起，始终保持高压态势。同时，严格追责问责，实行“一案三查”，不仅严肃追究消极应付的直接责任人责任，同时严肃追究放松组织领导、不敢担当、玩忽职守的党委特别是党委书记的领导责任，还严肃追究对选举中贿选等违纪违法行为查处不力的当地纪委和纪委书记的监督责任。全市各级纪检监察机关共受理农村“两委”换届信访举报87件，立查违反农村“两委”换届工作纪律案件11件，给予党纪处分18人，严肃问责乡科级以上领导干部10人，3次点名道姓公开通报曝光典型案件和问责案件，为全市农村“两委”换届工作的顺利进行提供了政治和纪律保证。（穆成明　杨国太）

行政监察

【执法监察】 年内,全市各级监察机关落实《中华人民共和国安全生产法》,严肃查处安全生产责任事故相关责任人147人(其中建议给予党纪政纪处分100人)。特别是按照省监察厅的要求和市政府的安排,从2014年2月10日开始,会同市安监局、市国土局等有关部门成立联合调查组,查处了2013年12月18日郊区义井镇大阳泉村因非法矿主盗采国家煤炭资源引发透水事故背后的失职渎职和腐败问题。该案共计26名责任人受到处理,其中,移送司法机关依法处理12人,给予党纪政纪处分12人,其他方式处理2人;县级5人,科级6人,其他人员15人。同时,责成郊区区委、区政府向市委、市政府作出深刻书面检查,并提出防范措施3条。为汲取教训、深刻反思、引以为鉴,就"12·18"事故调查处理情况,通过印发文件和媒体公布的方式在全市范围内进行通报,起到较好的警示教育效果。　(穆成明　杨国太)

【"带案下访解民忧"专项工作】 年内,市纪委监察局认真查办督办中央巡视组、省委巡视组和省委群众路线教育活动督导组交办的信访件。中央巡视六组在山西工作期间受理的群众举报件、省纪委信访室向阳泉市纪委分4次共交办53件,全部办结(含重复举报件8件),其中查实15件、查否30件、处分30人、移送司法机关7人。省委巡视四组7次交办市纪委的信访件与市委主要领导批示后转市纪委办理的信访件共552件(其中重复件73件,实际为479件)。至年底,共办结369件,办结率77%。省委群众路线教育活动督导组交办信访件32件,至年底办结31件。同时,从7月起,开展解决涉纪信访突出问题专项活动。至年底,交办平定县13件,办结11件,办结率84.6%;交办盂县10件,办结5件,办结率50%;交办郊区12件,办结12件,办结率100%;交办市国资委4件,办结3件,办结率75%。创新工作方法,出台《阳泉市纪检监察机关接待群众来访实行"双向承诺"工作办法(试行)》和《阳泉市纪委监察局领导干部预约接访制度(试行)》。针对信访举报中反映党员干部的苗头性、倾向性问题,特别是违反中央"八项规定"、国务院"约法三章"以及"四风"方面的问题,开展信访谈话,注重抓早抓小,加大信访监督力度。年内共对8名党员领导干部进行信访提醒谈话,起到防微杜渐、立竿见影的作用,效果良好。　(穆成明　杨国太)

【作风建设评议】 年内,市委办公厅印发《关于深入开展作风建设评议工作的实施方案》,全市各级党组织以开展党的群众路线教育实践活动为载体,以落实中央"八项规定"精神、坚决反对"四风"为主要内容,开展作风评议工作。

8月12日,由市纪委、市监察局、市委党的群众路线教育实践活动领导小组办公室主办,市广播电视台承办的"向人民汇报,请人民评议"电视问政特别节目在市广播电视台演播大厅举行。活动以"整治环境卫生、改善市容市貌"为主题,以电视短片为线索展开评议。城区政府、矿区政府、郊区政府、开发区管委会主要负责人及市住建、规划、环保、城管、水务等相关职能部门负责人面对镜头,与市民代表面对面,接受质询,对全市各县区、各单位、各部门作风建设情况进行客观、科学的评议考核,推动了全市党员干部的作风转变。(穆成明　杨国太)

预防腐败

【反腐倡廉宣传教育】 年内,市纪委与市委组织部、市委宣传部、市委党的群众路线教育实践活动领导小组办公室、市文广新局共同主办《作风建设永远在路上》主题展览。组织开展戏剧、歌舞、小品等廉政文化主题展演活动。为全市各级党政机关的所有办公电脑统一安装以"清风阳泉"为主题的廉政屏保程序。加强对重大案件、典型案件的剖析,为市委学习讨论落实活动办公室编印的《典型案例警示教育读本》提供10起典型案例,发挥了查办案件的警示、教育、震慑和治本功能。　(穆成明　杨国太)

【惩防体系信息网建设】 年内,市纪委监察局按照"转职能、转方式、转作风"的要求,坚持"业务主管部门负责运行、纪检监察机关负责监督"的原则,做好惩防体系信息网"一网七平台"(公共资源交易暨电子监察平台、行政审批暨电子监察系统、食品安全生产责任监管网格化信息平台、阳光农廉网平台、工程建设领域项目信息暨信用信息公开共享平台、"12388"信访举报投诉平台、煤矿安全生产责任监管平台)的建设、运行、管理和维护工作。特别是煤矿安全生产责任监管平台结合"三转"要求,增加电子监察模块,正常业务运行部分交由主责部门——市煤炭工业管理局,市纪委监察局通过电子监察模块,对全市104名煤矿安全生产行政执法人员的履职情况实施电子监察,促进反腐倡廉建设科学化水平的提高。　(穆成明　杨国太)

阳泉军分区

【思想风气教育整顿活动】 2014年1月13日至17日，中国人民解放军山西省阳泉军分区按照省军区教育整顿计划安排，组织军分区、人武部两级党委和机关开展“强化规矩意识，坚持按章办事”思想风气教育整顿活动。全体官兵集中参加省军区副政委喻军的动员辅导，收听《解放军报》原副总编陶克作的《一个真实的雷锋》的专题报告，观看《周恩来的四个昼夜》辅导录像。两级机关采取个人自学与集中学习相结合的办法，组织党员干部学习《十八届中央政治局关于改进工作作风密切联系群众的八项规定》《中央军委加强自身作风建设十项规定》等资料，以党小组会的形式，组织党员进行个人检查剖析汇报发言，开展批评与自我批评，进行集体谈心交心。教育整顿活动工作取得较好效果。（郭瑞俊）

【训练演练】 年内，阳泉军分区坚持战斗力标准，抓好训练演练。1月24日，为加强春节期间战备工作，军分区通过3G机动指挥信息系统，对各人武部民兵应急分队集结人员、编组单位、携带装具进行点验。2月26日，为不断增强民兵队伍应急应战能力，军分区组织专武干部开展以“学理论、强技能、练作风”为主题的能力集训比武，为全年工作奠定基础。4月25日，阳泉军分区首批完成全省现役干部手榴弹实投训练。6月23日至29日，郊区、矿区民兵高炮分队在省军区组织的高炮分队野营驻训暨实弹射击考核中，取得较好成绩。7月10日至11日，阳泉军分区机关及所属5个人武部机关参加山西省军区“铸盾-2014”联合防暴指挥演练，提升各级指挥员遂行非战争军事行动的指挥能力，得到省军区领导的肯定。10月29日至30日，阳泉军分区完成省军区组织的2014年度战备训练检查考核，促进战备训练水平的提高，省军区领导给予较高评价。12月15日至19日，阳泉军分区组织官兵和民兵应急分队开展冬季适应性野营拉练。拉练途经阳泉市所属的3区2县，总行程300余千米，徒步行军100余千米，先后组织重点难点课目的训练，开展信息化条件下训练、管理、政工、保障4大课题的研讨，使军分区、人武部两级机关快速反应、指挥控制、沟通联络、应急处置和综合保障能力得到锻炼，全区部队遂行多样化军事任务的能力得到提升。（郭瑞俊）

【国防教育】 7月15日，中共阳泉市委办公厅、阳泉市人民政府办公厅、阳泉市国防教育委员会办公室联合下发《关于加强全民国防教育的通知》。7月22日至24日，市委宣传部、市国教办、市教育局及各人武部组成联合工作组，对全市5个县区落实国防教育“百千万”工程（全省建设百个国防文化主题公园或广场、新增千个国防教育宣传标识、实现万名乡镇以上领导干部国防教育全覆盖）情况进行达标验收，实地检查国防教育行政学校4所、国防教育主题文化广场4个、国防教育示范学校7所、国防教育网站5个、户外大型国防教育标识7处及其他国防教育标识50余处。市国教办协调市电视台拍摄反映全市国防教育工作的专题片，该片于第十四个全民国防教育日（9月20日）在阳泉电视台播出。协调市、县（区）两级电视台，在全民国防教育日前后集中播放8集大型电视专题片《甲午殇思》。阳泉军分区机关干部和驻军官兵参加阳泉市革命烈士公祭活动。9月28日至29日，省国教办对阳泉市落实全民国防教育“百千万”工程进行检查验收并予以肯定。（郭瑞俊）

【河底镇山火扑灭】 5月27日17时，郊区河底镇西沟村高压线损坏

武

装

引发山火。阳泉军分区派出郊区人武部常备民兵应急分队35人、乡镇民兵应急排300余人、平定县人武部常备民兵应急分队30人及1台应急指挥车，携带油锯、灭火弹、铁扫帚、风力灭火机等工具赶赴火场进行扑救，郊区人武部政委封士进、平定县人武部政委武艺现场组织指挥，主要负责4片火场的扑打山火、控制余火、开辟隔离带等任务。28日22时，经过官兵奋力扑救，山火全部扑灭，部队安全撤回。 （郭瑞俊）

【装备器材清查整顿】 5月至8月，阳泉军分区开展装备器材清查整顿工作。抓好库管人员思想教育摸底；学习和贯彻落实《北京军区民兵装备仓库看管人员管理规范》；军分区领导和机关相关负责人摸清底数，掌握第一手数据；指派专人对装备器材开箱清点，逐箱逐号核对，张贴检查标签。通过清查整顿，强化装备仓库管理。 （郭瑞俊）

【医疗保障社会化改革】 年内，阳泉军分区抓好医疗保障社会化改革工作，军分区医疗改革领导小组征求官兵和家属意见，先后6次与保险公司及市、县(区)两级医疗机构沟通协调，签订协议，并于7月底在阳泉地区推进医疗社会化保障改革工作，解决驻区官兵及家属远离军队体系医院看病难问题。 （郭瑞俊）

【预防职务犯罪系列教育】 8月起，阳泉军分区根据省军区的要求，开展预防职务犯罪系列教育活动。8月，阳泉军分区组织军分区、人武部两级党委和机关开展专题学习讨论，开展正面教育，深入查找问题。9月16日，阳泉军分区邀请北京军区山西军事检察院检察长杨武为阳泉军分区全体官兵作《认清危害，筑牢防线，切实预防职务犯罪》的专题辅导报告，组织官兵参观“严肃法纪，警钟长鸣”教育巡展。9月22日至23日，集中传达学习总政治部《关于认真学习贯彻〈中共中央关于山西省发生严重腐败问题和省委班子进行重大调整情况的通报〉的通知》，组织两级党委机关以山西省腐败问题为反面教材，开展反腐倡廉警示教育，把官兵的思想和行动统一到党中央决定精神上来，官兵遵纪守法的自觉性进一步强化。 （郭瑞俊）

【学生军训工作】 8月12日至9月25日，阳泉军分区组织开展全市学生的军训工作。军训根据国防和后备力量建设需要及学校开展素质教育的要求，采取“整体筹划，分片实施，多点展开，检查验收”的方法进行。对全市27所学校1.68万名学生进行军训，军训内容包括国防知识教育、队列训练、军体拳教学等，部分学校组织阅兵检验仪式。通过军训，增强学生国防意识，培养学生军事素质和艰苦奋斗、吃苦耐劳的作风。 （郭瑞俊）

【国防交通专业保障队伍训练】 9月5日，阳泉市国防动员委员会组织开展国防交通专业保障队伍训练。训练在307国道复线天子庙路段展开。在市国防动员委员会指挥下，阳泉市道路运输保障车队出动驾驶、维修、消防、医疗等方面的人员120余名，货运车、保障车50台，进行应急应战条件下紧急拉动战备演练，完成集结点验、车辆抢修、伤员救护、火灾扑救、物资抢运等科目。阳泉军分区及山西省运管局领导全程进行观摩指导。通过演练，检验和强化了全市交通战备系统应急战备水平。 （郭瑞俊）

【信息通联保障】 年内，阳泉军分区以固定指挥信息系统为重点，在日常工作、战备执勤和大项活动中，组织信息系统应用，对指挥信息系统进行“日检查、周维护、月联调、季演练”，按计划组织人武部开展组网演练，完成各类信息通联保障任务60余次。全区信息通联保障能力得到提升。 （郭瑞俊）

预备役部队

【思想政治建设】 2014年，中国人民解放军山西陆军预备役步兵第二四八团团党委采取多种方式学习中共十八届四中全会精神和中共中央总书记、军委主席习近平系列讲话精神，利用百团大战纪念馆、阳煤集团现代化企业、新农村建设等社会教育资源，组织官兵参观学习。在师“四会”(会讲、会做、会教、会思想工作)政治教员比武中，2名现役干部分别取得个人第一和第六，团体第一的成绩。开展“牢记强军目标、献身强军实践”主题教育活动，集中6天时间开展战斗力标准大讨论，使战斗力这个根本标准在官兵心中扎根。围绕党中央查处部队违法违纪案件的决策部署，组织开展“强化规矩意识，坚持按章办事”思想风气教育整顿和“山西省严重腐败问题”专题警示教育活动，组织全团官兵参加师集中授课，学习上级文件精神和《解放军报》有关社论，使全体官兵能够保持政治上的坚定和思想上的统一。 （闫 波）

【战备训练】 年内，预备役步兵第二四八团按照省军区和师应急力量建设现场会要求，抓好以综合救援队为主体，以各营应急分队为重点的应急力量建设。组织开展武器装备操作强化训练，在参加师3种火器实弹射击考核中，实现“首发命中、发发命中”。采取“集中食宿、集中训练、集中研练”的办法，组织步兵二营四连官兵进行为期两周的建制连基础课目训练，官兵综合素质明显提升。结合省军区年度战备训练考核检查，首长机关开展以基础体能、手枪射击、一体化平台操作和手工标图为主要内容的强化训练，在省军区考核中取得优异成绩。在盂县政府的支持下，三营现役及预任官兵开展为期一个月的成建制训练，整个训练和考评组织严密、安全顺利，受到省军区考评组的肯定。组织现役和预任官兵开展为期3天的冬季适应性训练，进行快速集结、长途机动、城市防卫作战演练、识图用图等课目训练，总行程314千米，提高部队严寒条件下“走打吃住藏、通供修救管”的能力。（高庆春）

【基层建设】 年内，预备役步兵第二四八团建立常委、机关挂钩帮带点，对整组工作进行全程指导，营连长坚持工作在一线、吃住在基层，完成230余名预任官兵的补退工作。对照师《预备役营（连）全面建设等级考评办法》，一营协调地方编组单位补充配套器材200余件（套），二营结合营部搬迁规范整治6间办公用房，三营组织连队交叉互检，炮兵营完成营部搬迁。推进“双拥共建”和“三爱一创”（爱国防、爱驻地、爱本职、创一流）活动，激发基层活力。连续7年开展“手拉手”捐资助学活动，军训学生员工200余人次。配合支持阳泉市“国防光缆护线宣传”“无线电管理知识宣传”和交通战备演练等活动。8月1日，团组织召开党政军领导“八一”军事日活动，师首长、阳泉市和郊区四套班子成员、现役官兵、连以上预任干部在内的500余人参加，整个活动内容丰富、组织严密，受到上级首长的肯定。三营被师表彰为先进预备役营，6个连队被师表彰为先进连队，预任军官杜平华、李宏革、罗树宏被师表彰为优秀预备役军官。（高庆春）

【后勤装备保障】 年内，预备役步兵第二四八团继续压减行政性开支预算和公务招待费，将节省经费用于军事训练和改善官兵伙食。投入4.2万元组织全体官兵、职工及家属共85人进行体检，与阳泉市第一人民医院推进“驻地远离体系医院医疗保障社会化”工作，为68名官兵及家属办理军人医疗社会化保障卡，解决官兵看病远、看病难、看病贵的问题。严密组织武器库清查整顿和个人存放枪支弹药清查收缴活动，为武器库加装摄像头、更换防盗门，先后与6名转业干部和53名现役官兵签订枪弹零持有承诺书，未发现个人私存枪弹的问题，武器装备与账目完全相符。6次召开常委会研究新营房建设工作，加大施工监理力度，高标准推进办公楼装修配套、信息化建设和公寓楼装修，年底新营房建设工程全部完工。（闫　波）

【安全管理】 年内，预备役步兵第二四八团开展“条令条例学习月”和“学法规、用法规、守法规”活动，定期组织安全形势分析、谈心谈话和安全隐患排查治理等活动。结合“两节”“两会”、APEC会议等重大节日和敏感时期，组织形势政策教育和战备管理教育，突出抓好重要人员、重点部位、重要目标的安全防范，落实弹药库24小时住库值班制度，组织53名官兵签订安全管理责任书，对15名安全岗位人员进行政审考察，先后组织6次带情况的营门应急处突演练，组织4次拉网式安全隐患排查，共排查整治5个方面45个隐患问题，团队安全发展基础得到持续巩固，安全发展形势良好。（闫　波）

武警阳泉市支队

【思想建设】 2014年，中国人民武装警察部队山西省总队阳泉市支队认真学习领会中共十八届四中全会精神和中共中央总书记、军委主席习近平建军治军重要思想，注重用理论武装头脑。运用教育准备会检查、随机抽查、推门听课等方法，确保政治教育在末端有效落实。结合建队育人模式，开展“月购一本好书月读一本好书”、“强军战歌”歌咏比赛、“基层文艺小分队”会报表演等活动，活跃政治工作局面。搞好法律和心理服务下基层，为50多名战士提供法律咨询服务，对20多名思想压力大的战士进行心理疏导，解决4名官兵家庭涉法问题，组织新兵“三查一除”（身体复查、政治审查、心理测查、及时消除隐患）工作，确保官兵思想稳定。2月至9月，武警阳泉市支队按照“学习教育、听取意见，查摆问题、开展批评，整改落实、建章立制”3个环节和步骤搞好党的群众路线教育实践活动，兑现支队党委向基层承诺的10件实事，并开展以上率下转作风及纠治“四风”抓整改等活动。（苏万龙）

【履行职责】 年内，武警阳泉市支队落实战备制度，完成“卫士-14”演习和敏感期战备维稳任务。开展正规化执勤等级评定、优化兵力编成，推进执勤隐患治理，连续26年执勤无事故。突出实战化训练，开展首长机关、专勤专训、专哨专训、年度兵轮训、技术课目训练，各级遂行多样化任务的能力得到提高。全年累计出动兵力800余人次，参与完成城市武装巡逻、“两会”安保及扑救山火等工作任务，与市地震局联合开展抗震救灾演练，与市公安局联合开展处置暴恐事件演练。（苏万龙）

【基层建设】 年内，武警阳泉市支队开展“条令学习月”活动，官兵守纪意识和作风养成得到加强。从领导带头落实机关早操、工间操和体能训练等制度入手，狠抓机关和直属队管理，部队正规化建设水平明显提升。开展安全隐患大排查和“百日安全无事故竞赛”活动，打牢部队安全发展基础。按照武警总队“小滚动、大闭合、压茬式”帮建要求，定期分析部队建设形势，每季组织按纲建队考评，推动经常性、基础性工作落实。组织“两支队伍”（保卫委员、思想骨干）培训，开展“干部在岗培训”“三帮一提高”（帮建支部、帮带干部、帮解难题，提高基层自建能力）等活动，提升各级干部的能力素质。投入经费20万余元，购买电脑63台，完成基层中队网络学习室电脑更新任务；投入经费12万元，完成强军目标宣传语制作和活动式黑板报配备工作；投入经费9万余元，完成郊区中队塑胶篮球场建设和文化长廊建设，文化环境育人功能明显改善。（苏万龙）

【军事训练】 年内，武警阳泉市支队组织机关前指带机动中队进行野营拉练，锻炼了机关和分队干部的组织指挥能力，培养了部队吃苦耐劳的精神和团结协作的优良作风。支队投入经费200余万元，为所有中队补充配发哑铃、臂力器等训练辅助器材；为机动中队特勤排和执勤中队应急班购置激光模拟对抗系统、狙击步枪夜视瞄准镜等反恐救援装备；为基层中队制作配备移动拒马、防爆毯等防冲闯器材和模拟监墙、模拟哨位等训练器材，解决基层训练器材短缺的问题。为贯彻落实总队实战化训练考核通知要求，武警阳泉市支队一大队一中队特勤排于6月初在教导队驻训，8月5日至8日到总队训练基地参加实战化训练考核，军事训练水平得到检验提高。（苏万龙）

【后勤保障】 6月，武警阳泉市支队在城区中队开展"伙食管理年"工作推进会，对后勤各类库室设置、经济民主组会议的组织与实施、"生进熟出一条龙"的组织与实施等内容进行统一，对3类18种保障预案进行修订完善，建立健全应急保障机制，优化物资储备结构，加强应急保障训练，综合保障能力得到提高。采取岗位练兵、集中轮训、比武考评等方式，抓好专业队伍在职培训，后勤规范化管理水平得到提升。投入60余万元，对郊区中队营房进行修缮；协调固庄矿地方经费，完成对五中队营房的改扩建；投入10万余元，为基层中队配备就餐餐具和给养器材；投入20余万元，为基层中队改(修)建澡堂、配备洗浴设备和安装净水设备，解决官兵"洗澡、饮水、取暖"难问题。（苏万龙）

【环京公安检查站协查勤务】 10月19日至24日、10月31日至11月14日，根据阳泉市委和市政府要求，经请示总队批准，武警阳泉市支队出动2批官兵采取公开武装的形式，协助公安机关完成APEC会议期间和中共十八届四中全会期间石太高速旧关安全检查站的武装警戒任务。11月1日17时左右，旧关检查站执勤官兵在一大队大队长王俊杰的带领下协助公安机关抓获1名涉毒人员，缴获1具吸毒工具和7枚假公章。（苏万龙）

【森林灭火】 年内，武警阳泉市支队参与完成3起山林火灾的灭火任务。1月22日，阳泉市郊区固庄煤矿馒头山发生山林大火，支队启动应急响应机制，应市委、市政府要求，报经总队同意后，支队队长张文才带领官兵赶赴现场，经过一天的扑救，扑打火线约8千米，扑灭了山林火灾。5月28日，郊区河底镇程庄村燕龛煤矿西北山林发生山林火灾，支队启动应急响应机制，应市委、市政府要求，并经总队批准，派出官兵和车辆，扑打火线约5千米，扑灭大小明火10余处，完成山林火灾扑救任务。12月19日17时20分，郊区石虎山突发山林火灾，应地方政府和目标单位请求，经总队批准，武警阳泉市支队副支队长李玉龙率领新训大队、三中队、四中队官兵，携带铁扫把、风力灭火机等工具，与地方救援队共同扑灭郊区石虎山山林火灾。（苏万龙）

【"卫士-14"网上演习工作】 5月26日下午，武警阳泉市支队召开"卫士-14"网上演习工作部署会，安排部署演习各项工作。5月29日，支队按照启动应急响应机制、组织兵力投送、组织直前准备、指挥处置行动4个阶段进行实兵实装拉动，并代表总队接受总部遂行任务能力检验评估，得到上级领导的认可，支队"实案化拉动经验做法"被总队推广。（苏万龙）

【正规化建设现场观摩会】 为推进支队全面建设，提升支队正规化建设水平，6月7日，武警阳泉市支队在一大队城区中队组织召开"阳泉市支队正规化建设现场观摩会"，支队部门以上领导、基层大(中)队主官及各中队司务长参加会议。通过现场观摩、分析研讨、总结归纳等一系列观摩活动，促进了支队正规化建设。（苏万龙）

人民防空

【人防疏散基地建设】 2014年，阳泉市人民防空办公室大胆探索，勇于创新，在人防疏散基地建设中走出一条与城市建设相结合、与经济发展相融合的新路子。市人防办继续完善市级防空疏散基地——郊区和谐生态园基础设施，实现资源共享、平战两用。市人防办在探索行之有效的措施和办法的同时，健全完善相关机制和制度，推进人口疏散地域(基地)建设走向制度化、规范化。制订《人口疏散基地建设标准》《人口疏散演练计划》，明确各部门工作职责，确保人口疏散体系建设规范有序。年内，市人防办共投资5万多元完善疏散基地指挥中心的设施设备，完成与市人防指挥中心的互联互通，配置广播系统、警报系统和标识牌示意系统，改扩建专门物资储备库，建起疏散指挥中心，配建医疗救护站，完善战时功能，逐步实现规范化建设。（仇俊生）

【人防融合式发展】 年内，市人防办按照《山西省人防融合式发展重点工作年实施方案》，与政府应急管理体系和全市经济发展相融合，完成中石化阳泉石油分公司、太旧高速北茹隧道、阳泉市桃河大桥、广电大厦、移动大厦5个重点目标视频监控工程。该系统的建设填补了人防信息化建设在"智慧城市"建设中的空白，为领导指挥和下达情况处置命令提供直接有效的依据，实现人防信息化建设与政府应急管理工作的融合。该做法被省人防办确定为2014年融合式发展先进经验在全省推广。（仇俊生）

【郊区人防指挥所信息工程系统通过验收】 按照省人防办提出的建立县（区）级人防指挥所精神，阳泉市郊区人防指挥所于2013年完成设备的安装及系统调试，并实现与市级人防指挥所的互联互通。2014年12月，信息工程系统通过省人防办验收组验收。郊区人防指挥所信息系统工程分为：防空指挥系统、应急指挥系统及其他配套系统三大系统。可提供多种指挥调度手段，支持与市人防办、市国防动员委员会、阳泉军分区及各县区人防办进行数据交换和视频会商，提升战时防空指挥能力，成为郊区政府抢险救灾、应对突发公共事件的指挥中心，为“战时防空、平时防灾”提供保障。（仇俊生）

【人防工程示训教育】 11月11日，全省人防工程巡回示训教学工作在阳泉市进行，省人防办领导，市人防办相关工作人员，人防工程建设单位、监理单位、施工单位相关人员90余人参加学习培训和人防工程现场讲解演示，此次示训重点安排《竣工验收及备案》《人防规范化建设审批》《防护设备检测》《人防工程施工质量和监督》等实用性较强的课程，到万隆国际住宅小区防空地下室和矿山救护队教习巷道人防工程，现场进行检测讲解演示和质量监督讲解。此次示训提高了全市人防工程相关从业人员的业务能力，规范了人防工程建设管理，对提升人防工程建设质量起到一定作用。（仇俊生）

【人防军事斗争检验评估工作】 年内，市人防办按照省人防办下达的军事斗争准备检验评估计划，制订《阳泉市人防军事斗争准备检验评估报告方案》和《关于做好人防军事斗争准备检验评估工作方案》，按照组织指挥、防护救援、重要经济目标防护、人民防空训练、思想政治工作、资产资源管理6类评估内容开展工作，经过静态检查、动态检查、指挥演练3个阶段，完成军事斗争评估工作。

9月28日，省人防办副巡视员段维民带队对阳泉市人防工作做检查与指导，并对全市开设机动指挥所和专业队集结两项科目进行专项检查。人防抢险抢修专业队、指挥所管理中心、信息保障中心人员参加点验。两项科目都通过省检查组考核，尤其是依托煤炭工业局矿山救护大队组建的抢险抢修专业队在接受点验检查中表现突出，受到省检查组领导的高度评价。（仇俊生）

【省带市防空指挥演练】 11月23日，市人防办在市指挥所进行省带市两级指挥部防空袭实战化指挥演练，市人防指挥部通过与省人防指挥部“网上联动、分段实施、异地同步”，依托人防指挥信息系统平台，完成演练课目。此次指挥演练，市人防办做到准备充分、参演人员齐整、情况处置合理，检验阳泉市人防在军事斗争准备中的军事战备能力，提升人防机关准军事化素质，锻炼机关全体人员在复杂的军事环境中更好遂行人民防空任务的能力。（仇俊生）

【人民防空抢险抢修专业队】 3月，市人防办联合市煤管局，依托市煤炭工业局矿山救护大队成立能指挥、能抢险，装备精良、训练有素、平战两用的人民防空抢险抢修专业队。该专业队由63人组成，并在9月正式挂牌。抢险抢修专业队的主要任务是协助相关部门，抢建抢修道路、桥梁、水电设施、房屋、人防工程和其他公用设施，抢救人员和物资等。（仇俊生）

【防空警报统一试鸣】 经市政府批准，全市防空警报于9月18日上午10时统一鸣响。为使活动取得良好效果，市人防办联合开发区管委会、市安监局、市气象局等相关单位，开展阳泉市“9·18”防空警报统一试鸣暨“让城市更安全，让社会更和谐”宣传活动，宣传人防建设成果、人防政策法规、人防防空防灾知识等，讲解警报音响的辨识方法，并解答市民提出的问题，连续3天在北山公园播放人防宣传教育影片。活动期间，全市共展出宣传展板40余块，印发传单5000张，发放人防知识宣传手册1000册。（仇俊生）

民主党派 工商联

民主党派

民革阳泉市委

【思想建设】 2014年,中国国民党革命委员会阳泉市委员会以开展坚持和发展中国特色社会主义学习实践活动为主线,采取多种形式对党员进行思想教育,提高党员的政治理论水平和思想道德修养。组织党员学习中共十八届四中全会精神,参加统一战线"迎接国庆65周年健步行活动"并获优秀组织奖,70%的党员参加市委统战部组织的进社区活动。举办新党员培训班和参政议政培训班,组织党员到民革吕梁市委学习。确立三大工作基地,即小庄村为社会服务基地、娘子关为调研基地、城区文化中心为文化建设基地。参加人民政协成立65周年纪念活动,在市政协组织召开的人民政协成立65周年征文表彰会上,主委赵海润撰写的文章《心系群众事履职献良策》获优秀奖,并在《阳泉政协》《山西民革》上刊登。开展"伸出博爱之手——民革基层组织牵手困难群众"活动,组织党员为社会弱势群体捐款捐物2万元。民革上站支部、郊区支部被民革省委评为"博爱牵手活动先进基层组织"。（赵志刚）

【组织建设】 年内,民革阳泉市委共发展新党员6名,均为大专以上学历和中高级职称,为民革组织补充新鲜血液。建立完善党员信息管理系统,对中青年后备干部实行动态管理,储备16名后备干部。初步建立和修订《党员星级评定标准》《党员回访制度》等规章制度,做到制度健全,各项工作有章可循。建立专题活动的长效机制,探索试行《党员星级评定标准》。市委会以创建特色支部和加强支部建设为核心,在创新创优支部工作上下功夫,健全支部考核的规章制度,以工作实绩作为评选先进支部和优秀党员的依据。在中共阳泉市委统战部举办的民主党派基层支部组织观摩活动中,上站支部开展的健康知识、非物质文化遗产进社区服务活动,获"民主党派基层组织观摩先进支部"称号。（赵志刚）

【参政议政】 年内,民革阳泉市委与民革长治市委、民革晋城市委联合开展旅游开发专题调研,与民革南京市委联合开展文化兴市专题调研。多次组织党员到郊区辛庄、南沟村,平定县马山、宋家庄村,方大添加剂厂,稀有金属厂等地进行红色旅游开发、古村落及明清古院的保护开发、中小企业转型发展等专题调研,撰写《关于开发挖掘宋家庄明清古院的建议和对策》《关于挖掘开发阳泉红色旅游资源的思考》《关于解决产业园区问题促进产业园区健康发展的调研报告》等12篇调研报告,为市委、市政府科学决策提供参考。民革阳泉市委按照中共阳泉市委统战部双月座谈会的课题要求,深入基层调研,为阳泉市的经济转型发展建言献策。主委赵海润在第二次双月座谈会上提出的《矿区平潭街东社区日潭小区地税局背后院内违法建房阻碍居民暖气管换管的问题亟待解决》的建议得到有关部门的重视并解决。阳泉市"两会"期间,民革阳泉市委中的人大代表、政协委员撰写议案、提案36件,政协大会有4人发言,县区"两会"期间,民革阳泉市委中的县区政协委员、人大代表提交个人提案、议案40件。年内,《关于加快推进我市农村生活垃圾无害化处理的建议》《关于加强保护我市传统古村落的对策和建议》等提案受到社会各界和承办单位的好评,主委赵海润在省政协会上提出文化旅游方面的提案受到省文化旅游局的重视,副主委李若冰提出的《关于发展城郊游打造阳泉休闲旅游品牌的建议》的提案和平定小组提出的《关于发展红色旅游项目挖掘开发平定红色资源的建议》的提案被市、县（区）政协列为重点提案重点督办，李海珍提出的议案《加强我市照明设施建设的建议》受到开发区管委会的重视并得到解决。2014 年，民革阳泉市委向市政协报送社情民意信息 20 多篇，其中，副主委张文英在市政协常委会上做《推进新型城镇化工作中应特别注重保护传统古村落留住乡愁的建议》的发言，《城郊型农业县区粮食安全问题不容忽视》《落实调整市属困难企业有关政策的建议》等信息被市政协采纳落实。（赵志刚）

【社会服务】 年内，民革阳泉市委和郊区畜牧兽医发展中心合办农民养殖科技培训班，培训农民 200 余人次，免费为农民发放养殖科技宣传资料，并到养殖场作现场指导。与民革山西农大支部联合开展送科技下乡到村进户服务活动，山西农大王跃进等 6 名教授到郊区北异村和咀子上村进行果树、山楂树科技指导培训服务活动。民革上站支部与市档案局、市科协、市医学会等单位联合举办"走进社区共建和谐家园"系列活动，走进小阳泉南社区、金三角社区等 6 个社区，开展赠送图书和保健知识讲座等活动，展出档案知识和非物质文化遗产宣传展板 110 块，赠送《阳泉解放》《保晋档案》等千余册图书和科普保健宣传读本，举办 6 期医学保健知识讲座。（赵志刚）

【祖统工作】 年内，民革阳泉市委举办中秋节座谈会，刘阿美参加省侨联组织的赴台探亲探访活动，杨缙赴台看望在台亲人，加强海峡两岸的民间交流。举办台情报告会，邀请市委党校巩树青教授作国共两党的历史和台湾形势的报告。注重涉台参政议政工作，撰写《浅谈山西关帝信仰文化在对台文化交流和经贸合作中的重要作用和特色优势》等 6 篇理论文章。（赵志刚）

【"两岸同牵手 共圆中华梦"书画笔会活动】 10 月 28 日，民革阳泉市委与市文联联合举办"两岸同牵手，共圆中华梦"书画笔会活动。民革山西省委副主委刘占中、秘书长王静、中共阳泉市委统战部常务副部长高和平、市文联主席侯讵望、市文联党组书记李银苟等领导和阳泉市著名的书画艺术工作者以及部分民革党员参加活动。14 名著名的书画艺术工作者创作了 56 幅书画作品。民革阳泉市委对作品进行整理后编辑成册。（赵志刚）

【对外交流活动】 6 月 23 日至 24 日，民革阳泉市委到民革吕梁市委开展创新基层组织建设管理工作交流活动，参观民革孝义支部党员、吕梁市政协委员吴国旺创办的玛丽女子医院，听取民革孝义支部对外文化交流和社会服务等经验介绍。阳泉民革调研组成员与民革柳林支部、民革离石支部进行交流沟通。并参观孝义皮影艺术团、孝义胜溪湖公园，对非物质文化遗产的保护和休闲旅游项目的开发进行专题调研。（赵志刚）

【文化兴市专题调研活动】 11 月 25 日至 27 日，民革阳泉市委组织市委委员、各支部主委以及骨干成员到南京市与民革南京市委联合开展文化兴市专题调研活动，先后参观南京晨光"1865"创意园区、国家数字出版基地南京园区、江苏模范路创意设计产业集聚区等文化产业，并提出了促进阳泉市文化产业发展的建设性意见和建议。（赵志刚）

民盟阳泉市委

【思想建设】 2014 年，中国民主同盟阳泉市委员会以坚持和发展社会主义学习实践活动为契机，加强学习型机关建设。民盟阳泉市委及各基层支部成员带头认真学习中共十八大和十八届三中、四中全会精神，民盟十一大及十一届二中、三中全会精神，通过全委会、骨干盟员培训会、各支部会议以及自学等形式组织各种学习。9 月 25 日至 30 日，主委赵永红一行 3 人参加在中央社会主义学院举办的民盟盟务干部培训班。6 月 19 日，民盟阳泉市委机关人员参观《作风建设永远在路上》主题展览，通过看资料、听讲解，使广大民盟机关干部受到教育和启发。11 月 24 日，盟市委全体机关干部和部分市委委员、支部主委参加中共阳泉市委统战部举办的全市统战系统学习中共十八届四中全会精神专题辅导讲座。学习培训活动的开展，加强盟员的自身建设，提高民盟的整体素质。（贾立斌）

【组织建设】 年内，民盟阳泉市委共发展新盟员 15 人，其中大学本科以上学历占 80%，平均年龄为 36 岁，新盟员涉及社会多个领域，均是所在单位的骨干，并具有较强的参政议政能力。新盟员的年轻化、知识化，充实民盟组织的后备骨干队伍。5 月 14 日，主委赵永红代表民盟阳泉市委参加民盟中央基层组织建设调研（山西）座谈会，赵永红在会上对阳泉市基层组织建设工作做相关汇报。9 月，民盟阳泉市高专支部获"中国民主同盟基层组织建设先进基层组织"称号。11 月 7 日至 8 日，民盟阳泉市委机关专职干部参加在太原举行的山西省民盟地市级组织盟员信息系统管理员培训。（贾立斌）

【参政议政】 民盟阳泉市委主委赵永红分别于 3 月 20 日与 4 月 1 日带领部分市政协委员和骨干盟员，到阳泉市郊区、平定县等地的部分地质灾害隐患点，开展地质灾害现状及防治对策的专题调研。4 月 3 日，主委赵永红带领民盟市委班子成员及部分市政协委员，对阳泉市西水源水质环境、饮用水安全等情况开展调研。在阳泉市"两会"期间，民盟阳泉市委共提交提案 41 件，立案 37 件（8 件集体提案、18 件个人提案、11 件联名提案),其中《我市西线桃河水源污染问题及对策》被列为重点提案。民盟阳泉市委多次参加中共阳泉市委与党外代表人士双月座谈会,副主委王凤娥就"加大娘子关水源地保护力度,建设城西湿地公园"和"省道 315 公路巨城至娘子关段急需修复"两个方面提出建议,得到了与会领导和广大代表的一致好评。全年共撰写社情民意 123 篇,在市级以上报刊上发表文章 60 篇,全年编写《阳泉盟讯》50 期。（贾立斌）

【社会服务】 年内,民盟阳泉市委按照盟中央"农村教育烛光行动"的社会服务教育扶贫宗旨,以中共山西省委统战部开展的"同心品牌工程"为中心工作,开展社会服务和农村教育扶贫活动。1 月 11 日,主委赵永红带领盟市委班子成员和部分骨干盟员到平定县东回镇祁家峪村的良白中心校对在校贫困生进行资助慰问活动。5 月 31 日,主委赵永红带领民盟市委机关工作人员和教育支部、科技支部的部分骨干盟员,到平定县东回镇祁家峪村开展农村教育烛光行动慰问活动,为村里的孩子送去"六一"儿童节的祝福。6 月,主委赵永红参加民盟阳泉市委和阳泉市豫剧团演员在阳泉市武警支队、市福利院进行的慰问活动,并送去书籍、西瓜等慰问品。9 月 11 日,主委赵永红带领民盟山西省委妇委会和民盟阳泉市委部分专家、优秀教师,到平定县东回镇马山村中小学校开展"农村教育烛光行动"慰问送教活动,并对教学课堂、学生住宿、学校食堂等进行实地调研,为马山中学和马山小学各送去慰问金 3 万元。（贾立斌）

【外出学习考察】 7 月 30 日至 8 月 2 日,主委赵永红带领盟市委委员、基层支部主委等骨干成员一行 18 人到太原、吕梁、晋中、忻州 4 个地市进行民盟基层组织建设学习调研。调研期间,参观机关办公场所,翻阅组织档案、宣传刊物及社会服务等方面的相关资料,详细询问组织、宣传、参政议政、社会服务、机关工会等各项工作的具体情况,进行"基层组织建设年"经验交流座谈。听取太原大学支部、祁县支部、忻州直属财政支部等先进基层支部主委的情况介绍,观看民盟晋源区支部的宣传片,实地察看柳林支部的办公地点及工作设施、机关建设情况。

11 月 30 日至 12 月 2 日,主委赵永红带领盟市委委员、支部主委以及盟员中的人大代表和政协委员一行 26 人到天津市就高科技文化产业发展、职业技术教育和基层组织建设等情况进行调研。其间,调研组分别到天津滨海新区规划展览馆、中新天津生态城国家动漫园和天津滨海职业学院进行参观学习,调研组一行还到天津盟市委机关参观学习,与机关各部处室负责人和部分基层组织负责人进行座谈交流。（贾立斌）

民建阳泉市委

【理论学习】 2014 年,中国民主建国会阳泉市委员会以中共十八届三中、四中全会为指导,以坚持和发展中国特色社会主义主题教育活动为主线,组织全体会员和基层支部开展专题学习。6 月 19 日,民建阳泉市委组织会员参观《作风建设永远在路上》主题展览。9 月 29 日,主委刘兆林带领部分会员,参加市委统战部在中共第一城广场开展的烈士纪念日活动,活动结束后,组织会员参观百团大战纪念馆和纪念碑。民建阳泉市委组织部分委员参加全市统一战线学习贯彻中共十八届四中全会精神报告会、统战理论创新与实践新课题调研、阳泉市第二期统战论坛及省第二批群众路线教育实践活动第七督导组"二代表一委员"座谈会,副主委参加省委统战部组织的民主党派省委委员和民建中央市级组织专职副主委培训。

年内,民建阳泉市委共编辑《阳泉民讯》36 期,会员结合实际撰写心得体会 30 余篇,在各类媒体上发表有关民建阳泉市委工作报道 309 件(其中国家级的信息有 48 件、省级的有 110 件、市级的有 151 件),编写《阳泉统战手机报》民建专刊一期,民建阳泉市委被中共阳泉市委统战部评为"2013 年度全市统战宣传工作先进单位"。（王变娥）

【组织建设】 年内,民建阳泉市委共发展新会员 12 人,平均年龄 37 岁,其中大学本科 8 人、硕士研究生 1 人,高级职称 1 人、中级职称 5 人,副科以上 5 人,经济界 8 人,使会员的结构更加合理、更具活力,为市委会的发展储备后备干部和人才。在 2014 年召开的民建全国市级组织建设研讨会上,民建阳泉市委提交《坚持组织发展原则 为建设充满活力的参政党夯实基础》的材料,材料中提到的把好入会"七个关"的经验,得到民建中央主席陈昌智、副主席马培华的肯定。（王变娥）

【参政议政】 年内,民建阳泉市委认真履行参政议政职能,为推进政府科学决策发挥作用。省政协会议期间,主委刘兆林撰写的《关于实施区域发展战略,建设晋东经济带及城市群,打造晋东经济增长极的建议》引起关注,并得到省委书记的批示。全国人代会期间,民建会员、全国人大代表石文斌提出《将阳泉市列为资源衰退型城市的建议》《关于阳泉市作为国家资源型城市在转型关键时期需要国家扶持的建议》等提案。在市"两会"期间,民建阳泉市委共提交集体提案 7 件、代表委员联名议案提案 13 件、联组发言 3 件、委员个人提案 15 件、社情民意 12 件,涉及经济、社会、养老、教育等方面的热点难点问题。其中集体提案《关于改善农村义务教育寄宿制学校办学条件的建议》被列为主席重点督办提案；张延山撰写的《加快帮扶当地小微企业发展的几点建议》被列为重点议案；会议期间，市人大常委朱卉、市政协常委石文斌、市人大代表王建中和马淑英，市政协委员顾亚红和王方遒等围绕政府工作报告、政协常委会报告等工作报告，结合市情联系实际，接受市广播电视台、《阳泉日报》等多家媒体采访。截至年底，会员反映社情民意106件，其中81件被中央统一战线网、中国政协网、民建中央网、人民政协网、《人民政协报》等新闻媒体采纳。　（王变娥）

【社会服务】 年内，民建阳泉市委发挥民主党派服务社会、关心社会的作用，在服务地方经济建设的同时，组织广大会员深入基层、农村、社区开展社会服务。春节期间，矿区总支带着慰问品到市交警一大队辖区的桃北岗，慰问节日期间工作在一线的交警。5月30日，市委会、郊区总支和部分会员企业对郊区西南舁乡北舁村八一小学进行"六一"儿童节慰问和捐赠活动。6月30日，市委会与盂县妇联、会员企业全达投资有限公司到盂县西潘乡进圭村小学开展"绿丝带，关爱儿童行动"捐赠慰问活动。城区总支、一支部组织金融、司法、医卫的会员到青年路社区、南边堰社区和德胜街社区进行义务服务，指导居民识别真假人民币，为居民开展法律咨询，向居民宣传口腔保健等常识，上门为5位80岁以上的独居老人进行口腔检查。9月20日是"全国爱牙日"，市委会与市民营口腔协会在市文化中心北门组织义诊活动，还发放2000多份口腔保健宣传资料和700多份牙刷、牙膏。　（王变娥）

【服务会员企业】 年内，民建阳泉市委发挥界别优势，对外加强交流合作，对内调动会员活力，搭建经济服务平台，为经济新常态下的转型综改服务。5月6日，市委会牵线北京天地同源科技有限公司与会员单位天元绿环科技有限公司就废旧电器中的线路板无害化处理等合作项目进行实地考察和论证。5月17日，市委会与企业家联谊会邀请北京大学客座教授、中国质量协会BPM首席专家刘新华在会员企业建工申华暖通设备有限公司现场授课。在了解企业生产流程和管理模式的基础上，作题为《运营管理体系建设——专注解决企业实战问题》的讲座。7月15日，市委会与企业家联谊会的成员单位参加了冠霖农业科技有限公司在平定县新城村的快乐农场农业创意项目启动仪式，并对创意运营模式提出建议。12月，企业家联谊会邀请北京的专家，为会员企业家进行网络融资培训。　（王变娥）

【对外交流】 年内，民建阳泉市委由主委刘兆林带队、民建广州市委由专职副主委许若宁带队分别对两地的会务、基层组织建设、企业界合作共赢等进行互访交流和考察对接活动。其间，广州欧罗酒业有限公司与平定县金潭企业孵化基地就绿色健康食品、大健康产业达成合作意向。11月和12月，民建阳泉市委与民建厦门市委、厦门市电子商务考察团就会务交流、企业观摩、项目合作进行两地互访。在厦门考察期间，主委刘兆林一行参观了由厦门市电子商务协会会长吴小明（民建中央信息技术海西筹备组组长）牵头组建的海峡电子商务创业园。厦门考察团在阳泉考察期间，到城区天桥摩尔港进行实地调研和座谈论证。在民建阳泉市委的协调推动下，城区政府、厦门电子商会和阳泉晟城房地产开发公司三方负责人签订了三方战略合作框架协议，力争将城区摩尔港打造成山西省电子商务的标杆楼宇和厦门商会在山西省辐射发展的孵化基地。在城区考察期间，吴小明还做了主题为"共谋厦门阳泉两地电子商务发展"的讲座，并与参会的企业家进行交流互动。　（王变娥）

民进阳泉市委

【思想建设】 2014年，中国民主促进会阳泉市委员会以坚持和发展中国特色社会主义学习实践活动为主线，组织广大会员学习中共十八届三中、四中全会和习近平总书记系列重要讲话精神，以及民进会章、会史等内容，参加学习人数达200余人次。8月16日，民进阳泉市委围绕理论专题《全面研究党外代表人士队伍的基本特点和成长规律》举行参政党理论专题研讨会。9月26日，民进阳泉市委组织市委委员、基层骨干会员到平定县巨城镇南庄村参观地道战遗址，开展庆祝中华人民共和国成立65周年爱国主义传统教育主题活动。11月4日，民进阳泉市委召开学习贯彻中共十八届四中全会精神座谈会，随后，燕龛支部、市直一支部、矿区支部、医卫支部等基层组织相继举行学习座谈会。　（杨　芳）

【组织建设】 年内，民进阳泉市委在组织建设方面取得新进展。一是加强基层组织建设。民进阳泉市委共发展会员12名，其中本科学历6名、大专学历6名，市人大代表1名、区政协常委1名。二是开展地市民进组织相互交流活动。民进阳泉市委与民进太原市委、民进晋城市委相互走访、交流、学习、借鉴，对地市民进组织的健康发展起到推动作用。三是强化机关建设。民进阳泉市委把机关科室人员提高素质和宣传工作作为重要环节来抓，组织机关人员参加各种学习、座谈、议题会等15人次，编辑简报41期，组织并报送民进省委、市政协、市委统战部等各种信息、文章90余篇，《山西政协报》刊登2篇。年内，机关创建民进阳泉市委移动网站，会员可通过手机终端登录网站浏览发布的各种信息，以及发表评论。四是基层组织建设成果。在民进山西省委成立30周年纪念会上，任涛海、刘华庆等12名会员获“民进山西省委优秀会员”称号,袁明志等16名会员获“民进山西省委特别荣誉奖”。在民进中央全国基层组织建设表彰会上,市直一支部获“民进全国组织建设先进基层组织”称号,医卫支部主任王英杰获“民进全国组织建设先进个人”称号。（杨　芳）

【参政议政】 年内,民进阳泉市委履行参政议政职能,为推进政府科学决策发挥作用。4月9日至10日,民进阳泉市委与市政协学习和文史委联合组织会内各级市人大代表和政协委员围绕全市校园文化建设情况开展调研活动,并提交调研报告。10月23日,任涛海、高爱萍、刘华庆参加中共阳泉市委统战部举行的关于全市农业产业发展状况的调研活动。12月19日,民进阳泉市委组织会内部分政协委员围绕全市工业经济运行情况到盂县开展调研。在市“两会”期间,民进阳泉市委共提交议案4件、提案77件。其中,《关于开展项目见效年活动,进一步提升招商引资实效的建议》被市政协评为主席督办提案。任涛海和刘华庆分别就《优化阳大铁路方案应以强化城市客运功能为重点》《我市转型发展的两点建议》参加政协大会联组发言。任涛海提出的《我市城市规划建设应融入地域文化元素》的建议得到市委有关领导的批示。民进阳泉市委全年共提交社情民意信息149条,转送省政协2条,市政协采纳72条。其中,《应把晋商文化纳入我省中小学课程的建议》《关于打造阳泉赵国文化旅游品牌的建议》被转送省政协,《我省各地古村名亟待保护》等72条建议被市政协采纳。在民进山西省委七届三次全委会上,市委会撰写的《关于大学生村医实践中存在的问题及建议》获参政议政成果二等奖,市委会获“民进山西省委2013年度参政议政先进集体”称号,高爱萍获“民进山西省委2013年度信息工作先进个人”称号。年内,中共阳泉市委统战部代表中共阳泉市委举行5期党外代表人士双月座谈会,任衍钢、任涛海、李君、刘华庆、闫冰5名会员分别代表民进阳泉市委围绕城市建设、城市规划、旅游发展、农业产业发展、工业经济运行5方面提出建议,得到各级领导好评。（杨　芳）

【社会服务】 年内,民进阳泉市委发挥自身优势,开展文化帮扶、智力支教、医疗义诊等一系列社会服务活动。邀请市书法家协会成员到城区朝阳街社区开展送春联进社区活动,并向社区赠送图书1000余册。与民进山西省委、民进太原市委联合邀请省城语文、数学、英语等科目的优秀教师到郊区杨家庄中学开展智力支教讲学活动。组织会内5名优秀教师到郊区燕龛中学开展送教下乡活动。组织会内医务人员到平定县巨城镇西岭村开展义诊活动,共接诊患者120余人次,并免费送去价值1200余元的预防感冒常用药,发放各类常见疾病防治宣传手册50余份,建立健康档案30余份。组织会内3名优秀教师到矿区东山社区开展文化帮扶进社区活动。（杨　芳）

【《阳泉民进》杂志创刊】 6月,民进阳泉市委经过精心筹备,《阳泉民进》杂志正式创刊。《阳泉民进》为内部刊物,半年刊,16开本,设置的主要栏目有专题选登、建言献策、社会服务、基层动态、大事记等。年内,《阳泉民进》发行2期,成为会员学习交流、参与活动、进言献策、展示风采的良好平台。（杨　芳）

农工党阳泉市委

【组织建设】 2014年,中国农工民主党阳泉市委员会共发展新党员9名,在坚持发展主体界别的同时,重点在经济、法律、文艺等非重点界别发展新党员,改善组织结构。农工党阳泉市委总结党务工作运行管理等方面取得的成绩,修改和完善已形成的制度,补充新的制度,逐步建立一套符合党派工作特性、适合党派自身发展特点的管理制度和工作机制。通过观摩、培训等形式,提高基层领导班子成员的政治素质和领导水平,基层组织建设工作形成较为系统的工作格局。（马洪亮）

【参政议政】 年内,农工党阳泉市委围绕中共阳泉市委、市政府中心工作,履行参政议政职能,为推进政府科学决策发挥作用。一是提案工作。在阳泉市政协会期间,农工党阳泉市委共提交团体提案12件、立案12件,是提交团体提案最多的党派。农工党界别的政协委员提交的个人提案20件,立案18件,其中有2件被列为重点提案。二是调研工作。全年共向农工党省委报送调研论文7篇,多篇得到省领导的认可,并于5月获得“农工党山西省委2013年度优秀调研报告二等奖”。4月,在中共阳泉市委统战部开展的“走基层、献良策、比贡献”活动中,农工党阳泉市委组织党内政协委员围绕全市医疗纠纷调解工作到市一院、市二院进行专题调研,并就调研情况,整理成专项提案上报市政协。同月,农工党阳泉市委到平定县金潭小微企业孵化基地开展调研,后期根据调研情况形成《大力发展小微企业的建议》的调研论文上报省委,并在农工党山西省委2014年度调研成果汇报会上,获得省政府参事专家和省委领导的好评。三是参加由中国农工民主党中央主办的“第九届中国生态健康论坛”。11月,主委李继红受邀到福建省厦门市参加大会,由其撰写的《我国煤矿区生态环境修复机制研究——以山西煤矿区生态环境修复为例》被收入大会论文集,为阳泉市生态健康建设提供依据。（马洪亮）

【社情民意】 年内,农工党阳泉市委共向农工党省委上报社情民意40余条,综合采用率65%;向市政协信息办上报社情民意50余条，综合采用率达60%。反映问题涉及社区服务、公共卫生、市场管理、城乡一体化建设、市政建设等方面。其中，《加强基层社会救助工作》《推行网上行政审批试点》《努力提升公共服务均等化水平》等10余篇社情民意被山西省政协采用，并在《山西政协报》的民意直述一栏刊登。5月，农工党阳泉市委获得“农工党山西省委2013年度社情民意信息工作先进集体”称号。（马洪亮）

【宣传工作】 年内，农工党阳泉市委编发各类网站稿件100余篇，编辑简报38期，上报各级部门稿件50余篇。其中，农工中央网采用5篇、山西政协网采用8篇、农工省委网站采用30余篇、市委统战部网站采用30余篇。组织《前进论坛》等刊物订阅、发送工作。（马洪亮）

【社会服务】 年内，农工党阳泉市委心系民众、关注民生，与基层组织联合开展多项社会服务活动。在“中国环境与健康宣传周”及“六一”儿童节来临之际，市直二支部于5月31日到郊区旧街乡枣园村开展爱心助学活动，向枣园村幼儿园的儿童赠送价值2000余元的学习用品和儿童玩具。6月8日，农工党阳泉市委组织党员到平定县东回镇七亘村开展义诊服务和爱国主义学习教育活动，11名专家为村民进行义诊、体检及常见病防治知识宣讲。9月21日，农工党阳泉市委到城区南山路街道办事处北岭社区开展“庆国庆、迎重阳、进社区、送健康”义诊服务活动。9月28日，阳煤集团总支的医务专家到革命老区辛庄开展下乡义诊活动，医疗队利用携带的专业心电图机、血压计、血糖仪等仪器设备为当地群众免费义诊。10月26日，结合中共阳泉市委统战部“统战成员进社区”活动和第二十六届“国际科学与和平周”活动，农工党阳泉市委联合矿区统战部，到矿区沙坪街道办事处中沙坪社区开展“统战成员进社区·志愿服务送健康”义诊活动。11月30日，为学习贯彻中共十八届四中全会精神，郊区总支部到郊区荫营镇矾窑村开展“践行四中全会精神 服务郊区群众健康”义诊活动。（马洪亮）

九三学社阳泉市委

【思想建设】 2014年，九三学社阳泉市委员会学习中共中央总书记习近平系列重要讲话精神，学习贯彻中共十八届三中、四中全会精神，召开弘扬焦裕禄精神主题学习会，学习习近平总书记在庆祝人民政协会议成立65周年大会上的讲话和在党的群众路线教育实践活动总结大会上的讲话等重要讲话精神，以及《中国共产党第十八届中央委员会第四次全体会议公报》和《中共中央关于全面推进依法治国若干重大问题的决定》等有关内容。9月3日是中国人民抗日战争胜利69周年纪念日暨九三学社建社69周年纪念日，九三学社阳泉市委召开座谈会，回忆历史，传承爱国、民主与科学精神，坚定走中国特色社会主义道路的信心和决心。（李宏业）

【组织建设】 年内，九三学社阳泉市委共发展新社员7人，其中高级职称4人、中级职称3人，平均年龄41岁，给社组织增添新鲜血液。加强支社组织建设，成立平定支社、山西工程技术学院支社2个基层组织，建立支社活动室，配备办公设施。平定县委统战部、郊区区委统战部提供党派基层组织活动联合办公室，并购置办公设施。（李宏业）

【宣传工作】 年内，九三学社阳泉市委利用新闻媒体，对社市委各项工作进行宣传报道。全年发表新闻报道26篇，九三信息26篇。其中，《人民政协报》刊载3篇，社中央网站、中国政协网、中国政协新闻网等国家级网站刊载30条；社省委网站、《山西社讯》、山西新闻网、山西省人民政府网等省级媒体刊载45条；《阳泉日报》、阳泉新闻网等市级报刊及媒体网站发表90余篇，宣传稿件在网站的刊登率有所突破。做好“一刊一网”工作，把社讯、网站打造成社员了解社务工作的资讯平台。全年出版发行《阳泉九三》两期，10万余字。（李宏业）

【参政议政】 年内，九三学社阳泉市委组织广大社员深入到市阀门厂、水泵厂、郊区辛庄、平定县金潭小微企业孵化基地等地进行调研，撰写《建议做大做强阳泉红色旅游产业》《关于促进阳泉旅游发展的几个建议》《关于加快我市装备制造业结构调整化的建议》等调研报告。《关于积极推进社区减负增效的建议》《关于加强我市城镇住宅信报箱建设和管理的建议》的调研报告转化为团体提案。与农工党阳泉市委联合开展中小企业发展的专题调研，对企业进行把脉会诊，提出促进企业健康发展的对策建议。阳泉市“两会”期间，社市委共向大会提交团体提案5件，委员个人提案28件，其中《关于加强我市城镇住宅信报箱建设和管理的建议》的团体提案被市政协列为重点提案重点督办。许多提案得到有效办理，反映和关注的重点问题得到有效解决。参加中共阳泉市委统战部召开的5次党外代表人士双月座谈会，主委李天祥等代表社市委分别在座谈会上建言献策，为推动全市经济社会发展做出贡献。加强民主监督工作，20余名社员担任各级人大代表、政协委员、党风政风监督员，尽职尽责，发挥民主监督的作用。（李宏业）

【社情民意】 年内，九三学社阳泉市委共撰写社情民意93篇，社省委采用并上报省政协74篇，《山西政协报》采用12篇，阳泉政协《社情民意》采用5篇。其中，主委李天祥撰写的《加强社会诚信体系建设》《建立政务信息查询系统》和副主委张巧花撰写的《实现中草药机械化种植》《加强民生工程后续管理》以及赵瑞、傅阿荣、王云龙撰写的社情民意在《山西政协报》刊登。在社省委第三次全体会议上,社市委被社省委评为“市级组织信息工作先进集体”二等奖,张巧花、李天祥获“先进个人”称号。（李宏业）

【社会服务】 年内,九三学社阳泉市委继续搞好“九阳科技合作”活动,为九阳合作基地提供技术服务;组织开展统战成员进社区活动,为社区长年患病、行动不便的31位老人提供诊疗服务;组织社员开展助残助学、慰问子弟兵活动,先后为市聋哑学校、上站小学、市福利院等送去价值6000元的学习、体育用品以及玩具和生活用品等,“八一”建军节期间为盂县人武部子弟兵送去价值2000元的防暑用品。社员张三虎获国务院残疾人委员会颁发的“全国助残先进个人”荣誉证书及奖章,并出席了2014年5月在人民大会堂举办的第五次全国自强模范暨助残先进集体和个人表彰大会。（李宏业）

【九阳合作】 年内,九三学社阳泉市委带领社省委、市委的技术人员到平定县岔口乡理家庄村进行玉米种肥同穴播种机的试播,对机具进行现场安装调试,现场对农民及农机操作手进行培训,试播0.33公顷(5亩)玉米,及时检查跟踪下种,生物有机肥、化肥施用情况。通过跟踪苗情、关注收获,证明播种、下肥良好,达到预期效果,试验取得初步成功,并与对照田相比,每亩增产10%—15%。社市委到山西十月秋农业科技有限公司调研小杂粮加工厂,参观谷子从脱壳机到吸糠再到包装成品的整个工艺流程的机械自动化,参观考察谷子免间苗播种机,到田间地头查看谷子的生长情况。（李宏业）

工商联

阳泉市工商业联合会

【思想建设】 2014年,为做好非公有制经济代表人士的思想政治工作,山西省阳泉市工商业联合会领导班子在年初召开专题会议,研究制订思想政治教育工作的计划和部署。一是开展专题培训活动,邀请市委党校教授巩树青向非公有制经济人士授课,从思想上增强非公有制经济人士对中国特色社会主义的信念。二是开展与政府职能部门、金融系统的互动座谈,了解政府推进经济发展和社会和谐稳定,扶助企业发展制订和出台的各项政策举措。三是调研、培训和外出参观学习,使非公有制经济代表人士,把握在经济新常态下,如何做好自身企业的转型升级。其间,邀请市发改委总经济师刘全保为非公有制经济代表和企业负责人专题讲解新常态下全市中小微企业转型升级的路径和方法。四是在培训学习中,重点理解和把握中共十八大、十八届三中、四中全会精神的实质和精髓。市工商联对非公有制经济人士思想政治教育工作开展的做法,在全省工商联非公有制经济人士理想信念教育实践研讨会上做经验介绍。（郭晋兴）

【参政议政】 年内,市工商联履行政治协商、民主监督、参政议政的职能,为推进政府科学决策发挥作用。政协阳泉市十二届三次会议期间,市工商联执委中的政协委员共提交集体提案和委员个人提案12件、委员大会发言1份,内容涉及民营企业人才引进、融资、转型发展、城乡学前教育、现代物流和缓解交通压力等多个领域的多个方面。市十四届人大四次会议期间,市工商联执委中的人大代表共提交代表建议6件,内容涉及全市工业园区建设、工资集体协商制度和城市饮用水改善等领域。全年共搜集反映社情民意14份。为解决全市群众关注的热点问题和难点问题,提出意见和建议100多条。参加中共阳泉市委统战部召开的党外代表人士双月座谈会,其中《关于实施城市饮用水水质改善工程的建议》被采纳。建言献策调查研究活动中,共走访调研非公有制民营企业50余家,召开各类座谈会30余次,发放调查问卷400余份,形成《关于落实企业投资自主权和示范项目开展第三方评估的调研报告》《关于全市民营中小微企业发展情况的调研报告》《关于阳泉市民营中小微企业发展问题及对策建议的报告》《关于非公有制企业法律服务情况的调研报告》4份调研报告。（张秀亲）

【六大平台】 年内,市工商联以服务非公有制经济为主线,搭建“六大平台”,促进非公有制经济健康发展。一是搭建企业数据库平台。市工商联多次召开全市工商联系统会议,联系数据库软件合作单位,对会员企业、商会、行业协会,异地商会和阳泉籍外省民营企业进行统计摸底和登记,年底软件系统已全部开通。二是搭建科技服务平台。为全市企业之间的对接搭建沟通途径,为中小微企业同外地企业对接提供服务。组织非公有制民营企业参加省高校、科研院所高新技术对接洽谈会。三是搭建融资服务平台。市工商联多次协调银企对接洽谈活动,就民营中小微企业融资难问题,为金融系统和民营企业相互沟通对接提供协调平台和服务。四是搭建内联外引互动平台。5月27日,由市委常委、统战部部长李云峰带队,组织阳泉市民营企业家到北京学习考察。其间,同北京亦庄国家级经济开发区企业对接交流,洽谈合作事宜。6月20日,市工商联组织部分中青年民营企业家到广州中山大学培训学习。7月2日,市工商联牵头组织发改委、规划、国土等10个部门和单位同民营企业对接，协商建立联系的长效机制。五是搭建维权服务平台。针对非公有制民营企业和民营企业职工权益受到侵害后，维权服务滞后的问题，市工商联组建成立非公有制民营企业法律服务中心，聘请法律、公证等部门专家担任中心领导，为民营企业提供法律维权服务。阳泉市工商联这一做法，在全省做经验交流。六是搭建企业风采展示平台。市工商联在市电视台和《阳泉日报》《市政协会刊》《市委统战部会刊》开设专栏，宣传报道民营企业成功人士、企业文化、创业典范和转型楷模，提高社会对企业的认知度。（张秀亲）

【企业投资自主权和示范项目第三方评估工作】 根据《国务院关于对稳增长促改革调结构惠民生政策措施落实情况开展全面督查的通知》（国发明电〔2014〕1号）的要求，国务院办公厅委托全国工商联对落实企业投资自主权和示范项目开展第三方评估工作。全国工商联把阳泉市列入第三方评估的重点调研城市（山西省只有太原市和阳泉市入选）。为做好此项工作，市工商联制订开展调研活动的实施方案，分四步开展评估调研工作。第一步，召开全市所属县区、开发区工商联负责人会议专题部署安排，学习评估内容和相关依据文件，准确掌握评估的重点、方式和方法，选择和确定全市调研评估的重点非公有制民营企业和厂家。第二步，到企业调研走访座谈。市工商联调研组用一周时间，深入阳泉市县区的10家有代表性的重点民营企业开展调研，召开企业管理人员座谈会，发放调研问卷，详细搜集数据资料，并对相关数据和资料进行分析评估，写出专题报告。第三步，7月2日，组织民营企业负责人与市发改委、规划局、住建局、环保局、行政审批服务中心等部门对接交流座谈，了解市政府有关落实企业投资自主权、取消行政审批由核准改备案、下放审批权等方面的文件和政策，听取民营企业对相关政策落实情况的意见和建议。第四步，7月3日至4日，配合全国工商联主席王钦敏带队的调研组开展活动。全国工商联调研组深入阳泉市多家民营企业了解政策在企业的落实情况，召开民营企业家座谈会，面对面听取意见建议，对全市落实国务院稳增长促改革调结构惠民生一系列政策的工作给予肯定，对市工商联为此次调研活动所做的准备工作和提供的调研报告、数据、资料和调研的组织工作给予表扬。（张秀亲）

【第二届晋商大会】 年内，第二届晋商大会期间，市工商联作为主要组织和牵头单位承担第二届晋商大会阳泉组团的相关事宜。市工商联协同有关部门和单位制订《阳泉市参加第二届晋商大会工作方案》和《第二届晋商大会阳泉市新型材料和现代服务业对接恳谈会工作方案》，并按照方案要求，推进落实工作。6月23日，主席张秀亲带队组织阳泉市10余家民营企业代表，参加第二届晋商大会珠三角民营企业投资考察恳谈对接活动，先后考察广州东风日产集团、广州大运集团、广州开发区相关产业，同来自香港、澳门特区和广州、深圳、珠海三角区的知名企业家对接恳谈，相互交换项目和信息。8月25日，市工商联组织阳煤中小企业集团及所属的6家企业单位，参加第二届晋商大会民营企业与高校科研院所产学研项目对接恳谈会，阳泉市企业家与太原理工大学等6个科研院所进行洽谈和项目引进，达成两个项目引进合作意向。8月28日，举办第二届晋商大会阳泉新型材料和现代服务业对接恳谈北京会议。会议期间，11家中企、8家上市公司、5家高科技企业等36家客商受邀与阳泉市企业家对接恳谈，共有12个项目实现签约，总投资105.2亿元，项目涵盖现代服务业、信息产业、材料工业等领域。9月3日，市长陈永奇带队参加第二届晋商大会太原现场会，阳泉团组织参会的阳泉企业家，先后参加第二届晋商大会举办的省情通报会和晋商大讲堂报告会，并且在文化产业和旅游产业等专题推介会议上推介宣传阳泉市相关产业政策和资源优势。在第二届晋商大会晋商网络启动活动期间，开展各种网上信息收集和发布活动，宣传阳泉经济、社会和企业转型升级的新成果，展示阳泉改革创新，锐意进取的新形象。（张秀亲）

群众团体

阳泉市总工会

【“依法维权年”行动】 2014年,阳泉市总工会以“依法维权年”为统领,制订《阳泉市工会“依法维权年”行动计划》,编制全市工会“依法维权年”活动任务分解书、维权典型一览表,编印《职工维权一本通》和《农民工维权一看懂》两本口袋书,开展21个专项行动,推动一大批维权项目的落实。推进工资集体协商工作,根据市委、市政府出台的《阳泉市企业工资集体协商暂行办法》和《阳泉市推进工资集体协商构建劳动关系和谐企业的意见》两个重要文件,将工资集体协商工作纳入各级政府目标责任考核体系。召开阳泉市推进工资集体协商暨构建劳动关系和谐企业工作会,成立市委副书记任组长的全市工资集体协商工作领导组,在宏观层面、政策层面、制度层面为工会履行维护职能争取更多的资源和手段。全市2247家企业开展工资集体协商并签订集体合同,建制率达98%,覆盖职工29万余人。签订女职工专项合同898份,覆盖女职工12.84万人。市总工会被授予“山西省工会2014年工资集体协商提质增效工作先进市总工会”称号。加强法律服务工作,建立职工法律维权援助服务中心和法律顾问委员会。推进企事业单位民主管理建制规范提质,制订出台企务公开民主管理工作规划、制度规定和操作规范,召开全市企务公开民主管理建制规范提质行动推进会,全市企事业单位职代会建制率达97.8%,企务公开建制率达96.1%。组织全市企务公开民主管理工作交叉检查,开展企务公开民主管理示范单位创建活动。启动职工代表素质提升工程,举办全市企事业单位职工代表培训班。开展“公开解难题、民主促发展”主题活动,举办“当好职工代表、服务转型跨越”征文活动,组织全市企事业单位模范职工代表和优秀职代会提案评选。参与国有企业关闭歇业改制工作,严格履行民主程序,《职工安置方案》全部实行票决制,职工合法权益得到切实保障。持续开展“安康杯”竞赛活动,扩大竞赛范围和规模,全市参赛单位850家,参赛职工31.03万人。加大尘肺病防治工作力度,探索工会参与职业病防治模式,制订工作方案,推动企业改进防护设施,建立职工健康档案,定期组织健康体检。全面推进《女职工劳动保护特别规定》在企业的落实,改善女职工劳动环境和保护条件,维护职工生命健康权益。 (王一珉)

【职工维权帮扶】 年内,各级工会开展“农民工有困难找工会 拿不到工资找工会”专项行动,出台从登记、建账到追讨、兑现等一系列制度,建立市、县(区)两级工会“农民工维权服务站”,设立220万元农民工讨薪应急救助金,实现农民工讨薪工作的常态化、机制化、长效化。全市工会深入开展送温暖活动,慰问困难职工21685名,发放慰问款物982万元;开展“关爱职工送清凉”活动,慰问职工12100名,发放防暑降温用品65万余元;开展“金秋助学”活动,为224名困难职工子女提供助学金89.6万元;第九期职工大病医疗互助活动补偿职工3908名,支付互助金1251.8万元;开展工会扶持创业带动就业活动,帮助1869名职工实现就业;市总工会依托帮扶中心,设立“主席窗口接待日”,建立职工心理咨询辅导站。实行困难职工帮扶项目化管理,推出为患癌症和尿毒症的困难职工发放医疗专项救助金等贴心服务,累计发放救助金227.4万元。全面实施“女职工关爱行动”,为340余名特困单亲女职工提供两癌(宫颈癌、乳腺癌)普查和生活救助,市总工会荣获“山西省女职工健康工程奖”。举办“缘在工会·相约金秋”大型公益相亲会,全市68个基层单位的600余名单

身职工参加活动，现场79对牵手成功。 （王一珉）

【劳动竞赛】 年内，阳泉市各级工会围绕综改试验区建设，以“当好科学发展主力军，打好转型跨越攻坚战”为主题，组织开展多种形式的劳动竞赛活动，动员20.66万名职工投身经济建设主战场，提出合理化建议1.43万项，激发广大职工的劳动热情和创造活力。在全市卫生、教育、农村信用社等领域开展职业技能大赛，参赛职工87554名。开展“大培训、大练兵、大比武”活动，8801名职工通过岗位练兵、技术培训、技能比赛提升技术等级。加强高技能人才（劳模）创新工作室建设，8个工作室被省总工会命名为省级创新工作室。全市新建创新工作室36个，推广先进操作法99项，获得国家专利77项，创造经济效益3080万元。召开全市转型综改实验区建设劳动竞赛推进会，构建“体制机制改革创新”“重大项目工程建设六比六看”“县区转型争先”和“企业四创四增”四位一体的劳动竞赛新格局。召开劳动模范表彰大会，对2010年至2014年全市涌现出的模范单位、模范集体和劳动模范进行表彰奖励。 （王一珉）

【职工队伍素质建设】 年内，市总工会组织开展“中国梦·劳动美·我与改革创新”全市职工主题宣传教育活动、“中国梦·劳动美——女职工在行动”全市工会“三八”主题教育月活动和“最美劳动者”“工会在身边”主题微博、微电影大赛。拓展职工文体活动阵地，制订阳泉市工会职工书屋建设工程五年规划，新建30家市级职工书屋示范点。开展争当学习型职工读书行动，促进职工整体素质提升。组织“中国梦·劳动美”全市职工系列文体活动，培训基层职工文艺骨干1000多人，举办职工健排舞大赛、演讲比赛、知识竞赛等活动，丰富职工群众的精神文化生活。 （王一珉）

【工会组织建设】 年内，各级工会紧扣中小企业、混合所有制企业和新社会组织等建会重点，推进“工会组建月”活动，新增工会组织91个，新发展工会会员5579人。市总工会被授予“2014年度山西省工会组建月活动优胜市总工会”称号。贯彻全国总工会《新形势下加强基层工会建设的意见》，围绕实践“两个信赖”（工会组织成为职工群众最可信赖的职工之家、工会干部成为职工群众最可信赖的娘家人），开展建设职工之家活动，规范工会工作流程，明确职责分工、完善规章制度。加强工会干部队伍建设，举办基层工会干部培训班，提升了工会干部的履职能力。 （王一珉）

【自身建设】 年内，全市工会财务经审工作水平不断提高，经费收入保持稳步增长，上解经费超额10.1%完成省总工会任务指标。市总工会被全国总工会授予“工会财务工作先进单位”称号，荣获“全省工会财务工作竞赛特等奖”。召开全市工会经审工作规范化建设推进会，工会经费审查监督效能和质量有效提高，审计程序更加规范。市总工会经审会荣获“全省市级和省级产业工会经审工作规范化建设考核特等奖”。加大典型培养选树力度，强化典型示范、带动、引领功能，对全市工会“依法维权年”行动和典型培育选树工作进行督查，形成典型申报确认、督导互通、督查验收、考核评比的完整工作链条，最后选出33个基层工会新典型。开展具有工会特色的精神文明创建活动，市总工会荣获“全国文明单位”和“省级文明单位标兵”称号。 （王一珉）

中国共产主义青年团阳泉市委员会

【概况】 2014年，中国共产主义青年团阳泉市委员会围绕党政工作大局，推进青少年权益工作创新全国试点工作，开展促进青年就业创业行动、青年安全生产宣讲行动、青年志愿者微公益行动三项重点工作，努力推进各项工作顺利完成。年内，共青团阳泉市委获“第十届中国青年志愿者优秀组织奖”“2013年度社会管理综合治理工作先进单位”等多项奖励。 （张丽萍）

【团市委第十四届三次全体（扩大）会议】 3月19日，共青团阳泉市委员会召开十四届三次全体（扩大）会议、阳泉市少工委五届二次全体（扩大）会议。共青团阳泉市第十四届委员会委员、候补委员，各县区团委，市直各单位、各乡镇团组织负责人，五届少工委委员等共120余人参加会议。市委副书记王旭明出席会议并作重要讲话，团市委书记李海民代表团市委常委会做工作报告，市少工委主任李俊斌对全市少先队工作进行安排。会议审议通过了《共青团阳泉市委十四届三次全委会关于委员卸职递补确认案》，表彰了第七届阳泉市十大杰出（优秀）青年和2013年度共青团工作先进集体。 （张丽萍）

【“五四”纪念活动】 4月29日，共青团阳泉市委举行“转型跨越——共青团在行动”纪念五四运动95周年主题团日活动。各县区团委、市直各单位团组织负责人及青年代表50余人参加会议。会上，市委有关领导作重要讲话，团市委书记李海民作共青团工作汇报。山西大正伟业农牧有限公司董事长龚俊强、市审计局固定资产审计科科长黄慧文、平定县柏井镇乱安村党支部书记陈素光3名青年代表，结合自身实际，围绕主题活动作交流发言。5月4日，阳泉市纪念“五四”运动95周年暨建团92周年表彰大会在市文化中心报告厅召开。市委副书记王旭明出席大会并作重要讲话。会上表彰46名第二届阳泉青年五四奖章个人、28个第二届阳泉青年五四奖状集体、28个五四红

旗团委、55个五四红旗团支部、116名优秀共青团干部和228名优秀共青团员。　(张丽萍)

【青少年理想信念教育】　年内,团市委以“我的中国梦”为主要内容开展一系列青少年理想信念教育活动,依托“青年马克思主义者培养工程”“阳泉青年大讲堂”等载体,开展“我的中国梦”主题教育实践活动143场,覆盖青少年3.6万余人;利用“3·5”学雷锋、“五四”青年节、“六一”儿童节等契机,开展红领巾相约中国梦主题教育活动379场,14.1万名少年儿童参与活动;开展“与人生对话——我的中国梦”和“彩虹人生——我的中国梦”主题教育活动130余场。启动阳泉市共青团百场万人宣讲活动和“共青团领导干部带头上讲台讲党课、下基层讲团课”活动,团市委领导带领班子成员深入基层,围绕“我的中国梦”与青少年成长成才等内容进行专题讲座。开展青少年服务台“12355”中华优秀传统文化“六进”(进学校、进机关、进企业、进社区、进农村、进高墙)走基层活动160场,覆盖青少年2.9万人,发放青少年理想信念教育调查问卷402份,增强青少年思想引导工作的针对性和实效性。组建阳泉市“奋斗的青春最美丽”分享团,开展活动40场,1万余人参与。年内选树10名优秀新青年典型,通过《山西青年报》进行专题报道,113家集体和662名青年受到省市表彰,阳泉市供电分公司被团中央授予“全国五四红旗团委”称号。持续做好阳泉共青团官方微博、微信和网站管理,加大对全市1400名网络文明志愿者的调整补充和工作骨干的培养锻炼。　(张丽萍)

【青少年权益工作创新】　年内,团市委以“四个首创”为突破,推进青少年权益试点工作。在全国共青团系统首创“面对面”活动驻会(市人大、政协两会)联络员制度,市人大办公厅、市政协办公厅、团市委联合出台《关于建立健全“共青团与人大代表、政协委员面对面”活动制度的通知》《关于建立“共青团与人大代表、政协委员面对面”活动驻会联络员制度的通知》,以制度的形式将“面对面”活动确定下来,聘任16名省市级人大代表、政协委员为首批驻会联络员,全年开展“面对面”活动26场。在全省创建首家未成年人定向关护中心,中心面积600余平方米,15名持证阳光关护员与检察院有关干警一道,对全市不捕不诉涉案未成年人实施“1对1”“N对1”定向关护。在全省创建首家流浪未成年人爱心驿站,8名爱心辅导员对市流浪未成年人救助保护中心内的流浪乞讨未成年人进行心理疏导和人性化关爱。在全省创建首家青少年社会工作站“亲 & 青 FAMILY”,聘请山西铸仁社会工作服务中心的专业青少年社会工作者做技术指导,市“心知旅”心理辅导站等6家社会公益组织提供心理辅导、法律援助、成长关爱、社会融入等专业服务。该工作站辐射矿区桥头5个社区的1.4万名青少年,重点关注辖区内的闲散青少年和城市留守青少年。7月10日,阳泉市青少年社会工作专业人才队伍建设座谈会在矿区段南沟社区召开,省综治办一处处长袁震,团省委权益部副部长李杰,省青少年社工代表、山西医科大学教师姚尚满、何志晶出席座谈会,各团委书记及全市部分社区负责同志和青少年工作者代表共30余人参加座谈。8月4日,团中央权益部维权工作处处长冉云梅,团省委权益部副部长李杰,团省委维权中心主任张华,团省委权益部干部李晓静一行到阳泉市指导调研青少年权益创新试点工作,团市委书记李海民、副书记黄洁诚陪同调研。　(张丽萍)

【少先队活动】　年内,市少工委围绕少先队组织的根本任务,利用少先队活动课、升旗仪式、主题队日活动在校内、社区、教育基地等地对少先队员进行基础知识教育,开展“我的绿色环保梦”“我的蓝色科技梦”“我的红色报国梦”“我的金色童年梦”等一系列活动。成立老革命、老教师等组成的“全市红领巾德育宣讲团”,开展“社会主义核心价值观”“雷锋精神”“革命传统教育”等为主题的系列宣讲60余场次,受众队员2万余人次。各级少先队组织开展“中国汉字听写大赛”“书香满校园　经典伴我行——读书日”等活动。市青少年宫承办全市少年儿童“童心向党,共唱中国梦”合唱比赛,全市33支代表队参加比赛。9月17日,阳泉团市委、市教育局和市少工委对160名来自全市5个县区的基层少先队大、中队辅导员和县区少先队工作者进行培训。10月13日,为纪念中国少年先锋队建队65周年,团市委、市教育局和市少工委在郊区文苑小学举行“红领巾相约中国梦”阳泉市庆祝少先队建队65周年主题队日暨“我的金色童年梦”少先队鼓号队展演活动。(张丽萍)

【青年就业创业工作】　年内,团市委选树创业典型,打造青年创业面对面专题节目12期,举办“精彩青春·创业阳泉”青年创业·汇,5名创业青年进行创业实战技能和项目展示。开展省市青年创业奖评选活动,培养农村青年致富带头人600人,评选市、县、乡三级乡村好青年360人,组织一批扎根基层、创业成才的青年典型进校园、赴基层,开展创业培训、创业励志故事分享。年内,发放农村青年创业小额贷款1.1亿元,扶助创业青年515人,带动青年就业2000余人;发放城市青年创业贷款108笔,贷款金额3184.3万元。举办青年创业大讲堂、SIYB、SYB等就业创业技能培训活动,培训青年1889人。开展青年就业创业见习工作,企业对接青年1008人。依托阳泉市青创中心定期举办“我和青年有个约会”周五专场招聘会65期,2353家单位提供50529个岗位,6708人次达成用工意向。不定期开展主题招聘

活动20余场，发布用工信息和求职信息3万余条。（张丽萍）

【青年志愿者服务】 年内，市青年志愿者协会新组建10支青年志愿服务队，开展助残“阳光行动”24场次。以大阳泉西峪村阳泉市爱心家园孤独症（自闭症）康复训练中心为长期志愿服务项目，募集并投入资金10万余元。“六一”儿童节和“12·5”国际志愿者日期间，深入大阳泉西峪村自闭症爱心家园、北岭小学培智班、福利院、盲聋人学校、盂县西烟镇山凹掌村扶贫点等地，送去节日祝福和价值4万余元的慰问物资。青年志愿者服务队与农民工子女较集中的学校新结对子37对。（张丽萍）

【希望工程】 年内，市希望办为进一步规范档案管理，开展贫困青少年摸底工作，建立待受助学生电子资料库，1700余名贫困青少年登记在册。开展“聚爱青春、关爱同行”真情关爱行动，发放各类爱心物资和梦想基金共计5.4万元，资助各类弱势青少年群体95人。开展希望工程“一元捐”活动，筹款153439.7元。开展2014年希望工程圆梦行动，设计《圆梦手册》，首次将学生道德评价引入考核机制，承办山西省希望工程圆梦行动暨第十七届芙蓉学子助学金发放仪式，捐助贫困大学生111人，发放助学金45万元。此外，20家青年文明号单位结对20名留守儿童，开展慰问14场。（张丽萍）

【中学共青团规范化建设现场会】 11月28日，全国“学校共青团重点工作创新”试点推进暨阳泉市中学共青团规范化建设现场会在阳泉一中召开。团省委学校部部长燕楠出席现场会，团市委班子成员、各县区分管副书记、团委书记和全市各中学团委书记共70余人参加会议，市少工委主任李俊斌主持会议。会上，为平定二中等16所中学团委颁发了2014年阳泉市中学共青团规范化建设示范团委奖牌。市十九中、市十六中、郊区职业中学的团委书记分别就团队衔接、中学基础团务管理、学生职业生涯规划做了经验交流。（张丽萍）

【首家县域农村合作组织团工委成立】 年内，团市委以“区域化建组织、区域化配干部、区域化搞活动、区域化建阵地”的工作要求，推进农村区域化团建工作。11月6日，阳泉市首家县域农村合作组织团工委在平定县正式成立，团省委农村青年部部长王昕光出席成立大会并作讲话。平定县县域农村合作组织团工委委员，各乡镇、县直各系统团委书记，县直各单位相关职能科室负责人，农村致富带头人，农村合作社负责人，涉农协会负责人，基层供销社负责人，农村青年代表，创业青年代表，大学生村干部代表等共计170余人参加大会。（张丽萍）

【青年安全宣讲】 年内，团市委以“安全生产，青年先行”为主题，推进青年安全生产工程，利用媒体、网络、墙报、微信、团内刊物5个宣传阵地，采取培训、讲座、知识竞赛、座谈会、辩论赛5种教育形式，加强安全生产法律法规学习教育活动。组建青年安全生产宣讲服务队20支，开展青年安全宣讲进企业、进社区、进学校、进庙会、进家庭“五进”活动70余场次，创建19家“青年安全生产示范岗”，举办“说句心里话”亲情话安全全市青少年主题征文比赛，甄选优秀征文400篇。（张丽萍）

阳泉市妇女联合会

【概况】 2014年，阳泉市各级妇女联合会围绕全市改革发展大局，服务基层、服务妇女，全面深化“四大行动”（巾帼建功行动、巾帼维权行动、巾帼成才行动、巾帼关爱行动）和“六大工程”（新农村建设“双百双千双万”工程、“三八”绿色工程、平安文明和谐家庭创建工程、家长教育工程、妇女教育培训工程、妇女儿童健康行动工程），各项工作取得新成绩、新进展。市妇联被省委、省政府评为“双拥”模范先进集体，被省委依法治省领导组评为“山西省依法治理示范单位”，被市委防范和处理邪教问题领导小组授予专项整治“百日会战”先进集体。（卢志英）

【山西“恒爱行动”爱心毛衣阳泉捐赠仪式】 1月16日，山西省“恒爱行动”爱心毛衣阳泉捐赠仪式在平定县东回小学举行。省妇联副主席韩红、儿童部部长申莉平、市妇联主席朱玉芳等相关领导出席仪式。此次“恒爱行动”于2013年12月26日启动后，各级妇联组织以“编织梦想、共筑幸福”为主题，发动近千名爱心妈妈编织爱心毛衣2000件。（卢志英）

【妇联系统信息员培训班】 2月18日，市妇联举办全市妇联系统信息员培训班，来自5个县（区）、44个乡镇（街道）以及社区的妇联干部和信息员共60人参加培训。阳泉日报社社长杨鸿龙就妇联信息宣传工作的重要性和发展趋势进行讲解。（卢志英）

【“三八”国际妇女节系列活动】 年内，市妇联为纪念“三八”国际妇女节104周年，开展一系列活动。2月27日，市妇联举行纪念“三八”表彰先进暨市妇联十一届二次执委会议。市妇联主席朱玉芳作题为《巾帼建新功，共筑中国梦，团结动员广大妇女为建设“千亿百万”阳泉贡献力量》的工作报告。会上表彰110名“三八”红旗手和110个“三八”红旗集体，还选举产生22名出席山西省第十一次妇女代表大会的代表。3月7日，市妇联机关干部到盂县仙人村开展维权活动高潮日暨赴基层“十送”（送法律、送文化、送家教、送科技、送政策、送信息、送培训、送荣誉、送温暖、送岗位）活动。3月7日,“政风行风热线”栏目邀请市妇联主席朱玉芳、副主席韩静、权益部部长王文利及山西嘉尚律师事务所律师齐艳红做客该栏目,以“关注妇女维权”为主题进行探讨。3月8日,市妇联联合市人社局举办“阳泉市2014年春季人才交流会暨第六届女性人才招聘会”。3月10日,市妇联举办以“搭建供需平台、促进妇女就业”为主题的阳泉市“春风送岗”妇女专场招聘会。（卢志英）

【关爱妇女儿童】 1月30日(农历腊月三十)，市妇联组织女领导、女企业家、巾帼志愿者等组成的爱心妈妈队伍一行30余人带着新春的问候和价值1万多元的文具、玩具和压岁钱等节日礼物，到市福利院与孩子一起包饺子、过春节。3月13日，市妇联主席朱玉芳带领机关干部到平定县慰问走访了81岁的老妇女干部梁玉珍，听她讲述了旧社会的苦难和她参加儿童团并走上革命道路的故事。3月中旬,市妇联主席朱玉芳带领班子成员及机关干部深入平定县、郊区看望慰问身患“两癌”(宫颈癌、乳腺癌)的8名基层贫困妇女，为每名妇女送上由全国妇联、中国妇女发展基金会“贫困母亲两癌救助”中央专项彩票公益金资助的1万元救助金。（卢志英）

【“最美家庭”暨“十好”个人评选活动】 年内，市妇联利用各类新闻媒体和“妇女之家”,开展以“幸福家庭,美丽阳泉”为主题的寻找“最美家庭”(平安之家、守法之家、和美之家、学习之家、健康之家、艺术之家、责任之家、关爱之家、低碳之家和奉献之家)活动和评选“十好”(好婆婆、好公公、好妻子、好丈夫、好母亲、好父亲、好儿女、好媳妇、好女婿、好岳父)个人活动。4月18日,召开寻找“最美家庭”平定县宋家庄现场推进会。5月14日,在平定县评梅广场举行全市平安家庭暨最美家庭颁奖典礼,表彰命名10户最美家庭、10户最美家庭提名奖、100名“十好”个人、100户平安家庭、100户文明和谐家庭和105家单位。（卢志英）

【首家早教示范基地成立】 5月23日,市妇儿工委、市妇联在市政府机关幼儿园举行首家0岁至3岁早教基地授牌仪式暨现场观摩活动。各县区妇联分管主席、妇儿工委办主任、幼儿园干部及社区代表等共100多人参加活动。市妇儿工委主任、市政府副市长任衍钢为示范基地授牌,市妇儿工委常务副主任、市妇联主席朱玉芳主持授牌仪式。市直机关幼儿园早教中心是阳泉市成立的第一个公办早教机构。（卢志英）

【“六一”慰问活动】 “六一”期间，市委副书记王旭明,市委常委、市委秘书长刘星,市政府副市长、妇儿工委主任任衍钢,市人大常委会副主任吴丽萍,市政协副主席许文珍带领妇儿工委成员单位负责人，分4路走访慰问平定县东回镇东回小学、盂县西潘乡进圭村小学、郊区北舁村八一中心小学、城区北大街幼儿园、矿区小南坑小学,为他们送去16.8万元慰问金及价值5万元的书籍和2万元的慰问品。5月29日，市妇儿工委、市妇联在平定县东回小学举办以“美德美梦美少年”为主题的全市庆祝“六一”主会场活动。会上市妇联还举行全市第二十一批春蕾计划资助仪式,市委、市政府、市妇儿工委成员单位、平定县妇儿工委成员单位以及社会各界爱心单位向东回小学发放慰问品和慰问金。5月30日,市妇联组织机关干部、女企业家、女领导干部、市直机关妇委会、巾帼文明岗等人员组成的爱心妈妈队伍到市福利院,为那里的孩子送去6800元的节日礼物，与他们共度“六一”儿童节。口腔医院的专家为他们进行口腔健康检查和卫生保健指导。（卢志英）

【少年儿童家风演讲比赛】 6月5日,市妇联在郊区义东沟小学举办以“传承良好家风,争做美德少年”为主题的演讲比赛。来自全市5个县区的12名小选手参加全市少年儿童家风演讲比赛。评出一等奖1名,二等奖3名,三等奖3名,优秀奖5名和优秀组织奖6名。（卢志英）

【“6·15”儿童保护日——’2014绿丝带行动宣传活动】 6月16日，市妇联在市第十九中学举行“6·15”儿童保护——’2014绿丝带行动宣传活动。市妇儿工委办、市文明办、市教育局以及社会各界共300余人参加活动。此次宣传活动意在呼吁全社会要以“6·15”儿童保护日——绿丝带行动为契机,进行广泛宣传,营造全社会关爱儿童成长、保护儿童权益的氛围,促进形成“儿童优先”的社会理念，共同保护和促进儿童健康成长。与会领导为参加活动的巾帼志愿者、教师、学生发放宣传资料300余份。（卢志英）

【“八一”慰问活动】 在“八一”建军节87周年来临之际，市妇联联合市双拥办、阳泉军分区政治部举办阳泉市“十佳兵妈妈、好军嫂”表彰会。会上授予芦存林等10人“阳泉市十佳兵妈妈”称号,李晓雨等10人“阳泉市十佳好军嫂”称号。市妇联主席朱玉芳一行走访慰问狮脑山驻军部队,向广大官兵送去背心、床单、凉席等价值1万元的慰问品。（卢志英）

【微电影《绒花》上映】 年内,由市妇联牵头,阳泉军分区、市民政局、矿区区委、矿区政府、山西近代矿史研究会和阳泉国际文化交流中心联合摄制的大型公益微电影《绒花》拍摄完成。电影根据“中国双拥年度人物入围奖人物”、山西省“十佳兵妈妈”“十大杰出母亲”芦存林的真实故事改编，讲述了芦存林60年如一日关怀子弟兵的事迹。该剧于1月至3月筹划、采访并编写完成电影剧本,5月1日开拍,7月25日首映。《绒花》的拍摄和公映推动了全市双拥工作再上新台阶。市妇联被省委、省政府授予“2014年度双拥工作先进集体”称号。8月2日,山西省微电影评审委员会上,《绒花》被评为优秀影片奖,同时荣获最佳编剧、最佳摄影和最佳童星奖。（卢志英）

【耿静雅参加’2014美丽中国爱心行活动】 7月28日,“守护童年 与爱同行——’2014美丽中国爱心行”大型公益活动启动仪式在北京举行。市妇联主席朱玉芳带领阳泉市春蕾儿童耿静雅参加启动仪式。耿静雅小朋友代表春蕾儿童在仪式上进行发言,并受到中国妇女儿童基金会秘书长的接见。（卢志英）

【“十送”活动】 8月19日,市妇联主席朱玉芳一行到对口扶贫村——平定县东回村和前黄安村,为村里0岁至3岁的孩子发放米粉,为百余名家长送上《0—3岁科学早教读本》,并现场为家长讲解科学早教的相关知识;为村里的巾帼文艺志愿者送去统一的服装;为前黄安村的妇女之家送资料,并走访慰问贫困户。9月10日,母亲健康快车到东回村送健康,平定县东回村200多名妇女儿童和老人在家门口接受身体健康检查。9月18日,市妇联、市老促会妇工委联合举办的送温暖、送健康、送政策、送法律到基层活动在平定县理家庄村广场举行。市妇联、市老促会妇工委共向理家庄村捐赠1000多册图书,向村民发放健康、文化、法律等方面的资料5000余份,并为200多人次进行体检。（卢志英）

【中国妇女儿童基金会女童援助项目在阳泉市落地】 9月,中国妇女儿童基金会的女童援助项目落地阳泉市,该项目旨在通过增强性安全预警等宣传教育,做好事前防范工作;对性侵害女童及家庭提供各方面支持,做好事中及事后的个案跟踪及援助工作。市妇联向项目点——平定县东回小学和郊区育才小学的近千名儿童发放价值5180元的护蕾手册读本1000套,通过一段时间的教学,两校教师和学生家长一致认为护蕾手册能普及正确性知识,向儿童传播安全理念、传授保护知识,提高家长和儿童、特别是留守儿童的防范意识和能力,有效预防伤害,为受害儿童和家庭提供服务。（卢志英）

【城乡妇女岗位建功推进会】 9月26日,市妇联召开“全市城乡妇女岗位建功推进会”,来自市、县(区)、乡、村和机关、企事业单位受表彰的城乡妇女岗位建功先进单位、个人代表及部分女工和妇委会主任共140余人参加会议。会议表彰100名先进个人、110个先进集体。会后,与会人员到“妇字号”基地——郊区河底镇东村巾帼蔬菜种植园、巾帼文明岗——市第二人民医院进行现场观摩。（卢志英）

【困境妇女儿童维权庇护中心成立】 7月4日,市妇联、市民政局、市妇儿工委办在市救助管理站成立阳泉市困境妇女儿童维权庇护中心。中心向受困妇女儿童提供单纯的生存、寻亲救助的同时,向求救者提供心理咨询、法律援助、医疗救助,并对被庇护对象进行法制宣传教育,提高其维权意识和自我防护能力,引导、帮助其通过合法途径维护自己的合法权益。（卢志英）

【妇女信访代理员】 3月12日,市妇联与市司法局、市信访局联合下发《关于开展妇女信访代理工作的实施意见》。在各县区成立妇女信访代理员队伍,共聘请1775人为妇女信访代理员。10月23日,市妇联联合市司法局、市信访局举办全市妇女信访代理员培训班,对全市80余名妇女信访代理员骨干进行有关信访代理知识等方面的培训。随后,各县区妇联均举办信访代理员培训班,共培训信访代理员700多名。（卢志英）

【“巾帼领头雁”示范培训班】 10月23日,市妇联举办“巾帼领头雁”示范培训班,全市100余名妇联干部、村支“两委”女主干、村妇代会主任、女大学生村官参加培训。培训班围绕提高演讲能力技巧、如何参选、如何提高村级组织依法执政能力等问题进行讲授。（卢志英）

【“巾帼成才”行动】 年内,市妇联实施“巾帼成才”行动,深化女性教育培训工程,利用全市35个“巾帼创业基地”、33个“巾帼创业就业培训基地”、35个“女大学生创业就业实践基地”,开展家政服务、农村实用技术、妇女创业技能等培训。全年全市各级妇联共举办创业就业培训1132期,培训妇女3.8万余人次,帮助1500名妇女创业就业。（卢志英）

【关注留守妇女】 年内,市、县(区)妇联开展关爱农村留守妇女工作,在留守妇女较多,可以建立留守妇女互助组的地方全面建立互助组。截至年底,全市共建立“农村留守妇女互助组”49个。各县区妇联推动留守妇女关爱工作的开展,对留守妇女分别开展种、养、加工、果树栽培及病虫害防治、蔬菜种植及手工编织、家政服务等方面的创业培训。（卢志英）

阳泉市科学技术协会

【概况】 2014年,阳泉市科学技术协会发挥科技群团优势,团结动员全市广大科技工作者,立足于做、立足于实、立足于效,弘扬科学职责,在科学普及、青少年科技创新和自身建设等方面都取得新进展。年内,市科协被中国科学技术协会授予“全国基层赛事优秀组织奖”,

在第十四届青少年机器人竞赛和第十届宋庆龄少年儿童发明奖活动中被山西省科学技术协会授予“优秀组织奖”。（尚红秀）

【科普日活动】 2014年全国科普日期间，市科协围绕“创新发展，全民行动”的活动主题，组织阳泉市各级科协组织和广大科技工作者、科普志愿者到乡村、社区、学校、工厂等场所，开展科普宣传活动。全国科普日启动仪式于9月20日在山西工程技术学院举行。省科学技术协会正厅级巡视员、发明创造学教授关原成为学院2014级入学新生作了“创新实现中国梦”的专题讲座。启动仪式现场，郊区、矿区的科普大篷车进校园，展出《食品营养与人体健康》《节能减排 人人可为》等科普展板百余块，发放系列丛书《常见病预防科普知识手册》和《我的健康新理念》等科普读物5000余册。科普日期间，全国科普示范社区里沙坪社区在一矿文化广场举办“里沙坪社区第十一届文体艺术节暨‘全国科普日’文艺展演”，社区干部、社区辣妈舞蹈队等分别表演现代舞、豫剧、健身操等科普文艺节目。其他各县区也通过不同形式的活动进行了科普宣传。据统计，在活动中，共有50多家单位，2万多人参加宣传活动，展出科普挂图、展板500余张(块)，发放科普资料3万余册。（冯　静）

【全民科学素质工作】 年内，阳泉市在全民科学组织行动方面做了大量工作，制订《全民科学素质工作2014年工作要点》，召开全市全民科学素质工作推进会，对2013年工作进行总结并安排部署2014年工作，将2014年各成员单位和各县区全民科学素质工作汇总、分类录入全省全民科学素质考核体系。1月，市委宣传部联合市科技局、市文化局、市卫生局、市科协等单位到盂县孙家庄镇东盂北村进行文化、科技、卫生“三下乡”活动。5月，市委宣传部、市科技局、市科协联合举办以“科学生活、创新圆梦”为主题的科技活动周。同月，市气象局、市林业局、市农委等单位举办以“识别灾害风险，掌握减灾技能”为主题的防灾减灾宣传周，开展气象科普服务等活动。9月，市科协、市人防办、市委宣传部等多部门联合在北山公园举办“9·18”防空警报试鸣暨“让城市更安全，让社会更和谐”的主题宣传活动。（冯　静）

【“基层科普行动计划”实施】 年内，中国科协实施基层科普行动计划，整个计划由科普惠农兴村计划和科普益民计划两部分组成。阳泉市共有5个农村专业技术协会、4个农村科普示范基地、4名农村科普带头人申报科普惠农兴村计划。经过省科协、财政厅和中国科协、财政部的评选，盂县生猪养殖协会、平定特产协会、郊区旧街乡龙泉沟养鸡协会被评为全国优秀农村专业技术协会，平定县岔口乡甘泉井村大棚蔬菜生产基地被评为全国优秀农村科普示范基地，郊区刘东明、盂县刘万新被评为全国农村科普带头人，获奖集体获得奖补资金20万元，个人获得5万元。平定县牌岭养殖协会获得省科协的表彰，获得10万元奖补资金。城区新华东街社区被评为全国科普示范社区，获得20万元奖补资金；矿区虎尾沟社区获得省科协的表彰，获得10万元奖补资金。全年全市基层科普行动计划共获得上级奖补资金130万元。（冯　静）

【院士专家工作站】 年内，山西云泉岩土工程有限公司成立山西省阳泉市云泉生态环境院士工作站，系全市第一家。工作站有5名博士生导师和10名硕士组成的核心科研团队，有4名博士生导师、5名硕士组成的专家顾问团。进站院士卢耀如，是国际著名工程地质、水文地质与环境地质学家，中国工程院院士，中国矿业大学教授。该站与院士专家合作项目有娘子关泉域水资源污染防治综合研究项目、晋东矿山废弃物绿色材料和新材料专题研究及开发、矿山开采与生态环境影响综合治理研究。12月18日，举行授牌、签约仪式。卢耀如出席授牌仪式并被聘为山西省科协特聘专家。（冯　静）

【《阳泉科普》】 年内，阳泉市科协共出版《阳泉科普》6期6000册，免费向“五大人群”(未成年人、农民、城镇劳动者、领导干部和公务员、社区居民)发放。阳泉市科协和市医学会组织全市临床医疗专家共同编辑出版《常见病预防科普知识手册》(3、4册)1万册。两本手册详细介绍心血管内科、神经外科、神经内科、风湿免疫科、妇产科、骨科等疾病的日常预防保健方法，并在全国科普日期间免费发放到群众手中。（石彦俊）

【自然灾害和突发事件科普应急响应机制建设】 年内，阳泉市建立的自然灾害和突发事件科普应急响应机制被列为省全民科学素质特色工作后，市科协按照《阳泉市科学技术协会自然灾害和突发事件科普应急响应实施方案》要求，多次组织开展宣传活动。“5·28”山东招远故意杀人案发生后，市科协与市委防范和处理邪教问题领导小组办公室联系，利用《科普大篷车》电视节目，播放《识破邪教“全能神”》宣传片。在国家宪法日宣传之际，与阳泉电视台合作，播出《“米涂”遇邪知返记》警示教育片，教育广大青少年要远离邪教。联合市医学会、民革阳泉市委在城区德胜街社区、小阳泉北社区、油娄沟社区、金三角社区开展不同主题、不同规模的科普讲座9次。（石彦俊）

【“青少年科技创新”专题讲座】 6月19日，阳泉市科协科技人员为阳泉市十七中在校初一和高一的300

多名师生举行"青少年科技创新"专题讲座。讲座中,主讲老师用一个个生动的事例和有趣的现场实验为孩子讲解生活中常见的科学道理,同时对科技创新的意义和青少年科技创新的方向进行细致说明与指导,并向各位师生展示近年来全国及全省青少年科技创新大赛的获奖作品图片,启示同学从细微小事中不断培养积极思考、大胆创新的科研精神,参与各类科技文化活动,增强对科学知识的兴趣。(宋崇军)

阳泉市文学艺术界联合会

【概况】 2014年,阳泉市文学艺术界联合会推进素质提升、人才培养、品牌带动、形象塑造的"四大工程",团结和带领广大文艺工作者务实创新、不断进取。围绕"中国梦"、廉政文化、文艺惠民等主题开展文艺活动,挖掘阳泉特色文化资源、打造文艺精品。《三体》英文版在美国出版,首部数字电影《伏击》制作完成,《片警侯哥》获山西省首届微电影大赛三等奖,《狂飙为我从天落》获山西省第二十届电视艺术评选一等奖,10余本特色图书出版,100余部作品在省级以上评比中获奖。搭建人才培养平台,举办校园书画摄影大赛和首届全市农民书画大赛展,做好中青年文艺人才和农村文艺人才培养,开通弘艺斋网站,探索文化产业发展新路径。 (孙雪艳)

【"中国梦"主题文艺创作】 2月26日,市文联召开专题会议,安排部署"中国梦"主题文艺创作。要求2014年5月底完成短小精悍作品的创作,2015年11月底完成大、中型作品的创作。全市11个文艺家协会积极创作,全年完成"中国梦"主题短小精悍文艺作品200余幅,其中书法作品60幅、美术作品30幅、摄影作品100幅、音乐舞蹈各8首(支)、影评文章5篇、戏剧剧本2部、楹联作品20则、民间工艺20余件。部分优秀作品在《娘子关》副刊进行刊登。 (孙雪艳)

【"我们的中国梦"文化进万家活动】 春节期间,市文联组织各文艺团体开展一系列内容丰富、形式多样的"我们的中国梦"文化进万家活动。市书协组织书法家到阳煤集团新元煤矿参加迎新年送文化送欢乐送慰问活动;组织书法家到平定县金源大酒店参加迎新春送文化金源国际酒店专场笔会;举行送春联进社区活动,共为群众书写春联800余副。市电视艺术家协会参与阳泉市第二届百姓春晚"春晚我来了"和"万家灯火幸福年"阳泉市春节文艺晚会活动,为百姓搭建圆梦舞台。阳泉市民间文艺家协会、平定古窑陶艺有限公司和平定县陶乐苑行知文化有限公司联合举办"古州聚焦 印象阳泉——阳泉市本土文化艺术品联展",共展出包括书法、国画、油画、版画、烙画、剪纸、葫芦、根雕、煤雕、面塑、出版物等十余个门类近千件作品。 (孙雪艳)

【文联四届二次全委会】 3月11日,市文联在福利院召开四届二次全委会。市委常委、市委宣传部部长杨永生,市委宣传部常务副部长史玉宝,四届二次全委会委员80余人出席会议。市文联主席侯讵望作《开拓创新 务实进取 努力推进我市文学艺术事业大发展大繁荣》的工作报告,回顾2013年的工作,并对2014年工作进行安排部署。市文联副主席赵存珍宣读《阳泉市文联关于开展以"中国梦"为主题的文艺创作活动实施方案》。 (孙雪艳)

【"5·23"讲话发表72周年系列纪念活动】 为纪念毛泽东《在延安文艺座谈会上的讲话》发表72周年,市文联开展一系列纪念活动。一是组织党员进社区,为惠泽社区、小阳泉社区、市检察院、市公安交警支队、阳泉四中、阳泉天元家电等20多家单位赠送图书杂志6000余册。二是与市委宣传部、团市委、市教育局、市直机关工委和市少工委联合举办"弘扬阳泉精神,助力四大战略"青少年书法绘画摄影大赛暨展览,展出作品217幅。三是举办《保晋风云》《中国对联集成·阳泉卷》首发式。四是在郊区三都村和义井镇义东沟社区举行大型书画笔会。五是举办纪念毛泽东《在延安文艺座谈会上的讲话》发表72周年专题讲座,100余名文艺工作者参加讲座。六是组织市作协和市摄协文艺工作者到南庄村和马山村进行红色文艺采风。七是举办微电影创作培训和青年作家创作会议。八是与市农委联合举办"劳动美·中国梦"首届农民书画展。 (孙雪艳)

【文化惠民活动】 5月23日,由山西省文联主办,山西省农民文化促进会、山西科伦医药有限公司承办,阳泉市文联、阳泉市郊区文联协办的纪念毛泽东《在延安文艺座谈会上的讲话》发表72周年文化惠民、文化为民、文化乐民活动在郊区西南舁村举行。省委原常委、省人大常委会原副主任、省农村文化促进会名誉会长杨安和,省文联党组书记、常务副主席、省农村文化促进会常务副会长李太阳,省文联党组副书记、副主席、省书法家协会主席石跃峰及市委常委、宣传部部长杨永生等省市领导参加。活动由"山西书画名家走进农村文化惠民笔会"和"纪念毛泽东《在延安文艺座谈会上的讲话》发表72周年文化惠民、文化为民、文化乐民'科伦之春'名家文艺晚会"两部分组成。十余名省书协、省美协书画家为村民创作书画作品50余幅。省音协、舞协、曲协和杂技协会的50余位文艺家为村民表演了14个文艺节目。 (孙雪艳)

【红色文艺采风】 年内,为增加文艺工作者对历史、国情和人民群众生活的了解,市文联于5月30日、8月14日两次组织市作协、市摄协部分会员到平定县巨城镇南庄村和平定县东回镇马山村开展红色文艺采风。文艺工作者看古院,钻地道,参观刘伯承“七亘大捷”指挥部纪念馆、国家二级保护文物马齿岩寺、红军街等,感悟老一辈革命先烈英勇事迹。之后他们创作的部分优秀作品在《娘子关》杂志和《阳泉日报》进行了刊登。 (孙雪艳)

阳泉市归国华侨联合会

【概况】 2014年,阳泉市归国华侨联合会坚持“两个并重”(国内、海外工作并重,老侨、新侨工作并重),推进“两个拓展”(拓展海外工作,拓展新侨工作),创新工作载体,夯实基层基础,转变工作作风,加强自身建设,各项工作均取得新成绩。 (李 琛)

【参政议政】 在山西省十二届人民代表大会第二次会议上,市侨联省人大代表提交建议案5件。在阳泉市政协十二届三次全委会上,市侨联提交《关于加强农村绿化工作的对策和建议》《关于加强户外广告规范设置和严格管理的建议》2件团体提案,侨界委员提交《关于逐渐完善家庭养老体系建议》《关于加快阳泉市中心人民医院的人才储备工作建议》等7件个人提案。在联组会议上信秀莲常委以《加强政策引导,加大资金投入,推进社区居家养老模式》为题进行大会发言。

2014年,市侨联向市政协报送社情民意信息36篇。其中《我市部分农村卫生所(室)名存实亡应引起重视》《关于调整北京铁路局铁路管辖区域的建议》《关于加强技能培训促进农民就业的建议》等社情民意信息被市政协采用并在市政协网站上刊登。《关于农村干部根据工作实际延长任期的建议》《在农村大力推广“绿色丧葬”的建议》《应对单位内部办报纸杂志进行全面清理整顿》等3篇社情民意由市政协上报省政协。《关于加强技能培训促进农民就业的建议》选定为市政协十二届十三次常委会议题,并进行交流发言。上报《侨情专报》4篇,其中《关于资源型城市水资源管理、保护的几点建议》被中国侨联采用。 (李 琛)

【海内外联谊】 年内,阳泉市侨联与海外社团、海外重点人士互通邮件、信函100余封。到兄弟省市侨联走访学习,接待回乡探亲或到阳泉市考察交流的侨界人士和海内外侨团代表共30余人次。市侨联在山西省第二届晋商大会筹备期间推荐海外嘉宾,并在会议期间到太原看望前来参会人员,加大与海内外社团的联谊。市侨联主动为阳泉籍匈牙利新侨樊赛光先生为家乡发展推荐的节能型家用热水锅炉和水果酒两个环保项目协调服务;阳泉市新侨、华商企业——山西欧德宝电子工程有限公司带着自主研发的“不耗电的新型交流触电器”“自制动矿车”两项专利,在第十七届中国北京国际科技产业博览会暨首届新侨创业成果展销会上展出,并被大会组委会评为“优秀参展单位”;全年先后接待马来西亚考察团和北京市侨联蒙古华侨联谊会考察团共17人。接待和探望回乡探亲的日本华侨、华人和市侨联的海外委员,拓展交流联谊的平台。市侨联推荐的(阳泉籍)美籍华人、国家千人计划获得者、南京邮电大学光纤通信研究所所长、太原理工大学阳泉学院特聘教授梁安辉获中国侨联“中国侨界贡献奖”。组织侨联人员到天津市侨联及河北区侨联进行学习交流,学习借鉴其连续十年开展“光明健康行”活动和为经济建设服务的经验。 (李 琛)

【服务社会】 年内,阳泉市华侨商会和市旅游协会联合举办“旅游产品采购与推介(阳泉)峰会”,来自北京、重庆等8个省市的近20家省内外兄弟旅行社与阳泉市20余家旅游企业进行零距离交流洽谈,促进旅游资源的“互利互惠、同创共赢”。市侨联与山西贝特瑞新能源科技有限公司联合到内蒙古二连浩特市参加中国、俄罗斯、蒙古国三国商贸洽谈及商品展销会。香港(阳泉)黄河文化传播有限公司董事长、市侨联副主席、市华侨商会副会长赵作栋投资11.8亿元,在盂县成立安德森肿瘤医院。赵作栋邀请天津市10名画家在阳泉市祥禾大酒店开展书画交流活动,达到了书画联谊、传播文化的目的。 (李 琛)

【为侨服务】 春节前夕,市侨联继续开展“送温暖、献爱心”活动,共慰问困难归侨侨眷、侨联老领导以及新移民亲属代表65户,发放慰问品、慰问金2万余元。重阳节前夕,市侨联筹资1.4万元,为30名55岁以上的老归侨、老侨联工作者免费健康体检。6月中旬,市侨联成立“阳泉市法律援助中心侨联工作站”,为阳泉市侨界人士、华商、侨企、海外侨胞提供法律帮助。 (李 琛)

【基层组织工作】 年内,城区侨联组织建设在实现“五有”(有组织、有会址、有经费、有活动、有活力)标准的基础上,加强侨情信息资料的管理工作,实现基本侨情实时采集、动态管理、综合运用、服务全覆盖。主动为华商企业项目申报、专利参展提供良好服务。矿区侨联采取人事关系不动,编随人走整体划拨使用的办法,明确2名侨联工作人员;成立矿区归侨侨眷群,搭建与侨界群众联系的平台;在阳泉统战手机报矿区专刊刊载《心存感恩 无私奉献》的人物专访,对矿区蒙古归侨王银珍老人的事迹进行报道宣传。郊区、平定县和盂县侨联分别结合网格化统战工作开展了侨情调查,将具有海外关系的人员情况进行了汇总。 (李 琛)

【侨法宣传】 4月,市侨联、市司法局、市依法治市办、市侨联法顾委、市法律援助中心到南煤社区联合开展“走基层,访民意,送法进社区”活动。8月至10月,市侨联与市外侨办、市司法局、市依法治市办联合下发文件,举办侨法知识竞赛活动,竞赛题分别在《阳泉日报》、依法治市网站和侨联网站上刊登。来自全国的1449人参加答题活动。活动中抽出一等奖5名、二等奖10名、三等奖20名,阳泉市水务局、福建省泉州市广播电视台、城区侨联、盂县惠民村镇银行、盂县县委统战部5家单位荣获优秀组织奖。侨法知识竞赛活动的开展,使广大干部群众、归侨侨眷和社会各界参与到学法用法的活动中,扩大侨法在基层统战工作人员和海外侨胞中的知晓度,拓展依法护侨渠道。 (李 琛)

中国国际贸易促进委员会阳泉市支会

【概况】 2014年,中国国际贸易促进委员会阳泉市支会通过开展“三抓三强化”(抓学习、强化素质,抓制度、强化落实,抓服务意识、强化作风)活动,把提高贸促会党员干部的“八种能力”(国际市场的调研能力、本地优势的宣传能力、招商引资的组织能力、产品和项目推介能力、信息搜集和传递能力、国际贸易的服务能力、国际惯例的执行能力、对外沟通和交往能力)同加强党员干部的思想建设、理论武装结合起来,提升贸促会干部职工的整体素质和服务能力。在招商引资、信息联络、会展服务及出证认证工作上都有了新进步。 (赵红梅)

【招商引资】 1月16日至21日,市贸促会邀请台湾农业考察团一行12人到阳泉市考察投资环境,并就农业种植养殖项目与阳泉市企业进行具体对接洽谈。考察期间,市贸促会“结对子”县区——平定县,与台湾农业考察团就相关项目进行了座谈,并与平定县达成神秘果种植技术合作事项。4月18日,市贸促会组织平定县、郊区、开发区、城区的企业和招商部门参加山西省国际商会与天津市国际商会在天津市政协俱乐部举办的天津—山西项目对接活动。阳泉市企业和招商部门共12家单位与天津市58家企业的85人就现代物流、机械制造装备、电子商务、耐火材料科研和生产等33个项目进行对接,初步达成合作意向12个。年内,市贸促会推进天元公司与运城稷山投资商就引进塑料一次性熔融循环利用技术开展合作。该项目计划投资1亿元,在平定县天元工业园建设废旧塑料一次性熔融利用基地。该项目提升了天元公司的生产水平,填补了阳泉市废旧塑料循环利用的空白。(赵红梅)

【展会参展】 年内,市贸促会在研究市场变化的基础上,根据企业生产实际和经济转型跨越发展的目标,重点组织企业参加展会3次,引导阳泉市的企业和产品“走出去”。

5月19日至22日,组织阳泉华岭耐火材料有限公司等8家企业参加在北京市召开的第十届中国国际耐火材料展。展会期间,参展企业共接待来自国内外客商150余家,其中美国、韩国、墨西哥、印尼等国家和地区的客商50余家,并与印度、伊朗客商达成供销意向。

8月26日至28日,组织阳泉市重点陶粒砂生产企业参加在上海市举办的国际石油展。该展会有全球50多个国家及地区的3500多家企业参展,共吸引50多个国家及地区的20多万名观众参与。该展会为全市生产油田化学品及支撑剂的企业提供一个更专业的展示和交流平台。展会期间,参展企业先后与俄罗斯、德国、新加坡等参会客商进行洽谈,与上海耐博泵阀制造有限公司和淄博精正重型渣浆泵有限公司等国内企业达成联合营销的意向。

9月11日,组织山西盂县永恒工艺厂、平定县乐丰农业专业合作社和山西富硒农业有限公司参加’2014丝绸之路国际生态产业博览会暨绿色有机产品(张掖)交易会。展会上,来自国内29个省市及印度、巴基斯坦、缅甸等12个国家的500余家企业参展。 (赵红梅)

【出证认证】 年内,市贸促会共代理签发一般原产地证明书327份,比2013年310份增长5.5%。联系办理国际商事证明书4份;办理优惠原产地证8票,其中台湾1票、印度7票。通过北京贸促会代办使馆产地证认证28份,发票认证32份,实现100%网上签证率。有14家注册企业申请CA证书,并在14家企业中使用新版证书。全年新注册企业3家,分别是山西盛旺管业有限公司、山西天元金科电器科技股份有限公司、山西兆丰镓业有限责任公司。截至年底,在市贸促会注册企业达到44家。 (赵红梅)

【对外联络】 年内,市贸促会深化了与澳大利亚商会、环渤海地区国际商会的友好联系。10月16日至18日,贸促会领导带领相关部室以及企业参加在山东青岛市举办的第八届环渤海地区贸促系统联席会议暨环渤海地区企业经贸合作洽谈会。11月3日,澳大利亚国际商会首席执行官麦克·果率领澳大利亚新南威尔士州巴瑟斯特市议员吉斯·杰宁斯一行到阳泉市访问。新建与世界杰出华商协会的友好关系,并与世界杰出华商协会、江苏无锡市贸促会(无锡国际商会)2家商协会签署友好协议,共同促进双方企业的交流合作。 (赵红梅)

阳泉市残疾人联合会

【扶贫救助】 2014年,阳泉市继续加大对残疾人的扶持力度。一是依靠政策提高生活保障水平,在最低生活保障方面最大限度的保障残

2012年至2014年阳泉市二级以上残疾人特困救助情况表

表11 单位:人次、万元

年份	盂县			城区			矿区		
	救助人次	资金来源		救助人次	资金来源		救助人次	资金来源	
		市级以上配套资金	县级配套资金		市级以上配套资金	县级配套资金		市级以上配套资金	县级配套资金
2014	1834	70.43	55.71	1387	94.43	83.22	1536	103.30	92.16
2013	1577	50.70	50.70	1207	72.42	72.42	1185	71.10	71.70
2012	1065	35.10	35.10	953	57.18	57.18	897	53.82	53.82

年份	郊区			开发区			平定县		
	救助人次	资金来源		救助人次	资金来源		救助人次	资金来源	
		市级以上配套资金	县级配套资金		市级以上配套资金	县级配套资金		市级以上配套资金	县级配套资金
2014	2004	90.58	72.84	159	11.06	9.54	4060	167.99	134.10
2013	2004	72.84	72.84	149	8.94	8.94	3858	130.80	130.80
2012	1773	66.18	66.18	131	7.86	7.86	3161	111.66	111.66

（史秋林）

疾人的利益,做到应保尽保。对无劳动能力、无经济来源、无法定供养人的“三无残疾人”,实行政府转移支付的“五保供养”制度。投入447.57万元，为10980名二级以上残疾人进行特殊救助,其中,投入153万元，对3758名残疾人进行“两个补贴”(重度残疾人护理补贴、贫困残疾人生活补贴)救助;投入13万元,为100例贫困白内障患者免费实施复明手术；投入17.5万元,对50名14岁以下贫困脑瘫肢体残疾人免费实施康复训练;投入21万元,对30名25岁以下贫困脑瘫肢体残疾人免费实施矫治手术；投入2.97万元,对符合残疾人机动轮椅车燃油补贴条件的114名残疾人进行补贴。开展托养服务,组织实施“阳光家园”计划,共托养585名智力、精神和重度残疾人,其中居家托养500名、机构托养85名。二是发挥社会各界的作用开展救助残疾人活动。市领导和残工委单位领导带头深入乡镇、街道、残疾人家庭、精神病防治康复中心、福利企业、学校等进行走访慰问,市直各部门、各单位结合下乡住村活动,对残疾人进行救助,发放合计22万余元的慰问金和慰问品。福利基金会项目:“集善工程·服装项目”上海拉夏贝尔服饰股份有限公司捐赠成人女装432件,“集善工程·微笑行动”对阳泉市唇腭裂面部畸形患者进行手术1例,山西省第四期“阳光伴我行”集善明门儿童轮椅项目对全市脑瘫、脑外伤、脊髓损伤、其他肢体功能障碍等残疾儿童捐赠轮椅30辆,山西省“集善工程——海王集团捐赠保健品项目”捐赠阳泉市蛋白粉30罐。三是依据“农村基层党组织助残扶贫工程”项目,阳泉市在完成省里80户任务的基础上，又对3200名残疾人和750名特困残疾人进行救助。（史秋林）

【康复工作】 年内，全市完成贫困残疾人康复救助项目任务931名。其中,市财政预算贫困残疾人康复救助项目200名,山西省彩票公益金项目23名,“七彩梦行动计划”57名,国家彩票公益金项目341名,省财政专项资金项目110名,中央财政“十二五”专项康复200名。（史秋林）

【教育就业】 年内,市残联坚持以各级各类特教机构为骨干,随班就读为主体，辅以各类助学救助、送教上门等措施,确保了残疾人的受教育权力。通过开展“国家彩票公益金助学”“远程助学”等助学项目,使残疾儿童少年入学率始终保持在95%以上。投入2.1万元对7名贫困残疾人家庭子女大学生进行资助。为推进残疾人就业,各级残联协调金融部门,对有创业愿望的残疾人提供信贷支持,鼓励残疾人自主创业。发挥郊区残疾人小额贷款先进典型作用，新增贷款193万元,累计贷款1102万元。加大对残疾人的培训力度,组织残疾人分批次参加阳泉市和外地的各类职能技术培训,全市完成残疾人职业技能培训436人次。涌现出许多致富带头人,并辐射带动720名残疾人从事种植、养殖、小型加工业,增加了残疾人收入。举办2期残疾人就业招聘会，新安置残疾人就业548人，残疾人就业实名制录入953人，征收残疾人就业保障金1582万元。（史秋林）

【残疾人文体活动】 年内,市残联领导及矿区残联为段南沟社区鸿雁图书室配发图书1300余册,刘家垴社区开展“心连心共筑梦想、手牵手共建和谐”社区艺术节，秋沟社区进行轮椅广播健身操培训，平潭街东社区举办残疾人子女汉字听写，大学生志愿者帮扶、消夏电影展演等活动。7月18日，在“全国特奥日”来临之际，新华东街阳光广场15位残疾人及其家属参与运送乒乓球、趣味保龄球、对打磁力球、跳绳等健身运动项目。8月24日至30日，29名残疾人运动员参加在太原举行的山西省第十届残疾人运动会，参加5个大项21个小项的比赛，共获得金牌3枚、银牌5枚、铜牌19枚，团体总分第六名。（史秋林）

【“助残日”活动】 2014年5月18日是第二十四个“全国助残日”，市残联围绕“关心帮助残疾人，实现美好中国梦”的活动主题，在全市开展一系列助残活动。5月16日，召开阳泉市政府残工委工作会议，53个成员单位的领导参加会议。助残日期间，市、县（区）残联及县区领导到贫困残疾人家庭中走访慰问，为300多户贫困残疾人家庭送去慰问金及米面油等生活必需品；各县区残联共为辖区的残疾人发放500余件辅助器具，联合县医院、康复中心的医务人员到偏远的乡村为体弱多病的残疾人义诊和免费发放治疗药物；市聋儿教育指导中心通过与居然之家萨米特陶瓷联手，举办残疾儿童绘画展、爱心邮册义卖等助残活动；残疾人就业服务部举办残疾人就业招聘会，有13名残疾人与用人单位签订用人意向。市、县（区）两级残联在助残日活动期间共发放宣传资料12000余份。（史秋林）

【“爱耳日”“爱眼日”宣传活动】 2014年3月3日是第十五个全国“爱耳日”，市残联围绕“爱耳护耳，健康听力——预防从初级耳科保健做起”的主题，开展“爱耳日”宣传教育活动。全市5个县区共出动社区干部及志愿者、医务人员500余人，举办10期讲座，发放宣传材料8000余份，制作宣传展板30块，悬挂宣传横幅20幅，电子屏宣传标语8条，接受咨询2000余人次，为100多名群众进行听力检查。6月6日是第十九个全国“爱眼日”，市残联围绕“关注眼健康，预防糖尿病致盲”的主题，开展“爱眼日”宣传活动。活动期间，全市共制作电子显示屏宣传标语30条，宣传条幅40条，宣传版面20块，设置宣传咨询台11处，发放宣传资料5000余份，发送宣传短信500余条。（史秋林）

【省级盲人按摩示范店创建】 年内，市残联组织的盲人保健按摩培训班共培训学员35人，并推荐取得资格证书的学员到按摩店就业，就业率达100%。同时，确立10家盲人按摩示范店，其中6家被确立为省级盲人按摩示范店。（史秋林）

【“双先”表彰活动】 4月23日，市残联召开“阳泉市残联系统‘双先’表彰大会”，表彰14名“残疾人自强模范”，9个“全市扶残助残先进集体”，14名“全市扶残助残先进个人”，14个“先进基层残联组织”，6名“全市残联系统先进工作者”。郊区的张三虎被评为“全国助残先进个人”，并出席了全国“双先”表彰大会。（史秋林）

【“三个基地”创建】 年内，市残联和各县区残联协作，确立平定县朱峪村农业合作社为残疾人扶贫基地、郊区姜保梅养鸡场为残疾人创业基地、山西省鑫源电缆电线有限公司为残疾人实训基地。“三个基地”的确立，为残疾人的培训、就业提供了便利。（史秋林）

【精神病防治康复工作培训】 10月16日至17日，阳泉市残联举办全市精神病防治康复工作培训班。市残联康复部全体工作人员，各县区残联分管康复工作的副理事长，贫困精神病患者医疗救助项目定点医院负责人及各乡镇（街道）康复协调员78人参加培训。此次培训特邀省残联康复部副调研员沙佳宽、市精神病医院副院长郑霄虎做主讲人。分别对省“十二五”精神病防治康复实施方案、国家和省贫困精神病患者医疗救助项目管理、精神疾病防治业务知识及精神疾病的家庭社区康复等内容进行讲解，为完成各项精神病防治康复工作任务奠定了基础。（史秋林）

【残疾人基本服务状况和需求专项调查工作启动】 10月16日，市残联在华通商务会馆召开全市残疾人基本服务状况和需求专项调查培训会，5个县（区）残联理事长、副理事长、组联工作人员及全市各乡镇（街道）、村（社区）残联专项调查专职委员等共170余人参加培训。11月19日上午，召开残疾人基本服务状况和需求专项调查工作推进会。在各县区培训会上，县区残联工作人员通过PPT演示、举例说明、现场模拟等形式，对调查人员进行了详细讲解和演示，提高了调查员的具体操作能力。（史秋林）

【贫困残疾人家庭无障碍改造工作】 年内，市残联根据《山西省“十二五”贫困残疾人家庭无障碍改造项目办法》，开展贫困残疾人无障碍改造工作，改善残疾人家庭无障碍状况，提高贫困残疾人生活质量，促进残疾人参与社会生活。通过层层摸底，坚持公开、公正、透明及贫中选贫的原则，在改造户所在村委会（社区）以张榜公布的形式向全社会公示，确定城区和平定县各25户贫困残疾人作为改造对象。矿区残联自筹资金为36户贫困残疾人家庭实施无障碍改造。截至年底，列入计划的所有残疾人家庭无障碍改造工作已全部完工。（史秋林）

法治

法院

【概况】 2014年,阳泉市两级法院围绕全市经济社会发展大局开展工作,坚持“三抓两转一提高”(抓服务、抓管理、抓教育,转变工作作风,转换工作机制,不断提高司法公信力)的工作思路,推进司法公开,深化司法服务,提升审判管理,依法公正裁判,完成各项工作任务。全年共受理各类案件13001件,审结、执结12210件(含旧存),收结案与上年基本持平。其中,市中院受理各类案件3198件,审结、执结3100件(含旧存),分别比上年上升18.1%、14.5%。市中院在省考评组2014年度绩效考评中获得满分成绩。

刑事案件审判 年内,市两级法院共受理各类刑事案件1117件,审结1024件(含旧存);其中市中院受理一审刑事案件18件,审结19件(含旧存),受理二审刑事案件192件,审结175件(含旧存)。审结杀人、强奸、故意伤害等侵害公民人身权利犯罪案件144件,判处罪犯178人,保障了公民的人身安全;审结抢劫、盗窃、诈骗等多发性侵财犯罪案件274件,判处罪犯406人,维护了公民的财产安全;审结非法采矿、盗伐林木犯罪案件11件,判处罪犯22人,维护了正常的资源管理秩序;加大职务犯罪惩治力度,审结贪污、贿赂、渎职犯罪案件61件,判处罪犯78人,审理了长治市原市长张保、省交通厅原厅长段建国等一批有影响的职务犯罪案件。落实宽严相济刑事政策,判处五年以上有期徒刑直至死刑121人,判处管制、缓刑及免予刑事处罚87人;加大未成年人司法保护力度,56.1%的未成年被告被判处管制、缓刑等非监禁刑;完善减刑、假释制度,通过庭前公示、公开开庭审理、庭后裁判文书上网,实现了减刑假释案件的全程透明,对确有悔改和立功表现的1909名罪犯裁定减刑假释。

民商事案件审判 全市法院共受理各类民商事案件7432件,审结6847件(含旧存),标的27亿元,其中市中院受理一审民商事案件167件,审结127件,分别比上年上升193%和76.4%,受理二审民商案件614件,审结597件(含旧存),分别比上年上升10.2%和8.3%。审结买卖、租赁、保险、建设工程等合同纠纷581件,依法惩处违约失信行为;依法审理金融借款合同、民间借贷等纠纷案件1314件,涉案标的17.6亿元;审结婚姻家庭案件1835件,其中调解、撤诉结案的占69.6%;审结交通事故损害赔偿案件851件;审结劳动争议、劳务合同案件72件;推动小额诉讼工作,对事实清楚、权利义务关系明确、争议不大的民事案件快立、快审、快结、快执,为当事人提供高效便捷的司法服务。

行政案件审判 年内,市两级人民法院共受理行政案件113件,审结110件(含旧存),其中市中院受理行政案件51件,审结49件(含旧存)。审结公安、城建等行政案件71件,有效监督行政机关依法行政。开展行政案件集中管辖工作,畅通行政相对人的维权渠道,城区法院、郊区法院等试点法院的收案数明显上升,全市行政案件数量增长100%。 (阎建生)

【案件执行】 年内,市两级法院进一步强化执行工作,保障当事人胜诉权益。一是开展涉民生案件专项执行活动,执结涉及人身损害赔偿、农民工讨薪、赡养费、扶养费、抚养费、抚恤金等民生案件133件,执行到位2025万元。二是开展“转变执行作风、规范执行行为专项活动”,加大涉金融案件、民生案件、久拖未结案件的执行力度,保障了胜诉当事人权益。三是开展集中打击拒不执行法院判决、裁定等犯罪行为的专项活动,全市法院向公安机关移送犯罪线索18案18人,移送公安机关协助查找并采取拘留措施的下落不明的被执行人 178 案 190 人。四是加大对失信被执行人的信用惩戒，在阳泉日报、阳泉市中院网站、法庭户外大屏等平台上公布失信被执行人 53 人。全年两级人民法院受理执行案件 2356 件，执结 2255 件（含旧存），收案标的 29 亿元。其中，市中院受理执行案件 187 件，执结 171 件（含旧存），收案标的 23 亿元。（阎建生）

【涉诉信访】 年内，全市两级法院加强涉诉信访工作，保障合法诉求。全年接待来访群众 200 余人 900 余次；受理申诉和申请再审案件 74 件，办结 65 件。同时，建设完成远程视频接访系统，开通了网上申诉信访渠道，不断提升信访工作信息化水平。（阎建生）

【司法公开】 年内，市法院系统深化司法公开，着力构建阳光司法机制。一是推进信息化建设。投资 600 余万元建成数字法院业务应用系统，为全面深化司法公开提供技术支撑。二是推进裁判文书上网工作。市两级法院在全省首家实现裁判文书上网公开，市中院在全省首家实现减刑假释裁判文书上网公开，全年在中国裁判文书网公开文书 3770 份。三是推进审判流程公开。制定出台《阳泉中院审判流程管理规定》，完善对审判全流程的监管，明确各层级的审判权利义务和责任；启用“法院公共信息查询系统”和带二代身份证识别器的触摸一体机，与数字法院业务应用系统联网，当事人可随时查询全国 60176 件案件进展情况。四是推进执行公开。全市法院上网执行文书 112 件，当事人可随时查询执行卷宗正卷，执行案件流程全部公开。（阎建生）

【司法服务】 年内，市两级法院加强司法服务，落实便民利民举措。一是完成原有立案信访窗口改造，进一步优化窗口设置、完善功能配备。市中院诉讼服务大厅成为全省法院司法为民典型。二是延伸司法触角。市中院在边远乡村、工矿企业、学校等地先后设立 8 个法律服务点，各基层法院设立基层法律工作站，普及宣传法律知识。三是强化司法救助。全年减缓当事人诉讼费用 264 万元，发放司法救助金 179 万元。（阎建生）

【诉前调解】 年内，全市法院延伸司法职能，积极参与社会治理。一是强化诉调对接，完善多元纠纷化解机制。全年共诉前调解案件 1475 件。发挥调解在民商事案件中的作用，全市民商事案件一审调撤率达 56.9%。二是增进与群众的互动。全市法院均设立官方网站、微博，及时发布开庭公告、便民服务指南、新闻动态、庭审信息等。开通网上立案、网上信访、网上举报等功能。三是开展各类宣传活动。利用国家宪法日、中小学开学季等节点，开展法院公众开放日、“法在身边”赠书、中小学法制课堂等活动，宣传法律知识，推动社会法治化进程。（阎建生）

【数字法院业务应用培训】 1 月 11 日至 18 日，市中院在市工业学校举办全市数字法院业务应用系统及业务软件培训班，对全市两级法院 413 名干警进行业务软件操作技能培训。培训采取一人一机、讲师面授、模拟演练、现场答疑、实地考核的方式进行。通过培训，全市法院广大干警学员掌握了数字法院业务应用系统的基本运用和业务流程。（阎建生）

【党员法官进社区活动】 年内，市中院组织开展了党员法官进社区系列活动。5 月，市中院组织 5 名在职党员深入宏苑社区开展法律进社区服务活动，为社区居民提供流动人口管理、计划生育等方面法律咨询，共解答法律咨询 20 余人次，发放资料 300 余份。7 月，市中院组织 38 名在职党员开展了帮助困难居民实现“微心愿”活动，帮助 19 名被帮扶对象实现了 35 项“微心愿”。（阎建生）

【全国人大代表视察】 7 月 30 日，市中院作为全省法院司法公开和便民司法的典型接受全国人大代表视察。最高人民法院办公厅副主任王飞鸿、山西省高院党组副书记、副院长刘冀民、市委常委、政法委书记王滉洲、市中院院长陈明华陪同视察。人大代表参观了中院诉讼服务大厅、体验了诉讼服务，观看了司法公开和便民司法专题片，并随同执行局人员见证了现场执行。（阎建生）

【最高人民法院环境资源审判座谈会】 11 月 19 日，最高人民法院环境资源审判座谈会在市中院召开。最高人民法院环境资源审判庭副庭长、审判员王旭光，省高院副院长张炜出席座谈会，全市法院系统有关人员 30 余人参加会议。会上，市中院副院长吕冬介绍了全市法院环境案件有关情况。最高人民法院环境资源审判庭副庭长王旭光介绍了全国各地环境资源审判工作开展情况，并表示将广泛听取、吸收与会人员意见，修订、完善相关制度，共同促进人民法院环境资源审判工作健康快速发展。（阎建生）

【“法院公众开放日”活动】 12 月 4 日，市中院举行“法院公众开放日”活动，邀请部分市人大代表、政协委员及社区居民和在校学生参观法院、观摩庭审。市委常委、政法委书记王滉洲，市人大常委会副主任孙金明，市中院院长陈明华参加活动。市中院新浪官方微博（微博名：阳泉中级法院）进行全程直播。（阎建生）

检　察

【服务经济社会发展】 年内，市人民检察院出台《全市检察机关服务“综改攻坚、创新驱动、项目见效”工作实施意见》,从执法思想、打击犯罪、法律监督等方面细化对重点工程的帮扶措施,为重点工程项目提供优质高效法律服务。对全市23个重点项目开展专项预防,向有关单位发出检察建议33份。 (万里侠)

【职务犯罪查办和预防】 年内,市检察机关进一步加大惩治腐败力度,共立查贪污贿赂犯罪案件47件64人,与上年比,件数上升10.3%,人数上升23.7%,创历史新高。其中大案36件、要案9件,法院作出判决62人(含上年积存),有罪判决率为100%。反渎部门严肃查办发生在各领域、各环节的渎职侵权犯罪案件,立查案件16件17人,其中重特大案件11件,占全部立案件数的68.8%。同步介入重大安全生产责任事故调查,共立案查办事故所涉渎职等职务犯罪案件9件10人。同时,开展职务犯罪预防,提出预防检察建议33件,开展预防宣讲217次,进行行贿犯罪档案查询3856次。 (万里侠)

【社会维稳】 年内,全市检察机关坚持把维护社会稳定作为基本任务,统筹打击犯罪与化解社会矛盾。全年共批准和决定逮捕各类刑事犯罪412件517人,起诉869件1231人。其中,批准逮捕故意杀人、故意伤害、强奸等严重暴力犯罪和“两抢一盗”等多发性侵财犯罪嫌疑人189人,提起公诉273人。化解社会矛盾方面,开展“清积案,化信访”活动,健全下访、巡访、联合接访制度。共办理民事申诉和解案件31件,受理举报、控告、申诉案件1092件,立案复查刑事申诉案件45件,检察长接待信访861件2121人次。 (万里侠)

【法律监督】 年内,检察机关充分履行法律监督职责,维护社会公平正义。一是牵头建立行政执法与刑事司法衔接联席会议工作机制,监督行政执法机关移送案件8件8人。对侦查机关依法应当立案而未立案的,监督立案41件56人;对不应当立案而立案的,监督撤案28件。二是强化刑事审判监督,对确有错误的刑事判决、裁定,依法提出抗诉27件,比上年上升92.6%。三是做好量刑建议工作,提出建议1153条,被法院采纳1071条。四是强化对民事、行政裁判工作的监督,提请抗诉民事案件9件,向法院发出审判活动违法监督检察建议143件。 (万里侠)

【“阳光检察”工程】 年内,全市检察机关扎实推进“阳光检察”工程,着力规范司法行为。一是召开“阳光检察”理论研讨会,就如何实现阳光检察业务的常态化、规范化和制度化进行分析研究。二是开通检察门户网站及检察微博、微信互动平台,及时发布非涉密检察工作信息,实现了与网民实时在线互动沟通交流。三是明确公诉、民行、未检3个部门对拟不起诉、当事人不服不起诉、不抗诉和重复信访的案件实行公开听证、审查,并规范了公开听证的组织程序。 (万里侠)

【荫营地区检察院概况】 2014年,阳泉荫营地区人民检察院以执法办案为中心,突出抓好领导班子和队伍建设,着力维护刑罚的正确执行和监管改造场所的安全与稳定。

在查办刑罚执行和监管活动中职务犯罪方面,共初查职务犯罪案件线索5起,立案侦查1件2人。全年共审查起诉4案7人,其中,职务犯罪案件2案3人,有罪判决2案3人,提请省院批准逮捕1案1人;办理立案监督案件1案1人。

在刑罚执行检察方面,共检察收押罪犯504人次,释放罪犯1385人次;审查监狱呈报罪犯减刑材料2023份,发出纠正违法通知书17份,派员出席减刑案件庭审31次;审查监狱呈报假释材料14份;审查监狱呈报暂予监外执行10件,建议监狱收监三类罪犯1名。在监管活动检察方面,检察正常死亡3人次,安全防范检察23次,专项检察11次,发出纠正违法通知书19份,发出书面检察建议4份。(万里侠)

公　安

【概况】 2014年,市公安局以建设“平安阳泉、法治阳泉”为目标,以加强公安机关班子建设和队伍建设为根本,扎实开展各项工作,完成各项职责任务。

打击刑事犯罪 全市公安机关坚持严打方针,以“泉安”系列严打整治行动为龙头,开展“打团伙、破小案、保民生”、打击“两抢一盗”、打击电信诈骗犯罪等一系列专项行动。全年刑事案件立案5642起,破获2074起,打击处理各类违法犯罪人员11169名;其中,八类案件立案356起,破获257起。打掉恶势力团伙11个,抓获涉恶逃犯9名、涉黑逃犯1名;破获毒品刑事案件111起,缴获各类毒品1606克。

强化治安管理 全市公安机关强化社会治安管控,消除治安隐患。一是开展治爆缉枪和清爆攻坚专项行动,共收缴各类枪支20支,各类子弹350发,炸药135.84公斤,雷管72枚,炮弹87枚,手雷2枚。二是淘汰黄标车和老旧车近1.8万辆,超额完成省政府下达任务。三是严查“三超一疲劳”(超速、超员、超载和疲劳驾驶)、酒驾、货车野蛮驾驶等严重交通违法行为,道路交通事故死亡人数比上年下降7.02%。四是开展执法执纪和纪律作风教育整顿活动,制定出台监管工作的十七条铁规,对监所内部进行安全检查,确保监所安全。五是开展打击黄赌毒百日行动、严厉查处涉黄涉赌娱乐服务场所集中行动、“打四黑除四害”等专项整治,共破获黄赌毒案件839起、假

药品及假食品刑事案件9起，抓获违法人员1190名，收缴各类赌博用游戏机50余台。（张振嘉）

【"五化"社会治安防控体系】 年内，市公安局出台《关于在全市构建"五化"社会治安防控体系的实施意见》，在全市部署开展以立体化架构、网格化布警、实战化平台、扁平化指挥、随警化保障为核心的"五化"社会治安防控体系建设。全市设10个巡逻区域，配备10台流动警务车、20辆巡逻车，投入警力339名，做到白天见警察、夜晚见警灯。截至年末，共出动警力9665人次，受理报警644起，盘查嫌疑人员598人，嫌疑车辆物品482辆次，抓获现行违法犯罪嫌疑人14人，收缴违法物品4件。（张振嘉）

【"天网"工程】 年内，"天网"工程二期建设基本完成，新增城市区视频监控探头2008个、郊区119个、平定县451个、盂县472个，整体运行状况良好。全年通过视频技术破获刑事案件262起，查处治安案件254起，预防、处置群体性事件221起，服务救助群众188人，为相关部门提供服务318次。（张振嘉）

【涉众型经济犯罪查办】 年内，全市公安机关相继组织开展了打击非法吸收公众存款、打击金融诈骗等一系列涉众型经济犯罪专项行动，共破获经济犯罪案件196起，挽回经济损失4300余万元。其中，7月和9月，城区公安分局破获的非法吸收公众存款案和伪造发票案，涉案金额分别达1000多万元、800多万元。（张振嘉）

【公安便民服务在线平台】 年内，户政、交警、消防、出入境等窗口部门结合各自实际，推出9类71项便民利民服务措施，主动为群众办实事、做好事、解难事。全年平台访问量累计达62万人次，回复各类咨询求助1400余件，发布便民公告、案件快递等信息5500余条，网上满意率达99.1%。（张振嘉）

【合同诈骗案】 6月，市公安局接到受害人金某报案称：犯罪嫌疑人陈某（男，40岁，福建商人）冒充大同煤矿集团忻州同华煤业有限公司执行董事，隐瞒所涉土地尚未获得国土部门批准的真实情况，以同华公司取得五台县白家庄镇66.7公顷（1000亩）土地采矿权为由，代表同华公司与代表阳泉市广盛宏源物贸有限公司的金某签订协议书，并加盖伪造的同华公司印章。在要求金某等人依约交纳1亿元保证金后，又提出需再增加2亿元保证金的要求，迫使金某等人放弃开采意向。在金某等人向陈某提出退款要求后，陈某以同华公司名义分别于2013年12月26日、2014年1月25日出具两份退款承诺书，仅支付700万元退款后就失去了联系。接到报案后，市公安局迅速展开调查，办案民警在对陈某进行网上通缉的同时，围绕其社会关系、活动轨迹开展案情研判分析，于8月19日晚将犯罪嫌疑人陈某抓获。（张振嘉）

【借款诈骗案】 9月26日，城区公安分局接到受害人左某报案称：3月至5月期间，荣某某（男，38岁，汉族，阳泉市郊区人）以生意周转为名，向左某2次借款70万元，并先后以其哥哥的房产和其经营的"居然之家"音响店作为抵押。借款到期后，左某无法与荣某某取得联系，后到其店面查看，该音响店被商场查封，所抵押的房证，经房产部门证实为假证。接到报案后，城区公安分局立即展开调查，并对犯罪嫌疑人荣某某开展网上追逃。11月7日，在大同市警方协助下，将犯罪嫌疑人荣某某抓获。并查明自2013年1月至2014年11月，其以做生意需要资金周转为由，用假房证作抵押，诈骗作案12起，涉案金额高达1200余万元。（张振嘉）

【"9·21"恶性抢劫案件】 9月21日晚，开发区悦沁园人行道发生一起抢劫案，受害人石某某（女）被持刀抢劫捅伤。市公安部门迅速成立专案组，经过6昼夜连续排查，最终锁定犯罪嫌疑人贺某某（男，1981年6月14日生，住阳泉市矿区麻地巷3层16号）。于9月27日下午，在开发区某洗浴中心内将犯罪嫌疑人抓获。经查，9月21日晚，犯罪嫌疑人贺某某窜至开发区预谋进行抢劫作案，尾随受害人行至开发区悦沁园人行道，持刀威胁抢劫，因遭到受害人反抗，遂持刀将其捅伤后逃离现场。（张振嘉）

消　防

【概况】 2014年，阳泉市加大消防经费投入，不断提升全市灭火救援、火灾防控等工作水平。市消防支队财政预算达2425万元，7个基层大队保障经费达1419.77万元，全市消防保障经费投入创历史新高。年内，全市共发生火灾339起，死亡1人，受伤2人，直接财产损失536.88万元。（任兴峰）

【火灾防控】 年内，市消防支队开展了"清剿火患"战役和重大火灾隐患集中整治等行动，建立消防工作考核评价体系，推进消防安全大排查大整治常态化。全年全市共检查单位4419家，发现隐患5278处，消除隐患5121处，下发责令改正通知书2144份，临时查封38家，责令"三停（停止施工、停止使用、停产停业）"单位51家，罚款156.69万元，行政拘留4人。全市消防安全环境得到明显改善，连续22年未发生较大或重大以上火灾事故。（任兴峰）

【执勤战备】 年内，市消防支队以推进训练实战化、战区网格化和指挥智能化"三化"建设为契机，先后对全市610家重点单位预案进行修订评比，组织各类支队级演练9次、大中队级灭火演练246次、综合应急实战拉动演练1次、地震救援演练2次、反恐演练1次。4月18日至20日，市消防支队轻型地震救援队在省消防总队组织的跨区域地震救援演练中，获废墟搜救第一名。 （任兴峰）

【消防宣传】 年内，全市各级消防部门创新宣传教育形式，提高市民消防安全意识。一是同市教育局联合组织了为期一年的“消防安全知识有奖竞答”活动。二是投资8万元拍摄了消防微电影《爱的奉献》。三是开展生命通道体验、开学第一课、消防进校园、“119”消防宣传日等主题活动。四是同移动阳泉分公司联合推出了《阳泉消防手机报》，受众达2万余人。 （任兴峰）

司法行政

【法治阳泉】 年内，阳泉市以“法律六进”为载体，以机制建设为抓手，以法治创建为目标，稳步推进各项任务。一是先后召开依法治市领导组会议、“法治阳泉”建设推进会、法治文化座谈会，研究部署全市法治建设工作重点。二是开展“法律六进”（进机关、进单位、进学校、进企业、进农村、进社区）活动，狠抓重点对象的学法用法。累计开展“法律六进”活动400余次。三是在“3·15”消费者权益保护日、“三八”妇女维权周、安全生产宣传月、国际禁毒日等重要节日、法律法规颁布纪念日开展法律咨询、法律知识竞赛，发放法律知识手册、宣传挂图。四是充分利用法治文化广场、普法教育网、农家书屋、社区文化中心、休闲广场、廉政教育基地等文化设施，开展“法治建设大家谈”“法治文化大家建”“法治故事大家讲”“法治理论大家学”系列活动，营造法治氛围。五是将法制宣传融入全市开展的“一村一警”“在职党员进社区”“访民生、知民情、解民事”、党的群众路线教育活动中，提升各级领导干部法律素养，将法律知识送到基层群众手中。六是以创建“民主法治村”“民主法治社区”和“依法治理标兵单位、示范单位”为载体，组织开展地方、行业、基层“三大治理工程”。七是对全市47家获得省级依法治理示范单位和标兵单位称号单位进行了复核检查。 （陶海燕）

【法律服务】 年内，市司法行政部门加强法律服务行业管理，注重业务培训，着力提高法律服务的专业化、规范化、法制化水平。一是引导律师服务经济发展。先后组建6个律师法律服务团，开展“法律体检”，举办法制讲座，提供法律意见，协助处理信访问题，办理各类案件1531件。全市律师共担任政府、企事业单位法律顾问165家，解答法律咨询3000余人次。二是全市公证队伍充分发挥服务、沟通、证明、监督职能，进驻工业园区和重点工程建设工地，在国企改革、金融服务、房地产开发等领域提供高质量服务。全年办理各类公证5706件。三是强化法律援助工作。依托基层单位设立82个法律援助工作站，推行“点援制”“一小时法律援助圈”“12348”热线平台、便民服务接待厅（室）等便民措施。全年共办理各类法律援助案件602件，代写法律文书418件，受援人数达8900人。市法律援助中心被市政法委授予全市政法系统“十佳”先进集体并荣立“集体一等功”，中心主任张桃贵被省委、省政府授予“山西省劳动模范”称号。四是开展司法鉴定管理工作。组建司法鉴定协会，行政和行业相结合的管理经验在全省推广。全市5个司法鉴定机构共办理案件2000余件，采信率98%以上。 （陶海燕）

【社会矛盾化解】 年内，全市司法机关注重发挥人民调解的基础性作用，进一步提高人民调解工作水平。截至年末，全市共建立1151个人民调解委员会，配备4591名人民调解员。一是建立县乡两级矛盾纠纷大调解中心，采取集中培训、观摩庭审、案件评查等形式开展业务知识培训，累计培训2953人次。二是贯彻落实司法部《关于进一步加强行业性、专业性调委会建设的意见》，组建了医调委、保险行业调委会、物业纠纷调委会等行业性、专业性调委会，发挥交调委、物业纠纷调委会的作用。三是围绕征地拆迁、村矿（企）矛盾、劳资纠纷、医患关系、交通事故、环境污染等“六类”矛盾纠纷开展排查调处工作。四是开展了“转型综改攻坚年矛盾纠纷专项排查化解活动”，在春节、“两会”、十八届四中全会和APEC会议等特殊敏感时段，开展矛盾排查化解。2014年，共调处各类矛盾纠纷2041件，调解成功率92%，防止群体性上访45件，涉及509人，防止民转刑3件。 （陶海燕）

【隔离戒毒】 年内，阳泉市以实现场所安全稳定为目标，以提高戒治质量为中心，以准军事化管理为载体，以“强基础、促规范、抓落实”为主线，优化戒毒教育矫治工作模式，强化安全防控、安全排查，加强制度建设和规范化管理，狠抓各项基本管理制度和基本执法程序的落实，维护场所安全稳定，连续十年实现“六无”目标。一是结合戒毒工作特点，按照生理脱毒期、身心康复期、巩固戒治期分段科学管理和治疗，加强医疗建设和心理辅导，教育矫治和戒治质量稳步提高。二是做好场所特色教育工作，开展了形式多样的帮教活动，搭建促进教育矫治的亲情之桥。三是在狠抓习艺劳动的同时，开展创业培训工作，提高戒毒人员出所后适应社会的能力。 （陶海燕）

【社区矫正】 年内，阳泉市通过强化机构场所建设、队伍专业培训、强化监督管理等方式，社区矫正工作水平进一步提升。一是郊区、平定

2014年阳泉市法律援助办案数和受援人数简表

表12　单位:件、人

单　位	法律援助办案数					代　书	咨询人数	受援人总数
	合　计	民　事		刑　事	行　政			
		诉讼	非诉讼					
市中心	82	56	9	17	0	50	1500	1632
城区中心	98	13	0	85	0	30	920	1048
矿区中心	137	26	73	37	1	50	1600	1787
郊区中心	63	38	4	21	0	50	650	763
平定中心	168	66	69	33	0	80	1900	2148
盂县中心	54	31	15	8	0	158	1310	1522
合　计	602	400		201	1	418	7880	8900

注:1. 按照办案数为总人口万分之四的要求,最低应办548件,2014年办案数为602件,超额完成10%。
2. 按照受援人总数为总人口万分之五十五的要求,最低应达7535人,2014年受援人总数为8900人,超额完成18%。

县、盂县建成"矫正管理服务中心",对社区矫正对象进行集中宣告、集中教育、集中管理。二是市、县组织各类业务培训11期,提升了业务能力。开展审前社会调查,先后出具108份评估报告,采信率95%,保证了非监禁刑适用的有效性和可执行性。三是运行社区矫正智能化信息管理系统,运用科技手段对社区服刑人员实行网上管理、实时监控、越界报警、到期警示和考核管理,实现从"人防"到"技防"的转变,提升了社区矫正执法工作质量。截至年末,全市累计接收矫正对象2368名,其中在册矫正人员838名、矫正对象顺利解矫1530名。（陶海燕）

【安置帮教】 年内,阳泉市刑释解教人员的安置帮教工作坚持以"衔接好、引导好、扶持好、服务好"的工作思路,通过推行信息管理、健全帮教档案、坚持定期回访、帮助解决生产、生活困难,预防和减少重新违法犯罪。全年全市共衔接刑释解教人员739名,衔接率100%,安置总人数678人,安置率达91.7%,帮教率100%。（陶海燕）

【基层基础建设】 年内,全市司法机关坚持"钱往基层花、人往基层走、劲往基层使"的工作思路,强化基层基础建设。一是基本完成全市44个司法所国债投资项目建设,办公设施逐步改善。二是开展"规范化司法所"创建活动,促进司法所工作标准化、专业化、规范化。三是市、县两级司法机关以租赁、购置方式完成法律援助便民大厅建设,各律师事务所、司法鉴定机构的工作条件得到改善。四是继续推进市级司法行政业务用房建设。（陶海燕）

仲　裁

【仲裁宣传】 2014年,阳泉市仲裁委员会秘书处继续加强仲裁法宣传工作力度。一是将《中华人民共和国仲裁法》纳入全民普法范畴,提高仲裁法制宣传的社会普及面。二是组织工作人员多次深入企业召开部分企业代表和部分律师代表参加的座谈会,征求意见建议。三是开展法律咨询活动,发放法律宣传材料120多份,接受咨询40多人次。（张慧琴）

【仲裁案件办理】 2014年,阳泉仲裁委员会加强仲裁办案工作,提升调解仲裁工作的服务水平。一是在立案、送达、组庭、审理、裁决等诸工作环节严格按程序规范操作,完善办案流程,优化仲裁服务。二是坚持庭前调解、庭审调解、庭外调解相结合,全方位开展调解工作。三是指定专人与市中级人民法院有关负责人沟通,解决仲裁协议效力的认定等问题。全年,共受理328起仲裁案件,受案标的金额为203060万元,办结307件,仲裁案件结案率达93%,和解调解率达92%,自动履行率达85%以上。（张慧琴）

【仲裁管理考核】 2014年,阳泉仲裁委员会秘书处制定《阳泉仲裁委员会仲裁员管理考核制度》,对仲裁员办案质量进行年底考核,评出优秀、一般、较差等次,奖优罚劣。该制度自实施以来,受到仲裁员和当事人好评,全年无违法违纪举报投诉和申诉上访现象。（张慧琴）

经济管理

发展和改革

【“飞地经济”】 2014年，市政府出台《阳泉市发展“飞地经济”和“结对子”引项目奖励暂行办法》，推进“飞地经济”项目建设。同时，探索建设东城科技园、中小企业园区等“飞地经济”园区。全年新开工天元城市矿产、桃林欢乐世界、金星激光修复等6个“飞地”项目，总投资27亿元，完成投资近8亿元。全市“飞地经济”项目(园区)累计达20个，项目总投资105亿元。 (冯晓琴)

【“结对子”引项目】 年内，市政府出台《市直部门与县区、开发区“结对子”引项目、解难题的意见》，要求市直24个部门与县(区)或开发区“结对子”，帮助引进产业项目。每部门每年为“结对子”县(区)引进1个5亿元以上项目和1个1000万元以上的产业项目，并纳入年度目标责任考核。截至年末，签约项目22个，总投资896亿元。 (冯晓琴)

【综改试验区建设】 年内，阳泉市继续加快转型综改试验区建设步伐，着力在重点领域取得突破。一是出台了《阳泉市资源型经济转型综合配套改革试验2014年行动计划》，明确16项重大改革、30项重大事项、20个重大项目和3个重大课题的年度任务。二是开展综改工作方案评审。组织发改、经信、住建等部门有关人员组成评审组，对转型综改任务涉及的29个牵头单位、51项工作方案进行了集中评审。三是重点做好深改工作。编制出台《经济体制和生态文明体制改革工作实施方案》和《经济体制和生态文明体制改革专项小组2014年工作计划》。四是认真实施“四重”任务。针对16项重大改革任务，编制了《全面深化农村改革加快推进农业现代化的实施意见》《2014年农村土地承包经营权确权登记颁证试点工作方案》等改革意见，出台《关于改善全市农村人居环境工作的意见》《阳泉市工业园区建设指导意见》《阳泉市工业园区管理考核办法》。30个重大事项均出台工作方案，并按照方案开展工作。五是开展转型综改工作考核。综改考核采取第三方考核的方式，委托省宏观经济学会组织开展第三方评审，加强综改考核工作的科学性和公平性。截至年末，各项改革任务均如期完成。 (冯晓琴)

【“十三五”规划编制】 年内，阳泉市启动“十三五”规划编制工作，起草了《编制全市“十三五”规划工作方案》。10月9日，经市规划咨询委员会评审，确定并启动42个部门课题和11个公开招标课题的研究工作。11月12日至13日，通过网站、报纸等媒体公开征集“十三五”规划前期研究课题。12月19日，市发改委组织召开“十三五”规划前期研究重大课题进展情况汇报会，听取公开遴选的11项“十三五”重大课题研究推进情况汇报。 (冯晓琴)

【老工业区搬迁改造】 年内，阳泉市根据国务院办公厅出台的《关于推进城区老工业区搬迁改造的指导意见》，编制了《老工业区搬迁改造实施方案》，组织城区、矿区和经信、国资、城镇工业联社，申报老工业区搬迁改造专项资金。共申报项目2个——金星物资有限公司“激光再制造”产业基地项目和煤气公司老旧煤气管网设施更新改造项目，项目总投资分别为9600万元、8373万元。 (冯晓琴)

【阳大铁路】 年内，山西省委、省政府将阳泉北至大寨地方铁路(简称“阳大铁路”)列入全省“百日百项开工的重点工程”。市委、市政府把阳大铁路作为全市的重点工程，举全市之力予以推进。上半年，阳大铁路项目建议书经省发改委批复,可研报告通过专家评审,阳大铁路接轨方案通过北京铁路局、铁路总公司审查。下半年,《阳大铁路建设方案》经市委常委会、市政府常务会、市人大会议、市政协会议研究讨论通过,各项前期工作有序推进。（冯晓琴）

【交通基础设施建设】 年内,阳泉市加大投入,推进道路交通基础设施建设。一是进一步完善城市交通路网。加快推进盂五高速、阳左高速、阳泉高速西外环、阳五高速连接线等重点交通项目。其中,西环高速、阳左高速具备通车条件,盂五高速工程即将竣工。同时筹备建设阳五高速义井口连接线、阳五高速平定北互通连接线。桃北东路公交站场、阳泉汽车客运南站项目开工建设。二是申报危桥改造。组织收集、汇总、整理9座农村危桥改造项目上报省发改委,申请到省煤炭可持续发展基金135万元。三是推进通用航空机场建设。拟在盂县东梁乡西梁村附近设立临时起降点,用于农林业飞播飞防、飞行培训、抢险救灾、旅游观光等通用航空飞行。年内获解放军空军司令部批复,启动了项目可行性研究报告编制工作。（冯晓琴）

【桃河流域生态环境综合治理】 年内,阳泉市组织相关部门及项目单位加快推进桃河流域生态环境综合治理工程项目建设。截至年末,完成荒山造林1333公顷（2万亩）,桃河白南至阳五治理工程完工验收。（冯晓琴）

国有资产管理

【概况】 2014年,市国有资产管理主要经济指标超额完成年度考核目标。全年出资企业年末资产总额137.8亿元,完成责任考核指标的106%;净资产23.4亿元,完成责任考核指标的117%;营业收入完成43.8亿元,完成责任考核指标的104.3%;实现利润1.7亿元,完成责任考核指标的142%。（都超超）

【重点项目建设】 年内,出资企业共实施12个重点项目,其中发展类项目3个、棚户区项目9个。12个项目总投资74亿元,计划完成投资12亿元,实际完成投资13.2亿元,完成年计划的110%。其中,河坡发电有限责任公司"上大压小"2×35万千瓦超临界热电联产项目总投资32.69亿元,计划投资7亿元,实际完成投资10.55亿元,完成率为150%。（都超超）

【国资国企改革】 年内,阳泉市加快推进国资国企改革,取得明显成效。一是市政府出台《关于深化国资国企改革的实施意见》,明确了国资国企改革的指导思想、基本原则、改革重点、总体要求、主要任务、政策措施及组织实施等内容。二是引进福建泉州投资商,对市水泵厂、阀门厂进行改革重组、搬迁改造,福建投资商投资成立阳泉乘木有功泵阀科技有限公司,项目选址在平定县张庄工业园区。三是阳煤集团控股南煤集团,实现平稳过渡。重组后的南煤集团的股权结构为:阳煤集团51%,省经济建设投资有限公司24.67%,市国资委24.33%。四是对保安押运中心进行公司制改革,对信建资产公司与虹玮建材公司、物资再生利用总公司与沙江酒家分别实施整合重组,对信阳资产公司所属桥头照相馆实施民营化经营改革。五是对物资集团公司所属7户企业和中源硫铁矿有限公司等企业实施歇业关闭。选择2户工业企业作为停产工业企业破产关闭试点企业,进行了破产关闭费用测算。（都超超）

【国有资产监管】 年内,国有资产管理工作取得新进展。一是制定出台了《阳泉市国资委企业资产租赁管理办法》,加强企业租赁资产管理。组织市国资委及企业的财务骨干,组成检查组,对35户有资产租赁业务的监管企业进行资产租赁专项检查,内容包括租赁资产的基本情况、租金收取情况、是否存在转租等,对发现的资产租赁不规范、管理不到位等问题全部进行了纠正。二是加大不良贷款处置力度。对市信和资产管理中心在市农业发展银行784.9万元不良贷款进行核销。现代电器有限公司筹资20万元,对农行48.6万元不良贷款进行缩水处置。市经贸资产公司对回购的43户企业共计8.59亿元的不良贷款开展了清收工作,收回资金500多万元。三是拓展国有产权交易范围。市交通驾驶员培训学校有限公司的全部股权和债权,在市产权交易市场捆绑转让,成交额达3346万元,成为市产权交易市场成立以来第一宗股权交易。四是进一步加大资产处置力度。华伦陶瓷有限公司、阳煤集团多营三公司等2户企业的2宗资产,通过市产权交易市场公开转让,资产评估值888万元,成交价908万元,增值率2.25%。市产权交易市场全年资产交易额达4254万元。（都超超）

【企业财务监管】 年内,市国资系统对2014年离任的22户企业法定代表人进行了离任审计。其中,2户企业委托市审计局审计,1户企业委托中介机构审计,19户企业采用企业内审的办法,抽调系统内财务骨干,组成离任审计组,进行离任审计,客观公正地鉴定离任领导在任期内的经营业绩和经济责任。对改制和对外投资过程中的企业进行财务审计和资产评估,有效保证出资人的权益,减少国有资产的隐形流失,全年共审核中介机构出具的审计报告8份,备案资产评估报告2份。完成了对晋盂钢铁有限公司留守费用、国新能源煤炭有限公司现金支出情况以及外贸鑫益贸易有限公司财务收支的审计工作。配合审计署驻市矿产资源专项

审计组,完成对国资委系统矿产资源专项审计工作。(都超超)

【安全生产和维稳】 年内,市国资委系统开展了安全生产大检查活动,共排查出安全隐患(问题)300多项,全部进行了整改治理,整治率达100%。在维稳工作方面,市国资委系统共接待职工来信来访921人次,涉及职工欠(垫)缴养老医疗保险、不能办理退休手续、职工住宅供水供暖、棚户区改造等8大类问题,共计133件,其中解决77件,化解56件。先后完成市委、市政府、省巡视组、省群众路线督导组、市长接待日、社情民意、市长信箱等渠道交办的信访类案件48件,结案率达100%。2014年,市国资委获“全市信访工作先进集体”称号。(都超超)

资源管理

【耕地保护】 年内,阳泉市落实耕地保护责任,着力改田造地。一是层层签订耕地保护责任状,分解下达各项任务,使耕地保有量达到7.66万公顷,基本农田保护面积达到5.74万公顷,分别超出省考核指标0.85万公顷和0.07万公顷。二是大力推进造地工程。市立项59个土地开发项目,项目建设总规模460.4公顷,新增耕地面积283.48公顷。同时,加大对2012和2013年度省级专项资金项目的实施推进力度,4个省级专项资金项目均全部开工,拟新增耕地面积621.77公顷。2014年,新申报2个省级专项资金项目,建设规模为327.47公顷,拟新增耕地面积为210.69公顷,完成可研评审和申请立项。三是开展全市永久基本农田划定工作。全市新划定后的基本农田面积为5.71万公顷,比省下达任务多补划358.8公顷,三个农业县(区)完成了新一轮土地利用总体规划要求的基本农田保护任务。(赵振宁)

【年度建设用地配置】 年内,省下达阳泉市年度土地利用计划指标220公顷,阳泉市共上报6个城市建设用地批次、1个单选项目,申请使用土地154.07公顷,占计划指标的70%。市本级供应国有建设用地使用权2宗,划拨土地面积为5.3公顷,公开出让面积为1.77公顷,成交价3551万元。同时,开展《中华人民共和国城乡规划法》专项执法检查,发现6个超容积率项目,其中1个补交土地出让金380.73万元,5个按照相关规定启动法律程序。全年收取土地出让金4111.41万元。(赵振宁)

【土地矿产资源节约利用】 年内,阳泉市扎实推进资源节约利用,提高利用效率。一是推进城乡建设用地增减挂钩、矿业存量用地整合和露天采矿三项用地新机制工作。城乡建设用地增减挂钩:郊区复垦土地25.33公顷,盂县完成拆旧复垦区的变更方案并上报省厅待批,平定县由于财政资金短缺向省厅申请退还周转指标。矿业存量土地整合利用:市国土局批准盂县和平定县土地复垦方案。露天采矿用地改革:经国土部批准的中国铝业股份有限公司山东分公司阳泉矿山头矿于2013年启动,完成复垦5.67公顷,剩余4.93公顷采矿复垦指标。二是推进以“三率”(开采回收率、采矿贫化率、选矿回收率)为核心的矿产资源节约集约利用标准体系建设。全市57座煤矿纳入矿产资源储量动态监督管理体系。34座煤矿换领长期采矿许可证。市国土部门对217座矿山进行了年检。全年征收采矿权价款17464.61万元、矿产资源补偿费14794.79万元。(赵振宁)

【地质环境管理】 年内,市政府与各县(区)政府及市直相关部门签订地质灾害防治责任状,出台《年度地质灾害防治方案》。一是组织开展14次应急演练,发放“告知书”“避灾明白卡”“工作明白卡”11737份,建立地质灾害隐患点台账。二是制定《阳泉市2014年度农村地质灾害治理搬迁方案》,涉及全市97户、207人,省、市配套资金全部到位,工程进入前期准备阶段。三是完成地质灾害防治高标准“十有县”(有制度、有机构、有经费、有监测、有预警、有评估、有避让、有宣传、有演练、有效果)建设任务,并通过省国土厅验收。此外,向省国土厅申请到治理投资项目2个,分别是总投资517万元的平定柏井五村滑坡项目和总投资511万元的盂县庄头村崩塌项目。平定柏井五村滑坡项目勘察设计编制完成,盂县庄头村崩塌项目招标完成。(赵振宁)

【土地 矿产资源秩序整顿】 年内,市国土部门强化执法监察,维护国土资源开发秩序。一是严厉打击非法采矿。组织开展6次打击非法违法采矿专项行动,对全市所有矿山企业和关闭矿井以及历史上形成的非法违法采矿坑点进行全面排查。查处各类非法采矿126起,其中立案查处39起,立案查处越界开采16起、以探代采7起,立案查处的案件全部结案。查扣没收非法采矿设备195台(件)、非法采出矿产品3980.5吨,罚款94.6万元,没收违法所得183.7万元。刑事拘留非法采矿者5人,移送起诉2人,处分相关责任人4人。全市非法违法采矿行为得到遏制,矿业秩序稳定好转。二是完成土地矿产卫片执法检查。全市土地图斑涉及的157宗违法用地中,立案的135宗全部结案,其余22宗为非立案处理。收缴罚款507.87万元,没收非法建筑物面积14.63公顷,11.47公顷应拆除非法建筑物面积全部移送法院强制执行,移送纪检部门建议给予处分121人。立案查处的17个矿产违法图斑全部结案,罚款8万元,没收非法所得141万元,没收非法矿产品914吨。三是重视做好信访工作。市国土局接到“12336”国土资源违法举报电话308个,全部及时登记、转办;受理各类信访件105件,结案72件,结案率68.6%;受理省国土厅交办信访案件84件,结案72件,结案率85.7%。（赵振宁）

【基础业务】 年内,阳泉市国土资源管理基础业务工作扎实推进。一是土地规划工作。阳泉市土地整治规划、矿产资源总体规划和各县(区)土地整治规划正式实施;盂县《矿产资源总体规划》通过省厅评审;郊区、平定县、盂县《土地利用总体规划》实施评估报告报省厅备案。二是确权发证工作。完成全市各县(区)集体建设用地和宅基地确权登记发证的试点工作;完成781个村、157140宗宅基地的权属调查和地籍测量;市辖区发放国有土地使用证977个、国有土地他项权利证53个,涉及抵押面积87206.907平方米,贷款金额30946.5万元。三是信息化建设工作。市级电子公文流转正式运行;新版门户网站群正式上线。四是测绘工作。完成阳泉市基础测绘1∶500地形图更新测量工程的有关评审工作,并签订测绘合同,项目进入实施阶段。建立阳泉市38家地理信息产业单位名录库,为准确掌握地理信息产业发展现状提供依据。利用"数字阳泉"为林业部门提供1米高分影像数据,促进基础测绘成果的社会化应用。完成数字城市与省地理信息公共服务平台的数据融合工作及"天地图"市级节点与国家、省级节点的接入申请。（赵振宁）

质量技术监督

【概况】 年内,阳泉市质监部门在质量管理、计量管理、标准化管理和安全监管等方面取得新成绩。

质量管理 制定出台《2014年质量强市行动计划》,形成市政府牵头,发改、质监、工商等14个部门齐抓共管的工作机制;编写完成《全市耐火砖生产企业产品质量状况分析报告》;指定54家重点企业在全省率先推行"首席质量官"制度;深入开展质量管理优秀QC小组活动,帮扶企业获得省级优秀成果13项、国家级质量信得过班组1个;组织4家企业发布《企业质量信用报告》、8家企业上报《质量信誉承诺书》,并录入质量信用数据库系统;对31家工业生产许可证获证企业进行年度审查,对6家耐火材料获证企业和10家危险化学品获证企业进行专项检查;市检测所被省质监局命名为"山西省中小学质量教育社会实践基地"。

标准化管理 年内,新立项《耐火材料荷重软化温度试验方法》等标准制修订项目8项。启动"大寨饮品核桃生产"国家级标准化示范项目,完成"冬春蔬菜种植标准化示范区""獭兔养殖加工标准化示范区"2个省级农业标准化项目建设。制定并实施《无公害马铃薯生产技术规程》《生猪规模养殖技术规范》2项市级农业地方标准。完成"矿区基层文化园区"国家级服务业标准化试点项目建设,阳泉居家养老综合标准化试点项目通过省级审查。

计量管理 全省首家发布《贯彻落实〈计量发展规划(2013—2020年)〉实施方案》。启动"打击计量欺骗专项监督检查"活动,共检查电子计价秤300余台件、加油机89台。先后组织开展了煤矿和公路保障安全用计量器具监督检查、民用"四表"专项监督检查、计量授权检定机构和制造计量器具获证企业证后监督检查、重点用能单位能源计量审查等专项检查,全年检定、检测各类计量器具22885台。

安全监管 年内,以特种设备安全"大检查"为主线,集中开展电梯、压力管道、移动式压力容器、涉氨制冷装置等特种设备专项治理,检查生产使用单位2168家、各类特种设备21065台,排查出安全隐患450余条,下达"责令整改通知书"213份,查封存在重大安全隐患的特种设备29台。与797家企业签订"特种设备安全承诺书"。组织开展电梯双盲应急演练、天然气管道泄漏应急演练。修订"督查督导工作制度"和"最不放心单位监管制度"等制度,市质监局有关负责人带领7个督查组开展了5轮督查督导活动。全年未发生特种设备安全事故。（王莉萍）

【质量监督检查】 年内,市质监部门组织开展"质监利剑""双打"集中行动,重点对液化石油气充装单位、农村市场、汽车4S店、定量包装商品等重点领域和产品进行执法检查,共检查生产经销企业407家,受理群众投诉举报380次,查处案件116起。同时,对68家企业生产的23种产品76个批次进行质量监督抽查,合格率为95.33%。对煤、耐火材料、汽柴油、家具等商品开展定期监督抽查,抽查产(商)品173个批次,合格率94.62%。（王莉萍）

【认证监督检查】 年内,市质监局严格落实"区域监管"制度,全方位、多角度地开展认证监督检查工作。一是开展3C企业证后巡查、资质认定证后巡查60次。二是开展儿童玩具强制性产品认证专项检查,对3家大型超市、2家批发市场进行重点检查。三是开展2014年度资质认定专项检查,对38家获证实验室进行100%覆盖式检查。四是开展自愿性认证网格化监管和行政监督,检查各类自愿性认证企业69家。五是与市交通局运管处联合开展全市汽车综合性能检测站专项检查,检查汽车综合性能检测站5家。（王莉萍）

【基础建设】 年内,市质监部门继续推动基础建设工作健康有序发展。一是进一步改造安全阀校验站、锅炉(介)质分析室、无损检测评片室、仪器室等检测环境,购置国内一流的安全阀校验台、有机热载体酸值测定仪、多功能限速器测试记录仪等专项检测设备，确保检测数据高效、科学、准确。二是“电梯限速器测试仪利用GPRS网络无线传输数据”国家级科技项目通过国家质检总局鉴定验收。三是推进国家级耐火中心建设，按照国家级检验中心建设批筹计划对实验室实施技术改造。（王莉萍）

【服务发展】 年内，市质监部门发挥质监职能，服务全市项目推进。一是为山西河坡电厂“上大压小”郊区段一期、新城大道漾泉二期、盂县供热管网重点工程等提供技术服务。派技术人员赴河北、天津、温州等地驻厂监检，保证原材料的质量安全。对工程管道的设计图纸和施工单位、人员资质进行严格会审和核查，对现场压力管道实施全过程监督检验，确保工程质量。二是同中国特种设备检测研究院合作，对山西河坡发电有限公司2×350兆瓦超临界电站锅炉安装进行监督检验。三是对全市唯一取得B级锅炉制造许可证的山西建工申华暖通设备有限公司的1台WNS2-1.0-Y(Q)型锅炉进行制造监检，保证出厂锅炉质量。（王莉萍）

【“3·15”质量安全打假宣传活动】 3月10日至31日，市质监局紧贴职能，以狠抓质量、扶优治劣、确保安全为出发点，以确保人民群众生命财产安全为落脚点，在全市范围内组织开展“3·15”系列维权宣传活动。一是3月15日，在阳泉日报等主流媒体刊载荣获2013年度山西省名牌产品和AAA级质量信誉等级企业名单，加强对名牌产品和质量信誉等级企业的宣传力度。二是制作特种设备安全使用常识公益广告，在阳泉电视台滚动播出，普及特种设备安全使用常识，提高群众安全意识。三是开展农资打假下乡行动，组织执法人员深入乡村、田间地头和农户家中开展宣传和服务，现场受理农民咨询、举报和投诉，宣传法律法规、识假辨假知识，帮助农民打假维权，维护农民合法权益。四是开展特种设备安全知识进校园活动，深入辖区内的学校，发放特种设备安全宣传资料，向学生讲解电梯、大型游乐设施等常见特种设备的安全使用常识。五是开展计量器具及定量包装商品净含量专项检查，深入商场、超市、集贸市场，对电子计价称的检定、使用情况以及定量包装商品的净含量进行监督检查，打击“缺斤短两”、欺诈消费者的不法行为。六是开展与消费者密切相关的强制性认证产品专项检查，重点对属于强制性认证范围内的儿童玩具、家用电器等进行监督检查，严厉打击无证、超认证范围、冒用质量认证标志等违法行为。（王莉萍）

【“5·20”世界计量日宣传活动】 年内，市质监局围绕“计量与绿色中国”主题，组织开展“智能电表知多少”计量论坛、计量实验室开放日、计量器具免费检测和计量知识宣传等“5·20”世界计量日系列宣传活动。一是组织开展“智能电表知多少”计量论坛，邀请有关电能计量专家进行专题讲座，让广大居民了解智能电网、智能电表常识。二是开展计量实验室开放日活动，邀请90个社区的居民代表和200余名小学生，走进实验室，实地参观与老百姓密切相关的民生计量器具校准、检定检测设备。三是开展计量器具免费检测和计量知识宣传活动，现场向百姓发放了“民用四表(热量表、电表、水表、燃气表)”眼镜、出租车计价器等涉及民生计量的宣传资料，解答群众咨询。活动中，共发放宣传资料6000余份，接受群众咨询1500余人次，免费检测血压计、人体秤等计量器具1260余台件。（王莉萍）

【“质量月”活动】 9月2日，“质量月”活动启动。市质监局围绕“推动三个转变，建设质量强市”主题，组织开展多种形式的宣传活动。一是实施“首席质量官”制度。在全市重点企业中确认首批“首席质量官”54名，颁发任职资格证书。二是组织阳泉市阀门股份有限公司等4家企业向社会公开发布企业质量信用报告。三是组织中小学生深入质量教育社会实践基地参观学习。四是开展“质检利剑”及其他各类专项检查行动，严厉打击违法违规行为。五是开展免费检定、安全知识培训等宣传活动。（王莉萍）

【固庄煤矿机电科35千伏变电所班组荣获“全国质量信得过班组”】 7月4日，阳泉固庄煤矿机电科35千伏变电所班组在全省优秀质量管理小组成果交流会上发表了题为《精益管理细作风，以质为本促提升》的成果，并以现场发表分和原始记录分两项综合分数第一的成绩被推荐为全国质量信得过班组。（王莉萍）

工商行政管理

【工商体制改革】 年内，市工商行政管理部门推进职能转变工作，完成食品流通环节监管职能划转和相关人员交接工作。按照国务院《关于改革完善食品药品监督管理体制的指导意见》和各级政府的部署，市工商局和各县(区)分局于4月底，就原承担的食品安全监管工作与市食药局正式进行移交。（李文娟）

【商事登记制度改革】 年内，阳泉市落实和推进商事登记制度改革，促进全市各类市场主体发展。一是根据《山西省公司注册资本登记制度改革试点推进实施方案》要求，确定平定县、盂县和郊区3个试点，先行推进改革。二是3月1日起，在全市实行注册资本认缴登记制度。实行认缴登记制度以来，全市新登记有限责任公司1235户，比上年增长85.16%，新增注册资本56.48亿元，比上年增长124.74%。三是落实“先照后证”（先申领营业执照，后办理有关许可证）系列举措，将160项工商登记前置审批事项明确为后置审批。四是主动上门为企业提供政策、法律和工商登记服务，帮助红星美凯龙等30户较大规模企业落户开发区。全年全市新登记各类市场主体9524户，比上年增长36.33%。其中注册内资企业3690户（包括私营企业3258户）、个体工商户5496户、农民专业合作社338户。截至年末，全市累计登记各类市场主体57348户，其中内资企业13490户（包括私营企业10031户）、个体工商户41751户、农民专业合作社2107户。（李文娟）

【信用体系建设】 年内，市工商部门按照《山西省商品交易市场信用分类监管实施办法》要求，对各类市场实行信用分类监管，录入市场主体信息72条，并申报5个省级诚信市场。新推荐2013年度省级“守重”企业10户。截至年末，全市国家级“守重”企业累计达14户，省级“守重”企业累计达242户，市级“守重”企业累计达500户。（李文娟）

【企业融资帮扶】 年内，市工商局主动了解企业需求，依托“政、银、企”战略平台，通过信用贷款、股权出质、动产抵押、商标权质押和支持组建小额贷款公司五大融资平台，共为企业融资4.8亿元。（李文娟）

【“品牌兴市”战略】 年内，阳泉市继续实施“品牌兴市”战略，通过落实“一村一品一商标”“一县一业一品牌”要求，共帮助企业、农户申请商标238件。全年有效注册商标量达1554件，申请量增幅连续五年保持在10%以上。其中，中国驰名商标3件，山西省著名商标51件，创历史最好水平。（李文娟）

【重点领域市场监管】 年内，市工商部门通过开展反不正当竞争、商标侵权、合同欺诈等系列执法行动，全年查处违法违规案件401起，其中查办限制竞争案和不正当竞争案分别位居全省第一和第二。一是竞争执法工作强力推进。以电信服务、公共交通运输、水电气供应等为重点，着力查处公用企业限制竞争行为；以医药、工程建设、教育等领域为重点，着力整治商业贿赂行为；以农资、建材、汽配、家具等商品为重点，着力打击仿冒行为。对阳泉辉煌气瓶安装有限公司在未取得压力容器安装资质的情况下进行虚假宣传等31起不正当竞争行为案件进行查处，共收缴罚没款118.7万元。二是保护商标专用权成效明显。重点开展对集贸市场、大型超市、酒类专卖等重点领域的专项检查，共查处各类商标侵权案件49件，罚款41.37万元，其中万元案9件、5万元案1件、10万元以上案1件。三是整治虚假广告力度加大。把房地产、医疗、金融、通讯等领域作为重点整治对象，全系统共立案查办各类违法广告案件68起，罚款33.7万元，其中万元以上案件20起。四是禁止传销规范直销扎实推进。继续开展创建“无传销社区（村镇、院校等）”活动，运用“打击、防范、预防、宣传”等手段，对“拉人头”、骗取“入门费”等传销活动人员相对聚集地开展摸底排查。同时与公安等部门召开联席会5次，加强部门沟通协作。全年共捣毁取缔传销窝点3个，教育遣散传销人员22名，移送司法机关案件1起。五是合同格式条款监管收效明显。集中对商品房、农资商品买卖、电信、金融等10个行业的合同进行全面检查，共检查企业927家，审查合同1189份，查处合同违法案件19起。六是治理超限超载深入开展。开展治理超限超载专项执法行动，共出动执法车辆3000台次、执法人员6200人次，检查汽车修理厂、汽配部1900户次，检查储（售）洗（选）煤（货）场及涉煤企业1100户次，取缔非法储售煤（货）场7户，立案2起。七是查处取缔无照经营专项执法行动有序推进。结合全市开展的“安全生产月”活动，加大对无照经营行为的查处力度，共出动检查人员1320人次、执法车辆1156台次，巡查重点行业365户，下发责令改正通知书556份。（李文娟）

【消费者投诉举报受理】 年内，市工商局组织开展“新消法 新权益 新责任”年主题宣传活动和消费教育进社区、进学校、进企业、进市场、进农村“五进”活动，进一步加强“12315”进商场、进超市、进市场、进企业、进景区“五进”规范化建设，全年共受理消费维权咨询、申诉、举报2339件，比上年增长552件，增幅30.8%，办结率达97%。（李文娟）

【法治工商建设】 年内，市工商部门加快推进法治工商建设，取得明显成效。一是建立法制学习培训常态化机制。党组中心组每月开展2次专题学法活动。建立“一旬一案一点评”“一月一法一考试”“一季一所一评查”的干部法律培训机制。二是开展了法律法规“六进”（进社区、进学校、进市场、进企业、进村镇、进机关）活动以及“3·15”“4·26”“12·4”等法制主题宣传活动。三是建立“4856”案件核审机制，进一步规范执法行为。市工商局案件核审率和简易程序备案率均达100%。（李文娟）

进出口商品检验检疫

【概况】 年内，阳泉出入境检验检疫局共检验检疫出入境货物447批，货值2773万美元，比上年分别降低45.49%和69%。其中，检验检疫出境货物431批，货值2388万美元，比上年分别降低46.79%和72.67%；检验检疫入境货物16批，货值385万美元，比上年分别增长60%和86.58%。共检出不合格出入境货物1批，金额60万美元。签发各类原产地证283份,金额1544万美元,分别比上年增长1.07%和0.37%。其中,签发普惠制原产地证书219份,签证金额1119万美元,比上年分别增长15.26%和10.31%;签发一般原产地证书31份,签证金额321万美元,比上年分别增长14.81%和134.85%。(赵佳佳)

【实蝇监测】 年内,新增左权县、榆社县和寿阳县等监控点,共设置38个诱捕点。发现5种实蝇,其中瓜实蝇、三点棍腹实蝇、南瓜实蝇为阳泉检验检疫局首次发现,南瓜实蝇为山西检验检疫局首次检出,根据监测结果撰写《阳泉地区开展实蝇监测工作报告》。(赵佳佳)

【有害生物截获】 年内,阳泉检验检疫局加强对进口设备及进境集装箱的检验监管,多次在进境集装箱和木质包装中检出有害生物,其中11月在一批来自德国进口设备木质包装中检疫分离出小杆线虫,经省检验检疫局技术中心鉴定,该线虫为山西省首次检出。(赵佳佳)

【服务出口】 年内,阳泉检验检疫局全力支持辖区农产品出口。12月25日,经阳泉检验检疫局检疫合格,山西康泰来农业生态科技有限公司生产的1批货值2.2万美元的食用菌菌包出口美国,这是阳泉市农产品首次出口美国高端市场。(赵佳佳)

审计管理

【概况】 2014年,阳泉市审计机关完成审计项目312项,审计及延伸单位387个,查出违规资金27.97亿元,管理不规范资金25.26亿元,促进增收节支2.14亿元,核减投资49389万元,向有关部门移送案件线索及处理事项77件,报送审计要情及专报4篇,促进建立健全制度53项。市审计局被省委依法治省领导组评为“山西省依法治理示范单位”,局长李润萍被中共山西省委、省政府授予“劳动模范”称号,固定资产投资科科长黄慧文被审计署、劳动人事和社会保障部授予“全国审计机关先进工作者”称号。(张大鹏)

【同级预算执行情况审计】 年内,市审计局共延伸审计和调查单位76个,查出违纪违规和管理不规范金额2.77亿元,下达审计决定9个,移送相关部门案件线索及建议6个;查出少征、漏征13项非税收入2.25亿元、欠缴税费515.65万元及市级财政6.56亿元存量资金长期沉淀的问题。全年清缴与盘活财政资金2.53亿元。(张大鹏)

【政府重大投资项目审计】 年内,市审计局强化投资项目审计工作,将项目事前程序完善情况、事中工程进展情况、事后效益发挥情况全部纳入审计范畴。对狮脑山公园改扩建一期工程及狮脑山百团大战纪念馆布展工程竣工财务决算草案进行审计结果公告。全年完成审计(调查)项目31个,核减投资13043万元。(张大鹏)

【县(区)政府财政决算审计】 年内,市审计局完成盂县政府2012、2013年财政决算审计,延伸审计5个乡镇、61个村委会、20个项目单位,查出违纪违规资金3715万元、管理不规范资金101572万元(处理情况),针对存在问题提出审计建议。(张大鹏)

【领导干部经济责任审计】 年内,市审计局完成6名领导干部的经济责任审计,查出违规金额159.4万元、管理不规范金额2251.3万元,查处领导干部应负直接责任问题80万元、应负领导责任问题624万元,向纪检监察机关和有关部门移送案件线索和处理事项7件。(张大鹏)

【行政事业单位审计】 年内,市审计局在完成省审计厅下达的审计项目和市级重大项目任务同时,将“扩大审计覆盖面、扫除审计盲点”作为审计重点,完成市级19个单位的财务收支审计,查出违规资金2821.95万元、管理不规范资金13231.77万元,移送案件线索和处理事项12件。(张大鹏)

【其他审计】 年内,市审计局根据上级机关或部门安排,完成以上审计之外的其他审计任务。一是完成高平至新乡高速公路高平至陵川段建设项目竣工决算审计。查出违规资金39494万元、管理不规范资金3077万元,核减投资32313万元,移交审计案件线索及问题3件,提交省审计厅审计要情1件。二是完成城镇保障性安居工程跟踪审计。重点调查市、县(区)政府所属住房保障、发展改革、财政、国土资源、规划、民政等34个部门,延伸审计50个单位,查处管理不规范金额12904万元。三是完成全市公安系统、卫生系统、教育系统等3个行业的财务收支审计。查出违法违纪资金2738.31万元、管理不规范资金13084.07万元,提出审计建议48条,移交案件线索及问题30件。四是参与全国土地出让收支和耕地保护情况审计。8月17日至10月31日,市审计局抽调20多名审计骨干赴介休参加审计署组织的全国土地出让收支和耕地保护情况审计项目。(张大鹏)

物价管理

【概况】 2014年,阳泉市以保持物价总水平基本稳定、加强民生价格监管、稳妥推进价格改革工作为重点,扎实有效地开展各项工作。全市居民消费价格总水平(CPI)累计上涨1.3%,与上年同期相比涨幅下降了1.7个百分点,累计涨幅分别低于全省和全国平均水平0.4

和0.7个百分点，在全省11个地市中累计涨幅由高到低排名第10，完成了年初确定的“全年居民消费价格指数涨幅控制在3.5%以内”的目标任务。（李 菊）

【价格监测】 年内，市物价局建立了多套采报价制度，对50余种主要食品进行监测，实现了日、周、旬、月、主要节假日全时段监测。建立起价格监测体系和应急反应机制，设立固定监测点9个、零时监测点若干。同时，针对蔬菜价格易波动的情况，建立起蔬菜日报公示制度。对全市当日11种主要蔬菜价格进行采集、汇总，通过《阳泉日报》、阳泉广播电视台等渠道进行公示。（李 菊）

【“一元以下菜”惠民蔬菜销售活动】 “一元以下菜”惠民蔬菜销售活动从2013年12月1日开始启动，活动内容是在华龙超市连锁集团的6个主要大型超市、市蔬菜公司的10辆蔬菜直销车以及新世隆超市，设立1元以下菜专柜惠民蔬菜供应点，惠民蔬菜供应品种由市物价局每周公布一次。截至2014年年底，各供应点销售限价蔬菜累计达1274万千克，为群众让利594万元。市物价局动用价格调节基金对实施“一元菜”的华龙超市连锁集团、市蔬菜公司和新世隆超市按照“一元菜”销售量进行直补，其中补贴华龙超市连锁集团163.42万元、市蔬菜公司114.45万元、新世隆超市19.21万元。该活动的开展，带动全市8种主要蔬菜的平均价格下降22%，拉动食品类价格下降1.3个百分点，影响全市居民消费价格总指数（CPI）下降0.4个百分点。（李 菊）

【价格制定与调整】 年内，市物价局重视发挥价格杠杆作用，着力稳定市场秩序。一是召开盂县居民天然气销售价格定价听证会，确定盂县居民用天然气的定价方案，居民用气价格为2.40元/立方米，工业存量气价格为3.00元/立方米，工业增量气价格为3.80元/立方米，其他用气价格为3.40元/立方米。二是根据国家、省关于经济适用住房价格管理的相关规定，依照成本监审结论报告，确定了郊区荫营镇南区新城雅馨园住宅小区经济适用住房7号—10号住宅楼的平均销售价格（基准价格）为2510元/平方米。三是对汽、柴油价格进行18次调整，其中4次上涨，14次下调，汽油价格总体下降2550元/吨，柴油下降2445元/吨。四是审核社会零售药店31个，其中审核申请医保定点零售药店13个。同时调整部分麻醉用药、结合雌激素类等药品价格，涉及品种和规格20余种。五是规范物业服务收费行为。市物价局和市住建局联合修订出台《阳泉市物业服务收费管理办法》，并按照该办法对馨瑞家园等15个住宅小区的物业服务收费进行实地考察，制定物业收费标准，涉及收费面积75万余平方米。六是完成了省物价局安排的供热计量工作调研，下发《关于继续执行新建住宅供热计量设施安装费试行标准的通知》。七是继续推进农副产品平价商店建设，配合省物价局考核组对19个平价商店及蔬菜直销车进行年度考核。八是审核通过客运总站关于阳泉至寿阳的调价申请，同意票价由原来的13元/人调整为中型中级车14元/人、小型中级车16元/人。九是按照《关于进一步加强房地产价格管理促进房地产市场健康发展的通知》（阳价价字〔2012〕155号）的要求，对世纪宏苑二期等25个房地产开发项目进行备案登记。十是向省物价局提出申请，对市污水处理厂水价格予以核定，邀请市发改委、水务局等10家单位针对污水处理费标准执行情况进行座谈，为下一步调整标准奠定基础。十一是规范电解铝企业生产用电价格，严格燃煤发电企业燃煤发电机组环保电价管理和监督检查。十二是明确县级及以上人民政府民政部门许可的养老机构用水、用电、用气、用热按居民生活类价格执行。十三是调整天然气企业非居民用管道天然气销售价格，其中车用天然气（CNG）最高零售价格调整为4.40元/立方米。（李 菊）

【行政事业性收费规范和清理】 年内，市物价局继续规范、清理行政事业性收费，进一步减轻企业和群众的负担。一是对全市行政事业收费进行年检。全年共审验收费许可证正本264本、附本288本，应审单位264个，实审单位264个，审验收费金额60475万元、收费项目97项。二是及时变更和取消收费项目。取消计算机应用能力考试费、煤炭稽查管理费、超限装卸费和保管费、夫妻关系证明书工本费、解除夫妻关系证明书工本费6项收费，减轻企业和群众负担3235485元。三是根据市政府《关于制定阳泉市幼儿园收费标准及有关事项的通知》，确定幼儿园保育教育费、住宿费的收费标准，解决幼儿园收费标准偏低问题。（李 菊）

【经营服务性收费管理】 年内，市物价局进一步规范管理经营服务型收费。一是免征货物原产地证书费。二是降低煤炭产品质量监督检验费。三是将仲裁收费、卫生救护培训费由行政事业性收费转为服务性收费，将城市基础设施配套费由行政事业性收费转为政府基金管理。四是将11个医疗卫生机构的收费由过去的收费许可证管理变为备案管理。五是对实行定点医保的民办医疗机构收费、民办学校收费进行备案管理。（李 菊）

【价格监督检查】 年内，市物价局多措并举维护市场价格秩序。一是在春节、国庆等节假日期间，抽调专人组成节日市场检查和巡查组，深入超市、农贸市场、商厦等单位对粮、油、肉、蛋、菜等商品价格进行监督检查。未发现串通涨价、囤积居奇、哄抬物价以及各种乱收费等价格违法行为。二是对工商银行等7家银行服务收费进行了重点检查，对违法行为实施经济制裁170.25万元，其中退还用户17.40万元、没收0.25万元、罚款152.6万元。三是对华润燃气有限公司等3家天然气经营企业进行检查,对价格违法行为实施经济制裁16.09万元,其中没收违法所得5.4万元、罚款10.69万元。四是强化明码标价管理工作。年内共完成商品价格和服务收费明码标价签（标价牌）监制备案31家，其中商场商品标价签监制备案5家、商品房“一房一价”标价牌监制12家、存车收费标价牌监制14家。五是通过“12358”举报中心等平台,及时受理群众诉求。全年“12358”价格举报电话共受理价格举报201起,其中举报电话81个、当场咨询答复120个,处理率达到100%,累计责令退还用户2300元。对群众所举报的价格违法行为实施经济制裁16.09万元。（李　菊）

【成本调查监审】 年内,市物价局依法有序开展价格成本调查监审工作。一是对平定县、盂县2个重点县30个调查户农产品成本情况进行调查,并完成2个重点农业县区的农户存粮调查、购买农资情况调查、玉米成本预测及直报、生猪直报等工作。二是组织对郊区经济适用房、普通高中教育、景区门票价格、机动车排污检测收费成本进行成本监审工作，涉及总成本金额270261948元，其中核减不合理成本72144428元，核增合理成本474200元。（李　菊）

【价格认证】 年内,阳泉市价格认证中心接受公检法司及行政执法单位委托受理鉴证案件250余起,鉴证标的600余万元,收取鉴证费6.8万元。（李　菊）

投资促进工作

【概况】 年内,阳泉市投资促进局加快承接产业转移,一手抓签约,一手抓服务,投资促进工作取得明显成效。一是签约目标超额完成。全市通过省级会审并签约的项目共139个,项目总投资693.1亿元,完成市目标任务566亿元的122.5%。二是资金到位创历史新高。全市共有234个项目实现外来投资到位,实际到位资金339.15亿元,完成市年度目标任务317亿元的107%。三是项目储备稳步增长。全市共策划包装招商引资项目561个,总投资5656.3亿元，完成全市任务目标3300亿元的171.4%。（尹俊伶）

【招商工作】 年内,阳泉市围绕重点区域、重点产业、目标企业,借助各大展会平台和招商活动,依托代理机构，采取多种手段开展招商。一是领导带队出击，开展挂帅招商。市委、市政府主要领导亲自参与重大项目谈判,了解工作开展情况,督促项目进程,协调解决项目合作中存在的问题。市级四套班子相关领导亲自带队赴广州、深圳、北京、山东和天津等地,推进中广核风力发电、贝特瑞负极材料生产、昌盛日电光伏大棚、益都泵阀基地、金融服务市场等项目,促成项目成功签约6个，总投资70亿元。二是市县部门配合,开展协同招商。结合“结对子、引项目”工作的开展，市投资促进局配合市委组织部、市委统战部、市发改委、市经信委、市旅游局、市中小企业局等部门,借助第二届晋商大会、第十六届高交会、2014高层次人才项目推介会、山西省军民融合成果展示暨推进会、阳泉市电商服务转型发展恳谈会等平台,开展招商对接,寻找项目合作。各项活动期间，共达成合作协议31个,总投资125.3亿元。同时邀请美国和中国台湾农业专家到阳泉进行项目洽谈和实地考察。三是借助大型展会,开展平台招商。组织企业参加第八届APEC中小企业展览会、石家庄首届旅游交易会、第五届能博会、第二届晋商大会、第十八届厦洽会、第四届亚欧博览会、第十五届西博会、郑州智能终端博览会、第五届能博会、第十八届西洽会、浙商华北峰会(太原)等各类大型展会和招商活动，借助平台全力宣传推介，开展项目对接洽谈活动。一批知名企业专程到阳泉,就投资环境、投资政策、投资领域和产业状况等进行了考察。四是瞄准“一圈两角”,开展委托招商。继续加强与省政府驻广州办事处、北京市科技交流中心的委托代理招商合作。与天津东方海亿机电设备公司签订委托代理招商协议。借助招商代理机构的人脉、渠道和专业化招商能力,结合阳泉市产业规划,锁定招商重点企业,成立专业化的小分队,开展外出招商活动。年内先后11批次35家有投资意向企业,到阳泉进行项目考察和对接,有8家企业基本达成投资意向,3个项目正式签约。五是围绕主导产业，开展延链招商。重点围绕新型能源、新型材料和装备制造业、现代服务业开展多层次的招商活动。新型能源产业方面,对接安徽阳光电源公司、青岛昌盛日电、北京振发公司等企业,就光伏组件生产和光伏发电项目进行洽谈；新型材料产业方面,对接北京利尔耐火材料公司、北京钢研新冶科技有限公司等企业,分别就耐火行业整合升级项目、废旧轮胎再利用项目进行洽谈;新型装备制造业方面，对接浙江慈溪客商、济南米克思公司等企业,分别就绿色家电制造、建筑用设备制造等项目进行洽谈；现代服务业方面,对接同方科技、北京盛世光明、北京新瑞利邦公司等,分别就信息港建设、网络安全及物联网、非晶合金带材项目进行洽谈。六是锁定目标企业，开展小分队招商。通过研究发达地区的资本流向和产业转移动态，结合阳泉市产业规划，市县两级投资促进局门组成招商小分队，开展点对点、人对人、企对企的定点式、跟进式、持续式的精细化招商活动。招商小分队分别到北京、广州、深圳、济南、青岛等地就华北亦丰生态园、智慧农业、苗圃基地、种业园区建设、耐火材料基地建设、"广货北上，晋货南下"阳泉分拨中心、大型高尚社区、勤上光电阳泉孵化工厂、商贸综合体、泵阀生产基地和光伏大棚建设等项目进行对接。（尹俊伶）

【招商服务】 年内，阳泉市优化招商服务，为招商引资和项目发展提供良好环境。一是出台《全市项目签约管理办法》，重点从项目质量、会审程序和把握时效三个方面提出了要求，确保签约项目的实在性。二是制定《进一步加大服务力度、推进项目见效的实施办法》，对项目签约、落地、开工进行全程动态管理，及时掌握进展情况。三是强化"四个一"(一名联系领导、一个联系部门、一名联络员、一套服务办法)项目跟踪服务机制。四是依托市政府督查室全面跟踪、督促各县区招商引资活动开展情况，及时协调解决项目推进过程中遇到的困难和问题。（尹俊伶）

【招商宣传】 年内，市投资促进局依托各类平台开展各种招商宣传活动。一是依托展会开展对外宣传。利用各种展会和推介会活动，发布市情和优惠政策，发送投资指南册、重点项目册等宣传资料，组织各类特色工艺品和特色产品参展，组织多家企业路演推介，全面介绍阳泉市的环境优势、政策优势、产业优势、人文优势，重点宣传市委、市政府关于招商引资的方针、政策，提高阳泉市的知名度，增强阳泉市的投资吸引力。二是依托媒体开展动态宣传。继续创新投资促进宣传媒体——全市投资促进信息，增加图文并茂格式的稿件，精简信息发放数量，精炼内容，提高质量，全方位反映了大量投资促进热点、亮点、焦点工作动态。全年发布信息96期，175条，其中，在《阳泉日报》上刊登的信息45篇。三是依托媒体，全面报道。在省级报刊发表专题宣传稿6件，市级报刊相关宣传稿129件。第一时间在网站发布招商信息，提供在线服务，与客商互动交流，提高了招商效率。（尹俊伶）

信息工作

【"智慧城市"试点】 年内，阳泉市继续推进智慧项目建设。一是智慧公交项目完成机房建设、数据中心软件的安装部署、网络通信，系统进入试运行阶段。二是推进智慧医疗项目一期工程建设。完成全市居民电子健康档案系统建设，并进入数据录入阶段，实现全市统一管理、在线运行、全人全程的电子健康档案管理。三是完成智慧教育项目评审，其核心传输系统投入使用。（杨燕美）

【政务云平台建设】 年内，阳泉市初步建设完成政务云平台软件和硬件架构的搭建，政务云平台计算能力达到"十台八路八核"，存储能力370T。一是通过建设计算资源池、分布式数据存储和虚拟化软件系统等，使政务云平台初步具备政务应用虚机部署条件。二是安装部署GIS地理信息平台，为全市各部门政务应用共享"一张图"奠定基础。三是建设完成基本的政务云平台交换系统和安全防护系统，初步实现电子政务网(办公网)和国际互联网对政务云平台应用的访问和调用。四是制订了政务云平台入驻登记管理制度、IDC机房管理制度等，规范政务云平台运行管理。五是推进政务云平台应用部署，推动政务云平台应用迁移部署工作。

截至年末，云平台上部署运行8家单位14项应用系统。一是"地理信息共享平台"和"七个典型示范应用系统"2个项目以及国土网站群(市国土局)；二是纪检委门户网站和"作风建设评议活动网络测评系统"2个项目(市纪检委)；三是阳泉市发改委内部信息共享系统(市发改委)；四是阳泉市交通运输局智能调度管理系统（市公交公司）；五是阳泉市干部道德测评系统(市委组织部)；六是阳泉市审计管理系统(市审计局)；七是阳泉市人大代表建议网上办理系统(阳泉市人民代表大会及其常务委员会)；八是阳泉市政府网站群系统(包括市政府门户网站"中国阳泉"、阳泉市民网以及全市60多个机关单位网站)、信息公开系统(市信息中心)；九是大项目管理系统、互联网动态系统、统一认证平台(市信息中心)。（杨燕美）

【智慧阳泉数据中心投入运行】 年内，智慧阳泉数据中心作为全市各单位共享使用的标准化机房，承载市级政务云平台以及教育网、人社局和国土局机房搬迁等项目，合计机柜数达30个。截至年末，智慧阳泉中心累计整合接入全市30个部门50个信息化应用。（杨燕美）

【无线网运行维护】 年内，阳泉市无线网运行维护工作建立长效机制。一是建立无线运行值班和报警机制。指派专人实时监控分布在全市约600个无线点的运行状态，及时发现问题，限定24小时内必须处理完毕。二是建立无线测试机制，成立3个测试组，每两周对全市无线点的登录连接、响应时间、访问速度等反映网络性能的指标进行测试，并形成测试报告报给维护部门，限定维护部门在一周内对问题处理完毕。截至年末，免费无线网络运行正常率达到95%。（杨燕美）

【无线网络覆盖点建设】 年内,阳泉市对6个旅游景点和5个单位(翠枫山、藏山、狮脑山百团大战纪念碑、娘子关、小河古村、大汖温泉、市审计局、市福利院、华联商厦、城区人民医院、平定师范学校)进行了实地考察,完成了无线网络信号覆盖方案和施工预算。截至年末,完成10个点的无线网建设工程,大汖温泉因特殊原因暂缓建设。 (杨燕美)

【互联网新闻报道】 年内,市经济信息中心共采编、发布要闻播报、部门视频、专题视频等各类阳泉视频新闻1120多条,及时更新政府网站10多个主打栏目,在网上发布各种文字新闻信息7800多条。除去更新原有的"学习贯彻党的十八届三中全会精神""重点工程""阳泉信息化"等视频专题栏目外,重点创建了人大、政协"两会""深入开展党的群众路线教育活动""到群众中去""学习贯彻十八届四中全会精神""阳泉市2014年农村'两委'换届选举工作"等专题,发布各类专题新闻信息600多条。 (杨燕美)

【网络舆情信息监测】 年内,阳泉市继续开展对人民网"地方领导留言板"、黄河新闻网"我对领导说"等重要网站的重要栏目,以及百度贴吧"北京吧""山西吧""阳泉吧""平定吧""盂县吧""阳泉郊区吧"的舆情监测,并及时整理编辑,直接报送市委书记与市长。全年共编辑《互联网动态》61期237条,其中19条(件)被市委、市政府主要领导亲笔批示到各县(区)、各部门办理,内容涉及劳动与社会保障、道路、交通、环保、建设、科教文卫等领域的热点难点问题。 (杨燕美)

【政务信息公开】 年内,阳泉市按照国家信息公开条例和省信息公开规定要求,围绕主动公开、依申请公开、公开平台建设、考核监督保障四个方面,制定了《阳泉市政府信息公开制度》,包括《阳泉市政府信息公开发布制度》《阳泉市政府信息公开保密审查制度》《阳泉市政府信息公开工作考核制度》《阳泉市政府信息公开工作社会评议制度》,形成了完整、协调、配套、衔接的制度框架。阳泉市在上报政府信息公开年度报告和"地市动态"信息工作中,上报数量和采纳率名列全省第2。 (杨燕美)

【"公文无纸化交换传输系统培训"】 2月25日,阳泉市组织承办了"全省政府系统公文无纸化交换传输系统培训",阳泉市、长治市、晋城市各县(区)办公厅公文处理人员和信息中心负责人共80多人参加了培训。通过培训,使相关人员了解了公文无纸化交换传输的意义,并掌握公文无纸化交换传输的具体操作技术,取得了良好效果。 (杨燕美)

【电子政务网络服务】 年内,阳泉市强化电子政务网络服务,加快改造步伐,取得明显成效。一是扩大政务网覆盖范围。新接入市环保局、科协、机关事务管理局、外事办、卫生所、义井镇等单位,接入率达75%以上。二是推进电子政务网改造。制定完成《阳泉市电子政务网改造方案》,阳泉市与太原市、长治市、大同市被选为省电子政务网改造试点城市,获得省发改委配发的总价值约200多万元的网络设备。改造完成后,电子政务外网将成为智慧城市建设新的网络平台,横向连接市委、人大、政府、政协及市直各委办局等部门,纵向连接国家、省电子政务外网并覆盖市县乡村四级。 (杨燕美)

【信息化项目审查】 年内,阳泉市组建市财政投资信息化项目审查专家库,随机从库中抽取专家成立项目审查专家组,从项目建设的必要性、技术方案的可行性、技术指标的先进性、投资规模的合理性以及与"智慧阳泉"资源共享等角度对项目进行论证。全年审查信息化项目18个,送审金额5535.92万元,可审金额5276.75万元,审定金额4460.54万元,审减金额816.21万元,节约财政资金15.47%。 (杨燕美)

无线电管理

【"无线电科普进校园"活动】 9月24日,阳泉市"无线电科普知识进校园"活动在阳泉市七中正式启动。市政府常务副市长李利生、城区区长武雪参加启动仪式,并为"无线电科普基地"揭牌。市第七中学的500余名师生观看了"航模表演"和"专业和业余通信器材展示",300余名同学参加了"无线电科普知识讲座"。 (宋建宏)

【应急演练】 9月10日和27日,驻地部队陆军预备役248团和由无线电志愿者组成的无线电应急机动分队,共开展了2次军地联合应急通讯演练活动。演习中,应急机动队员快速架设好各类天线、短波电台和超短波电台等设备,并迅速开展通讯通联活动,通过SSB和FM的方式,与其他省、区、市共通联成功达百余人次。 (宋建宏)

【考试无线电安全保障】 年内,市无线电管理处参加各类考试无线电保障16次(共20天),出动技术人员233人次、车辆68车次、动用无线电设备85台套次,发现作弊信号11起,压制7起,查获4起,查扣作弊发射器材4部。 (宋建宏)

【伪基站专项打击活动】 年内,阳泉无线电管理处联合移动、联通、电信三大运营商配合公安部门查获5起非法使用"伪基站"违法犯罪案件,缴获"伪基站"设备5套,抓获犯罪嫌疑人10名。 (宋建宏)

【卫星干扰器查获】 11月18日,阳泉无线电管理处接到平定县锁簧镇居民投诉,反映周围村镇无法正常收看卫星电视,影响范围较广。经现场勘测,在前锁簧村附近的一处院墙顶部发现一套卫星电视干扰器,阳泉管理处人员在公安人员配合下,将该套卫星电视干扰器拆除。 (宋建宏)

【通信业务干扰排查】 4月14日,阳泉无线电管理处接到中国电信阳泉分公司的干扰投诉,称近期在郊区泊里村、平定三岔口村、小河村的电信基站出现RSSI异常,影响周围电信用户的通话业务。经技术人员测向定位,锁定干扰源为小河村与泊里村交接处安装的监控摄像头,立即对该摄像头进行了关闭处理。11月14日,接到中国电信阳泉分公司无线电干扰申诉,反映其平定县三叉口基站受外部干扰。经过迅速监测排查,确定干扰源为某单位手机屏蔽器,随后进行了妥善处理。 (宋建宏)

中小企业管理

【概况】 2014年,阳泉市围绕推进经济建设、加快转型发展的中心任务,重点抓好政策宣传、融资服务、培育扶持、创业就业、经济监测等工作,着力扶持民营企业发展。

政策宣传 年内,积极宣传小微企业税收优惠政策,加强办税辅导,开展了有针对性的政策推送和咨询服务,并在新浪网和省政府门户网站进行了刊载。

融资服务 建立中小企业政银企保工作联席会议制度,向金融机构推荐优势企业20户,落实贷款1.08亿元。同时,着力拓宽直接融资渠道,共有28家企业在山西省股权交易中心挂牌展示。

企业扶持 实施中小企业成长工程,积极培育"小巨人"企业。年内营业收入达亿元的企业有2家,49户中小企业列入2014年培育"小巨人"企业梯队名单。重点抓好中小微企业创业目标工作,开展创业培训和创业服务活动。年内,新注册中小微企业1267个,比上年增长60%。

经济运行 年内,民营经济累计完成营业收入384.1亿元,比上年下降2.63%。民营企业个数累计达36639个,比上年增长6.17%。

存在问题 一是中小微企业融资难、融资贵的问题依然严重。二是土地资源紧张制约中小微企业发展。三是中小微企业发展环境仍需改善。四是企业存在用人难、留人难问题。 (姚 芸)

【第八届APEC中小企业技术交流暨展览会参展】 6月19日至22日,阳泉市代表团参加由工业和信息化部与浙江省人民政府共同主办的第八届APEC中小企业技术交流暨展览会。代表团由市政府、市投资促进局相关负责人带队,市经信委、中小企业局及重点中小企业负责人等共计41人组成。山西吉天利半导体照明有限公司、盂县华亨铸件有限公司、盂县永恒工艺厂、山西贝特瑞新能源科技有限公司等14家企业的30多种产品参展。 (姚 芸)

【《阳泉市关于扶持中小微企业发展的实施意见》出台】 6月13日,市政府出台《阳泉市关于扶持中小微企业发展的实施意见》,制定10条具体措施,促进中小微企业健康发展。该实施意见指出,通过加大融资服务力度、建立政银企和担保机构联席会议制度、拓宽融资渠道、加大金融机构支持企业的奖励力度、建立贷款风险补偿机制等措施着力解决中小微企业"融资难"问题;在每年新增建设用地计划指标中尽可能安排一部分用于成长性好的小微企业,解决"用地难"问题。该实施意见明确规定,禁止金融机构对中小微企业贷款收取承诺费、资金管理费;市级财政设立1000万元中小企业发展专项资金,用于支持企业技术进步、结构调整;每个县(区)至少建设1个中小微企业创业基地。 (姚 芸)

【第十一届中小企业博览会参展】 10月11日至14日,阳泉市6家企业40余种产品在广州举行的第十一届中国国际中小企业博览会上进行展示。山西冠霖农业科技有限公司的"平阳公主"牌娘子脆饼、五谷茶点、苦荞茶系列休闲食品和小杂粮受到海南三亚原味开门七件事实业有限公司的青睐,拟商洽在三亚超市进行销售。 (姚 芸)

【"小升规"企业培育】 年内,培育"小升规"企业首次列入省考核指标,省下达阳泉市任务为8户。市政府制定"小升规"计划,将任务分解到县区:平定县2户、盂县2户、郊区1户、城区1户、矿区1户及开发区1户,建立小升规培育库。截至年末,通过市统计局上报省8户"小升规"企业。其中,国家审批进库2家——山西兆丰天成铝材有限责任公司、阳泉市金豫龙陶粒砂有限公司;省级已审批国家未审批2家——阳泉市天承石油压裂支撑剂有限公司、山西太钢鑫磊资源有限公司;进入市统计库等待省级审批的4家——阳泉市益汇混凝土有限公司、阳泉众辉建筑材料有限公司、阳泉市天宇瑞通管业制造有限公司、阳泉吉利矿山机械有限公司。 (姚 芸)

工业

综合工作

【概况】 2014年,阳泉市工业经济在复杂严峻的外部经济形势和内部结构性矛盾双重压力下,保持平稳增长:产业结构调整步伐加快,传统产业得到改造提升,新兴产业发展势头良好,“两化融合”(信息化和工业化的高度融合)水平得到提升,工业园区建设成效初显,工业经济发展的质量和效益不断提高。工业经济增速在4.2%至6.8%之间运行。

经济指标稳步提升。2014年,全市规模以上工业增加值完成239.1亿元,增长4.2%,高于全省平均水平1.2个百分点,排全省第七位。分季度看,一季度增长6.5%、上半年增长6.8%、三季度增长5.3%、全年增长4.2%。分轻重工业看,轻工业下降16.7%,重工业增长4.6%,高于全市水平0.4个百分点,占全市工业比重98.3%。分隶属关系看,县及县以下企业增长14.45%,拉动全市工业增长5.14个百分点;市属企业增长2.72%,拉动全市工业增长0.27个百分点;中央企业下降9.4%,影响全市工业增长0.27个百分点;省属企业下降1.76%,影响全市工业增长0.90个百分点。分企业规模看,大中型企业增长0.2%,增速低于全市水平4个百分点。分县区情况看:平定县完成工业增加值31.03亿元,占到全市的13%,增长14.09%;郊区完成21.06亿元,占全市的8.8%,增长12.64%;盂县完成71.68亿元,占全市的30.0%,增长9.62%;开发区完成4.51亿元,占全市的1.9%,增长7.57%;城区完成6.58亿元,占全市的2.8%,下降10.14%;矿区完成104.23亿元,占全市的43.5%,下降2.16%。

调控产品12增15降。全市重点调控的30种产品中,增长的有12种,占到40%,其中洗煤增长12.5%、氧化铝增长55.8%、陶粒砂增长55.8%、铝材增长100%、水泥增长25.2%、耐火材料增长106.4%、钕铁硼增长190.4%、食用植物油增长42.6%、家具增长152.9%;下降的有15种,占到50%,其中原煤下降3.8%、发电量下降5.8%、原铝下降65%、阀门下降49.4%、泵下降0.9%、乳制品下降17%、食品添加剂下降5.7%;停产的产品有聚氯乙烯、烧碱和电石。(王立泽 丛 牟)

【综合协调服务】 年内,阳泉市经信委结合全市开展的“项目见效年”和“进工地、解难题”活动,采取领导包县区、科室包项目的方式,加大对全市重点建设的75个工业项目协调力度,及时解决项目建设中遇到的问题,75个重点工业项目完成投资42.59亿元,12个项目完工投产。在扶持中小企业发展方面,组织山西吉天利半导体照明有限公司、盂县华亨铸件有限公司、山西贝特瑞新能源科技有限公司、山西金鑫针布有限公司、阳泉博艺文化传播有限公司、阳煤中小企业集团“邦奥”电子和“八方”电气等14家企业的30多种产品参加了第八届APEC中小企业技术交流暨展览会,组织邦奥伟业半导体照明有限公司、盂县永恒工艺厂、山西贝特瑞新能源科技有限公司、山西金鑫针布有限公司、山西冠霖农业科技有限公司、山西大寨饮品有限公司6家企业的40余种产品参加了第十一届中国国际中小企业博览会,宣传、展示了境内中小企业实力,拓展了合作领域和交流渠道。此外,还推动阳煤中小企业集团旗下山西邦奥伟业有限公司在上海股权托管交易中心Q板挂牌上市,成为阳煤中小企业集团首家上市公司。(王立泽 丛 牟)

【节能工作】 年内,全市工业系统建立节能目标责任制,将节能任务层层分解到各县区政府和重点耗能企业,对节能目标完成和工作进展情况进行跟踪考核、检查,确保任务完成。开展节能新机制推广工作，阳光发电公司的1#和2#机组引风机变频改造2个合同能源管理项目进展顺利，项目总投资941万元，年节约标准煤3709吨；督促企业加强节能管理，对煤炭、电力、化工、耐火等行业的34家企业能耗情况进行监控，在耐火行业开展能效对标活动；加强交通运输、建筑行业、公共机构、居民生活等领域节能工作；组织5家企业参加第四届山西省节能减排博览会，布置展位235平方米，内容涉及节能减排与循环经济发展成果、工业节能技术设备、节能环保技术产品与装备、建筑节能减排科技产品、清洁能源与新能源产业、交通运输节能减排、节能服务等方面，展示了阳泉市"十一五"以来节能减排和发展循环经济取得的成果。全年实施重点节能技术改造项目14个，总投资1.08亿元，年节能5.5万吨标煤。筛选4个重点项目申报省2014年节能项目，其中2个项目获省节能扶持资金310万元，项目总投资2139万元。（王立泽　丛　耸）

【资源综合利用】 2014年，市经信委推进煤矸石、煤层气、粉煤灰等综合利用，全市资源综合利用企业52家，年利用工业固体废弃物650万吨。年内，组织阳光发电公司、鼎正环保建材有限公司等6家资源综合利用企业参加2014年亚洲粉煤灰及副产石膏处理与利用技术国际交流大会，对粉煤灰、脱硫石膏及干法脱硫灰技术、煤炭中有益元素提取、工业固废综合利用等开展交流。全市有9户资源综合利用企业产品通过认定。全市工业固废综合利用率达72.4%,高出全省平均水平9个百分点。（王立泽　丛　耸）

【园区建设】 2014年，市经信委出台《阳泉市工业园区建设指导意见》，从总体思路及目标、布局框架及主导产业、主要任务和保障措施等四部分对工业园区建设进行全面部署。构筑以"轴"为脉络、以"板块"为中心、以园区为平台的"三轴二板块八园区"产业布局体系，按照集聚发展、特色发展、创新发展、融合发展、集约发展、持续发展的总体要求，坚持统一规划布局、分级分层实施、逐步分期滚动、陆续入园建设的基本原则，重点建设8个工业园区，力争通过3年至5年时间，创建1个国家级产业示范区，培育2个省级产业示范区，建设5个市级工业园区。制订园区考核办法，确定经济指标、基础设施建设、招商引资、园区管理4类16项具体指标，考核结果纳入市委、市政府对各县区、各部门的年度考核范围。年内，全市园区企业（除煤、电企业外）实现工业总产值108亿元，基础设施和项目建设累计投入资金60.2亿元。其中政府基础设施建设投资约4亿元、争取省级资金220万元，打造平台近3平方千米。平定县龙川工业园区被省经信委评为"省级新型工业化产业示范基地"，盂县鑫磊循环经济产业园配套水库项目开工建设，郊区河底新兴工业集聚区形成建设净地66.7公顷（1000亩）以上。（王立泽　丛　耸）

【"两化融合"】 年内，阳泉市以"两化融合"为突破，加强信息技术在工业领域的应用，提升企业工艺、装备、管理水平。出台《阳泉市两化融合示范企业评定办法》，评选"两化融合"示范企业15户，其中阳煤集团被评为全省首批"两化融合"示范企业和全国煤炭工业"两化融合"示范企业，并入选全国首批"两化融合"管理体系贯标试点企业。制订全市电子信息制造业定期月报制度，推荐6家电子信息企业入选省经信委编撰的《2014山西省信息产业重点企业名录》，山西吉天利半导体照明有限公司、山西邦奥伟业半导体照明有限公司、山西汇能光电科技有限公司3家LED企业作为创始联盟成员加入"山西省LED产业发展联盟"。（王立泽）

【技术创新】 年内，市经信委鼓励企业加强技术创新，扶持企业技术中心建设发展，以企业为主体，市场为导向，产、学、研相结合的技术创新体系进一步完善。截至年底，全市共有企业技术中心35个，其中，国家级1个——阳煤集团，省级5个——阳泉华越机械有限责任公司、山西太行建设开发有限公司、山西吉天利科技实业有限公司、阳泉水泵厂有限责任公司、阳泉阀门股份有限公司，市级29个。（王立泽　丛　耸）

煤炭工业

【概况】 2014年，全市煤炭行业完成工业增加值182.57亿元，增长5.4%，占全市比重76.4%，拉动全市经济增长4.25个百分点。全市原煤产量6212.4万吨，比上年下降3.8%。洗煤产量3772万吨，增长12.5%。煤炭行业盈亏相抵后净亏损20.05亿元，利润减少27.29亿元；全市51户规模以上煤炭生产企业中27户亏损，占52.9%。（王立泽）

【阳煤集团概况】 2014年，阳煤集团面对宏观经济持续下行、企业经营举步维艰、安全生产压力巨大的不利因素，坚持抓安全、降成本、拓市场、调结构，逆势而上，奋力攻坚，企业运营保持健康稳定。全年营业收入略有增加，完成2046亿元。其中，煤炭产业完成219亿元，比上年减少48亿元；化工产业完成407亿元，减少13亿元；铝业完成291亿元，增加33亿元；建筑地产业完成98亿元，减少19亿元；装备制造业完成72亿元，增加3.5亿元；贸易物流业完成854亿元，增加100亿元；其他产业完成105亿元，减少27亿元。在煤炭和化工尿素、甲醇、辛醇等主要产品售价大幅下降的情况下，阳煤集团利税完成78.5亿元，总资产达1700亿元，增长189亿元；投资完成270亿元，减少13

亿元。

煤炭产业　年内，阳煤集团成功重组南煤集团，煤炭产业增添劲旅。实施煤矿分类管理，现代化矿井建设常态化开展，推进生产结构改造，42座矿井优化设计，封闭采区11个，调整回采面采长和走向长度155个，调整掘进头支护参数171个。加快煤矿投产达产步伐，景福、榆树坡、堡子、华泓、裕泰5座煤矿完成联合试运转。商品煤产量完成6958万吨，增加187万吨。实施配煤工程，推广煤泥烘干，煤炭销量完成6842万吨，增加342万吨，实现了产销平衡。

非煤产业　阳煤集团电力产业发展构架初步搭建，昔阳电厂、翼城电厂、山东恒通"以大带小"、新疆二期规划项目前期启动，寿阳电厂开工建设，新疆电厂快速推进，阳泉西上庄电厂取得"路条"。铝业公司推进减亏增盈，20万吨高精铝板带一期投产，电解铝一分厂复产，寿阳、左权铝土矿资源占有积极推进，盂县13家铝土矿整合全面启动，优化生产工艺，推行自主检修，严控商务采购，氧化铝成本降低440元。装备制造业提高研发能力，华越高端电液支架和重型皮带机、忻通智能高效刮板机等技术研发效果显著，忻通搬迁升级改造、华越煤机工业园建设有序。建筑地产业强管理、拓市场，太行公司"三年百亿"发展战略启动，重庆、临汾、太原、阳泉市场快速扩展。物流贸易业提质增量，国贸公司强化资金风险管控，调整贸易业务结构，晋东物流园投产，和顺、晋北、沧州物流园建设积极推进。金融产业加快发展，深圳基金公司、上海租赁公司挂牌成立，融资再担保公司获得批准，入股阳泉商业银行进入操作阶段。新兴产业发展迈出新步伐，吉天利公司铅蓄电池环保改造完成，"三年脱困"正式启动，平舒、新元低浓度瓦斯并网发电。农业产业加速发展，5个农业项目3个投运，2个开工，实现当年投资当年见效。中小企业集团内保市场整顿初见成效。

经营管理　推进降本增效，吨煤成本降低88元。革新煤矿管控模式，建立以效益、效率为导向的激励约束机制，收缴目标利润30亿元。精简科处级机构165个，减少科、处级干部567人，井下队组减少96个，人员总量减少1万人，煤炭人均效率达1005吨，提高17%。坚持集中采购和合理最低价竞标，物资采购价格吨煤降低3.4元。以发挥设备效能和避免设备闲置为出发点，采掘设备投入提质减量积极推进。清理投资项目，优化投资结构，严控非生产性项目投入，"十二项"费用降低30%。　（牛青麓）

【一矿概况】　年内，阳煤一矿商品煤、品种煤产量分别达到805万吨、199.56万吨，在严峻经济形势下延续高位运行态势，利润突破9.65亿元，稳居集团公司第一。一次采全高工艺试验取得成功，成为阳煤发展史上重要里程碑。针对8310工作面冒顶压溜、自动化试验、过构造管理等难题，一矿集智聚力、破旧立新，一举创下日产2万吨、月产46.6万吨建企64年单产最高纪录。全年成本完成240.8元/吨，吨煤降低49.66元。扶持中小企业发展，回收区产量突破50万吨，中小企业销售收入实现10.6亿元，保持了区域经济协调发展。启动大部制、大队制改革，出台管理人员职级制和退出制政策，精简科级机构11个、管理人员184人；加强劳动用工整顿，实施轮岗放假政策，接管兴峪公司选煤厂，清退农民工429人，清理旷工人员86人，动态减员252人，人均效率达1055吨/人。全年杜绝重伤以上事故，工伤事故下降11.11%，瓦斯零超限延长至1324天，安全生产形势保持稳定。　（牛青麓）

【二矿概况】　年内，阳煤二矿商品煤产量完成742万吨，比上年增加26万吨；掘进进尺完成35300米；品种煤完成309万吨，比上年增加6万吨，其中块炭完成99万吨、喷粉煤完成210万吨；煤炭销售量完成746万吨，比上年增加56万吨；销售收入27.76亿元。大部制、大队制改革阶段性目标实现，初步形成了管理扁平化、人员精干化、队伍专业化的格局，为实现二级管理奠定了基础。综采自动化、电液控支架、远距离供电供液及岩巷作业线、皮带集中控制等先进工艺、技术、装备的试验应用，使全矿现代化水平迈上新台阶。470水平南大巷主运系统改造工程完工投运，并对西大巷5700米主运胶带进行更换，井上下运输"瓶颈"打通，原煤实现皮带连续运输。　（牛青麓）

【三矿概况】　年内，阳煤三矿商品煤产量完成487.6万吨，进尺完成13506米，单位成本289元/吨，比考核基数降低69.07元/吨；利润完成2.23亿元，增盈218万元；"十二项"费用支出294.49万元，比集团公司控制指标结余0.81万元；效率710.86吨/人，比计划提高78.66吨/人；全年杜绝重伤以上事故和瓦斯超限事故。完成竖井扩四区、裕公井扩二区的封闭，并通过集团公司验收，使矿井通风系统更加合理，减少了无效风量、设备、人员和材料占用；同时，改造竖井四下山折返式车场为环形车场，提高了四下山车场过车能力，为关闭一号井运煤系统、实现合理集中生产创造了条件。采煤专业在K8203机尾三角煤区域采用"打注管缝锚杆"工艺，超前管理顶板，减少煤岩体加固剂使用量，经济效益明显；掘开专业高抽巷取消锚索补强支护，优化K8306尾巷支护参数，在K8208回风试验使用改制帮锚索托梁，在K8306进回风巷道采取更换粗直径锚索等措施，支护成本得到有效控制。工作面拆除采用双掩护架，先后在K8115、80909工作面使用两柱式放顶煤支架及端头支架，提高了工效。　（牛青麓）

【新景公司概况】　年内，新景公司建成阳煤集团装机容量最大的保安地面瓦斯抽放泵站，完成芦南主扇1号机改造，利用EH260钻机施工区域预抽钻孔长度达260米；强化抽采管理，本煤层钻孔进尺完成111.86万米，超进10.2万米；千米钻机完成40033米；瓦斯抽采量1.12亿立方米，实现瓦斯零超限。在生产衔接方面，按期完成11个工作面拆安任务，做到搬家倒面不停产。8月商品煤外运达66万吨，12月综采一队产量突破15万吨，均创建矿以来最高水平。全年回采面通过15个构造，万吨掘进率58.23米，超计划12.78米；重点巷道和技改进尺分别超进790米、2122米。试验8米小煤柱取得良好效果，3号、8号煤回采面实现综采自动化，单产提高20%；80117、80206、9105工作面实现远距离供电、供液；开掘系统全面推广岩巷作业线，使用湿式喷浆机、移动矸仓、扒渣机、矸石溜；推进井下高压供电系统防越级跳闸技术改造，井下13个配电室、5个主排水泵房、地面5个压风机房实现无人值守，洗煤厂设备集中控制系统改造有序推进。在经营管理方面，强化品种煤生产组织，在主斜井煤仓等关键点安装螺旋溜槽4套。围绕煤质达标，实施配煤工程，高价区流向大幅增加；煤泥烘干、电煤提质项目竣工投产，为优化产品结构、提高煤质、增加收入提供了保障。从优化巷道支护设计入手，80121回风巷沿底板掘进调整为沿顶板掘进，仅此一项减少投入183万元；回收复用、修旧利废、自制加工减少投入5889万元；严格控制非生产性费用，“十二项”费用降低294万元。精简科级机构12个，队组16个，科级干部30人，队级干部90人；清退劳动合同到期农民工604人，处理旷工人员88人，轮岗、培训1299人。严格控制各类工程项目及投资，执行工程造价降系5%制度。全年吨煤成本降低119.36元。　（牛青麓）

【五矿概况】　年内，阳煤五矿商品煤完成610.83万吨，增产23.94万吨；品种煤完成164.65万吨，增产13.90万吨，创建矿最好水平；进尺完成28518米，完成计划的101.85%；本煤层钻孔进尺完成11.74万米，完成104.81%；万吨回采巷掘进率完成50.08米/万吨，完成104.01%；商品煤售价完成318.64元/吨，降低84.18元/吨；吨煤成本完成277.16元/吨，降低73.09元/吨；销售收入完成19.90亿元，减少2.94亿元；利润完成1.24亿元，比考核指标增盈4055万元；人均工资70786元/人。在成本管控方面，层层分解指标，压缩成本费用和专项资金8000万元。调整巷道支护参数，锚喷巷道顶部调整为锚索锚杆间隔支护，工作面进、回风及内尾巷道加大钢带排距，高抽巷加大锚杆间排距，切巷大断面取消单体柱板梁加强支护，全年节约支护成本136万元。推广新工艺，8407工作面采用小煤柱开采，可多采煤炭9万吨。强化现场管理，堵塞管理漏洞，加强用工管理，采取轮岗、轮训、关停快餐厅、分流划转制修中心和后勤服务人员等手段，节约成本4300万元；成功托管裕泰矿选煤厂，分流划转18人，全年减少人工成本90万元。制订《现代化矿井建设实施方案》，推行大部制改革，对原有机构进行重组整合，全矿科级机构由原来的23个精简为14个，全年累计减少在岗人数720人；人均效率达837.14吨/人，超额完成集团公司下达的810.39吨/人的计划指标，通过了省厅现代化矿井验收。　（牛青麓）

【寿阳公司概况】　年内，阳煤集团寿阳公司商品煤完成1310万吨，超产85万吨；收入完成44亿元，利润完成1.9亿元；吨煤成本平均降低69元。新元、开元、平舒、景福4个矿井通过省隐患排查治理行动第一阶段验收，新元、开元、平舒3个矿全部达到国家一级安全质量标准化矿井标准。以新元为标杆，按照“生产系统自动化、机电设备智能化、通风瓦斯集控化”的建设目标，上技术、上装备，全年装备投产自动化工作面5个，其中大采高工作面2个，采煤过程实现自动化作业；与之配套的矿井通风、供电、排水、运输、提升、地面选煤等辅助系统全面升级、联网对接，基本具备了全自动生产的条件。景福技改被列为寿阳公司全年重点工作之一，至11月15日，景福公司首采工作面正式投产，12月31日矿井进入联合试运转，成为全集团18个基建技改矿井中率先竣工矿井。此外，3个采区、26个工作面设计重新优化调整，减少巷道进尺42333米，节约成本投入28472万元。“十二项”非生产性费用降低609万元，主要材料消耗点全面对标、降低单耗，吨煤材料成本降低11元。各矿推行大部制、实行二级管理，精简科级机构29个，减少队组18个，减少科级干部55名，408名管理技术人员回归生产一线，人员总量减少2078人，人头效率提高25.6%，达到960.76吨/人。　（牛青麓）

【晋北公司概况】　年内，阳煤集团晋北公司推进新矿井建设和生产矿井增产提能，产量1150万吨，增产300万吨，首次进入千万吨区域公司行列，成为集团公司产能提升主力。在矿井设计上，立足“大生产、大衔接”布局，从设备选型、系统保障等方面做好规划，加强地质预测预报，确保决策科学合理。在日常管理中，以抓单产单进工作为突破口，综合单产和单进水平分别增长3.9万吨/个·月和20.5米/个·月，涌现出了月度单产水平最高40万吨的元堡综采队，月度单头单进水平最高368米的五鑫综掘队。随着南岭公司完成项目总验收、榆树坡公司10月试生产、天安煤矿开工建设，晋北公司实现由基建矿井向生产矿井推进。在成本管控方面，规范了5个大项、83个对标项目。结合对标管理反映的情况,明确7个单位,分煤层13种回采方式的单产水平区间,分煤层12种掘进方式的单进水平区间,确定25个回采、掘进外委结算弹性价格区间,年底前在各矿结合实际全部开展。元堡和五鑫提前推进内部市场化运作,矿对基层队组及业务部室实行价格结算,在管理机制转变上进行探索,为全公司推进市场化运作奠定了基础。在新技术、新工艺、新设备的推广应用方面,开展了优化采掘部署、优化支护参数、"一次成巷""小煤柱"开采、巷道快速湿式喷浆、使用端头架管理、提前施工拆架巷8个方面的创新增效工作,在确保安全的前提下,节约了材料费用,提高了工时效率,降低了采掘成本。在推进大部室、大队制改革方面,严格控制人员总量,加强对属地工合同到期不符合条件人员及返聘人员清理整顿工作,净减644人;各单位科级机构控制在4个,净减少科级管理人员42人。利用拆安公司平台,整合各矿初末采、工作面拆除安装及其他工程,共完成33项工作面拆除或安装工程、2项拉架道工程、2项煤巷锚网快速喷浆工程,通过以上三项综合措施,吨煤成本降至160元/吨,降幅为30%,全面成本管控走在了集团公司前列。(牛青麓)

【晋东公司概况】 年内,晋东公司产量完成770万吨,超计划20万吨;进尺完成52568米,超计划168米。现代化矿井建设稳步推进,在寺家庄、长沟推广使用了液压钻车、煤矸石溜、新型岩巷掘进机、超前支架,各矿中央水泵房和压风机房无人值守系统建设有序推进;寺家庄北翼风井35千伏降压站、热风炉和选煤厂煤泥烘干系统完工,新大地新建选煤厂建成投运。优化设计效果明显,永兴90万吨/年机械化升级改造设计优化后,缩短了技改工期;泊里新建500万吨/年矿井设计的重新优化,使矿井移交工程量减少进尺1.8万米;对新大地、长沟、运裕15号煤层回采工作面顺槽巷道设计进行修改,为科学组织生产做了准备。过构造管理取得突破,寺家庄"15112"工作面安全通过落差14米逆断层,影响范围达456米,工作面最大割岩长度110米,多采煤炭60万吨,取得良好经济效益。重新修订《综采工作面拆除安装管理规定》,规范综采工作面安装、拆除管理工作,全年拆除、安装采煤工作面11个,保证了采煤工作面正常衔接。对新大地、长沟、坪上配采8号煤方案进行研究,相关准备工作开始,为矿井产能提升、缓解衔接紧张、延长开采寿命创造了条件。大部室改革合并精简科室26个、精简科级人员99人,大队制建制合并精简井下队组25个,优化劳动用工精简各类人员1920人,人均效率完成873.98吨/人,提高13%。成本管控效果显著,将对标指标细分为7大类45项,与天池和正邦2个煤矿定期交换对标数据,与山煤集团霍尔辛赫进行指标对标,每月推进1个对标项目,对油脂、乳化液、截齿、封孔材料使用情况和排矸费、电费、公车费用进行对标调研,每季度修订1次对标标杆,全年节约成本1500多万元;通过强化材料消耗定额和用电管理、控制成本工程和非生产性费用支出、组织高产高进等措施,所辖各矿吨煤成本完成309元/吨,比集团公司下达的指标降低55元/吨;对各矿自有资金工程、职教经费使用情况、班子成员年度薪酬收入情况进行专项审计,累计核减和节约费用800万元。(牛青麓)

【晋南公司概况】 年内,阳煤集团晋南公司进尺完成29590米,投资完成63154万元,利润完成-9434万元,减亏11156万元;产量完成229万吨,销量完成227万吨,销售收入5亿元。在技改建设方面,下交、华泓、堡子3个矿井进入联合试运转,登茂通、下交、华泓3个矿井通过竣工验收;在配套工程建设方面,黄家垣、堡子35千伏变电站实现送电运行,殿儿垣35千伏变电站工程完工,运煤公路具备外运条件。在矿井技改建设资金管控方面,由建设单位向集团公司直接申借,保障专款专用,提高资金使用效率,也有利于集团公司对资金使用情况进行有效监控,年内,向集团公司筹借7.3亿元,通过矿井授权经营,向其他股东筹借0.5亿元。在整组提效方面,各煤业公司由5个部室精简合并为4个部室,在册人数由年初的4844人减至3326人,比定编减少1454人,工资总额较上年减少10267万元。在成本管控方面,压缩非生产性费用支出,其中煤炭生产成本吨煤降低136元,降幅32%;"十二项"费用比计划节支718万元,降幅26%;进一步优化设计,减少投资3700万元;降低规费收取标准,特别是翼城县煤矿降幅较大,吨煤平均降低42元以上。(牛青麓)

【8种产品获评省级名牌】 1月,阳煤集团8种产品获评2013年度山西省名牌产品。这8种产品分别为阳煤集团的阳优牌无烟煤、药林会议中心的药林牌酒店宾馆、奥伦胶带分公司的奥伦牌煤矿用织物整芯阻燃输送带、吉天利公司的吉天利牌阀控式密封铅酸蓄电池、阳泉丛鑫橡塑制品有限公司的川河牌液压支架软管及软管总成、华越公司的华寅牌液压支架、山西光远工贸有限公司的光源牌组合式热风炉、华越创力采掘机械制造有限公司的华越牌采煤机。其中,华越牌采煤机和药林牌酒店宾馆为新增名牌产品。"山西省名牌产品"评定具有一整套严密审定程序,在企业自愿申报基础上,经市人民政府名牌战略领导机构和质量技术监督部门审查推荐,并通过现场考核、专家评审、市场化评价、社会公示等程序最终确定。(牛青麓)

【蝉联《财富》世界500强】 7月7日,在2014年《财富》世界500

强榜单中，阳泉煤业集团以2013年度营业收入311.93亿美元（合人民币1917亿元）的业绩，蝉联世界500强，位居第391位，较上年前进16位。（牛青麓）

【阳煤集团位居中煤企业第十位】8月，在中国煤炭工业协会公布的2014中国煤炭企业百强榜单中，阳煤集团位居第十位。本次榜单以企业2013年度营业收入为标准，共排出2014中国煤炭企业前100家。神华集团以3678亿元收入位居第一，山西焦煤集团、冀中能源集团以2361亿元和2299亿元收入位居二、三位，阳煤集团以1917亿元的收入位列第十位，比上年后移三位。（牛青麓）

【李小鹏督查项目见效年进展情况】9月17日，省委副书记、省长李小鹏带领省督查组到阳煤集团，督查项目见效年进展情况。李小鹏一行到兆丰天成铝材公司，现场查看省级重点工程高精铝板带项目进展情况。兆丰天成高精铝板带项目是由阳煤集团和河南天成彩铝公司共同出资建设的，分两期建设，总投资4.25亿元。李小鹏要求阳煤集团要以重点工程带动固定资产投资持续较快增长、稳定当前经济、推动转型发展、改善民生；要按照综改试验区先行先试原则，立足实际加强项目储备，同时要倒排工期，抓紧项目开工，做好产品深加工，提高产品附加值，扩大市场份额，完成全年目标任务，为重塑山西改革发展新形象做出贡献。省委常委、常务副省长高建民，市领导陈永奇，阳煤集团领导赵石平等陪同督查。（牛青麓）

【阳煤化工新材料完成股权交割】9月29日，阳煤化工新材料股权交割会议在丰喜化工公司召开，宣布完成对阳煤丰喜持有的丰喜化工公司100%股权交割，丰喜化工合并报表范围变更为阳煤化工新材料。该次资产并购主要是为解决丰喜化工主产品7万吨己二酸和阳煤化工新材料14万吨己二酸存在一个化工局旗下2个企业上市的同业竞争问题。交割后，阳煤化工新材料年产值增加10亿元，丰喜化工也可利用阳煤化工新材料的资源，进行产品整合，提升企业技术水平和研发能力，提高装置利用率，从而提升公司的盈利能力。会议同时宣布调整后的相关领导及责任人。阳煤化工新材料处在工程建设阶段，由阳煤丰喜全面托管。（牛青麓）

【稷山LNG引领热门能源产业】年内，丰喜稷山焦炉煤气综合利用生产尿素联产LNG（液化天然气）转型升级项目作为省级重点项目，是阳煤丰喜集团泉稷公司在稷山西社新型煤化工循环经济工业园区实施的首期工程。该项目总投资22.5亿元，占地80.7公顷（1210.86亩）。项目以园区内丰富的焦炉煤气为主要原料，以水煤浆气化为补充，采用国内先进的水煤浆加压气化、等温变换新工艺、深冷分离及二氧化碳汽提法等工艺技术，新建一套年产30万吨合成氨、52万吨尿素、联产6.5万吨LNG装置。项目将焦炉煤气污染气体转化为LNG，是新型清洁能源，从根本上解决了园区内焦炉煤气的出路问题，使园区内整体产业实现横向成群、纵向成链、上下游一体化的循环发展模式。项目可安排700余人就业。截至年底，项目前期手续全部办理完成；土建主体工程、设备基础完成90%，具备安装条件；设备订货完成并就位，开始工艺配管。（牛青麓）

【阳煤集团获评“两化”示范企业】年内，为促进煤炭工业信息化和工业化深度融合，进一步提升煤炭行业信息化整体水平，打造一批具有典型示范作用的“两化”融合先进企业，经中国煤炭工业协会信息化分会组织会员申报、专家评审、协会业务办公会审核、国家煤炭工业网上公示后，共评出12家“两化”融合示范企业、25家先进单位、35名先进个人。其中，阳煤集团被评为“两化”融合示范企业，杨乃时、王立武、郑海山被评为“两化”融合先进个人。（牛青麓）

【邦奥公司挂牌上市】11月，阳煤集团中小企业集团旗下的邦奥公司在上海股权托管交易中心Q板挂牌上市，成为中小企业集团首家上市的公司。邦奥公司成立于2009年，有职工80余名，研究生1名、大学本科生20名、注册工程师6名，拥有一支包括高级研发工程师、注册会计师和管理专家等在内的高素质团队，与国内多家大型煤炭集团、市政工程公司建立合作关系。邦奥公司研发推出的最新矿用隔爆型LED照明灯具属全球首例，填补了该领域空白。（牛青麓）

【奥伦公司位列输送带行业第八名】11月，在中国橡胶工业协会胶管胶带分会发布的2013年至2014年度中国输送带行业十强名单中，阳煤集团奥伦分公司名列第八，较上年排名上升1位。奥伦分公司秉持“规模发展才是硬道理”理念，以市场为导向，以科技创新为依托，调结构，抓管理，逐步形成以PVC输送带产能领先为核心优势，分层带、钢丝绳带高级别、大宽幅为竞争实力的产业格局。（牛青麓）

【阳煤集团控股“南煤”】12月8日，南煤集团2014年第一次临时股东会在阳泉宾馆召开，阳煤集团完成对南煤集团股权收购，股权结构变更为阳煤集团占股51%、山西省经济建设投资公司占股24.67%、阳泉市国资委占股24.33%，阳煤集团正式控股南煤集团。南煤集团于2001年3月由地方国有阳泉市南庄煤矿联合阳泉市大阳泉煤矿、阳泉市通泰铁路公司共同组建。2004年进行股权重组，重组后的南煤集团由国家开发投资公司控股62%、山西省经济建设投资公司参股

24.67%、阳泉市国资委参股13.33%。2014年2月28日,阳煤集团与国投煤炭公司在国家开发投资公司北京总部签署股权转让协议,成功取得阳泉市南庄煤炭集团51%股权。 (牛青麓)

【地方煤炭工业概况】 年内,阳泉市煤炭工业管理部门推进煤矿安全治本攻坚和技术改造,落实省市煤企减负政策,维护公平合理市场秩序,发掘和提高煤炭经营效益,实现了煤矿安全形势稳定向好转变。在推进科学化煤矿生产技术方面,加强煤矿企业生产作业过程管控和调度管理,开展生产要素动态核查和生产技术方案审查跟踪工作;同时,按照矿井瓦斯等级、水文地质类型和抽采煤量、探水煤量,逐月分解下达,使煤炭企业均衡组织生产作业,严防超范围、超能力和突击生产、盲目生产。全市地方煤矿全年完成煤炭生产2267.76万吨,增长4.14%;完成煤炭销量2240.93万吨,增长9.44%;实现销售收入62.36亿元,下降11.71%;实现工业增加值31.33亿元,下降16.72%。地方煤矿未发生较大以上安全事故,较大事故起数、总死亡人数、瓦斯事故死亡人数及百万吨死亡率均未超控制指标。 (李晓晖)

【矿井基本建设】 年内,市煤炭管理部门通过开展煤矿经营状况调研、召开煤矿基本建设现场会、签订基本建设工作目标责任状等举措,健全全市煤矿改造建设激励约束机制和绩效考评制度,加大日常督查督促及进度考核,做到年初目标明确、年中督查有力、年底考评严格,推进全市整合重组矿井的基本建设工作。全市有在建矿井17座,总投资概算37.57亿元,截至年底累计完成投资41.2亿元,完成工程量7.3万米。市煤炭管理部门加强对安全质量标准化工作和现代化矿井建设的组织领导,健全相关机构,开展安全质量标准化和现代化矿井建设达标活动。全市17个生产矿井全部达标。其中,一级安全质量标准化矿井达标5个——南庄煤矿、大阳泉煤矿、程庄煤矿、上社煤矿、平定汇能煤矿,二级安全质量标准化矿井达标4个——平定古州东升阳胜煤矿、山西煤炭运销集团保安煤矿、山西煤炭运销集团鸿泰煤矿、上社二景煤矿,三级安全质量标准化矿井达标8个——山西煤炭运销集团上社晋玉煤矿、山西南娄集团盂县大贤煤矿、山西晋盂石店煤矿、山西晋盂跃进煤矿、山西晋盂东坪煤矿、平定古州富鑫煤矿、平定古州冠裕煤矿、山西煤炭运销集团恒泰常顺煤矿,达标率为100%。17座生产矿井全部完成井下紧急避险系统、安全检测系统、广播通信系统、煤炭产量监控系统的建设并联网运行。新竣工投产矿井山西南娄集团盂县秀南煤矿、山西煤炭运销集团郊区旧街煤矿达到三级安全质量标准化矿井,并在省煤炭厅备案。 (李晓晖)

【煤矿安全责任落实】 年初,阳泉市明确全年煤矿工作指导思想和工作目标,确立落实企业安全生产主体责任、提升安全监管水平、深化瓦斯综合治理、强化防治水措施落实、规范基本建设秩序、加强应急救援能力建设、加强职业危害防治等重点工作;同时,将煤炭安全控制指标和各项工作任务以“工作目标责任书”细化、分解到3个产煤县(区),县区局又分解到所辖煤矿,形成横向到边、纵向到底的安全生产责任体系。按照《山西省人民政府办公厅关于印发煤矿安全生产挂牌责任制实施方案的通知》要求,严格落实挂牌责任制,明确了市、县两级13名政府领导、12名煤炭部门干部及70名煤炭集团公司主要负责人和业务处室负责人共95人的挂牌责任,涵盖47座煤炭企业,通过阳泉煤炭网和公示牌予以公示。在全市煤矿企业中先后开展了“煤矿春季安全大检查”“深刻汲取‘3·1’晋济高速特别重大事故教训,进行煤矿安全生产大检查”“继续深入开展煤矿安全生产大检查”等活动,开展瓦斯治理、防治水、基建矿井、安全质量标准化、民爆安全、煤矿附属选煤厂、安全培训、煤矿重大危险源、劳动用工、粉尘防治等各类专项检查。全市煤炭各级监管部门共出动检查人员5012人次,查出安全隐患和问题2863条,下达执法文书464条。全年仅发生1起盂县东坪煤业运输事故,死亡1人,煤矿百万吨死亡率0.043,创造了阳泉市煤炭行业安全生产历史上最好水平,特别是郊区煤矿企业实现连续2000天安全生产无事故记录。 (李晓晖)

【煤炭管理制度体系建设】 年内,阳泉市政府出台《关于健全相关机制促进煤炭工业健康发展的意见》,完善煤炭行业和安全管理工作12个机制,落实煤矿非法违法联合惩处、煤矿安全检查、监管人员管理及考核奖惩等制度,促进全市煤矿安全生产形势持续稳定;下发《关于全市煤矿坚守底线、不越红线,确保安全生产的通知》,明确了煤矿安全生产管理、“一通三防”、防治水、机电运输、采掘和民爆物品管理等方面的50条红线、底线,对触及安全红线、底线的煤矿予以处罚;出台《阳泉市人民政府办公厅关于遏制煤矿超能力生产规范企业生产行为的工作措施》,组建了遏制煤矿超能力生产联合监督执法办公室,对超能力生产的煤矿暂扣安全生产许可证和矿长安全资格证,并对煤矿处以50万元以上200万元以下的罚款,对煤矿企业负责人处3万元以上15万元以下罚款,同时责令停产整顿;建立健全安全生产“四不两直”(即不发通知、不打招呼、不听汇报、不用陪同接待、直奔基层、直插现场)暗查暗访工作制度,各级煤炭部门深入煤矿企业进行突击检查,对措施落实和现场安全生产情况进行记录,并现场作出处理决定。 (李晓晖)

【煤矿安全监管方式创新】　年内，市煤炭管理部门创新煤矿安全监管方式，坚持工作重心下移，以周例会的形式主动服务基层，每周一随机选取1个矿井，组织班子成员和职能科室、监管单位负责人，采取“到矿立即入井检查、出井及时反馈情况、专家会诊提出意见”的方式，对煤矿安全生产情况进行会诊，将隐患消除在萌芽状态。据统计，在全市47座煤矿中，除14座未开工生产建设矿井外，其他煤矿全部进行了两轮周例会安全检查，促进了地方煤矿安全生产形势的平稳发展。在全省责任监督体系“一网六平台”的基础上，建设煤矿安全生产监管责任平台，平台于5月试运行，录入煤矿安全生产监管责任人员103名，全部配备自动定位手机，对煤矿安全执法工作实行24小时不间断跟踪管理。截至年底，全市煤矿录入一般隐患1453条，均按照煤矿隐患排查及重大隐患限时办结。为进一步规范平台运行，建立了阳泉市煤矿安全生产责任监管电子监察办法，实现了对煤矿安全生产监管责任人员的再监督。截至年底，累计监察出履职不到位情况496次，涉及安全监管责任人69次，其中下发告诫书274次、建议书222次。实行分片监管责任制，市局机关科室和局属事业单位有关人员组成4个督查组，对3个产煤县区和市监管煤矿进行全覆盖、不间断检查。（李晓晖）

【煤矿瓦斯水害防治】　年内，市煤炭管理部门加强瓦斯和水害两项防治工作力度。在瓦斯防治方面，将瓦斯防治“十二条红线”作为日常检查必查内容，凡触碰红线的矿井，一律停工停产整顿，并追究相关人员责任。相继开展2次瓦斯防治专项检查，对符合鉴定要求的煤矿企业开展瓦斯等级鉴定工作，有5座煤矿企业通过省厅瓦斯等级鉴定、16座煤矿企业进行瓦斯参数测定工作；在煤矿企业建立瓦斯抽采达标评判工作体系，制订矿井瓦斯抽采达标评判细则。全年瓦斯抽采量3.8亿立方米，利用量1.7亿立方米。在水害防治方面，煤炭企业落实总工程师负责制，绘制《水害防治基本情况图》，对矿井水害防治划分了简单区、复杂区、危险区，对不同的区域采取相应监管措施；执行探放水现场管理相关工作制度，开展水害防治预测预报周报工作，完善矿井水害防治基本情况图，建立矿井水害防治档案库，强化水害治理各项措施落实；针对汛期雷雨天气制订《雷雨天气预警通知单》，详细划分预警级别和预警内容，如遇雷电强降雨天气时，第一时间通知煤矿企业，井下立即撤人，停止生产作业，做好防范工作。（李晓晖）

【煤炭企业环境优化】　年内，市煤炭管理部门坚持每季度组织召开一次煤炭经济运行分析会议，定期通报全市煤炭企业经营和煤炭价格变动情况，及时发布不同县区和煤种的价格信息，准确研判煤炭市场变化趋势，维持区域煤炭产销平衡。优化煤炭经销环境，严肃清理不合理涉煤收费，5月14日和6月26日，市政府相继下发《健全相关机制促进煤炭工业健康发展的意见》和《涉煤收费清理规范工作方案》，在暂停“两金”（矿山环境恢复治理保证金和煤矿转产发展资金）收取、撤销煤焦营业站点、取消煤炭经销差价、取缔不合理收费等政策实施后，全市地方煤炭企业利用市场倒逼机制，创新管理、优化运营、降低成本，逐步走上由主要依托市场创效向管理创效、内涵增长转变的轨道，全市地方煤矿共节约各类资金9.2亿元，煤炭市场更加健康有序，加快了阳泉地方煤炭产业向“市场主导型”转变的进程。（李晓晖）

【从业人员素质提升】　年内，市煤炭管理部门发挥劳动用工管理的煤矿安全生产前置保障作用，推动煤矿“变招工为招生”进程。全市14座矿井共招收涉煤从业人员545人，其中从煤炭专科院校招录365人，招生比例接近70%。坚持“培训不到位就是重大安全隐患”理念，把煤矿B类安全管理人员、特种作业人员和班组长的资格培训作为培训重点，强化煤矿安全培训工作，全年共组织各类培训班82期，培训各类人员4342人，安全生产管理人员、特种作业人员、其他从业人员和企业班组长培训率达100%。开展煤炭行业职业技能鉴定工作，对1522名特种作业人员、班组长及中级以上特有工种人员和2313名特有工种初级以上人员进行了职业技能鉴定，鉴定率达100%。中级技能以上人员持证率36%。（李晓晖）

【阳泉煤销公司概况】　2014年，山西煤炭运销集团阳泉有限公司下设3个县（区）公司、9个全资或控股公司、10座煤矿、4个铁路发煤站，资产总额161亿元，净资产41亿元，员工1.6万人。年内，阳泉煤销公司实现煤炭产量1230万吨，完成晋能集团考核指标的145%；煤炭贸易总量2521.6万吨，完成考核指标的102.5%；销售收入350亿元，完成考核指标的113%；利润总额1.52亿元。

安全管理　阳泉煤销公司全面贯彻落实国家、省、市有关安全工作的指示精神，完善“党政同责、一岗双责、齐抓共管”的安全生产责任体系，强化红线意识，坚守安全底线，实现了原煤生产百万吨死亡率为零的工作目标。出台《煤矿安全生产管理制度》《生产事故应急预案》《安全生产岗位责任制》《安全生产“四不两直”检查制度》等一系列规章制度，落实层级安全包保责任，加大安全问责力度。针对顶板管理、机电、运输和防治水等薄弱环节，严格全员、全过程、全方位的预警机制，排查整改各类隐患2850条。

项目建设　阳泉煤销公司选煤厂、管状运煤皮带、基建矿井等重点工程相继投产达效。燕龛300万吨选煤厂投入运行,实现了煤炭不落地全部入洗,日洗选能力达万吨以上,煤炭发热量从4500大卡提升到5500大卡以上,并直接通过8.4千米高空管状皮带运输到铁路发运站台,运输成本大幅降低,直接与大用户点对点销售,吨煤售价提高30元以上,综合效益显著;常顺至上社管状皮带正式运转,解决了常顺矿的运输瓶颈;上社400万吨洗选煤厂投入运行,实现煤炭配比洗选,增加了煤炭品种,提高了煤炭质量,煤炭售价和经济效益同步增长;常顺矿完成各项基建工程,转入生产矿井行列;皇后矿首采工作面投产,为盂县公司走出困境奠定基础。

贸易物流 阳泉煤销公司完善铁路、公路销售定价机制,采取以质保价措施,组织各单位销售负责人走出去发展新用户,开拓新市场,掌控煤源和用户,随时沟通信息,紧盯货款回收,缩短结算周期,严控资金风险,确保贸易量稳中有升。铁路销售公司发挥矿站一体化、选煤厂、管状皮带优势,加强与煤矿、用户对接,重点与魏桥、青岛、潍坊等电厂开展点对点发运。公路销售公司发挥统一销售优势,强化洗选、装车、计量、运输等各环节管理,提高全员质量意识。与石家庄良村热电、山东魏桥集团签订战略合作协议,并与魏桥集团开展点对点销售,确保了公司资金正常运行。(张海刚)

【南煤集团概况】 2014年,南煤集团下辖南庄公司协同配合,工作面搬家时间比上年缩短12天,完成矿井原煤洗选和32万吨棚户区工程煤洗选任务,选煤厂设备开机率提高近50%。大阳泉公司做好"8126"工作面进风顺槽巷道维护工作,超额完成生产任务,洗出产品比预算增加15.74万吨,通过对12#煤和15#煤的洗选配比,首次实现了12#煤直接混合提升,全部入洗,缓解了库存压力,确保了采掘队组正常生产。2个生产矿井通过技术改造加强对煤泥的浮选和中煤的筛分,将煤泥发热量控制在3000大卡以下,洗选产品首创241万吨,提高34.71%,化解了煤价下滑带来的影响。南煤集团通过强化材料管控,审批采购计划、取消生产队组小库房等措施,全年采购费用比预算减少8098.28万元,降低27.72%;通过材料复用、修旧利废、清仓利库、节支降耗等手段,遏制成本增长,吨煤成本比预算降低64.56元;通过扩大市场份额,提升服务水平,畅销增收,使煤炭产品全部销售,年均售价463.16元/吨。

南煤集团所辖各非煤公司狠抓内部成本管控,开展生产自救,多渠道增加收入,维护企业稳定。龙川发电公司合理确定生产运行方式,提高设备运行经济性,全年利用小时数3704小时,发电量10.32亿千瓦小时,比预算增加0.32亿千瓦小时,比预算减亏1.4亿元。广源公司降本增效成果显著,实现利润21.32万元。通泰铁路公司科学组织运输,做到安全高效、节能降耗,全年总运量完成252.66万吨,比预算增加27.16万吨,减亏447万元。机械制造公司拓展经营项目,开发U形钢托梁、矿用锚索锚杆加工,加强成本管控和质量控制,比预算减亏235万元。建材公司面对环保要求压力和经营困难,自行组织生产工艺改造,探索白灰和蜂窝煤的生产,在维持企业运行方面做了大量工作。

年初,南煤集团完善瓦斯抽采系统,夯实通风基础管理,主动防控,严格考核,杜绝了瓦斯超限和无计划停风停电,使矿井抽采率和回采工作面抽采率分别达80%和85%以上。通过推行"工程质量标准化、安全管理标准化、行为规范标准化",加强现场管理,以岗位达标、专业达标,实现企业全面达标,促进了质量标准水平提升,全年2个生产矿井继续保持一级质量标准化。通过强化安全监管责任落实,规范领导跟班、职能巡查、隐患排查治理,确保安全生产,大阳泉公司连续实现安全生产3151天,南庄公司连续实现安全生产1737天,通泰铁路公司连续实现安全运行3782天。12月,南煤集团股权重组,由阳煤集团控股51%、山西省经济建设投资公司参股24.67%、阳泉市国资委参股24.33%,注册资本52503.2万元。截至年底,企业总资产32.99亿元,职工8697人。重组后的南煤集团以煤炭产业为主,兼营电力、建材、机械制造等产业,拥有南庄公司和大阳泉公司2个煤炭生产矿井,龙川发电、广源、通泰铁路、机械制造和建材5个非煤产业公司及1个拟建煤电一体化(年产500万吨的煤矿和规模为2×600兆瓦坑口电厂)新区。 (李宝珺)

【荫营煤矿概况】 2014年,荫营煤矿以确保安全稳定为重点,转变作风,完成了省局下达的各项目标,整体保持平稳发展态势。一是安全周期有新突破。生产安全连续4年杜绝重伤以上生产事故,信访安全没有发生有影响的上访事件,安全形势步入历史最好时期。二是煤炭产销量创历史新高度。荫营煤矿对内克服多个工作面搬家倒面过构造、运输系统改造和防治水突出问题等不利因素,通过技术攻关,解决工艺问题,多回收煤炭7.6万多吨;对外积极应对煤炭市场低迷、煤价持续下滑、铁路运输瓶颈制约困难,采取一系列煤炭配采、配运及转载点缓冲装置的安装等降硫提块办法,累计生产商品煤233.1万吨,增加26.86%,外销218万吨。三是矿井单产、支护及标准化达到建矿新水平。随着井下生产布局和生产环节优化,产能稳步提升,二监区实现单面年产原煤突破百万吨大关,创造单产历史新纪录;150309综采工作面实现巷道全锚杆、锚索支护,工作面长达228米,成为建矿最长、跨度最大、生产能力最强工作面,现代化高产高效矿井初具规模。四是矿井建设取得新进展。在上年实现采区向西部井田战略转移的基础上,加大生产系统优化改造力度，加快井下布局调整步伐，全矿回采工作面由原来的4个减为2个，优化生产布局，降低安全风险，提高了矿井抗风险能力。因业绩突出，荫营煤矿先后获得“全国质量管理先进单位”、全省司法行政系统“重点工作目标优秀单位”、全省监狱系统“标兵单位”“优秀领导班子”“党风廉政建设先进单位”等称号，被省文明委授予“省级文明单位标兵”称号，成为全国11所“深化狱务公开试点单位”之一，选煤厂“为民创新工作室”被评为“山西省先进集体”。（赵贵田）

【固庄煤矿概况】 年内，固庄煤矿深化平安建设，推进转型发展，生产原煤93万吨。在煤炭销售方面，坚持大客户战略，多方协调路矿关系，执行“快提缓降、多提少降”的价格指导原则，推进煤炭销售工作，有效确保产销平衡。但由于煤炭价格较上年下降22%，导致亏损达8650余万元，未能实现预期目标。在安全管理方面，固庄煤矿坚持开展职工技术大赛、业务培训、应急处突演练，提高职工业务素质和安全意识；严格执行矿领导带班制度，中层领导入井履职，在过构造等特殊时期实行领导跟班作业、全程督导、现场指挥等措施，确保现场管理不脱节；完成综合自动化平台、井下工业环网、无线通信及应急广播系统，应急救生舱投入使用，安全避险“六大系统”全面完成，提高了防灾抗灾能力。截至年底，井下生产连续5年杜绝死亡。年内，固庄煤矿被评为山西省模范单位、山西省文明和谐单位标兵。（赵志江）

电力工业

【概况】 2014年，全市发电量完成107.7亿千瓦小时，比上年降低5.8%。全社会用电量完成68.56亿千瓦小时，降低13.73%，其中工业用电量完成54.94亿千瓦小时，占全市用电量的80.8%，降低16.7%。电力行业完成工业增加值10.59亿元，下降1.4%，占全市比重4.4%，影响全市经济增长0.06个百分点；实现利润3.19亿元，是全市工业经济主要盈利行业。

发电装机　截至年末，全市发电总装机容量258.65万千瓦，主要分属为山西国际电力、格盟国际、国家开发投资公司、阳煤集团4大公司。其中，山西国际电力阳光发电公司4×30万千瓦，格盟国际河坡发电公司2×5万千瓦+2×10万千瓦，阳煤兆丰铝业3×13.5万千瓦煤矸石发电、阳煤发供电第二热电厂3×0.6万千瓦、第三热电厂2×3.5万千瓦+1×6万千瓦，国投南煤龙川发电公司2×13.5万千瓦煤矸石发电。其他还包括：中广核风力发电有限公司中盂县西烟4.95万千瓦风电，盂县晋阳新能源发电有限公司一期5万千瓦并网光伏发电，煤层气发电、预热发电等16.4万千瓦。此外，阳煤远盛、盂县鑫磊、南煤西上庄和国际能源裕光煤电4个发电项目取得“路条”，总装机达472万千瓦。河坡2×35万千瓦发电项目投产在望，垃圾焚烧发电项目开工建设。

电网结构　阳泉电网位于山西电网的中东部，与吕梁、太原、晋中电网组成山西中部电网。阳泉电网以500千伏站为连接河北电网和山西电网的枢纽、以五回220千伏线路与晋中电网联结，形成以500千伏变电站为中心，通过阳光发电公司和8座220千伏变电站组成两个双环网，110千伏变电站基本实现了两路电源互为备用，以双电源手拉手、双辐射、三线两变结构为主，部分变电站采用“T”接方式接入电网。截至年末，境内有500千伏变电站1座，主变6台，容量200万千伏安；220千伏公用变电站8座，主变18台，容量252万千伏安；公用220千伏线路22条，长度436千米；110千伏公用变电站24座，主变45台，容量196.5万千伏安；公用110千伏线路52条，长度486千米。（王立泽　丛　犇）

【阳泉供电分公司概况】 年内，国网阳泉供电分公司优化电网架构，提升优质服务水平，完成售电量46亿千瓦小时，营业收入23.84亿元，上缴税金1.07亿元。首次获得全国五一劳动奖状、全国五四红旗团委，为省电力公司系统唯一获奖单位。获得全国“安康杯”竞赛优胜单位，首次被评为国家电网公司先进集体、QC活动优秀企业，继续保持国家电网公司文明单位，全国文明单位通过复查验收。

用电情况　全社会用电量68.56亿千瓦小时，降低13.73%。其中，第一产业（权重0.79%）用电量0.54亿千瓦小时，增长3.22%；第二产业（权重81.48%）用电量55.87亿千瓦小时，降低16.48%；第三产业（权重10.43%）用电量7.15亿千瓦小时，降低0.31%；居民生活（权重7.30%）用电量5.00亿千瓦小时，增长2.36%。

电网建设　阳泉供电分公司依据全市经济社会“十三五”发展规划及新型城镇化建设要求，编制完成“十三五”阳泉电网规划、2015—2020年配网滚动规划报告和2015年电网项目可行性研究报告。配合市规划局完成了《阳泉市改善农村人居环境总体规划（2014—2020年）》《旧城区提质更新发展规划》有关电网内容规划。国网阳泉供电公司投入电网建设资金7480万元，投运35千伏梁家寨增容工程、110千伏黄统岭输变电工程及110千伏西烟风电送出工程，完成110千伏开发东站、220千伏盂县站智能设备改造，提高了电网供电能力和可靠性。为满足重点项目落地实施，提前半年开工建设220千伏河坡电厂送出工程，年底完工送电。中低压电网工程投资8721万元，改造35千伏线路1条，新建、改造10千伏线路工程15项，改造47个村92个台区的低压线路210.6千米，解决了供电卡脖子、重载、低电压等问题。中广核盂县西烟风电 2×50 兆瓦、河坡电厂 2×350 兆瓦、鑫磊低热值煤电厂 2×350 兆瓦、南煤西上庄低热值煤电厂 2×600 兆瓦项目接入系统工作有序推进,成立特高压工程建设领导小组,晋北—江苏±800 千伏特高压直流输电线路工程属地前期工作快速推进。

安全生产　深化“大安全”理念,加强现场安全管理,强化领导干部到岗到位及分片包保制度,建立安全动态奖励机制,人员到岗率 98%,实现了现场安全可控。开展地、县调联合演练 34 次,开展 220 千伏连庄站、盂县站综合大检修,全年停电操作、检修作业时间分别减少 168 小时、288 小时。全年未发生人身、电网、设备、停息等事故,安全生产突破 13 年长周期。强化煤矿、化工等高危及重要用户“一患一档”动态管理,组织高危用户应急演练 4 次,开展专项检查 6 次,下达整改建议书 52 份,消除客户安全用电隐患。联合安监、公安、消防等政府职能部门,集中开展全市电力设施防火安全大检查,排查 10 千伏及以上线路 363 条,低压变台 2149 台,低压分线箱 1135 个,整改火险隐患 449 处。开展“打非治违”专项行动,依法依规维护电力安全生产秩序。

服务工作　市供电部门推行一对一、VIP 特色服务,提前介入阳煤乙二醇、百度“云计算”、鑫磊工业园、大正伟业等重点工程项目,安排专职客户经理重点跟踪督办,定期协调工程进展,保障项目建设期间用电和投产后专属电源供电,特别是提前为鑫磊工业园区投资建设的 110 千伏脉坡输变电工程取得可研批复,受到客户称赞。在服务生态新城建设方面,建成 10 千伏平坦垴开闭所,提前 1 年取得 110 千伏黄砂岩输变电工程可研批复,为打造城乡一体化发展新格局提供充足电力保障。配合市政道路改造,筹措 1380 万元完成 10 千伏保晋—华盛北路、大连东路线路新建和 10 千伏泉西路、桃北东路、洪城河支线改造工作,实现了市政建设与电网建设协调发展。加快配网抢修指挥中心建设,实行故障报修 24 小时全天候响应,抢修到达现场时间、故障恢复送电时间分别缩短 6 分钟、22 分钟。畅通客户缴费渠道,新增电费代收点 66 个,形成了以营业网点为主、支付宝、有线电视、手机客户端等 24 种缴费方式为辅的多元化缴费模式,基本实现城市“十分钟交费圈”和农村“村村有交费点”,满足了不同客户群体的缴费需求。完善投诉举报处置机制,向全社会公布服务承诺和监督电话。截至年底,客户投诉举报下降 85%,全省最少,20 个营业站(所)实现“零投诉”。全业务回访客户满意率 98.72%,全省系统排名第一。行风评议在公共服务行业中继续保持全市第一。　(曲丽峰)

【新能源市场开拓】　年内,围绕“生态靓市”战略,市供电部门倡导“以电代煤、以电代油、电从远方来”的能源消费新理念,推动光伏发电、煤改电等能源消费新模式,建成阳泉市首座电动汽车充换电站,试运行 4 辆电动汽车,为全面推广电动汽车、倡导低碳生活奠定了基础;积极推进分布式电源并网工作,山西古州节能有限公司 100 千伏光伏发电项目完成项目结算,110 千伏盂县晋阳新能源光伏送出工程取得可研批复;5 家客户完成煤改电工作。　(曲丽峰)

【阳煤集团发供电分公司概况】　2014 年,阳煤集团发供电分公司发电量完成 11.48 亿千瓦小时,超计划 1100 万千瓦小时;销售收入实现 9.69 亿元,比计划增收 200 万

2014 年阳泉供电分公司前十位用电客户情况统计表

表 13　　单位:亿千瓦小时

	用电客户	累计	比上年增长额	比上年增长(%)
1	山西兆丰铝业有限责任公司电解铝分公司(一期)	6.56	−10.42	−61.35
2	阳泉煤业(集团)股份有限公司发供电分公司(桑掌)	2.36	−0.07	−2.72
3	阳泉煤业(集团)股份有限公司	2.07	0.17	9.24
4	山西兆丰铝业有限责任公司氧化铝分公司	1.93	0.42	28.09
5	阳泉冀东水泥有限责任公司	1.51	0.18	13.71
6	山西亚美建筑工程材料有限责任公司	1.13	−0.02	−1.63
7	北京铁路局石家庄供电段	1.03	−0.05	−4.35
8	山西兆丰铝业有限责任公司(二期)	1.29	−11.97	−90.31
9	山西省阳泉荫营煤矿	0.84	0.02	2.24
10	山西晋沪碳素有限责任公司	0.71	−0.05	−7.36

注:此表依据阳泉市供电公司售电情况统计。　(曲丽峰)

元；经营业绩达 A 级，利润连续 5 年完成奋斗目标。在环保方面，投资 2.35 亿元实施二、三电厂环保改造。截至年底，设备选型、项目可研等前期工作完成，二电厂通过综合利用电厂认证，供电工区电能表检定授权证书通过年度复审。在安全生产方面，电网优化工程稳步推进，完成广域保护、防误操作、远动升级、馨瑞家园变电站建设工程，矿站 GIS 改造工程竣工在即，电网可靠性得到根本性提高；全年累计排查各类隐患 309 条，隐患治理率达 100%，安全问责 54 人次，安全管控水平稳步提升。在创新方面，公司鼓励职工参与煤电创新活动，93 项成果获奖；开展技能大师工作室创建和优秀高校生 "选培育"工程，10 名技术能手受表彰，高勇被评为山西省"享受政府津贴高级技师"，李二兵获"阳煤好青年"称号；《阳煤电网防雷改造工程》等 5 项科技成果获得集团公司科技创新进步奖。（牛青麓）

【首个分布式光伏发电项目并网】 6 月 6 日，山西古州节能科技发展有限公司与市供电公司、平定供电分公司签订分布式光伏发电项目低压发用电合同，并进行最后检测验收，成为阳泉市首个投入使用的分布式光伏发电项目。该项目一期由 460 块光伏太阳电池板、1 个逆变器组成，完成光伏发电汇流箱、逆变器等安装调试及基础设施配套工程，并铺设安装 460 块 240 瓦太阳能板。项目于 2 月启动，6 月开始发电，设计使用年限 25 年。项目总投资 1180 万元。（郑铭经）

【盂县电厂发电机组项目纳入国家火电建设规划】 10 月，计划投资 93 亿元的盂县电厂 2×100 万千瓦超临界空冷燃煤发电机组项目获得国家能源局批复，同意将该项目纳入国家火电建设规划，标志着阳泉市投资最大的招商引资项目正式落地。（郑铭经）

【中广核盂县风电项目并网发电】 中广核山西盂县风电项目位于东梁乡和西烟镇境内，是阳泉市首个风力发电项目。该项目规划装机规模为 100 兆瓦，总投资 10 亿元，由中国广核集团风力发电有限公司开发建设，由山西省电力勘测设计院设计。项目分两期建设，一期项目装机规模为 49.5 兆瓦，2013 年 11 月 18 日开工，2014 年 11 月竣工，包括风电场内 33 台风机吊装、110 千伏升压站建造、35 千伏集中线路安装、21 千米道路建设；同时该项目配套工程 110 千伏送出线路工程完成，实现并网发电。年输送电量可达 1 亿千瓦小时，创产值 6100 万元，上缴利税 600 万元。（郭　玲）

【首个光伏发电项目并网发电】 12 月 25 日，阳泉市首个光伏发电项目并网发电。该项目由国家重点高新技术企业阳光电源股份公司投资设立的晋阳新能源发电有限公司负责建设与运营管理，位于盂县牛村镇曲曲城村，所在地原为露天煤矿回填区，占地面积约 100 公顷，总投资 4.96 亿元，分设 50 个 1 兆瓦光伏发电单元，通过集电线路升压、接入到 110 千伏升压站，再接入到温池 220 千伏变电站并网。项目于 2013 年 9 月 15 日动工，设计运行寿命 25 年，运行 1 年期发电量为 6797 万千瓦时，与同等电量火电厂相比每年可节约标煤 2 万吨，减排二氧化碳 5.6 万吨，为山西省地质灾害治理、生态保护提供了良好典范。（郭　玲）

【阳光发电有限责任公司概况】 截至 2014 年末，阳光发电有限责任公司总资产 21.88 亿元，负债 4.9 亿元，负债率 22.39%，从业人数 1289 人，实现安全运行无事故 2574 天。发电量累计完成 56.18 亿千瓦小时，厂用电率完成 6.98%，煤耗完成 333 克 / 千瓦小时。4 台机组额定容量全部由 300 兆瓦增至 320 兆瓦，总装机容量由 1200 兆瓦增至 1280 兆瓦。11 月 30 日，公司以 94 分的得分通过国家电力安全标准化一级达标现场验收。

生产管理　年内，面对电力需求不足的局面，公司主动适应市场形势，充分利用机组增容、供热和节能减排等有利因素争取基础电量，千方百计增发电量。按照"更新改造与管理提升并重"的设备管理理念，从检修管理、技术管理、信息系统管理和工程管理等方面着手，全方位强化设备基础管理，提高检修质量，开展技术监督，实现设备管理无死角、无漏洞。公司从减少机组非计划停运和提高机组经济性等方面着手，利用年度计划检修和机组临停机会，完成了发电量计划。

项目技改　公司完成多项重大技改项目，提高了机组的可控性和经济性。共进行计划性检修 3 次，完成标准项目 598 项，非标项目 74 项（含技改），完成的主要技改项目有 1、2 号发电机励磁系统改造，1、2 号机引风机变频改造，1、2、4 号机凝泵变频改造，1、3、4 号机组脱硝旁路烟道改造，1 号炉电除尘改造，2 号机组煤种适应性改造，2 号空预器改造，2 号机组脱硫增容改造及旁路挡板拆除改造，2 号机组 DCS 系统改造，升压站设备治理及涉网改造等。通过设备改造，强化设备基础管理，提高设备安全性。年内，公司机组利用小时 4390 小时，等效可用系数 91.94%。

环境治理　公司把节能减排与促进企业发展相结合，执行国家节能减排相关法律法规，提升环保工作水平。细化节能减排工作，实施节能管理制度及淘汰落后机电设备规划，开展节能对标和节能降耗竞赛活动，进行了全厂水平衡治理及规范调度，完成 1、2、4 号机组凝结水泵变频器改造和 1、2 号机组引风机高压变频器改造；推进环保设施规范化管理，加大环保工作投入，实施了 2 号机组煤种适应性改造、2 号机组脱硫增容改造及旁路拆除改造、1 号机组除尘器改造；完成国家

APEC 会议期间空气质量保障和黄标车、废旧车淘汰任务,机组实现环保达标排放的同时,取得了较好的社会和经济效益。

经营管理　公司以“全面计划、全面预算、全面对标”管理为抓手,抓好经营管理工作,按照介质流向、物资流向和资金流向,推行分段成本控制,培育和打造公司核心竞争力。强化预算编制、执行、控制等全过程管理,预算管理实现全面信息化。编制行业对标管理体系,实施对标管理,促进生产经营指标提升。加强资金使用计划管理,合理使用资金,节约财务费用。对照集团公司 3 个内控制度,结合管理实际,重新修订并严格执行内控制度,确保内控体系有效运行,防范和化解经营风险。推进开源节流、提质增效工作,建立开源节流、提质增效的闭环管理体系,促使可控费用全面降低。（傅玉珠）

【阳光发电二期项目】 年内,阳光二期项目以核准开工为目标,围绕项目前期、资金筹措和开工准备三条主线,取得实质性进展,项目核准所需相关支持性文件除环评报告批文外全部取到。环评报告上报环保部审查。开工准备方面,完成了项目勘测设计、监理、三大主机、试桩、边坡处理、水塔数模实验等招标工作和厂址附着物移迁、平整、土方清挖、工程初勘、试桩、详勘工作,工程初步设计通过中国国际咨询工程公司专家的审查。（傅玉珠）

【河坡发电有限责任公司概况】 年内,山西河坡发电有限责任公司完成发电量 10.53 亿千瓦小时、供热量 276 万吉焦。截至年末,公司总资产 15.82 亿元,负债 7.39 亿元,负债率 46.7%,从业人数 543 人。在安全方面,河坡发电公司加强现役机组生产和新项目基建工程管理,开展确保生产、基建安全稳定各项工作;执行“增加关口、关口前移、看板管理”等措施;生产现场作业进行移动、固定摄像,录像入档,倒查违章;针对机组设备运行时间较长现状,合理规定正常运行期巡回检查等制度。在设备治理方面,组织机组设备年度计划检修、技改工作,在机组安全稳定运行基础上,确保完成年度发电、供热目标;保障脱硫、除尘系统稳定运行,执行上级部门对公司环保工作各项要求,并研究、制定、执行降低机组排放的方案、措施。在经营管理方面,加强燃料市场分析,控制采购节奏,在煤炭价格较低时,大量采购优质煤,并进行煤泥掺烧,节约燃料费用,入炉标煤单价大幅降低。（吕增峰）

【2×350 兆瓦超临界热电联产项目】 年内,2×350 兆瓦超临界热电联产工程作为全省首批在建燃煤发电机组超低排放示范项目,在继续优化设计方案的基础上,组织协调参建各单位优质、高效推进土建、焊接、设备安装调试等各项工作。工程同步建设湿法除尘器,进行脱硫改造,实现燃煤机组达到燃气排放标准。厂用电率达到国内同类型机组最低水平。在设计、建设阶段围绕“一个控制”,即千瓦造价控制在 4000 元以内;“两个确保”,确保机组长周期稳定运行、确保 2 台 350 兆瓦机组总造价不高于同类型机组;“三个适度超前”,即环保、节能、劳动生产率适度超前的目标,将项目建设成为“稳定运行、指标一流,造价、劳动生产率等综合指标具有竞争力的精品工程”。截至年底,项目建设进展具备土建交安条件,1 号锅炉具备水压试验条件。线路由省电力公司建设,正在组塔,能满足厂用电送电进度要求。供水、灰场、灰场道路等主体工程完成 50%。（吕增峰）

【南煤龙川发电公司概况】 阳泉市南煤龙川发电有限责任公司于 2007 年 4 月 27 日注册成立,注册资本 2.96 亿元,位于平定县东南约 8.5 千米的龙川工业区内,占地面积约 33.4 公顷(501 亩),留有规划二期 2×33 万千瓦项目扩建余地,装机规模 2×13.5 万千瓦空冷凝汽式机组,配套 2×460 吨/小时循环流化床锅炉,采用石灰石—石膏湿法脱硫技术,年生产能力 15 亿千瓦小时,属于热电联产机组。截至 2014 年末,公司总资产 8.02 亿元,负债 16.92 亿元,负债率 211%,从业人数 127 人。（从　牟）

冶金工业

【概况】 截至 2014 年末,阳泉铝工业主要产品及产能情况:氧化铝生产能力 110 万吨,电解铝 27.5 万吨,铝板带 10 万吨、铝杆 3 万吨、铝合金 4 万吨、铝型材 5 万吨、铝焊丝 5000 吨。2014 年完成工业增加值 9.24 亿元,增长 9.5%,占全市比重 3.9%,拉动全市经济增长 0.3 个百分点。其中,氧化铝 60.57 万吨,增长 55.8%;电解铝 7.54 万吨,下降 65%;铝材 8.03 万吨,增长 100%。全年行业亏损 5.84 亿元。（王立泽　丛　牟）

【兆丰天成高精铝板一期项目投产】 3 月 10 日,山西兆丰天成铝材有限责任公司建设的兆丰天成 20 万吨高精铝板一期项目 12.5 万吨正式投产。兆丰天成位于平定县贵石沟村,由山西兆丰铝业公司和河南天成彩铝有限公司共同组建,实行混合所有制经营。兆丰铝业年产 20 万吨高精铝板项目采用国内先进铸轧工艺,分两期建设,总投资 4 亿元。其中,一期项目配备 12 台 1700 毫米铸轧机及配套熔炼炉、保温炉、在线处理系统等辅助设备设施,1 台 1850 毫米冷轧机及配套设施。工程于 2013 年 7 月底开工,于 2014 年 3 月 2 日进入试生产,建设工期比同等规模项目缩短近 11 个月,主要产品为装饰带坯料、PS 版基坯料、幕墙板坯料,主要销往京津冀等地区。项目投产标志着阳煤集团铝业板块形成"铝矾土—氧化铝—电解铝—铝产品加工"产业链。二期项目工程于6月开工。（牛青麓）

【锦江集团深度托管兆丰铝业】2014年，兆丰铝业公司由锦江集团继续托管。3月29日，双方本着"优势互补、共同发展、互利共赢"的原则，签订了阳煤集团委托锦江集团深度托管兆丰铝业公司补充协议，托管期限和重组时间为2014年12月31日。经营团队实施组织管理创新，力求组织架构扁平、精干，铝业公司及下属分公司科级机构减少17个，减少处级干部17人，减少科级管理人员86人，全公司减员495人，实现了管控一体化运营，决策、执行高效，划小核算单元，推行内部市场化运作。通过技术改造、工艺优化、推进自主检修、加强内控、堵塞漏洞、严格把控商务采购及促进双方企业文化融合等措施，取得一定成绩。1月至11月完成268.31亿元，其中实体收入完成41.04亿元、贸易收入完成227.27亿元；全年计划收入完成284亿元，其中实体收入计划完成46亿元，贸易收入计划完成238亿元。1月至11月亏损5.27亿元。未发生重伤及以上人身事故。（牛青麓）

化学工业

【概况】 2014年，全市化学工业增加值2.81亿元，比上年下降33.6%，占全市比重1.2%，影响全市经济增长0.53个百分点。阳煤乙二醇项目土建基本完工。（王立泽）

【阳煤集团化工产业概况】 2014年，阳煤化工围绕结构调整、转型发展，在成本严重倒挂、部分产品被迫实施限产、停产的情况下，各企业坚持"以销定产"和"以产促销"相结合，发挥装置产能，增产增销效益产品。主要产品甲醇、丁辛醇增产26%、10%，和顺化工、巨力化肥坚持稳产高产，实现增量10%以上。组织实施平原化工甲醇装置复产改造、丰喜集团醇尿调产、正元集团驰放气产LNG、齐鲁一化丁辛醇尾气回收等67个技改降耗增效项目，增加产值过亿元。完善成本管控体系，电石化工实行直供电政策，年节约电费3887万元；15种主要产品成本下降，总成本节支16亿元。成立贸易公司，并完成贸易收入121亿元，实现利润2153万元。集团化工产业共完成实物产量893万吨，实现营业收入407亿元，完成固定资产投资155亿元，跻身中国化肥百强企业三甲行列。在整组提效方面，恒通化工取消车间编制，提升效益和效率；正元集团、深州化肥压缩辅助车间及后勤科室用人；按照项目人均生产效率处于全国领先水平的标准，严格把控沧州正元、深州化工及寿阳、昔阳、平定化工的机构定编和岗位定员。太化集团、丰喜集团、三维集团等单位推进减员分流和精简机构工作，全系统生产企业人员总数减少2762人。

项目建设 阳煤化工启动"三个一百"（百万吨乙二醇、百万吨煤制烯烃、百亿立方米煤制天然气）战略布局，"八大园区、十大项目"建设有序推进。盂县化工完成村民搬迁，获得安全试生产备案；深州乙二醇进入安装、调试阶段；沧州正元系统试车；恒通甲醇制烯烃土建、安装工程扫尾；太化新材料进入安装阶段，加快启动村庄搬迁；丰喜泉稷、新疆国泰、新疆化机土建施工接近尾声；昔阳化工大型设备基础全部完成；寿阳化工采用PC总承包模式，工程组织规范有序，推进迅速；平定化工冬季不停工，全力抢抓工期；齐鲁一化新项目实验装置开工；恒源化工碳酸二甲酯动工建设；巨力化肥前期工作稳步推进，朔州能源园区规划上报国家发改委。强化"造价、工期、质量"控制，沧州正元、深州化工项目概算分别节支2亿元和1亿元。

产业整合 阳煤化工发挥化工研究院优势作用，从技术水平、区域特点、营销模式、资产负债、公用工程、管理优势等方面，对各生产企业和在建项目进行竞争力分析，明确发展模式和路径，初步提出各企业原料、工艺、产品路线的改造和优化升级方案。针对太化集团、丰喜集团、三维集团、电石化工等经营陷入困境的企业，研究制定产品链延长加粗、实施区域转移的发展战略，区域结构、产业结构和产品结构调整提速。

上市公司 化工股份公司实施恒源化工、丰喜化工股权转让，推进晋丰分立，加快不良资产剥离；完成恒通化工、阳煤化机、三维丰海、海丰铝业股权收购，提高归属母公司利润。阳煤化机、恒通化工、齐鲁一化等盈利企业开足马力多盈利，和顺化工等亏损企业挖潜增效少亏损。太化股份拓展非化产业，推进债权清理、融资结构调整等多项保壳措施。三维股份托管苯加氢装置，重组三维瑞德，加快闲置资产处置，实现"摘星去帽"。

技术创新 阳煤化工科研工作起步，甲醇苯烷基化、己二腈、煤气化等4个项目中标山西省煤基重点科技攻关项目，获得科研资金资助5200万元，提高了阳煤化工在山西的影响力；引进美国洛克达因公司ARGT气化技术，完成阳煤典型煤种初次试烧；太化新材料环己醇/酮装置配套催化剂生产装置开工建设；重组宏远科技尼龙11项目上报省国资委批复；甲醇苯烷基化、己内酰胺氨肟化、己二腈实验室建成，合成氨弛放气、焦炉煤气、煤层气制甘氨酸项目快速推进。化工设计院依托内部企业，承揽外部市场业务，经营指标增长60%以上。（牛青麓）

【齐鲁一化三废炉项目获国家节能技术奖励】 4月，齐鲁一化3号、4号三废炉项目通过国家节能技术改造财政奖励终审验收，核准年节能量 55311 吨标准煤,获国家财政奖励资金 1327.46 万元。项目于 2011 年 8 月开始设计、设备订货、土建基础施工,11 月开始安装,3 号三废炉于 2012 年 6 月建成投入试生产,4 号三废炉于 2013 年 1 月建成并开车试生产。项目总投资 9877.6 万元,2013 年实际生产蒸汽 117 万吨,年节约标准煤约 62438 吨,减少 SO_2 排放量约 1123.9 吨、减少 CO_2 排放量约 37463.3 吨,产生了较好的经济、环保效益。 (牛青麓)

装备制造业

【概况】 年内,阳泉市机电行业完成工业增加值 9.37 亿元,下降 16.71%,占全市比重 3.9%,影响全市经济增长 0.73 个百分点。阀门产量 3746.3 吨,下降 49.4%,水泵产量 3048 台,下降 0.9%。其中,平定煜昌机械 3 万吨大型铸件项目达产达效。 (王立泽 丛 牟)

【阳煤集团装备制造产业概况】 年内,阳煤集团装备制造业完成收入 67.09 亿元,增长 7.06%;利润完成 4951.35 万元,降低 43.18%;人均效率实现 87 万元/人,比计划提高 16%。受煤炭经济持续下行、订单减少、价格降低等因素影响,装备制造产业整体处于逆境,各企业主要产品产量和收入均有下滑,全年实体收入实现 33.36 亿元,减少 6500 万元;制造业务方面除支架产品增加 228 架外,皮带机制造量减少 20 部,输送带制造量减少 3.43 万米,各类开关、变压器、变频器、电机制造量减少 240 台;修理业务方面贯彻有序更换、质量第一的大修标准,满足了集团公司修理任务要求;服务业务方面,华创自动化公司承揽数字化矿井建设、皮带机、压风机与水泵自动化控制等项目。

项目建设 华越煤机工业园区和忻通搬迁升级改造项目列入集团公司计划,投资 1.4 亿元完成计划的 107.7%。华越煤机工业园区项目于 6 月投入工程建设阶段,累计完成投资 8874.77 万元,2014 年度完成投资 7035.35 万元。其中高端液压支架油缸升级子项目经过多次设计方案修改优化,完成了全部建筑主体工程及部分设备采购招标。忻通搬迁升级改造项目完成投资 7008 万元, 累计完成投资 3.01 亿元。

产品研发 华越公司致力于煤矿实用技术提升,一方面大采高、电液控制支架实现了技术、工艺突破,具备了规模生产能力;另一方面取得了薄煤层智能化综采关键技术资质,成功中标山西省重大科技研发项目;阳煤忻通公司与德国布朗公司、北京中矿嘉和公司进行技术合作,开展刮板机沙克链轮、可双面使用的中部槽、新型细轴组合锤破碎机和变频器的研究;奥伦公司研发低烟低毒阻燃带新产品,受到中国煤科总院好评;华鑫公司瞄准民用市场空白,研发了电梯和立体仓库,进入办证阶段;阳煤广瑞达公司引入激光熔覆技术,并开发了皮带机自移机尾系列产品。一系列新产品的研发和应用,提升了企业技术能力,增强产品的市场竞争力,收到良好效果。

整组提效 装备制造全系统推进减员提效专项活动,至年底职工人数 3336 人,减少 393 人,降幅达 10.5%;开展科级机构、职数和管理人员整顿,共精简科级机构 14 个、科级职数 27 人、管理技术人员 104 人;华越公司对寿阳中浩公司、中信销售公司实行授权经营,华鑫公司改组物资供应部为具备计划、配送、物流功能的计划物流组,撤销调度、结算中心、人力资源部、外部销售和内勤部门改组综合部,实现了高性价比采购和高效化管理。 (牛青麓)

【晋东化工有限公司概况】 年内,山西北方晋东化工有限公司(中国兵器工业集团第一〇四厂)以“深化精益管理,强化价值创造”为统领,在完善精益管理制度体系建设的同时, 围绕确立的 33 个精益改善项目,推进精益改善;以 4 种产品为实施对象开展精品工程活动,加强精益采购过程控制,推进精益人才建设;深化 6S、TPM、优化流程与标准化作业等精益工具应用。同时,盘活存量资产,对库房原材料、半成品进行核实, 在组织生产时,充分考虑库存情况, 消化库存量,库存从最高时期的 6500 多万元减少至 1190 万元。12 月上旬,公司通过集团公司精益管理检查验收,专家组对公司精益工作给予肯定。公司以精益管理活动开展为契机,采取多种措施提升管理水平。在安全管理方面,以全面推进环境与职业健康安全管理体系建设、安全生产专项整治和巩固安全生产标准化达标成果为抓手,强化安全生产责任制落实,强化职工安全教育培训和隐患排查治理,全年未发生大的安全事故。在质量管理方面,加强对重点产品和新产品试制过程监督;对发现的质量问题和审核不符合项, 按照相关要求进行整改;对公司质量考核有关制度进行修改完善,强化质量问题管理,加大质量问题行政责任追究力度,质量管理体系运行正常, 全年未发生重大质量问题和质量事故。在保密管理方面, 以学习贯彻新保密法实施条例为抓手, 加强领导人员责任制落实,规范定密工作、加强涉密人员教育管理、 强化涉密信息系统保密技术防范和管理措施,加强监督检查,全年未发生失泄密事件。在财务管理方面,围绕经营目标,编制年度内部预算, 分解内部指标, 采取按月(季度)编制预算费用卡,在每月的重点工作会上通报上月预算完成情况,并下达次月预算控制目标,严格按照预算目标控制费用支出, 全年节本降耗达 165 万元。(云建新)

【“合理化建议信息管理平台”投运】 年内,晋东化工公司在建议申报途径上开发了集申报、审批、评审、反馈、实施、跟踪及信息管理于一体的“合理化建议信息管理平台”并投入运营，纸质传递和管理转化为电子信息传递和管理，各环节实现了全部公开化，工作效率显著提高。全年共征集建议1671条，采纳建议1121条，实施建议893项，实施完成807项，实现节创价值156万元。公司下属包装分公司的“应用于大型、超大型弹药和精密装备的防护外包装箱”获山西省国防工会职工合理化建议、基础创新成果一等奖。（云建新）

【阳泉水泵厂有限责任公司概况】 2014年，面对不断下行的经济形势，阳泉水泵厂有限责任公司坚持外拓市场、内挖潜能、科学决策、精细管理，保持稳定生产经营局面，完成营业收入2738万元，较上年降低28.34%；净资产收益率-9.80%，较上年下降5.61%；利润亏损527万元，较上年增加286万元；在职职工工资兑现率100%，年内没有发生重大安全责任事故。在重点工作方面，启动搬迁改造、退城进园项目，由市国资委、平定县政府、山东淄博泉州商会三方签订合作协议，企业改革迈出坚实步伐；南庄路西棚户区改造，完成投资2030万元，二号楼完成封顶。在产品创新方面，完成了30种LZB型渣浆泵机械密封配套设计，D（MD、DF）500-57型多级泵、DF450-60型多级泵4种泵的设计与开发，南煤浮选柱采用LZB250J-200-65渣浆泵的配套设计。投资4万元完成了煤安标志的现场检泵工作，并成功申领了D/MD/DF500-57等3种新型大口径多级离心泵煤安证，全公司煤安证领证产品达102种。成功申报并获得山西省质量信誉AA级标准企业称号，投资3.5万元完成IS09001（2008版）质量认证体系换证外审工作；申报6项实用新型专利，有4项得到受理，进入审核阶段。（史晓熙）

建材工业

【概况】 截至2014年，全市除生产普通水泥、特种水泥、黏土砖、速凝剂、铝塑门窗等主要产品外，加气混凝土砌块、商品混凝土、石膏轻质板、粉煤灰轻质板、煤矸石烧结多孔砖、粉煤灰炉渣免烧砖等新型墙体材料脱颖而出，品种达50多种，为工业化改造和城镇化建设做出贡献。年内，建材行业完成工业增加值11.44亿元，增长25.9%，占全市比重4.8%，拉动全市经济增长0.92个百分点。水泥产量364.6万吨，增长25.2%；耐火材料制品121.57万吨，增长106.4%。（王立泽　丛　耸）

【郊区采取四项措施提升耐火产业】 年内，阳泉郊区采取四项措施提升耐火产业。一是加强资源管控。全面取缔工艺落后、污染严重、资源浪费的矾石烧成土竖窑，提高资源利用率；同时成立铝耐管理中心，依托大企业集团对资源进行整合重组，搭建区域性耐火原料和产品集散交易中心。二是推动联合升级。支持联合荣大、金隅通达及区内有实力耐火企业规模化发展，通过市场引导、政府搭桥、政策促动等，鼓励企业以股权交易等方式走外引内联、合作共赢之路。三是创新营销模式。以德旭“真金”耐火材料电子商务平台为依托，推进耐火产业向新型化、信息化、网络化迈进。四是发挥区耐火材料质检中心、耐火材料研究所、耐火协会的作用，加快科研技术力量整合，整体提升耐火行业的产品研发能力。郊区区委、区政府制订出台《促进耐火产业健康发展的实施意见》，整合各类政策性资金1000万元，对区内耐火企业改造升级、设备更新、联合重组、产品研发等方面给予扶持。（安　旭）

【铝矾土竖窑烧成企业专项整治】 7月，阳泉市开展铝矾土竖窑烧成企业环保专项整治行动，境内所有燃煤竖窑、倒焰窑限期停产，进行环保设施安装、检修、改造，经环保验收合格后再行复产，否则一律关闭取缔；对已建成的烧成小区，除有相关手续、采用天然气烧成的竖窑以外，其余燃煤竖窑一律按照规定时间停产治理，并按照行业标准进行改造，达不到环保要求的一律取缔。至年底，随着企业环保专项整治行动结束，境内大部分烧煤竖窑和倒焰窑停产，仅有个别回转窑企业和用天然气为燃料的原料烧成企业在生产。（安　旭）

【山西省耐火材料产业技术创新战略联盟成立】 8月，经山西省科学技术厅批准，由阳泉市生产力促进中心牵头组建的山西省耐火材料产业技术创新战略联盟成立。阳泉是全国重要的耐火材料生产基地，境内铝矾土资源储量大、品质优、易开采。联盟由全省耐火材料行业的12家企业和山西大学、武汉科技大学、中钢集团洛阳耐火材料研究院等8家高校和科研院所组成。联盟成立后，组织联盟企业、高校和科研院所开展技术攻关、交流和应用，实现行业共性关键技术的重大突破，产生一批引领耐火行业发展的新材料、新技术，达到优质高效品种增加、产业整体升级的目标。（安　旭）

轻纺食品工业

【城镇集体工业联合社概况】 阳泉市城镇集体工业联社的前身为市手工业管理局、历经市二轻局、二轻总会、城镇集体工业联合社变更，截至2014年底，全系统所属企业24户，职工5435人，其中离退休人员3437人、在册职工1998人。年内，联社党委围绕“保障民生、保证安全、谋求生存、探讨改革、挖掘亮点”的工作重点和总思路，保稳定，促改革，完成各项目标任务，取得较好成效。工业产值完成 2644.5 万元，占年计划的 115%；销售收入完成 2537.3 万元，占年计划的 115%；工业增加值完成 669.2 万元，占年计划的 106%；商业租赁收入完成 502.2 万元，完成年计划的 112%。加大对所属集体企业的改革工作，对 17 户工业企业的资产负债、土地房屋、人员结构和拟破产费用等情况进行测算，为企业改制建立科学数据库；相继提出联社 10 户企业涉及老城区工业企业搬迁改造工作思路，橡胶厂、结构厂、电机厂、粉末冶金公司 4 个企业歇业关闭方案，帮助生态新城规划工程建设涉及联社企业的前期测算工作，维护了职工合法权益。（白建光）

【阳泉食品总厂有限公司概况】 截至 2014 年末，阳泉食品总厂有限公司下设阳泉颐寿华天早餐工程有限公司、阳泉颐寿豆香村有限公司、食品厂、乳品厂、饮料厂、酿造厂等子公司，拥有近百个放心食品连锁销售网点，企业主导产品有“颐寿”牌中西糕点、月饼、面包、枣泥、放心早餐、豆制品、“雪贝”牌系列饮料、乳制品、“北岭”牌酱油醋等，成为境内最大的国有食品综合加工企业。年内，中秋月饼、春节年馍、团餐班中餐、早餐网点四大块销售直接下滑近 600 万元，对生产经营带来较大影响。公司领导班子围绕转型跨越发展主题，以提升品牌影响为重心，挖潜增效，节能降耗，完成各项工作任务。

市场占有率提升 公司发挥老字号传统优势，抓住放心早餐销售网点的企业生命线，协调城管、规划、商务等职能部门，相继开辟保晋路口、四矿广场、馨泽园小区、豪门家私对面、南山后门等早餐销售网点，网点达 57 个，实现生产销售回款大流通；同时加强团餐、班中餐等大宗业务与散户经营管理力度，确保业绩平稳提升。

企业转型升级 结合企业发展要求，确立“稳步发展放心早餐、做大做强枣泥馅料、烘焙休闲食品占据市场、巩固现有早餐网点、转型发展直销店面、丰富老字号特色”的二次创业发展思路。放心早餐直营店于 6 月 20 日、7 月 25 日、8 月 4 日相继在白草堰、滨河香榭大道、南山路开业，市场销售日益增加；麦特优面包房继上年开设白草堰、四矿口、南大街、小阳泉 4 个连锁店的基础上，又于 2014 年 10 月和 11 月先后开了华盛街和平定店，主营现烤面包、手工饼干、西点、生日蛋糕、婚礼蛋糕等百余种烘焙产品及现磨咖啡、奶茶、果汁等十余种饮品。早餐直营店和面包房共安排就业人员 70 余名，年销售额达 500 余万元。

休闲食品拓展 公司派遣业务员到南山、七一、平坦等各大早市及朝阳菜市场、阳光广场等人口聚集区，加大休闲食品促销力度，截至年底，魔宝蛋糕销售市场扩展至河北、内蒙古等地区；同时，颐寿枣泥馅料连续 10 年参加国际国内食品博览会、焙烤展会，产品销往全国十余个省、市、自治区，销售枣泥馅料 13.4 吨，实现销售收入 18.8 万元。

新产品研发 通过引进糕点生产线，改造生产车间，相继开发了具有地方特色风味的全麦面包、魔宝蛋糕、多味麻花、小桃酥及各类西式面包面点、生日祝福和面塑系列产品，提高了新产品研发能力，丰富了老字号产品内涵。（李 林）

【山西三来食品有限公司概况】 2014 年，山西三来食品有限公司产品投资 1214.2 万元的“主食产业化基地建设项目”，企业自筹 1114.2 万元，申请省级资金 100 万元；新建主食生产车间、面包车间、油炸车间、主食车间，建设了 2 个冷库、2 个发酵车间，并和阳煤集团煤层气公司签订供气协议，购置生产所需设备。与华龙集团合作，创建三来·华龙中央大厨房，每天根据订单生产，实现名称、形象、标识、包装配送统一，搭建了百姓放心食品平台，生产直销实现食品安全准入和销售，全年产量 600 多吨，实现销售收入 482 万元。公司主导产品马铃薯颗粒全粉除主要供应福建达利集团外，又成为河南巧巧食品有限公司、广州焙杰食品有限公司、江苏傻明食品有限公司等 10 余家食品生产企业的原料供应商，产量达 3600 吨，增加 900 吨，实现销售收入 2416 万元。（王 瑾）

2014 年阳泉食品总厂有限公司生产经营情况简表

表 14 单位：吨、%、万元

	全公司	较上年	食品总厂	较上年	早餐公司	较上年
完成产量	1516	-10.70	460	10.60	1056	-17.60
销售收入	2081	8.90	856	17.70	1225	3.50
实现利润	4.6	-28.10	-5.3	-630	9.9	83.30
上缴税金	175	4.80	85	-7.60	90	20.00

（李 林）

综合工作

【概况】 2014年,阳泉市农业经济整体运行平稳。全年农村常住居民人均可支配收入达10742元，比上年增长10.1%;20%的低收入农村居民收入增幅高于全市农村居民人均可支配收入增幅。全市粮食播种面积5.68万公顷(85.2万亩),总产量2.94亿公斤，完成任务的133.6%,比上年增长0.93%；肉类总产量3.17万吨，比上年增长10.93%,完成任务的105.7%;禽蛋总产量3.47万吨,比上年增长10.16%,完成任务的105.2%；新增设施蔬菜面积106公顷（1590亩)，完成任务的159%；新增中药材面积1353.33公顷（2.03万亩)，总面积达2673.33公顷(4.01万亩);农产品加工企业销售收入达到21.08亿元，比上年增长14.9%；基层动物防疫体系健全，春秋集中免疫应免动物免疫率100%,群体免疫率90%以上;畜产品质量安全监测54批次,监测合格率达100%;产地检疫率、出证率、无害化处理率均达100%,监管覆盖率100%，动物卫生行政处罚案件12件;官方兽医、执业兽医、乡村兽医信息录入率100%。 （徐雪峰）

【现代农业发展】 年内,市、县各级政府出台政策支持农业农村经济发展。市政府出台十大惠农政策,平定县政府出台肉鸡产业和畜牧业贷款政策,郊区政府列入财政支出资金1000万元用于现代农业发展。截至年底,全市现代农业投资42.77亿元，大正伟业农牧有限公司300万羽商品蛋鸡养殖及禽蛋加工项目、平定县10个乡镇标准化肉鸡养殖示范小区项目、山西康泰来食用菌项目等24个农业重点工程均有序推进。 （徐雪峰）

【农村能源建设】 年内,全市新增4个农村新能源沼气工程，分别为平定县余康养殖有限公司600立方米沼气工程、平定县乾丰养殖有限公司500立方米沼气工程、盂县旺兴源种猪场300立方米沼气工程及郊区枣园农产品开发有限公司500立方米沼气工程。 （徐雪峰）

【农村人居环境改善】 年内,全市改善农村人居环境各项工作有序推进。第一,市农委编制《阳泉市改善农村人居环境规划纲要》,建立相应的工作体制机制。全年全市农村人居环境改善工作累计完成投资10.9亿元,开展完善提质、农民安居、环境整治和宜居示范4大工程,推进采煤沉陷区治理、安全饮水、村级幼儿园改造、地质灾害治理、危房改造等重点工作。涉及885人的易地移民搬迁工程开工,完成投资8021万元，主体工程完工率达到92%,超额完成省定60%的任务。“百企千村”产业扶贫进入实施阶段,截至年底累计完成投资7.5亿元。第二,市政府制定出台《美丽宜居示范村创建工作实施意见》,启动3个省级、15个市级和20个县级示范村的创建工作。38个创建村的村级规划和基础设施改造、农民新居建设、村容村貌整治等各类项目启动,投资额达3.6亿元。 （徐雪峰）

【农业服务体系建设】 年内,全市实现农业服务体系全覆盖。一是全市农技推广体系5个区域站和18个乡镇站基本建成,74名农技人员到岗并开展工作。全年培训农村实用人才7000余人,建设12个试验基地,培育科技示范户2011户。二是乡镇兽医站全部建成并运行平稳，实现春秋集中免疫全覆盖,各项检测指标全部高于省定指标,重大动物疫病防控工作成效明显,全市未发生重大动物疫情。三是植物病虫害监测预报和防治体系健全,保障全年粮食生产安全。四是通过“请进来”和“走出去”的方式解决现代农业发展乡土人才短缺问题,把课堂办到大专院校、田间地头、

农业

实训基地，培育留得住、用得上的“土专家”。全年培育新型职业农民3000人，完成目标任务的100%。五是农业信息服务注册用户数达4800户，覆盖960个行政村，覆盖率100%，农业生产经营主体达2500家，实现全覆盖。3个县级信息服务中心和7个乡镇级信息服务站全部建成，通过信息发布、在线咨询、市场预测等途径，为农业生产提供服务。（徐雪峰）

【农村经营体制创新】 年内，全市农村通过创新经营体制，促使农村经济不断发展。一是新发展“一村一品”专业村62个，总数达到229个，实施“一县一业”基地县项目2个。二是培育省、市、县级农民合作社示范社14个、20个、34个，完成任务的140%、100%、113%，8个合作社申报国家级示范社。截至年底，全市农民专业合作社发展到2076家，实现行政村全覆盖。另有153个家庭农场进行申报并通过认定。三是土地流转加速推进，全市流转土地面积0.73万公顷(11万亩)，占承包面积的13%，并形成农业园区、“公司+基地+农户”、家庭农场、土地领养等新型集约化生产经营模式。（徐雪峰）

【农产品加工】 截至年底，全市销售收入在200万元以上的农产品加工龙头企业有29家。其中，年销售收入1亿元以上的企业6家，销售收入5000万元至1亿元的企业有7家，销售收入1000万元至5000万元的企业有11家，销售收入200万元至1000万元的企业有5家。全年全市农产品加工企业销售收入达21.08亿元，全市农产品加工“513”工程企业(“513”工程，就是按照省、市、县三级总体规划、分层次推进、重点扶持的原则，在已有农业产业化国家级及省级龙头企业、全省资源型企业转产和招商引资企业中选择50个左右，作为省级梯队重点培育)销售收入达20.17亿元，比上年增长14.9%。其中，平定县、盂县、郊区、矿区分别达7.95亿元、7.83亿元、2.31亿元、0.28亿元。全市酿造业销售收入1.3亿元，比上年增长17.5%。（岳 虹）

【休闲农业】 截至年底，全市共打造省级休闲农业与乡村旅游示范县区2个，省级休闲农业与乡村旅游示范点13处，其中华北奕丰生态园、桃林沟休闲观光园区等成为省、市休闲农业品牌。2014年全市新增4处山西省休闲农业与乡村旅游示范点，分别为郊区西南舁乡咀子上村、平定县上南茹村、盂县燕子崖村、盂县金玉米农庄。全市具有一定规模的休闲农业企业、园区、农庄达100余家，共吸纳农民就业1.5万人，年接待人数200万人次，年营业收入4亿元。（岳 虹）

【农村土地承包经营权确权登记颁证试点工作】 年内，阳泉市在3个农业县区选择9个试点村开展农村土地承包经营权确权登记颁证试点工作。一是组织人员进村入户开展前期调研摸底，了解各试点村二轮延包后土地承包经营具体情况，收集整理二轮承包各项资料，排查矛盾和纠纷，针对问题制订解决预案和办法。二是召开全市农村土地承包经营权确权登记颁证试点工作会议，市、县(区)分别出台试点工作方案并成立工作领导小组，对土地确权试点工作进行具体安排部署。三是举办试点工作培训班，培训内容包括对土地承包法律法规政策、确权登记工作流程等，同时组织市、县(区)以及试点乡镇、村相关人员赴潞城、孝义进行实地考察学习。四是进行测绘清查工作，各县区通过公开招标确定测绘公司，并签订合同，年内已完成入户调查和航拍制作地图工作。（赵丽萍）

【农村土地流转管理和服务】 年内，全市各级农经部门完善县区、乡镇土地流转服务中心建设，开展信息发布、合同签订指导、合同鉴证、政策咨询等工作，确保土地流转规范有序。截至年底，全市土地流转面积为0.73万公顷(11万亩)，占家庭承包耕地总面积的13%。盂县在县里和各乡镇都建立土地流转服务中心，设立土地流转服务大厅，规范土地流转管理工作制度和规程。盂县启耀中药材种植专业合作社按照土地优劣以300元至1000元不等的价格，流转66.67公顷(1000亩)土地种植中药材，形成规模经营。郊区出台《关于加快“菜篮子”工程建设、推进城郊农业发展的实施意见》(阳郊政办发〔2014〕30号)，规定对土地流转面积3.33公顷(50亩)以上，签订流转合同5年以上的，经农业部门认定后，对流出方给予一次性每亩100元的奖助。郊区旧街乡南沟村以每年每分土地400元租赁费和20元管护费的形式推出领养土地，有250多人(户)进行认领。（赵丽萍）

【农民专业合作社发展】 年内，阳泉市推进农民专业合作社发展。一是通过报纸、电视等新闻媒体对农民专业合作社法律、法规及典型经验进行宣传，引导和鼓励农民创办和加入合作社。截至年底，全市农民专业合作社累计2076家，其中2014年新发展256家。二是开展农民专业合作社规范化建设，指导合作社建立健全民主管理、财务管理、盈余分配等各项制度，扩大成员和生产经营规模，提高经济效益。2014年培育国家级农民合作社示范社8个，培育省级农民合作社示范社14个，培育市级农民合作社示范社20个，培育县级农民合作社示范社34个。三是培育家庭农场，为家庭农场提供政策、法规、技术及信息等服务，指导规范土地流转合同，完善生产、经营管理和财务管理制度。2014年，全市有153个家庭农场进行了申报并通过认定，全部录入“山西省家庭农场管理系统”，其中省级示范性家庭农场1个。（赵丽萍）

【农产品质量监管】 年内，市农委强化监督管理，农产品质量和安全水平稳步提升。第一，市、县两级监管部门配备完善，32个乡镇监管站全部建成。第二，企业信用信息采集和归档管理基本完成。第三，开展农药及农药使用、生鲜乳违禁物质、兽用抗菌药专项整治和农资打假专项治理等活动，蔬菜农药残留合格率在98%以上，畜产品质量安全监测合格率100%。农产品质量省级监测合格率99.17%，排名全省第一。（徐雪峰）

【农产品质量安全专项整治】 年内，市农委开展农药及农药使用、“瘦肉精”、生鲜乳违禁物质、兽药质量安全、畜禽屠宰质量安全、病死畜禽无害化处理、“三品一标”（无公害农产品、绿色食品、有机农产品和农产品地理标志）、农资打假8项专项整治行动。全市累计出动执法人员1100人次，检查农资经营网点360次。检查种子经营户160余户次，种子品种100余个；检查农药经营户40多户次，农药品种70余个；检查肥料经营户20户次，肥料品种10余个；检查种植基地29户次；抽查农资商品标签180个，其中种子标签100个、农药标签70个、肥料标签10个；查处农资违规行为13件，下达责令改正通知书8份，立案查处农资案件13起（其中盂县6起、平定县6起、市执法队1起），罚没款共18788.6元，责令清退禁限用高毒农药19箱，没收假劣农药32瓶。（吕　璐）

【农产品质量安全诚信体系建设】 年内，全市开展农产品生产企业和农业投入品经销企业诚信体系建设，印发《阳泉市开展农产品质量安全诚信档案建设意见》，明确建设内容、时间进度。截至年底，全市共建设企业诚信档案169个，涉及企业包括平定县67家（种植业41家、养殖业26家）、郊区42家（种植业19家、养殖业23家），盂县60家（种植业40家、畜牧业20家）。经过县级初验，市级专家组考核，20个企业达到A级标准，58个企业达到B级标准。（吕　璐）

【农产品市场准入检测】 2014年，全市11个市场检测点共检测蔬菜、水果和肉类样品5万余个，合格率为99%以上。其中，蔬菜样品4.5万个，合格率为99%以上；水果样品7000多个，合格率为99%以上；鲜肉类样品500多个，合格率为100%。为确保检测的准确性，市农产品质检中心对市场检测点检测不合格的样品全部送回中心实验室进行复检，市场检测点检测合格的样品抽取10%复检。全年复检市场准入蔬菜水果样品共计3720个。（魏彦丽）

【农产品质量安全例行监测】 年内，市农产品质检中心对全市的种植业、养殖业农产品进行抽样监测，共抽取样品329个，其中，蔬菜水果食用菌等种植业产品142个，鲜猪肉、猪肝、鸡蛋、鲜牛奶等畜禽产品187个。种植业产品样品包括蔬菜样品97个、水果样品16个、食用菌样品29个，全部采用酶抑制率速测法进行速测后，用气相、液相色谱仪对42种农药残留进行定量检测。畜禽产品样品包括鲜猪肉样品142个、鲜猪肝样品15个、鲜牛奶样品12个、鸡蛋样品18个，检测项目包括对鸡蛋进行四环素类抗生素兽药残留和违禁添加物三聚氰胺检测，对猪肉、猪肝进行瘦肉精主要药物盐酸克伦特罗、莱克多巴胺检测，对生鲜乳进行违禁添加物三聚氰胺检测。种植业产品的农药残留合格率为95%以上，畜禽产品的合格率为99%。（魏彦丽）

【农民减负】 年内，全市农业部门在减轻农民负担方面主要做了3项工作。一是与财政部门配合，做好“一事一议”筹资筹劳财政奖补工作。全市有428个村开展“一事一议”筹资筹劳项目，涉及人畜饮水、村容村貌整治、村内绿化、文化广场等工程。二是开展农村义务教育、计划生育、农民建房、农机服务、殡葬服务、农民用水用电等涉农收费领域专项治理，围绕以建设公益事业、提供服务、达标升级、要求赞助、报刊订阅、教育培训等名义向村级组织摊派和乱收费问题开展治理，纠正和查处违规收费和摊派行为。三是开展“一事一议”筹资筹劳项目专项审计。对郊区河底镇大河北村街巷亮化工程、荫营镇桥上村村民饮用水及管路改造工程、荫营镇西梨庄村村中街道硬化工程、李家庄乡长岭村供水线路改造（水利）工程4个“一事一议”筹资筹劳项目进行专项审计，所有项目筹资酬劳未超标准，工程项目符合相关程序，资金使用合理。（赵丽萍）

【包村增收】 全年全市有各级包村干部675人，包扶村数371个。截至年底，包村干部累计住村3508天，开展慰问捐赠活动1090次，规划项目389个，开工项目340个，拟投入包扶资金19470.2万元，投入包扶资金19280万元，包扶村农民人均收入比上年增长15.6%。（菅　慧）

【扶贫开发建档立卡】 2014年，阳泉市成立市、县（区）两级建档立卡工作领导组及办公室，并结合实际制定操作性强、针对性强的工作方案。按照工作方案，结合各县（区）农村贫困地区分布情况，将农村低收入贫困对象确认重点放在沿边的乡镇和贫困农村，全市共确认贫困人口3.8万人、贫困村130个。截至年底，所有贫困户和贫困村的识别工作全部完成，并落实帮扶单位驻村。年底，市、县（区）两级扶贫办对建档立卡扶贫对象信息采集数据质量进行核查，并将数据汇总上报省扶贫办。（菅　慧）

【移民搬迁】 年内，山西省下达阳泉市的易地扶贫移民搬迁工程任务为885人（其中平定县125人、盂县328人、郊区432人），在全市农业县区的4个乡镇7个村实施。截至年底，搬迁工程全部开工，主体工程完工率达到91.2%，完成省下达的主体工程完成60%的年度任务目标。 （菅 慧）

【村干部任期和离任经济责任专项审计】 为配合第十届村民委员会换届工作，根据山西省农业厅《关于全面完成村干部任期和离任经济责任专项审计的通知》（晋农经管发〔2014〕11号）文件精神要求，2014年阳泉市按时完成村干部任期和离任经济责任审计工作。一是精心组织，加强领导。市农委专门下发《关于开展村干部任期和离任经济责任审计的通知》，对审计的对象和范围、内容、采取的方式、阶段安排、工作纪律等有关事项做了明确要求。市委组织部、市民政局联合下发《关于加快推进村干部任期和离任经济责任专项审计工作的通知》，对各县区进展情况每半个月进行一次通报，确保按时完成审计任务。二是制订方案，细化措施。盂县农委制订《盂县村干部任期和离任经济责任专项审计实施方案》《盂县村干部任期和离任经济责任审计操作指南（试行）》等有关文件，设计审计报告规范格式、统计表格，对专项审计活动的内容、重点、方法步骤进行部署。平定县农委召集乡镇经管站站长召开专门会议，安排部署全县村干部任期和离任经济责任专项审计工作，明确审计目标、审计对象、审计范围、审计内容，确定审计方式和阶段性任务。郊区农委通过委托阳泉市宏星会计事务所、山西天恒事务所、山西晨泰会计师事务所，对辖区内第九届村委进行任期经济责任审计。三是规范程序，确保质量。村委会在任期间所负责的村集体经济组织的各项收支业务、"三资"（资金、资产、资源）及专业项目管理、村级债权债务、民主决策、经济责任目标完成情况、群众要求审计的问题等均列入该次审计范围。审计人员通过召开群众座谈会，访问有关知情人员，内查与外调相结合等方法，对村委会干部任职期间的整体情况进行了解，对群众反映的有关情况进行核实并搜集整理好相关审计证据，做到对账内账目认真审查，对账外搞好调查了解，以全面掌握被查单位的真实情况。审计结束后，出具审计报告，将审计结果及时向群众公布。四是客观公正，慎重定性。市农委要求审计人员严格坚持实事求是、客观公正的原则，在提出处理建议和审计决定时，要广泛听取群众意见，既不能放纵违纪违法行为，又不能单纯脱离实际情况找问题，挫伤干部积极性。全年全市完成村干部任期和离任经济责任审计的行政村952个，占总村数的99.7%。审计金额316899万元，查出违规违纪金额785万元，退赔金额6.3万元，移送纪检、司法等部门4人。 （赵丽萍）

种植业

【种子质量抽查】 年内，市种子管理站现场抽查种子经营单位14家，共计扦取玉米品种31个，代表不同批次的玉米种子146210公斤；抽检种子生产商26家，包括山西潞玉种业股份有限公司、山西鑫农奥利种业有限公司、北京屯玉种业有限公司等省内外企业。在市场抽检过程中，检查人员按照《农作物种子质量监督抽查管理办法》《农作物种子检验规程》《农作物种子标签通则》及其他相关法律法规，对企业证照资质、包装标签等方面进行检查，未发现违法违规、假冒侵权等违法现象。 （李世英）

【农作物品种试验】 年内，全市引进了省级中晚熟普通玉米区域试验、大豆区域试验、玉米生产试验、谷子区域试验4个试验项目，安排参试品种65个，试验总面积4668平方米。在3个农业县区共安排展示示范点10个，面积18.93公顷（284亩），展示示范品种53个，作物有玉米、谷子和大豆3类。其中，中晚熟玉米主推展示示范品种36个，面积8.33公顷（125亩）；在盂县西烟镇南村安排早熟玉米示范品种3个，面积5.4公顷（81亩）；在平定县柏井镇、巨城镇南庄村安排谷子展示品种8个，面积2.53公顷（38亩）；在平定县牌岭村、盂县苌池村、郊区大西庄村安排汾豆79、晋豆39（鲜食）展示品种6个，面积2.67公顷（40亩）。 （李世英）

【良种补贴】 2014年，阳泉市继续实施国家农作物良种补贴项目，补贴作物为玉米和小麦，新增杂粮种植户选用杂粮优良品种并配套使用良法技术财政补贴。年底，项目补贴款全部拨付于受补农户。全年全市国家良种补贴作物为春播玉米和小麦，补贴面积为4.88万公顷（73.18万亩），补贴标准每亩10元，总计补贴731.81万元。其中，盂县玉米补贴面积2.48万公顷（37.16万亩），平定县玉米补贴面积1.92万公顷（28.80万亩）、小麦1.4公顷（21亩），郊区玉米补贴面积0.48万公顷（7.21万亩）。全年全市杂粮补贴作物主要包括谷子和豆类，补贴面积为0.54万公顷（8.16万亩）。其中，盂县补贴面积0.35万公顷（5.25万亩），平定县补贴面积0.14万公顷（2.17万亩），郊区补贴面积0.05万公顷（0.74万亩）。每亩补贴资金10元，全市共补贴81.60万元。 （李世英）

【谷子机播技术】 年内，阳泉市引进11台由原平四维机械厂与山西省农科院谷子研究所联合研发的2BJ-2型谷物精少量播种机，并在盂县西潘乡李庄村、下细腰村、乌耳庄村、南社村，平定县南庄村、黄安村等谷子基地试验运用。通过试验，这种机器能按作物留苗位置把种子精播在合适的深度，播种量仅相当于常规播种量的1/4，既减少繁重的间苗工作量，同时保证出全苗，实现谷类、豆类、高粱等作物的精少量点播。 （梁建毕）

【精品杂粮基地项目】 年内,全市的小杂粮种植以发展绿色优质谷子、大豆及油料作物为重点,并依托富硒香农作物种植专业合作社、乌河农业开发有限公司、西回小杂粮生产有限公司,推广"优种与优法结合、农艺与农机结合",在全市打造杂粮精品基地 0.28 万公顷(4.2 万亩),综合增产技术推广应用率达 90%,全市杂粮总产量达 4296.4 万公斤。 (梁建毕)

【杂粮作物新品种试验】 年内,全市共有杂粮新品种试验示范点 8 个,新优品种 20 个,总试验示范面积 13.33 公顷(200 亩)。8 个试验示范点分别为盂县西潘乡李庄村、东梁乡辛庄村、下社乡下细腰村,郊区西南舁乡东南舁村、大西庄村,平定县良种场,平定县东回镇前黄安村、岔口镇范家岩村。试验谷子新品种为金谷 2 号,晋谷 29 号、41 号、42 号、48 号、51 号、52 号、53 号、57 号、96 号,长谷 2 号,长农 7 号、8 号,沁黄 2 号,豫谷 18 号;试验大豆新品种为汾豆 65 号、78 号、98 号,铁丰 3 号、强丰 1 号。秋收测产表明,谷子品种金谷 2 号、晋谷 42 号、晋谷 57 号、晋谷 96 号米质好、产量高,亩产均达到 400 公斤以上,明显优于其他品种;大豆品种汾豆 78 号产量高、品质好,亩产 180 公斤,可以大面积推广。 (梁建毕)

【油料新品种试验】 年内,市农技推广站在盂县西潘乡李庄村安排 X3939、C8328、RH318、SH363、新启源 5 号等 10 个葵花新品种试验,并与省经济作物研究所合作,在平定县东回镇南山村进行晋麻 1 号、汾麻 3 号火麻新品种试验。测产结果分析,参试品种 X3939 亩产 180.6 公斤,产量最高,比对照田增产 62.5%;其次为 SH363、S5209 亩产均为 145.9 公斤,产量并列第二,比对照田增产 32.1%;其他品种产量由高到低的顺序依次为 S5309、T9938、8328C、新启源 5 号、RH318、3638C、T9703;汾麻 3 号亩产为 209.4 公斤,比对照田晋麻 1 号(亩产 178.1 公斤)增产 17.57%。 (梁建毕)

【果业生产】 全年全市水果种植总面积 4317.33 公顷(64760 亩),比上年增加 20 公顷(300 亩),挂果面积 3053.33 公顷(45800 亩),比上年减少 133.33 公顷(2000 亩)。5 月 3 日至 5 日,全市遭遇低温冻害,有的地区甚至出现 0℃以下的低温,对正处于开花和幼果期果树造成不同程度霜(冰)冻灾害,特别是葡萄、桃、杏等小宗水果影响较大。夏季苹果花期又遭遇连续阴雨天气,严重影响苹果授粉受精,坐果普遍不高。面对不利的自然因素,各级技术人员和果农通过采用先进实用技术、采取适宜的管理措施,全市水果总产量达 2500 万公斤,比上年减产 405 万公斤,由于水果价格普遍较高,总产值达 1.25 亿元。 (樊树龙)

【优质水果示范基地建设】 年内,全市优质水果示范基地建设任务 100 公顷(1500 亩),包括新发展果园 66.67 公顷(1000 亩)、中低产果园改造 33.33 公顷(500 亩)。截至年底,全市优质水果示范基地建设完成 295.53 公顷(4433 亩),其中,新栽水果面积 202.2 公顷(3033 亩),树种以苹果、梨为主,中低产果园改造 93.33 公顷(1400 亩),主要集中在西南舁乡、河底镇、荫营镇、旧街乡、孙家庄镇西孟北等老果园基地。 (冯瑞瑞)

【水果新品种试验】 年内,全市引入水果新品种新红宝(苹果)、夏黑(葡萄)、秋红宝(葡萄)、玉露香(梨)等在郊区东南舁村、大西庄村、杜家庄村、南沟村、汉河沟村等地试验示范种植,面积 20 余公顷(300 余亩),长势较好。 (冯瑞瑞)

【水果农药残留监测】 年内,忻州市农产品质检中心从阳泉市生产基地、超市和批发市场抽取桃子样品 10 个、苹果样品 10 个,送省农产品质监中心对农药残留进行检测。经省农产品质检中心检测,合格率为 100%。 (魏彦丽)

【蔬菜生产】 年内,全市蔬菜总播种面积 0.73 万公顷(10.9 万亩),与上年持平;总产量 22 万吨,比上年增加 2 万吨,增长 10.00%;亩均产量 2018.35 公斤,比上年增加 183.49 公斤,增长 10.00%;总产值 3.57 亿元,比上年增加 3100 万元,增长 9.51%。商品菜总种植面积 0.39 万公顷(5.90 万亩),比上年增长 3.87%;商品菜总产量 16.60 万吨,比上年增长 6.96%。设施菜总种植面积 0.09 万公顷(1.30 万亩),比上年增长 17.12%;设施蔬菜总产量达到 8.00 万吨,比上年增长 13.64%。全市农民人均蔬菜纯收入 650 元,比上年增长 22.60%。 (李文鸿)

【郊区部级蔬菜标准园(创建)项目】 年内,郊区部级蔬菜标准园(创建)项目通过省级验收,该项目是阳泉市 2014 年唯一的部级标准园创建项目。项目创建地点在阳泉市郊区河底镇东村村,创建规模为 14.67 公顷(220 亩)的设施蔬菜,创建目标为年产蔬菜 350 万公斤、质量达到无公害蔬菜标准、每亩节本增效 2800 元,种植品种为黄瓜、西红柿、西葫芦、青椒等,关键技术为集约化育苗、滴水灌溉、防虫网、黏虫板、测土配方施肥等,项目编号为 2014 晋·部标菜 058,负责人为阳泉市冬春蔬菜专业合作社理事长杨彦清。11 月 27 日,山西省农业厅蔬菜产业管理站考核验收专家组对该项目进行检查验收。验收组重点就园区的基地规模、标准化种植、生产记录、投入品管理、采后商品化处理、质量安全检测、专项资金使用、创建档案、影像资料等情况进行现场考核验收。验收组认为该项目基本达到农业部蔬菜标准园创建标准,同意通过验收。截至年底,全市累计创建部级蔬菜标准园 3 家,分别为

阳泉鑫源世纪农业有限公司、山西瑞盛种植有限公司以及郊区部级蔬菜标准园。（李文鸿）

【设施蔬菜生产大县奖补项目通过验收】 年内，设施蔬菜生产大县(盂县)奖补项目通过省级验收。该项目实施单位为盂县新布衣种植专业合作社、盂县三农种植专业合作社、盂县忠兴种植有限公司，项目实施地点为盂县秀水镇西城武村、西烟镇南社村、仙人乡仙人村，项目实施时间为2014年1月至12月，省财政投资90万元。项目要求必须严格按照晋农财发〔2012〕340号文件《山西省设施蔬菜生产大县奖补资金管理办法》规定，认真执行《2014年设施蔬菜生产大县(盂县)奖补资金实施方案批复表》中支持环节建设内容。经过市、县农业和蔬菜部门及3家实施单位的共同努力，项目于9月11日实施完毕。12月10日，山西省农业厅蔬菜产业管理站检查验收组对该项目的资金使用情况进行验收，通过调阅检查相关资料、实地查看物化补贴使用情况，验收组认为该项目的资金使用规范、资料齐全，没有发现大额提现等问题，项目验收合格。（李文鸿）

【食用菌纳入惠农扶持政策范畴】 2014年，阳泉市首次提出食用菌产业发展扶持政策，即对新建设施面积在2公顷(30亩)以上的食用菌园区，三代棚市、县(区)政府每亩各补助1万元，二代棚市、县(区)政府每亩各补助1000元；对利用闲置房屋、厂房进行食用菌生产，实用面积在200平方米以上的合作社、公司及农户，或有85%的村民利用闲置房屋从事食用菌生产的村，每个菌棒或菌包，市、县(区)政府各补助0.5元。截至年底，全市食用菌生产面积56万平方米，新增生产面积约40万平方米，增幅达249%。食用菌企业、合作社44个，从事人员600余人，食用菌年产量约500万公斤，年产值约4000万元。（李文鸿）

【乡土蔬菜人才培训计划】 6月，阳泉市乡土蔬菜人才（又名设施蔬菜科技员）培训计划启动，由市蔬菜服务中心负责实施。计划从2014年开始，用3年到5年集中培训本地乡土蔬菜人才100名，受训条件是热爱设施蔬菜产业，从事设施蔬菜生产2年以上，并以此为主业者。2014年，市蔬菜中心组织开展首批培训，参训人员为全市各个主要设施蔬菜基地符合条件人员30名，特邀山西省农业大学设施农业工程研究所所长温祥珍等专家到阳泉市市级“三新”(新品种、新技术、新材料)示范基地、紫荆农业有限公司培训基地等实地培训，组织人员外出到长子县方兴现代农业有限公司、长子县生贵大棚技术推广有限公司、长治县创业就业促进会东贾蔬菜大棚培训基地、长治县红都生态种植专业合作社等全省设施蔬菜发展先进典型地区参观学习。截至年底，举办不同专题培训班7期。此外，市蔬菜技术服务中心承担2014年度阳泉市新型职业农民培育任务（省级培训计划），分两批培训100名人员。第一批培训食用菌栽培技术人才50名(生产经营型)，第二批培训设施蔬菜生产技术人才50名(专业技能型和社会服务型)。培训采取订单培训、基地实训、精准培训、座谈交流等形式，利用本地专家库资源和省级专家库资源，就产业发展形势、设施基地建设、产品质量安全、市场营销与分析、环境调控技术、标准化生产技术、病虫害防治技术、成本核算等不同专题进行培训。截至年底，培训人员105名，其中生产经营型培训52名，专业技能型和社会服务型培训53名。（李文鸿）

【蔬菜农药残留监测】 年内，根据省农产品质量安全监测中心下发的《2014年全省农产品质量安全例行监测、专项监测和速测工作方案》，忻州市农产品质检中心在阳泉市抽取蔬菜农药残留例行监测抽送样4次，由省农产品质监中心进行检测。每次从阳泉市抽取蔬菜样品30个，共抽取蔬菜样品120个，其中生产基地样品55个、大型超市35个、批发市场30个。经省农产品质监中心对蔬菜农药残留进行检测，只有西河滩批发市场的芹菜农药残留超标，总体合格率为99.2%，比上年提高1.2个百分点，与长治市、运城市并列排名全省第一，超过省农业厅要求95%的标准。其中，55个生产基地蔬菜样品(郊区18个、盂县37个)合格率100%。（魏彦丽）

【中药材生产】 截至年底，全市中药材人工种植面积2673.33公顷(4.01万亩)。其中，2014年新种植面积1353.33公顷(2.03万亩)、野生抚育面积686.67公顷（1.03万亩）、上年留床面积634公顷（0.95万亩）。品种以黄芩、黄芪、柴胡、桔梗、连翘、板蓝根等为主。主要集中在盂县西烟镇、秀水镇、孙家庄镇，平定县东回镇、柏井镇、冶西镇，郊区旧街乡等地。2014年采挖面积786.67公顷(1.18万亩)，采挖量472万公斤，产值1416万元。（樊树龙）

【中药材示范基地建设】 年内，通过制定实施方案、开展技术培训、实地指导等措施，全市道地中药材示范基地建设达到1353.33公顷(2.03万亩)。其中，种植面积在6.67公顷(100亩)以上的种植单位达23家，面积为1058.33公顷(15875亩)，占全市总面积42%。同时，形成由龙头带动，因地制宜发展特色中药材的区域格局。平定县由晋冠园农业专业合作社带动，以荒山种植连翘为主；盂县由山西亿鑫通达中药材种植有限公司带动，以大田种植黄芩、桔梗等道地中药材为主；郊区由山西锦丰种植有限公司带动，以发展林下种植道地中药材为主。同时涌现出盂县启耀中药材种植专业合作社、华安种植专业合作社等中药材高标准、规范化示范种植单位，并初步建立连翘、金银花两个育苗基地。（樊树龙）

【中药材测产】 10月，市、县农业部门组织山西亿鑫通达中药材种植有限公司、山西启耀中药材种植专业合作社、盂县辰厚种植专业合作社开展中药材测产。主要对其种植的板蓝根、黄芪、桔梗、黄芩等进行了测产，测产采取五点取样法(先确定对角线的中点作为中心抽样点，再在对角线上选择4个与中心样点距离相等的点作为样点)，采集样点共80个。测产结果为：山西启耀中药材种植专业合作社，黄芪共采集样点40个，平均亩产581.2公斤，按鲜货市场价4元/公斤，亩产值2324.8元；生长二年的桔梗，采集样点10个，平均亩产2003.2公斤，按鲜货市场价3元/公斤，亩产值6009.6元。盂县辰厚种植专业合作社(林药间作)，生长二年的黄芩，采集样点10个，平均亩产616.2公斤，按鲜货市场价8元/公斤，亩产值4929.6元。山西亿鑫通达中药材种植有限公司(林药间作)，板蓝根采集样点10个，平均亩产570.8公斤，按鲜货市场价4元/公斤，亩产值2283.2元；生长二年的黄芪，采集样点10个，平均亩产583公斤，按鲜货市场价3元/公斤，亩产值1749元。　(樊树龙)

【中药材新技术试验】 年内，全市共有中药材试验示范点12个，面积5.33公顷(80余亩)，播期为夏播，种植方式为3种，分别为中药材种植、玉米与中药材套种、核桃与中药材间作，品种为黄芩、柴胡、桔梗等8个品种。盂县西烟镇南头村、牛村镇河东村，郊区西南舁乡杜家庄村等示范点试验结果较好，品种出苗率在90%以上。　(冯瑞瑞)

【种植技术培训】 截至年底，全市共举办各类水果技术培训班107期，中药材培训班36期，培训果农7600余人次，培训药农3540人次，印发培训资料1.7万余份(册)。聘请山西省果树首席专家、省农业科学院果树研究所教授牛自勉、山西农大教授王跃进在郊区西南舁乡举办苹果春季修剪、树形改造、夏季果园管理技术培训；聘请山西省医药与生命科学研究院教授李香串对主要道地品种黄芪、柴胡、远志、桔梗、黄芩等栽培技术进行培训。同时，根据果树、中药材生长情况，市、县各级业务部门多次深入实地进行现场指导，解决果农实际遇到的问题；并根据各地情况，推广树形改造、防雹网、疏花疏果、果实套袋、生物覆盖、果园生草、增施有机肥和中药材野生抚育、林药间作、玉米中药材套装等先进实用技术。　(冯瑞瑞)

【农作物病虫害防治】 年内，全市农作物病虫害总体呈中等偏重发生，病害重于虫害，前期虫害重，后期病害重。多数病害发生期提前，特别是玉米大斑病提前约10天，全年病虫害累计发生面积8.85万公顷次(132.8万亩次)，防治面积8.36万公顷次(125.43万亩次)。

玉米病虫害　全市玉米病虫总体发生面积、防治面积均比上年减少，发生程度总体偏重，病害重于虫害，玉米斑病流行，累计发生面积5.75万公顷次(86.2万亩次)，防治面积4.70万公顷次(70.53万亩次)。

蔬菜病虫害　全市露地和保护地蔬菜病虫发生程度均高于上年，蔬菜病虫发生面积0.67万公顷次(10万亩次)，防治面积0.7万公顷次(10.5万亩次)。其中，病害发生0.37万公顷次(5.48万亩次)，虫害发生0.30万公顷次(4.52万亩次)；病害防治0.36万公顷次(5.4万亩次)，虫害防治0.34万公顷次(5.1万亩次)。

果树病虫害　全市果树病虫害总体为中等偏重发生，虫害重于病害，发生早，持续时间长。果树主要病虫有果树腐烂病、白粉病、红蜘蛛、金纹细蛾、蚜虫等。病虫累计发生面积0.62万公顷次(9.3万亩次)，防治面积0.87万公顷次(13万亩次)。其中，虫害发生0.34万公顷次(5.12万亩次)，病害发生0.28万公顷次(4.18万亩次)。

马铃薯病虫害　全市马铃薯病虫累计发生面积0.41万公顷次(6.2万亩次)，防治面积0.69万公顷次(10.3万亩次)。其中，马铃薯28星瓢虫发生0.09万公顷次(1.38万亩次)，防治0.38万公顷次(5.70万亩次)，主要发生在盂县中部及东梁、西烟等马铃薯种植区，发生期较上年提前2天至3天。

暴发性害虫　全市二代黏虫轻发生，发生面积0.3万公顷次(4.5万亩次)，防治面积0.04万公顷次(0.6万亩次)，各县区玉米田均有发生；三代黏虫发生面积0.03万公顷次(0.5万亩次)，防治面积0.02万公顷次(0.25万亩次)。全市轻度发生，发生区域分散。

杂粮作物病虫害　谷子病虫发生呈上升趋势，中等发生，病虫发生面积0.07万公顷次(1万亩次)，防治面积0.04万公顷次(0.6万亩次)。

其他作物病虫害　全市其他病虫累计发生面积1.01万公顷次(15.1万亩次)，防治面积1.15万公顷次(17.3万亩次)。　(赵　欣)

【农作物病虫统防统治示范推广项目通过验收】 5月，市植物保护检疫站承担的“阳泉市农作物病虫统防统治示范推广”项目通过市科技局的成果验收。统防统治是按照中央有关精神和现代农业发展要求，针对病虫害发生日益严重化、复杂化、防治压力越来越大的状况，结合实际，培育发展统防统治组织，组装配套农作物病虫统防统治防控技术，制定“统一时间，统一管理、统一配方、统一防控技术、统一规范作业”的“五统一”标准，保障农产品生产安全和质量安全，对全市农作物防灾减灾、增产提质增效具有现实意义。项目实施2年来，实施统防统治面积累计1.73万公顷(26万亩)，全市专业化统防统治队伍日应急作业能力达到200公顷(3000亩)。同时，建立“病虫害动态监测、市县联动、农业植保部门综合评价、专家技术指导、专业队伍及时服务”的统防统治模式，提高了社会化服务水平；引进水烟雾两用型热力烟雾机 TSP-60(S)、3WG-300型手推式喷雾机，提高防治效果；推广低毒高效农药，减少了环境污染，经济社会效益显著，项目达到国内先进水平。（赵 欣）

【农作物重大病虫害防控实战演练】 8月1日，市植保站组织防治队在平定县张庄镇赵家庄村开展农作物重大病虫害防控实战演练，金穗农作物病虫害防治队、县区植保部门和乡镇农技员参加演练。此次演练共出动防治队员12名，大型防控器械2台，支持防治用药25箱，防治面积13.33公顷(200余亩)。同时，针对玉米大斑病防治关键期，技术人员指导农民科学合理开展防治，正确认识病害，消除恐慌心理，有效控制病害发生蔓延。（赵 欣）

【农药经营单位规范化创建活动】 年内，全市开展农药经营店标准化创建活动。创建活动以确保农业生产和农产品质量安全，维护广大农民消费者利益为根本要求，通过行业自律、政府监管、社会监管和企业社会信用建设，培养诚信意识，规范农药经营和农资市场秩序，保障农业生产安全和农民的合法权益，促进农业和农村经济持续健康发展。同时，落实进货查验制度、购销台账制度、农药产品质量承诺制度、各项经营管理制度。年底，全市农药经营店全部完成标准化创建工作，做到制度上墙、环境整洁、摆放规范、档案有序，42家农药经营店制作统一的安全制度宣传牌匾168块。（赵 欣）

养殖业

【畜牧业概况】 截至年底，全市肉类总产量3.17万吨，比上年增长10.93%，完成任务的105.7%；禽蛋总产量3.47万吨，比上年增长10.16%，完成任务的105.2%；奶类总产量0.57万吨，与上年持平，完成任务的100%。生猪存栏20.7万头，其中能繁母猪存栏1.98万头，比上年下降1.15%，出栏35.8万头，比上年增长14.2%；蛋鸡存栏380.1万羽，比上年增长11.8%；肉鸡存栏57万羽，比上年增长225.7%，出栏213万羽，比上年增长66.4%；羊存栏14.2万只，比上年增长44.3%，出栏8.1万只，比上年增长70.2%；牛存栏8280头，比上年增长27.8%，其中奶牛存栏1632头，比上年下降25.8%，牛出栏3878头，比上年增长146.9%。

平定县围绕打造肉鸡产业重点县目标，连续两年(2013年至2014年)全县投入肉鸡养殖发展的资金超过亿元。引进雨润集团投资2亿元，建成平定福润禽业食品有限公司，2014年9月投产；规模建设的10个肉鸡规模养殖企业全面开工建设，有7个投入生产。盂县以肉牛、肉羊为主的草食畜作为全县畜牧业发展的重点内容，在落实省政府扶持肉牛重点县发展各项扶持政策的同时，扶持发展设施肉羊养殖，为养殖户发展提供土地等方面优惠政策。截至年底，全县肉羊存栏达10万只，肉牛存栏6000多头。郊区以蛋鸡、生猪养殖为重点的城郊畜牧产业发展良好，省现代农业示范区项目金凤凰科技10万羽蛋鸡、瑞峰养殖公司10万羽蛋鸡、枣园养殖场5000头生猪项目进展顺利。

全年全市涉及畜牧业惠农政策有生猪、蛋鸡、奶牛、肉牛标准化规模养殖大户奖助、肉鸡产业政策补贴、肉羊产业政策补贴等。平定县投入500万元财政资金对肉鸡产业进行扶持，出台《平定县农业产业化“农保贷”业务管理办法》；郊区对包括畜牧业在内的现代农业发展投入1000万元的财政扶持资金；盂县2014年牛羊产业发展及牧草基地建设补助项目省级补助资金达140万元。

年内，全市开展兽药、生鲜乳和瘦肉精等专项治理，严厉打击各种违规违法行为。生鲜乳三聚氰胺检测合格率为100%，饲料质量安全检验合格率为100%，兽药产品监督抽检合格率为100%，“瘦肉精”在饲料、养殖、收购、贩运等环节检出率为零。全年全市没有发生区域性的动物疫情和重大的畜产品质量安全事件。（王 晨）

【大型养殖场建成投产】 年内，随着畜牧业生产结构调整，规模养殖成为畜牧业发展主流，一批大型规模养殖场相继建成投产，带动了全市畜牧业发展。

平定县10个肉鸡规模养殖园区有7个养殖园区正式投产，实现存栏能力75万羽，出栏能力450万羽；山西大正伟业农牧有限公司是集养殖、蛋品加工、饲料生产、有机肥加工为一体的现代化养殖企业，其开展的300万羽蛋鸡养殖和蛋产品加工项目累计投入资金超过12亿元，主体工程基本完成，进入设备安装阶段，首批30万羽蛋鸡投入生产。

盂县引进北京新瑞利邦万头肉牛养殖项目，首个养殖园区竣工，肉牛养殖数量达到700头；山西鑫源伟业农业开发有限公司5万只肉羊繁育项目，年底完成投资6673万元，土建工程基本完成，建成高标准羊舍80栋，每栋建筑面积650平方米，羊舍总面积为52000平方米，运动场80000平方米，青(黄)贮窖6个，总储量7680立方米，年底存栏肉羊达到3000余只。

郊区宝鑫养殖场，总投资1亿元，设计生产规模为年出栏生猪2万头。截至年底，完成投资4700万元，建成猪舍8栋、办公区1栋，化粪池和沼气池全部建成，母猪产房设备及其他设备基本安装完成，并从唐山引进80头种猪，开始正常生产。（王 晨）

【养蜂技术培训和服务】 年内,市养蜂技术推广站共举办各类养蜂技术培训 6 期,共计 580 人次,分别是平定县东回镇蜜粉春季管理技术班、平定县岔口乡养蜂综合高产技术暨白垩病综合防治培训班、郊区佳禾蜂业合作社优良高产蜂种推广与交流活动、盂县西潘乡生产期间主要管理技术及生产成熟蜜培训班,平定县营庄、岔口和郊区分别开展新型职业农民培训班。2014 年新增蜂群 5070 群,新发展蜂农 21 户,全市蜂群数达到 30000 群。此外,市养蜂技术推广站到养蜂基地为蜂农技术服务、技术指导 260 余次,免费给蜂农发放消毒、治螨、预防爬蜂、防治白垩病等防疫用药 1400 多盒(瓶)。 （王　刚）

【蜜蜂新品种引进推广】 年内,市养蜂技术推广站共引进优良蜂种 10 只,其中"长兴意蜂"属于首次引入,种蜂分别投放到平定县、盂县、郊区的各个繁育点。全年为全市蜂农提供优良二级蜂王 (台)约 20000 只,全市蜂种良种率达到 95%以上,蜂种近亲繁殖现象基本消除。 （王　刚）

【养蜂科技项目】 年内,市养蜂技术推广站完成省农村技术承包项目"区域特色数控养蜂技术推广"以及市科技成果推广项目"蜜蜂程序化规模生产综合配套技术推广"的总结验收工作,2 个项目推广成效显著、超额完成合同的各项任务指标,其中"蜜蜂程序化规模生产技术"项目达到国内领先水平。（王　刚）

【小反刍兽疫疑似疫情】 3 月,市农委处理一起小反刍兽疫疑似疫情案件。按照省畜牧兽医局文件《关于对山东省济宁市嘉祥县流向我省羊只情况开展调查的通知》(晋牧医便函〔2014〕13 号)要求,市农委安排部署县、乡、村三级防疫体系动物防疫人员在全市范围内开展排查工作。经排查,在盂县西烟镇东邢村村民陈万元养殖户的羊圈中,发现要求被查的羊只,并对该羊群采取隔离观察、限制流动、加强消毒,安排专人值守的监管措施。市动物疫病预防控制中心和县乡防疫机构联合对该羊群进行采样,其中血样 53 份、口鼻拭子 55 份,送省疫控中心检测,检出阳性样品 6 份。根据《关于进一步做好小反刍兽疫防控工作的紧急通知》(晋农牧医发〔2014〕2 号)文件要求,市农委组织专家力量对该羊群进行无害化处理,共计扑杀羊 57 只(包括山东调入羊 43 只、原有羊 12 只和新生羊 2 只),并对羊只排泄物、饲料和垫料等进行无害化处理,对扑杀所用物品、交通工具、场地等进行严格彻底的消毒。之后,全市采取措施防止疫情扩散。一是继续开展排查工作,累计出动动物防疫人员 1000 多人次,排查养殖场户 936 个,排查羊 11.3 万只;二是对外来羊只采取隔离观察、封闭饲养,专人看护的监管工作;三是开展小反刍兽疫免疫工作,应免免疫率达 100%;四是开展消毒灭源,对饲养羊的养殖场户进行定期消毒,对粪便和污水等进行无害化处理;五是加强应急准备,完善应急预案、加强应急物资储备、强化应急值守、落实疫情报告制度;六是开展宣传培训,增强养殖户的防疫意识。 （李秀华）

【产地检疫】 全年全市共完成动物产地检疫 1578879 头(只、羽),其中猪 109195 头、牛 40 头、羊 33657 只、禽 1432296 羽,其他动物 3691 头(只),出动消毒运输车辆 2539 辆,规模养殖场的产地检疫率达 100%。 （王丽娟）

【屠宰检疫】 全年全市共检疫入场屠宰生猪 76989 头,检出病害猪 19 头,屠宰禽类 438574 羽,检出病死鸡 9160 羽,同时对检出的病害猪、鸡全部按规定进行无害化处理,检疫率、出证率、无害化处理率均达 100%。 （王丽娟）

【省界站督导】 全年省界动物防疫监督检查站(盂县东木口站、平定县旧关站)共检查并消毒各类载畜禽及其产品车辆 4691 辆(次),涉及畜禽 756.303 万头(只),畜禽产品 34140.9 吨。 （王丽娟）

【屠宰环节"瘦肉精"监管】 年内,屠宰环节监管从入场查证验物、宰前检疫、同步检疫、瘦肉精抽检以及对合格产品检疫出证和对不合格产品的处理都严格把关,确保肉食品安全。全年屠宰环节对生猪"瘦肉精"抽检 2310 头,对尿样抽检 6930 份,经检测全部合格。 （王丽娟）

【动物卫生执法监督】 年内,市动物卫生监督所与各县区动物卫生监督所、畜禽贩运经纪人、冷鲜肉经营户签订目标责任书、承诺书 35 份;开展动物防疫监督执法检查 31 次,对不符合防疫条件的 53 个动物养殖场、屠宰加工场提出整改意见 93 条,下达整改通知书 10 份。市县乡村四级联合出动 1855 人次,排查养殖场户 1023 个、经纪人 88 人次、存栏生猪 11.5 万头、禽类 132.5 万羽。 （王丽娟）

【病死动物无害化处理】 年内,为解决养殖环节病死动物无害化处理难题,市动物卫生监督所通过外出学习考察,引进无害化处理焚烧炉,建设试点 5 个,各试点正常运行。同时,利用财政支持经费,对全市 3 个生猪定点屠宰场清洗消毒设施进行升级改造。全年全市生猪养殖环节处理病死猪 16823 头。 （王丽娟）

【动物检疫电子出证工作】 年内,市动物卫生监督所对动物监督人员进行电子出证的技术培训工作,并配备相应的电子设备,覆盖全市每个出证动物卫生监督所(分所)。从 6 月 1 日起,市县乡三级动物卫生监督所开展动物检疫合格证明电子出证工作。 （王丽娟）

林　业

【造林绿化】 2014 年,阳泉市以国家生态造林、十市生态环境综合治理、核桃干果经济林建设等工程为核心,以西外环高速、阳五高速、县区绿色循环圈等通道绿化为重点,实施集中连片重点工程项目。工程建设体现“四早两专三高”,“四早”即动手早、招标早、开会早、部署早,“两专”即由专业队伍造林和专业工程监理员监理,“三高”即高起点规划、高标准施工、高规格用苗,确保栽一片、活一片,一次造林、一次成景。2014 年的造林绿化工程全部采取招投标形式, 共招投标 55 个标段,每个标段均由专业队伍施工,并配备有工程监理,杜绝施工无序、资金浪费、质量较低、成活不高的弊病。在施工过程中组织相关技术人员到现场进行技术指导和督查,发现问题及时纠正,提升造林绿化质量。全年全市完成各类造林 0.92 万公顷(13.86 万亩),占年度计划 0.83 万公顷(12.44 万亩)的 111.4%。其中,“两山”(省级工程,涉及阳泉市的刘备山、狮脑山)造林工程 0.47 万公顷(7.06 万亩),“两网”(省级工程,涉及阳泉市的桃河流域)绿化工程 0.14 万公顷 (2.1 万亩),“两林”(省级工程,涉及阳泉市的干果经济林,包括市级核桃种植)富民工程 0.21 万公顷 (3.2 万亩),“两区”(省级工程,涉及阳泉市的矿区绿化)增绿工程 0.1 万公顷(1.5 万亩)。义务植树完成 240.7 万株, 占年度任务的 120%。　(张　艳)

【桃河流域生态综合治理】 年内,省发改委下达阳泉市桃河流域生态治理林业工程任务 1333.33 公顷(20000 亩),全部为荒山绿化。截至年底,工程共投资 1600 万元,其中申请省煤炭可持续发展基金 1000 万元、县级配套 600 万元,共完成荒山造林 1333.33 公顷(20000 亩),其中平定县 266.67 公顷(4000 亩)、盂县 666.67 公顷 (10000 亩)、郊区 400 公顷(6000 亩)。　(张　艳)

【义务植树】 3 月 25 日,市级四大班子领导与部分市级机关干部、郊区机关干部近 200 人,在刘备山森林公园绿化平台植树点开展植树活动,栽下碧玉杨 1000 多株。此后,全市开展种植“国防林”“光彩林”“三八林”“青年林”以及认养古树和植树祭祖等义务植树活动,全年共完成义务植树 210 万株。(张　艳)

【古树名木保护】 全市调查登记的古树名木 1617 株, 其中盂县 809 株、平定县 604 株、郊区 185 株、城区 8 株、矿区 1 株、开发区 10 株。截至年底,省级投资重点保护树木 65 株,市级投资树碑设标树木 846 株。2014 年重点对列入省级保护的 20 株古树名木采取修枝复壮、树碑设标、围设护栏、安装避雷针、松土施肥、有害生物防治等保护措施,确保树木生长发育良好。同时,做好全市古树名木的查漏补缺和完善古树名木建档资料。　(张　艳)

【林业产业】 年内,全市林业产业发展良好, 经济林基地建设按照“生态建设产业化, 产业发展生态化”要求,在扩大建设规模基础上,提高管理水平和服务质量,实现造管并重。全市林业产业总产值收入达 87970 万元,其中,第一产业产值 49317 万元, 占总产值的 56%;第二产业产值 32917 万元, 占总产值的 37%; 第三产业产值 5736 万元,占总产值的 7%。 (张　艳)

【干果经济林】 年内, 市林业局采取措施加强干果经济林的综合管理。一是严把“苗木关”。市林业局下发《关于加强核桃苗木质量管理的通知》和《关于加强核桃种苗生产管理工作的通知》等文件,在品种选择、穗条来源、嫁接、出圃、运输、栽植等环节实行一条龙监管,由县(区)林业局统一组织穗条、统一时间嫁接,凡是未按规定繁育的核桃苗木一律不能享受政府补贴。二是严把“栽植关”。春、秋两季适于核桃栽植,市林科所以及服务队工作人员到核桃种植基地,对苗木规格、挖坑尺度、植苗环节、抗旱保湿等进行严格检查,施工质量不过关的必须返工重来。三是严把“养护关”。市林业局制定“核桃管理月志”,根据不同地区、不同林龄,按月份发布应采取的养护管理措施,如主干定杆、松土除草、整枝修剪、施肥浇水、越冬保护等,并通过服务队员落实到位。特别是对作物间种、留保护带提出严格要求,凡是核桃园一律不准间种玉米之类的高秆作物,核桃幼苗周围要留 1 米的保护带。同时,随着树龄的增加,将树体整形修剪、土壤肥水管理、病虫害防治等作为核桃管理的重要内容来实施,以促使大面积的核桃林尽快进入结果期,保证丰产增效。全年全市新发展干果经济林 2133.33 公顷(3.2 万亩),补植补种 1133.33 公顷 (1.7 万亩), 调运核桃、仁用杏等经济林苗木 92.9 万株, 改造核桃低产林 1266.67 公顷(1.9 万亩)。　(张　艳)

【苗木产业】 年内,阳泉市坚持“依法治苗、科技兴苗、强化服务、发展种苗”的工作方针,下大力发展林木种苗产业,建立以国有场圃为龙头、民营育苗企业和育苗大户为骨干、乡村个体育苗户为补充的苗木生产体系。全年全市完成育苗面积 2333.33 公顷(3.5 万亩),其中新育苗木面积 400 公顷(0.6 万亩),全市百亩以上的育苗基地 40 余处,主要培育树种有油松、白皮松、刺槐、山桃、山杏、五角枫等。　(张　艳)

【森林旅游】 截至年底,全市有森林公园 7 处, 经营总面积达到 5306.67 公顷(7.96 万亩),其中省级森林公园 5 处、城郊森林公园 2 处,已申报正在建设的森林公园 6 处。

全年全市森林公园接待旅游人数达17万人次，创收126.31万元，没有任何旅游安全事故和旅游投诉案件发生。（张　艳）

【森林防火】 年内，为加强森林防火，全市采取一系列措施。第一，政策支持责任到人。市政府下发《关于全面落实森林防火责任的通知》，全市林区实行市干部包县（区），县（区）干部包乡（镇）、包街道，乡（镇）、街道领导干部包片（相邻的多个村、社区），普通干部包村、包社区，村社区干部包户、监护人包智障人、责任山主包山、林场包林区、护林员包片、瞭望员包区域、单位负责人包职工、学校包学生的森林防火包保责任制，市、县（区）、乡（镇）、村、林场、工程队、护林员、农户层层签订防火责任书30多万份，发放防火告知书50万份。第二，加大宣传有效防火。全市建立了电视上有新闻、广播上有报道、报纸上有专栏、网络上有文章、手机上有短信、墙壁上有标语、山口路旁有警示牌、马路上有横幅、村子里有大喇叭、街头有流动宣传的“十位一体”立体宣传格局。第三，严防火种进山入林。全市14个视频监控点昼夜观察火情，20079个网格的22351名巡护人员，2137个临时防火检查站的8000余名检查人员全部到岗到位，严防火种入山入林。1000余名公安民警、6000余名党员干部看坟头、把路口、守山头、管地头，见烟就查、见火就罚，严管一切野外违法用火。第四，预防为主变堵为疏。市政府专门出台政策集中清理林缘50米范围的危险可燃物，市财政对此补贴300万元，共集中清理危险可燃物1.79万公顷（26.86万亩）。此外，在全市选择10个试点村修建祭祀墙，改变传统陋习，引导文明祭祀。2014年，全市共投入森林防火资金达1000余万元。全市发生森林火灾3起，受害林地面积18.98公顷（284.65亩），火灾受害率0.16‰，低于0.45‰的省控指标。（张　艳）

【林业有害生物防治】 年内，阳泉市采取措施加强林业有害生物防治。第一，开展核桃腐烂病、红脂大小蠹、油松毛虫、国槐尺蠖等病虫害防治，投工投劳12万个，动用喷雾器械8万台次，无公害防治面积9937.33公顷（14.906万亩），无公害防治率99.6%；第二，全面加强监测网络建设，合理配置红脂大小蠹、落叶松叶蜂、油松毛虫、经济林病虫害监测网点，对全市有林地实施监测监制，灾害测报准确率达88%；第三，依法开展林业植物产地检疫工作，安排各级专职检疫员对所辖区的苗圃、重点育苗户出圃的苗木进行产地检疫，共检疫出圃苗木569.33公顷（8540亩），签发产地检疫合格证100余份，种苗产地检疫率达100%，从源头上控制林业有害生物的传播和蔓延，通过有效防治，提高森林生态质量，增强森林自控能力，实现有虫不成灾的目标。全年全市各类林业有害生物发生9977.33公顷（14.966万亩），其中核桃腐烂病4200（6.3万亩）、兔害2306.67公顷（3.46万亩）、红脂大小蠹1016.67公顷（1.525万亩）、花椒绵粉蚧133.33公顷（0.2万亩）、核桃举肢蛾1140公顷（1.71万亩）、光肩星天牛10公顷（0.015万亩）、槐尺蠖280公顷（0.42万亩）、柏大蚜217.33公顷（0.326万亩）、油松毛虫620公顷（0.93万亩），成灾面积20公顷（0.03万亩），成灾率0.17‰，低于4.3‰的省控指标。（张　艳）

【林业合作经济组织】 年内，全市发展各类林业专业经济合作组织，创新林业机制和经营方式，引导林农开展适度规模经营和生产合作。截至年底，全市组建林业专业合作社36个，发展社员7500余人，经营范围涉及林产品加工、花卉苗木、经济林管理、林下种植、养殖等主要林业产业。2014年，阳泉市共申报5个省财政支持农民林业专业合作社建设项目，争取扶持资金共计60万元。同时，推荐7家林业专业合作社申报首批农民林业专业合作社省级示范社。（张　艳）

【森林资源管理】 年内，市林业局采取措施加强森林资源管理。一是加强林木限额采伐管理，严格执行森林采伐限额计划和凭证采伐制度，建立健全林木采伐审批登记、林木采伐许可证核发台账制度，严格执行“伐前设计、伐中检查、伐后验收”制度，严格控制资源过量消耗，并对审批采伐的项目进行公示，接受群众监督。全年共办理林木采伐许可证99份，采伐林木蓄积3412.5立方米，其中国有林采伐蓄积94.8立方米。二是严格规范征占用林地的审批审核，按照省林业厅资源处关于规范征占用林地审核上报的要求，进一步规范征占用林地建设项目上报文件内容，完善网上申报审核系统，凡是征占用林地项目都要首先在网上申报，实行层层把关，严格审核审批程序，减少林地流失，杜绝未批先占、少批多占、不批乱占的现象。全年共申报永久性占用征用林地项目5个，共占用林地13.74公顷，临时占用征用林地项目2个，共占用林地13.73公顷。三是加大毁林案件查处力度，开展“严厉打击非法盗挖大树、古树等违法犯罪专项行动”和非法侵占林地清理排查专项行动，加强对重点部位、重点对象监管，重点清查打击盗伐、滥伐林木、破坏林地、毁林开矿，非法加工、运输木材等破坏森林资源的违法犯罪行为。全年共计查处各类案件21起，行政处罚13人，罚款金额9.13万元。（张　艳）

【森林资源保险试点工作】 森林保险是有效防范林业生产风险、保护森林资源的重要举措，是维护经营者利益、促进强农惠农的重要手段。年内，根据省委、省政府要求，阳泉市的政策性森林保险试点工作启动，承保机构分别为中国人保财产保险山西分公司和中国人寿财险山西分公司。市林业局积极开展宣传工作,让广大林农和林业企业经营者充分了解森林保险内容,并引导林业经营单位、林业专业合作组织、林地承包经营农户参与森林保险工作,增强林业生产抵御自然灾害能力,保障林农增效、增产、增收。截至年底,全市完成森林保险工作基础数据资料登记,涉及全市32个乡镇、3个国有林场,签订保单的面积达11.05万公顷(165.74万亩),占计划任务的276%。 (张 艳)

农业机械

【概况】 2014年,阳泉市农机总动力达到136.5万千瓦,其中新增农机总动力2.95万千瓦。拖拉机有9232台,其中大中型拖拉机1451台、小型拖拉机7781台;拖拉机配套农具14705部,其中大中型2489部、小型12216部。全市共有耕整机1414台、机引犁3406台、旋耕机3856台、深松机111台、机引耙522台,玉米收获机141台、马铃薯收获机91台、青饲料收获机6台、牧草收获机32台。

农业机械化 全年全市综合机械化水平达58.93%。全市机耕面积4.64万公顷(69.55万亩),机播面积4.22万公顷(63.35万亩),机收面积0.67万公顷(10.05万亩),其中玉米机收面积0.57万公顷(8.48万亩)、马铃薯机收面积1040公顷(1.56万亩)。全市机械深松面积0.68万公顷(10.17万亩),机械化免耕播种面积0.44万公顷(6.55万亩),机械化农作物秸秆还田面积2.18万公顷(32.75万亩),机械化保护性耕作面积1.17万公顷(17.6万亩)。

农机社会化 全市共有农机专业合作社48个,其中2014年新建农机专业合作社6个,创建农机示范合作社3个,创建机械化示范家庭农场3个,新增农机大户13户,创建农机示范大户8户。全市共有农机维修厂家维修点121个,其中2014年新增农机维修网点4个,新增星级农机维修网点1个。

农机补贴 全年全市各级农机部门共扶持农户数量达到1008户,补贴购置农机具数量达到1515台套,补贴资金344.895万元,带动农民投资1000余万元,主要购置动力机械、种植施肥机械和耕整地机械。

农机质量监督 全年全市开展农机维权宣传活动,共散发宣传资料3000余份,设置宣传版面18块,解答群众各类疑问和咨询100余人次;开展农机市场"打假"专项治理行动,检查各类农机具165台(件),开展全市微耕机产品质量调查及微耕机经销企业质量督导工作,对微耕机等部分机具存在推广鉴定证章等方面的问题,提出整改意见,规范农机市场秩序。

农机安全 全年新注册登记拖拉机联合收割机319台,新训新考驾驶员282人,年度检验拖拉机、联合收割机1842台;完善农机安全生产监管责任和农机安全生产工作制度,加大农机安全生产大检查和隐患排查治理力度,开展安全生产月宣传活动,全年无农机事故发生,无死亡事故。

农机推广 全年全市召开农机新技术推广会、现场会10次,培训人员1500余人,印发宣传资料1万余份,对各类农机新机具、各种农机技术进行展示和培训,使广大农民认识和使用农机新技术、新机具。特别是马铃薯全程机械化技术应用示范区,亩产量达到2500公斤;引进、推广12台忻州市原平四维机械厂2BJ-2型谷物免间苗精量播种机,推动谷子产业化进程。

磨坊油坊升级改造 年内,全市农村磨坊油坊升级改造项目顺利完成,各项目单位按照实施方案进行,资金使用合理,高质量完成改造任务。经验收,郊区旧街乡旧街村的磨坊被评为优秀,郊区西南舁乡大西庄村的磨坊被评为优良。

农机培训 全年全市共召开农机管理人员专题工作会9次,培训180人次;农机技术人员培训会5次,新购机农民培训665人,培训农机作业人员1300人次。 (杨秀明 李慧斌)

【农机维权】 3月15日至17日,市农机部门组织开展以"服务与安全"为主题的"3·15"农机质量维权宣传活动,郊区、平定县、盂县均设立宣传会场。平定县农机中心选择人员较为集中的平定县金地商厦进行农机宣传,盂县农机中心在盂县牛村镇与县工商等部门共同进行质量维权宣传,郊区农机中心在荫营镇体育馆前设立宣传会场进行宣传。此次宣传活动共悬挂农机宣传条幅9幅,散发宣传资料3000余份,解答群众各类疑问和咨询76人次,并向社会公布了市、县(区)的农机质量投诉监督电话。(李慧斌)

【谷子免间苗播种技术现场会】 4月15日,阳泉市谷子免间苗播种技术现场会在盂县西潘乡李庄村召开,当地的谷子种植大户、农机专业合作社农机人员等参加技术现场会。会上演示了忻州市原平四维机械厂的2BJ-2型谷物精少量播种机,生产厂家进行现场安装及播种演示,播种效果良好。通过现场会,使更多农民了解和使用谷子免间苗技术,提高谷子生产机械化水平、促进谷子产业化进程。 (李慧斌)

【"安全咨询日"活动】 6月16日,阳泉市农机部门组织农机安全监理人员和农机技术人员,到盂县东梁乡东梁村开展"农机安全咨询日"活动。活动中,农机技术人员先后到田间地头、农机经营维修网点和农机专业合作社,通过发放农机安全生产知识宣传画册,现场为农机户讲解农机安全操作注意事项,解答有关安全生产、购机补贴和农机化技术等问题,宣传农机安全法律法规,增强广大农机手的安全生产意识。其间,盂县农机中心工作人员为20

多户享受购机补贴的农机手进行拖拉机挂牌办证服务，为 20 多台在册拖拉机进行现场检验。（李慧斌）

【农机事故应急演练】 6 月 30 日，市农机部门在平定县冠山镇河头村举行农机事故应急演练，演练由阳泉市农机中心组织，平定县农机中心承办，平定县安监局、平定县急救中心等相关单位参与。演练从接到报案、接案、施救、现场隔离、设立标示、询问见证人、收集事故信息、现场绘制、丈量、恢复交通，到人员撤离宣布结束，整个过程井然有序，分工明确，处置得当。通过演练，使农机应急预案可行性、操作性得到检验，提高农机安全意识，做到防患于未然。（李慧斌）

【农机培训】 7 月 21 日、24 日，市农机中心赴郊区杨家庄乡高垴庄村、西南舁乡大西庄村开设 2 期农机新购机农民培训班，共培训农民 300 多人。培训班上，农机专业技术人员向广大农民传授农机新技术、保护性耕作、精少量播种技术、农机安全常识等理论知识。市农机公司在培训现场进行机具展示，向群众讲解常用机具的操作要领、机具的调试和维护保养等方面的知识。培训注重理论学习与实际操作相结合、宣传教育与有效管理相结合，通过完善农机安全监理管理，严格拖拉机驾驶员培训关口，实施不培训取消补贴机具优惠政策的措施，确保培训取得实效。同时，针对适合山区果园作业的实用机具田园管理机、播种机、挖坑机、喷雾机、割草机、电动剪、太阳能果园杀虫机等 8 种机具的操作技术进行讲解，提高和扩大新机具、新技术的推广效果和辐射层面，确保各项技术措施及时到位，发挥新机具的效率。（李慧斌）

【机耕路建设实施意见】 7 月，阳泉市人民政府办公厅下发《关于印发加强机耕路建设促进全市山区机械化发展的实施意见的通知》（阳政办发〔2014〕86 号）文件，该实施意见客观分析机耕路建设是制约因素，指出机耕路建设的重要性，为进一步加快全市机耕路建设提出指导意见。（李慧斌）

【“863”农机重点工程交流推进会】 8 月 18 日，市农机中心召开“863”农机重点工程交流推进会（用足用好农机补贴政策、充分发挥农机合作社在生产中的主力军作用等 8 项重点工作，山区农业机械化示范基地、玉米全程农业机械化示范基地等 6 项突破性工作，阳泉市林果业机械化服务基地等 3 大服务基地）。各县（区）农机中心负责人、农机重点工程承担村、项目及合作社负责人共 50 余人参加会议。会上，8 家项目实施单位负责人进行交流发言。平定县张庄镇新村通过 2 年的农业机械化示范村建设，全村的农机化水平大幅提高，共流转土地 33.33 公顷（500 亩），春季 4 台精量玉米播种机无偿为村民机播 140 公顷（2100 亩）；平定县东回镇前黄安村通过新建机耕路 20 千米带动新增农机具 60 多台套，解决农民种地难；盂县吉才农机专业合作社 2014 年成为山西省示范合作社，作业面积达到 0.23 万公顷（3.5 万亩）。各县（区）“863”农机重点工程整体工作按照既定的方案和规划进展顺利，但存在土地流转难度很大、技术和作业环节培训还不到位、运行机制上仍需突破等问题。（李慧斌）

【全市农机示范合作社观摩经验交流培训会】 9 月 26 日，市农机中心召开全市示范农机专业合作社观摩经验交流培训会，全市 17 个农机示范专业合作社负责人、各县区农机部门负责人和管理站长共 30 余人参加会议。参会人员对盂县聚强、郊区舁上、平定县新鑫等 5 个农机专业合作社进行观摩，察看机库、机棚、账目建设、机具引进和运行情况等，通过观摩让合作社既看到差距又学到经验。培训会上，合作社负责人进行经验交流。盂县聚强农机服务专业合作社通过 3 年市县农机部门的扶持，固定资产从 170 万元增长到 230 万元，利润从 10 万元增加到 35 万元，2014 年投资 30 多万元建设机库，硬化场院，新增四驱拖拉机等机械。舁上农机专业合作社负责西南舁乡 17 个行政村近千户果农户的技术指导和新农机具的引进和推广，该合作社举办果农知识培训和林果业机械现场演示会，共引进微耕机、割灌机、机动喷雾机等机械 300 余台。通过观摩培训会，既展示全市在农机合作社方面的建设成果，交流经验和做法，也为下一步的发展提出思路和想法，达到预期效果。（李慧斌）

水利

综合工作

【概况】 2014年,全市各级水务部门推进城乡供水、产业支撑、民生水利、生态修复4大水务工程,水务保障和服务经济社会发展的能力增强。全年全市完成水务投资3.26亿元。万元工业增加值用水量比上年下降6.7%;地下水压采量完成224万立方米,完成全年任务200万立方米的112%;农村饮水安全工程完成投资754万元,占计划投资的103%;农田灌溉完成0.87万公顷(13万亩),完成全年任务的100%;盂县灯花、平定县白杨沟等6座小(Ⅱ)型水库完成工程建设;桃河平定县南川河河道治理工程累计完成投资1852.43万元,占工程总投资的68.4%。全年全市完成水土流失治理面积3380公顷(5.07万亩),完成全年3333.33公顷(5万亩)任务的101.4%;防汛责任制和责任人落实到位,全市安全度汛;水产品产量达810吨,产地水产品药残抽检合格率达100%;移民后期扶持直补资金全部发放,12处移民扶持项目全部完工,完成投资291万元。年内,阳泉市通过全国节水型社会建设试点城市验收,市水务局被山西省精神文明委员会评为省级文明单位,市污水处理厂被水利部、教育部、全国节约用水办公室确定为"全国中小学节水教育社会实践基地"。 (陈阳春)

【水法宣传】 年内,阳泉市水务局在"3·22"世界水日和中国水周期间,开展宣传活动。一是组织播放水利法制宣传栏目剧《人·水·法》(第六部)。二是开展形式多样的纪念活动。组织新闻媒体、通讯公司、水务网站等开展集中宣传报道,加大对《中华人民共和国水法》《中华人民共和国水土保持法》等5部法规的宣传力度;在阳泉电视台进行为期1个月的水利动漫播放;在《阳泉日报》刊登水利专版。三是张贴主题宣传画和"世界水日""中国水周"宣传口号。 (陈阳春)

【水质突发事件应急预案推演】 4月24日,市水务局在市自来水公司第四水厂组织城市供水水质突发事件应急预案推演。此次推演以兰州自来水苯污染事件为原型,市政府、市人大、市应急办领导到现场观摩推演全过程,市水务局领导及相关科室负责人也参加了观摩。整个推演过程分为发现某项水质指标超标、下令停止供水、上报、应急办分析事故原因、进入应急处置程序、启动应急备用水源、分散供水、最终恢复正常供水等多个程序,基本涵盖了应急事故发生的全部环节,整个模拟事故用时72小时。此次演练科目设置符合现实情况,程序设计细致、全面,演练过程紧扣实战需要,体现出较强的实用性、可操作性,有效检验应急预案,锻炼了从领导到普通职工、从指挥机构到参战队伍的应急处置能力,达到预期目的。 (陈阳春)

水利工程

水保生态建设

【国家水保重点建设工程】 全年全市完成水土流失治理面积3380公顷(5.07万亩),完成投资1193万元。其中,郊区重点完成温河流域水土保持治理工程,完成水土流失治理面积133.33公顷(0.2万亩),完成投资50万元;平定县重点完成南川河流域国家水保重点工程,涉及岔河、将军峪2条小流域以及东回、柏井、石门口3个乡(镇)13个行政村,完成水土流失治理面积1220公顷(1.83万亩),完成投资429万元;盂县重点完成乌河流域国家水保重点工程,涉及李庄、进圭2条小流域以及西潘乡11

个行政村，完成水土流失治理面积2026.67公顷（3.04万亩），完成投资714万元。（陈阳春）

【水土保持监测】 年内，平定县理家庄水土流失径流场监测点实施了全国水土流失动态监测与公告项目。1月至10月，该站点共监测日降雨67次、次降雨53次，坡面径流7次，泥沙7次，植被覆盖情况21次，土壤含水量21次。据监测，该监测点年降水量366.6毫米，监测到原地貌小区土壤冲刷量0.48吨/平方千米，对比标准小区（裸地）冲刷量为93吨/平方千米。11月，市水土保持监督监测总站对年度监测资料进行了整编，撰写监测报告，并完成监测数据网上填报工作。（陈阳春）

【生态大户表彰】 年内，在全市农村工作会议和全市水务工作会议上，阳泉市对2013年通过验收的30名水保生态大户进行了表彰奖励。全市农村工作会议表彰的10名水保生态大户，每户奖励资金4万元；全市水务工作会表彰的20名水保生态大户，每户奖励资金3万元。（陈阳春）

饮水安全工程

【概况】 全年全市农村饮水安全工程完成投资828.39万元，其中中央资金421万元、地方配套资金311万元。饮水安全工程建成49处，提高45个自然村、1.41万农村人口和农村师生的饮水安全标准。全年安排市级预算饮水安全项目300万元，改善和提高了1万人的饮水安全标准，全市农村自来水普及率达到94%。（陈阳春）

【水质检测中心建设】 为了加强农村饮水安全工程水质检测，提高预防控制和应急处置农村饮用水卫生突发事件的能力，根据国家发改委、水利部、国家卫计委、环保部《关于加强农村饮水安全工程水质检测能力建设的指导意见》（发改农经〔2013〕2259号）的精神，各县（区）水务局编制完成农村饮水安全水质检测中心实施方案。2014年，全市水质检测中心建设中央预算内投资216万元、省级配套41万元，郊区、平定县、盂县通过公开招标，完成水质检测仪器设备的购置、安装和调试工作。（陈阳春）

【平定县乱流引水工程】 平定县乱流引水工程位于巨城镇乱流村，工程于2014年4月开工，11月完工，总投资46.76万元，其中中央资金16万元。工程以娘子关提水管线南上庄放水口为水源，铺设DN108钢管2720米，将水引至村中调蓄水池，可解决全村627户1596人的饮水安全。（陈阳春）

【平定县麦家岩蓄水工程】 平定县麦家岩蓄水工程位于岔口乡麦家岩村，工程于4月开工，11月完工，总投资44.26万元，其中国补资金5万元。工程以雨水为水源，规划建设集中式备用水源工程1处，新建800立方米钢筋混凝土蓄水池1座，通过新建蓄水工程将原有蓄水工程89%的供水保证率提高到98%。（陈阳春）

【盂县南娄镇秀寨村提水工程】 盂县南娄镇秀寨村提水工程位于南娄镇秀寨村，该村由于采煤影响，导致原有水井全部破坏。工程于2013年12月动工，2014年3月完工，总投资32.97万元，其中国补资金20万元，共打150米深井2眼，可解决全村人吃水困难问题。（陈阳春）

【盂县苌池镇普贤村提水工程】 盂县苌池镇普贤村提水工程位于苌池镇普贤村，工程于2014年7开工，9月底完工，总投资20万元，其中国补资金10万元。工程以王村集中供水站为水源，新建500立方米砖混结构高位蓄水池1座，新铺1寸管道1660米，新建15个集中供水点，可满足全村用水需求。（陈阳春）

【郊区荫营镇东落菇堰村饮水工程】 郊区荫营镇东落菇堰村饮水工程位于荫营镇东落菇堰村，工程于2014年8月开工，10月完工，总投资21.8万元，其中国补资金20万元。工程建设内容为新建670米深井1口，铺设4寸输水管2100米，安装150米扬程离心水泵1台，可解决全村的饮水安全问题。（陈阳春）

【郊区义井镇圪台村饮水工程】 郊区义井镇圪台村饮水工程位于义井镇圪台村，工程于2014年8月开工，10月完工，总投资70万元，其中国补资金25万元。工程以深井水为水源，新建2700立方米圆形水池1个，可解决全村的饮水安全问题。（陈阳春）

【郊区河底镇五架山新村给排水工程】 郊区河底镇五架山新村给排水工程位于河底镇五架山村，工程于2014年7月开工，12月底完工，总投资72万元，其中国补资金5万元。工程以深井水为水源，提升回村至6500立方米蓄水前池，再经过二级提升到500立方米蓄水池，铺设管路500米，可解决新村饮水问题。（陈阳春）

农田水利工程

【概况】 年内，全市农田水利工程完成总投资1169.69万元，其中国补754万元。按工程类别分为膜下滴灌工程、农田灌溉末级渠系工程、市级预算小型农田水利灌溉工程。全年全市完成实灌面积0.87万公顷（13万亩），其中平定县0.28万公顷（4.2万亩）、盂县0.37万公顷（5.5万亩）、郊区0.22万公顷（3.3万亩）。（陈阳春）

【市级预算小型农田水利灌溉工程】 全年市级预算小型农田水利灌溉工程共36项,总投资645万元,其中国补430万元。截至年底,工程全部完工。 (陈阳春)

【末级渠系改造工程】 全年全市农田灌溉末级渠系工程共9项,涉及平定县、盂县、郊区3个县区,年内全部完工,共完成投资123万元,其中国家补助资金40万元。工程完成管道铺设及渠道建设19.1千米。 (陈阳春)

【膜下滴灌工程】 年内,阳泉市完成盂县建平合作社、盂县新布衣合作社、盂县西南蔬菜合作社等9项膜下滴灌工程,完成总投资458.39万元,其中国家补助资金284万元,改善灌溉面积466.67公顷(7000亩)。 (陈阳春)

水库加固和河流治理

【病险水库除险加固】 全年全市在建水库除险加固工程6座,总投资1241万元。2013年开工的盂县灯花水库和2014年开工的平定县白杨沟水库、杜家峪水库、夏庄水库、新村水库和岳家庄水库的主体工程均基本完工。年底,新追加平定县岭南河水库和岔口水库为病险水库除险加固工程。 (陈阳春)

【河道治理】 年内,全市完成3项河道治理工程。桃河白南铁路桥至阳五高速公路桥段河道治理工程,2013年9月开工,2014年底完工验收,总投资1720万元,实际完成投资1659万元,完成浆砌石河坝447米;桃河流域义井河河道治理工程,2014年3月开工建设,总投资1803万元,累计完成投资1350万元,完成工程总投资的75%;平定县南川河河道治理工程,2014年5月开工建设,总投资2707万元,实际完成投资1852.4万元,完成总投资的68.4%。 (陈阳春)

水资源开发与保护

【娘子关供水二期续建工程主体完工】 年内,娘子关供水二期续建工程一级泵站土建工程,护坡砌筑工程完成,泵站土建工程基本完工;二级泵站工程主、副厂房土建工程完成,主厂房水泵、电机安装完成,副厂房站、变电容柜、高压设备、中控低压设备就位;一级、二级泵站扬水管道工程,土建工程全部完成,DN1200主管道安装完成,二级泵站具备碰头条件;三级泵站工程,剩余土建工程完成,泵坑进出水门安装完成,泵站水泵、电机、高低压柜、电容柜搬运就位;城市管网改造工程,北大街至青年路、桃源桥至五渡桥、五渡桥至大连东街、立交桥至一水厂、青年路至巨兴小区管网全部安装完成。截至年底,娘子关供水二期续建工程主体完工,累计完成投资7253万元。 (陈阳春)

【市污水处理厂二期项目】 年内,阳泉市污水处理厂二期工程项目选址在平定县乱流村白娘路段,占地11.33公顷(170亩),建设规模为日处理污水8万吨,出水水质标准为一级A,总投资2.5亿元。截至年底,该项目的可行性研究报告、节能评价报告等全部完成,环境影响评价报告通过评审,水环境影响报告上报省水利厅待审批。 (陈阳春)

【城市饮用水水质改善工程】 11月,全市城市饮用水水质改善工程正式启动。工程建设地点位于平定县娘子关镇娘子关一级泵站南侧,占地面积0.84公顷(12.65亩),日处理纯水3.5万吨,概算总投资1.56亿元。工程采用“自清洗过滤器+二级纳滤”工艺,通过降低饮用水的硬度和硫酸盐浓度,实现饮用水水质各项指标均达到国家饮用水卫生标准。该项目为2014年市政府为民办实事之一的重要民生工程。 (陈阳春)

【娘子关泉水源保护】 年内,娘子关五龙泉水源保护示范苑项目完成人工假山、五龙泉亭翻新、苑区照明、围墙工程,共完成投资200万元。五龙泉口和石板磨泉口及其引水廊道共4处缺口进行全封闭,在示范苑及其周边安装监控摄像头26个。在工程实施中,要求泉口封闭与泉眼景点开发相结合,既要封闭保护水源,又能看到泉眼喷涌而出的景观,还要打造五龙泉独特的文化创意造型。 (陈阳春)

水务管理

水资源管理

【取水许可监督管理】 年内,市水务部门加强取水许可监督管理。严格执行建设项目水资源论证制度,共审查4家建设项目水资源论证报告书;严格落实取水许可管理制度,共审批4家取水许可申请,批准水量35.56万立方米。 (陈阳春)

【管理制度建设】 年内,市水务部门严格落实水资源管理制度。第一,根据国家要求考核的用水总量、用水效率、重要水功能区水质达标“三条红线”,落实了用水总量、水功能区水质、万元工业增加值用水量、农业灌溉水有效利用系数4项指标分解任务,并出台《阳泉市人民政府关于实行最严格水资源管理制度的实施办法》和《阳泉市关于实行最严格水资源管理制度工作方案和考核办法的通知》,在全市实行水资源管理责任制和考核制度。第二,起草完成《阳泉市节约用水管理办法》《阳泉市再生水利用管理办法》《阳泉市建设项目节约用水设施管理办法》3个规范性文件,以市政府办公厅文件发布实施。 (陈阳春)

【国家级节水型社会建设试点通过终期评估】 5月19日，根据水利部安排，由海河水利委员会与山西省水利厅组成的专家组对阳泉市全国节水型社会建设试点工作进行了评估。专家评估组通过现场查看、审阅资料、听取汇报、质询答疑、讨论评议等方式，本着客观公正、科学具体、定量与定性相结合的原则，从体制机制建设、节水制度建设与实施、试点工作进展与目标任务完成情况、试点建设成效4个方面，对全市节水型社会建设试点工作进行了全面评估。专家评估组认为，在《阳泉市节水型社会建设规划》和实施方案指导下，经过3年建设，阳泉市在体制、机制、制度等方面初步搭建节水型社会建设框架，全市用水总量得到有效控制，万元GDP用水量和万元工业增加值用水量明显下降，试点建设取得显著成效。最终，阳泉市通过国家级节水型社会建设试点终期评估。（陈阳春）

城市供排水

【概况】 2014年，全市总供水量为1.88亿立方米，其中地表水供水1.2亿立方米、地下水供水0.53亿立方米，其他供水量为0.15亿立方米。全市总用水量为1.85亿立方米，其中生活用水5090万立方米、生产用水1.17亿立方米、生态用水1774万立方米。污水处理稳定运行，超额完成污水处理任务，中水回用率逐步提高。（陈阳春）

【城镇公共供水】 年内，全市城镇公共供水企业完成供水量5017.75万吨。其中，市自来水公司3946.58万吨，平定县自来水公司477.5万吨，盂县自来水公司547.46万吨，郊区自来水公司153.04万吨(郊区部分水源为市自来水公司供水)。（陈阳春）

【污水处理和中水回用】 全年全市完成污水处理量4733.17万吨，污水处理率达87%。其中，市污水处理厂完成污水处理量2801.38万吨，污水处理率达87.9%。中水回用量完成975万吨，中水回用率达21%。万元工业增加值用水量比上年下降6.7%。（陈阳春）

【规费征收】 全年全市完成水资源费征收2410万元，河维费征收1531万元，市级污水处理费征收1305万元。（陈阳春）

综合经营

【小水电站发电】 年内，由于盂县夫城口水电站和北峪口水电站增效扩容改造，全市小水电站发电量较上年有所下降，全年共发电615万千瓦小时。其中，夫城口水电站完成发电量230万千瓦小时，北峪口水电站完成发电量80万千瓦小时，梁家寨水电站完成发电量115万千瓦小时，绵河水电站完成发电量190万千瓦小时。（陈阳春）

【水产品产量增长】 全年全市养殖水面达52公顷(780亩)，比上年增加6%；投放鱼种150吨，比上年减少10吨，成鱼产量810吨，比上年增长7%；实现渔业产值1850万元，比上年增长8%。（陈阳春）

【无公害水产品产地认定和产品认证】 年内，市渔政监督管理站组织开展无公害水产品产地认定和产品认证申报工作。盂县汇龙水产养殖专业合作社通过复查换证。截至年底，

2014年阳泉市用水量总表

表15　　单位：万立方米、万人、万元、万亩

汇总单元	总取水量	按取水用途分类								按水源分类						污水利用量
		生活用水			生产用水				生态用水	河川径流				地下水		
		合计	城镇	乡村	合计	第一产业	第二产业	第三产业		合计	河水	泉水		合计	其中：深层水	
												合计	其中:岩溶泉			
城　区	3010.44	1304	1300	4	1206.44	0	1006.44	200	500	3010.44	1800	1210.44	0	0	0	500
矿　区	3944.28	1504	1500	4	1940.28	0	1640.28	300	500	3801.10	750	3051.10	0	143.19	143.18	625
郊　区	2121.66	593.6	300.4	293.2	1404.56	356.93	991.43	56.2	123.5	1395.38	762.59	632.79	0	726.28	69.72	250
平定县	5315.31	938.64	503	435.64	3885.47	1398.25	2387.22	100	491.2	3455.03	998.92	2456.11	2031.27	1860.28	451.65	500
盂　县	4743.93	1055.53	569	486.53	3458.4	1517.4	1817	124	230	2528.6	2146.6	382	12	2215.33	2094.83	384.5
阳泉市	19135.62	5395.77	4172.4	1223.37	11895.15	3272.58	7842.37	780.2	1844.7	14190.55	6458.11	7732.44	2043.27	4945.07	2759.38	2259.5

（陈阳春）

全市认定无公害水产品产地5家,认证鲟鱼、草鱼、鲈鱼、罗非鱼4个无公害水产品品种。（陈阳春）

【山南水库】 截至年底,山南水库坝址降水量425.4毫米，比上年减少13毫米;库水位1033.8米,比上年降低2.5米;库容为111.5万立方米,比上年减少53.5万立方米；进库水量189.8万立方米,比上年减少5万立方米。全年为阳煤集团升华公司、三电厂供水120万立方米。（陈阳春）

水政执法

【水土保持监督执法】 年内，根据省水利厅《关于开展2014年生产建设项目水土保持监督检查的通知》要求，市水土保持办公室对境内高速公路和煤矿等生产建设项目进行水土保持专项检查，促进生产建设项目的水土保持工作。一是对上年省市联合执法检查的高速公路项目进行“回头看”,对阳左、京昆、西环、五盂等高速公路的整改情况进行检查。京昆公路完善渣场治理工程,通过水利部验收；阳左高速公路完善沿线渣场绿化和其他防护工程，进行设计变更并上报省水利厅；西环高速公路完成变更设计，采取初步防护措施;五盂高速公路对龙华河河道弃渣进行初步清理,在灯花水库弃渣处修筑临时挡渣墙。梁家寨互通工程变更设计未完成,未起用规定的弃渣场,沿线乱弃乱倒,没有进行实质性整改,2014年5月，盂县水保部门对其罚款100万元。二是对境内煤矿及其他生产建设项目进行监督检查,共检查煤矿40个及其他生产建设项目6个。全年全市共收缴水土流失补偿费399万元。（陈阳春）

【水产品质量安全执法检查】 年内，按照省水利厅加强水产品质量安全专项整治要求，市水务局共组织执法检查行动6次，出动执法人员45人次，对全市水产品产地、批发市场、集贸市场、超市开展检查。3月至5月，在全市鱼苗引进集中时期,市渔政监督管理站组织渔政执法人员到养殖场开展执法检查,主要检查生产场是否持生产许可证,生产记录、用药记录和销售记录是否完备,生产过程中是否存在违规用药和违法销售行为。对外来苗种主要检查苗种来源、规格、数量、苗种生产许可证、检疫合格证明、进货票据等,同时对外来苗种全部进行药残快检,共检测水产苗种8批次,水产品药残合格率100%。（陈阳春）

【养殖水产品药残抽检】 由于阳泉市没有苗种生产单位，按照省水利厅渔业局要求，对外购苗种市渔业监督管理站要做到批批检测，重点检测水产苗种中氯霉素、孔雀石绿、呋喃唑酮、呋喃西林等药物及其代谢物残留。年内,省水产品质量检测中心在阳泉市抽取成鱼7个、水产苗种2个进行药残检测，药残检测合格率100%；市渔业监督管理站全年对产地水产品进行药残快检32批次,全部合格。（陈阳春）

【池塘标准化改造】 年内，为提高养殖池塘的生产能力，全市开展池塘标准化改造和建设工作。娘子关鑫恒养殖场完成流水池塘改造1公顷(15亩),乌河养殖场完成池塘改造2公顷(30亩),汇龙专业合作社新建流水池塘0.27公顷（4亩),夫城口电站新建流水养殖池塘0.2公顷(3亩),峪口新建流水池塘0.8公顷(12亩)。（陈阳春）

防汛抗旱

防　汛

【雨情 灾情】 6月至9月,阳泉市降雨268毫米，与常年平均相比偏少127.9毫米,偏少3成;盂县降雨346.1毫米，与常年平均相比偏少70.6毫米，偏少2成；平定县降雨439.3毫米，与常年平均相比偏多39.7毫米,偏多1成。全市降雨特点是6月、8月降雨偏少,降雨主要集中在7月、9月。其中,6月降雨28.7毫米至39.3毫米,比常年平均偏少30.1毫米至43.8毫米;7月降雨76.8毫米至176.4毫米，比市区常年平均偏少4成，比盂县常年平均偏多4成，比平定县常年平均偏多8成;8月雷阵雨天气、短时强降水和风雹天气偏多,无较大降雨,降雨49.4毫米至83.2毫米,比常年平均偏少3成至6成;9月降雨86.3毫米至97.0毫米，比常年平均偏多3成至5成。2014年汛期主要的降雨过程有2次，第一次降雨过程发生在6月18日，降雨量普遍在17毫米至26毫米之间;第二次降雨过程发生在7月8日至10日,降雨量普遍在30毫米至50毫米之间。

2014年汛期6月至9月,全市无人员伤亡，无倒塌、损坏房屋。全年洪灾属一般突发事件,与上年较大突发洪灾事件相比损失较小。（陈阳春）

【防汛物资储备】 全年全市储备的防汛物资主要有水泥、铅丝、钢材、木材、草袋、编织袋、铁锹、钢镐、汽油、水泵等19个品种,价值275万元。其中,市直储备物资17个品种,价值172万元;县级储备物资18个品种,价值103万元。全市共组织抢险队伍13800人，其中市直3400人、县级10400人，抢险车辆729辆,其中市直416辆、县级313辆。抢险队伍和抢险车辆汛前全部到位,满足了抢险需要。（陈阳春）

【河道清障】 年内，平定县财政投资293万元，对平定县南川河县城段弃渣进行彻底清运，共清运弃渣9.7万立方米;张庄镇投资近100万元,对张庄管辖内阳胜河进行清障,确保汛期河道行洪畅通。城区、矿区、开发区对各自辖区内的河道、沟渠进行清障,共清除1万余立方米,其中矿区完成5000余立方米、城区完成3500余立方米、开发区完成2000余立方米。同时,结合"桃河白南铁路桥至阳五高架桥段河道治理工程"及全市开展的城乡接合部环境卫生整治活动,市区完成桃河河道清障3.5万立方米。（陈阳春）

【山洪防治】 年内,阳泉市区(实施地在郊区)、平定县和盂县山洪灾害非工程措施项目建设全面完成并投入使用。通过山洪监测预警设备,及时将监测到的雨情信息通过县级平台发送到县、乡、村有关人员手机上,发送到乡级预警广播主机和村级预警广播分机,群众可及时有组织撤离到安全避险点。2014年汛期,全市安全撤离人员超过1000人,保证受山洪威胁区人民群众生命财产安全。（陈阳春）

【防汛演练】 年内,为确保基层防汛工作,全市普遍开展乡镇防汛大演练。市、县防汛抗旱指挥部给组织演练的每个乡镇各拨付演练补助5000元,为开展乡镇大演练工作提供资金保障。全市32个乡镇全部举行防汛大演练,30%行政村进行了演练。通过举行模拟实战防汛演练,提高广大干部群众的减灾救灾和自救能力。（陈阳春）

抗　旱

【旱情】 2014年,阳泉市降水量大部分地区比常年平均偏少,尤其是春季降雨较少,出现中度春旱。1月至5月,市区降雨57.9毫米,比常年平均偏少36.6毫米;平定县降雨72.9毫米,比常年平均偏少14.3毫米;盂县降雨59.4毫米,比常年平均偏少29.4毫米。6月至7月(汛期),市区降雨116.1毫米,比常年平均偏少76.4毫米;平定县降雨259.1毫米,比常年平均偏多68.7毫米;盂县降雨210.4毫米,比常年平均偏多8.2毫米,旱情稍微得到缓解。7月中旬至8月中旬,阳泉降雨量在63.5毫米至83.2毫米之间,大部分地区比常年平均偏少3成至6成,且持续时间短,强度小,河流难以形成径流,旱井严重蓄水不足,形成人畜临时性饮水困难。由于降雨偏少,全市土壤缺水严重,土壤墒情达到中度干旱。（陈阳春）

【旱灾影响】 2014年,全市的旱情为一般突发事件,旱灾损失要小于上年。

对农业影响　全年全市春播面积6.5万公顷(97.5万亩),其中粮食作物6.02万公顷(90.34万亩)、经济作物0.47万公顷(7.0万亩)。春播前出现干旱,降水不足,土壤墒情差,谷子不得不推迟播种,对农作物的收成造成影响。7月中旬至8月中旬,玉米吐丝到成熟期,由于降雨偏少,土壤水分较差,旱情明显,不利于秋作物产量形成。期间强对流天气频繁,短时强降水、冰雹、大风造成个别乡镇农作物、林果受损。全市农作物中度干旱面积1.9万公顷(28.5万亩),其中郊区0.37万公顷(5.5万亩)、平定县0.6万公顷(9万亩)、盂县0.93万公顷(14万亩);受灾面积380公顷(0.57万亩),其中郊区46.67公顷(0.07万亩)、平定县133.33公顷(0.2万亩)、盂县200公顷(0.3万亩)。

对人畜影响　全年全市主要旱情为人畜临时性缺水,缺水类型主要为纯旱井区和依赖地表水源供水区。全市有22个乡镇、150个行政村、2.03万人、1550头大畜发生临时性饮水困难,拉水费用达50万元。其中,平定县涉及8个乡镇、60个行政村、0.7万人、500头大畜,盂县涉及7个乡镇、70个行政村、1.03万人、820头大畜,郊区涉及7个乡镇、20个行政村、0.30万人、230头大畜。盂县重旱区在盂县东部和西部地区,东部的仙人乡和北下庄乡是纯旱井蓄水区,有12个村、1144户、4673人、356头大畜要到庄只深井供水点拉水,拉水时间较长的村子有里山南、外山南、北山、张庄、杨树洼等。平定县张庄镇东部神峪、史家山等5个村、122户、464人饮水困难;岔口乡的岔口、良道、红峪等村3129人、125头大畜缺水,要从巨城镇集中供水工程点拉水,拉水成本高达20元/吨。郊区旧街乡的柳渠、南沟、佛洼3村957人缺水,要到3千米以外的旧街供水点拉水。

对工业影响　全市大型工矿企业大多都有自备水源,旱灾对其影响不大,乡镇企业由于小泉小水的水量不足出现短期用水短缺现象。（陈阳春）

商业贸易

国内外贸易

【概况】 2014年,阳泉市以建设开放型商务经济为基本出发点,活跃城乡市场,扩大对外开放,推进全市商务事业科学健康发展。全年全市实现社会消费品零售总额271.22亿元,比上年增长9.9%,比全省增速低1.4个百分点,比全国增速低2.1个百分点。据海关数据统计,全年外贸进出口总额完成19567万美元,其中出口总额完成14922万美元,比上年增长24.1%,完成全年目标任务的121.67%,超额完成2658万美元,提前1个月完成年度任务,完成任务进度排在全省第2位。 (李建军)

【商贸促销活动】 年内,全市各商贸流通企业通过电视、报纸、广播、网络等多种媒体,开展促销宣传,百货、家具、餐饮和汽车企业等行业都举办促销活动,促进居民消费。开展"骏马迎春、福惠万家"消费促进月和全国消费促进月活动;在北山公园举办4次大型车展,众多车企参加活动,共实现销售9000万元;举办'2014中国(阳泉)国际糖酒食品博览会,促进酒类、饮料类、醋类、食品类、茶品类等产品购销;大型商贸企业开展店庆促销活动,阳泉市华龙超市、华联商厦开展15周年店庆大促销,刺激居民消费;在全市建设改造103家放心早餐网点,为居民提供更加优质的早餐服务。 (李建军)

【参加"山西品牌中华行"活动】 年内,市商务局组织阳泉市矿区粮贸公司、山西省平定县亮晶晶砂锅有限公司、山西省富硒香农业有限公司等企业参加"山西品牌中华行"会展活动,此次活动分别在南京、天津、西安、昆明、香港、澳门等9个城市举办。参展产品有平定砂锅系列、阳泉压饼、各种小杂粮系列等,贸易展位共有12个,宣传资料累计发放5000多份,参加商贸洽谈专场活动12次,接待各地客商2500多人次,现场销售累计40万元,签订销售协议900万元。活动期间,阳泉市矿区粮贸公司先后与南京、天津、西安等城市的客商建立比较稳定的贸易合作关系,其生产经营的小杂粮在销往这些城市的同时,将当地的名优产品引入阳泉;山西省平定县亮晶晶砂锅有限公司在武汉、天津、昆明等地设立分销处。 (李建军)

【绿色示范市场认证】 年内,为加强批发零售市场标准化和现代化建设,提高流通环节的食品安全保障水平,促进绿色低碳消费,根据山西省商务厅有关文件精神,市商务局为华龙超市、云阁肉制品公司和蔬菜副食公司申请办理国家绿色示范市场认证。10月下旬,由国家商务部、山西省商务厅相关单位组成的专家组对阳泉市华龙超市、蔬菜瓜果批发交易市场、云阁肉制品有限公司开展认证前期调研。通过现场调研和观摩,专家组认为,华龙超市、蔬菜瓜果批发交易市场通过短期整改,能达到绿色示范市场认证条件。截至年底,两家单位通过整改,将绿色示范市场认证资料上报认证机构。 (李建军)

【市场监测预报】 年内,市商务局在向县区商务部门讲解政策的同时,通过平定县和盂县经信局新增2家生活必需品样本监测企业,分别是平定县联华商贸有限公司和盂县凯通商贸有限公司,已开始正常报送数据。市区内新增北国商厦作为全市重点流通样本企业。盂县经信局开通县级商务预报平台,按时按量发布信息。截至年底,阳泉市生活必需品样本企业县区覆盖率和县级商务预报开通率均达100%。 (李建军)

【春节市场供应】 为保障2014年春节期间的市场供应,市商务局及时向市场投放500吨猪肉、320吨食糖和600吨食用油的市级储备，落实150万公斤的冬春蔬菜储备。同时，各大商场、超市提前谋划，广开货源渠道，丰富商品种类，繁荣节日市场。春节黄金周期间，生活必需品市场运行平稳，供应充足，价格稳定。与节前相比，蔬菜价格以下降为主，猪肉批发价格上涨6.25%；与上年同期相比，猪肉批发价格大幅下降，蔬菜价格小幅下降，粮油价格略涨。重点监测企业粮油公司销售额17.9万元、云阁公司销售额169.19万元、蔬菜公司销售额201.5万元。春节期间，年货商品购销两旺，奶制品、粮油、水果等成为居民家庭消费和馈赠亲友的首选；元宵节与“情人节”相遇，金银珠宝市场迎来消费热；百货店针对冬季服饰开展促销活动，同时款式新颖的春季服饰缤纷亮相；数码相机、智能手机、平板电脑等电子产品也成为年货商品；电影院、KTV、西餐厅等场所人气火爆，休闲过年成为新潮流；餐饮企业生意红火，竞争更加激烈，年夜饭、家庭聚餐、朋友聚会仍是餐饮消费主力军。 (李建军)

【重要商品储备】 年内，市商务局落实重要商品储备制度。4月，会同市财政局对2013年度市级重要商品储备执行情况进行审核。8月，向市云阁公司、华龙超市、糖酒公司、农资公司下达了《关于下达2014年度市级重要商品储备任务的通知》，确保重要商品储备落实到位。储备的重要商品有500吨猪肉活体、320吨食糖、78000吨粮食、950吨食用油和850吨农资。同时，督促企业做好应急方便食品和瓶装水的储备工作，调整储备任务，并和企业签订储备协议，落实年内300吨方便食品和600吨瓶装水的储备任务。从2013年12月10日起至2014年3月10日，全市储备了150万公斤的冬春蔬菜，落实了60万元的冬春蔬菜储备补贴资金，满足了全市60万市区人口5天的蔬菜供应要求。 (李建军)

【商贸流通典型企业统计】 年内，按照商务部、山西省商务厅要求，市商务局承担住宿、沐浴、洗染、生产资料批发等4个行业17家企业的商贸流通典型企业统计报表任务，其中住宿业6家、沐浴业5家、洗染业2家、生产资料批发业4家。市商务局对企业报表进行审核，确保各企业的统计报表完整、准确、及时，于4月底前全部完成商贸流通典型企业2013年度报表统计工作。 (李建军)

【乡镇市场建设】 年内，全市的乡镇市场建设取得初步成效。一是推进农村物流配送中心建设。盂县供销社有限公司新合作货物配送中心项目建设完工，该项目投资900万元，新建配送仓库2500平方米、办公区及功能展示厅500平方米，购置配送车辆5辆。经市商务局和市财政局验收，开始正常运营。二是加快乡镇商贸中心建设。盂县供销社有限公司在牛村、孙家庄、苌池建设的乡镇商贸中心基本完工。牛村商贸中心完成投资376.7万元，建筑面积1626.44平方米，其中，超市面积800平方米，日用消费品仓库200平方米，1月1日投入运营。苌池商贸中心完成投资82万元，在原有商贸中心的基础上，新建700平方米的超市和300平方米的日用消费仓库，使商贸中心建筑总面积达到1600平方米，5月1日投入运营。孙家庄商贸中心完成投资211万元，完成建筑面积1768平方米。 (李建军)

【放心早餐工程】 年内，市商务局通过调查摸底，制定《阳泉市商务局关于加快推动放心早餐工程建设的实施方案》(阳商服字〔2014〕45号)，落实市财政140万元专项扶持资金，先后建成2个市级、2个县级主食加工配送中心，建设改造早餐店（早餐亭）103个，总投资300余万元，新增年营业额3600万元，带动就业2000余人，营业网点遍及全市各城镇社区，受益人群10万余人。 (李建军)

【滨河特色商业街】 2013年、2014年连续两年，在城区商务部门配合下，市商务局推动阳泉金联置业滨河新天地商业广场创建省级特色商业街，指导企业按照商务部《商业街技术管理规范》，对商业街的环境、设施、管理、服务等多方面进行规范提升。11月，经省商务厅、省住建厅专家组评审，滨河新天地商业广场获“山西省第二批特色商业街”称号。此商业街是全省第二批认定的唯一一条、全省第三条省级特色商业街。阳泉金联置业滨河新天地商业广场于2005年10月开工建设，2009年5月建成开业，拥有90万平方米的开发总量和总长超过600米的商业街，时尚型商业街达到400米、宽度143米，是集购物、休闲、娱乐、住宿和餐饮等多业态为一体的一站式特色商业街。商业广场引进沃尔玛、北国商城主力店2个、百货店86个、专卖店84个、餐饮店19个、休闲娱乐类店铺14个、大型特色酒店1个，配备与购物、娱乐、住宿配套的停车位，率先在全市推行国际盛行的SHOPPING MALL商业经营模式，业态设计在华北地区二、三线城市为最大最全，日均客流量达到2万多人次，入驻创业实体500余户，带动就业15000多人。 (李建军)

【15分钟便民商圈示范工程】 年内，市商务局重点推进平定佳景社区和阳泉沙台社区两个“15分钟便民商圈”项目建设，实施主体为阳泉华龙宜购有限公司，2个商圈建设项目在市发改委备案，并上报省商务厅，获得省煤炭可持续发展基金213万元的扶持。其中，平定佳景社区邻里中心项目的基础设施部分完工，沙台社区便民超市改造到位。 (李建军)

【平定“三八席”获山西传统名宴特金奖】 年内，市商务局组织餐饮企业参加"晋人晋菜晋味道"烹饪大赛暨全国第七届（山西省第六届)烹饪技能竞赛。阳泉晋香源大酒店的平定"三八席"等17个宴席（菜品）参加评选活动，其中平定"三八席"获山西传统名宴特金奖。平定"三八席"是阳泉地区的一套传统名宴,又被称为"宫廷筵席",经阳泉晋香源大酒店提炼、整理、传承,被收录到山西省非物质文化遗产名录。平定"三八席"共计36道菜点，分别为4干果、4鲜果、4鲜蔬、4卤肉、4大碗、8小碗、4道点心、4道汤,最后上的是平定特色小吃漂抿曲。席面丰盛、讲究、吉祥、寓意深刻,过去是平定婚俗中的谢婚宴,现在常用以重要节庆日接待宾客。平定"三八席"历经上千年的积累、传承、变迁和完善,形成独特的风格,具有古朴而丰富的文化内涵。（李建军）

【地方特色饮食制作展示活动】 4月,阳泉地方特色饮食制作展示活动在山西省商务厅机关食堂举行。本次活动以"展示地方特色,弘扬饮食文化"为主题,由阳泉市商务局牵头组织,阳泉食品总厂有限公司承办,阳泉市烹饪协会会长、特级厨师韩建国担任厨师长,厨师团队由阳泉王朝海鲜大酒店厨师以及各县区名厨组成。其间,厨师长韩建国带领厨师团队20余人,先后制作阳泉地方特色的自助早餐、午餐4套,阳泉地方特色宴席5套,累计呈现各种地方特色菜品、主食、名吃等400余种。制作团队严把原料进货关,以阳泉本地时令食材为主,推崇少盐、少油、低糖,荤素搭配,热量控制,营养平衡。厨师长韩建国用南瓜雕刻的"龙马精神"食雕,工艺精湛,表现力强,丰富活动内容;阳泉名厨张喜敖、王银民等制作的阳泉传统名宴"三八席"地方特色鲜明,色香味品俱佳,备受称赞;平定过油肉、米粉肉、酿白菜等传统菜以及酱油醋罗非鱼、香辣手撕白、蒜泥茄子条等自创菜都别具特色,受到与会人员的赞赏;"中华老字号"颐寿牌放心早餐、糕点、豆制品均受到好评。（李建军）

【电子商务】 年内，市商务局新培育阳泉明华科技有限公司、阳泉恒禾信息文化传播有限公司2个电子商务平台,阳泉市华龙超市、阳泉天元家用电器有限责任公司、阳泉市万和油脂有限公司3个电子商务应用企业。为阳泉市万和油脂有限公司应用电子商务开展销售项目申请到70万元的省电子商务发展专项资金扶持奖励。（李建军）

【市场秩序监管】 年内,市商务局加强市场监管,规范市场秩序。一是单用途商业预付卡管理。印发《关于开展单用途商业预付卡专项检查的通知》(阳商秩函〔2014〕15号)文件,明确专项整治的检查对象、检查内容、检查时间和检查方式。5月15日、29日、30日,市商务执法大队会同各县区经济商务信息化局，采取听取企业的情况介绍、现场查阅章程、规范合同文本、售卡记录台账和信息管理系统等方式，对阳泉市华联商厦有限公司、阳泉市新世隆超市、阳泉市天利购物广场和阳泉天元家用电器有限责任公司等发卡企业进行执法检查，规范发卡企业的经营行为。二是酒类溯源管理。市、县两级商务部门启用山西省酒类管理信息平台,加强批发许可、零售备案和"酒类流通随付单"溯源体系建设，开展酒类流通专项整治活动。全年共出动执法人员1200余人次,检查监管对象919户次,查办违法案件34起，没收违法酒类商品803瓶,案值14.6万元,酒类批发许可办证率达100%,"酒类流通随付单"使用率达100%,酒类零售备案登记率达90%。（李建军）

【市级畜禽定点屠宰管理移交】 根据阳泉市人民政府办公厅《关于印发〈阳泉市县区食品药品监督管理体制改革实施意见〉的通知》(阳政办发〔2013〕158号)文件精神,2月12日至13日，市商务局将市级畜禽定点屠宰管理职能分别移交给市食品药品监督管理局和市农业委员会。（李建军）

【黄标车 报废车回收】 根据阳泉市人民政府办公厅《关于印发阳泉市黄标车及老旧车淘汰工作实施方案的通知》(阳政办发〔2014〕117号)文件精神,市商务局向社会公布阳泉市报废汽车拆解中心，即天元报废汽车回收(拆解)有限公司及回收网点的名称、地址和电话,并设立"一站式"服务窗口提供帮助,负责"报废汽车回收证明"的审核发放工作，推进黄标车及老旧车淘汰工作开展。全年累计淘汰车辆17985辆，其中集中报废黄标车及老旧车8043辆。（李建军）

【成品油企业年检】 5月，市商务局下发《关于组织全市成品油经营企业进行2014年年审的通知》,举办"阳泉市成品油企业2014年年检工作暨加油站站长业务培训会议",邀请省商务厅国际市场发展处公平贸易调查专员王毅华、调研员吉琳,市安监局、市环保局领导就成品油行业安全、环保等方面的政策法规进行宣讲；邀请中石化山西阳泉分公司培训专家对加油站安全、管理、油气回收等方面知识进行业务培训。会后,对成品油企业2013年度成品油零售许可证进行审核年检。年检内容包括安监、环保、工商、税务等部门出具的有效证照及证明材料，企业自查报告及供油协议执行情况等,共年检成品油企业115家,全部通过年检。（李建军）

【国际市场开拓】 年内，市商务局推动企业开拓国际市场。为天元金科公司和邦奥伟业公司争取中国进出口商品交易会（广交会）展位3个;组织26家企业参加第115、116届广交会、东盟博览会、亚欧博览会;组织中嘉公司等7个企业参加国外专业展览会,取得了良好效果。同时,鼓励天虹、长青2个石油压裂支撑剂公司利用其美国销售平台扩大出口,全年出口6233万美元,比上年增长53%。 (李建军)

【进出口信用保险】 年内,市商务局针对小微外贸企业出口风险大、融资难和融资贵的问题,出台了对全市小微外贸企业实行统保管理办法,在市级保费补贴政策的鼓励下,有26家小微出口企业参加出口信用保险,另有5家一般出口企业参保。截至年底,全市参保企业总数达到31家,参保覆盖面由上年的30%提高到66%,获得中国出口信用保险公司风险赔偿资金171万元,获得信保项下银行融资2.5亿元。 (李建军)

【陶粒砂出口】 为促使陶粒砂生产企业开展自营出口业务,市商务局到陶粒砂生产企业宣讲"免、抵、退"税、中小企业开拓国际市场、外经贸区域协调发展、出口信保风险防范与融资等优惠政策,帮助建立健全出口手续,寻找外贸人才,促使陶粒砂企业自营出口积极性提高。2014年,5家陶粒砂企业出口额9201万美元,比上年增长88.62%,占全市出口总额的61.66%。 (李建军)

【外贸企业"231"主体工程】 年内,市商务局继续推动外贸企业"231"主体工程建设(培育20家骨干外贸企业,培育30家重点外贸企业,培育100家潜力外贸企业),12家省级"231"主体工程企业完成出口12822万美元,占全市出口总额的85.93%。有进出口实绩的企业数增加15家,新增备案企业14家。阳泉市金方圆制衣有限公司、西格里泉海碳素有限公司2家企业开展加工贸易,实现加工贸易项下进出口164万美元,比上年增长600.4%。 (李建军)

【外资利用】 全年全市实际利用国外资金27600万美元,完成目标任务的104.2%,新批外商投资项目1家,即中日合资成立的山西恒日至胜机械制造有限责任公司。(李建军)

【企业"走出去"】 年内,新增境外投资企业2家,分别是宏雅装修装饰公司和盂县中信焦化有限公司,全市外经企业增至9家。宏雅装修装饰公司在蒙古国注册资产10万美元。盂县中信焦化有限公司投资2850万美元,在非洲津巴布韦建设年产30万吨焦化项目,从事焦炭及化工产品(煤气、焦油等)的生产与销售。为加强对外劳务合作管理,市商务局落实《对外劳务合作服务平台建设试行办法》,着手建立"阳泉市对外劳务合作服务平台",为对外劳务合作提供便利和保障。 (李建军)

【广交会参展】 10月,市商务局组织10家企业60多名代表参加第116届中国进出口商品交易会(广交会),设立日用陶瓷展位4个、家用电器展位3个、工具展位2个、五金展位2个、建筑及装饰材料展位2个、节日用品展位2个、照明展位1个、电子电器产品展位1个,共17个展位。展会上,10家参展企业与50个国家和地区的650多位采购商进行洽谈,成交1536万美元,比上届增长25%。山西天元金科电器科技股份有限公司与南亚客商达成每月出口3000台洗衣机的合同、与中东客商达成2000台洗衣机出口协议,并与欧盟客商达成通过CE认证后的出口意向。盂县永恒工艺厂与国外批发商签订100多万只工艺蝴蝶的出口合同。阳泉市中嘉磨料磨具有限公司的绿色特装展位吸引30多个国家的150多位客户,该公司在国内外注册的专利、品牌、认证等证书成为国外优质客户关注的热点,其CUTOP品牌得到国外市场的认可,东欧客商主动提出有偿使用其品牌在国外市场销售请求,双方达成使用协议。 (李建军)

2014年阳泉市分企业进出口总表

表16 单位:美元

企业名称	12月出口额	与上年同期相比	累计出口额	与上年相比	12月进口额	与上年同期相比	累计进口额	与上年相比	12月进出口额	与上年同期相比	累计进出口额	与上年相比
阳泉市总数	22209169	194.46%	149221137	24.10%	5294240	-57.00%	46447362	-50.13%	27503409	38.52%	195668499	-8.30%
山西省阳泉市五金矿产进出口有限公司	0	-100.00%	1282237	-78.12%	0	—	0	—	0	-100.00%	1282237	-78.12%
山西日本能源润滑油有限公司	0	—	0	—	3989959	23.92%	30350597	-3.26%	3989959	23.92%	30350597	-3.26%
方大添加剂(阳泉)有限公司	1289679	29.10%	15881850	-5.49%	0	—	0	-100.00%	1289679	29.10%	15881850	-5.97%
山西阳泉如来山冶金工业有限公司	1217324	198.98%	7334959	-24.16%	0	—	0	—	1217324	198.98%	7334959	-24.16%

续表 16-1

企业名称	12月出口额	与上年同期相比	累计出口额	与上年相比	12月进口额	与上年同期相比	累计进口额	与上年相比	12月进出口额	与上年同期相比	累计进出口额	与上年相比
山西阳泉华岭耐火材料有限公司	0	-100.00%	601576	5.10%	0	—	0	—	0	-100.00%	601576	5.10%
阳泉市王垅耐火材料厂	240549	-48.20%	1814758	-1.76%	0	—	0	—	240549	-48.20%	1814758	-1.76%
阳泉市林里耐火材料有限公司	50819	91.76%	776157	2.90%	0	—	0	—	50819	91.76%	776157	2.90%
阳泉市下千耐火材料有限公司	154716	1346.48%	1360920	152.93%	0	—	0	—	154716	1346.48%	1360920	152.93%
阳泉市圣火炉料有限公司	115029	26.33%	1130387	-0.59%	0	—	0	—	115029	26.33%	1130387	-0.59%
平定莹玉陶瓷有限公司	244853	31.66%	2441862	-1.29%	0	—	0	—	244853	31.66%	2441862	-1.29%
阳泉华旭国际贸易有限公司	4541	—	20316	-32.91%	0	—	0	—	4541	—	20316	-32.91%
阳泉市福赛益特国际贸易有限公司	274000	91.79%	2576424	-44.82%	0	—	0	—	274000	91.79%	2576424	-44.82%
阳泉市信瑞商务有限公司	38579	-63.17%	678209	-31.68%	0	—	0	—	38579	-63.17%	678209	-31.68%
阳泉市太行电熔镁有限责任公司	0	-100.00%	386099	-81.21%	0	—	0	-100.00%	0	-100.00%	386099	-81.37%
阳泉市晨辉贸易有限公司	302478	25.72%	2113839	10.67%	0	—	503	—	302478	25.72%	2114342	10.70%
阳泉市双龙盛国际贸易有限公司	869311	183.12%	2162938	-9.34%	0	—	0	—	869311	183.12%	2162938	-9.34%
西格里泉海碳素(山西)有限公司	60580	—	367681	136.32%	677592	110.71%	6546687	65.10%	738172	129.55%	6914368	67.79%
阳泉武圣进出口有限公司	68260	4142.39%	342699	-12.69%	0	—	0	—	68260	4142.39%	342699	-12.69%
阳泉市中嘉磨料磨具有限公司	320827	15.38%	3901854	62.20%	0	—	0	—	320827	15.38%	3901854	62.20%
山西名扬电子有限公司	0	-100.00%	49233	-50.85%	0	—	0	—	0	-100.00%	49233	-50.85%
阳泉市长青石油压裂支撑剂有限公司	2665488	48.29%	16871571	79.59%	0	—	0	—	2665488	48.29%	16871571	79.59%
山西国阳新能国际贸易有限公司	0	—	0	—	626689	-92.39%	7954341	-85.49%	626689	-92.39%	7954341	-85.49%
阳泉岩禾国际贸易有限公司	0	—	145560	-36.05%	0	—	0	—	0	—	145560	-36.05%
盂县永恒工艺厂	53494	-54.23%	1169301	21.95%	0	—	0	—	53494	-54.23%	1169301	21.95%

续表 16-2

企业名称	12 月出口额	与上年同期相比	累计出口额	与上年相比	12 月进口额	与上年同期相比	累计进口额	与上年相比	12 月进出口额	与上年同期相比	累计进出口额	与上年相比
阳泉市珂耐尔进出口有限公司	41570	22.64%	120494	3.88%	0	—	0	—	41570	22.64%	120494	3.88%
阳泉兴陶压裂支撑剂有限公司	0	—	14112182	36650.47%	0	—	0	—	0	—	14112182	36650.47%
盂县金刚玉石油压裂支撑剂有限公司	2437376	309.90%	13663139	267.27%	0	—	0	—	2437376	309.90%	13663139	267.27%
阳泉市金土耐火材料有限责任公司	12120	-84.71%	313176	-9.66%	0	—	0	—	12120	-84.71%	313176	-9.66%
山西建工申华暖通设备有限公司	0	—	4971	130.25%	0	—	0	—	0	—	4971	130.25%
山西华鑫电气有限公司	0	—	247650	-71.27%	0	—	0	—	0	—	247650	-71.27%
山西吉天利科技实业有限公司	0	—	0	—	0	-100.00%	888261	-68.14%	0	-100.00%	888261	-68.14%
阳泉煤销万德金属材料有限责任公司	0	-100.00%	1589620	-73.31%	0	—	0	-100.00%	0	-100.00%	1589620	-73.38%
阳泉恒誉进出口有限责任公司	166480	33.36%	772640	-18.07%	0	—	0	—	166480	33.36%	772640	-18.07%
阳泉市明迈特国际贸易有限公司	0	-100.00%	72025	-88.18%	0	—	0	—	0	-100.00%	72025	-88.18%
平定县天虹石油压裂支撑剂有限公司	10664806	—	45456006	45.58%	0	—	0	—	10664806	—	45456006	45.58%
阳泉市优耐特进出口有限责任公司	21300	—	149300	522.60%	0	—	0	—	21300	—	149300	522.60%
阳泉市中博石油支撑剂有限公司	0	-100.00%	1909440	-52.87%	0	—	0	—	0	-100.00%	1909440	-52.87%
阳泉市联吉进出口有限公司	0	—	458991	984.47%	0	—	0	—	0	—	458991	984.47%
盂县中信焦化有限公司	0	-100.00%	3422732	1494.72%	0	—	0	—	0	-100.00%	3422732	1494.72%
阳泉市龙康新晋商贸易有限公司	0	—	0	—	0	-100.00%	74747	133.47%	0	-100.00%	74747	133.47%
山西阳泉澳法合成材料有限公司	4219	—	23518	—	0	—	0	—	4219	—	23518	—
山西省阳泉市五金矿产进出口有限公司	787271	—	2154452	—	0	—	0	—	787271	—	2154452	—
阳泉市金方圆制衣有限公司	0	—	453391	—	0	—	614490	—	0	—	1067881	—
山西阳泉煤化工国际商务有限责任公司	0	—	21120	—	0	—	0	—	0	—	21120	—

续表 16-3

企业名称	12月出口额	与上年同期相比	累计出口额	与上年相比	12月进口额	与上年同期相比	累计进口额	与上年相比	12月进出口额	与上年同期相比	累计进出口额	与上年相比
阳泉市古州平安科技贸易有限公司	0	—	0	—	0	—	3882	—	0	—	3882	—
山西天元浙晋国际贸易有限公司	0	—	161760	—	0	—	0	—	0	—	161760	—
阳泉市永昱机电责任公司	103500	—	704100	—	0	—	0	—	103500	—	704100	—
阳泉市四同瑞驰贸易有限公司	0	—	0	—	0	—	13854	—	0	—	13854	—

(李建军)

2014年阳泉市各县区进出口总额完成情况统计表

表 17　　单位:万美元

县区 \ 项目	12月	累计						出口进度(%)	出口进度排名
		总值	进出口与上年相比(%)	进口	进口与上年相比(%)	出口	出口与上年相比(%)		
全　市	2750	19567	-8.30	4645	-50.13	14922	24.10	121.67	
平定县	1431	8620	74.81	655	64.57	7965	75.71	172.25	1
开发区	668	5294	1.65	3035	-3.53	2259	9.55	84.13	3
城　区	118	821	-31.45	68	2166.67	753	-36.99	79.49	4
盂　县	371	2647	50.74	89	-68.10	2558	73.19	169.74	2
郊　区	98	1342	-25.65	0	0	1342	-25.36	73.17	5
矿　区	63	841	-86.93	796	-95.30	45	-85.47	32.79	6

(李建军)

2014年阳泉市社会消费品零售额统计表

表 18　　单位:亿元人民币

项　目	累计		
	金　额	比上年增长(%)	比重(%)
社会消费品零售额	271.22	9.90	100
(一)按行业分			
批发业	57.95	17.00	21.37
零售业	174.97	6.60	64.51
住宿业	10.52	12.60	3.88
餐饮业	27.79	17.10	10.25
(二)按行政区域分			
城　区	148.06	9.70	54.59
矿　区	20.91	11.60	7.71
郊　区	13.98	8.70	5.15
开发区	11.27	9.00	4.16
平定县	31.86	11.70	11.75
盂　县	45.14	9.40	16.64

(李建军)

物资流通

【阳泉市物资集团公司概况】 2014年,阳泉市物资集团公司围绕所属7户企业（分别是阳泉市化工轻工总公司、阳泉市机电设备总公司、阳泉市金属材料总公司、阳泉市建筑材料总公司、阳泉市物资贸易中心、阳泉市汽车摩托车市场、阳泉市炉料市场）的歇业关闭、阳泉市木材有限责任公司棚户区改造、阳泉市报废汽车(拆解)中心“退城入园”探索、阳泉市民爆器材专营有限公司新建炸药库后期工程等全面开展工作。全年集团公司实现营业收入2亿元,完成全年计划的154%;利润完成-236万元，比年度计划减亏64万元;净资产收益率全年任务目标为-5.14%,实际完成-4.12%。在岗职工全年工资兑现率100%,养老、失业、医疗保险全年缴费率100%。全年没有发生任何重大责任事故,职工队伍稳定。（王贵润）

【木材公司棚户区改造项目】 阳泉市木材有限责任公司场地面积大而资产利用率较低,加之部分场地塌陷,一部分棚户区亟须改造。3月,市政府将该事项列入“'2014保障性建设住房建设计划”，项目名称为“物资集团木材公司棚户区改造安置住房项目”。木材公司协调有关部门，先后完成选址意见、用地规划以及建筑规划等申报工作。前期“三通一平”(水通、电通、路通和场地平整)工程全面展开,完成起土垒坝、土地平整、地探、基础灌浆等。在项目进行的同时,木材公司研究制定改制方案,对企业实施改制。（王贵润）

【新炸药库建设项目】 阳泉市民爆器材专营有限公司新炸药库建设项目从2012年12月开工,到2013年底,由于资金和土地审批问题未能如期完成。2014年,物资集团公司协调市政府和郊区政府,克服资金到位欠缺、新库周边村企关系难以协调等诸多困难,全力推进工程建设。截至年底,在郊区政府到位资金仅800万元(工程总投资1500万元)的情况下,工程得以全部完成，共完成库区道路工程、库房、办公楼装修工程以及车库、消防、防爆墙、避雷设施等。新炸药库占地3.28公顷、投资1500万元、可储存炸药200吨、雷管200万发，达到验收条件。（王贵润）

【企业关闭清算】 因阳泉市泉西路建设工程占用物资集团公司所属位于西河滩的库区土地,物资集团公司所属7户企业于2013年开始实施歇业关闭。2014年7月16日至12月31日,企业关闭清算工作完成资金落实、审计审核、公示兑现、职工安置、资产移交、档案移交等,对有异议、存疑的事项也进行妥善处理。截至12月底,7户企业均完成兑现、移交,企业关闭工作正式结束。此次清算涉及一次性费用1400余万元，其中发放职工拖欠费用近1300万元。清算涉及职工898人,涉及处理职工劳资关系17人,涉及工伤抚恤人员6人。移交留守机构（企业资产管理中心)439人 (其中,“4050” 以上200人,“4050”以下239人)。被移交的职工中“4050”以下人员将享受到市政府代其缴纳3项保险单位部分，并每月发放198元生活费。“4050” 以上人员在享受市政府代其缴纳3项保险单位部分后还每月享受阳泉市最低工资70%的生活费直至退休。（王贵润）

【报废汽车（拆解）中心改革探索】 由于自身体制机制的原因,阳泉市报废汽车(拆解)中心市场竞争力逐年削弱,效益下滑严重,并且作为污染企业，地处城市中心区域，环保问题成为企业生存发展的瓶颈。另外,该中心于2009年向山西省发改委申报的“再生资源循环利用项目”在完成下拨的400万元资金后,一直处于停滞状态,项目场地和配套资金均受到制约,很难使项目接续和推进。2014年,阳泉市出台“退城入园”政策,物资集团公司抢抓机遇,与阳泉市煤业集团进行多次接触谈判，达成初步意向，即以入园政策为引导、以优势互补为基础、以互惠互利为前提、以脱困发展为目标，最终实现合作改制,走共赢发展道路。（王贵润）

【安全工作】 年内，物资集团公司在安全方面做了4项工作。一是补充完善安全制度并落实到位。先后出台《安全工作例会制度》《阳泉市物资集团公司落实“一岗双责”制度的实施意见》《集团公司关于加强维稳反恐工作的通知》等,并要求各单位制定相应制度并严格遵守。二是层层签订安全责任状。与各基层单位签订安全责任状，并把安全指标作为年度考核的一票否决指标。三是检查监督到位。在听取各单位安全工作汇报的基础上，到基层对安全制度建设和措施落实进行监督检查,发现问题立即要求整改。四是预防为主防备到位。防汛期间,要求各单位(特别是防汛物资储备单位)坚持24小时值班制度,同时还制定抢险应急预案，成立防汛抢险指挥部和3个抢险分队,做到责任到人、任务到人。全年集团公司无安全事故发生。（王贵润）

石油经销

【阳泉石油分公司概况】 2014年6月中石化集团公司对销售企业进行改制重组，中国石油化工股份有限公司山西阳泉石油分公司变更为中国石化销售有限公司山西阳泉石油分公司。截至年底,阳泉石油分公司拥有铁路专用线1条，库容量5.13万立方米油库1座，成品油吞吐量50余万吨/年,加油站70座。全年成品油销售23.56万吨，其中零售量完成16.91万吨、直销量完成4.11万吨，非油品完成销售收入3386万元。此外,公司还采取多种措施,协调各方力量,争取油品资源的最大兑现率,保证阳泉地区的成品油需求，确保成品油市场稳定。年内,公司被省工商行政管理局授予“重合同、守信誉”企业称号,公司党委被集团公司评为“先进基层党组织”。（帅栋梁）

【零售经营】 年内,阳泉石油分公司零售经营取得一定成绩。一是开展全员“加油站现场管理竞赛”活动。通过开展全员技术比武初赛和现场管理考评、县区公司循环交叉检查的方式，所有加油站站长、记账员、计量员、发卡员、加油员及便利店员分岗位进行考核,参考人员达到412人,提升加油站员工的岗位技能和业务素质。二是借助外部资源,深推IC卡应用。通过开展邮储银行“悦享加油”加200元返30元,电信“翼支付”充值立返4%,鼎昌汽车家园“加汽油送机油”,平安办保险送加油充值卡活动,交叉借力营销，提升IC卡客户的服务内容;携手阳泉音乐广播电台,在义井、公园、小阳泉加油站举办“一定钟情 爱上1006走进中石化”专题活动,提高中石化的客户满意度和知名度,带动销量提升。三是加油站发展实现新突破。利用4个月的时间新增加油站4座并顺利投营，其中，收购盂县桃园加油站1座，经营租赁三联、前元吉、西小坪加油站3座。（帅栋梁）

【直销工作】 年内,阳泉石油分公司采取措施加强直销工作。一是优化客户经理薪酬，激发销售积极性。出台《阳泉石油分公司直销客户经理薪酬考核实施办法》，逐月根据销量进行业绩测评,最大限度地激发了客户经理的销售积极性。二是举办合作活动,情感维系大客户。举办“石化杯”战略合作企业体育友谊赛,稳定大客户群体。三是完善服务功能和监控预警。营业室开通“腾信通”短信平台和“手机银行”业务,完善销售过程监控、客户流程监控、外部信息监控、经营风险监控。（帅栋梁）

【非油品销售】 年内,阳泉石油分公司举办易捷商品推介会,促进非油品销售提升。此次活动以“优质服务树中石化品牌,诚信经营回馈山城人民”为主题,公司在推广自有品牌产品、易捷重点商品的基础上，开展油品知识、IC卡充值业务等宣传和咨询，推介企业经营优势。同时,品牌供应商和合作企业的经销人员在现场展示优质产品和企业文化。（帅栋梁）

【安全数质量工作】 年内,阳泉石油分公司推进安全数质量工作。一是抓源头,强化责任制落实。继续与21个专业管理部(室)、单位签订HSE数质量责任状,开展“知责、履责”安全生产无事故、安全文化建设、宣传贯彻新《安全生产法》等活动，油库每周一全员安全宣誓，每周五班组开展安全“微讲堂”。二是开展安全培训教育,提升全员安全技能。组织97名主要负责人参加了初训和复训,86名安全员参加了复训和换证再培训,办安全培训班8期,对429人进行培训,持证上岗率达100%。（帅栋梁）

【电子铅封管理制度】 年内,阳泉石油分公司对具备条件的21台车辆全部安装带有“GPS”定位系统的电子铅封设备。罐车电子铅封系统是借助GPS定位,罐车阀门只能在油库和加油站指定区域进行开锁,中途运输由电子铅封实施“监管”,有效减少监管成本,确保二次物流对各加油站和客户油品安全有序配送,保护企业和消费者的合法权益。电子铅封的使用规范了二次物流输转管理，为油品质量、油品安全提供保障。成品油公路运输油罐车监控系统运行以来,收到良好的效果。一是加强配送车辆运输过程的监控和管理,油品质量和安全得到保障。二是与手工封签相比,电子铅封操作简便、快捷,不仅减轻了员工的工作强度,也缩短配送车辆在油库和加油站的操作时间,提高工作效率。（帅栋梁）

【油气回收治理改造工程】 为落实《中华人民共和国大气污染防治法》以及省、市油气回收治理的总要求,2014年，阳泉石油分公司实施油气回收治理改造工作。一是储油库油气回收治理,采用浮顶罐储存汽油，发油时采用底部装油方式,装油时产生的油气进行密闭收集和回收处理;二是加油站油气回收治理,卸油产生的油气采用浸没式卸油方式并预留油气后处理装置接口,加油产生的油气采用真空辅助方式密闭收集,年汽油销量大于8000吨的加油站预留在线监测系统安装接口;三是油罐车油气回收治理,油罐车底部安装卸油系统及油气回收系统。通过改造,可实现从油库进油到油品加入汽车油箱之间的每一个环节都保持密闭,有效防止油气挥发到大气中,确保不污染环境。截至10月底,阳泉石油分公司投资1800余万元对在营的1座油库、63座加油站、9部汽油罐车全部进行油气回收治理改造,并通过工程验收。（帅栋梁）

【制度建设】 年内,阳泉石油分公司以从严管理为抓手,探索推行公司经营运行相适应的管理模式。一是强化监管督导，提升管理执行力。公司和县区公司每周召开例会,将加油站油品脱销问题列入经营事故处理，严肃追究责任单位，并连带经济处罚;制定加油站发电机维修办法和部门管理职责,消除影响零售经营的隐患。二是加大督查、检查和网上巡查的力度。全年开展各项安全检查30余次，开展设备专项检查2次、夜查19次、督查24次，提供督查图文资料300

余份，召开承包商专题会议4次，重点场所和施工安全得到有效监管。三是建章立制，完善管理制度。排查诊断和梳理已有的制度、方案、办法、规定439个，修订制度办法30个；组织对30座加油站的应急预案进行评审备案；新制定下发15个制度办法，建立从严管理的长效机制。（帅栋梁）

【党建工作】 年内，阳泉石油分公司党委开展丰富多彩的党建活动。一是围绕“四好”（政治素质好、经营业绩好、团结协作好、作风形象好）班子建设，提升整体合力。调整后的党委班子发挥党政班子整体合力，班子成员每周至少一次至两次到基层一线和加油站进行现场调研，研究制定经营管理措施。二是发挥工会作用，营造浓厚企业文化氛围。公司召开四届五次职代会，通过《阳泉石油分公司职工违纪违规处分条例实施细则》，并为职工建设“温馨之家”；为杨家庄、小阳泉等有水窖的中心加油站安装上水设施，为20座加油站安装自助锅炉，发放冬季手套600副；建设“健康之家”，利用流动体检车，将健康体检送到县区加油站。三是党建带团建，开展青年志愿者服务活动。公司团委组织青年志愿者开展“爱心加油站”活动，活动以“公益学雷锋，爱心加油站”为主题，以“爱心、贴心、暖心、关心”4项服务为内容，选取重要干线、车流量大的重点加油站为载体，开展爱心服务活动。基层两个团支部通过省级青年文明号的验收，并被中石化青年工作委员会授予“五四红旗团支部”称号。平定公司优秀青年聂建芬被省公司授予“最美青工”的称号。（帅栋梁）

粮油经销

【概况】 年内，阳泉市粮食局以构建“供给稳定、储备充足、调控有力、运转高效”的粮食安全保障体系为总目标，突出抓好宏观调控、深化改革、“粮安工程”建设、市场监管等工作，落实年度目标责任工作任务，粮食购销两旺，粮食储备充足，“一县一企”改革完成，粮食流通市场秩序良好，各项工作取得了一定成绩。全年收购粮食8.29万吨，销售粮食21.84万吨，应急成品粮储备5000吨。（赵晓娟）

【粮食系统机构改革】 根据中共阳泉市委、阳泉市人民政府阳发〔2014〕18号和阳政办发〔2014〕134号文件精神，市粮食局与市商务局合并，组建成阳泉市商务粮食局，正县级建制，为阳泉市人民政府工作部门。市商务粮食局将原市商务局、原市粮食局的全部职责划入市商务粮食局，取消国务院及省、市人民政府已经公布取消的行政审批事项，新增废金属的回收管理职责。内设办公室、规划财务科、市场秩序科、市场运行调节科、对外贸易科、外资管理科、对外经济合作科、开发区服务管理科、储备粮油管理科、粮食市场管理科等13个科室。行政编制39名，其中局长1名、副局长4名、总会计师1名、纪检组长1名。（赵晓娟）

【粮食收购】 年内，粮食部门采取多种措施推进粮食收购，保证种粮农民利益。全市各级粮食部门始终把抓好粮食收购作为工作重点，发挥国有企业主渠道作用，严格收购主体资格，检查收购行为，维护收购市场秩序。全年共收购粮食82850吨，完成目标任务50000吨的166%。（赵晓娟）

【粮食销售】 年内，市粮食局指导国有粮食购销企业开展以购代销、边购边销、加工转销等多种方式扩展粮食销售渠道，把握市场行情随行就市灵活销售，在稳定老客户的同时发展新客户。全年全市粮食系统完成粮食销售21.84万吨，完成目标任务13万吨的168%，产销衔接调入12.35万吨，完成目标任务9.5万吨的130%。（赵晓娟）

【原粮储备】 2014年，阳泉市市级储备原粮72340吨，其中小麦41590吨、玉米30750吨，储备规模和结构都不符合山西省粮食局要求。年内，阳泉市政府同意将新增1万吨小麦储备规模，同时调换市储玉米1万吨为小麦储备。调整之后，阳泉市小麦储备增加2万吨，达到6.16万吨，达到省政府规定的小麦稻谷储存比例不低于储粮总量70%的承储要求。（赵晓娟）

【粮油应急体系建设】 年内，全市粮食应急储备、应急加工、应急供应网点全部落实。全市完成应急成品粮储备5000吨，占全年目标任务2500吨的200%，应急面粉储备2000吨，应急大米储备3000吨，应急小包装食油储备950吨。按照每人每天0.5公斤口粮计算，能够保证全市130万人10天的应急供应。在考察摸底基础上，确定3个面粉加工企业网点、52个应急供应网点，应急加工能力达到每日300吨，能够满足城市居民人均0.38公斤的供应。（赵晓娟）

【粮油统计】 年内，市粮食局组织进行全社会购销存调查1次，为上级有关部门判断粮食形势提供准确、可靠依据。市财政拨付市级统计经费12万元，保障全市粮油统计工作的开展。截至年底，全市粮食库存37.53亿吨，其中，国有粮食收储和加工企业库存12.01亿吨，非国有粮食收储和加工企业库存2.99亿吨，转化用粮企业库存4762万吨，农户存粮21.06亿吨，城镇居民存粮9956万吨。（赵晓娟）

【粮油市场稳定】 年初，市粮食局下发《关于做好2014年“春节”期间粮油市场供应工作的通知》，安排做好粮油供应和市场监测、监管，采取有效措施稳定和丰富粮油市场。第一,引导粮食企业积极组织货源,加大市场投放量,增加粮油花色品种,满足群众多层次需求,确保粮油市场供应不断档、不脱销,保障节日粮油市场品种丰富。第二,按照市政府“两节”期间惠民供应的安排,国有粮食企业发挥主渠道作用,备足粮源,保证粮油质量,供应网点悬挂政府惠民供应标志,执行明码标价,落实惠民供应的各项措施,做好维护全市粮油市场稳定的主力军。市粮食局安排可动用市级储备小麦粮源1万吨用于加工面粉,动用市储成品面粉2000吨、大米3000吨、食用油600吨投放市场,所属面粉加工企业合理安排人力,满负荷加工生产,保障节日市场供应。（赵晓娟）

【粮食轮换】 年内,市粮食局按照国家有关轮换粮食品质要求,组织粮源,轮换工作按照规定时间完成。全年全市共完成42518吨粮食轮换任务,其中小麦18018吨、玉米24500吨。（赵晓娟）

【仓储安全管理】 年内,各储粮单位严格遵守储备粮管理各项规定,加强以标准化、精细化管理为核心内容的储备粮管理制度体系建设,保证承储的各级储备粮落实到位。第一,贯彻“以防为主、综合防治”的保粮方针,实行粮食安全保管责任制,加强对储粮的日常管理,对所有储粮进行品质检测,完善粮食质量档案,准确掌握储粮的保管情况,确保库存粮油始终处于安全状态。第二,探索推广科学保粮技术。采用微机测控系统测温和手动电子测温相结合、机械通风和自然通风以及全仓密闭相结合的办法,探索低温储粮、绿色储粮新方法;利用冬春季空气干冷的气候特点,科学地利用机械通风和自然通风等降温措施,解决了新轮换入库小麦温度偏高,水分不均匀的问题;采取塑料薄膜压盖技术进行试点。同时,对原有微机测温系统进行改造,升级为无线测温系统,完成全部库房的安装工作并投入正常使用。年内,市粮食局组织“四无”(无虫蛀、无霉变、无鼠害、无雀扰)粮仓检查2次,通过检查,各储粮单位账实相符,账、表、卡、牌规范,“一符六无”(账实相符,无害虫、无变质、无鼠雀、无事故、无陈化、无污染)粮仓达标率98%,高出目标任务2个百分点,“三专四落实”(专仓、专人、专账管理,品种、数量、质量、储存地点落实)率达100%。（赵晓娟）

【危仓老库改造】 6月底,市粮食局2013年危仓老库维修改造项目全部完成建设,省拨付资金100万元,实际投资242.7万元。阳泉国家粮食储备库投资完成1#至4#库的仓房外墙保温、摩天涂料、更新密闭保温门窗和自制防雀门、机械通风口安装;阳泉西河滩国家粮食储备库完成1#至6#房式仓、12#库房墙体隔热维修、门窗隔热保温,12#库顶及仓房内部维修;盂县库完成防潮层处理、屋顶翻修、门窗更换、消防设施配置维修项目。7月初,由市粮食局局长姬德耀为组长的危仓老库维修改造项目验收小组对3个项目的建设和完成情况进行验收。同时,郊区粮食局对白泉、杨家庄库点仓房库顶进行防漏处理,更换库房门窗、落水管,安装防盗门,改善储粮存放条件。平定县粮食局投资10万余元对张庄、岩会库点窑洞作了防水处理以及为锁簧库点购置机械通风设备。此外,确定阳泉国家粮食储备库、平定县张庄库、郊区粮油收储中心为2014年度“粮安工程”提升改造项目工程建设单位,落实项目资金80万元,工程于2015年开始动工。（赵晓娟）

【农户科学储粮工程建设】 2014年是农户科学储粮工程建设的第三年,市粮食局争取到农户小粮仓项目指标2000套,其中平定县、盂县各1000套。按照“政府引导、农户自愿、财政补贴、农户筹资”的原则,通过政府招标确定供应商,按照相关建设标准制作“小粮仓”,每户农民消费几十元就可获得造价400多元,使用寿命10年左右的“小粮仓”。在实施中,市粮食局组织人员入户调查摸底,向农民宣传“小粮仓”相关知识;严格验收,保证工程质量;遵守发放程序,保证顺利发放;建立农户电子档案,做到档案齐全。年底,2000套小粮仓发放完成。（赵晓娟）

【国有粮食企业改革】 年内,盂县粮食局完成“一县一企”改革。将乌玉粮站、秀水粮站、盂县粮油批发市场合并重组为一个龙头骨干企业乌玉粮站,下设8个库点,即秀水库点、路家村库点、牛村库点、土塔库点、南娄库点、上社库点、东梁库点、宋庄库点。改革后的粮食企业资源得到有效整合,企业竞争能力得到提高,2014年实现利润14万元,较上年增长75%。郊区粮食局对各库点核实财产账目,明确责任人,做到资产登记清晰、账实相符,出台《郊区粮油收储中心企业构架、组织机构及人员构成的实施方案》,任命企业负责人,完善企业的内部机构设置,制订出台一系列规章制度办法,现代企业制度逐步建立。（赵晓娟）

【粮食经济】 年内,阳泉市国家粮食储备库和西河滩国家粮食储备库结合实际,采取相应措施,提高生产品质,拓展销售市场,实现经营效益。西河滩国家粮食储备库以市场为导向,以健康消费为引领,对面粉生产许可QS证进行审核认证;做好面粉市场信息的收集,为面粉经营提供及时有效的信息服务;加强工艺管理,确保面粉质量稳定;实施品牌战略,投资10万元在电台、电视台做宣传,配备货车,改善配送条件。全年加工小麦3005吨,实现利润60万元,年人均收入3.6万元。阳泉市国家粮食储备库严把小麦质量关,采购优质小麦搭配加工;加强成本核算，彻底改变“盈亏糊涂账”的局面；到企业、社区开展面粉直销活动，开拓市场，提高市场占有率；把握全省军粮供应生产厂家的有利条件，为全省7个地市的军粮供应站配送面粉1006吨；采用经销商代理制，“三虎”面粉增加4个销售品种，并进入“新世隆”“天利”“北国商城”等大型超市，结束阳泉本地超市无本地面粉品牌的局面；加工救灾粮100余吨，树立良好社会形象。全年面粉厂购入小麦4600吨，实现利润29万元，年人均收入3.3万元。两库全年加工小麦7608吨，比上年增长20%，实现利润89万元。（赵晓娟）

【主食产业化建设】 为加快转变粮食产业发展方式，促进粮油加工产业转型升级，适应城乡居民对主食口粮消费的新需求，年内，市粮食局采取各项措施，推进主食产业化发展，全面提升城乡居民口粮供应保障能力。经过悉心调研考察，选取山西省三来食品有限公司、平定县众口福食品开发有限公司和盂县千千晨晨食品厂作为扶持企业。三来食品有限公司被选取作为主食产业化对象，并获得省粮食局扶持资金100万元。平定县粮食局与众口福食品开发有限公司联手，投资800万元，建设发展主食产业化便民放心早餐工程。（赵晓娟）

【粮食监管】 年内，市县两级粮食局全部成立监督检查科室并落实编制12人，市粮食局、平定县和盂县粮食局稽查队新增16人，监管体系进一步强化，同时配备行政执法终端，可实现现场传递执法数据。市、县（区）粮食管理部门重视粮食行政执法工作，按照国家法律法规赋予的职责，开展粮食行政执法活动，规范行政执法。（赵晓娟）

【粮食宣传活动】 6月10日至20日，阳泉市粮食局举办以“尚德守法 提升食品安全治理能力”为主题的粮食食品安全宣传周系列活动。宣传周期间，市粮食局组织活动10次，出动人员53人次，制作张贴标语6条，制作专题展板5块，发放宣传册3400多份，接待群众咨询900余人次。6月18日，市粮食局在机关门口进行粮食主题日宣传，向市民宣传《中华人民共和国食品安全法》《粮食流通管理条例》等相关法律法规以及粮油质量安全和科学储粮知识，并组织市粮食局直属两家面粉生产企业通过产品展示，现场解答群众提问，宣传粮油安全质量卫生知识，增强消费者自我保护意识和能力。10月13日至19日，市粮食局开展“节约一粒粮，我们在行动”和“家庭农业—供养世界 关爱地球”宣传活动，发放宣传资料1500册，接受咨询群众300多人次。郊区粮食局在郊区实验小学和育才小学举办专题征文，收回征文1080篇。年内，在国家粮食局、教育部、共青团中央组织的“爱粮节粮”主题动漫宣传片制作活动中，市粮食局创作的《五谷为养 爱粮惜粮》动漫片荣获三等奖。（赵晓娟）

【粮食行业职业技能大赛获奖】 11月14日至16日，在全省粮食行业职业技能大赛中，市粮食局代表队获集体二等奖，西河滩国家粮食储备库张玉珍获检验组个人一等奖，西河滩国家粮食储备库李艳霞获检验组个人二等奖，阳泉国家粮食储备库李建卫获保管组个人三等奖。此次比赛是由山西省粮食局、山西省人力资源和社会保障厅、山西省总工会、共青团山西省委共同主办，比赛分为粮油保管组和粮油质量检验组，内容为笔试和实际操作，阳泉市粮食系统有6名技术骨干参加比赛。（赵晓娟）

供销合作商业

【概况】 阳泉市供销社（阳泉市供销合作社联合社）下设郊区、平定县、盂县3个县区社，以及农业生产资料有限公司、土产日用杂品有限公司、储运公司、烟花爆竹专营有限公司、日用杂品有限公司、物资回收有限公司、小商品批发公司、佳佳美超市有限公司、天元公司9个市级直属企业，20个县级直属企业，40个基层供销社，各级各类经营服务网点600余个，全系统干部职工2000余名。2014年，市供销社围绕全市农业产业化发展的特点，发挥供销社在农业社会化服务和农村流通中的重要作用，抓好4项工作。一是农村便民店及配送中心建设规模扩展，上档升级；二是参与组建各类农村合作组织，规范发展，示范带动；三是社区蔬菜小杂粮便民店建设巩固发展，继续推进；四是循环经济园区建设加快推进，再上新的台阶。全年商品销售总额实现142058.9万元，农副产品购进实现9318.2万元，农资销售实现13836.9万元，实现利润127.2万元。（刘 伟）

【社区蔬菜小杂粮便民店建设】 年内，市土产公司在规划、城管、办事处、社区等有关单位的支持下，建成配送、分拣、周转仓库840平方米，在居民流动集中区建起蔬菜批零市场2个，社区建成便民蔬菜店110个，实现全市主要社区全覆盖。春节期间，按照政府要求供应6种限价蔬菜31万公斤，补贴菜价差额15.8万元，为平抑蔬菜价格发挥积极作用。（刘 伟）

【农村便民店建设】 年内，市供销社在已有建店数量和规模的基础上，加快农村便民店标准化、信息化建设，同时，按照基础设施、经营品种、配送比例、服务质量等内容对便民店进行五个星级的评定。截至年底，全市800多个便民店达到三星级以上标准的占到70%以上。全市各个乡镇逐步建立小区域配送中心，配送品种增加，服务质量改善，做到点、面、网同步，数量与质量同步,规范与提升同步,配送率与覆盖面同步,经济效益与社会效益同步。同时,以便民店为依托,打造统一的电子商务平台,平定县供销社建立以销售地方土特产为主的“平供易购”电子商务网站;以乡镇供销社的便民店为载体,建设和改造孙家庄、牛村、苌池、西南舁、锁簧等农村综合服务中心,开展“一店多能、一网多用”,提升对农民的综合服务能力。（刘 伟）

【专业合作社建设】 截至年底,全市有核桃、小杂粮、养殖等各类专业合作示范组织38个，入社农户3000余户，带动相关农户7000余户,在全市农村形成较大的辐射带动范围,提高农民的组织化程度和生产经营水平,推动农业产业化经营,促进农业结构调整,成为政府与农民密切联系的桥梁和纽带。由市农资公司领办的市萌生马铃薯专业合作社，拥有各类农机具46台(套)，组织农民种植新品脱毒马铃薯12.5万公斤,推广种植谷子等小杂粮新品种33.33公顷(500余亩),发展成为国家级农民专业合作社示范社。（刘 伟）

【农资供应】 年内,市供销社系统组织开展各类农资的供应工作。各级供销社及农资公司到用肥量较大的乡村、农户家中,了解农民对春耕化肥的需求，根据用肥情况，多方筹措资金,从正规渠道和大型化肥生产企业进货,尽量减少中间环节，精打细算压缩各种费用,消化价格上涨因素，让利于农民,确保农民用上放心肥、优质肥。平定县、盂县农资公司投资新建规模较大的农资配送中心,郊区供销社也在较为偏远的西南舁乡建起农资服务中心,进一步强化配送能力,并在抓好化肥经营的同时,以市场为导向,选择引进不同的玉米优良品种,向农民推广。全年市供销社系统共销售、储备各种化肥1万余吨,保障农业生产需要。（刘 伟）

【农民科学种田培训】 2月22日，市供销社农资公司在盂县西烟镇南头村举办科技培训交流会,山东大学教授、北京绿得利有限公司技术员,市农委、市科技局、市供销社相关人员,南头村支两委负责人及当地种粮大户代表等100余人参会。会上,有关专家教授讲解科学种田知识,化肥生产厂家介绍其化肥质量和效能,农资配送中心负责人介绍了化肥配送的服务内容,还重点介绍阳泉市第一台移动测土配肥仪,此仪器可解决农民盲目使用化肥的问题。各位种粮大户也向专家教授请教遇到的疑难问题,专家教授分别给予解答。通过培训会,与会的农民学到更多科学种田的知识。（刘 伟）

【天元城市矿产资源循环利用产业集聚区项目】 3月19日，山西省天元绿环科技城市矿产资源循环利用产业集聚区项目在平定县张庄工业园区奠基。集聚园区项目规划投资21.5亿元,占地66.67公顷(1000亩)。6月27日,省长李小鹏到该项目区调研指导，要求进一步强化开放意识、创新意识,充分发挥区位优势、资源优势,抓好这一生态环保项目,加大转型力度,加快发展速度。

山西天元集团是全省循环经济试点企业，是以家电连锁销售为主业,集房地产开发、汽车销售、金融服务和回收拆解及再生资源加工等多元化产业于一体的综合型股份制企业。近年来,天元集团凭借自身优势，与浙江慈溪多家家电龙头制造企业达成合作协议，建设城市矿产再生资源循环利用产业集聚园区项目,此项目被列入国家环保名录,取得了专业资质，并享受国家基金补贴。2014年,天元集团的收购网络扩展规模，在省内外建立100多个收购网点,形成较大的辐射范围。全年共回收各类废旧电器140万台，拆解135万台，比上年增长70%。年内，利用再生原料生产的洗衣机实现正常销售。（刘 伟）

【供销系统发展】 年内，平定县供销社强化为农服务功能,投资1000余万元建成农资物流配送、再生资源加工基地，并针对县域农业经济特点,重点参办、合办核桃、小杂粮、蘑菇种植等专业合作社。盂县供销社投资600万元,新建面积2180平方米的库房,占地面积8000平方米的农资配送中心，并对县城内的资产及较大的基层社进行开发改造。郊区供销社强化对基层社的资产管理,将有关房产、土地证件收回集中统一管理,并补办有关证件,确保社有资产的保值增值。市供销社佳佳美超市和小商品公司对原卖场进行改造,使美特好超市顺利入驻经营，实现小商品楼租赁户变更,增加收入。烟花爆竹公司建成占地面积2.4万平方米,建筑面积2148平方米的高标准烟花爆竹仓库,解决了多年来困扰企业发展的瓶颈问题。储运、日杂等市供销社直属企业不断挖潜改造,提升质量,实现资产效益的最大化。盐业公司强管理,抓质量,提效益,使全市人民吃上优质放心盐。（刘 伟）

药材经营

【阳泉药材公司概况】 2014年,阳泉药材公司为适应药材市场变化,采取措施,化解不利因素,做好企业改革改制、GSP认证、市场开发3项重点工作,企业经营工作逐步稳定。全年营业收入实现4285万元,较上年的4725万元减少9.3%；利润为亏损108万元,较上年减亏31.4万元;净资产收益率-24.58%;在岗职工工资兑现率100%。（郝晋辉）

【企业改制受阻】 年内，在上年企业改制准备工作基础上，阳泉药材公司多次与山西金地集团公司进行沟通，并召开专项工作会议洽谈企业改制合作事项，针对合作方提出的要求,公司逐步进行落实,通过多轮磋商合作协议基本达成。但是,由

于金地集团公司内部突然发生变故,致使双方的合作无法进行,企业的改制工作陷入停滞。(郝晋辉)

【企业经营】 年内,阳泉药材公司调整经营思路,提升企业经营实力。第一,加大与大型医药企业联系,提高企业经营能力。与国药山西有限责任公司签订1000万元的基药配送协议,既加大了与大型药企的合作力度,也使企业实际经营运行效率大幅提升。第二,集中力量,提高对大中型医院的配送能力。公司经营人员经常到各大医院了解需求,并根据各大医院的需要及时、快速、准确为其配送优质的药品,2014年对各大医院的销售收入稳步提高,销售收入占到公司总销售收入的75%。第三,协调配合,扩大企业基药配送能力。为扩大基药配送能力,公司成立专业配送队伍,增加基药服务网点和服务人员,配送规模逐月增加。2014年共经营基药品种达800余种,基本包括国家基药的全部品种,为全市900多个医疗卫生单位(包括社区、乡镇卫生院所)配送基药,覆盖面达到95%以上。 (郝晋辉)

【GSP认证工作】 年内,为了加强新版GSP(《药品经营质量管理规范》的英文缩写)认证,阳泉药材公司做了以下工作。第一,成立以总经理为组长的实施GSP认证工作领导组,领导公司GSP认证工作。要求企业领导要加强自身的学习,提高对GSP认证工作的认识,加强对职工的教育和管理,将GSP认证工作落实到每一个人每一个岗位,每一个职工都投入到GSP认证的工作中去,做好GSP认证工作。同时,公司设立的GSP认证工作领导组经常深入到各部门各岗位中去检查企业GSP认证工作进展情况,并对在实施GSP认证工作遇到的问题进行指导,及时解决问题,加快认证工作速度,保证GSP认证工作按期完成。第二,按照GSP标准,公司投资200余万元对所涉及需要改进的硬件、软件进行改造和规范。一是在硬件方面,根据药品储存要求新修建一个冷藏库,并分别在各个库房安装防尘门、温湿度实时监控系统,购置冷藏车、冷藏箱、备用发电机和麻醉药品、精神药品运输专用车等。公司所属天泰零售总店投入40余万元对药店门面进行改造装修,增置阴凉柜等设施。二是在软件方面,对已有的规章制度、操作规程、工作流程等进行全面检查,对不符合GSP要求的重新进行修订。对计算机管理软件进行升级,经营风险控制点的选定及防范工作已制定,对不符合规定的供应商、客户进行清理。三是及时对人员进行调整。根据要求公司对企业质量负责人及质量管理员、药品验收和养护人员进行调整、变更。四是加大培训力度,对相关人员进行培训。公司先后选派6人分两批次参加山西省食品药品监督管理局组织的新版GSP培训,选派5人参加市食品药品监督管理局组织的新版GSP培训。同时,公司还对企业全体业务经营人员进行新版GSP培训,为企业GSP认证打下基础。第三,对挂靠现象进行清理。根据新版GSP要求,药品经营单位不允许有挂靠现象存在。因此,公司通过强制措施将挂靠在公司的经营人员全部清理出公司,规范企业的经营行为。

通过一系列工作,公司完成GSP认证准备工作。9月底完成上报工作,10月29日、30日,经省药监局GSP认证验收组检查验收,公司达到新版GSP要求,GSP认证工作完成。 (郝晋辉)

【职工利益维护】 年内,为维护广大职工利益,做好企业稳定工作,阳泉药材公司采取一系列措施。一是完善企业信访工作制度。根据企业人员变动情况公司调整信访领导组,对职工关心的热点难点问题,能解决的及时给予解决,不能解决的及时与职工进行沟通,以取得职工理解。全年公司的经营局势基本稳定。二是为保证医疗保险金和大病统筹金能够按时缴纳,公司在资金紧张的情况下,筹集资金38万元,优先用于医疗保险的缴纳,为职工特别是大病的职工解决实际困难。三是为稳定职工队伍,提高职工工资收入,企业人员全年人均收入提高8.2%,既增加职工的收益,又稳定职工情绪。四是以维护职工合法权益为重点,为职工办实事办好事。年初公司筹集资金12万元,解决部分退休职工代垫养老金问题;10月筹集资金15万元,解决部分职工住房集资款问题;为217名职工办理大病互助,减轻企业和个人负担;在重大节日期间对离退休老干部和困难职工开展送温暖走访慰问活动;为5名职工办理特困证,使其可以享受政府和企业帮助。(郝晋辉)

【企业安全】 年内,阳泉药材公司安排部署“安全经营、杜绝事故、力保平安”活动。第一,建立健全各项安全经营的规章制度,并要求将安全措施落实到位,各部门、单位要根据有关规定,排查安全隐患,对发现的安全隐患及时采取措施进行整改,把隐患消灭在萌芽状态。第二,公司根据领导人员变动情况及时调整公司安全工作领导组,并由公司法人与各单位、经营部门签订“社会综合治理责任认定书”和“安全责任书”,领导组定期不定期对各单位、部门的安全工作进行检查。1月21日、8月26日、9月29日和30日对库区、经营场所以及零售药店的安全情况进行检查,对检查出的安全隐患限期进行整改。全年公司安全经营工作良好,未发生任何安全经营事故。 (郝晋辉)

盐业专营

【概况】 2014年,阳泉盐业分公司购进各种盐11404吨,完成年计划的82.5%,比上年减少3128吨。其中,食用盐购进5559吨,完成年计划的73.7%,比上年减少1632吨;工业盐购进5644吨,完成年计划的95.3%,比上年减少1533吨;软水盐购进62吨;畜牧盐购进139吨。

全年销售各种盐13806吨,完成年计划的92%,比上年减少484吨,其中,精工盐销售934吨,完成年计划的163.9%,比上年增加438吨。食用盐销售6664吨,完成年计划的84.4%,比上年减少237吨,其中,入口食盐销售6169吨,完成年计划的79.9%,比上年减少462吨,食品加工盐销售495吨,完成年计划的275%,比上年增加225吨。畜牧盐销售171吨,完成年计划的47.8%,比上年增加66吨。工业盐销售6920吨。软水盐销售51吨。 (王美卿)

【工业盐销售】 年内,为适应小工业盐经营政策的调整,阳泉盐业分公司从优质服务、规范管理、客户经理入手,根据阳泉工业盐市场特色(即国有企业居多,大中型用户为主),做了3项工作。一是对阳煤热力公司、市热力公司实行全面配送,配送网点达到197个;二是变客户取票为上门送票;三是对客户服务实行高规格讲实效,公司经理、副经理分别是用盐大户的客户经理,业务科长、配送中心主任每周到现场指挥配送并征求意见。(王美卿)

【内部管理】 年内,阳泉盐业分公司从标准化、制度化和规范化入手,实行预算管理,堵塞财务漏洞,提高效益。一是编制预算草案,由部门负责人签字,再由直接经手人签字,然后交财务科审核,经理办公会讨论后由经理签字执行。二是超出预算的不仅按上述程序签字批准,还要书面注明特殊原因。这种自上而下、自下而上的签字批准程序不仅提高财务管理科学性,而且便于群众监督,有效堵塞财务漏洞,防范和化解财务风险。在全年购进、销售、利润大幅增长的同时,费用水平比上年下降17.47%。 (王美卿)

烟草专卖

【概况】 2014年,山西省阳泉市烟草专卖局(山西省烟草公司阳泉市公司)突出抓好"市场营销、内外监管、基础管理、队伍建设"4项重点工作,确保全年各项任务指标全面完成。全年全市销售卷烟51190箱,比上年增长1.02%;实现税利2.51亿元,比上年增长8.05%;三项费用率(管理、销售、财务)为6.76%,比上年降低0.64个百分点。 (赵丽娟)

【卷烟经营】 年内,卷烟营销工作围绕品牌开展分析、预测,依据品牌表现开展营销策略会商、会诊;加大工商协同力度,一对一与工业厂家就品牌、销量、库存进行沟通,以市场需求为导向,精准货源,优化策略,构建主流价位卷烟规格梯度。截至年底,全市营销规格优化到126个(不含雪茄烟、细支烟、外烟),比上年减少2个。同时,以"开发区零售终端示范区"为引领,突出终端"一店一特色",运用"四网合一"(网上订货、网上营销、网上配货、网上结算),发挥终端优势,持续推动网建向高水平、高标准延伸。此外,围绕精益物流,优化送货线路7条,扩展"8小时配送"范围,激励员工"比赶超",创新研发"车辆限位杆"及"卸货加长滑轨",突出费用管控和定额管理,推动非法人实体化运作水平提升。 (赵丽娟)

【专卖管理】 年内,阳泉烟草公司以强化管理服务为目标,召开布局听证会,规范证件管理;以规范执法为重点,上线电子询问笔录系统,配置执法记录仪,强化涉烟案件规范取证;以创新管理为手段,组建开发区稽查中队,推行市场监管同专卖稽查分离模式,集中开展清理整顿卷烟市场专项行动,构建"打击严厉、管理到位、疏导及时、服务周到"的监管体系。在内部监管上,紧抓卷烟"购进、仓储、销售"环节,完善内管监管措施,积极探索非现场监管模式,确保卷烟销售入网入户落地。全年共计查处违法案件420起,查扣违法卷烟451.1万支,涉案金额282.25万元,其中真烟案件358起,涉案金额243.58万元。破获网络案件1起,查获假烟20余万支,涉案金额30余万元。 (赵丽娟)

交　通

铁　路

【阳泉火车站概况】 截至2014年末，阳泉火车站行政机构设办公室、劳动人事科、计划财务科、安全科、安全监控室(2月13日成立)、技术科、施工管理室(2月13日成立)、运输和统计科、乘务管理室(4月4日成立)、职工教育科、信息技术科、经营开发科、综治环治办公室(4月11日成立),党群组织设党委、纪委、工会、团委,辖党群工作办公室;下设阳泉调度车间、运转一车间、运转二车间、运转三车间、客运车间、阳泉北站车间、货检车间、白羊墅运转车间8个车间;石太线中间站有头泉、上安、岩峰、井陉、南张村、井南、南峪、娘子关、程家、下盘石、岩会、乱流、赛鱼站及支线上新井、凤山15个车站,共计149个生产班组。多元经营企业有阳泉铁路实业总公司和阳泉、白羊墅2个劳动服务公司。年末职工总数2008人,其中干部354人、女职工143人,党员771人、团员106人,高、中、初级专业技术人员分别为2人、54人、141人。年内,阳泉站运输收入416477万元,其中客运收入13460万元、货运收入403017万元;运输总支出37748.37万元;运输业劳动生产率5.84次/人日;非乘务单位担当动车、高铁人员劳动生产率1.23万辆千米/人;旅客发送量261.2万人,其中阳泉79.2万人、阳泉北125.5万人、管内石太线各中间站56.5万人;货物发送4053.8万吨;日均装车1662车,日均卸车234车,静载重66.8吨;中转时间3.4小时、停站时间18.5小时,日办理车7134辆。多经总收入4421万元,利润7万元。截至年末,阳泉站实现安全生产连续1777天。　(武海生)

【设备管辖及任务担当】 阳泉站横跨山西、河北两省,管辖石太线和石太客专线部分区段,中心里程位于石太线107千米+300米,车站等级为一等站,业务性质为客货运兼办的综合性车站,技术性质为编组站。阳泉站主要客运设施有候车室4个,行包房2处,旅客站台30个,旅客天桥通道2座;旅客地下通道3个、站台雨棚阳泉站2座;主要担负着阳煤集团所属一矿、二矿、三矿、新景矿,国有统配煤矿荫营煤矿、固庄煤矿、南煤集团(南庄煤矿)及阳泉市煤炭运销公司、晋中煤炭运销分公司的煤炭外运组织任务;石太线阳泉站管辖沿线内各中间站的旅客运输、货物到达和外运;阳泉境内、晋中市昔阳县与河北省井陉县周边地区的石油、化工、煤炭、非金属矿、矿建及军运物资的到发;部分上下行货物列车解体和编组及中转等技术作业。

阳泉北站位于石太客专线108千米+400米,地处阳泉市西北部,距市中心46千米。主要客运设施有旅客候车室1个、售票处1所、扶梯5部、旅客站台2个、雨棚2座、旅客地下通道1个。主要办理旅客到发业务,办理客运固定旅客列车53对,其中高铁17对、动车3对、普速车31对、动检车2对,日均发送旅客3438人。　(武海生)

【生产力布局调整】 根据北京铁路局机构编制委员会《关于调整局管内高铁(客专)部分房建设备维修管理分工的通知》,自6月24日18时起,将阳泉北站(客专)部分房建设备维修管理整建制由石家庄建筑段划归阳泉站管理,所属干部职工8人相应划入。　(武海生)

【调车实训基地建设】 4月,阳泉站筹建调车综合培训基地,并由车站职工教育科牵头、办公室协调,安全、技术、计财、基建等部门配合,阳泉站前后投入400余万元,展开阳泉调车实训基地建设工作。7月底,

交通
邮电

调车综合实训基地建设相配套的阳泉铁路宾馆、车站单身宿舍、改造后的教室、学员洗浴、教学用具等后勤保障设施设备到位,调车实训基地具备开通使用要求。在调车牵引动力选择方面,经过综合比选和多方协调,阳泉站联系利用石家庄供电段报废轨道车作为调车实训牵引动力;在调车理论培训基地建设方面,完成学员宿舍整治、生活备品配备、公共饮水设施安装、配套教学用具配置等工作;在调车实训基地建设方面,完成调车通道铺设、现场环境整治、有关设备改造、牵引动力整修等基础性工作。10月8日至11月15日,调车实训基地共承办3期铁路局车务系统调车人员强化培训班,计147人。11月10日,铁路总公司运输部副主任诸建平带队,组织全路18个铁路局运输处负责人到阳泉站召开调车实训基地观摩研讨会,现场参观调车人员实训教学过程,听取了车站建设调车实训基地的工作汇报,并结合车站调车实训基地建设、使用、管理情况进行了研讨。(武海生)

【**高铁值乘**】 3月10日,阳泉站完成《关于非乘务单位担当高铁值乘任务的初步实践与思考》的报告并上报路局,得到路局肯定。4月4日,根据北京铁路局《关于公布非乘务单位担当动车组列车客运乘务员工作管理办法的通知》文件精神,阳泉站抽调人员,并进行整章建制、思想教育、业务培训等相应配套工作。14日,阳泉站高铁值乘首发仪式在阳泉北站举行。自15日始,由阳泉站机关组成的27名高铁值乘人员担当北京西—太原G91、G617,太原—北京西G610、G626列车往返值乘任务。(武海生)

【**多种售票方式**】 年内,阳泉铁路部门推出网络、手机客户端、电话、窗口4种售票方式方便旅客。随着人们生活水平的提高和观念的更新及智能手机的普及,通过互联网和手机客户端购票的旅客日益增多。2014年,阳泉站售票2951564张,其中网络售票693049张,占到23.5%。电话订票具有不到现场排队、实行“通订通取”即可在异地订、取火车票,旅客凭订票时使用证件、订票单号及实际乘车人有效证件取票。窗口售票预售期为58天,比网络售票和电话订票迟2天,需到窗口或代售网点排队购票,耗时长但可直接和售票员沟通,选择更加适合自己的车次,也可选择购买上中下铺位车票。多种购票方式为旅客提供了更多选择,同时火车票预售期的延长也让春运火车票“一票难求”的情况得到缓解。(冯梦琪)

公　路

【**阳泉市交通运输局概况**】 2014年,全市交通运输系统推进交通项目建设、运输服务业转型发展、交通运输市场监管等各项工作,打造综合交通、智能交通、绿色交通和平安交通,完成省、市下达的各项任务。

基建项目　续建、新建项目32个,总投资223.8亿元,总建设里程约298.3千米,累计完成投资约146.85亿元,2014年完成投资约32亿元。重点项目白羊墅2号、3号桥改造按期完工,郊区漾泉大道第一、二标段3.9千米道路工程建成通车,平定药林寺旅游专线、广阳路配套工程全面完成,阳左高速、阳泉西环高速公路建成投入运营。续建新建项目中,阳泉汽车客运南站主体框架结构基本成型,完成投资1亿元;五渡公交停车场开工,完成投资762万元;五盂高速公路主体完工,控制工程佛岭隧道贯通;阳盂高速平定北互通连接线,累计完成投资约19550万元,实现全线路基和桥梁通车;太阳高速盂县南出口至水神山公路完成路基工程量80%,完成投资1.01亿元;盂县天然气公司至藏山游园外环路续建累计完成工程量85%,完成投资3100万元。重要项目中,按照市政府分工安排,市交通运输局迅速展开阳大铁路(阳泉至昔阳县大寨)前期协调工作,对阳大铁路东站交通枢纽等项目可行性进行研究;阳盂高速义井口连接线工程可行性研究报告通过省厅专家评审,环评、土地预审在进行中,水土保持方案在编制;郊区东城科技大道完成初步设计;省道盂榆线盂县南娄至西小坪二级公路工程进入工程招标阶段。农村公路固定资产完成投资30421万元,完成目标152%;改造建设农村公路36.1千米,完成目标的181%。危桥改造投资4189万元,改造四、五类危桥43座3983.8延米。安保工程完成306.4千米,更换标志牌1436块,修复3座隧道和改造1座明洞。3个县(区)及32个乡(镇)全部建立农村公路管理机构。各县(区)、乡(镇)政府落实养护管理责任,养护管理工作纳入年度目标责任考核范围,农村公路列养率达100%,经常养护率达98%。县乡公路平均好路率达83%以上。年内,共创建文明路666千米,其中县道文明路392千米、乡道文明路175千米、村道文明路99千米。

运输服务　全市道路运输完成货运量4489.49万吨、货物周转量367122.98万吨千米,分别增长11.3%和10.6%。道路客运完成客运量2042.42万人、旅客周转量61354.81万人千米。市公共交通新开通公交线路12条,合理调整19条,农村客运线路公交化改造20条,全市公交线路121条,市县公交线路合理划分、相互衔接。郊区政府与市公交公司合作,实施“村村通公交全覆盖”工程,由市公交总公司投入车辆149辆,开通通村公交线路40条,“村村通公交率”达96%,基本实现全覆盖。3个农业县区均成立城乡客运公交公司,32个乡镇全部实现乡镇通客车。公交客运场站布局趋于优化。规划建设的阳大铁路火车站、阳泉客运东站和桃北东路公交停车场形成新的交通枢纽,阳泉公路客运南站和规划建设的客运北站，4 个公交首末站，构筑起城乡公交运营服务联网大格局，更加方便乘客集散和换乘。全市出租车保有量 2236 台，部分出租车引进“快的”“滴滴”软件，满足了市民个性化出行需求。物流业服务健康发展，积极引导货运企业向综合物流服务商转型。新泉物流公司初步建成集运输、维修、配送、仓储为一体的物流园区。省运阳泉公司与广州物流协会合作，筹建以阳泉为中心、辐射周边地区的“北货南下，南货北上”物流综合服务分拨中心。

智能交通　年内，市交通运输系统以新建、整合、提升信息管理平台为抓手，努力提升信息化水平，加强“智能交通”建设。总投资 1040 万元新建公交智能调度管理系统，机房建设、数据中心软件安装部署、网络通信等工作全部完成，1 路、10 路、12 路车完成试运营。投资 120 万元启动建设农村公路综合信息服务平台项目研发，建立 5 个数据库群，20 个数据库，涵盖农村公路规划、建设、养护、管理、服务等信息。提升完善路政治超系统，实现对 7 个公路超限检测站和 5 辆流动稽查车的远程实时监控。对全市源头治超系统、GPS 安全监管系统进行升级改造，实现“二合一”功能，完成立项审批及组织实施政府采购程序。同时，完成了全市道路运输驾驶员从业资格管理系统升级改造，对 11 所驾校 616 辆教练车学时计时设备、159 台驾培模拟器进行了更新。

运输管理　根据省交通运输厅“管理提升年”活动要求，市交通运输局将管理、服务、执法融为一体，全面提升企业管理、行业管理、内部管理、执法管理水平。制订下发《关于进一步规范农村公路工程施工许可管理工作的通知》，实施农村公路建设市场准入和施工许可制度。按照《阳泉市农村公路建设信用评价实施细则(试行)》，对已竣工和在建工程开展农村公路建设工程信用评价工作。源头治超严格落实“黑名单”管理制度和“一超六追究”制度(追究车辆、驾驶员、运输企业、源头企业、主管单位、辖区乡镇)，建立健全政府主导和部门联动治理机制及全市治超监管电子台账，共组织专项检查 15 次，巡查源头企业 6725 个次，巡查人数 9787 人次。路面治超采取固定检测与流动稽查相结合的方式，开展短途驳载非法超限超载整治行动，重点打击绕行、闯卡、不进站检测的违法行为，确保超限超载率控制在 0.2%以内。大村收费站依法征费、应征不漏，全年征收车辆通行费 4775 万元，完成市财政下达目标任务的 106%。企业管理服务机制进一步转换，成立国有资产领导小组，全程指导监督企业对交通驾校、华伦陶瓷设备进行拍卖，实现资产变现，使修造公司摆脱资金断链困境，增强了发展后劲。农村公路管理改变向下转拨经费、对上汇总报表的“统计式”管理，坚持建、养并重，突出养护管理，加大对农村公路养护质量考核，并将考核结果与养护经费挂钩，调动了县区养护积极性和责任心。出租车管理通过外出考察，召开听证对话会、法律咨询、专家论证等，拟定《规范出租车管理的意见》，为下一步深化改革，创新管理奠定了基础。行政审批工作将原来分散办公的运政、路政、道路、出租车、海事审批业务集中到交通分中心，实行统一管理、分项办理，提高行政效能，全年办结 29222 件。推广清洁能源汽车，新购置清洁能源公交车 112 辆，发展 63 辆燃气货车，全市清洁能源车达 3200 余辆。100%的出租汽车、70%的公交车为清洁能源车；15 辆油罐车完成“油气改造”任务，经省质监部门验收合格；对 68 辆常压罐式危货运输车辆加装紧急切断装置，全系统共淘汰老旧车、黄标车 318 辆。

安全生产　市交通运输局开展“知责、履责”活动，落实“一岗双责”，全年未发生较大责任事故。市局与各县(区)局、局属各单位签订安全目标责任书，并落实到基层站所、班组、单车，纵向到底、横向到边，做到安全责任全覆盖。各级领导采取“四不两直”(不发通知、不打招呼、不听汇报、不用陪同和接待，直奔基层、直插现场)方式到企业、基层一线检查安全工作 50 余次，促进了基层单位安全工作。“3·1”晋济高速公路隧道特大事故发生后，市交通运输局多次召开安全生产专题会议，加强 GPS 动态监管，对全市 13 户危化运输企业 236 辆危货车全面进行隐患排查和专项整治，下达整改通知书 15 份，停业整顿 8 户。建立健全隐患台账，对重大隐患进行挂牌治理，跟踪督办，共排查出隐患 286 个，整改 269 个，整改率达 94%。组织考评机构和资料审查组，先后 35 次到企业进行资料准备的指导、督促完善，完成对 4 个公交企业、6 个道路旅客运输企业、12 个道路危货运输企业、2 个客运汽车站和 5 个出租企业的安全生产标准化达标考评，全部达标合格。(王九存　史晋阳)

【白羊墅 2 号 3 号大桥改建竣工】 6 月 26 日，白羊墅 2 号桥加固和白羊墅 3 号桥重建工程竣工。两桥始建于 20 世纪 70 年代，是阳泉市郊区东部地区和开发区东部地区通往平定与市区的重要干线桥梁。运行 30 多年来，两桥出现不同程度桥梁病害，多处混凝土表面风化严重、钢筋裸露、拱肋有裂纹，不能满足车辆正常通行和安全要求。2013 年初，市交通运输局委托省交通科学研究院对其进行鉴定，结果显示已属危桥，2 号桥需加固，3 号桥需重建。市交通运输局及时启动 2 号桥加固和 3 号桥重建工程。施工单位克服汛期和冬季施工等不利因素，采取加深桥墩工作面和在混凝土中增加抗冻剂、为箱梁披棉衣等措施，确保施工质量。加固后的白羊墅 2 号桥进行桥面钢纤维混凝土铺装、人行道铺装、全封闭式防抛网安装和防撞式护栏浇筑等施工；重建后的白羊墅 3 号桥设计标准为公路1级，总长209.5米，桥面宽12.5米，其中车行道宽9.5米、两侧人行道各宽1.5米，人行道外侧进行防撞式护栏施工，安装节能太阳能路灯。（王九存）

【五盂高速公路佛岭隧道主体工程完成】 12月30日，五盂高速佛岭隧道主体工程完成，开始进入附属工程施工。五盂高速是山西省高速公路网"三纵十二横十二环"中东纵的重要组成部分，项目起点位于忻州市五台县张家庄村西，与忻阜高速公路相接，途经盂县梁家寨乡、下社乡、上社镇、孙家庄镇、牛村镇5个乡镇35个行政村，终点位于牛村镇元吉村东，与阳盂高速公路相接，全长75.22千米，路基宽度24.5米，全线桥隧比例52%。采用全封闭、全立交双向四车道高速公路标准，共设3个服务区，设计时速80千米。项目概算投资75.6亿元，由中国建筑国际集团有限公司以BT模式投资建设。全长8.8千米的佛岭隧道是五盂高速公路的关门控制性节点工程，位于忻州市五台县陈家庄乡至阳泉市盂县梁家寨乡佛岭处，是一条双向四车道高速公路跨市特长分离式双洞隧道。因地处盂县与五台山交界地带，佛岭隧道内围岩破碎，地质条件复杂，加之洞口塌方、降雨频繁等突发情况，增加了施工难度。自工程开工后，施工方加强组织管理，优化资源配置、强化现场施工质量和安全过程控制，遵循"管超前、严注浆、短进尺、弱爆破、强支护、勤测量、快封闭"原则，针对不同围岩条件进行超前地质预报，论证施工衬砌支护结构型式、支护参数及辅助施工等相关技术方案，按时完成了佛岭隧道节点施工任务。（王九存 史晋阳）

【西环高速公路竣工】 12月29日，阳泉西环高速公路正式通车运营，标志着阳泉市境内高速公路环线路网全线贯通。西环高速公路与太旧、太阳、五阳高速公路相关部分形成阳泉环线，是全省高速公路网规划"三纵十二横十二环"其中一环，是连接国家主干线京昆与青银高速的重要通道，属省投市建项目。该项目北起太阳高速公路盂县枢纽互通处，往南经盂县南娄、鹿峪、郊区保安，至终点旧街乡新店村，与太旧高速公路相交，并设置旧街枢纽互通。全线设旧街、南娄2个收费站，批复概算22.27亿元，主线全长22.50千米，桥隧比例49.37%，设计时速80千米，双向4车道，于2011年5月开工建设。该项目建成通车，对于完善全省高速公路网布局，优化路网结构，拉近省内晋北与晋中、晋东南距离，强化阳泉区位优势，促进旅游产业发展，扩大对外开放具有十分重要的意义。（王九存 史晋阳）

【阳左高速公路通车】 7月28日，阳左高速公路通车运营。阳左高速公路是省高速公路网规划东纵天黎高速公路的重要组成部分，是省"十二五"重点工程建设项目。该项目起点位于平定县西郊村，与太旧和阳盂高速公路相接，途经平定县和晋中市的昔阳县、和顺县、左权县，终点位于左权县突堤村，与和榆高速公路相接，路线主线长91.25千米，批复概算77.87亿元，采用双向四车道高速公路标准，设计时速每小时80千米，路基宽度24.5米，桥涵设计汽车荷载设计等级为公路1级。项目于2011年2月开工建设，2014年1月通过验收。阳左高速公路的建成通车，对于完善全省高速公路网布局，提高交通运输能力，促进区域经济发展和旅游资源开发利用具有重要意义。（王九存 史晋阳）

【道路旅客运输施行派车单制度】 为深化道路客运隐患整治行动，强化企业安全生产主体责任，按照交通运输部、公安部和国家安全生产监督管理总局印发的《道路旅客运输企业安全管理规范(试行)》规定，全市道路旅客运输企业对客运车辆牌证统一管理，并施行派车单制度。从8月25日起，未签发派车单的道路旅客运输车辆不得参加营运，并取消客车燃油补贴资格。车辆发班前，道路旅客运输企业需对车辆技术状况进行检查，合格后签发派车单，客运驾驶人领取派车单和车辆运营牌证；在营运中，客运驾驶人须如实填写派车单相关内容，完成运输任务后，企业要及时收回派车单和运营牌证。派车单的主要内容包括由企业填写的车辆、客运驾驶人、线路基本信息、始发点(站)、中途停靠点(站)、终点(站)、卫星定位系统车载终端在线使用情况、批准签发人，由客运驾驶人填写的旅客人数、运行距离和时间、途中休息时间、天气和道路状况、行车中发生的车辆故障、事故等。道路旅客运输企业对派车单存档保存不少于1年，派车单将作为农村客车、城市客运车辆燃油补贴发放依据之一；未实行派车单制度的取消燃油补贴资格。（王九存 史晋阳）

【阳泉公路分局概况】 2014年，阳泉公路分局围绕公路中心工作，狠抓落实，完成各项目标任务。

公路养护　完成危桥改造3座，水毁抢修恢复25处，新建文明路40千米，完成省道闫贾线安保工程31.4千米，中修工程全部完成。重点针对G307线、G207线迎检线路和闫贾线等路面病害严重路段，筹措资金进行应急恢复，挂牌督办的2处安全隐患治理任务全面完成。年末，公路优良路率达76.2%，公路技术状况指数84.2。管养干线公路路容整洁、路况稳定、安全畅通。

公路路政　以路政执法规范化建设为重点，强化执纪监督手段，提高依法治路能力，完成3个治超站点升级改造和1个新增站点规范化建设，全部实现"2+1"车道检测。全年共发生路政案件93起，发现率、查处率、结案率、赔偿率均为

100%。8个公路超限检测站累计检测车辆230万辆，查处超限车辆123辆，超限率0.005%，无重大超限超载反弹事件发生。

生产经营　年内，阳泉公路分局在建工程项目1项，为出省公路杨白线续建扫尾工程，该项目除起终点及韩庄过村路段420米外，其余37.22千米工程全部完工。阳泉公路分局监管阳泉路桥公司续建工程2项，分别是杨白线第一分部和原神高速公路ZB1-3合同段，完成经营(中标)合同额1.06亿元，完成产值4954万元；修订路桥监管制度办法，实现监管工作规范化、制度化和长效化。（韩　静）

【公路防汛】　6月进入汛期后，阳泉公路分局采取多项措施备战公路防汛抢险，确保汛期干线公路安全畅通。一是加强组织领导，落实防汛责任制，健全防汛抢险组织机构。分局立足防大汛、抗大灾、抢大险的目标，建立健全防汛应急组织机构，做到职责明确，责任到人，措施到位，继续落实行政一把手总负责、分管领导具体抓、全员参与的防汛安全责任体系。二是早动手、早安排，做好汛前准备工作。汛前分局修订防汛应急预案，形成完善的防汛预案体系。及时掌握雨情动态，提前做好防汛预警和预防准备工作，在人力、物力、财力上保证救灾所需，组织抢险人员进行汛期前培训，开展防汛演练，储备草袋、编织袋等防汛抢险应急物资，配备相应的抢险车辆和机械设备并提前做好维修、保养工作，坚决做到有备无患。三是加强上路巡查、昼夜值班。汛期坚持每天上路巡查。对重要路线、各类桥梁、隧道、大交通量路段、重点工程施工绕行路段、重要旅游路线，特别是通往大河、水库及重点工程的道路，要进行重点巡查、重点防护。同时要坚持昼夜值班制度，确定固定值班地点和联系电话，保证24小时信息联络畅通。四是加强管养范围内所有公路设施的全面彻底排查。组织专人对所管养路段和道班房及仓库等进行全面彻底的排查，发现水毁隐患的要及时采取有效措施进行处理。特别是桥梁、隧道以及存在安全隐患路段危险路段，并在这些路段设置明显的警示标志。五是随时做好水毁抢修恢复工作的准备。水毁发生后，要全力进行抢修恢复，及时组织技术人员进行现场调查和分析，制定合理的抢修恢复方案。对一时难以恢复的项目，要采取有效的防护措施，及时设置醒目的警示标志，安排专人监控。（韩　静）

【水毁路段抢修】　7月，阳泉公路分局加大对干线公路巡路频率，做好各类汛期安全隐患排查工作，有效确保了国省道干线公路安全畅通。郊区公路管理段所辖路段受持续降雨影响，8日20时G207线K930+240处发生公路水毁，该段迅速组织养护人员进行了1个多小时的抢险救援，水患得到有效控制；9日14时15分，该段管辖的G207线K917+200处路段山体发生大量塌方，堵占半幅路面，对车辆正常行驶和道路交通安全造成隐患。该段启动防汛抢险应急预案，对该路段进行交通管制，迅速组织应急抢险人员对塌方、落石路段进行清理，在塌方路段设置警示标志、K916+000—K918+000处(地质灾害易发路段)实施临时道路封闭交通管制、设置险情监控点等措施，并做好抢险复通准备，确保G207线安全和恢复车辆通行。盂县降雨一天两夜，盂县公路管理段全体干部职工及时疏通水道、边沟，排除公路积水，冒雨处理水毁险情，保障干线公路畅通，虽发生少数小型塌方，但未造成阻断交通现象。平定公路管理段坚持24小时值班制，抽调由路政、生产、养护中心和道班人员成立防汛抢险突击队，备齐防汛物资；对易发生水毁路段提前进行治理，对已发生水毁路段进行抢修，并对G307线K392+800和K396+850两处险山，设立醒目警告和警示标志。（韩　静）

【东梁超限检测站挂牌】　9月19日，东梁超限检测站正式挂牌开检。该站位于盂县东梁村附近（省道314双阳线K87+550处），承担着境内国省干线超限运输治理、依法查处违法超限行为等职能。检测站采用静态磅与动态磅相结合的形式和固定式查超的方法，实现“双保险”卡死超限车，对推动全省超限治理工作常态化、机制化，打造安全畅通、文明和谐的干线公路环境起到促进作用。（韩　静）

【小桥铺大桥加固工程完成】　小桥铺大桥始建于1991年，位于国道307线K414+403处，为22-13米钢筋混凝土空心板桥，桥梁全长302米，是交通运输主干道的重点路段。因交通量大、重型车辆多，使用时间长，致使空心板板底裂缝、混凝土脱落、渗水、露筋，桥面网裂、拥包、推移破损、排水不畅，存在较大安全隐患，经专家组评审为四类危桥。该桥批复加固改造方案为更换原桥1-7跨空心板，对全桥混凝土剥落、钢筋外露的空心板进行保护层修复后，粘贴碳纤维布，重做桥面铺装，并更换毛勒伸缩缝。工程批复投资224万元，于9月20日开工建设，11月6日完工通车，改造加固后的小桥铺大桥通行能力和技术状况得到提高，缓解了山西至河北两省路段的交通压力。（韩　静）

【公路环境卫生和秩序集中整治】年内，阳泉公路分局以国道207线和307线路面保洁为重点，开展公路沿线环境卫生及秩序集中整治。一是成立由分局一把手担任组长的领导组，明确职责，增强分局各部门间协同合作，推动工作有序进行。二是加强对公路的日常养护，处治路面病害，完成包括路面坑槽、车辙、拥包等各类路面病害处治11.2万平方米。三是严格执行养护技术规范，对路肩及排水沟垃圾进行装车并运至指定地点集中处理，严禁道工在水沟、路边燃烧枯枝树叶垃圾。四是与交警部门协调，严厉打击公路超限超载和道路抛洒。五是与当地政府、沿线企事业单位联合开展公路沿线环境污染整治，签订协议21份。国道207线白土坡、张庄及梨林头路段、国道307线的北磛石路段、盂榆线的大贤路段、双阳线的牛村路段等过村镇路段整治成效明显。六是在过村镇路段实施绿化美化工程，修建隔离墙、隔离花池等，为方便沿线村民倾倒垃圾修建垃圾池等，改善了过村镇路段的路域环境。（韩　静）

【公路煤焦管理站撤销】 12月1日零时，晋能集团在阳泉太旧高速公路煤焦管理站举行撤站仪式，标志着分布在全省各地的1165个公路煤焦管理站、营业站点全部撤销。根据山西省委、省政府的决策部署及《山西省煤炭焦炭公路销售体制改革方案》要求，自12月1日起，全面停止履行煤炭焦炭运销管理、票据查验、补征煤炭可持续基金、补收焦炭生产排污费等行政职能，全部撤销省内煤炭、焦炭公路检查站、稽查点。阳泉煤销公司出台《关于公路销售体制改革人员分流的一次性实施方案》，认真做好站点人员分流转岗工作，改革涉及阳泉区域10个公路煤焦管理站点和稽查点的3000余名职工。截至年底，阳泉煤销公司直属站点600余名工作人员安置完毕。（张海刚）

【阳泉交通运输执法局概况】 2014年，阳泉交通运输执法局转变工作作风，按照省厅、省局“交通运输管理提升年”等活动要求，创新工作方法，制订奖惩制度，将市局4个业务科室10名执法人员分为2个监督小组，对基层分局进行分类指导并牵头查办案件，提高了全市交通运输执法人员依法行政意识，运输行业执法环境得到改善。截至年底，办结案件78件，其中被评为省级优秀案件8件。（张　鑫）

【“五项监督”】 年内，阳泉交通运输执法局对执法监督工作做到层层落实，责任到人，形成“市局指导、分局实施、上下联动、逐级负责”的常态化监督工作模式。

执法监督 根据省局总体安排部署，以治理公路“三乱”为抓手，以加强执法队伍建设、加大执法监督力度为重点，阳泉局开展执法监督业务工作，执法监督656次，出动车辆656车次、2918人次，下达监督意见书43份，完成案卷43份。4月至10月，对全市范围内的公路路政、治超站点及阳五高速、太阳高速等27个地方是否存在乱设卡、乱收费、乱罚款的“三乱”行为进行彻底排查，共监督259次，出动车辆310车次、1344人次。下设2个明察暗访小组对全市交通运输系统开展“衙门”作风专项整治监督检查行动，并采取明察暗访、突击检查、随机抽查等方式，监督32次，出动142人次，其中监督基层执法站所23次、监督行政服务大厅8次。

治超监督 采取实地夜查、调研走访、明察暗访相结合，受理调查投诉举报等方式对治超站点、流动稽查治超及货运源头开展监督，针对现场发现问题予以指正，严重的下达监督意见书，责令处理。截至年底，共开展治超执法监督538次，出动车辆990车次，4286人次，下达行政监督意见书16份，制作完成案卷14份。在“3·1”晋济高速事件发生后，市局分管领导组织相关人员到辖区超限检测站等地进行走访，重点对危化运输车辆检测情况进行了解，现场查看了应急救援预案、应急装备设施，防范违法危货车辆上路，造成隐患。

安全生产监督 开展“交通运输管理提升年”——“五个专项行动”即安全生产管理提升专项行动，多次开展安全生产培训教育。落实安全生产责任制，不间断地开展安全生产隐患排查，推动基层单位交通运输安全生产执法监管的重点领域，深入开展安全生产执法监督工作，从源头上提升交通运输安全生产管理水平。截至年底，全局对阳泉市交通局系统、公路局系统、高速公路系统进行安全生产监督检查196次，出动854人次，制作完成案卷16份。

审计监督 建立健全各项规章制度，加强政策、规划、标准和规范制订，优化机构、职能配置；完成对机关各科室定岗定编；严格绩效管理，建立健全绩效考核指标；严格资金、票据和固定资产管理，加强审计监督，夯实发展基础。完成了所属各单位上年度经费收支、食堂收支和资产、负债及净资产情况审计，并对审计中发现的不规范记账方式进行调整。协调解决了历年票据遗留问题，核销了2011年大村收费站缴销通行费票据。

收费公路监督 根据省局2014年收费公路监督工作安排部署，结合省厅“交通运输管理提升年”专项行动，即“实施收费管理提升专项行动”。阳泉局增强监督意识、强化管理责任，加大监督力度，依法监管收费工作、规范收费秩序，以日常巡查和专项监督检查为主，对“绿色通道”政策执行、票证卡管理使用、通行费征收及文明服务开展监督，共进行监督147次，发现问题4起，其中当场纠正2起，下达行政意见书1份，完成案卷5份。（张　鑫）

【行政监督信息化系统试运行】 9月，阳泉局接到行政监督信息化系统试运行任务后，组织召开培训会，各分局、督查支队、业务科室对各家监督档案进行录入和比对；法规科将试运行中发现的问题进行汇总，对系统瑕疵进行梳理与规划，并与技术员进行沟通，修改流程和录入选项，确保试运行工作顺利开展。经过近2个月试运行和修改，系统具备推广使用条件，并于11月13日向全省推广。（张　鑫）

【山西汽运集团阳泉公司概况】 2014年，山西汽运集团阳泉公司（以下简称阳泉汽运）面对经济下行、营改增压力、运输市场疲软等不利因素，锐意深化改革，坚持稳中求进，发挥品牌和地域优势，在企业生产经营和各项管理中取得进步，完成营业收入12385万元，实现利润113万元，完成换算周转量42042万吨千米，没有发生重特大交通责任事故，各项安全指标控制在规定范围内。

站场建设 9月，昔阳新站工程竣工，10月投入试运营；榆社站土地手续办理齐全，三通一平工作完成，与新合作方建立了垫资建站合作意向，签订框架协议；寿阳站建站由于政策因素，仍在与县政府协调沟通中。

客运业 3月，阳泉汽运开展“外学晋城、内学和顺”活动，各客运单位结合实际，突出差异化特点，转变经营方式，开办加油、自营超市、小件快运等延伸产业项目，客运收入完成456万元，增长3.4%。左权、和顺、盂县新站的投入运营，使客运经营水平大幅提升。同时新增线路6条、新开线路3条，弥补了因客流下滑而带来的损失。实行公司化经营车辆数达157辆，占到营运客车总数的71.7%。阳泉汽运抓住“营改增”政策机遇，调整完善了《客运营收管理办法》，将客运收入应交增值税税负3.5%部分进行下移，全年可降低税金30余万元。

货运业 年内，阳泉汽运提出“全面推进、重点突破、以货促车、以车增效”的发展思路，并制订“增车20部、组货30万吨、做大做实货运营收”的目标。12月8日与阳泉市华正型煤厂洁净煤加工厂签订年运煤量50万吨的合作协议，业务货运营收可达3500万元。此外，根据税务部门对“自开票”业务的要求，选择平定分公司为突破口，由其牵头组建平定苏村分公司，于6月中旬成功领取“自开票”业务经营许可证，至年底实现货运收入337万元；盂县分公司紧随其后，至年底实现货运收入140万元。

物流业 阳泉汽运对物流园区内经营的2家单位进行合作模式调整，理顺收入统计渠道。抓住与广东物流协会共同开发“广货分拨展示中心”合作机会，参与构建“广货北上、晋货南下”的物流经营新格局。市政府对此项目高度重视，组织相关部门多次南下进行考察，并与广东物流协会签订合作协议，确立为阳泉市重点项目，并确认阳泉汽运为合作牵头单位，市政府还拨付30万元前期费用给予支持。

新型产业 在橇装加油方面，吸纳客车经营合作者到加油站加油，到12月底，阳泉河下加油站、左权加油站、和顺加油站共计销油量1470吨，销售量呈上升趋势。在快运方面，有条件的各汽车站组织开办翔鸽快运业务，并于3月20日在昔阳汽车站召开专题会议进行安排。各站经营业务从无到有、全面起步，经济效益逐步显现，至年底完成快运发票单数31056票，在山西汽运集团排名中上游水平。在旅游直通车业务方面，成立旅游集散中心，完成企业工商注册及相关手续，业务逐步开展。在连锁超市方面，在具备条件的汽车站开办晋宝源连锁超市业务。 （朱自明）

邮 电

邮 政

【概况】 截至2014年底，全市共有邮政企业、快递企业17家，邮政营业局所、快递企业分支机构198个，从业人员1403人。国有企业有阳泉市邮政公司和阳泉市邮政速递物流公司（简称EMS），民营企业有圆通、韵达、申通、中通、天天、汇通、宅急送、红马甲、顺丰、全峰、国通、优速、能达、汇强、快捷等15家快递分公司。全年邮政业务总量完成12313.95万元，比上年降低2.45%；业务收入完成11907.05万元，降低6.36%。完成快递件总量1015万件，增长56.15%，快递件总量在全省占比11.11%。在落实安全生产责任制方面，市邮政管理局与全市邮政、快递企业签订安全生产目标责任书和服务安全承诺书，并要求各企业与下属网点逐级签订安全生产责任书，明确和落实了安全生产主体责任；每季度召开行业安全例会，通报检查情况，总结分析存在的问题，同时开展安全生产及相关法律知识培训，开展各类专项检查及日常检查工作，加大安全隐患排查工作，全年未发生安全事故。 （张海莲）

【市场监管】 年内，市邮政管理局加大依法行政力度，共检查邮政、快递营业场所151次，出动检查人员850人次，下发整改通知书64份，行政处罚5家企业。9月17日至20日，市局与全省安全生产第二检查组一起对全市邮政、EMS及8个快递品牌分拣场所、营业网点进行检查，对问题企业进行约谈，下发整改意见书，对问题较严重的4家企业进行行政处罚。对全市快递企业及分支机构备案情况进行实地核查，完成全市存量企业备案工作，推进新增企业备案工作。（张海莲）

【邮政服务】 年内，市邮政管理局与全省普遍服务第四检查组一起对全市12个普遍服务局所的业务开展情况进行抽查，完成互查工作。与市住建、规划等部门联合出台《关于加强全市住宅信报箱建设的通知》。与市发改委及相关部门沟通，由市政府主持召开专题协调会，郊区旧街、义井和李家庄补白局所相继开业，盂县北下庄补白局所于12月19日开业，完成补白任务。完成全市普遍服务局所信息系统录入工作，并将所有局所信息在市局网站进行公布；完成2014年度“机要通信时限测试”及“《人民日报》投递情况调查”工作。 （张海莲）

【山西省邮政公司阳泉市分公司概况】 按照国务院办公厅《关于完善省级以下邮政监管体制的通知》和中国邮政集团公司《关于做好市(地)邮政企业更名工作的通知》要求,2月14日,阳泉市邮政局更名为山西省邮政公司阳泉市分公司,并完成企业更名、换牌和企业登记等变更工作,标志着阳泉邮政在政企分开、产业转型发展方面步入一个全新阶段。更名后的阳泉市分公司经营范围、服务项目不变,继续依法经营邮政专营业务,承担邮政普遍服务义务,受政府委托提供邮政特殊服务,对竞争性邮政业务实行商业化运营服务。原阳泉邮政局所属各县(区)邮政局暂不更名,县级邮政企业及营业网点的名称仍保持原名称。阳泉邮政分公司围绕经营中心,突出转型发展,各项重点工作进展顺利。代理金融稳步推进,业务发展走出低谷;寄递类业务实施邮速合体经营,下滑局面得到遏制;渠道平台建设运营实现跨越发展,空白乡镇补建局所接收率、运营率均达100%,便民("三农")服务站提前2个月在全省完成建设目标。实现业务收入11907万元,完成省公司预算的94.6%,降低5.72%;保险、函件、发行、集邮、电商、分销等6个专业完成省公司年度收入预算目标,其中,分销专业完成省公司预算的126.56%,位列全省第一;全员劳动生产率完成14.28万元/人,位列全省第三;营销积分竞赛活动全员参与率96.97%,人均营销积分1.49万分,位列全省第二。

金融板块　以深入转型为主旋律,推进网点标准化和自主版两轮转型,完成9个市级标准化网点流程导入和固化,在省公司组织的两次检查验收中分获第一和第三名;27个自主转型网点顺利完成。储汇专业完成储蓄系统逻辑大集中和网点经营管理系统上线工程;推行金融网点内部分配办法,激发员工活力;分户管户收到效果,外拓入户、积分回馈活动增强了客户黏合度;以活动带项目促发展,先后开展首季开门红、"十百千万"客情维系、"打赢三大战役,捍卫员工收益"主题营销和跨年度竞赛活动,锁定卡类、电子银行、代发类、理财和商易通等五大项目,推动储蓄业务整体走出低谷。保险专业细分客户需求,抢抓销售节点,引进适销产品,加大营销力度,完成进度、增幅、规模均创新高,一季度提前69天在全省率先完成首季开门红计划,提前6个月超额完成全年收入预算,完成省公司计划15738万元的238.71%,增长45.74%,银保市场占有率再创历史新纪录,达到76%,稳居全市第一位。

邮务类板块　函件专业探索封片卡业务转型,设计开发多款具有地方特色、主题鲜明的销售型明信片,受到客户欢迎,并在全省推广;创新搭建邮政大媒体格局,试水微信营销;复制引入商演广告,实现收入28.8万元,带动发展储蓄余额550万元、集邮收入1.5万元,销售图书0.5万元。发行专业实施不同类型项目推动日常收订工作开展,依靠转型做好报刊大收订工作,校园畅销报刊、媒体化报刊流转额分别增长165.92%和126.9%,第三方订阅业务稳步发展,报刊大收订提前收官,成为全省继运城公司后第二个完成任务的市分公司;开办全省首家动漫主题邮局助推零售业务结构调整。集邮专业成功举办多场高端客户珍邮品鉴会,开发2014年形象年册2800册,增长21.73%。电商专业邮储短信业务发展迅速;"自邮一族"业务规模渐显并趋于稳定,发展用户9250户。分销专业在开拓酒水、农资市场方面成效明显,邮商联盟(三农服务站与供销合作社)在平定推进顺利,提前半年在全省率先完成年度收入预算。代理速递业务建立邮速协调发展机制,组织开展营投人员揽收和跨年度竞赛活动,加大协议客户开发力度,累计新增15户,发展势头逐步向好。（韩鹏飞）

【"微营销"助推函件广告】 年内,在微营销风靡全国的背景下,阳泉分公司通过代理微盟第三方公众服务平台,为商家、企业在众多的手机终端上搭建宣传、推广、销售平台。5月15日,阳泉分公司函件广告局举办以"智享先机,微赢未来"为主题的微盟公众服务平台推介会。"阳泉邮政"公众服务平台通过群发文字、图片、语音、视频、图文消息等内容向客户介绍邮政业务知识和营销活动开展情况,展现第三方公众服务平台的强大功能。"阳泉亿源种植专业合作社"和"阳泉方信装饰材料总汇"要求为其开通公众服务平台。通过把邮政函件广告的户外媒体广告、封片卡广告、DM中邮专送广告、数据为商函等传统业务与现代化媒体进行整合,丰富邮政函件广告的业务种类,成功实现"线上+线下"和"大众+分众"的媒体运作模式,提升邮政函件广告业务能力。截至年底,有金融、商超、汽车销售、家装卫浴、农业合作社、运动服饰等行业的多家企业申请开通公众服务平台。（韩鹏飞）

【山西省首家动漫主题邮局落户阳泉】 11月底,山西省首家动漫主题邮局在阳泉市分公司报刊零售文化超市开业。动漫主题邮局是借助邮政品牌渠道优势,依托动漫影视作品辐射带动影响,面向青少年群体销售漫画书籍、玩偶、饰品、服装等动漫衍生产品的平台,通过开展富有动漫文化特色的体验活动,助推邮政传统业务实现转型发展,将为众多的动漫爱好者提供更加便利、优质的产品服务。（韩鹏飞）

电　信

【中国移动阳泉分公司概况】 截至2014年底,中国移动通信集团山西有限公司阳泉分公司下辖平定、盂县2个县分公司及市区、矿区、郊区3个营业部,公司本部设综合、财务、人力、党群(工会、纪检)4个机关部室和12个市场营销、客户服务、业务支撑、网络维护等专业部门和中心，有各类员工520人。公司主要经营移动话音、数据、IP电话和多媒体业务、计算机信息网络国际联网和基于移动通信业务的各类增值业务，拥有“全球通”“神州行”“动感地带”“G3”“and”“智慧家庭、智慧政企、智慧城市”等服务品牌，网络覆盖率达99.8%以上，覆盖城乡各类营业网点501个，服务客户103万，市场份额76%,是阳泉市收入、客户和网络规模最大,网络质量和服务最优的主导电信运营企业。年内,阳泉移动公司创建“全国文明单位”,先后获山西省五星级基层工会、阳泉市模范单位、阳泉市两化融合示范企业等称号,继续保持全省“企业文化示范点”等称号。　(王少伟)

【市场经营】 2014年是4G元年,阳泉移动公司顺应移动互联网发展潮流,把握“赢在4G”工作主线,实施“存量、流量、集客、宽带”四轮驱动,保持稳健发展态势,累计完成运营收入5.6亿元。一是打造4G竞争优势。1月1日,阳泉移动在全市主城区推出4G业务，提升全市行业信息化水平；新建4G基站1000余个,光缆累计达10万千米,超过公司成立后建站总数的50%,4G终端网络转化率排名全省第一;4G网络用户达7万户,4G套餐用户达30余万户,排名全省第二。二是打造宽带发展优势。全年累计完成300余个小区PON改造,是历年新建数量的2倍;完成100余个城市小区、商圈近2500户商家的宽带网络覆盖；用户带宽由年初2兆至4兆提升至10兆至20兆,全年累计净宽带客户增幅排名全省第二。三是打造集客经营优势。集团客户通信及信息化收入份额达35%，依托“智慧阳泉”项目及4G先发优势,突出抓好政府、阳煤集团、条管单位、中小企业四大市场,以点带面促进集客业务发展,先后完成阳煤一矿IMS,银行联网报警,人社局/人防/郊区煤运IDC资源引入集成，市政府、平定县政府WLAN合作等一系列影响广泛、易于复制的大型项目,陆续与市公交公司等8家单位签署战略合作协议。此外,阳泉移动努力建设面向4G发展、流量经营的“和服务”体系:4G客户和手机上网质量满意度均排名全省第一,集客故障处理及时率达100%，获省通信管理局2014年市级电信企业流量客户满意度第一。　(王少伟)

【企业转型】 年内,阳泉移动公司加大企业转型力度。在收入结构转型方面，完成无线上网收入1.5亿元,“流量收入增长”和“语音收入下滑”基本持平。在营销渠道转型方面,确立渠道、集客、片区三大渠道营销体系,优化完善各渠道定位和功能,推进实体渠道集中化运营,累计新建各类渠道近100个;推进电子渠道建设,加强与美团、糯米等电商合作,“和淘”活跃用户1.2万户,微信营销平台粉丝用户达10万户。在产品体系转型方面,完成“智慧城市、智慧家庭、智慧政企”三大产品体系建立和发布，公司战略型业务实现全面健康发展。　(王少伟)

【中国联通阳泉分公司概况】 2014年,中国联通阳泉分公司主营收入完成36025万元、通信服务收入完成35428万；新增移动宽带12.29万户、4G用户31419户、3G用户90793户、2G用户97986户、宽带用户3851户。

业务拓展　沃易购共计注册385家,其中实体渠道注册绑定173家、体验渠道绑定212家;订购终端渠道达362家,渗透率94%,订购终端1843台;增值业务中移动数据及信息业务收入9423万元,开通阳泉联通微信公众平台,关注用户2.4万户;电子渠道完成电子商务营业额11246万元。

项目建设　年内,配合全市加大市纪检委“一网七平台”、市公安局“平安城市”二期、“数字法院”、市政府“应急指挥平台”扩容项目建设力度。

网络支撑　新增3G基站112个,4G基站达194个，完成郊区505局、矿区404、406局2个端局的退网,全年完成退铜3.98万线对千米,传输网核心汇聚点UTN覆盖率达100%，城区主干光交密度达1.93个/平方千米。基站传输优化加强,完成33个环网。

综合服务　综合服务考核指标全省排名前列,申诉完成考核目标的36.11%,全省第一,获全省申诉专项治理“春雷行动”一等奖。升级投诉完成目标的27.8%,全省第一。

基层改革　5月，基层单元改革工作起步,6月考核试运行,7月正式运行;共设立36个营销服务中心、4个社会渠道运营中心、1个旗舰营业厅和5个标准厅,划配80.13万用户到650名客户经理和维护人员,将661万元营销成本直接下达基层单元。

管理工作　加强物资流转全程规范化操作，网上商城总交易额完成722.15万元。严格工程管理,在建工程转固率完成83%。坚持管理人员任用条件,选拔12名员工走上管理岗位,设置9个助理岗位,开展各种业务和技术培训2600余人次,组织安全生产检查13次,到达场点86个,处理安全隐患161个。加大审计力度,完成审计项目358个,审减金额170.42万元。　(王　毅)

【“喜迎‘三八’沃送好礼”活动】 3月7日至9日,阳泉联通公司在全市主要营业厅开展“喜迎‘三八’,沃送好礼”节日专属酬宾活动,女性客户进店有礼,办业务、充话费均有精美礼品赠送。其间,公司通过海报、LED屏幕、网上营业厅、微信等多种途径宣传，广大客户参与,3天共计发展3G用户631户、终端合约479户、沃家庭301户、新装宽带232户、2G用户936户，共计发放小礼品3000多份。在旗舰营业厅，安排专门的客服代表为女性客户讲解生活小知识，免费为客户安装生活、女性保健及一些精品应用软件。截至9日，阳泉分公司当月累计新增3G用户4317户，月目标完成率全省排名第一；终端合约计划销售1203户，月目标完成率全省排名第一；沃家庭累计发展1104户，净增281户，月目标完成率全省排名第二。（王　毅）

【大ERP历史数据清理完成】 年初，为适应国家营业税改征增值税政策要求，集团公司组织对大ERP历史合同数据和订单数据进行集中清理，阳泉联通公司财务部在网络建设部、运行维护部、计划与物资管理部协助下，于3月底按时、高质量完成任务，共清理合同785个、订单379个，涉及部门13个。通过清理，提高"营改增"涉税合同历史数据质量，满足了会计核算自动化要求。（王　毅）

【中国电信阳泉分公司概况】 2014年，中国电信阳泉分公司围绕"有效益规模发展"主线，深化改革和划小承包，加快互联网化转型推进速度，提升对一线触点支撑服务水平；完善客户经营工作体系，成立客户经营虚拟团队，市场营销部设专人专岗，客户服务部成立星客、普客2支专项团队，各业务部门及运行维护部、渠道销售三部设兼职人员，客户经营工作全面开展，经营发展质量稳步提高。

在国家机关，结合公职人员信息安全背景，推进加密通信手机业务；在农村领域推进信息惠农项目，发展天翼村；在金融行业加深与工行、建行、中行合作，在网用户活跃率达85.93%；在交通物流业携手"快的打车"发展出租车司机用户群，在网活跃率62.64%，以综合办公产品拉动山西汽运集团阳泉公司入网，在网活跃率达84.85%；在能源业向矿山纵向派单，各县区协同跟进，完成全年任务的69%，全省排名第三；在大企业方面，北京铁路局阳泉站以综合办公产品切入，规模拓展阳泉、石家庄两地用户；在校园市场营销方面，加大班级走访力度，建立多个"天翼班"，重点推荐"易信、易支付、掌厅"等电信应用软件，并结合班级设计"易信墙"，"想见孩"产品成功切入，拓展了2家幼儿园，反映效果良好。（高　彬）

【4G网络建设】 年内，阳泉电信规划主要保证城市4G网络连续覆盖，解决城市道路区域覆盖，网络覆盖率达97.4%。完成4G站址选取和储备，网络分布主要在阳泉城区、盂县和平定县城、风景区，网络建设采用BBU+RRU分布式基站建设模式；同时配合省网优进行为期2月系统优化工作。完成GPSone数据库定期更新及每年4次的定位专项测试工作，定位业务指标全年达标；完成对阳泉辖区内高速、高铁、主干道路的DT测试，累计测试里程8000千米，对住宅小区、商业场所等低CQT场所总数达50余个。（高　彬）

【长途电信线务局概况】 2014年，阳泉长途电信线务局按照"确保畅通、确保安全、确保稳定、促进和谐"的目标，精细管理、严格考核，完成各项任务。在全省局际竞赛中获第二名，局党支部获"五星级"先进党支部称号，连续24年保持省局和阳泉市"先进基层党组织"称号。

线路维护　年初，阳泉长途电信线务局利用维护淡季对线路进行摸底，依据掌握的一手资料，在全局范围内开展线路春检、秋检，整治机房进线室3个，进局入孔330个，标石整治380块，增补路面不锈钢牌1900块、地面反光标识120处、杆号牌101处、塑料宣传牌35块、电杆宣传牌68处，整修大型宣传碑2块、油刷宣传牌7块，装订易撞电杆反光牌180处，路口升高电杆27处，整治光缆接头盒回水弯15个，光缆纤芯大损耗处理4处，完成5项大修改造项目，通过上述措施，提高线路应对突发状况的能力。利用GPS巡检系统，完善巡护人员对线路监控力度，全年共完成外力盯守配合40处，其中管线交越18处，投入盯守人员900人天，确保线路影响地段的安全。重新修订《阳泉线务局应急通信保障预案》，并定期进行桌面推演及模拟实战演练，完成全年43次重要通信保障任务。

安全工作　在"两会""5·17"等重要通信保障期间，由局领导带队，联合公安、部队进行护线宣传，共出动100余人次，行程200余千米，散发传单1.5万份，宣传品5000份，扩大线路知名度。按照上级安排，展开"三线交越"不合格段落整治工作，共完成加装安全保护套管57处、接地线100处、安全保护套管336米，及时消除线路安全隐患。

综合管理　在基层单位实行"以量计酬"考核制度，采取正向激励，体现多劳多得、少劳少得、不劳不得，激励员工工作积极性。利用工余时间，开展形式多样的岗位技能练兵活动，激发工作热情。利用微信平台，创建"阳泉长线工作群"，以图文形式实时报道工作动态，并开展"最美长线人"评选活动，弘扬正气，传播正能量。（王晓东）

建设　环保

城乡建设

综合工作

【概况】 截至2014年底，阳泉市城市人口59.67万人(不含平定县、盂县),其中暂住人口1.7万人。城市面积651.99平方千米,其中建成区面积54.82平方千米，城镇化水平达到64.96%。全年全市(不含平定县、盂县)城市市政公用设施建设完成投资121919万元（不含住宅)。完成投资按行业分:道路及排水完成投资95811万元,占总投资的78.59%；集中供热完成投资18155万元，占总投资的14.89%；城市供水完成投资7953万元,占总投资的6.52%。（赵庆江）

【道路排水】 全年全市（不含平定县、盂县）城市道路长度累计达到442.14千米,城市道路面积累计达到619.96万平方米。人均拥有城市道路面积10.39平方米。城市排水管道长度累计达到351.6千米,排水管道密度达到6.41千米/平方千米。全市路灯盏数达到15002盏。（赵庆江）

【集中供热】 全年全市(不含平定县、盂县,含阳煤集团)新增集中供热面积111万平方米（其中住宅100.24万平方米),集中供热面积累计达到2529万平方米（其中住宅1919万平方米)，集中供热普及率达到95.98%。（赵庆江）

【城市供水】 全年全市(不含平定县、盂县)城市供水管道累计达到686.23千米，全年城市供水总量5137万立方米。供水普及率100%,人均日生活用水量0.11立方米(111.71升)。（赵庆江）

【城市燃气】 全年全市（不含平定县、盂县,含阳煤集团)用气人口累计达58.47万人，燃气供气总量85499万立方米,全市(不含平定县、盂县)居民用气普及率达98%。（赵庆江）

【园林绿化】 全年全市(不含平定县、盂县)建成区绿化覆盖面积累计达到2224.42公顷,建成区绿化覆盖率41.4%，比上年增加0.18个百分点。人均公共绿地面积达到9.54平方米，建成区绿地率达到35.7%。（赵庆江）

【城镇化提质工程】 年内,阳泉市按照全省“一核一圈三群”的城镇化战略布局,全面推进以人为核心的新型城镇化建设,加大对全市道路、供热、燃气、供水、排水、污水处理、垃圾处理、园林绿化、通信、电力等基础设施的建设投入。以中心城市为龙头,大县城、小城镇和新农村建设同步推进的城镇体系初步形成。按照全省城镇化工作会议安排部署,阳泉市确定《阳泉市推进新型城镇化2014年重点任务》(阳政办发〔2014〕71号)，对省政府下达的20项指标30项任务进行细化、量化,明确进度要求和责任单位,年内完成全部任务。（赵庆江）

【保障性住房建设与房改工作】 2014年,山西省政府下达阳泉市保障性安居工程建设任务为开工建设各类保障性住房6019套(其中城市棚户区改造5000套,工矿棚户区改造1000套，林业棚户区改造19套)，含续建项目累计基本建成7200套,全年完成投资28亿元。截至年底,全市开工新建保障性住房6511套，完成省下达任务的108.2%;基本建成9121套,完成省下达任务的126.7%；完成投资29.18亿元，完成省下达任务的104.2%。同时，全年共发放资金979.94万元,以货币补贴方式保障3395户城镇低收入家庭,通过实物配租和货币补贴两种方式,对符合城镇低收入家庭住房保障租赁补贴申请家庭实现应保尽保。

全市各物业管理公司代管房屋建筑总面积达到1488.4万平方米(其中住宅建筑面积1343.69万平方米),物业管理面积覆盖率达到70.2%,其中新建住宅小区物业管理面积覆盖率达到100%。

深化住房制度改革。年内,在继续稳步出售公有住房的同时,加速推进住房分配商品化、社会化进程。当年出售公房107套,出售面积7040.53平方米。

公积金归集率进一步提高。截至年底,全市参加住房公积金职工12.39万人,占应参加职工人数的73.8%。全年归集住房公积金8.38亿元,支取住房公积金4.26亿元,发放公积金贷款1.94亿元,累计归集52.12亿元(不包括阳煤集团)。 (赵庆江)

规划设计

【规划执法监察】 2014年,市规划局联合城区、矿区、郊区、开发区管委会和阳煤集团,对泉中路、七一市场、巨兴小区、康达小区、日潭小区、西沙台小区、河边街中医院周边和桃北东路滨河路段等处的私搭乱建进行整治。全年共拆除各类私搭乱建违法建筑面积3000多平方米。 (李富军)

【规划基础信息】 年内,市规划局完成了阳泉市新城扩容东区(阳五高速以东)航测成图20平方千米。对原有单星CORS(连续运行卫星定位服务综合系统)基站进行升级改造,满足城市Ⅰ、Ⅱ级控制点的布设。完成阳泉市新增道路(泉东路—广阳路、保晋路、漾泉大道Ⅰ期)和局部重点地段详规地形补测2平方千米。 (李富军)

【城市规划实施】 年内,市规划局完成城乡规划展览馆主体工程。完成华盛桥改扩建、野沟煤矿棚户区改造、西河龙凤沟棚户区改造、市第二监狱迁建、开发区龙柱公园、新城大道及307国道复线热力管网、老旧煤气管网改造等重点工程的前期协调和规划设计工作。 (李富军)

【房屋征收补偿】 年内,市规划局按照全省的安排部署,对全市房屋征收工作在政策制定、项目实施及矛盾化解等方面进行自查,为推进房屋征收工作奠定基础。继续做好保晋路拓宽和桃北东路改扩建、洪城北路建设工程房屋征收回迁安置工作。组织完成泉西路房屋征收工作,共征收住户71户、面积约2.8万平方米。 (李富军)

【生态新城建设】 年内,阳泉市组建漾泉大道二期工程、新城大道供热供水管网建设工程指挥部等工作机构,协调推进各类工程的实施。阳泉市城市建设投资公司整体划归至新城管委会,作为新城建设的投融资平台。完成三泉、大西庄、魏家峪等村庄保障房项目规划方案,完成平阳路一期、宁波北路一期规划设计方案。与多家金融机构接洽,开展漾泉大道二期工程项目两侧土地收储融资工作。漾泉大道二期工程完成投资约2.7亿元,李荫路东段路基基本形成,李荫路箱涵主体完工。平阳路一期建设工程和宁波北路一期建设工程规划设计方案经市政府常务会议通过,启动项目前期工作。完成新城大道供热和供水管网工程路面恢复,新城大道热力隔压站主体完工。 (李富军)

【阳泉市主城区规划】 阳泉市主城区规划区域分为北片区、西片区、东片区。北片区规划范围南起桃北西路,北至平阳路,西起桃林沟路,东至泉中北路,总用地面积约1.98平方千米。西片区规划范围南起南外环街,北至桃南街,西起泉西路,东至恒大路,总用地面积约5.39平方千米。东片区规划范围南起南外环街,北至桃南东街、李白西路,西起体育馆西路,东至李白东路,总用地面积约3.07平方千米。规划北片区形成"两轴、两心"协调发展的空间结构布局:"两轴"即泉中北路和洪城路发展轴;"两心"即北部生态居住组团核心和南部汇集商业、文化、娱乐等的公共服务设施核心。规划西片区形成"两带、一心"的空间结构布局:"两带"即沿桃河南岸发展的兴隆街、西河滩商业带和沿南大街发展的行政办公带;"一心"即以南山公园公共绿地为中心向南辐射的居住核心。规划东片区形成"两中心"的空间结构布局:"两中心"即以北部王母瑙植物公园和南部体育馆为主的文体中心。 (李富军)

【阳泉市主城南部地区规划】 年内,阳泉市主城南部地区规划范围南起义井煤矿,北至南外环街,东起义平路,西至南庄煤矿,规划用地面积约7.76平方千米。规划该区用地功能结构为"两轴、四片区、多核心"。"两轴"指该区域中部的南北向广阳路交通轴和东西向新规划南外环街用地空间发展轴;"四片区"指由南北向广阳路和东西向规划南外环街交叉划分的西北、西南、东北、东南四个片区;"多核心"指在核心区各类用地集聚而形成的多个城市居住核心以及城市功能服务核心。 (李富军)

【生态新城三泉棚户区改造建设项目】 阳泉市生态新城三泉棚户区改造建设项目位于阳泉市新城大道以西,307国道复线以南,214省道(李荫路)以东。项目总用地约35万平方米,总建筑面积约56.13万平方米,其中多层住宅建筑面积21.74万平方米、高层住宅建筑面积25.86万平方米、商业建筑面积2.74万平方米、配套公建(含学校、幼儿园等)建筑面积2.14万平方米、地下室(人防)建筑面积3.65万平方米。

多层住宅建筑均为6层,结构形式为砖混结构,屋顶形式为坡屋顶。高层住宅建筑分18层、24层及26层3种,结构形式为剪力墙结构,屋顶形式为平屋顶。商业及配

套公建为多层建筑，结构形式为框架结构。配套建设包括小区道路、给水、排水、供热、燃气、电气等基础设施。（董赪亮）

【阳泉职业技术学院建设项目工程】 阳泉职业技术学院建设项目工程位于漾泉大道以北，新城市规划路以南，新城大道以西。项目总用地面积319670平方米，其中城市图书馆预留用地18249平方米，学校用地301421平方米。

项目建成后可满足5000人日常的教育教学和学习生活需要。整个校园根据功能分为A、B、C、D、E、F、G、H八个区。A区包括1#教育服务中心、2#教育服务中心、独立会议室、1#实验楼、2#实验楼、独立实验室；B区包括1#教学楼、2#教学楼、3#教学楼、4#教学楼、阶梯教室；C区包括3#实验楼、4#实验楼、5#实验楼、6#实验楼、7#实验楼、1#实习工厂、2#实习工厂、3#实习工厂；D区包括1#宿舍楼、2#宿舍楼、3#宿舍楼、4#宿舍楼、教师宿舍、1#生活服务中心、2#生活服务中心；E区包括风雨操场、体育场看台；F区包括学生餐厅、教师餐厅楼；G区包括图书馆、报告厅、学生活动中心；H区包括教师活动中心、学术会堂。

整体校园架构周边为院落式布局，中心为园林式布局，在园林景观设计上做到“大院大园林，小院小园林”。（董赪亮）

城市建设

【市政工程管理局概况】 2014年，市政工程管理局坚持“市政服务进社区、市政工程出精品”的发展理念，逐项落实各项工作。全年完成市政工程总产值1.366亿元，其中市政工程有限公司完成产值1.25亿元，专项维修工程585万元，日常小修578万元。（赵庆江）

【市政设施修复】 年内，市政工程管理局牢固树立服务意识，规范操作流程和验收决算，保证养护质量，道路维修、排水清疏、路灯亮灯、桥梁监测维护等各项工作顺利完成，市政设施修复及时率达100%，确保设施的正常运转。（赵庆江）

【主要街道和桥梁维修养护】 年内，市政工程管理局先后对育才路、油娄沟、桃南中路二巷和新市街等市区道路进行养护维修，完成狮脑山滑坡治理等专项工程和泉中路地下通道西连接路工程。全年维修路面9080平方米，人行道680平方米，破路恢复654平方米，沥青灌缝24.9千米，路面贴缝7.1千米，维修及时率达100%，道路完好率达98%以上。桥梁所维修南庄桥、芦湖桥伸缩缝，更换桃源桥、新泉桥、宏成桥、阳煤大桥的伸缩缝胶条，加固平坦立交桥栏板，安装限载标志14套、限高标志18套。（赵庆江）

【排水管道维修】 年内，市政工程管理局全年疏通管道83.7千米，清挖雨、污井15827座次，处理雨水井、污水检查井286座，更新雨水截留篦10座。汛期严格24小时值班制度，组织开展防汛应急演练，提高应急处置能力。强降雨期间，全员出动，到易积水路段处置险情，确保安全度汛。（赵庆江）

【煤气公司概况】 2014年，市煤气公司直面宏观经济下行不利局面，按照年初确定的各项工作目标，锐意改革，努力工作，顺利完成各项工作。全年全市（不含平定县、盂县、阳煤集团）新增煤气用户11615户，累计用户达到119265户（其中居民用户118200户、公营事团类用户1065户），完成供气总量16748万立方米，实现销售收入6294.36万元，完成全员劳动生产率每年每人31497元。（赵庆江）

【安全保障】 年内，市煤气公司结合企业实际，从强化安全理念、倡导安全文化、加强安全用气宣传、深化全员安全教育培训、建立健全安全管理体系和安全制度、落实安全责任、加大安全投入、强化隐患排查整治等入手，提高安全保障水平。为提高用户安全用气意识，明确企业与用户双方安全责任，2014年，煤气公司首次与用户签订《煤气供用气安全联保协议》。同时，全年投资近1300万元治理各类隐患210个，更换服役25年以上的老旧中压阀门16个，完成引入管防腐11509根，架空管防腐更新88处共8143米，对康达小区390户腐烂严重的户内立管全部进行更换，完成西区储配站气柜维修防腐工程。全年进行入户安全检查6万户，检查各类窨井17532个，处理漏气1269户次，保障了安全运行。（赵庆江）

【供气保障】 年内，市煤气公司先后完成开发区东部北海路、洪城北路、郊区东大街、玉泉街煤气管道工程，保晋路、盛世华庭小区、检察院培训基地煤气管道改线工程，华盛桥大修煤气中压管线拆除重新制安工程，漾泉大道穿越李荫路钢骨架管网拆除、临设、恢复工程，西区储配站站区改造和站控设施安装工程等项目，为全市正常供气提供了有力保障。（赵庆江）

【企业文化建设】 年内，市煤气公司着力深化人文思想建设，努力打造有理想、有文化、有道德、有纪律的“四有”员工队伍。通过《阳泉煤气》内刊、“阳泉市煤气公司”网站、“企业文化手册”“蓝焰大讲堂”等宣传交流平台，沟通思想、增进共识、提高员工对企业文化的认知度；通过举办职工文化艺术节、情景式拓展训练、文化兴企小品比赛等活动，凝聚人心、提振精神、营造氛围、推进文化落地；通过开展篮球比赛、羽毛球比赛、乒乓球比赛、拔河比赛等体育比赛活动，弘扬企业文化、凝聚团队力量、培育时代精神、激发奋进活力。经阳泉市科技局组织有关专家评审，煤气公司研发的“国有公用行业企业文化建设模式研究”课题达到国内先进水平，并通过软科学项目成果评审。市总工会组织有关部门对煤气公司的企业文化建设进行了现场观摩。　（赵庆江）

【热力公司概况】 2014年，市热力公司以中共十八届四中全会精神为指导，以软实力建设为指引，推动企业从规模发展向质量发展转变，从外延式增长向内外同步增长转变。截至2014年底，市热力公司资产总额逾17亿元，全年全市（不含盂县，含平定县）新增供热面积166万平方米，供热面积累计达到2449万平方米；新建供热管网44.43千米，老旧供热管网改造47.682千米，2013年至2014年采暖期供热收费率达到90.46%，室温合格率达98.4%。公司所辖入网供热面积2450万平方米，除郊区仍采用区域锅炉供暖外，其余全部为热电联产供热；公司供热用户总数突破20万户，供热主管网700余千米，下辖热力站163座（其中平定县35座）、中继泵站1座、隔压换热站2座、加压泵站2座、调峰热源厂1座、区域供热锅炉房3座，受益群众超过50万人。　（赵庆江）

【软实力建设】 年内，市热力公司以软实力建设为主线，深入实施文化强企战略，推动企业由规模发展向质量发展转变。全员学习《供热企业软实力建设的理论与实践》，编制完成《阳泉市热力公司软实力建设五年规划》，参观学习以“面向未来的考试”为主题的软实力思想教育活动等，通过《阳泉热力》、OA办公系统等平台和载体进行宣传，使软实力理念逐渐深入人心。同时，公司在对外宣传，对内引导上下功夫，全年在国家级《政治思想工作研究》发表报道2篇、《民生周刊》发表论文1篇，省级媒体刊发新闻4篇、省级刊物刊登公司各类稿件5篇，市级各类新闻媒体刊登公司新闻报道及宣传信息82篇次。《阳泉热力》企业报从半月刊增刊为周报，全年编发55期，新闻报道更及时，公司宣传主阵地作用更加突出明显。理论资料汇编工作日趋常态化，全年制作《永恒的标签》《面向未来的考试》等专题画册7本，印制《聚焦未来》《基层日记》《企业大事记》等书籍5本，编制《阳光使者》《兵心依旧》等资料光碟11盘，这些影像资料翔实地记录了阳泉市热力公司一年的工作，其中《阳光使者》还被阳泉市委组织部评为全市第九届党员电视片观摩评比优秀奖，充分展示公司软实力建设新形象。公司还在成本控制、节能构架、两费收缴及网络化管理等方面助推发展，使软、硬实力共同发展。　（赵庆江）

【供热管网建设】 市热力公司以河坡电厂“上大压小”为契机，全力推进管网工程建设，推动供热市场平稳、健康、有序发展。全年新建管网44.43千米，可解决354万平方米的供热需求。一是依托河坡电厂“上大压小”项目，推进郊区管网建设，完成新城大道至阳五高速路口的东线工程和荫营镇政府至育才小学的西线工程，共敷设DN 500—DN 600供热主管道6.24千米，以及后沟、街上、坪上3条支线3.11千米，建设热力站1座，完成投资1700万元。二是完成山西工程技术学院供热管网工程，用不足一个月时间，敷设DN 350一次主管网约0.6千米、DN 70二次管网0.58千米，使该学院20万平方米建筑如期供热。三是完成其他管网工程104项，共敷设一次管网4.7千米，二次管网29.2千米，有力保证34万新入网用户的冬季用热。同时，公司新建改建沁园春、吉祥苑、宜居苑等18座无人值守热力站，所辖163座热力站全部达到国家环保节能要求。新建入网建筑全部安装热计量设施，全年完成装表8781户。停运拆除区域供热锅炉房3座、小锅炉7台，特别是取缔了市区最后一座锅炉房——山西工程技术学院锅炉房，使市区彻底告别锅炉供热时代，消除了锅炉供暖质量差、污染重、能耗大的难题。　（赵庆江）

【管理模式创新】 年内，市热力公司多举措加强内部绩效考核管理，初步制订涵盖公司所有工种岗位的8类、300余个考核指标和4类品绩指标组成的指标体系，并搭建起有效的考核机制。按照规范化管理的要求和步骤，制订《规章制度管理办法》，先后完成《物资供应管理制度》《工程项目管理制度》《考勤、调休及请销假管理制度》《工程资料档案管理办法》等十余项规章制度，明确各项工作的标准要求，并逐项纳入绩效考评体系。在人力资源管理方面，公司创新引导人才选拔，竞聘达标持证上岗，制订《人才库建设方案》《员工职业规划方案》《考核竞聘上岗和持证达标上岗考核方案》初稿。公司还通过加强细节管理，完善后勤保障工作。其中，依托办公OA管理系统，规范管理流程，降低管理成本。　（赵庆江）

【供热服务站建设】 年内，市热力公司全力打造20分钟服务圈，在较偏远的北岭坡、东城水岸等区域新建5个高标准供热服务站，改造桃南客服所、郊区客服所等7个供热服务站，建成12个统一形象、统一标识、统一管理的标准化供热服务站，所有涉热业务全部进站，成为全市供热服务的重要支点。同时，加强窗口人员服务意识和服务能力，确保在最短的时间内解决供热诉求，推进热力品牌建设，在群众中树立良好口碑。　（赵庆江）

【一站一指令】 年内，阳泉市供热范围内各建筑主体、外围节能、管网年限等情况各不相同，统一参数的供热方式使冷热远近无法调节。一站一指令（每一个供热站各有一个供热参数）的推行改变过去用热“大锅饭”的现象。2013年至2014年采暖期开始后，为实现更精细、更经济供热，市热力公司组织专人对2013年已经进行调整系数的60余座换热站进行平衡调节考核测温，对其余80多座换热站进行供热参数校核测温。11月至12月，居民用户测温5888户，低于16摄氏度的仅95户，室温合格率98.4%，绝大部分室温处于18摄氏度至22摄氏度舒适温度区间。（赵庆江）

【供热稽查】 年内，市热力公司共查处报停私开用户36户，收缴热费6万余元，违约金1.2万余元；查处私接用户205户，涉及公建面积3.3万平方米，居民住宅2万余平方米，涉及热源建设费及管网补偿金433万余元。截至年底，市热力公司共稽查收回热源建设费118.97万余元，管网补偿金6.98万元、热费125.74万元，有效地维护供热市场的规范性。（赵庆江）

【检修改造】 年内，市热力公司根据总体检修改造方案，全年检修换热器、循环泵等站内设备2194台、阀门19515个、井室清理6972座、阀门更换341台、热表检修727台，DCS通道110套、户内检修18452处，管线标识14406处。同时，针对热网承载、供热设备安全保障、节能降耗措施等采取相应技改项目：一是在一次主管网选择具备条件的18座热力站，实施技术改造，使一次网应急补水能力增加到每小时400立方米；二是调峰热源厂完成补水泵更换改造和上煤系统，输煤廊增加通风装置，皮带机加装喷淋装置改造；三是完成中继泵站加装排气轴流风机通风系统改造，以及回水加压泵电机加装风冷却装置改造；四是完成20座热力站49台换热器"穿衣戴帽"工程，对益昌汽车销售公司等3座用户自管单体换热站加装可视平衡阀改造。通过一系列的基础设施改造，夯实了安全供热基础，降低了供热无功消耗。（赵庆江）

【供热技术】 年内，市热力公司针对多年来不同采暖方式混合运行带来不经济、局部过热等不平衡现象，完成宏苑站等6处热力站混水设计，实现了地暖、散热器两种采暖方式分离运行，取得良好的经济效果和供热效果；同时，在平定瑞景铭城改造、紫御花园新建热力站成功应用降噪技术，降低热力站噪音污染，达到预期目的。（赵庆江）

【园林局概况】 2014年，市园林管理局加快园林事业发展，优化经济、发展环境，以加强绿化管理和内部管理为手段，转变观念，创新思路，完成全年各项工作任务。全年完成事业性收入127.5万元，全年接待游客400余万人次。（赵庆江）

【狮脑山百团大战遗址中心景区基础设施建设项目】 狮脑山百团大战遗址中心景区基础设施建设项目于2014年4月完成招投标，6月启动，截至年底，整体工程基本完工，共建成旅游公厕5座，林荫停车场3个，景区游步道、栈道、观景平台及消防、安防工程等。完成投资1300万元。（赵庆江）

【狮脑山公园武器展演布展项目】 狮脑山公园武器展演布展项目于2014年9月完成政府采购招标，并正式启动工程建设，共完成地型整理、绿化种植以及展馆布展装饰等工作，工程于2014年底完工。完成投资224万元。（赵庆江）

【廉政文化进公园】 年内，廉政文化进公园项目已完成"清风竹影""清莲碧波""清雅梅香""清廉楹联""清廉照壁""廉政脸谱及剪纸"6处廉政景点的建设任务。该项目位于城市中心公园。工程于2013年4月开工、2014年底完工，总投资210万元。（赵庆江）

【环境卫生】 2014年，全市环卫清扫保洁面积597万平方米；城市生活垃圾无害化处理量完成15.24万吨，无害化处理率达到100%。全年污水处理量3514.2万立方米，污水处理率达到87.8%。（赵庆江）

【城区环卫工作概况】 年内，城区环卫处把提高效能、创优环境作为推动工作的重要举措来抓，出台治理"吃拿卡要"和"庸懒散奢"实施方案，制订《城区环卫处关于公开办事程序和推行限时办结制的规定》，在党员领导干部中重申中央八项规定的各项要求及强化节假日期间廉洁从政、严守纪律的各项规定。全年共清运垃圾11万立方米，清掏粪便6.5万吨。保洁质量全面提高，实现"全天候零间隙"保洁作业，道路保洁覆盖率达到100%，实现全路段城市道路一级保洁规范标准。（王世钧）

【示范街道 星级公厕创建】 年内，城区环卫处在开展创建保洁示范街道和城市星级公厕竞赛活动中，以创建宜居城市为目标，狠抓标准化、程序化、精细化管理工作，进一步完善城市功能、提升人员素质、提高管理水平，改善人居环境。经过"保洁全天候、管理无缝隙、责任全覆盖"的工作，泉东路、北大街、南大街、深圳街、泉中路、桃南东路6条街道被省住建厅命名为"省级保洁示范街"。南山公园南门公厕、山西北方晋东化工厂老干部活动中心公厕、保晋文化园公厕、育英中学公厕4座公厕被省住建厅命名为"星级公厕"。（王世钧）

【环卫管理模式创新】 年内，城区环卫处不断探索创新环卫管理模式，以群众满意为标准，努力提高环卫工作质量。一是在环卫作业和管理中，全面推行"扁平化"管理模式，减少中间环节，提高工作效率，增进作业各环节之间的协调能力，强化纵到底、横到边管理的执行力。二是配套出台"三定(定人、定岗、定责)、四查(对工作地段的任务完成情况、作业情况、在岗情况实行一班四查岗)、五罚(将分管领导、部门责任人、包片责任人、管理人员、作业人员联结在一起,实行捆绑责任链条式管理)"的管理办法,从根本上扭转人员不稳定、责任不明确、工作无压力、管理松软的被动局面。三是设立督查小组对全体工作人员的考勤和在岗情况进行定期与不定期检查,对违反纪律的人员给予严肃处理。四是确定督察人员对城区清扫保洁质量、垃圾清运、公厕管理等工作进行定期、不定期抽查,完善日常考核,以检查促质量、以考核促绩效,进一步推动了城区环境卫生质量水平的提高。（王世钧）

【"清洁城区"创建活动】 年内,城区环卫处按照以块为主、条块结合、部门联动、分工负责、社会参与、齐抓共管的原则,开展"清洁城区"创建活动。一是保证主要大街、支次干道垃圾不落地,小街小巷、居民小区垃圾点定时、定点集中倾倒,无裸露。二是科学设置所有垃圾点,满足日常需要,确保日日清洁。三是在突击整治清运中,做到人员、设备、时间、任务"四保证",对重点地段、重点区域实行专人盯守、集中整治,对脏乱差严重的街区抽调专人专车对积存垃圾实行定点清除。活动期间,城区环卫处在古城路、武警路、药材站、南大街、桥北街、青年街、南大西街、滨河路等地段,共出动车辆46台次,整治脏乱地段24处,清理垃圾126吨。（王世钧）

【品牌创建活动】 年内,城区环卫处在广大党员干部和职工中开展以争创"时传祥班组"和"共产党员先锋号"为品牌,以"提供星级服务,打造品牌效应"为载体的创建活动。活动的主题内容是"三立足、三面向、三提升、三满意"("三立足"即立足目标讲本领、立足本职讲敬业、立足岗位讲奉献,"三面向"即面向社会、面向群众、面向职工,"三提升"即提升服务能力、提升服务水平、提升服务品牌,"三满意"即社会满意、群众满意、服务对象满意)。通过这一活动的开展,干部职工的主人翁意识、爱岗敬业意识、争先创优意识不断增强,为环卫各项工作有序开展营造了良好的氛围。活动开展以来,共上门服务180余次,清理"三不管"化粪池10余套,解决群众来信来访办理事项70人次,办理人大、政协提案建议4人次,受到社会好评。先后有北大街环卫所、清洁服务中心等6个基层站所被城区环卫处授予"时传祥班组"称号,清运中心2个车组被城区环卫处授予"共产党员先锋号"称号。郑高魁、张莉红等4人被授予省市区劳动模范,1人被授予第七届"阳泉市十大优秀青年",城区环卫处被省总工会授予"工人先锋号"称号。（王世钧）

【矿区环卫工作概况】 年内,矿区环卫处加强环卫作业管理,做好清扫、清运、清掏、环卫设施管理、公厕管理、绿化养护等环卫职能工作,清扫保洁率、生活垃圾清运率、生活垃圾无害化处理率均达到100%。全年清扫保洁面积65.13万平方米,清运各种垃圾12498.20吨,清理污水粪便6141吨。（张　嘉）

【街道清洁】 年内,矿区环卫处加大清洁力度,使全区的环境面貌有了新改观。一是清扫工作。矿区环卫处执行"定人、定岗、定责"管理制度,确保每一路段都有人负责清扫。加大机械化作业力度,机扫率增加到68%。加大对辖区主干街道的洒水降尘作业,街道冲洗率达到20%。二是清运工作。矿区环卫处加强清运车辆的管理和各种环卫作业车辆的维护、保养,垃圾做到日产日清。对北大西街、西河路、桃北中路的148家沿街店铺产生的垃圾实行每天两次定时上门收集,收集率达90%以上。全年共清运各种垃圾12498.20吨,出动车辆1万余次。三是清掏工作。安排专人定期巡回检查,定期疏通清掏,确保化粪池不满不溢。全年共疏通下水管道7000余米,清掏化粪池100余个,清理污水粪便6141吨。四是环卫设施。全年更换果皮箱240个、垃圾桶300个,维修果皮箱244个、垃圾桶40个。五是绿化养护。对辖区内绿地进行4次修剪,补苗15000多棵,清理枯树、枯枝垃圾200余车,养护用水1200吨。（张　嘉）

【星级公厕创建】 年内,矿区环卫处在开展星级公厕竞赛活动中,通过自查、筛选,将居馨花园公厕列为四星级公厕创建点。为创建星级公厕,矿区环卫处加强对公厕的维护管理,强化对公厕管理人员工作情况的督查,保证开放时间。公厕卫生严格按照"五无六净"(无人畜粪便,无砖石瓦块,无冰、棍杆、果皮、纸屑等杂物,无清扫后遗留垃圾痕迹,无浮尘、积水和残雪;路面净,道沿净,树窝净,雨水口净,人行路净,绿化带净)标准执行,公厕内外随时保持干净整洁。加大对公厕的消杀力度,做到无积存、无蝇、无蛆、无积水。建立完善公厕管理工作台账,实行台账式管理。强化监督考核,建立健全公厕管理人员工作情况督查和月考核制度,将考核情况与工作人员绩效工资挂钩,促进工作有效开展。10月,居馨花园公厕通过审核验收,被省住建厅评为"四星级公厕"。（张　嘉）

【城市容貌示范街和保洁示范街道创建】 年内,矿区环卫处把桃南中街列为城市容貌示范街和保洁示范街道的创建点。在创建过程中,按照城市容貌示范街和保洁示范街道标准要求,建立工作台账,详细记录每天工作情况和清扫、保洁工作中存在的问题,实行台账式管理。落实定人、定岗、定责"三定"制度和"一扫三保"(凌晨的清扫作业完成后,对道路进行早、中、晚三次的巡查保洁)制度,科学合理地安排工作人员轮班作业,对桃南中街进行普洁,做到全天候无缝隙工作衔接。在矿区街道悬挂公示牌,公布清扫、保洁责任人和管理人员姓名及监督电话,接受社会监督。建立工作人员工作情况督查和月考核制度,考核情况与工作人员绩效工资挂钩。10月,桃南中街通过审核验收,被省住建厅评为“省级城市容貌示范街”。 (张 嘉)

村镇建设

【百镇建设】 2014年,阳泉市继续推进平定县张庄镇、娘子关镇,盂县西烟镇、南娄镇,郊区河底镇5个省级重点镇的市政基础设施、公共服务设施、公园绿地、中心街区、居住社区、景观风貌整治和环境卫生整治项目建设。全年完成投资65048.5万元,其中,平定县张庄镇完成投资1250万元、娘子关镇完成投资3500万元,盂县西烟镇完成投资38263.5万元、南娄镇完成投资4865万元,郊区河底镇完成投资17170万元。经过4年的建设,5个镇镇区基础设施和服务功能不断完善,城镇品位和集聚功能不断提升,发展空间进一步拓展,招商引资环境优化,带动县域城镇经济发展。(赵庆江)

【农村危房改造】 年内,阳泉市政府按照改造前严格改造户认定、改造实施中严把质量安全,竣工后及时验收把关的总体思路,认真组织实施农村危房改造工作。截至年底,全市3200户农村危房改造任务全部竣工,完成投资9663万元。其中,平定县完成农村危房改造任务824户,完成投资2307万元;盂县完成农村危房改造任务1211户,完成投资4986万元;郊区完成农村危房改造任务1165户,完成投资2370万元。 (赵庆江)

【乡村清洁工程】 年内,阳泉市多措并举开展乡村清洁工程,取得新成效,完成各项目标任务。一是全覆盖。全市960个行政村全部配备清扫保洁人员,实现清扫保洁全覆盖;选调乡镇专职人员和村退下来的村干部及老党员323人为环卫监督员,形成市、县(区)、乡镇、村四级检查指导体系,做到管理全覆盖;实行定人、定岗、定任务,明确清扫保洁人员的责任区和保洁标准,有效保证乡村大街小巷、公共场所、周边道路的清扫保洁工作。二是攻难点。重点对影响乡村容貌的乱搭乱建、乱堆乱放、乱写乱画、乱贴乱挂、有色垃圾等突出问题进行整治,对残垣断壁进行修补、遮挡或拆除,对墙体立面进行整修、粉刷、美化。全年全市农村(包括城乡接合部)共清运垃圾15.86万吨,清理农村“四堆”(柴堆、煤堆、粪堆、料堆)18382个,整治乱搭乱建、乱贴乱挂和整修残垣断壁、粉刷墙体立面30364处。三是重处理。垃圾处理是乡村清洁工作中的难点,通过保洁和“四堆”整治,村里环境整洁了,但垃圾没有进行集中处理,造成村里干净村外脏。对此,阳泉市按照分类、减量、无害的原则,要求各县区推行村收集、乡转运、县(或乡)处理方式;市县(区)垃圾处理厂周边20千米范围内村子的垃圾进行集中收集处理;其他区域,以乡镇或中心村为单位,建设生活垃圾简易填埋场;偏远地区,以村为单位进行填埋处理,填埋一定量后由乡镇统一进行消杀管理。截至年底,全市共有180多个有条件的村采取“户集、村收、数村联合处理”的垃圾处理模式,有80多个村庄实行“垃圾不落地”,改变了农村“脏、乱、差”现象。四是配设施。省、市、县财政投入配套资金3101万元,用于人员工资补助和各类环卫设施建设和设备的采购,采购小型装载机、垃圾车、手推车、垃圾斗、垃圾桶等设备;较偏远的村,在村边修建了垃圾池。五是建制度。建立清扫保洁制度,完善考核标准。根据村的大小、人员多少、距离远近,确定保洁和清运垃圾人员工资标准;制订设备、设施管理、收集、运输制度,规范工作流程,严禁专业设备挪作他用。六是定规划。编制《阳泉市乡村生活垃圾处理工作总体规划》,计划到2017年,乡村生活垃圾定点存放率达100%,无害化处理率达50%,基本解决农村生活垃圾乱堆乱倒现象和垃圾围村现象。启动农村污水处理工程,依据有关标准确定盂县2个、平定县4个、郊区6个,共12个村进行污水管网改造。截至年底,郊区6个村的污水改造工程基本完成,其他村还在进行中。创新工作机制,制订乡村清洁工程达标示范村星级标准,通过典型引路、示范带动,促进乡村清洁工程健康发展。经过考评,全市有299个村达标,其中78个村达一星标准、83个村达二星标准、59个村达三星标准。 (赵庆江)

【传统村落保护】 年内,阳泉市开展传统村落申报工作,郊区辛庄村,平定县宋家庄村、苇池村、乱流村、南庄村、上盘石村、桃叶坡村,盂县乌玉村8个村落被列入第三批中国传统村落名录。小河村、大阳泉村、官沟村、瓦岭村、西锁簧村5个传统村落以保护传统村落和改善农村人居环境质量为出发点,以公共基础设施建设和环境卫生治理为重要内容,实施环境整治工作,全年完成投资689万元。 (赵庆江)

【农村危房现状调查】 年内,根据山西省住建厅《关于加快农村危房现状调查工作进度的通知》要求,阳泉市组织召开农村危房改造推进会,并下发文件,就危房现状调查工作做了安排部署。截至年底,各县(区)农村危房现状调查工作完成,全市存在农村困难家庭危房4604户待改造,其中,平定县906户、盂县2598户、郊区1100户。 (赵庆江)

建筑施工

【概况】 2014年,阳泉市在建工程239项,建筑面积655.11万平方米,工程造价104.7亿元。其中,市区102项,建筑面积280.19万平方米,工程造价40.53亿元;平定县38项,建筑面积69.92万平方米,工程造价10.49亿元;盂县33项,建筑面积150万平方米,工程造价22.5亿元;郊区66项,建筑面积155万平方米,工程造价31.18亿元。 (赵庆江)

【安全监管】 年内,阳泉市坚持专项检查与日常监管相结合,先后组织开展春节前安全专项检查、工程质量安全监督执法检查、预防坍塌事故专项整治"回头看"检查、建筑工地防汛安全专项检查、建筑工地扬尘污染治理专项检查、全市房屋建筑工程安全生产专项检查。检查中,按照"全覆盖、零容忍、严执法、重实效"的总体要求,对照相关安全生产法律法规及相关技术规范,严格程序、严格标准、严肃执法,认真排查。对于思想不重视、制度不健全、责任不落实、工作不到位,隐患不整改不治理的项目,一律责令停工整改。监督检查在建工程500多项次,下达隐患整改通知书245份(其中停工整改通知书171份),排查各类安全隐患1577条,督促整改1529条,整改率达97%。对河南林州建筑工程有限公司承建的吉祥苑4号楼下达《行政处罚决定书》;对省建总公司施工的红星美凯龙项目负责人进行专题约谈;对旭志华府、南庄西路保障房2号楼、沁园春3号楼等15项存在深基坑(高边坡)的工程进行跟踪监管、督办;对华盛桥改建工程、义井河义北小区廉租8号楼至12号楼工程等涉河施工项目,进行现场重点监管。全年未发生生产安全死亡事故。 (赵庆江)

【建筑工地扬尘污染集中整治】 年内,市住建局按照市政府《关于印发阳泉市2014年净空工程行动方案的通知》和省住建厅《关于印发〈全省房屋建筑及市政工程施工工地扬尘综合整治实施方案〉的通知》要求,印发《关于进一步加强建筑工地扬尘污染治理工作的通知》,并结合全市实际制订《阳泉市建筑工地文明施工示范标准》。市住建局把建筑工地扬尘污染治理作为一项重点内容,采取现场督办、跟踪监管等方式,督促责任单位进行整改治理,其中,砌筑围墙910米、搭设围挡2700米、硬化场区道路3100平方米、设置车辆冲洗设施69处、清理建筑垃圾290吨、整治乱堆乱放建筑材料26处。特别是APEC会议期间,成立10个督查小组,对在建的94项工程分别下发停工通知,封停主要机械设备,并巡回督查停工状态,确保APEC会议期间全市的空气质量。 (赵庆江)

【建筑工地消防安全和食堂食品安全检查】 年内,市住建局结合日常安全监督检查工作,对建筑工地的消防安全管理、消防设施和器材配备以及食堂食品安全管理、索证索票制度执行情况等进行督查,排查消防安全隐患135条,食堂食品卫生方面存在的问题32条,并认真督促整改落实。全年没有发生消防、食堂食品卫生事故。 (赵庆江)

【建筑施工企业信息化管理】 年内,市住建局按照省住建厅关于推进建筑工地远程视频监控系统的工作要求,印发《关于全面推进建筑工地远程视频监控系统的通知》,明确要求:2014年新开工的房屋建筑和市政基础设施工程项目、续建工程主体未封顶的房屋建筑工程项目、施工进度不足50%或距离竣工时间6个月以上的市政基础设施工程项目必须安装远程视频监控系统。同时,召开"建筑工地远程视频监控工作调研座谈会",进行宣传推进。通过努力,全年市区范围内有12个建筑工地安装远程视频监控系统,并已对接省厅平台,另有6项工程在改造和对接中。 (赵庆江)

【施工企业安全认证和施工现场达标验收】 年内,市住建局印发了《关于开展2014年建筑施工企业安全认证和施工现场达标验收的通知》和《关于开展建筑施工企业安全生产认证工作的补充通知》,对施工企业安全认证工作进行安排布置。截至年底,应参加认证的房屋建筑和市政工程施工企业有37家,其中:二级以上16家(房建13家、市政3家),三级企业21家(房建15家、市政6家)。16家二级以上企业通过省住建厅认证,21家三级企业通过市住建局认证,认证率达100%。其他20类主项资质应参加认证的45家企业均通过认证(装饰装修15家、钢结构3家、机电安装10家、门窗安装3家、地基与基础处理1家、土石方8家、幕墙2家、起重设备安装3家)。全年创建安全标准化工地20个,其中省级标准化工地5个。 (赵庆江)

【施工企业人员培训教育】 年内,阳泉市组织建筑施工企业"三类人员"培训班4期,培训"三类人员"1445人,其中企业主要负责人212人、项目负责人517人、专职安全生产管理人员716人。组织举办施工企业特种作业人员培训班2期,培训特种作业人员563名,其中场内机动车司机73人、电工147人、架子工65人、起重机司机和安拆工及起重机司索工178人、焊工100人。 (赵庆江)

【建筑节能】 年内,市住建局加强施工现场的监督管理,在全市范围内开展建筑节能大检查,共检查施工现场318项次,下达整改通知书29份,面积476.13万平方米。通过现场检查,解决存在的问题,保证新建和在建工程满足设计规定的建筑节能标准要求。全年共组织36项建筑节能专项验收,验收面积84.16万平方米,验收合格率100%。同时,加强建筑节能设计备案和竣工备案管理工作,把好备案关。全年共完成竣工备案32项，竣工面积62.98万平方米。全年共完成建筑节能设计备案141项（含公建），面积132.27万平方米，使用太阳能光热一体化设计的123项，面积72.986万平方米，新建居住建筑太阳能光热系统应用比例达82.7%。（赵庆江）

房地产业

【概况】 2014年，全市完成房地产开发投资52.7亿元，其中住宅建设完成投资43.4亿元；房屋施工面积672.6万平方米，其中住宅施工面积532.6万平方米；房屋竣工面积78.6万平方米，其中住宅竣工面积69.3万平方米。在继续稳步出售公有住房的同时，加速推进住房分配商品化、社会化进程。全年出售公房107套，出售面积7040.53平方米。全市各物业管理公司代管房屋建筑总面积达到1488.4万平方米（其中住宅建筑面积1343.69万平方米），物业管理面积覆盖率达到70.2%，其中新建住宅小区物业管理面积覆盖率达到100%。（赵庆江）

【房地产交易与登记】 年内，全市共办理各类房屋登记17098件，建筑面积330.08万平方米，登记件数和登记面积分别比上年下降15.9%和8.7%。其中，办理初始登记3421件，建筑面积45.87万平方米；转移登记7163件，建筑面积143.31万平方米；变更登记80件，建筑面积3.58万平方米；抵押登记2678件，建筑面积94.87万平方米；预告登记3675件，建筑面积39.32万平方米；更正登记48件，建筑面积2.25万平方米；补办房证33件，建筑面积0.88万平方米。

全年全市房地产交易手续费完成285.42万元，完成年度目标任务的100%，但比上年减少40.4%；房屋登记费完成160.88万元，完成年度目标任务的115%，但比上年减少28.7%；房地产测绘收入280万元，完成年度任务指标的186.7%，比上年增加75%；房地产估价收入200万元，完成年度任务指标的222.2%，比上年增加115.1%。

全年共办理各类房地产交易（含转让、抵押）5947件，比上年减少15.6%；交易建筑面积133.58万平方米，比上年增加9.5%；交易金额38.73亿元，比上年增加2.2%。其中，办理购买商品房2302件，成交面积30.52万平方米，成交金额8.6亿元（其中商品住宅2302套，成交面积28.32万平方米，成交金额7.48亿元）；办理房改房首次上市344件，成交面积2.58万平方米，成交金额7674.43万元；办理其他存量房上市623件，成交面积5.61万平方米，成交金额1.69亿元（其中住宅609套，成交面积5.19万平方米，成交金额1.53亿元）；办理住宅抵押1967件，抵押面积17.91万平方米，抵押金额3.39亿元；办理非住宅抵押711件，抵押面积76.96万平方米，抵押金额24.28亿元。

全年共发放各类房屋权属证书和登记证明18996本，比上年减少20%。其中发放房屋所有权证14439本，房屋他项权利证952本，预告登记证明3603本，在建工程抵押登记证明2本。

全年共完成测绘4589户，测绘建筑面积209.5万平方米，完成测绘户数比上年减少44%，测绘面积比上年年增加16%。

全年完成房地产估价540宗，比上年增加48%。共代理预抵押登记1362件，累计14.1万平方米，贷款金额33852万元，代理预告登记1446件，累计面积149842平方米。（赵庆江）

城市管理

【概况】 2014年，阳泉市在创建街景容貌示范街道、推进数字化城市管理系统建设工程、探索城市综合执法体制改革、深入开展城市环境综合整治等方面都取得新进展，顺利完成各项工作任务。

市容环境整治　年内，市执法局开展各种形式的市容环境整治活动，对北大东街、桃北东街、泉中北路、南大东街以及城市区主要出入道路实施综合整治工程，全年实地督查30余次，发放督办通知书165份，整治城市区4条主要出入道路周边环境问题600余个，有效改善市容环境。市执法局与城区政府组织相关部门对大阳泉地区开展联合执法行动，清理取缔占道经营马路摊点100余个次，拆除临时搭建的违章亭棚11个，有效遏制该区域占道经营和店外"伸舌头"经营行为。春节期间，市执法局组织执法队伍重点整治马路摊点占道经营和违规摆设烟花爆竹摊点，共查处、规范街头占路摊点230处；保障阳泉春晚现场及元宵节灯展和街头群众文艺展演等活动的市容秩序。协调各区政府和市直相关单位在主要大街、小巷和居民小区开展城市"牛皮癣"专项整治活动，累计清理、清洗张贴物65000余处、覆盖喷涂物达78000余处，粉刷护坡、墙壁等近8000米，城市"牛皮癣"小广告整治取得成效。

城市公共设施专项整治　市执法局向各公共设施产权单位发放《关于加强公共设施清理、清洗工作的通知》，协调各产权单位集中清洗公共设施，清理整治城市"牛皮癣"。城市管理志愿者在青年街、河边街清理大量小广告，保证公共设施的干净整洁。

学校周边环境专项整治　市执法局严格落实校园周边执法责任制，开展校园周边环境专项整治活动，重点取缔学校周边食品经营摊点。中、高考期间，执法队伍采取错时工作制，使学校、居民区附近达到无露天烧烤夜市的管理标准，为广大考生和家长提供良好的考试、生活环境。

露天烧烤整治　市执法局严格落实《阳泉市2014年净空工程行动方案》要求，开展城市露天烧烤污染

整治活动。组织协调各区政府(管委会)联合执法队伍,集中力量整治违规夜市及露天烧烤摊点,并组织执法队伍加大巡察力度,取缔违规行为,基本实现无违规设立烧烤摊位的管理标准。

“扫黄打非”专项行动 市执法局组织开展“扫黄打非·清源 2014”专项行动。清理取缔兜售非法出版物的游商、地摊,收缴非法报刊。通过严厉打击和采取疏堵结合的管理办法,游商现象大为减少,文化市场得到净化。 (张 浩)

【城市综合执法体制改革】 年内,按照《阳泉市资源型经济转型综合配套改革试验 2014 年行动计划》,阳泉市成立由市执法局牵头,市编办、市政府法制办参加的领导小组和工作机构。对全市相对集中的行政处罚权工作情况进行总结分析,对其他省市开展此项工作的做法进行考察,起草《阳泉市城市综合执法改革方案建议》。制订《关于探索城市综合执法体制改革工作方案》,通过市发改委组织的第三方(省级)专家评审及考核验收。 (张 浩)

【数字化城市管理系统建设工程】 阳泉市数字化城市管理系统建设项目是阳泉市智慧城市建设项目的一个子项目。市执法局按照《数字城管系统建设方案》的进度计划,完成前期调研,并制订《数字化城市管理系统项目可行性研究报告》,通过省住建厅专家评审,初步建成数字城管指挥大厅。 (张 浩)

【街景容貌示范街创建】 年内,阳泉市组织开展创建街景容貌示范街道活动,出台《阳泉市创建城市街景容貌示范街道实施方案》和《阳泉市城市容貌标准实施细则》。市执法局组织联合执法队伍对道路、绿化、交通、街道容貌等进行综合整治,改善相关街道的街景环境。阳泉市北大东街、桃南中街、桃北西街通过省住建厅考核验收组的检查验收,被正式命名为“城市容貌示范街道”。 (张 浩)

重点工程

【泉西路工程】 泉西路工程北起宏成桥南口,向南下穿简子沟铁路,在物资集团西河滩库区修建环形高架桥,上跨石太铁路后,穿越工业学校东侧山体,连接南大西街,道路全长 1.18 千米,总投资 3.47 亿元。该工程于 3 月 18 日开工,截至年底工程进度已过半,完成投资 1.33 亿元。 (赵庆江)

【华盛桥改建工程】 华盛桥改建工程桥长 180 米、宽 30 米,为双向混行六车道。桥梁结构为六孔一联的 30 米预应力钢筋混凝土连续梁桥,防洪标准为百年一遇。工程于 4 月 4 日开工,9 月 28 日竣工通车。桥上安装 14 套 28 盏具有中国“宫灯”元素的路灯。桥两侧安装花岗岩桥栏 360 米。该桥累计完成投资 3400 余万元。 (赵庆江)

【狮脑山边坡治理工程】 狮脑山边坡治理工程位于狮脑山道路 K5+020—K5+080 处,工程对该段边坡进行了锚杆 + 挂网喷砼防护,共完成防护面积 1960 平方米。工程于 10 月 27 日开工,11 月 12 日竣工,完成投资 140 万元。 (赵庆江)

【泉中路地下通道连接道路建设工程】 泉中路地下通道连接道路建设工程东起泉中路地下通道西口,西至铁路货场门口,道路长 130 米,车行道宽 12 米,人行道宽 9 米。摊铺厂拌 2818 平方米,沥青砼路面 1482.7 平方米,铺砌人行道 478 平方米;拆除旧石墙,货场里新砌石墙长 120 米、宽 0.8 米、高 2.2 米,新砌砖墙长 170 米、宽 0.37 米、高 2.2 米;铺设 DN 600 钢筋砼排水管道 121 米,DN 400 钢筋砼排水管道 21 米,砌筑雨水井 3 座。工程于 10 月 10 日开工,11 月 10 日竣工,完成投资 94 万元。 (赵庆江)

【三角线排水系统改造工程】 三角线排水系统改造工程于 7 月 5 日开工,10 月 25 日竣工。重新调整坡度,更换 DN 800 砼管 38 米,将排水暗渠一段改造为截流井,现浇路面约 1400 平方米,完成投资 39.6 万元。 (赵庆江)

【桃南二巷道路维修工程】 桃南二巷道路维修工程南起铁路桥,北至桃南中街,全长 150 米,宽 8 米,路槽下挖 30 厘米,现浇 C 30 商砼 323 平方米,铺人行道 20 平方米,安砌侧石 49.8 米,摊铺沥青混凝土面层 1228 平方米。工程于 10 月 15 日开工,11 月 10 日竣工,完成投资 25.4 万元。 (赵庆江)

环境保护

综合工作

【概况】 2014 年,阳泉市奋力攻坚,铁腕治污,严格执法,环保工作取得新成效。全年化学需氧量、氨氮、二氧化硫、氮氧化物、烟尘、粉尘分别下降 2.12%、0.05%、5.16%、9.23%、0.33%、0.45%,不仅全部超额完成省下达的年度减排任务,而且氨氮、二氧化硫、烟尘和粉尘四项指标提前完成“十二五”减排任务。按照《环境空气质量标准》(GB 3095-2012)评价,市区二级以上天数为 178 天,达标天数比例 48.8%,空气质量综合指数 8.62。全市主要河流水质区域间差异较大,娘子关断面达四类水质,滹沱河闫家庄大桥断面达二类水质。 (周培源 刘罡明)

【环境保护工作会议】 2 月 26 日,阳泉市环保工作会议召开。会议总结 2013 年全市环保工作,安排部署

2014年环保工作任务。会上，市环保局局长荆存柱作全市环境保护工作报告。会议提出2014年环保工作的总体思路是：全面贯彻落实党的十八大和十八届三中全会精神，按照全国全省环保工作会议和市委十一届四次全会暨全市经济工作会议的部署，加强生态文明建设，以建设宜居阳泉为目标，以开展党的群众路线教育实践活动为契机，着力实现"三大突破"（学习宣传贯彻全会精神、建立健全生态文明制度、严格落实生态红线政策），突出"五项工作"（大气污染防治、水环境保护、污染减排、农村生态环保、产业项目服务），强化"五项措施"（环境监管、资金投入、社会宣传、党的群众路线教育实践活动、组织领导），切实改善环境质量，保障群众健康，助力"生态靓市"战略，奋力开创环保工作新局面。（周培源　刘罡明）

【行政审批】 年内，市环保局环保窗口共受理行政许可事项50件，其中，建设项目环境保护设施验收4件，建设项目环境影响评价审批36件，核发排污许可证9件，建设项目试生产、试运行审批1件，所有行政审批事项全部在承诺期限内办理完毕。（周培源　刘罡明）

【农村生态建设】 年内，阳泉市新创建省级生态乡镇1个、生态村5个。平定县、盂县、郊区12个村庄开展农村生活污水防治项目建设，郊区6个村庄的工程已建成。编制《农村生活污水防治规划（2014—2020）》，计划到2020年实施100个村的污水处理工程。（周培源　刘罡明）

【项目服务】 年内，市环保局把服务重点工程建设作为头等大事来抓，按照"一个项目、一名领导、一套班子、一支队伍、一抓到底"的工作要求，在项目储备、签约、落地、开工、建设和竣工全过程提供优质高效的服务。对属于本级审批的项目，坚持特事特办、急事急办的原则，开辟重点工程环评审批绿色通道，简化审批程序、下放审批权限、优化审批环节，提高审批效率。对属于上级审批的项目，提前介入协调，全力搞好服务。市、县（区）两级环保部门全年共审批项目环评305个，项目累计总投资154.6亿元。（周培源）

【"环保开放日"活动】 6月5日，市环保局组织"环保开放日"活动，邀请100多位环保志愿者和普通市民走进市环保局，亲身参与和体验环保工作，实现与环保工作的"零距离"接触。在活动中，市环保局负责人和市民代表共同座谈，向大家介绍近年来全市环保工作取得的成效。市民代表观看了创建环保模范城市专题片和2013年全市环境质量公报视频，实地参观市环境监测站大气自动监测平台、污染源在线监控中心、环境监测站分析室、应急监测车辆等。工作人员为大家讲解各种监测仪器的工作原理，各项环保数据监测的过程，并就大家关心的环境问题进行解答，让大家全面了解环保工作的流程和运行机制，实现市民与环保部门的"零距离"沟通。（周培源）

【环保培训】 5月27日至30日，省环保厅在市福利院举办辐射安全培训。全市各医疗单位、工矿单位使用放射性同位素和射线装置的管理人员和操作人员共200余人参加培训和考试。培训中，省辐射环境监督站、省环保厅辐射处的有关领导和专家，分别就辐射防护与安全基础、辐射环境法律法规、辐射事故应急、检测仪器及个人防护仪器操作和使用、辐射安全许可等进行讲解。课程结束后，参训人员参加了辐射安全与防护知识考试，考试合格的由省环保厅颁发培训合格证书。10月8日，市环保局举办新《环保法》培训，集中学习新《环保法》相关内容。法制科科长王玉琴从生态文明与可持续发展的理念、经济发展与环境保护的关系、环境管理制度、政府的环境保护责任等方面进行讲解，详细介绍1989版与2014版《环保法》的区别，为全体环境执法人员贯彻落实新《环保法》打下理论基础。11月13日，市环保局邀请环保部研究员、教授张志敏，就新《环保法》的贯彻实施与环境风险防范进行专题培训。全市环保系统所有行政执法人员，市直企业分管环保的领导及环境管理人员参加培训。讲座中，张志敏从新《环保法》的新规定新要求、企业生产经营风险分析、环境污染问题分析、环境污染问题的预防等几个方面做论述与讲解，并且全面系统地介绍和分析新《环保法》的贯彻实施。（周培源）

【大气污染防治"一法一条例"执法检查】 6月23日至25日，由省人大常委会副主任安焕晓带队的执法检查组到阳泉市就全市贯彻落实《中华人民共和国大气污染防治法》和《山西省大气污染防治条例》情况进行检查。检查组围绕工业企业大气污染防治、机动车尾气污染防治、油气回收治理、城市环境综合整治等情况，实地检查5个县区的17个企事业单位和工程项目。7月4日，召开意见反馈会，省人大城环工委副主任高建平代表执法检查组反馈意见，副主任安焕晓作重要讲话，市长陈永奇作表态发言。随后市政府、市环保局分别召开专题会议，落实发现问题整改工作。（周培源）

【APEC会议空气质量保障工作】 11月7日至11日，APEC会议在北京召开。作为APEC会议空气质量重点保障城市，阳泉市把APEC会议空气质量保障工作作为一项重要政治任务来抓，采取超常举措，落实最严要求，确保各项空气质量保障措施落到实处。市长陈永奇连续三天带队进行巡查、夜查、突击检查，及时解决存在问题。市政府领导分片包县，成立由各位副市长为组长,市政府办公厅、市政府督查室、监察局、公安局、环保局、安监局人员组成的工作组,包县区督促检点环保等相关工作。市环保局认真落实监管责任,做到规定动作与自选动作相结合、日常督查与重点督查相结合、工作措施与应急响应相结合、空气质量保障工作与舆论宣传相结合,多次组织夜间巡查,及时启动最高级别应急减排措施,完成APEC会议空气质量保障工作,受到环保部和省委、省政府的表扬。 (周培源 刘罡明)

【"四风"整改落实情况】 年内,市环保局坚持行动落实,聚焦"四风"(形式主义、官僚主义、享乐主义、奢靡之风)问题,狠抓整改落实。全年压缩文件91件,降幅达33%;清退办公用房面积76平方米,做到应清尽清、应退尽退;淘汰公务用车13辆;全年"三公"经费支出27.82万元、同比下降49.18%,其中,公务接待费支出1.78万元、下降12.24%,公务用车费24.04万元、下降40.25%,会议费2万元、下降49.18%。开展建章立制工作,建立完善精简会议文件改进会风文风、党员干部直接联系群众、党组民主生活会等12项制度,对活动情况进行回头看,加强作风建设。 (周培源 刘罡明)

环境治理

【概况】 2014年,全市环境污染治理主要围绕大气污染防治这条主线,开展净空工程八大专项行动、水环境保护等工作。通过一系列污染治理措施,达到减少污染物排放、改善环境质量的目的,全市污染减排任务全面完成。 (周培源 刘罡明)

【污染减排】 2014年,省下达阳泉市的减排任务分别是:化学需氧量、氨氮、二氧化硫、氮氧化物、烟尘和粉尘排放总量要比上年分别下降1.31%、0%、4.27%、8.75%、0%、0%。阳泉市全年通过工程减排、结构减排和管理减排等措施,上述六项约束性减排指标排放总量比上年分别下降2.12%、0.05%、5.16%、9.23%、0.33%、0.45%,其中,氨氮、二氧化硫、烟尘和粉尘已提前超额完成"十二五"减排任务。工程减排方面,按照重点行业污染物排放新标准要求,对火电、水泥等重点行业企业严格对照新标准,限期治理。通过约谈、警示通报、经济奖惩等措施,倒逼企业提标改造。累计完成电厂脱硫除尘升级改造147万千瓦、脱硝治理120万千瓦,新建盂县污水处理厂管网工程2.5千米,开工建设日处理12万吨的市污水处理厂二期项目,完成平定县鑫生园养殖基地等6个农业源减排项目。结构减排方面,关停淘汰郊区孔南庄矾石厂等9家企业,削减二氧化硫310吨、氮氧化物382吨、烟尘1237吨、粉尘292吨,同时,关停7家养殖企业。管理减排方面,完成龙川发电2台机组烟气脱硫旁路、阳光发电4台机组脱硫和3台机组脱硝旁路的拆除任务,对30家国、省控企业实施每季监测一次、每月现场检查一次和全天24小时在线监控,对新改扩建项目严格环保准入,一律实行主要污染物"减量置换、先减后建"的原则,有效控制增量,全面完成省下达的减排任务。 (周培源 刘罡明)

【大气污染防治】 年内,阳泉市高度重视大气污染防治工作,出台《阳泉市2014年净空工程行动方案》《关于进一步改善大气环境质量的措施》等文件,大力实施净空工程八大专项行动。一是加快工业污染治理升级改造。阳光发电公司完成4台30万千瓦机组的脱硝和脱硫除尘升级改造,龙川发电公司完成2台13.5万千瓦机组的脱硫除尘升级改造。完成所有新型干法水泥生产线脱硝设施建设任务,走在全省前列。二是淘汰落后工艺设施。集中开展矾石、石灰烧制行业整治专项行动,关停违法燃煤矾石竖窑627支、石灰窑242支,其中强制填埋、拆除110支;关闭燃煤倒烟窑28座,其中强制拆除10座。三是开展扬尘污染治理。对建筑施工工地下达整改通知书84份,排查整治扬尘污染问题58条;加强对道路运输车辆的监督检查,对245起未采取封闭遮盖措施沿路抛洒的行为进行严肃查处。四是淘汰禁燃区燃煤小锅炉。淘汰水泵厂、东风汽配城、太原理工大学阳泉学院共5台37蒸吨燃煤锅炉。五是整治建筑施工工地。督促建筑工地共砌筑围墙910米,搭建围挡2700米,硬化场区道路3100平方米,设置车辆冲洗设施69处,清理建筑垃圾290吨,整治乱堆乱放建筑材料26处。六是加强机动车污染防治。淘汰黄标车及老旧车17985辆,超额完成省定任务。完成108座加油站、15辆油罐车油气回收治理,更新公交车99辆,全市机动车环保检验率98.06%,发标率95.56%。七是整治城市面源污染。投资3652.6万元对19座矸石山进行生态治理恢复;餐饮业累计完成油烟净化装置628家,安装率达96.9%;取缔、规范、整顿烧烤夜市摊点100余个次。八是推进能源结构调整。原煤入洗率达到60.7%,建成中广核5万千瓦风电一期和阳光电源10万千瓦光伏发电一期等清洁能源发电项目,累计完成631蒸吨燃煤锅炉、7家企业工业窑炉清洁能源改造。省下达的39项大气污染防治考核任务全部完成。 (周培源 刘罡明)

【水环境整治】 年内,阳泉市优先保护饮用水,对娘子关集中式饮用水水源地实施严格保护,责令平定县政府加快落实水源地污染企业搬迁。总投资1.558亿元、日处理3.5万吨纯水的城市饮用水水质改善工程正式启动,可改善全市饮用水水质。加快治理流域水,推进完成重点流域水污染防治规划项目16个。市环保局采取日常巡查、夜间暗查、错时检查、驻厂监察等方式,开展水污染防治督查工作，对郊区荫营镇白泉洗料厂等50家违法洗选矿石、砂石企业进行了关停。严格考核跨界水，认真开展各县区地表水跨界断面水质考核，实行市县联动、同步监测机制，合理划分各县区应承担的责任，严格考核、奖惩兑现，促进河水水质改善。（周培源）

环境执法

【概况】 2014年，面对环境违法行为和突发环境事件频发易发的局面，全市环保部门始终保持严打高压态势，在环境执法上敢于亮红灯、下重拳、出狠招，零容忍、严执法、重实效，坚决打击各类环境违法行为。先后开展“治污风暴”、整治违法排污保障群众健康、APEC会议空气质量保障、环境保护大检查等一系列专项行动。坚持“联合执法、区域执法、交叉执法”等执法机制，实行“明查与暗查相结合、日常巡查与突击检查相结合、昼查与夜查相结合、工作日查与节假日查相结合”等方式，建立环保网格化监管模式。深入到县区、企业、项目单位进行督促检查，发现问题，现场拍摄视频、提出整改要求，收到较好的效果。主要表现在“六个一批”，即整改盂县聚鑫耐火厂、山西京宇磁材公司等13家存在不同程度环境违法问题的企业；曝光郊区驼岭头村矾石加工厂等7家矾石违法企业；约谈5家电厂、3家水泥厂、中石油和中石化阳泉公司、5家汽车尾气检测站、阳煤集团、荫营矿等一批环保工作进展缓慢的企业；处罚43件环境违法案件，处罚金额187.4万元；关停869支违法生产的燃煤矾石、石灰竖窑，28座倒烟窑和位于市区的污染企业精诚化工厂等一批违法排污企业；向公安机关移交2家涉嫌环境违法犯罪的企业，行政拘留5名阻挠正常执法的人员，处分APEC期间责任落实不到位的盂县交警支队3名责任人和平定县东回镇及村的3名责任人。（周培源）

【水污染防治专项行动】 9月至12月，市环保局对绵河、桃河、温河、南川河流域水环境情况进行定期排查，并印发《关于开展三项检查活动的通知》，各县区每周排查一次，市环保局每月排查一次。针对绵河流域多次出现的河水发红现象，加大力度开展河流污染整治专项行动，严格按照“断电、断水、拆除生产设施、恢复原状”的标准，多部门联合对违法生产企业予以关停取缔，拆除违法生产设施，严厉打击造成河流污染的各类违法犯罪行为，改善河水质量，确保河流出省断面水质达标。同时，对全市主要集中式饮用水源地（娘子关饮用水水源地、平定县尚怡水库、盂县兴道饮用水水源地、盂县温池饮用水水源地）进行专项检查，重点排查向饮用水源保护区内排放废水的各类污染源和建设项目，采取多种措施，降低各类生产、生活活动对水源地的影响。（周培源 刘罡明）

【“治污风暴”专项行动】 年内，根据《阳泉市严厉打击环境污染违法犯罪治污风暴行动实施方案》，市环保局会同公安部门、县区环保部门开展严厉打击环境污染违法犯罪“治污风暴”专项行动，严厉打击水污染、大气污染、固废污染等各类违法犯罪行为。对违法洗选矾石企业进行联合执法检查，督促县区对上述违法行为进行严厉查处、取缔。对主要河流沿线违法排污企业、重点信访举报案件、省环保厅百户重点污染企业、省环保厅省监察厅通报的区域环境污染问题和矿井水排放企业进行检查，其间，共出动执法人员690余人次、检查车辆190余车次，下达限期整改通知书30份，查处违法燃煤矾石、石灰窑869支、其他违法企业91家，拆除取缔201家，行政拘留5人，排查发现重大环境污染违法犯罪线索3起，向公安机关移送2起，有力地打击环境违法行为。（周培源 刘罡明）

【环境保护大检查】 年内，内蒙古腾格里沙漠污染事件发生后，阳泉市高度重视，立即在全市开展环境保护大检查工作，印发《关于开展全市环境保护大检查的通知》（阳政办发〔2014〕113号），成立以分管市长为组长，各有关单位为成员的环境保护大检查领导组。全市环保部门按照不发通知、不打招呼、不听汇报、不用接待陪同，直奔基层、直插现场的“四不两直”要求，分4个阶段在全市全面开展环境保护大检查。全市共出动执法人员1137人次，执法车辆507车次，检查工业园区2家、企业267家，被检查企业全部实施一企一档管理，共检查发现涉及107家企业的242个违法问题。对检查中发现的环境违法问题进行分类处置，其中，上报省厅处理5家，停产整改36家，限期整改20家，限期治理3家，依法关停、取缔37家，行政处罚6家，共处罚款45万元。（周培源 刘罡明）

【辐射环境安全执法检查】 2014年，阳泉市核技术利用单位106家，其中，单独使用放射源单位13家、单独使用射线装置单位88家、既有放射源又有射线装置单位5家。在用放射源309枚，其中Ⅰ类放射源1枚、Ⅲ类放射源2枚、Ⅳ类放射源209枚、Ⅴ类放射源97枚。市辐射环境监测管理部门严格按照环保部辐射安全与防护监督检查技术程序，认真核查每一家核技术利用单位法规标准执行情况，辐射安全与防护设施运行管理情况，规章制度制订落实情况，许可证持证、变更、延续、管理情况等，全年共出动执法人员300多人次，执法车辆108余次，检查涉源单位20家、射线装置利用单位85家，制作执法笔录127份。另外，完成《阳泉市辐射事故应急预案》修订及《阳泉市环保局辐射事故应急预案》编制工作，处理基站电磁辐射信访3起。通过加强管理，保证辐射环境安全。2月，市环保局被省环保厅评为“全省核技

术利用辐射安全综合检查专项行动先进集体”。（周培源）

【环保信访】 年内，市环保局畅通信访渠道，规范信访处理程序，想群众之所想，急群众之所急，开展矛盾纠纷排查化解活动和领导接访活动，解决人民群众反映的各类突出问题，做到接待、登记、回复一站式服务。全年共受理环境污染举报274件，其中水污染21件、大气污染192件、固废5件、噪声污染45件、生态破坏5件、其他污染1件、环境咨询类5件，结案率100%。（周培源）

【排污费征收】 年内，全市各级环保部门贯彻执行《排污费征收使用管理条例》，严格执法，采取各种措施，加大排污费征收力度。全年全市共征收排污费3023.32万元，其中，市环保局征收1948.92万元，盂县征收203.69万元，平定县征收387.23万元，郊区征收270.04万元，城区征收5.87万元，矿区征收18.36万元，焦炭企业征收189.21万元。（周培源 刘罡明）

环境监测

【概况】 2014年，阳泉市环境质量总体保持基本稳定。市区环境空气质量有所下降，平定县县城、盂县县城、郊区荫营镇环境空气质量均达到国家二级标准（GB 3095-1996）；酸雨频率有所上升；地表水环境质量，桃河河流水质有所变差，滹沱河、乌河水质无明显变化，其他主要河流水质仍处于较高污染水平；城市地下水水质受到不同程度污染；声环境质量状况总体较好。（周培源 刘罡明）

【环境空气质量状况】 年内，市、县（区）两级环境监测站分别在市区、平定县县城、盂县县城、郊区荫营镇设立13个环境空气自动监测点位，实施环境空气质量日报监测。其中市区设6个监测点，平定县县城设3个监测点，盂县县城设2个监测点，郊区荫营镇设2个监测点。2014年空气质量有效监测天数365天。

一、市区环境空气质量状况

2014年，按照《环境空气质量标准》（GB 3095-2012）评价，市区环境空气质量达到优的Ⅰ级天数9天，达到良的Ⅱ级天数169天，达标率达48.8%；环境空气受到轻度污染的（Ⅲ级）天数为145天，占全年监测天数的39.7%；中度污染的（Ⅳ级）天数18天，占全年监测天数的4.9%；重度污染的（Ⅴ级）天数16天，占全年监测天数的4.4%；严重污染的（Ⅵ级）天数8天，占全年监测天数的2.2%。空气质量综合指数为8.62。

细颗粒物（PM2.5）年均浓度范围5微克/立方米—370微克/立方米，年均浓度72微克/立方米（年均浓度二级标准限值35微克/立方米），超标1.1倍，超标率33.7%。

可吸入颗粒物（PM10）年均浓度范围12微克/立方米—522微克/立方米，年均浓度156微克/立方米（年均浓度二级标准限值100微克/立方米），超标0.56倍，超标率34.8%。

二氧化氮（NO_2）年均浓度范围12微克/立方米—111微克/立方米，年均浓度42微克/立方米（年均浓度二级标准限值40微克/立方米），与2013年相比年均浓度上升4微克/立方米，超标0.05倍，超标率1.4%。

二氧化硫（SO_2）年均浓度范围8微克/立方米—372微克/立方米，年均浓度84微克/立方米（年均浓度二级标准限值60微克/立方米），与2013年相比年均浓度上升22微克/立方米，超标0.4倍，超标率9.9%。

一氧化碳（CO）日平均浓度范围0.4微克/立方米—4.6毫克/立方米（日浓度二级标准限值4毫克/立方米），日均值超标率范围0%—15.0%，平均超标率为1.3%。

臭氧（O_3）日最大8小时平均浓度范围18微克/立方米—158微克/立方米（日最大8小时平均浓度二级标准限值160微克/立方米），达到国家二级标准。

二、县区环境空气质量状况

2014年，县区空气质量按照《环境空气质量标准》（GB 3095-1996）评价，平定县县城二级以上优良天数337天，比上年减少12天，优良率达92.3%，空气质量综合指数2.24。盂县县城二级以上优良天数348天，比上年减少3天，优良率达95.3%，空气质量综合指数1.72。郊区荫营镇二级以上优良天数336天，比上年减少1天，优良率92.1%，空气质量综合指数1.77。县区空气质量均达到国家空气质量二级标准。

二氧化硫（SO_2）污染状况：平定县县城、盂县县城、郊区荫营镇环境空气中二氧化硫的年平均浓度均达到国家二级标准（0.06毫克/立方米）。平定县县城二氧化硫的年平均浓度为0.050毫克/立方米，盂县县城二氧化硫年平均浓度为0.039毫克/立方米，郊区荫营镇二氧化硫的年平均浓度为0.046毫克/立方米。

二氧化氮（NO_2）污染状况：平定县县城、盂县县城、郊区荫营镇环境空气中二氧化氮的年平均浓度均达到国家二级标准（0.04毫克/立方米）。平定县县城二氧化氮的年平均浓度为0.034毫克/立方米，盂县县城二氧化氮年平均浓度为0.016毫克/立方米，郊区荫营镇二氧化氮的年平均浓度为0.009毫克/立方米。

可吸入颗粒物（PM10）污染状况：平定县县城、盂县县城、郊区荫营镇环境空气中可吸入颗粒物的年平均浓度全部达到国家二级标准（0.10毫克/立方米）。平定县县城可吸入颗粒物的年平均浓度为0.096毫克/立方米，盂县县城可吸入颗粒物的年平均浓度为0.087毫克/立方米，郊区荫营镇可吸入颗粒物的年平均浓度为0.089毫

2014 年阳泉市城镇环境空气主要污染物年均值比较表

表 19 单位:毫克 / 立方米、倍

区 域	年度	可吸入颗粒物(PM10)		二氧化硫(SO_2)		二氧化氮(NO_2)	
		年均浓度	超标倍数	年均浓度	超标倍数	年均浓度	超标倍数
市 区	2014	0.156	0.56	0.084	0.40	0.042	0.05
	2013	0.104	0.04	0.062	0.03	0.038	未超标
平定县城	2014	0.096	未超标	0.050	未超标	0.034	未超标
	2013	0.064	未超标	0.057	未超标	0.025	未超标
盂县县城	2014	0.087	未超标	0.039	未超标	0.016	未超标
	2013	0.089	未超标	0.033	未超标	0.015	未超标
郊区荫营镇	2014	0.089	未超标	0.046	未超标	0.009	未超标
	2013	0.100	未超标	0.041	未超标	0.009	未超标
GB 3095-1996 二级标准		0.10		0.06		0.04	

(周培源 刘罡明)

克 / 立方米。

三、降水污染状况

年内,阳泉市区大气降水共采集 44 个样本,监测降水量 387.8 毫米,pH 年均值为 5.95,全年 pH 值介于 5.08—7.80 之间,最小值出现在 8 月 13 日,最大值出现在 4 月 15 日。酸雨(pH 值<5.60 的降水)出现 5 次,全年酸雨频率为 11.4%。与上年相比,全年酸雨频率上升 4.6 个百分点。 (周培源 刘罡明)

【地表水环境质量状况】 年内,市、县(区)两级环境保护监测站对桃河、滹沱河、乌河、南川河、秀水河、温河的 27(方山断面断流)个有效断面进行监测,其中,闫家庄大桥为国控断面,晓庄、娘子关、白羊墅、枣园村 4 个断面是省控断面,这 5 个断面中闫家庄大桥断面为滹沱河出境控制断面,晓庄断面为阳泉市桃河入境断面,娘子关断面为绵河出境控制断面,白羊墅断面为桃河市区段的主要控制断面,枣园村断面为乌河的控制断面。县区各监测断面为市控断面,其中南坪断面为平定县南川河的主要控制断面,河下断面为盂县秀水河的主要控制断面、温池断面为盂县温河的主要控制断面,韩庄桥为郊区温河的主要控制断面。监测结果显示:27 个水质监测断面,达到Ⅰ类水质的断面(优)2 个,占 7.4%;达到Ⅱ类水质的断面(优)1 个,占 3.7%;Ⅳ类水质的断面(轻度污染)4 个,占 14.8%;Ⅴ类水质的断面(中度污染)1 个,占 3.7%;劣Ⅴ类水质的断面(重度污染)19 个,占 70.4%。全市主要河流水质状况总体有恶化趋势,区域间差异较大,河流水质污染依然严重。

一、地表水水质状况

桃河 2014 年,桃河水质属中度污染,与 2013 年相比有所变差(2013 年为轻度污染)。各监测断面中:晓庄断面的水质类别为Ⅰ类,水质状况为优;白羊墅断面水质类别为劣Ⅴ类,属重度污染,主要污染物为氨氮、生化需氧量、化学需氧量;省控娘子关断面水质类别为Ⅳ类,水质为轻度污染。

滹沱河 闫家庄大桥为国控断面,水质类别为Ⅱ类,水质状况为优。

乌河 枣园村为省控断面,水质类别为Ⅰ,水质状况为优。

南川河 南坪断面水质类别为Ⅴ类水质,属中度污染。主要污染物为氨氮、化学需氧量、生化需氧量。与上年相比水质状况有所变差。

秀水河 河下断面水质类别为劣Ⅴ类水质,属重度污染。主要污染物为氨氮、化学需氧量、溶解氧。与上年相比水质状况有所变差。

温河 温池断面水质类别为Ⅳ类水质,属轻度污染。主要污染物为化学需氧量、氨氮。韩庄桥断面水质类别为劣Ⅴ类水质,属重度污染,主要污染物为氨氮、化学需氧量。与上年相比温池断面和韩庄桥断面的水质状况等级无明显变化。

二、地表水主要污染物状况

(一)氨氮的监测情况

2014 年,桃河晓庄断面氨氮年平均浓度为 0.108 毫克 / 升,未出现超标(地表水Ⅲ标准 1 毫克 / 升);白羊墅断面氨氮年平均浓度 11.9 毫克 / 升,年均浓度超过Ⅳ类标准(地表水Ⅳ类标准 1.5 毫克 / 升)6.9 倍,浓度范围为 2.79 毫克 / 升—26.3 毫克 / 升,超标率达 100%;娘子关断面氨氮年平均浓度 1.49 毫克 / 升,年均浓度超过Ⅲ类标准 0.5 倍,浓度范围为 0.314 毫克 / 升—4.59 毫克 / 升,超标率为 50.0%;滹沱河闫家庄大桥断面氨氮年平均浓度为 0.185 毫克 / 升,未超过Ⅲ类标准;乌河枣园村断面年平均浓度为 0.087 毫克 / 升,未超过Ⅲ类标准。

平定县南川河的南坪断面氨氮年平均浓度1.34毫克/升,超过Ⅲ标准0.3倍,超标率为66.7%;盂县秀水河的河下、温河的温池两个断面氨氮年平均浓度分别为2.31毫克/升和1.12毫克/升,分别超过Ⅲ标准1.3和0.1倍,超标率分别为100%和50.0%;郊区温河的韩庄桥断面氨氮年平均浓度4.03毫克/升,超过Ⅲ标准3.0倍,超标率100%。

乌河枣园村断面、温河韩庄桥断面、温河的温池断面的氨氮年平均浓度均有所下降,下降幅度在5.0%—14.7%之间;桃河晓庄、白羊墅断面、娘子关断面、滹沱河闫家庄大桥断面、南川河的南坪断面、秀水河的河下断面的氨氮年平均浓度有所上升,上升幅度在9.5%—372%之间。

(二)化学需氧量的监测情况

2014年,桃河晓庄断面化学需氧量年平均浓度为13.4毫克/升,未超过Ⅲ类标准(地表水Ⅲ类标准20毫克/升);娘子关断面化学需氧量年平均浓度为19.8毫克/升,年均浓度未超过Ⅲ类标准,浓度范围14.8毫克/升—30.2毫克/升,超标率为25.0%;桃河白羊墅断面化学需氧量年平均浓度75.0毫克/升,年均浓度超过Ⅳ类标准(地表水Ⅳ类标准30毫克/升)1.5倍,浓度范围33.2毫克/升—134毫克/升,超标率达100%;滹沱河闫家庄大桥断面化学需氧量年平均浓度为11.2毫克/升,未超过Ⅲ类标准;乌河枣园村断面化学需氧量年平均浓度为10.3毫克/升,未超过Ⅲ类标准。

平定县南川河南坪断面化学需氧量年平均浓度30.4毫克/升,超过Ⅲ类标准0.5倍,超标率达100%;盂县秀水河河下断面和温河温池断面化学需氧量年平均浓度分别为31.8毫克/升和24.9毫克/升,超过Ⅲ类标准0.6和0.2倍,超标率分别为83.3%、66.7%;郊区温河韩庄桥断面化学需氧量年平均浓度27.9毫克/升,超过Ⅲ类标准0.4倍,超标率达60.0%。

滹沱河闫家庄大桥断面、乌河枣园村断面、温河温池断面、秀水河河下断面的化学需氧量年平均浓度有所下降,下降幅度在1.6%—22.0%之间;桃河晓庄断面、白羊墅断面、娘子关断面、南川河南坪断面、温河韩庄桥断面的化学需氧量年平均浓度均有所上升,上升幅度为7.3%—108%。 (周培源)

【地下水质量状况】 年内,市环境保护监测站对一级泵站、化工厂新水井、自来水13#井、电厂2#井进行地下水监测。经监测,一级泵站、自来水13#井水质达《地下水质量标准》(GB/T 14848—1993)Ⅳ类标准,电厂2#井、化工厂新水井水质达Ⅴ类标准。地下水除受自然地质因素影响外,还受到总大肠菌群不同程度的污染。主要污染物为总大肠菌群、硫酸盐、总硬度。 (周培源)

【集中式生活饮用水源地水质状况】 阳泉市城市饮用水源以集中式供水为主,主要以东水源作为取水水源。经监测,东水源的水质类别为Ⅳ类,主要影响指标为总硬度、硫酸盐(属于地质因素影响,非污染所致)。总硬度年均浓度值462毫克/升,硫酸盐年均浓度值247毫克/升,处于稳定状态。(周培源 刘罡明)

【声环境质量状况】 2014年,阳泉市市区功能区噪声监测共布设7个点位,其中一类区2个、二类区2个、三类区2个、四类区1个。监测结果表明,一、二、三、四类区昼间和二、三类区夜间等效声级的年均值均达到国家标准(执行《声环境质量标准》GB 3096-2008)。随着城市车流量的不断增加,城市生活区域结构的多样化,一类、四类区域夜间的噪声等效声级处于超标状态。

年内,市、县(区)两级环境保护监测站对市区54.82平方千米建成区面积、200个有效监测点位的区域环境噪声进行监测,平均等效声级为54.8dB(A),各类声环境区等效声级(昼间)均达到《声环境质量标准》(GB 3096-2008),区域声环境质量等级较好。

年内,市、县(区)监测站分别对市区48条主要交通干线路段进行监测,昼间平均等效声级为66.0dB(A),平定县县政府招待所门前监测点的道路交通噪声平均等效声级67.4dB(A),盂县西关桥东侧监测点的道路交通噪声平均等效声级65.7dB(A),郊区政府招待所门前监测点的道路交通噪声平均等效声级64.6dB(A)。按照《环境噪声监测技术规范城市声环境常规监测》(HJ 640-2012)的评价,全市道路交通噪声质量等级为一级(好)。 (周培源 刘罡明)

财税 金融

财　政

【概况】 2014年,阳泉市财政收入完成98.07亿元，为年度计划的84.33%,减收18.23亿元,比上年下降6.27%,减收6.59亿元;公共财政预算收入完成47.05亿元，为年度预算的92.25%，减收3.95亿元,比上年增长0.55%,超收0.26亿元。分系统看，国税系统完成8.85亿元，为年度预算的81.21%,比上年增长12.7%；地税系统完成26.66亿元，为年度预算的92.56%,比上年下降0.6%;财政系统完成11.54亿元,为年度预算的102.11%，比上年下降4.79%。分级次看,市本级完成22.19亿元,为年度预算的92.51%,比上年增长0.66%；平定县完成4.26亿元,为年度预算的81.84%,比上年下降9.94%;盂县完成6.92亿元,为年度预算的92.58%，比上年增长0.06%;郊区完成4.79亿元,为年度预算的84.88%,比上年下降7.99%;城区完成2.84亿元,为年度预算的90.43%,比上年下降4.61%;矿区完成3.12亿元,为年度预算的86.2%,比上年下降2.41%；开发区完成2.93亿元,为年度预算的151.66%,比上年增长70.2%。

年内,公共财政预算支出执行86.91亿元，为年度调整预算的95.89%,比上年增长0.52%。其中:市本级支出执行30亿元,为年度调整预算的92.47%，比上年下降3.71%；平定县支出执行15.63亿元，为年度调整预算的95.82%,比上年增长3.03%；盂县支出执行15.72亿元，为年度调整预算的98.57%,比上年增长2.58%;郊区支出执行11.86亿元，为年度调整预算的98.54%，比上年增长5.77%；城区支出执行4.58亿元,为年度调整预算的98.81%，比上年下降9.15%;矿区支出执行6.06亿元,为年度调整预算的97.96%,比上年下降1.08%;开发区支出执行3.06亿元，为年度调整预算的99.55%,比上年增长26.08%。　(王文龙)

【财政改革】 年内,阳泉市以实现强化管理、优化结构、保障重点为目标,贯彻落实中央关于深化财税体制改革的部署,推动建立全面规范、公开透明的预算管理制度。一是实现全口径预算。市本级首次将社保基金收支预算和国有资本经营收支预算提请市人代会审议,在全省率先实现全口径预算编审。二是推进预决算信息公开。市级61个一级预算部门公开部门预决算信息和“三公”经费预算信息,占市级一级预算部门的91.04%。各县（区）的政府预决算信息经同级人代会批准向社会公开。三是提高财政资金使用绩效。全年共安排各预算单位开展绩效自评、复评项目331个,涉及金额7.31亿元。重点选择政策性农业保险保费补贴、基本公共卫生、造林绿化工程、地下通道工程等民生类项目进行绩效评价,为下一年度预算编审工作提供参考依据。四是推进政府购买服务改革。出台《阳泉市政府购买服务暂行办法》,对购买服务的范围、主体、方式和监督做出明确规定。五是助力全市转型综改。全年争取到中央地方政府债券转贷资金5亿元,比上年增加3亿元;争取到上级补助收入38.15亿元,比上年增加2亿元。审核完成国家和省级五大类项目的申报工作,扶持范围涉及市县工业企业61户,批准申报项目金额达1.6亿元,比上年增加1762万元,增长11.16%。　(王文龙)

【预算管理】 年内,阳泉市针对预算分配粗放的问题,推进部门支出预算编审改革,按照公共财政保障性质予以科学区分,并分别采取针对性的预算编审措施。一是人员支出预算按“实名制”细化。二是基本公用支出按定额标准核定。三是项目预算实行“要素法”审核,如对于政策类项目支出,要求必须具备“工作目标”“政策依据”“决策依据”“测算标准”“政策时效”“资金来源”“支出分类”等“要素”。全年市级预算编审通过规范和细化支出分类,加强统筹整合,核减效益不明显的项目支出4300万元;采取“先收后清”的办法,统筹盘活各个环节闲置资金1.41亿元。 (王文龙)

【城建支出】 年内,阳泉市拨付各项城市建设资金73756万元。其中,5585万元用于南庄保障性住房、供热管网和义北小区廉租住房工程,10745万元用于泉西路工程、华盛桥改建工程、桃北西街路灯改造建设,5000万元用于新城管委会漾泉大道二期及平潭路建设前期费用,4932万元用于新城大道供热供水管网工程一期、义井公园蓬河工程二期还款,10900万元用于漾泉大道涉及拆迁安置、一期工程建设,33514万元用于历年工程建设欠款和城市正常运行,3080万元用于集中供热补贴、煤气管网维修、垃圾填埋场西坡防渗等。 (王文龙)

【粮油储备】 年内,全市在加强粮油储备日常管理工作的同时,积极筹措资金,保证市储粮油费用全部落实到位。全市共拨付储备粮油费用2559.35万元,其中市储粮油费用补贴723.4万元、市储粮油利息补贴896.1万元、成品应急储备粮油补贴173万元、轮换市储小麦及玉米轮换费用补贴385.69万元、小麦轮换价差补贴381.15万元。 (王文龙)

【财政支农】 2014年,阳泉市财政安排支农项目资金16366万元,其中农业3419万元、林业6357万元、水利6465万元、气象125万元。一是落实各项惠农政策财政补贴资金5070万元。其中核桃产业2750万元、中药材产业200万元、畜牧业220万元、设施蔬菜298万元、农作物秸秆综合利用300万元、领导干部包村增收300万元、农业保险272万元、农产品加工产业300万元、“一村一品”产业300万元、农业机械化130万元。二是落实各项农业技术培训资金。下达新型职业农民培训资金246.7万元,培训人数1980人。下达120万元专项资金用于玉米及杂粮地膜覆盖技术推广应用,补贴面积2000公顷(3万亩)。三是落实农村文化建设资金。下达农村文化建设资金729.69万元、农村公益电影放映补贴230万元,支持农村文化建设。四是落实农业基础设施建设项目资金。拨付298.53万元用于郊区西南舁村等地的基本农田整理项目;下达820.23万元用于涉及97户207人的农村地质灾害治理搬迁项目。 (王文龙)

【“一事一议”奖补】 年内,省、市两级财政共安排“一事一议”奖补资金3385万元,积极推动村级“一事一议”财政奖补转型。一是申报省级示范项目5个,每个项目省财政补助100万元,分别为平定县冠山镇鹊山村农民游乐园和便民服务中心建设工程项目、盂县路家村镇闫家沟村天然气入户工程项目、盂县秀水镇南坪村香河治理桥梁道路工程项目、郊区荫营镇坪上村刘备山生态景区游步路基础设施工程项目、郊区荫营镇上千亩坪村“三义”休闲文化园工程项目。二是完善“一事一议”财政奖补项目库项目428个,其中农田水利项目128个、村内道路项目60个、桥涵项目15个、村内环卫设施项目28个、村容美化亮化项目56个、农村燃气管线2个、村内新农源设施项目2个、村级活动场所80个,其他57个。三是化解乡村垫交税费债务61.29万元,其中平定县5.54万元、盂县52.34万元、郊区3.41万元。 (王文龙)

【企业养老金调整】 年内,阳泉市调整企业退(职)休人员基础养老金。调整后,人均养老金达到1549元,人均月增工资210元。全年共支出17.9亿元,涉及离退休职工66763人。 (王文龙)

【城乡居民最低生活保障提标】 1月1日起,阳泉市实行新的城乡居民最低生活保障标准。城区、矿区及开发区城镇居民最低生活保障标准由每人每月380元提高到410元,平定县、盂县、郊区城镇居民最低生活保障标准由每人每月355元提高到385元。同时,农村居民最低生活保障标准由每人每月200元提高到225元;农村五保对象分散、集中供养补助标准分别由每人每月2500元、5300元提高到3000元、6000元。 (王文龙)

【国库集中支付】 年内,阳泉市财政通过国库集中支付系统支付各类资金59607笔,支付总额370243万元。其中,向县区支付新型农村合作医疗等转移支付支出28笔、8971万元,市本级财政国库集中支付资金59579笔、361272万元(直接支付13344笔、264201万元,授权支付46235笔、97071万元)。同时,加大对“三公经费”原始票据和公务卡使用的审核力度,全年审核、规范大额转账支出388笔,金额25,918万元,大额现金支出203笔,金额4,948万元,拒付5笔,金额98.78万元,提高财政资金使用效益。 (王文龙)

【财政投资评审】 年内,市财政在预算编制环节引入财政投资评审机制,着力实现科学化、精细化管理。全年完成评审项目40个,审核资金16.32亿元,审减金额2.11亿元,审减率12.93%,直接节约支出2.11亿元。 (王文龙)

【政府集中采购监管】 2014年,市财政以提高财政资金使用效益为出发点,以加强政府采购制度建设为切入点,以规范政府采购行为为立足点,努力增强政府采购透明度建设,严格进行政府采购监督管理。全年完成政府采购预算金额2.99亿元,实际采购规模2.65亿元,节约资金0.33亿元,节约资金率为11.2%。 (王文龙)

【公务卡结算管理】 年内，市财政与监察、审计部门联合下发《进一步加强公务卡使用管理的通知》，从严格财务审核、规范报销程序、落实管理责任、加强监督检查等方面完善和深化公务卡改革。截至年末，市本级共发放公务卡26741张，比上年增加19421张；激活4492张，比上年增加896张；市直预算单位公务支出刷卡消费651万元，比上年增加433万元。 （王文龙）

【非税收入收缴改革】 年内，阳泉市启动非税收入分成自动清分系统，推进执收单位财政汇缴专户零余额管理。至年末，全市443家非税收入收缴单位中有392家进行改革，资金总量11.54亿元，其中非税收入收缴系统收缴5.37亿元、就地缴库收缴6.17亿元。 （王文龙）

【民生支出】 年内，全市各项民生支出达到69.56亿元，占公共财政预算支出的80.06%，比上年提高3.62%。其中，安排1.49亿元资金用于确保市政府承诺的农村老年人日间照料中心建设、偏远贫困农村“一年一场戏”文化惠民活动、城市饮用水改善工程、企业退休人员基础养老金提标和城乡医保补助提标“五件实事”如期兑现。 （王文龙）

【基本公共卫生服务项目补助提标】 年内，阳泉市出台《阳泉市深化医药卫生体制改革2014年重点工作任务》，规定从2014年开始城乡居民人均基本公共卫生服务经费标准由30元提高到35元，其中中央补助21元、省级补助7元、市县各补助3.5元；新增的5元经费全部用于村卫生室、社区卫生服务中心和服务站支出。全年市级以上财政共投入城乡居民基本公共卫生服务项目财政补助4350.63万元，其中中央2900.94万元、省级966.95万元、市级482.74万元。 （王文龙）

【农业保险】 年内，阳泉市财政系统注重发挥农业保险增加农民收入、稳定农村经济的作用，大力支持和服务“三农”。市财政拨付农业保险保费补贴专项资金1405.08万元，其中玉米967.63万元、小麦0.03万元、能繁母猪114.37万元、奶牛24.11万元、森林268.68万元、设施蔬菜30.26万元；涉及玉米4.73万公顷、小麦1.54公顷、森林11.05万公顷、设施蔬菜139.87公顷、能繁母猪26847头（含2013年度承保能繁母猪15030头）、奶牛1213头。 （王文龙）

2014年阳泉市公共财政转移性收支决算表

表20　　　　单位：万元

预算科目	决算数	预算科目	决算数
公共财政收入	470477	公共财政支出	869075
上级补助收入	382802	补助下级支出	0
返还性收入	29982	返还性支出	0
增值税和消费税税收返还收入	29453	增值税和消费税税收返还支出	0
所得税基数返还收入	-2144	所得税基数返还支出	0
成品油价格和税费改革税收返还收入	2673	成品油价格和税费改革税收返还支出	0
其他税收返还收入	0	其他税收返还支出	0
一般性转移支付收入	190976	一般性转移支付支出	0
体制补助收入	0	体制补助支出	0
均衡性转移支付收入	51741	均衡性转移支付支出	0
革命老区及民族和边境地区转移支付收入	13	革命老区及民族和边境地区转移支付支出	0
县级基本财力保障机制奖补资金收入	7919	县级基本财力保障机制奖补资金支出	0
结算补助收入	-1176	结算补助支出	0
化解债务补助收入	0	化解债务补助支出	0
资源枯竭型城市转移支付补助收入	0	资源枯竭型城市转移支付补助支出	0
企业事业单位划转补助收入	3761	企业事业单位划转补助支出	0
成品油价格和税费改革转移支付补助收入	280	成品油价格和税费改革转移支付补助支出	0
基层公检法司转移支付收入	9459	基层公检法司转移支付支出	0
义务教育等转移支付收入	23750	义务教育等转移支付支出	0

续表 20-1

预算科目	决算数	预算科目	决算数
基本养老保险和低保等转移支付收入	30032	基本养老保险和低保等转移支付支出	0
新型农村合作医疗等转移支付收入	22373	新型农村合作医疗等转移支付支出	0
农村综合改革转移支付收入	3385	农村综合改革转移支付支出	0
产粮(油)大县奖励资金收入	0	产粮(油)大县奖励资金支出	0
重点生态功能区转移支付收入	0	重点生态功能区转移支付支出	0
固定数额补助收入	39439	固定数额补助支出	0
其他一般性转移支付收入	0	其他一般性转移支付支出	0
专项转移支付收入	161844	专项转移支付支出	0
省补助计划单列市收入	0	计划单列市上解省支出	0
下级上解收入	0	上解上级支出	18080
体制上解收入	0	体制上解支出	17180
出口退税专项上解收入	0	出口退税专项上解支出	0
成品油价格和税费改革专项上解收入	0	成品油价格和税费改革专项上解支出	0
专项上解收入	0	专项上解支出	900
计划单列市上解省收入	0	省补助计划单列市支出	0
接受其他地区援助收入	0	援助其他地区支出	0
接受其他省(自治区、直辖市、计划单列市)援助收入	0	援助其他省(自治区、直辖市、计划单列市)支出	0
接受省内其他地市(区)援助收入	0	援助省内其他地市(区)支出	0
接受市内其他县市(区)援助收入	0	援助市内其他县市(区)支出	0
债务收入	0	债券还本支出	10000
地方政府债券收入	0	地方政府债券还本	10000
地方向国外借款收入	0	地方向国外借款还本	0
债券转贷收入	50000	债券转贷支出	0
转贷地方政府债券收入	50000	转贷地方政府债券支出	0
转贷国外债务收入	0	转贷国外债务支出	0
国债转贷收入	0	增设预算周转金	0
国债转贷资金上年结余	17	拨付国债转贷资金数	0
国债转贷转补助	0	国债转贷资金结余	17
上年结余	32306		0
调入预算稳定调节基金	402	安排预算稳定调节基金	9437
调入资金	7721	调出资金	4489
1.政府性基金预算调入	2014	年终结余	32627
2.国有资本经营预算调入	0	减:结转下年的支出	36385
3.财政专户管理资金调入	3207	净结余	-3758
4.其他调入	2500		0
收入总计	943725	支出总计	943725

(王文龙)

税　务

国家税务

【概况】 2014年,阳泉市国税系统深入推进税制改革和征管改革,强化税源监控,加强税收征管。一是强化组织收入工作的督查指导。严格税收计划完成情况考核,加大对收入进度的跟踪监控和督查力度。二是提高收入质量。落实收入质量考核办法,加强对基层单位组织收入工作的考核,并定期通报。三是加强税源调查。开展重点行业调查、新增税源调查普查,摸清税源底数。四是强化征管措施。成立风险分析监控中心,开展煤炭、烟草、电力等重点行业的风险分析;开展房地产企业、股权转让企业、金融企业所得税纳税评估和营改增货物运输业风险纳税人、成品油占比偏高风险纳税人的纳税评估。全年国税收入累计完成461306万元。（王建业）

【依法治税】 年内,市国税系统坚持"依法治税"原则,严格规范税收各环节工作。一是规范行政审批。认真梳理市级行政审批项目,制发《阳泉市国家税务局关于公开本级行政审批事项目录的公告》,加大监督检查力度,加强行政审批后续管理。二是规范进户执法。成立规范进户执法工作协调小组,制定《阳泉市国税系统税务检查和纳税评估工作统筹实施办法》(阳国税发〔2014〕27号),对全系统进户执法事项实行目录化管理,集中清理入户执法事项。三是强化执法监督。聘任20名税收执法监督员,重点对营改增政策贯彻落实情况、"金税三期"上线运行情况等方面开展检查,集中力量对5个县区进行重点检查,对检查出的问题责令有关单位进行整改。四是部署开展自由裁量权试点工作,为全省推行积累经验。五是严格落实税收执法责任制,组织开展执法督察,严格过错责任追究,持续规范干部执法行为。六是做好重大案件审理及案件复查工作,严格规范性文件管理,严格贯彻行政复议法和税务行政复议规则。（王建业）

【税收优惠政策】 年内,市国税系统完善措施,强化督查,全力保证各项税收优惠政策落实到位。全年累计办理各类减免税2.07亿元、出口退税5448万元。（王建业）

【国税改革】 年内,市国税系统稳步推进营改增扩围工作,全市铁路运输、邮政服务、电信三大行业28户企业顺利实现新旧税制转换。同时,组建基础管理改革团队,开展转变基础管理方式改革各项前期准备工作。（王建业）

【国税稽查】 2014年,市国税系统进一步加强税务稽查工作,大力整顿和规范税收秩序,不断优化税收环境。一是对房地产及建筑安装业、办理出口退(免)税企业、股权转让交易的企业进行税收专项检查。二是对全市10户重点税源企业及各县（区）30余户重点税源企业实施税收检查。三是对成品油、建筑安装、商业批发与零售、地方商业银行、"高污染、高能耗"及产能过剩行业和部分中央企业开展发票使用情况的重点检查。全年国税稽查系统共检查各类纳税户224户,查补收入1.27亿元。（王建业）

【纳税服务】 年内,市国税系统以提高纳税人满意度为目标,着力优化纳税服务。一是全面推行"一窗通办"(统一设立"综合服务"窗口)"一机双屏"(一个主机连接两个显示器,一个面向工作人员,一个面向纳税人)服务方式,推广应用自助办税终端,推行网上申报和"同城通办"。二是建立纳税人申报声明制度,将纳税人报送资料完整性、真实性和准确性的证明责任还给纳税人。三是编写并试点推行"1+3"办税指引(《办税服务厅人员形式要件审查和发票用量操作指引》和《纳税人办税事项指引》《纳税人报送资料填写指引》《纳税人各类申报表填写指引》),规范纳税服务行为。四是开通阳泉国税"12366"官方微博。五是全面实施纳税服务绩效监控考评制度,提高服务质量和效率。（王建业）

【国税征管】 2014年,全市国税系统加强征管基础建设,实施专业化管理,提升税收征管水平。一是夯实征管基础。针对漏征漏管、非正常户认定、注销、发票验旧和代开等管理薄弱环节,制定实施了加强管理的工作方案和配套措施。二是完善信息管税机制。加强与工商、地税等部门的信息共享,进一步完善征管信息交换机制,有效减少漏征漏管。三是深化税源专业化管理。制定《税源专业化管理的实施方案》,全市共设置基础管理部门10个、纳税评估部门14个,全系统从事纳税评估人员69人。四是完成行政管理系统上线工作。（王建业）

【税种管理】 2014年,市国税系统不断强化日常监管,进一步加强税种管理。

增值税管理　一是加强一般纳税人管理。按月对销售收入超过小规模纳税人标准的企业进行核实检查,及时督促超过标准企业申请办理一般纳税人认定。二是开展农产品核定扣除试点工作,选择1户增值税一般纳税人企业试行农产品核定扣除办法。三是加强成品油行业税收管理,将成品油生产及委托加工企业开具的增值税发票纳入防伪税控系统汉字防伪项目管理。四是开展煤炭生产企业固定资产抵扣情况风险应对。五是严格落实小微企业优惠政策。累计有8741户小规模纳税人享受到政策优惠,免征增值税税额501.75万元。

企业所得税管理　一是开展管

户清查和重点税源企业经营情况调查,掌握所得税税源变化情况。二是做好汇算清缴工作。2014年度,全市汇缴所得税6079.09万元,比上年下降14%,减收952.91万元。三是开展房地产行业专项评估,评估入库税款602.9万元。四是落实小型微利企业税收优惠政策,562户企业享受优惠金额187.07万元。

消费税、出口退税及车辆购置税管理　一是严格执行各项消费税政策。累计完成消费税5874万元,比上年增长1.2%,增收71万元。二是加强出口退税管理。全年办理出口退(免)税5448万元。三是加强车辆购置税征收管理。全市共组织入库车辆购置税20224万元,比上年下降8.2%,减收1813万元。(王建业)

地方税务

【概况】 2014年,面对经济下行压力较大、税源缺口大、煤炭量减价跌、政策性减税因素多等困难,阳泉市地税系统狠抓任务责任考核,强化重点税源监控及规费基金管理,全年组织各项地税收入62.04亿元,比上年下降15.38%,减收11.28亿元。其中,地方税收完成43.54亿元,比上年下降14.64%,减收7.46亿元;规费基金收入完成18.50亿元,比上年下降17.09%,减收3.82亿元。在地方税收中,地方公共财政预算收入完成33.37亿元,比上年下降2.58%,减收0.88亿元。(田世熙　马思宇)

【重点税源监管】 年内,市地税系统强化重点企业、重点项目税收管理,开展风险评估和跟踪监控,确保税收及时入库。省级重点税源监控企业达854户,占正常管户25643户的3.33%;入库税款27.85亿元,占全市地税系统入库税款总额63.96%。(田世熙　马思宇)

【税收优惠政策】 2014年,阳泉市地税系统认真落实各项税收优惠政策。一是提高营业税、个人所得税起征点,减免营业税、所得税6.96亿元。二是免除纳税人领用发票工本费用,全年共免除160.15万元。三是落实所得税政策反馈执行机制,对10户企业的资产损失实施了税前扣除,金额达1879.69万元。(田世熙　马思宇)

【地税稽查】 2014年,阳泉市地税系统严厉打击发票违法犯罪活动。一是对24户建筑业、房地产企业进行了专项检查。二是对房地产、股权转让交易、金融保险、煤炭等行业的43户重点企业进行税收专项检查。三是对电力、货运物流、煤炭能源、小额贷款公司等行业的33户企业进行了重点检查。全年共检查纳税单位145户,查补入库各项收入2.96亿元,其中地税款收入2.17亿元、滞纳金3099万元、罚款4796万元。(田世熙　马思宇)

【大企业税收专业化管理】 年内,市地税局作为全省的大企业税收专业化管理试点单位,组织人员赴长沙和无锡地税局实地观摩大企业税收管理经验。同时,以"金税三期"系统为依托,以阳煤集团为试点企业,自行开发大企业税收服务和管理信息平台,建立集团一户式数据库。代表省地税局参加了全国税务系统2014年度创新项目展示,获二等奖。(田世熙　马思宇)

【煤炭可持续发展基金】 2006年4月,国务院决定将山西省列为煤炭工业可持续发展政策试点地区。2007年3月,山西省公布了煤炭可持续发展基金的征收管理办法。该基金自2007年4月起开征,至2014年11月停征,主要用于单个企业难以解决的跨区域生态环境治理、支持资源型城市转型和重点接替产业发展、解决因采煤引起的社会问题。该政策实施以来,阳泉市累计征收煤炭可持续发展基金111.24亿元。(田世熙　马思宇)

金　融

银行业

【概况】 2014年,阳泉市银行业金融机构贯彻落实稳健货币政策,金融改革创新步伐加快,服务体系日趋完善,各项贷款平稳增长,信贷结构持续优化。

第一,资产规模持续扩大,资产质量稳中有升。金融服务体系进一步健全,国有商业银行、政策性银行、股份制商业银行、地方性金融机构、金融性公司相互竞争、共同发展。截至年末,全市银行类金融机构营业网点达到381个,法人机构32个,总资产达到1358亿元。年末全市银行业金融机构不良贷款率较年初下降0.34个百分点。

第二,存款增长乏力,分流趋势明显。年末,全市金融机构本外币各项存款余额1154.2亿元,比年初增加3.2亿元,增长0.3%,比上年回落4.5个百分点,比上年少增49.5亿元。从存款主体结构看,受煤炭市场供大于求、传统产业效益不佳、财政收入下降等因素影响,单位存款余额较年初减少18.1亿元,比上年多减2.8亿元;在互联网金融、银行理财产品、股票投资等分流因素影响下,个人存款余额较年初增加28.8亿元,比上年少增34.2亿元。受存款偏离度等考核政策影响,"季末冲时点"现象有所减弱。

第三,贷款增长适度,结构更趋优化。年末,全市本外币各项贷款余额为649.4亿元,比年初增加30.7亿元,比上年少增57.6亿元,增长5%,高于经济增长与物价上涨水平之和0.5个百分点,反映货币政策定向调控等措施的逐步落实,为支持经济结构调整和转型升级提供了有利的货币环境。全市金融机构存贷比上升至56.3%,全省排名第二。从投放节奏看,四个季度新增贷款分别为12.7亿元、-5.5亿元、26.9亿元、-3.3亿元，整体投放波动较大。从期限结构看，短期贷款增速有所回升，中长期贷款增长动力有所减弱，票据融资大幅增长。由于经济下行压力较大，各类经济主体投资需求下降，中长期贷款增长乏力。企业销售回款周期延长，对短期贷款和票据融资需求加大。从投放主体看，全国性大型银行投放规模相对较多，地方性金融机构贷款投放步伐相对放缓，大型银行和中小型银行的贷款格局总体稳定。

第四，贷款利率总体走低，融资贵问题有所缓解。2014年，中国人民银行下调金融机构存贷款基准利率，加快推进利率市场化改革，有针对性地引导市场利率和社会融资成本下行，促进实际利率逐步回归合理水平。贷款定价基准的降低，直接带动金融机构对企业贷款利率水平平稳回落。调查显示，央行降息后，全市企业贷款加权平均利率下降了0.82个百分点。

第五，跨境人民币业务稳步推进。2014年，跨境人民币结算业务呈现快速有序发展的势头。全市共办理20笔跨境人民币结算业务，共计金额13.2亿元，涉及贸易、跨境人民币投融资等领域。（高鑫娟）

【中国人民银行阳泉市中心支行概况】 年内，中国人民银行阳泉市中心支行继续贯彻实施稳健的货币政策，综合运用货币政策工具，鼓励和引导金融机构“稳中提质”，积极推动普惠金融发展。一是累计为全市重点项目和重点企业发放贷款近40亿元，采矿业贷款余额较年初增加20.2亿元，促进重点项目建设和重点产业转型。二是中小微企业贷款余额较年初增加15.4亿元，增长6.2%，高于大型企业贷款增速4.9个百分点，高于各项贷款增速1.2个百分点，融资难有所缓解。三是累计为农、林、牧、渔业发放贷款4.6亿元，农户贷款比年初增加3.2亿元，增长18.1%，服务“三农”力度进一步加大。四是发放支持创业贷款1.7亿元，年末个人消费贷款余额比年初增加7.4亿元，民生得到了进一步保障和改善。在全省人民银行系统年度业绩考核中，阳泉中支综合排名全省第二，连续四年被评为“山西省文明单位”。　（高鑫娟）

【宏观调控】 年内，人民银行阳泉市中心支行积极发挥金融宏观调控作用，着力为地区经济社会发展提供良好的金融环境。

一是支持地方实体经济发展。累计运用常备借贷便利、再贷款、再贴现等政策工具，为金融机构提供短期流动性支持35.1亿元。其中，率先在全省运用常备借贷便利，为3家地方金融机构提供短期流动性支持25亿元。为阳煤财务公司申请再贴现规模1亿元，累计办理2亿元。为阳泉市商业银行、盂县农商行、汇民村镇银行办理再贷款、再贴现8.1亿元。

二是全面落实“定向降准”政策。给予盂县农商行和汇民村镇银行执行存款准备金率低于同类金融机构1个百分点的优惠政策；对盂县农商行和阳泉市商业银行下调存款准备金率2个百分点，对阳煤财务公司下调存款准备金率0.5个百分点，增加可用信贷资金3.95亿元。

三是强化金融服务。为畅通货币政策传导渠道，建立了全市银行业金融机构主要负责人联席会议制度，及时通报全市经济金融运行情况，共同探索执行稳健货币政策与支持地方经济发展的契合点。主动谋划，深入推进政银企合作，先后组织召开全市银企合作洽谈会、地方煤矿银企合作促进会，推动全市金融机构与100家企业签订贷款意向金额366.2亿元。

四是多措并举增加货币信贷总量。年内，阳泉中心支行引导金融机构积极应对经济下行带来的存款增长乏力（各项存款余额1154.2亿元，比年初仅增加3.2亿元，增长0.3%）、可用信贷资金收缩的困难，采取了以存量结构调整置换增量增长空间、协助企业扩大直接融资渠道等措施，保证货币信贷增长。年末，全市各项贷款余额649.4亿元，比年初增加30.7亿元，增长5%。存贷比上升至56.3%，全省排名第二；增量存贷比达到974%，全省排名第一。企业融资渠道进一步拓宽，债务融资工具不断丰富，全年累计通过银行间市场净融资150亿元，同比多增141亿元。全市社会融资总规模达238.2亿元，比上年同期增加113.2亿元，增长87.7%。

2014年阳泉市银行类金融机构情况表

表21

机构类别	营业网点			法人机构（人）
	机构个数（个）	从业人数（人）	资产总额（亿元）	
一、大型商业银行	101	2560	622	
二、政策性银行	3	58	6	
三、股份制商业银行	2	55	40	
四、城市商业银行	17	423	90	1
五、主要农村金融机构	164	2099	392	3
六、财务公司	1	45	96	1
七、邮政储蓄	65	324	105	
八、农村新型机构	28	395	25	27
合　计	381	5959	1376	32

资料来源：金融统计监测管理信息系统。

五是加大对中小企业、“三农”和民生领域的支持力度。持续深化金融产品和服务方式创新，在“助保贷”业务实现全市全覆盖的基础上，试点开展“农保贷”业务，指导涉农金融机构推出“农户 + 组织 + 银行”的“2+1”和覆盖农业产业链全过程的“一条龙”信贷模式。截至2014年末，“助保贷”余额达1.8亿元，“农保贷”1100万元，在此带动下，全市中小企业贷款余额较年初增加15.5亿元，增长6.3%，高于大型企业贷款增速5个百分点。涉农贷款增加4亿元，余额达到263亿元，支持蔬菜水果基地、养殖畜牧园区等农业产业化项目91个。土地流转贷款试点工作在郊区启动，协调试点机构与郊区政府建立了合作机制，推动达成两项土地收益保证贷款合作意向，为全市土地流转贷款的推广奠定基础。（高鑫娟）

【金融稳定】 年内，人民银行阳泉中心支行积极防范和化解金融风险，维护地区金融稳定。一是正式启用“金融风险监测系统”，强化对重点金融机构的风险监测，并适时发布风险提示。二是开展突发挤提事件市县两级联动应急演练，提升金融风险应急管理和处置水平。三是依法依规做好风险处置工作，协助市政府妥善解决华通路桥短期融资券违约风险，维护了阳泉市企业在短债市场的信誉。（高鑫娟）

【金融服务】 年内，人民银行阳泉市中心支行不断增强金融服务意识，进一步提高金融服务水平，促进阳泉市经济和社会发展。一是促进贸易投资便利化。助推百度云计算技术（山西）有限公司5亿元跨境人民币资本金成功到账，帮助盂县中信焦化有限公司完成津巴布韦水泥制造加工项目335万美元投资资金汇出。二是提升现代化支付水平。进一步拓展金融IC卡在公共服务领域应用，继续改善农村支付环境，全市共设立助农取款服务点1788个，各类自助机具覆盖777个行政村。三是履行经理国库职能。加强国库标准化管理，全年累计完成地方一般预算收入102.8亿元，执行一般预算支出87.1亿元，实现国库清算资金“零在途”。国库直拨补范围进一步扩大，惠及民众3.1万余户。四是推进人民币管理工作。持续开展人民币净化和放心工程，累计调拨发行基金31次、87.3亿元，净投放现金29.3亿元。研发“人民币冠字号码数据共享管理系统”，率先在全省范围实现人民银行与各金融机构之间人民币清分与冠字号码查询工作的无缝连接。五是优化金融服务。启用《中小微企业与新型农业经营主体信用信息服务平台》，为辖内1329户中小微企业、45户新型农业经营主体建立信用档案，促进优质中小微企业与金融资本有效对接。六是拓宽消费者投诉受理渠道。率先在全省人民银行系统推出了微信公众服务号——“阳泉微金融”，关注人数达1.5万人。开通“12363”投诉电话，并在全市136个银行网点进行公示。（高鑫娟）

【阳泉银监分局概况】 2014年，中国银行业监督管理委员会阳泉监管分局不断探索改善金融服务、支持实体经济发展的新思路、新方法，全面防范和化解各类金融风险，着力维护辖内经济金融稳定。截至年末，全市银行业金融机构资产总额1357.94亿元，较年初增加31.4亿元，增长2.37%；负债总额1307.53亿元，较年初增加33.88亿元，增长2.66%；各项贷款余额649.38亿元，较年初增加30.73亿元，增长4.97%。（李永红）

【金融风险防控】 年内，阳泉银监分局健全制度，强化措施，着力防范和化解各类金融风险。

一是防范主导行业和产能过剩风险。创新煤炭行业信贷风险监测预警方法，实施煤炭行业信贷风险监测预警制度，提升主导行业信贷风险识别的前瞻性和风险防范的系统性。及时跟踪了解全市产能过剩行业清理整顿结果，组织开展了钢贸行业、产能过剩行业的信贷风险调研。

二是防控贷款集中度风险。制定《关于加强集团企业信贷风险防控的意见》，建立了集团客户授信风险排查监测和行业信贷风险监测制度。督促农合机构、市商业银行制定单户贷款和集团客户授信集中度压降方案；按照“双线问责”的相关要求，就个别机构超比例或超限额发放贷款的问题，实施行政处罚。

三是缓释平台贷款和房地产贷款风险。配合市政府有关部门开展了平台债务甄别确权工作，逐笔制定催收措施，确保到期贷款按期收回；加大对阳泉市房地产市场运行情况和房地产行业信贷风险状况监测力度，提高预判和应对风险能力，经检测分析，房地产贷款风险总体可控。

四是处置授信风险。成立银行业重大信贷风险应急处置领导小组，启动“阳泉市银行业重大信贷风险处置预案”，组织辖区银行业金融机构开展风险排查，督促指导各银行机构合力处置化解风险；督促法人机构制定风险处置方案，引进战略投资者，优化股东结构，加快不良处置进程。

五是防范流动性风险。制定《关于加强辖内流动性风险监管的意见》，以地方法人机构和高风险机构为重点，强化日常监控、组织压力测试、及时提示风险和做好应急预案，构建流动性风险防控体系。对指标变动异常、流动性压力大的机构进行了审慎会谈。

六是强化案件防控。开展“制度执行年”活动，召开案防工作分析座谈会，建立“制度执行力”问题台账并加大责任追究力度，形成多层次、广覆盖的案防责任体系。监管部门建立监管台账，根据每个季度的现场检查结果，实施“五挂钩”的联动措施（与高管人员履职评价、审计稽核履职、年度绩效考核、机构后评价和市场准入“挂钩”），完成3起案件的内部结案工作，建立农村中小金融机构重要岗位人员违规履职记录制度，提高了案防工作的执行力。（李永红）

【服务实体经济】 年内，阳泉市出台《阳泉市银行业支持全市经济转型发展的意见》，着力改善金融服务，降低融资成本，促进地方经济平稳发展。各银行业金融机构持续增加涉农信贷投入，年末全市涉农贷款余额达258.23亿元，较年初增加3.16亿元，增长1.24%；召开政银企项目洽谈会，14家金融机构分别与有关企业签署了授信业务合作意向书，涉及项目116个、资金353亿元。截至年末，各项贷款余额649.38亿元，比上年增长4.97%，小微贷款余额达150.71亿元。（李永红）

【农发行阳泉市分行概况】 2014年，中国农业发展银行阳泉市分行加快业务发展，强化风险防控，夯实基础管理，加强队伍建设，各项工作实现稳步发展。截至年末，各类贷款余额6.31亿元，较年初增加517万元；各类存款日均余额23745万元，比上年增加2954万元，增幅为14.21%，居全省第二；不良贷款指标连续8年保持零记录；中间业务收入35.71万元，比上年增加10.82万元；账面利润为680万元，比上年减少51万元；资产利润率为1.05%，比上年下降0.15个百分点；成本收入比为62.17%，比上年上升6.89个百分点；主营业务增长率为1.68%；人均存款为416.58万元，比上年增加52.05万元；人均利润为11.94万元，比上年减少1.97万元。（李晓波）

【贷款业务】 年内，农发行阳泉市分行累放各类贷款1.12亿元，比上年增加6000万元。一是投放地方储备粮贷款2265万元，支持收储粮食1135万千克，确保全市粮食增储轮换计划顺利完成。二是投放4600万元贷款，支持农业产业化龙头企业发展。三是投放基础设施中长期贷款4300万元，支持农业开发和农村基础设施建设，推动平定县农村饮水安全、盂县县城二期供水等一批民生工程建设。（李晓波）

【工行阳泉分行概况】 年内，中国工商银行阳泉分行继续深化经营管理体制改革，大力筹措社会资金，强化信贷市场营销，各项经营管理工作在逆境中稳步发展。截至年末，全行有从业人员840人，辖7个一级支行、18个二级支行。

存款业务　强化对全行存款业务考核管理，加强“大额资金、重点客户、同业市场”分析，确保存款市场的均衡性和稳定性。年末各项存款余额188亿元，较年初减少8.9亿元，余额银行业占比33.37%，排名保持全市第一。其中，对公存款余额84亿元，储蓄存款余额82亿元，银行业占比均排名第一。

信贷业务　持续纵深动态梳理市场，加快项目储备、对接、落地转化。年末各项贷款余额102亿元，余额银行业占比34.99%，全市排名首位。其中公司贷款余额92亿元、个人贷款余额10亿元，全市银行业占比排名均为第一。

中间业务　将“拓户增收”“产品渗透”作为工作重点，提升中间业务增收能力。全年实现中间业务收入9033万元，银行业占比34%，全市排名第一。

资产管理　年内实现考核拨备前利润3.6亿元，比上年减少0.7亿元。实现净利润2.5亿元，比上年减少0.6亿元。信贷资产质量继续保持零不良，实现“无案件、无事故、无重大经济损失”目标。

客户营销　积极开展客户分层营销和维护，努力做大做强客户基础，为各项业务持续发展蓄力储能。年末对公客户净增192户，个人有效客户净增27208户。

服务优化　年内，开展网点服务流程标准化活动和网点渠道规划建设工作，合理布局网点，优化渠道结构，综合推进网点迁建、岗位及员工优化整合和自助渠道建设。完成桃河支行的迁建和8个支行附行式自助网点改造。客户满意度提升至99%以上，超时等候客户占比降至10%以内，未发生有责投诉和恶性服务事件。（赵　晶）

【农行阳泉分行概况】 年内，中国农业银行股份有限公司阳泉市分行狠抓扩户提质、机制落地、渠道建设、风险防控、基础管理等重点工作，全面夯实存款基础，各项工作取得明显成效。截至年末，全行各项存款余额为1059737万元，其中个人存款余额为906200万元、对公存款余额为153537万元；各项贷款余额为667253万元，其中个人贷款余额为22330万元、法人贷款余额为633058万元、贴现余额为11865万元；惠农卡发卡总量达到216542张，卡均存款553.41元；转账电话总量达2029部，有效率达73.88%；转账电话金融性交易90.7万笔，交易额达11.51亿元；农户贷款余额达到2198万元。全年清收自营不良贷款9078万元，委托资产处置25213万元，核销不良资产8937万元，清收信用卡不良透支70万元，不良率降至1%。

年内，农行阳泉分行设17个部门，分别为：综合管理部、三农金融部、公司业务部、个人金融部、电子银行部、信贷管理部、内控合规部、资产处置部、财务会计部、运营管理部、信息技术管理部、人力资源部、监察部、安全保卫部、工会委员会办公室、网点管理办公室、现金运营中心。全行有员工656人、辖属一级支行6个、二级支行2个、营业网点30个。（王晓婷）

【渠道建设】 年内，农行阳泉分行按照“渠道制胜”的经营思路，持续加大渠道建设投入。全年，完成物理网点装修改造7个；建成离行式自助网点20个,累计达到27个,占全市银行业的50%,人工网点与自助网点的比例达到1:0.93,自助渠道分流率达64%。 (王晓婷)

【支持地方经济发展】 年内,农行阳泉分行为重点企业和项目提供资金支持,为盂五高速新增项目贷款3.59亿元,为阳泉煤运公司新增中期流资贷款1亿元,为地方经济发展做出了贡献。 (王晓婷)

【惠农卡服务】 年内,农行阳泉分行扩展惠农卡服务功能,向消费、医疗、缴费、生产、生活等多领域渗透,着力为农民提供"一卡通"式便捷服务。全行三个县域支行16个网点实现电费代缴全覆盖,全年代缴资金83万笔、1.1亿元。平定县支行和盂县支行获"山西农行代缴电费业务先进支行"称号。 (王晓婷)

【建行阳泉分行概况】 2014年,中国建设银行股份有限公司阳泉分行强化客户拓展,力促产品营销,夯实基础管理,狠抓风险防控。截至年末,全口径存款余额达139亿元,银行业占比24.67%,排名第二,较年初下降0.46亿元;一般性存款余额136.03亿元,银行业占比25.12%,排名第2,较年初下降2.76亿元;各项贷款余额77亿元,新增8.6亿元;实现中间业务收入5946万元,银行业占比22.2%,排名第3。

对公存款 加强对公存款过程管理,强化日均新增考核,重点抓好机构类、房金类存款的稳定增长。截至年末,对公存款余额54.61亿元,银行业占比28.54%,排名第二,较年初下降4.16亿元。

个人存款 将个人存款、实物金、代理保险、理财产品、银行卡、基金六项重点产品整合,开展网点存款争先活动,着力构建网点、部室、员工的立体营销框架。年末,储蓄存款余额81.42亿元,银行业占比23.25%,排名第3,较年初新增1.39亿元。

客户拓展 拓展客户数量、优化客户结构。全年人民币结算账户新增567户,全市银行业排名第一。个人有效客户新增24843户。

机构类资产业务 继续在教育、卫生、广电等领域寻求合作,扩大市场占有份额。年末,机构类贷款余额2.135亿元,新增1450万元,资产质量保持良好。

个贷业务 持续加大楼盘营销、储备和贷款发放工作。全年住房贷款发放35580万元,新增21947万元,新增排名银行业第一。同时,开展集中授信营销活动,发放消费经营类贷款137户3663万元。

小企业贷款业务 坚持调整贷款结构,发展"助保贷"业务。全年累计发放小企业贷款50799万元、回收48539万元。小企业贷款余额48464万元,较年初新增2260万元,其中"助保贷"余额19141万元,较年初新增9820万元。

信用卡分期业务 通过组织举办大型车展、建材展活动进行宣传营销,拓展汽车分期及安居分期业务,全年共办理信用卡分期6590万,实现中收750万元,分期累计达2.4亿。

贷后管理 按照省分行《贷后管理评价办法》要求,规范贷中、贷后管理,严密监测信贷资产质量。年末,不良贷款余额8310.92万元,对公不良贷款8195.81万元,个人类不良贷款115.54万元,不良贷款率1.08%。 (张季强)

【中行阳泉市分行概况】 年内,中国银行股份有限公司阳泉市分行实施业务、产品、队伍、客户等为核心的扩容工程,各项工作稳中有进,经营成效进一步显现。截至年末,存款余额114亿元,较年初增长0.94亿元,增幅0.83%;人民币贷款余额55亿元,较年初增加1.94亿元,增幅3.68%;绩效考核排名全省中行系统第二。

业务发展 年内,中行开展业务扩容工作,推动经营发展转型升级。一是为阳煤集团承销50亿元非公开定向债务融资券。二是成功营销阳泉市热力公司开办代缴费业务。三是依托贵金属高端客户沙龙、贵金属投资讲座、各类专场营销推介会等渠道,销售贵金属1036万元,实现中间业务收入61.7万元。

经营管理 年内,中行试运行量化积分考核体系,由原先模糊化的定性考核转变为精细化的定量考核,引导员工从"以产品为中心"向"以客户为中心"转变,不断激发全员内生动力。

内控案防 6月,中行组织开展"案防合规宣教月"活动,对员工开展内控案防教育;11月28日,组织开展了员工案防合规知识闭卷考试;12月3日,举办基层机构案防合规知识竞赛,着力构建安全运营、稳健发展的文化氛围。

网点建设 年内,中行实施网点扩容工作,设立新城支行及市卫生学校、德胜东街离行式自助银行;依托原新华街支行旧址,设立全省首家加强型自助银行。(赵鹏飞)

【交通银行阳泉分行概况】 2014年,交通银行股份有限公司阳泉分行秉持稳健经营、诚信致远的经营发展理念,以效益为中心,以转型创新为手段,强化内部管理,加强合规控制,各项经营管理指标均实现争先进位。截至年末,全行本外币资产总额27.13亿元,人民币各项存款余额14.68亿元,较年初减少4.5亿元,下降23.5%;人民币存款日均余额13.67亿元,下降5.14%;人民币同业存款余额2.9亿元,人民币各项贷款余额26.95亿元,无不良贷款。全年安全运营零事件、零案件。

非信贷资产业务 年内,在存贷利差进一步收窄的形势下,大力发展非信贷资产业务,提升非利息收入,经营效益提升。全年实现经营利润5247.14万元,比上年增长10.47%,绝对量排名全省交行系统第五。

资本经营 年内,积极开展经

济资本占用少、综合收益高的业务，多措并举大力压缩经济资本。截至年末，经济利润完成1131.95万元，人均利润达到83.05万元。其中，通过融资租赁、理财对接资产池、直投、短融、委贷等业务，全年融入各项资金34.62亿元；办理国内信用证业务、买方押汇业务7017万元。

客户拓展　年内，对公有效客户净增14户，完成率350%；蕴通客户数10户，完成率111.11%；托管中高端客户完成5户，完成率166.67%；投行类中高端客户完成2户，完成率100%；银证合作业务优质客户净增9户，任务完成率300%；银期合作业务优质客户净增3户，任务完成率300%；私银净增15户，完成率187.5%；沃德净增156户，完成率222.86%；交银净增1368户，完成率414.55%；手机银行新增客户5064户，完成率112.53%。

人员机构　截至年末，全行有在岗员工66人，其中高级管理人员3人、中层管理人员6人。全行内设部门5个，即综合管理部、营运管理部、授信与风险管理部、公司业务部和零售业务部。新开天利自助银行，并完成南大西街支行、育才路支行的筹建及证照申领工作，电子银行分流率达到86%。　（王雪峰）

【助力地方经济】　年内，交行阳泉分行新增实质性贷款6.41亿元，增量排名全市银行业第二，贷款余额达到26.95亿元；零售贷款余额达到5259.29万元，比上年增加3259.29万元，其中小企业贷款净增400万元、个贷净增2859.29万元。同时，向阳煤集团发放10亿元直投资金，累计投放54.62亿元支持煤炭行业、公用事业、商贸等重点行业领域的重点项目。　（王雪峰）

【阳泉市商业银行概况】　2014年，阳泉市商业银行主动适应经济金融形势变化，深化改革和推进战略转型，完善公司治理，加强风险管理和内部控制，改进和提高服务质量，全行经营模式和发展状况明显改善，各项业务实现平稳发展。截至年末，商行资产总额90.27亿元，各项存款63.12亿元，各项贷款34.57亿元，存贷比例54.77%，实现各项收入5.06亿元，实现利润1.16亿元，资本充足率8.7 %，核心资本充足率7.8%，流动性比例31%，资产利润率1.06%，资本利润率11.3%，拨备覆盖率246%。加大小微企业信贷支持力度，截至年末，全行小微企业客户386户，小微企业贷款余额25亿元，较年初增加2.6亿元，增幅11.7%，高于全部贷款增速8个百分点，占全部贷款余额的72%；高于上年同期增量7823万元。　（史晓杰）

【金鼎卡业务】　年内，阳泉市商业银行继续加大金鼎卡拓展力度。一是加快ATM机网点建设，截至年末，在繁华地段、业务密集区域设置ATM机29台，发卡量累计4.4万余张，其中磁条卡1.4万张、IC卡3万张，存款余额1.8亿元，ATM机交易8.8亿笔，金额6.7亿元，运行期间未发生任何风险事故。二是丰富金鼎卡品种，同滨河新天地商业广场联合发行“阳泉生活汇·金鼎卡”联名卡。三是推广金融IC卡市场应用，同阳泉师范开展合作，创建校园一卡通。四是协同发展，推广惠民金鼎卡，协助汇民村镇银行开展银行卡发行各项准备工作。五是开通金鼎卡积分和积分商城，积分和积分商城功能的实现，标志着市商业银行银行卡核心竞争力的提高，金鼎卡地方品牌效应逐步显现。　（史晓杰）

【阳泉市农村信用社概况】　2014年，全市农村信用社在整体经济下行和地方主导产业经营面临困境的双重压力下，按照“传统业务争份额、创新业务抢先机、亮点业务抓提升、内控管理促稳健、综合发展保安全”的思路，更加高效地开展各项工作，各项业务稳步推进。截至年末，各项存款余额达307.32亿元，贷款余额达182.73亿元，存贷市场份额稳居全市银行业金融机构之首。一是多措并举促进储蓄存款总量增长。开展网点转型、标准化网点改造及员工服务培训等工作。截至年末，储蓄存款总量占全市金融机构存款总量的31%，增量占56%。二是全力支持实体经济发展。为592户小微企业发放贷款138.48亿元。对困难企业实施下浮利率0.1至0.5个基点的直接降息政策。积极开办续贷通业务，缓解客户融资负担，全年办理续贷通业务64笔3.5亿元，为企业节省融资成本9000余万元。三是清理不良贷款工作扎实推进，累计清理不良贷款21.55亿元，基本实现不良贷款“反弹可控，清收有降”的目标。四是开通代办车险、代收热力费、代收有线电视费等多项中间业务，中间业务收入较年初增加13.81万元。五是从严从紧控制各项费用支出，并加大对同业类资产、低息资金的管理运作。营运费用支出比上年下降1547万元，各项收入比上年增加2.15亿元。　（张　维）

【光大银行阳泉支行概况】　2014年，中国光大银行股份有限公司阳泉支行严抓业务发展，调整经营结构，加强渠道建设，各项工作取得新的成效。年内，支行内设公司业务部、零售业务部、风险管理部、计划财务部、综合管理部及支行营业部6个职能部门，有正式员工50人、派遣制员工11人，其中研究生3名、本科生49人、专科生9人。

存贷业务　年末全行本外币资产总额40.22亿元，较年初增加2.66亿元，增长7.08%。各项贷款余额24.92亿元，较年初增加3.5亿元，增长16.32%。其中，对公贷款余额24.6亿元，较年初增加3.1亿元；对私贷款余额3235.42万元，比年初减少1032.24万元。全年实现收入账面税前利润4846.86万元。

合规经营　加强对各类监控系

统的管控,按照年初制定的案防计划有序开展案防合规教育及突发事件预案演练,实现全年“零案件”的既定目标。

网点建设　年内,迎宾路支行、馨康家园社区支行、御康山庄社区支行、阳光广场社区支行、新建路社区支行、金三角社区支行和平定评梅广场社区支行7家网点正式投入运营。　　（李　龙）

保险业

【概况】 年内,阳泉市有中国人寿、中国财保、太平洋财保、太平洋人寿、中国平安、大地保险等21家保险公司的分支机构。全年实现保费收入23.9亿元,比上年增长7.6%;支付各类赔款及给付9.4亿元,比上年增长11.9%。保险深度3.9%(保费占全市国民生产总值比例),排全省第六;保险密度为1715.2元/人(全市人均占有保费),排全省第二。一是保险服务网络覆盖面不断扩宽。阳泉保险市场主体增加到21家,其中财产险公司12家,人身险公司9家,分布在各县区的分支机构有60家,保险从业人员达到6100余人,保险险种近800个。二是保险保障作用得到进一步发挥。阳泉21家保险公司共为全市厂矿企业及家庭财产、农业生产及人身等领域提供各类风险保障4538.09亿元。其中,承保企业576户,支付赔款2673.2万元;承保机动车辆166833辆,支付赔款50457.4万元;承担工程责任保险等风险保障336.44亿元,支付赔款5243.52万元;承担粮食农作物、蔬菜大棚、育肥猪、奶牛、林木等“三农”保险12.6亿元,支付农业赔款1420.84万元。三是参与社会管理能力不断增强。保险公司共支付大病医疗费赔款6244.7万元,赔付9567人次,大病医疗费赔付标准提高至起付线以上40万元。同时,代征代收车船税5474.5万元,向地税部门缴纳各种税金6259.5万元。　　（张永红）

2014年阳泉市财险经营状况简表

表22　　单位:万元

机构名称	成立日期	2014年度保费收入	2014年度赔(给)付支出	下设县级机构	总经理
人保财险	1950/11	40726.69	40089.45	11	牛兴旺
太保财险	2002/9	4138.69	4519.48	3	董玉虎
平安财险	2005/9	8821.19	5523.57	2	杜晨光
大地财险	2005/9	5701.48	3592.19	4	范文林
安邦财险	2008/3	347.23	168.44	0	李书田
国寿财险	2008/5	10111.03	7338.37	5	孙建文
阳光财险	2009/1	2142.95	1463.56	2	施占伟
永安财险	2009/5	1119.03	703.72	0	田秀庆
中煤保险	2012/5	4133.87	1518.21	4	张伟兵
华安财险	2013/8	695.37	87.41	0	赵旭峰
英大财险	2013/8	225.17	101.82	0	杨永祥
天安财险	2014/12	19.11	0	0	王宏平

（张永红）

2014年阳泉市寿险经营状况简表

表23　　单位:万元

机构名称	成立日期	2014年度保费收入	2014年度赔(给)付支出	下设县级机构	总经理
中国人寿	1950/11	60854.8	19065.63	7	徐彦斌
太保寿险	2002/6	22963.94	1831.77	6	马　翊
平安人寿	2004/6	7763.19	571.32	2	王晓刚
泰康人寿	2007/7	10911.83	4962.67	3	陈永林
新华人寿	2009/8	15680.65	583.68	2	王　旺
太平人寿	2009/8	10617.59	446.65	1	赵福春
人保寿险	2009/12	21945.02	1078.07	4	王卫平
阳光人寿	2011/7	9230.52	0	2	张振军
英大人寿	2012/12	729.57	5.87	2	郗永华

（张永红）

【山西省保险行业协会阳泉办事处概况】 年内,山西省保险行业协会阳泉办事处以服务为核心,以自律为重点,围绕年初工作计划,积极创新,主动作为,着力保障阳泉保险业平稳、健康、持续发展。一是先后对会员公司开展6次检查测评,进一步提升其服务质量,保障保险市场规范发展。二是组织开展保险销售从业人员资格考试,先后4333人参加了考试,通过3044人,通过率70.25%。三是成立“阳泉市保险纠纷人民调解委员会”,共受理保险纠纷调解案件36起,涉案金额131.43万元,成功调解32起,调解率为88.9%。四是通过电视、广播、报纸等渠道对保险消费者开展宣传教育,并组织开展“3·15”消费者权益日、“7·8”保险公众宣传日等大型宣传活动。五是加强自身建设,进一步完善各项规章制度,着力建设“职业化、专业化、规范化”协会办事处。截至年末,山西保险协会阳泉办事处设有综合办公室和综合业务工作部,有员工9人、会员公司21家(财产险公司12家、人身险公司9家)。　　（张永红）

【人保财险阳泉市分公司概况】 2014年,中国人民财产保险股份有限公司阳泉市分公司坚持“抓续保、拓新增、促转入、拓外埠、追脱保”策略，强化管理，优化服务，各项工作取得成效。全年实现保费收入4.07亿元，比上年增长1.9%，市场份额52.11%；处理发案54260件，赔款支出23617.67万元，赔付率72.13%；万元以下全险种理赔周期8.19天，比上年提速12.64%。（赵 虹）

【合规经营】 年内，人保财险阳泉市分公司建立健全合规报告制度、依法合规经营考核评价机制、依法合规经营承诺制度等，开展“2014年合规文化宣导月”“2014年防范和打击非法集资宣传教育”等系列活动，提升广大干部员工合规意识。同时，强化反洗钱工作，坚持大额交易与可疑交易报告制度，加强对反洗钱客户的身份识别、客户风险等级划分，严格落实客户身份资料与交易记录保存制度。全年公司未发现违法违规行为。（赵 虹）

【助力民生】 年内，人保财险阳泉市分公司继上年中标阳泉市新农合大病医疗保险后，再次独家中标阳泉市城镇职工大病保险招标项目。公司成立了社保业务部，组建专业团队，明确责任，确保大病保险工作有序开展。截至年末，先后为3400人减免各种医疗费用3436万元。（赵 虹）

【服务“三农”】 年内，人保财险阳泉市分公司加强与市财政局、农委、林业局、畜牧及动检所、蔬菜中心、农技站、果树站等职能部门沟通对接，建立“三农”保险服务站30个，在平定县、盂县、郊区三个农业县区积极推广种植业、养殖业、森林三大类农业保险，实现保费收入1238.4万元（政府财政补贴农险保费收入1206.56万元，商业性农险保费收入31.84万元）。全年为11.4万户农民提供农业保险承保服务，全年赔款支出504.89万元，受益农民2886户。截至年末，累计有53.47万户农民参加主要农作物和家畜家禽保险，公司承保主要农作物种植面积累计达到16.64万公顷，能繁母猪、奶牛累计达到102677头；累计承担风险23.04亿元，支付各类农险赔款3539.74万元，受益农民1.5万户。（赵 虹）

【人寿财险阳泉市中心支公司概况】 2014年，中国人寿财产保险股份有限公司阳泉市中心支公司以“加快业务发展、推进精细管理、优化客户服务、夯实合规基础、实施创新驱动、提升企业文化”为工作重点，在“上规模、打基础、强队伍、控风险”上取得了阶段性经营成果。截至年末，总保费收入10111万元，较上年增长50%，跨入亿元公司行列，在阳泉市财险市场的份额为12.93%，较上年增长3.63个百分点，市场排名第二。年内开办林业险、玉米险、奶牛险业务，农险总保费收入543.3万元，其中林业险保费128.5万元、玉米险保费404万元、奶牛险保费10.7万元。郊区、平定支公司的林业险实现全区域承保。赔款支出4804万元，总立案13232件，已决赔案11584件，简单赔付率48%，数量结案率94%。（艾果平）

证券 投资

【概况】 2014年，全市证券投资开户数为73329户，比上年开户增加3378户，增长4.8%；证券交易额310.8亿元，比上年增加96.9亿元，增长45.3%；手续费及佣金净收入5037万元，较上年增加1434万元，增长39.8%。（高鑫娟）

【山西证券阳泉营业部概况】 2014年，山西证券阳泉分公司积极安排、周密部署各项工作，完成营业收入3852万元。新增客户资产3724.30万元、客户951户。通过货币基金销售、债券逆回购、固定收益类产品的推介与销售等，增加各项收入。年内，销售稳健系列产品6535万元、收益凭证产品1250万元、诺德基金600万元、证券投资基金859.26万元。（李慧俊）

【阳泉信达投资管理公司概况】 2014年，面对股票市场萎靡不振、期货市场两极分化，小额贷款不良贷款增加等诸多不利因素，阳泉信达投资管理公司下属控股参股公司经营业绩欠佳，全年亏损1300余万元。

期货经纪业务 年内，晟鑫期货经纪有限公司分类评价级别为C类CCC级，比上年提升2个级别，创历史最好水平。实现净利润-936.01万元，比上年减亏14.56%。一是为保障公司正常运营，增资500万元，注册资本金资本达到9500万元。二是加强系统建设，强化运维保障。按照公司IT规划，将中心机房托管至中国联通阳泉分公司IDC机房。同时升级改造业务系统，实现交易结算系统分离，为新品种、新业务上线做好技术准备和冗余空间。三是严格费用管理，比上年下降4.78%，其中业务招待费比上年下降28.67%。

小额贷款业务 年内，汇通小额贷款有限公司贷款余额8349万元，完成营业收入380万元，实现净利润163万元。一是强化存量业务的风险防控，防止不良贷款发生。二是加大营销力度，储备有效客户。三是加强目标管理，强化执行力度。

保险代理业务 年内，鑫晟保险代理有限公司完善经营模式，扩展合作范围，签约的供应商累计达到13家。全年完成保费收入1050万元、手续费收入191.80万元，实现净利润-18万元。（郝丽丽）

教育科技

教　　育

综合工作

【概况】 2014年,全市有各级各类学校和幼儿园805所,其中普通高校1所、成人高校2所、成人中专5所、中职学校15所、普通中学81所、小学255所、幼儿园444所、特殊教育学校2所;各级各类学校和幼儿园在校学生205593人、教职员工17198人(其中教师14002人)。全年财政对教育的投入为21.31亿元,占全市财政总支出(剔除上级教育投入5.4亿元)81.5亿元的26.15%,省财政厅下达的考核指标为21.18%。市本级财政对教育投入13.87亿元(含市财政局对县区教育的补助投入),占市本级财政总支出(剔除上级教育投入54185万元)24.6亿元的56.38%。

年内,全市教育系统继续深化教育改革,全面实施素质教育,进一步完善学前教育、基础教育、职业教育、继续教育和高等教育谐调发展的现代国民教育体系,中国经济网、民主与法治网、山西日报等主流媒体报道了平定县公交车免费接送管理、校园文化建设、义务教育均衡发展等方面经验。一是基础教育实现均衡。全市5个县(区)全部通过省级义务教育发展基本均衡县(区)验收,其中盂县、郊区、矿区通过国家级验收,超额完成省定指标。区域内义务教育阶段学校校长、教师交流实现全覆盖,超额完成了省定10%的任务。全市15所普通高中有6所是省级示范高中,且各县区均衡分布。二是学前教育基本普及。年内,继续实施“学前教育推进工程”,全年投入2631万元,完成15所村级幼儿园和10所公办标准化幼儿园新、改(扩)建工程,学前三年毛入园率达到88.99%。三是职业教育稳步推进。年内,进一步扩展中职免学费覆盖范围。市盲聋人学校升级为市盲聋人高级职业中学校。四是高等教育取得新突破。太原理工大学阳泉学院成功升本,更名为山西工程技术学院,成为阳泉建市以来第一所本科院校。阳泉职业技术学院新校区建设工程被省政府列入“百日百项工程”项目,累计完成投入2.3亿元。五是师资素质不断提升。全年市直学校招聘88名新教师和10名免费师范生。继续做好全市1.6万名教师网络全员培训工作,并选派1927名优秀骨干教师参加国家级、省级教师培训项目。六是持续推进校园文化建设工程。投入专项资金,实施“一校一品、一生一技”工程,打造办学特色鲜明的示范学校,该工程被评为“阳泉市2014年十大文化亮点”。七是校园安全进一步加强。继续打造校园安全规范化长效责任机制,落实“一岗双责”“党政同责”制度,提升校园安全能力建设水平,全市学校呈现安全稳定局面。

不断深化成人教育改革创新,着力规范民办教育。一是继续开展农村实用技术培训和农村实用人才培训。依托基地,采取长期培训和短期培训相结合、推广新技术和现场指导相结合、专家走下去和把农民请上来相结合的方法进行培训,培训12.5万人次。二是进一步规范民办教育办学行为。市教育局正式将民办学校(含培训机构)的审批和管理权下放至县区。加强宏观管理,组织专家对全市民办教育机构进行督导评估。三是开展社区教育。继续推广新华东街社区和小阳泉南社区的先进经验,在基层社区组织开展“全民学习活动周”活动。

着力促进特殊教育事业健康发展。开展特殊教育摸底和残疾儿童信息库建设工作。同时,加快特殊教育基础设施建设,平定县特殊教育学校建设基本完成,盂县特殊教育学校建设进入实施阶段。截至年末,阳泉市设有特殊教育学校2所——阳泉市盲聋人学校、城区培智学校。全市0至14周岁残疾儿童少年人数为455人,特殊教育学校就读学生为185人,随班就读学生为241人。特殊教育学校生均公用经费4000元/生·年，全部免除学杂费、住宿费、课本费、作业本费、伙食费,随班就读学生免除学杂费和课本费。　(王清林　刘国栋)

【中考招生考试】 年内,全市中考报名人数为17237,比上年减少271人。全市设5个考区、10个考点、578个考场。普通高中、高职中专录取新生14079人。2014年的中考政策主要发生以下变化:一是普通高中指标生的最低录取分数线由2013年的统招生录取分数线下40分改为50分，同时优质校指标生计划占统招生计划的比例由2013年的60%提高为70%;二是中考志愿填报首次在网上进行;三是体育考试首次全部实行专用机器考试;四是取消普通高中学校的自主招生计划(过去普通高中学校有按统招生计划经批准可自主招收3%的考生的权力)。　(王松涛)

学前教育

【概况】 年内,阳泉市共有各级各类幼儿园(班)532所(含全市小学附设幼儿班),包括城区38所(含开发区、市直)、矿区39所、郊区117所、平定县170所、盂县168所。其中省级示范园9所,市级示范园11所。在园幼儿32919人,3周岁至5周岁幼儿毛入园率88.99%。

年内,阳泉市贯彻落实国务院《关于当前发展学前教育的若干意见》，着力构建政府主导、多元并举、优质协调、充满活力的学前教育社会公共服务体系。一是新(改、扩)建11所公办标准化幼儿园,其中新建6所、改扩建5所。包括平定县3所、盂县3所、郊区3所、矿区1所、市直1所。截至年末,共投入资金940万元，投入使用8所、完工3所。二是开展全市省级示范园及优质幼儿园对乡镇中心园的结对帮扶活动。全市9所省级示范园以及2所五星级优质幼儿园与35所乡镇中心幼儿园结成帮扶对子，开展了有针对性地帮扶工作。三是全面清理规范整顿无证幼儿园。共排查出无证园59所,其中盂县22所、郊区1所、城区3所、矿区30所、开发区3所。截至年末，已取缔29所,待颁证3所,限期整改13所，其余14所下达处罚决定。同时通过市教育网公告合格规范的幼儿园名单。　(杨晓麟)

【学前教育资源扩充】 年内,市政府将扩大农村学前教育资源纳入“2014年度为民办十件实事”,投入专项资金1460万元,用于农村利用闲置校舍改(扩)建幼儿园工程。全年完成改(扩)建村级幼儿园15所。郊区政府将在岗民办幼儿教师工资补贴标准由2013年的300元提高到600元。矿区政府、平定县政府将公办幼儿教师招聘纳入教师招聘的总体规划中,分别新招聘公办幼儿教师5名、3名。开发区管委会公开招聘了幼儿园园长1名、教师18名。　(高改鱼　史治勇)

【“保教能手”评选】 年内,市教育局组织开展全市“保教能手”评选活动,经过自下而上层层选拔,各县区共推荐27名幼儿教师参加评选,经过档案资料审查、组织教育活动、实地考察及理论考核,共评出市实验幼儿园翟雪梅、市级机关幼儿园王美孩等市级保教能手23名，平定县县直机关幼儿园曹立学等保教新秀4名。其中市实验幼儿园翟雪梅、市级机关幼儿园王美孩、城区滨河幼儿园程瑞仙、城区实验幼儿园李博文、盂县教育局韩文霞、郊区义东沟幼儿园史朝霞及矿区新蕾幼儿园古锦7名幼儿教师通过参加省级评选成为山西省“保教能手”。　(高改鱼)

【幼儿园收费标准调整】 年内,阳泉市出台《关于制定阳泉市幼儿园收费标准及有关事项的通知》(阳价费字〔2014〕35号文件)，规定从2014年春季学期开始，幼儿园收费标准调整为:五星级300元/月·生、四星级调整为260元/月·生、三星级230元/月·生、二星级200元/月·生、一星级170元/月·生。到2015年秋季学期，开始执行以下收费标准:五星级350元/月·生、四星级300元/月·生、三星级260元/月·生、二星级230元/月·生、一星级200元/月·生。　(高改鱼)

【星级幼儿园复查升级验收】 4月上旬,市教育局对实验幼儿园、晋东幼儿园、平定县直机关幼儿园进行星级复查工作，并就晋东幼儿园在教育教学中存在严重小学化倾向等问题提出限期整改意见。11月下旬，对6所申报星级验收的幼儿园进行升级验收，验收工作采取听汇报、查资料、看活动、问卷调查等形式，矿区阳煤集团升华九中心幼儿园、郊区坡头幼儿园等2所幼儿园通过了四星级幼儿园验收，郊区三郊幼儿园、义井幼儿园、阳泉固庄煤业有限责任公司幼儿园、矿区阳煤集团升华七中心幼儿园4所幼儿园通过了五星级幼儿园验收。截至年末,全市合格幼儿园532所,其中五星级幼儿园33所、四星级幼儿园42所。　(宋春燕)

基础教育

【概况】 年内，阳泉市基础教育事业坚持以“三抓(抓均衡、抓发展、抓规范)两推(推进中小学课堂教学模式改革、推进校园文化建设工程)一提升(提升教育教学质量)”为主要抓手,统筹抓好各项工作。截至年末,全市共有小学255所，在校生83680人;有普通中学81所,其中完全中学7所、单办普通高中7所、普通初中52所、九年一贯制学校13所、十二年一贯制学校2所，有普通高中在校生30085人，普通初中在校生42472人。　(刘敬华　王　斐)

【义务教育学校标准化建设】 年内，矿区义务教育标准化学校建设工程完工，并通过省级验收，标志着阳泉市实现义务教育学校标准化建设全覆盖。矿区义务教育标准化学校建设工程累计投入2.5亿元，其中用于设施设备资金6077万元，校舍改造或新建投入1.9亿元。共有24所中小学达到省定标准（小学17所、单办初中3所、九年一贯制学校1所，完全中学3所）。（刘敬华）

【校园文化建设工程】 年内，阳泉市以“培养学生健全人格”为主题，以实施“一校一品、一生一技”工程为抓手，着力抓好校园文化建设各项工作。5月23日，在实验中学会议室召开全市校园文化建设工程推进会，总结2013年全市校园文化建设工程工作，对成绩突出的24所先进学校和53个先进个人进行表彰，并对2014年工作进行部署。省教育厅正厅级督学、副厅长张卓玉出席会议，并就校园文化建设作专题讲座。10月，市人大、政协、宣传、教育、财政、文化等部门领导，市直各学校（幼儿园）校（园）长，各县（区）教育局局长和市教育局各相关科室负责人现场观摩了县（区）的10所学校，就推进校园文化建设工程进行交流、学习。（王 斐）

【普通高中办学水平综合评价】 年内，阳泉市继续实施普通高中综合考评，重点考查学校重大改革成效、上年度考评发现问题的整改情况及在原有办学优势基础上取得的新成绩。10月，市教育局组织专家考评组到全市15所普通高中学校进行为期半个月的综合考评。考评组认为：全市各普通高中的办学行为逐步向规范方向迈进，学校的办学理念普遍得到显现，各学校逐步走上创新发展的道路，学校的办学特色正在逐渐形成。（张维堂）

【义务教育发展基本均衡县（区）建设】 年内，阳泉市继续推进义务教育发展基本均衡县（区）建设工程，取得阶段性成效。一是召开全市各级政府和有关部门负责人参加的动员大会，对全市义务教育发展基本均衡县（区）建设工作进行全面安排部署。二是市政府与各县（区）领导签订创建工作责任书。三是协调各县（区）和市财政、规划、建设等部门加大投入，完善各项硬件设施。阳泉市累计投入资金近3000余万元专项用于“全国义务教育发展基本均衡县（区）”建设工程。四是组织近百名专业人士到各县（区）逐校进行督查指导，市、县两级教育部门共组成12个专项组，对5个县区的近400所学校进行逐校、逐项核实督查，历时40余天。截至年末，矿区、郊区、盂县通过了国家级验收。（张维堂 王 斐）

【全国物理学术年会获奖】 2014年9月26日至29日，在重庆市召开的中国教育学会物理教学专业委员会2014年学术年会上，阳泉市平定县锁簧一中物理教师赵江龙代表山西省参加初中组名师课堂教学展示与交流活动并获一等奖，阳泉市教研室副主任赵旭光、平定县教研室郝利春、赵银文荣获优秀指导教师奖。（李艳萍）

【青少年阳光体育系列比赛】 4月18日，市教育局与市体育局在市实验中学联合举办阳泉市青少年阳光体育系列比赛启动仪式。4月24日至28日，组织开展中学生篮球赛。5月20日至23日，组织开展中小学生乒乓球赛。10月14日至16日，组织开展中小学生田径运动会。10月16日，在市体育场举行系列比赛颁奖仪式。共有120多校次和4000多人次参加，山西新闻网、阳泉电视台等多家新闻媒体报道。（王雁冰）

职业教育

【概况】 阳泉市共有中等职业学校13所，按办学性质分，有普通中专5所、职业高中6所、技工学校2所；按办学主体分，有教育部门8所、其他部门4所、企业1所；按办学区域分，有市属9所、郊区1所、平定县1所、盂县1所、阳煤集团1所。截至年末，全市中职学校有在校学生19076人，占高中阶段教育在校生总数的41%，应届毕业生一次就业率达90%以上。年内，阳泉市建成国家级重点职业学校3所、国家级重点技工学校2所、省级重点职业学校3所、省级合格职教中心3所；创建国家中等职业教育改革发展示范校1个、国家级专业实训基地3个、省级专业实训基地4个、省级示范专业（点）12个；创建五星级学校1所、四星级学校5所、三星级学校4所。

招生方面，全年进入各类中等职业学校学习的学生达6613人，占高中阶段教育招生总数的40.3%，职业教育与普通高中招生比为0.67：1，基本呈现职业教育和普通高中教育规模相当、同步发展的格局。（侯胜华）

【中等职业教育免学费体制建设】 年内，阳泉市多措并举，保障中等职业教育免学费工作的开展。一是将中等职业教育免学费工作列入长效机制。二是完善目标责任、奖惩激励、资金保障、监督检查等工作机制。三是严格执行学籍电子注册制度。全年累计为13754名中职在校生免除学费2535万元。（侯胜华）

【中等职业教育师资培训】 年内，市教育局以培养一批在教育教学中起骨干示范作用的“双师型”优秀教师和高水平的职业教育教学专家为目标，组织实施中等职业学校教师素质提高计划。一是根据山西省教育厅、山西省人力资源和社会保障厅《关于开展全省中等职业学校校长队伍建设调研的通知》，完成了全市中等职业学校校长队伍建设情况的调研。二是选派161名教师参加了各类培训，其中11

名中职骨干教师参加国家级培训、5名青年教师参加企业实践培训项目、72名教师参加省级培训、32名教师参加省级专项培训、27名专任教师参加全省《公共艺术课程教学大纲》及国家规划新教材师资培训、11名教师参加全省学前教育专业师资培训、3名校长参加教育部举办的中职校长专题研修班培训。三是于3月6日，邀请山西省第八届中等职业学校财会专业技能大赛技术支持方广州市福思特科技有限公司，对来自全市7所中职学校的35名会计专业教师进行专题培训。四是于10月17日，在市工业学校举办全国中职学生管理信息系统培训班，对来自全市各县（区）、各学校30名系统管理人员进行专题培训。（侯胜华）

【省第八届职业院校技能大赛获奖】 4月7日至18日，阳泉市选派62名选手参加山西省教育厅、山西省人力资源和社会保障厅、山西省总工会联合举办的第八届职业院校技能大赛，获一等奖3个、二等奖15个、三等奖27个。其中，阳泉市工业学校张明阳获图文混排与电子图表项目一等奖，高建茹获会计电算化项目一等奖，阳泉市职业中专学校韩晓获音乐项目一等奖，43名教师获“优秀指导教师”奖。（侯胜华）

【中等职业学校“文明风采”竞赛】 3月，阳泉市开展全市中等职业学校“文明风采”竞赛活动。赛后，阳泉市推荐学生优秀作品参加了省级复赛，其中23件作品获省级一等奖，38件作品获省级二等奖，55件作品获省级三等奖，17名教师作品获优秀教师奖，市教育局获优秀组织奖。11月，在第十一届全国中等职业学校“文明风采”竞赛决赛中，市职业中专学校、市卫生学校、市工业学校被全国中等职业学校“文明风采”竞赛组委会授予优秀组织奖；市工业学校、市交通职业学校、市职业中专学校、市卫生学校4校共12件学生作品在全国决赛中分别获“梦想照我前行”主题征文、职业生涯规划、“生态文明”主题动漫设计、“诚行天下”主题演讲、“中华才艺”主题表演比赛项目优秀奖。（侯胜华）

【职业院校信息化教学大赛】 2月，阳泉市启动了全市中等职业学校教师信息化教学大赛，收到推荐优秀作品59篇，评出市级一、二、三等奖作品共计20篇，市工业学校、市职业中专学校获优秀组织奖。7月21日，在山西省贸易学校举办的2014年全省职业院校信息化教学大赛现场决赛中，市工业学校、市卫生学校、市职业中专学校的7名选手分获2个二等奖、5个三等奖。（侯胜华）

【全省职业院校实训方案设计竞赛】 1月，阳泉市在全省职业院校“实训方案设计竞赛”活动中，获一等奖1个、二等奖2个、三等奖6个。其中，阳泉职业技术学院蔡永乐、范鹏宏、姜有3位教师设计的《综掘工作面瓦斯检测技能实训方案》获高职组一等奖，阳泉职业技术学院李瑞斌、张立仁、冯银兰3位教师设计的《灯罩模具数据加工实训方案》和阳泉市交通职业中专学校王秒秒、黄振亚2位教师设计的《起动机的拆装与检测实训方案》分获高职组、中职组二等奖。（侯胜华）

【中等职业教育办学资质清查】 年内，阳泉市组织开展全市中等职业学历教育办学资质清查工作。经清查：除年内新设立的盲聋人职业高级中学校外，阳泉师范高等专科学校、阳泉市工业学校、阳泉市卫生学校、阳泉市体育运动学校、山西省特殊教育师范学校、阳泉市交通职业中专学校、阳泉市职业中专学校、平定县高级职业中学校、阳泉市郊区职业高级中学校、盂县职业中学校10所中等职业学校符合中等职业学校设置标准，具备中等职业学校办学资质。（侯胜华）

【阳泉市入选省职业教育重点专业实训基地规划项目】 年内，阳泉职业技术学院煤炭深加工与利用、工程地质勘查，盂县职业中学计算机应用，市体育运动学校运动训练，市郊区职业中学计算机平面设计，阳泉高级技工学校机电设备安装与维修、焊接加工、美容美发与造型（化妆）等5校8专业入选山西省职业教育重点专业建设规划项目。阳泉职业技术学院煤炭开采技术（煤层气）、电气自动化技术、矿山机电、建筑工程技术，市交通职业中专学校汽车运用与维修，市工业学校会计，市卫生学校护理，市职业中专学校中餐烹饪与营养膳食、计算机应用，平定县职业中学计算机应用，阳泉煤矿高级技工学校煤矿技术综合机械化采煤、矿山机电，阳泉高级技工学校机电设备安装与维修、焊接加工等8校14个实训基地入选山西省职业教育实训基地建设规划项目。以上入选项目，将在今后几年按照规划分年度开展建设，资金由省财政专项支持和主管部门或学校部分配套解决。（侯胜华）

【“星级”学校认定】 年内，阳泉市工业学校被山西省教育厅认定为五星级学校，阳泉市第一高级职业中学（阳泉市职业中专学校）、阳泉市交通职业中专学校、阳泉市体育运动学校、山西省特殊教育师范学校、阳泉市卫生学校被认定为四星级学校，盂县职业中学校、阳泉市郊区职业高级中学校、平定县高级职业中学校、阳泉市文化艺术学校被认定为三星级学校。（侯胜华）

【职业技术学院新校区建设】 阳泉职业技术学院新校区建设项目是阳泉市“十二五”规划的重点工程，也是阳泉市转型综改重大工程项目。年内，市职业技术学院新校区建设项目在完成项目可行性研究及相关手续的基础上，于9月30日正式经省发改委审核立项，11月被省政府列入“百日百项工程”项目。截至年末,新校区建设工程前期手续全部办理完毕,施工区域内原有供电、供水、供气、通信线路改迁和清障工作基本完成,项目设计进入施工图设计阶段,大型土石方及三通一平工程正加紧施工。项目累计完成投资1.5亿元。 (侯胜华)

高等教育

【山西工程技术学院概况】 山西工程技术学院前身是山西矿业学院阳泉煤炭专科班,成立于1984年。1986年1月由山西省人民政府批准为阳泉煤炭专科学校。1997年太原工业大学与山西矿业学院合并为太原理工大学后,学校更名为太原理工大学阳泉煤专班。2001年,经省政府同意更名为太原理工大学阳泉学院并招收本科生。2013年12月,教育部全国高等学校设置评议委员会专家组到校就升本筹建工作进行考察。2月28日,教育部院校设置评议委员会以全票通过,同意设立山西工程技术学院。5月27日,教育部下发《教育部关于同意建立山西工程技术学院的函》(教发函〔2014〕147号),"同意在太原理工大学阳泉学院(资源)基础上建立山西工程技术学院,学校标识码为4114014527。"太原理工大学阳泉学院正式更名为山西工程技术学院。山西工程技术学院是阳泉市第一所本科院校,填补阳泉市没有本科层次高等院校的空白。年内,学校被省高校工委授予山西省"高校文明单位"荣誉称号,被中共阳泉市委、阳泉市人民政府评为模范单位。

年内,学院有全日制在校生10303人,教学仪器设备总值10570万元,总占地面积73.7公顷(1105.48亩),校舍建筑总面积25.7万平方米。有图书馆馆藏纸质图书68.43万册、专业配套的实验室57个、校内实习工厂1个、模拟矿井掘进巷道实训基地1个、校外实习基地52个、山西省高等学校实验教学示范中心3个,山西省虚拟仿真实验教学中心2个。

学院共有8个系、2个教学部、1个继续教育培训部、6个本科专业、30个专科专业;有教职工532人,其中专任教师328人、副高及以上职称142人;有国家级教学改革试点专业1个、省级教学改革试点专业1个、山西省本科特色专业3个、山西省专科特色专业1个、省级精品共享课程6门、省级优秀教学团队1个、山西省普通高校教学名师6人、"双师型"教学名师3人、"双师型"优秀教师11人、山西省优秀教师2人。年内,共招收本、专科全日制学生3615名,其中本科生1432人、专科2183人。招收各类成人学员600余人。学校全日制本专科毕业生共计3440人,其中本科毕业生917人、专科毕业生2523人。全年本科就业率达91.3%,专科就业率达84.7%。 (苗亮亮)

【教学与科研】 年内,山西工程技术学院新增山西省本科特色专业1个、山西省普通高校教学名师1名、"双师型"教学名师1名、山西省模范教师1名。新增省级教改立项项目4项、大学生创新创业训练项目9项、山西省应用型本科院校教学改革项目1项。出版专著12部,在省级以上刊物发表论文170篇,省市科研立项12项。新建大学生创新平台实验室、量子调控产业应用研究中心、煤层气实验室、网络实验室、力学实验室、通信实验室、计算机室等7个实验室。新建10个多媒体教室。新增山西省高等学校虚拟仿真实验教学中心1个、山西省高等学校实验教学示范中心2个。 (苗亮亮)

【阳泉师范高等专科学校概况】 年内,阳泉师范高等专科学校有全日制在校生3520人,教学班级91个。学校共有6个教学系、1个教学部。在册教职工300人,其中专任教师230人、副教授职称教师82人、具有硕士学位的教师54人。设国家级教学改革试点专业2个。

专业建设和课程改革方面,完成特殊教育专业、学前教育专业和艺体类专业的整合,调整了部分课程的教学时数,加开《新课程理念与创新》《教师礼仪》《儿童心理辅导与健康教育》《大学生就业指导》等课程。

教育科研方面,在研课题有教育部社科课题子课题1项、山西省教育科学"十二五"规划课题3项、省教育科学"十二五"规划职业技术教育专项课题2项、市教育科学"十二五"规划课题6项;市教育科学"十一五"规划4项课题已结题。出版教师论著1部、"十二五"职业教育国家规划教材1部。(白冠军)

【山西广播电视大学阳泉分校概况】 年内,山西广播电视大学有在编教职工39人,其中在册在岗34人、在册但提前离岗5人。学校共开设课程129门,其中本科60门、专科69门,安排实验教学5门、新生补修课10门。全年招生747人,其中开放教育615人、联合办学132人。 (郭賨嘉)

【阳泉干部在线学习中心成立】 7月1日,阳泉干部在线学习中心在山西广播电视大学阳泉分校正式运行,该中心将承担起培训全市28000多名企事业干部学员的学习教育和辅导任务。其前身是市电大2005年开发的阳泉干部在线学习平台。经过近十年的运行使用,在线培训课程从最初的30门发展到现在包括政治理论、党性修养、专业知识、领导科学、人文素养、前沿科技六大类自有资源280多门课程。截至年末,注册学员达到4706人。 (郭賨嘉)

【山西干部在线学院学习情况】 年内,阳泉市继续强化山西干部在线培训的各项管理工作。截至年末,注册人数达到7058人,达到最高110学时的学员3419人,达到规定

学时的学员5157人,未完成学时的人员多为公安系统干部,省委组织部对其不做学时要求。(郭赟嘉)

德育与安全工作

【概况】 年内,阳泉市在思想政治教育方面坚持"育人为本,德育为首,全面实施素质教育"的工作理念,培育和践行社会主义核心价值观,开展思想建设、制度建设、队伍建设,以心理健康教育和班主任培训工作为抓手,以开展丰富的主题教育活动为特色,加强学校德育工作针对性和实效性,以促进学生全面发展。(李枢评　杨一梅)

【师德师风建设】 3月,阳泉市教育局出台"阳泉市学校师德师风承诺书"制度,并在全市中小学校中得到实施。学校制定相关落实措施,建立师德师风建设长效机制,设立师德档案,将师德考核结果作为教师职称晋升、评优评先和绩效考核等的重要依据。(李枢评　杨一梅)

【市级评优表彰】 3月至5月,阳泉市教育局在全市中小学开展2014年度"三好学生""优秀学生干部""先进班集体"评选活动。经学校公开选拔和推荐,最终授予313名同学"阳泉市2014年度'三好学生'"称号、138名同学"阳泉市2014年度'优秀学生干部'"称号、173个班级"2014年度'先进班集体'"称号。(李枢评　杨一梅)

【"美丽中国"演讲比赛参赛】 7月至8月,阳泉市教育局组织学生参加教育部关工委"美丽中国"演讲比赛,经过学校、县区、市级和省级层层选拔,阳泉市选手鹿中一进入全国总决赛并获得一等奖。(李枢评)

【"走近最美中国人"演讲比赛参赛】 7~8月,阳泉市教育局组织学生参加全国青少年爱国主义读书教育活动"走近最美中国人"演讲比赛,经过学校、县区、市级和省级层层选拔,阳泉市选手鹿中一进入全国总决赛并获得二等奖。(李枢评　杨一梅)

【社会主义核心价值观进校园活动】 年内,阳泉市教育局在全市中小学开展"社会主义核心价值观进校园"活动。出台《阳泉市学校社会主义核心价值观教育实施方案》,明确了今后3年"对小学生进行行为习惯培养、对中学生进行'三观'教育、对教师强化'立德树人'管理"的教育目标。(李枢评　杨一梅)

【校园安全专项整治】 年内,市教育局开展校园安全专项整治,确保学校及周边安全工作达到"六有(有安排、有方案、有机构、有措施,有落实、有成效)"标准。共组织召开全市学校安全工作专题会议6次、校车安全管理联席会议2次,安全工作现场会4次。采取"四不两直(不发通知、不打招呼、不听汇报、不陪同接待,直奔基层、直插现场)"方式,在全市教育系统开展安全突击检查40余次,提出安全指导意见100余条,并限期完成隐患治理。全年全市学校安全形势保持稳定。(崔戎辉)

【中小学校园安全能力建设】 年内,阳泉市加强中小学幼儿园安全能力建设,落实学校、家长、社会的安全管理责任,切实防范和减少中小学生安全事故。一是在义务教育阶段开设安全课程,启用省教育厅编写的《安全》教材,实现安全教育课程化。二是实行每月开展全市学校安全演练制度,要求各学校将安全演练纳入学校常规管理。6月27日,全市教育系统反恐防暴培训和校园反恐防暴应急演练观摩会在洪城河小学举办。三是建立安全岗位全员化职责体系,安全工作实现精细化、网格化管理。(崔戎辉)

【义务教育阶段寄宿生免费接送工程】 年内,平定县充分发挥全县"村村通公路,公交全覆盖"的优势,有机整合"路、车、校"等社会资源,利用公交车辆定时、定点免费接送义务教育阶段寄宿生。一是建立以分管副县长任组长,由政府办、县委宣传部、教育局、城镇集体工业联社、交警大队、交通运输局、财政局等职能部门组成的联席会议制度,加强分工协作;二是对接送学生公交给与财政补贴,实行接送学生和市场运营并举的管理模式。三是规范管理,提升服务质量,确保学生乘车安全。截至年末,全县开通线路73条,投入接送车辆73辆,接送范围达220多个村庄,每周免费接送学生2600多人,受到社会各界好评。张复明副省长对此作出重要批示,"开启'幸福班车',实施义务教育阶段寄宿生免费接送工程,是推进义务教育均衡发展,做好教育民生工作的创新性举措,减轻家长负担,确保学生安全,值得肯定和褒扬"。(崔戎辉)

教师队伍

【概况】 年内,阳泉市教育系统以加强师资队伍建设为主线,以培养实用型人才为目标,开展各项教师队伍建设工作。一是继续实行教职工全员聘任制和岗位管理,加大对各级学校机构的编制管理,调整优化中小学教职工队伍。二是继续实行教师资格准入制度,面向社会完成教师资格认定工作。三是深化义务教育学校校级领导和教师交流工作,促进城乡义务教育均衡发展。截至年末,全市各级学校共有教职工17198人,其中专任教师14002人。(贯　刚　李志刚)

【直属学校招聘教师】 年内,阳泉市有序完成2014年度市教育局直属学校招聘教师工作。此次教师招聘共有2908人报名。经过网上报名、资格审查、笔试、资格复审、面试、政审、体检7个环节,共招聘教师87名。(贯　刚　李志刚)

【教育系统先进表彰】 教师节期间,人力资源社会部、教育部授予阳泉市第十一中学"全国教育系统先进集体"荣誉称号。教育部授予苏文成等3人"全国优秀教师"荣誉称号。山西省人力资源和社会保障厅、山西省教育厅授予阳泉市郊区职业高级中学校、盂县路家村联校闫家沟小学学校"山西省教育系统先进集体" 荣誉称号,授予梁树兵等15人"山西省模范教师"荣誉称号,授予曹学仁、杨晓玲"山西省教育系统先进工作者"荣誉称号。山西省教育厅授予白冠军等14人"山西省优秀教师"荣誉称号,授予崔素成、栗虎军 "山西省优秀教育工作者"荣誉称号。 (贯 刚 李志刚)

【职称评审】 年内,阳泉市完成2014年度中专讲师、高级讲师评审。评审实行分级审查、三次公示制度,共评审通过中专讲师25名、中专高级讲师14名。(贯 刚)

【校长教师交流】 年内,阳泉市人民政府办公厅下发《阳泉市人民政府办公厅关于印发深化义务教育学校校级领导和教师交流工作的实施意见的通知》(阳政办发〔2014〕96号),各县区均出台文件规范此项工作。全市符合交流条件校长(含副校长)426人,完成交流校长102人;符合交流条件教师数7350人,完成交流教师942人。实现了区域内义务教育学校校级领导和教师交流全覆盖,交流比例超过10%。 (贯 刚 李志刚)

【教师资格认定】 3月至7月,市教育局面向社会进行教师资格认定。全市134人参加2014教师资格过渡人员理论考试,325人报名参加中小学教师资格考试(国考),共认定教师资格762人。(贯 刚)

【国培计划专题培训】 "国培计划"包括"中小学教师示范性培训项目"和"中西部农村骨干教师培训项目"两项内容。年内,全市共组织2大级别、12大类别、30个项目、1927人次的培训。其中,56人参加 "国培计划"——示范性培训项目,涉及中小学幼儿园各个学段20多个学科以及县级教师培训机构培训者培训;1807人参加 "国培计划"——中西部农村骨干教师培训项目,包括师范生顶岗实习置换培训项目、短期集中培训、教育技术课堂教学应用远程培训等项目;90人参加"国培计划"农村幼儿教师培训项目,包括脱产置换研修、短期集中培训、培训管理者短期培训、园长短期培训。 (田先军)

【远程培训】 年内,市教育局采取网络分散自学与集中辅导相结合、专家引领与辅导答疑相结合、网上交流研讨与岗位工作实践相结合、网上学习与校本研修相结合的方式开展全员远程培训。全年培训11581人,其中高中教师2105人、初中教师3862人、小学教师5025人、幼儿园教师589人。 (田先军)

【中小学教师教育技术能力培训】 中小学教师教育技术能力培训是继续教育的重要内容。年内,市教育局以信息技术与学科教学有效整合为主要内容,共组织4800名中小学教师参加了该项培训,合格4667人,合格率97.23%。 (田先军)

【普通话水平测试】 年内,市教育局贯彻《中华人民共和国国家通用语言文字法》和《山西省实施〈通用语言文字法〉办法》。组织普通话水平测试2次,1556人报名,合格1249人。 (田先军)

教育经费

【义务教育经费保障机制改革】 年内,阳泉市继续推进义务教育经费保障机制改革,配套资金全部落实到位。一是农村中小学生均公用经费标准达到小学(含取暖费)每生每年695元,初中(含取暖费)每生每年895元;寄宿制学校公用经费在此基础上增加100元,小学(含取暖费)每生每年795元,初中(含取暖费)每生每年995元;特殊教育学校公用经费每生每年4000元。年内下达农村中小学公用经费(含取暖费)7845.75万元,其中中央资金4707.45万元、省级资金1569.17万元、市级资金631.83万元、县区资金937.3万元,惠及学生9万余人。二是继续实施补助农村贫困寄宿生生活费。小学生1000元/生·年,初中生1250元/生·年。补助资金205.36万元,补助学生2000余人。所需资金按中央地方5∶5负担,地方负担部分省市县按5∶2∶3分担,受助学生比例为寄宿生的23%;三是免除义务教育阶段寄宿生住宿费。补助标准为108元/生·年,所需资金由市、县两级政府按照5∶5的比例分担。共下达农村义务教育阶段寄宿生住宿费82.55万元,受惠学生达7000余人。四是实施义务教育阶段寄宿生"营养早餐"工程。为义务教育阶段寄宿生每人每天免费提供价值1.5元的牛奶,每年按200天在校时间计算。所需资金由市、县两级政府按照5∶5的比例分担。年内下达义务教育阶段寄宿生"营养早餐" 工程专项经费225.94万元,惠及学生7000余人。五是免除义务教育阶段学生作业本费。年内,全市共下达义务教育阶段"作业本"费374.87万元,所需资金由市、县两级政府按照5∶5的比例分担,惠及学生13万余人。六是免除义务教育阶段学生教科书费,阳泉市率先在全省实现免费教育。年内下达资金954.99万元,惠及学生13万余人。七是免除城市义务教育阶段学杂费。免杂费补助标准为:小学250元/生·年、初中310元/生·年,所需资金由中央、省、市、县按照5∶2.5∶1∶1.5比例承担。年内下达免费资金882.57万元,惠及学生4万余人。 (郝文彪)

【学前资助制度】 年内，阳泉市实施学前资助制度。资助对象为家庭经济困难儿童、孤儿和残疾儿童。资助标准为1000元/生·年。受助儿童覆盖面按在园儿童数的15%进行测算。实施学前教育资助制度所需经费除中央奖补资金外，不足部分由省、市、县按4∶3∶3比例分担。全年资助家庭经济困难儿童10099余人次，发放资助资金506.32万元。（郝文彪 王清林）

【普通高中国家助学金发放】 年内，阳泉市继续实施贫困学生资助政策，对普通高中家庭经济困难学生发放助学金，标准为1500元/生·年，所需资金由中央和地方按照6∶4的比例分担。全年发放助学金909.45万元，有8000余名家庭经济困难学生受益。 （郝文彪 王清林）

【中等职业学校家庭贫困生国家助学金发放】 从2007年秋季开始，国家对中等职业学校全日制正式学籍一、二年级在校涉农专业学生和非涉农专业家庭经济困难学生进行资助，资助标准为1500元/生·年，中央与地方资金配套比例为6∶4。年内，共发放助学金181.13万元。有2400余户中等职业学校家庭经济困难学生受益。（郝文彪 王清林）

【中等职业学校免学费】 阳泉市从2012年秋季学期开始，对中等职业学校开始免除学费，免除学费的标准为：职业高中2000元/生·年，普通中专、职业中专2500元/生·年。其中，普通中专体育、艺术、戏剧、广播电影类4000元/生·年，普通技工学校2500元/生·年，高级技工班学生2800元/生·年。年内，全市共下达中央、省、市、县（区）免学费补助资金3032.56万元，有17000余名学生享受免学费资助政策。 （郝文彪 王清林）

【国家助学金 国家励志奖学金和国家奖学金发放】 年内，阳泉市继续实施普通高校国家助学金、国家励志奖学金和国家奖学金政策。补助标准为：国家助学金3000元/生·年，国家励志奖学金5000元/生·年，国家奖学金8000元/生·年。全年各级财政投入176.25万元，受益学生1000余人。 （郝文彪 王清林）

【大学新生入学资助项目】 大学新生入学资助项目的资助对象为：孤残学生、父母丧失劳动能力学生、少数民族学生、烈士子女、单亲家庭经济困难学生、农村绝对贫困家庭学生、享受城镇居民最低生活保障政策家庭和因突发事件导致家庭经济困难学生、农村计划生育独生子女和双女户家庭学生等。资助标准为：省内院校录取的新生每人500元，省外院校录取的新生每人1000元。年内，共资助省内大学新生196人、省外大学新生230人，发放资助款32.8万元。 （郝文彪 王清林）

【普通高校生源地信用助学贷款】 年内，阳泉市进一步强化生源地助学贷款工作。全市共签订助学贷款合同6523份，发放助学贷款3709.38万元。 （郝文彪 王清林）

【特殊教育补助】 年内，山西省重新核定义务教育阶段特殊教育学校和随班就读的残疾学生公用经费补助资金预算，年生均补助标准由过去的1000元提高到4000元。同时，阳泉市免除市盲聋人学校在校残疾学生的伙食费，每生每天补助标准为16元（含营养早餐），市盲聋人学校在校88名残疾学生实现了全免费教育。 （郝文彪 王清林）

教育装备

【中小学实验教学说课活动】 7月28日至30日，市教育局在阳泉市第十一中学举办阳泉市中小学实验教学说课活动，各县（区）共选拔推荐12人参加活动。赛后，推荐前2名选手参加省级中小学实验教学说课活动，分别获得省一等奖和二等奖。 （张 黎）

【中小学图书馆等级认定】 10月，市教育局通过听取汇报、查看资料、实地核查、随机访谈、量化打分等方式对全市39所中小学图书馆进行了等级认定。20所学校被认定为中小学二级图书馆。至此，全市中小学达二级以上图书馆的学校达到128所。 （张 黎）

【初中理化实验操作考试】 年内，根据《山西省教育厅关于初中毕业升学考试加试理化生实验操作和信息技术的意见》（晋教基〔2013〕28号）文件精神，5月21日至29日，阳泉市对全市初中毕业升学考生进行加试理化实验操作考试。本次考试由市教育局、市教育装备管理中心组织实施，设考点51个，考试场次360场，参加考生16407人。考试内容为物理、化学各24道实验题目，考生从中抽取1道作为考题。 （孙秉达）

教育信息化

【阳泉市教育云计算中心项目】 阳泉市教育云计算中心建设项目包括阳泉市电化教育馆搬迁和基础设施建设、教育城域网网络核心交换设备更新升级、教育云平台及应用系统的建设、市直学校“班班通”建设4个项目，预算投资3300万元。2013年，“阳泉教育云计算中心”建设纳入智慧阳泉项目并正式启动。其中，市直学校“班班通”项目涉及市一中、市交通职业中专学校等13家项目单位，共装备交互式电子白板282套、交互电视9套、无尘黑板13套，投入专项建设资金717.17万元，该工程于2012年4月完成并投入运行。阳泉市教育城域网核心设备更新升级项目是教育城域网扩容改装的核心工程。5月22日，经过更新升级的阳泉市教育城域网网络核心设备正式在“智慧阳泉”中心启用,教育城域网互联网出口带宽和城域网骨干带宽由原来的2G提升到10G。阳泉市电化教育馆7月完成搬迁,市实验中学科学楼功能性改造完工。阳泉市教育云计算中心教育云平台及应用系统于10月29日完成政府采购工作,进入安装调试阶段。建成后,将为全市教育管理人员、教师、学生、家长提供标准统一、高速高效、安全可靠、有效实用的数字化服务。 (白 英)

【"中小学'班班通'多媒体设备教学应用年"系列活动】 "阳泉市2014年中小学'班班通'多媒体设备教学应用年"系列活动,包括首届阳泉市中小学优秀微课程(视频)评选、第二届电子白板应用技能大赛等活动。4月至7月,阳泉市举办首届阳泉市中小学优秀微课程(视频)评选活动,共征集到优秀微课程131件,其中高中组39件、初中组40件、小学组52件。经过制定方案、制作作品、基层推荐、市级评选等环节,评出一等奖13件、二等奖20件、三等奖24件、优秀奖38件。1月至9月,阳泉市举办第二届阳泉市中小学教师电子白板应用技能大赛,共征集到90件参赛作品,其中初中组32件、小学组58件。经过评审,评出初中组一等奖6名、二等奖10名、三等奖14名、优秀奖2名;小学组一等奖8名、二等奖13名、三等奖20名、优秀奖17名、优秀组织奖2个。推荐70件优秀课例参加山西省教育厅举办的第二届山西省中小学教师电子白板应用技能大赛,获省一等奖3个、二等奖9个、三等奖21个。 (代小霞)

【信息技术考试】 6月11日至18日,阳泉教育系统举行高中信息技术学业水平考试,全市15所高中学校在14个考点进行134场考试(育英中学在市十七中借考),考生总数为10116人,实考10096人,缺考20人。同时,有序推进初中信息技术中考加试工作,全市73所初中配备计算机教室工作于9月全部完成。 (乔 琪)

【省第十四届中小学电脑制作活动参赛】 1月至4月,山西省举办第十四届中小学电脑制作活动。阳泉市共征集各类作品247件,经过各县(区)和学校层层选拔,评出市级一等奖15件、二等奖46件、三等奖65件、优秀奖66件、优秀辅导教师43名、优秀组织者1名、优秀组织奖6名。在市级评选基础上,推荐62件优秀作品参加省级评审,获省级一等奖11个、二等奖22个、三等奖18个、优秀奖12个、优秀辅导教师7名,阳泉市电教馆获优秀组织奖。 (代小霞)

【教育技术能力专题培训】 4月3日,阳泉市在市实验中学举行"信息技术环境下的未来教育"专题培训会议。市教育局领导班子成员及各科室人员,各县(区)教育局局长、分管局长,市直各学校校长、分管校长等共计180余人参加培训。北京大学教育学院副院长、教育技术系系主任尚俊杰作题为《信息技术环境下的未来教育》的专题讲座。12月10日至11日,在市实验中学举行"阳泉市中小学翻转课堂与微课程教学实践培训会"。各县区及市局属校190名教师参加了培训。台湾国立中兴大学应用数学所信息组博士、朝阳科技大学信息科技研究所所长梁锡卿教授就微课程的发展、应用与前景作了专题讲座。 (武璐璐)

【中小学教师培训】 年内,市教育部门继续组织中小学教师开展教育技术能力中级培训和参加省国培计划项目。教师教育技术能力中级培训的形式为北京大学远程培训,年内共组织2期,有4800名教师参加。至此,历时4年的中小学教师教育技术能力初级、中级培训全面结束。同时,根据省教育厅"国培计划(2014)"的安排,组织参加多期山西省农村中小学骨干教师、山西省幼儿园教师信息技术应用能力提升培训辅导教师培训,累计1568人次参加培训。 (武璐璐)

教育科研

【概况】 年内,阳泉市组织开展各项教育科研工作。一是推进课堂教学改革。组织开展教学大赛活动,引导教师将自主、合作、交流、探究的新型学习方式落实到具体的教学实际中;分学科召开高中课堂教学新模式大赛教学研讨及培训会;举办阳泉市普通高中新课程课堂教学改革新模式大赛总结表彰大会。二是加强教师培训。组织教研员、教师参加国家、省高中新课改培训。三是开展送教下乡活动。从省、市教学能手中选出一批优秀骨干教师组成讲师团,开展 "送教下乡"活动,为农村学校服务,促进城乡教育的均衡发展。四是大力开展课题研究。主持研究国家级课题3个、省教育科学"十二五"规划课题4个、市教育科学"十二五"规划课题8个。五是深化课程改革。5月,举办阳泉市初中数学、语文"交互式电子白板"教学应用研讨会活动。六是开展中考、高考试题评价研究工作。组织召开初中语文、数学等学科的中考复习课教学观摩与备考研讨会。对全市高中教学工作进行专题调研,分学科组织召开高中教学研讨会。 (王建军)

【课堂教学改革培训会】 10月16日,市教育局在市实验中学举办推进课堂教学改革、构建教学新模式系列活动培训会。山西省高中课改名校——泽州一中校长李海勇作题为《新课改下如何推进课堂教学改革,构建教育新模式》的专题报告。各高中学校校长、副校长、教研室主任、高一和高二年级组长、初中学校校长、各县(区)教育局教研室主任等共计120人参加培训。 (张美玲 段爱文)

【普通高中新课程课堂教学改革新模式大赛】 11月20日至27日，阳泉市教育局、阳泉市总工会联合举办了“阳泉市普通高中新课程课堂教学改革新模式大赛”。大赛共组织5次大型活动，包括评委讨论新模式评价方案培训会、校长阐述课改模式比赛、教师课堂教学比赛、各学科第一名教师的公开课展示和比赛反馈总结研讨会、总结表彰大会。最终，全市有5个学校获得团体奖、3个学校被市劳动竞赛委员会记功表彰、9名校长和118名教师获奖，39名教师被记功表彰。（张美玲　段爱文）

【省教学能手评选】 山西省第十一届教学能手评选整个过程历时2年（2013年至2014年），共有校级评选、县级评选、市级评选、省级评选4个过程。年内，阳泉市共评出市第十一届学科教学能手101名。在此基础上，推荐44人参加省第十一届学科教学能手评选。（王建军）

【《当代小学生理想信仰问题研究》课题结题】 1月，《当代小学生理想信仰问题研究》结题，该课题系中国教育学会中小学德育研究分会“十二五”规划课题，于2010年11月申报立项。课题主要实施步骤为：一是在全市选择不同条件、不同类型的小学校作为实验基地，深入研究探索小学《品德与生活》《品德与社会》教学方面内容和经验；二是各学校分别就本校特点进行重点研究；三是组织实验教师参加中国德育学会中小学德育分会及市级该项课题的有关活动（如课堂教学案例、实录、论文等形式的评选及研讨活动，德育主旋律教育活动等）。主要成果有：整理出优秀的具有代表性的教学设计教案和优质课件；制作课题专栏并在各校试行推广；收集课题研究相关论文并装订成册；形成《当代小学生理想信仰问题研究》研究总报告；开展优秀案例和课例集的展示及推广活动。（孙树槐）

【小课题带动教师专业发展工程课题研究】 3月，阳泉市申报《小课题在中小学教师专业发展中的实践研究》课题被列为全国教育科学“十二五”规划2013年度单位资助教育部规划课题，课题批准号为FHB130489，这是阳泉市承担的首个国家级教育规划课题。4月11日，阳泉市举行《小课题在中小学教师专业发展中的实践研究》课题开题仪式，选取了9所不同学段的实验学校（郊区荫营中学、郊区河底中学、郊区西南舁中学、盂县四中、阳泉六中、平定实验小学、矿区刘家脑小学、郊区文苑小学、市级机关幼儿园），试点启动小课题带动教师专业发展工程的课题研究。至9月底，立项课题总计备案174项，其中幼儿学段22项、小学60项、中学92项（初中68项、高中24项），参与教师达511人，占实验学校教师总数的60%，基本覆盖所有学科的教师。

小课题研究是介于规划课题与教学反思之间的一种研究，是与规划立项的大课题研究相对而言的，主要是指中小学教师在短期内以教育教学中迫切需要解决的具体问题或自我经验作为课题，吸纳和利用各种有利于解决问题的经验、知识、方法、技术、理论，由教师个人或几个人合作，在不长的时间内共同研究，探寻解决教育教学中实际问题的对策，其研究结果直接被应用于参与研究教师的教育教学实践工作中并取得实效的教育科学研究。（任瑞庆　李艳萍）

【教育科研业务专题培训】 5月，市教育局组织专业人员对全市拟申请承担2014年度市级规划课题的916名教师进行教育科研业务专题培训。该培训是继2013年对全市专兼职教育科研员、“十二五”规划课题尚未结题的课题负责人及成员、拟申请承担市级规划课题教师培训之后的又一期专题培训活动。培训内容包括教育科学规划课题的管理、市级课题操作流程概述、课题研究遵守的规范等。（任瑞庆　李艳萍）

【市级课题结题鉴定】 7月19日，阳泉市召开教育科学规划课题2014年成果鉴定会。鉴定专家组依据《阳泉市教育科学规划课题成果鉴定等级评估参照指标》对2011年度立项的49项课题成果进行评审鉴定。共有45项课题被鉴定为C级以上（其中A级10项、B级17项、C级18项），准予结题，发给《阳泉市教育科学规划课题结题证书》；4项课题被鉴定为D级，不予结题。（任瑞庆　李艳萍）

【市级课题立项】 年内，市教育局下发《关于做好阳泉市教育科学2014年度规划课题申报工作的通知》（阳教规划字〔2014〕1号）。7月20日，经市教育科学规划领导小组办公室组织学科专家评审，《新课改背景下初中学生学习共同体建设研究》等133项课题被列为阳泉市教育科学“十二五”规划2014年度课题。（任瑞庆　李艳萍）

【《阳泉市“十二五”规划课题研究成果选编》】 3月，市教育局下发关于编辑《阳泉市“十二五”规划课题研究成果集》的通知，收集2011年以来市教科所立项并结题的阳泉市“十二五”教育科研规划课题的最终成果。经过市教科所的筛选，课题组的修改，将评定为A级的30项课题约16万字的研究成果统一整理，编辑成册。11月，以山西省内部资料出版。准印证为（2014）YQ字第005号。（任瑞庆　李艳萍）

教育督导

【督学责任区组织建构】 年内，阳泉市重点推进督学责任区组织建构工作。一是基本确定市直督学责任区和指导县区确立督学责任区。截至年底，全市设督学责任区42个，其中市直2个、盂县8个、平定县13个、郊区7个、城区3个、矿区5个、开发区3个。基本覆盖全市所有普通中小学和职业中学以及部分幼儿园。二是选拔和配备142名专兼职责任督学。全市专职责任督学达到38名，兼职责任督学为104名。其中市直22名,盂县36名,平定县34名,郊区22名,城区6名,矿区15名,开发区7名。三是积极创建督学责任区办公条件和争取经费支持。以政府办公厅文件要求各县区督学责任区每年经费不少于15万元,市直不少于20万元。同时要求市直和各县区都要为督学提供办公室以及办公设施，学校为责任督学提供办公用房和设施。四是开展责任督学上岗培训。截至年底,完成市县两级培训6期100多人次，培训的主要内容为教育督导规定、教育法规、领导讲话、教育督导评估手段与技术、责任督学督导规程、责任督学基本要求等。五是出台阳泉市兼职市督学聘任管理办法，对兼职督学的聘任、选拔、职责与权利、组织管理等做具体规定。（葛 欣）

【中小学责任督学挂牌督导专项督查】 1月15日至18日,山西省人民政府教育督导委员会办公室派出督导组,深入郊区、平定县、矿区、盂县和城区进行实地调研。督导组对阳泉市挂牌督导工作给予较高评价。截至5月底,全市全部实施督学责任区制度和挂牌督导制度,盂县、平定县、郊区、矿区、城区5个县区全部悬挂督学标牌。（葛 欣）

【阳泉市教育督导委员会成立】 1月8日,市政府办公厅正式行文决定成立阳泉市人民政府教育督导委员会。其主要职责是统筹指导全市的教育督导工作,制定教育督导的指导性文件和工作制度,研究和制定贯彻落实国家和省教育督导的政策措施,聘任市督学,对被督导对象贯彻执行教育法律、法规、规章和方针、政策的情况进行督导,对教育工作中的重大问题进行调查研究,向本级人民政府及其有关部门和上一级教育督导机构报告情况并提出奖惩建议或其他处理意见,审议阳泉市各项教育督导的工作报告,指导下级教育督导机构开展工作,履行法律、法规、规定及本级人民政府确定的其他职责。副市长任衍钢担任委员会主任,市教育局局长高巨海、市政府副秘书长张利军担任委员会副主任。委员会下设办公室,其机构和人员在市教育督导室基础上改建。6月5日,市机构编制委员会办公室正式批复阳泉市人民政府教育督导室更名为阳泉市人民政府教育督导委员会办公室。（葛 欣）

【义务教育均衡发展省级评估】 6月9日至7月5日,由省督学、有关专家等组成的省督导组对阳泉市5个县(区)的义务教育基本均衡发展情况进行评估督导。经省教育督导委员会和省教育厅研究决定,并以晋政教督办〔2014〕45号文件公布,阳泉市平定县、盂县、郊区、城区、矿区义务教育发展基本均衡,通过省级督导评估。（葛 欣）

【全国义务教育发展基本均衡县(市区)检查】 11月23至27日,国务院教育督导委员会组织34名有关专家(其中国家督学14名、全国中小学督导评估专家11名、教育部督导办和科研院所专家9名),分8组对山西省21个县(市、区)进行“全国义务教育发展基本均衡县(市、区)”督导检查和评估认定。阳泉市盂县、郊区、矿区接受了督导检查和评估认定。11月27日,山西省督导检查组在太原市召开了集中反馈会议，认为阳泉市3个县(区)均达到国家规定的义务教育发展基本均衡县(市、区)评估认定标准。（葛 欣）

【财政教育投入和使用管理专项督导】 10月24日至11月4日,阳泉市对教育经费法定增长落实情况进行专项督导，督导结果显示，市级财政年初预算财政教育经费为3.92亿元，其中公共财政资金3.32亿元、政府性基金0.6亿元。市级财政1月至9月实际执行财政教育经费2.83亿元，占全年预算的72%。（葛 欣）

【中小学校冬季取暖专项督导】 12月5日至12日,阳泉市组织省、市督学组成督导组,就中小学校冬季取暖情况开展为期6天的专项督导。期间,督导组深入县(区)的教育部门和32所中小学校，听取和查验冬季取暖有关情况自查汇报和学校取暖运行情况。据调查显示，全市现有各级各类中小学校401所(未含市直),供暖方式主要有集中供暖、自备锅炉暖气供暖、空调或暖风机供暖及火炉供暖等。其中,采用热电联产集中供暖学校有96所,占全部学校的23.94%;自备锅炉供暖学校有176所,占全部学校的43.89%;采用明火取暖的学校有117所，占全部学校的29.18%;采用空调或暖风机取暖的学校有12所，占全部学校的2.99%。全市所有寄宿制学校学生宿舍均采用暖气或空调供暖,消除明火取暖煤气中毒的安全隐患。全市所有中小学从11月1日起陆续开始供暖,至11月15日已全部正常供暖。（葛 欣）

科学技术

综合工作

【概况】 2014年,阳泉市加快落实创新驱动发展战略，科技创新工作取得显著成效。一是在装备制造、新能源、新材料、现代农业、产学研合作、自主知识产权、节能减排与循环经济、高新技术创业园、高新技术发展基金等方面,投入科学技术研究与开发专项资金8742万元。其中市级科研经费达3212万元，占市级一般预算支出1.15%。共下达市级科技项目4批198项，项目涉及装备制造、新材料、循环经济、现代农业等领域，其中工业领域61项、农业领域88项、社会发展领域49项。二是积极组织申报科技部和省科技厅的各类项目，共争取到省级以上科技计划立项35项，扶持资金1.04亿元，超出2013年的300%。其中，由春明激光承担的“钛酸锶与铝酸镧薄膜制备技术及器件开发”项目获得国家“863”计划立项，扶持资金达449万元，弥补阳泉市在国家前沿技术研究上的空白；阳泉市企业中标省科技招标项目9个，获得资金支持9300万元。三是组织7项优秀科技成果、发明专利申报2014年度山西省科技进步奖励评审。分别为：阳泉煤业(集团)股份有限公司和长沙理工大学共同完成的“阳煤集团矿区电网(35千伏)防雷技术研究”，阳泉煤业(集团)股份有限公司完成的“阳煤集团一矿井下信、集、闭系统研究与应用”，阳泉市勤工技术实业开发有限公司完成的“CLZH系列直换式高效燃气热水锅炉”，阳泉市天瑞伟业莲鱼共养技术推广中心和山西省农业科学院作物科学研究所共同完成的“河流、沟渠莲鱼池蓄水坝养鱼种藕防护装置”，阳泉市新鑫科技研究所有限责任公司完成的“KQ系列巷道快速闭墙”及“YKWCB系列预防和控制采掘工作面瓦斯煤尘爆炸的技术装备”，阳煤集团山西吉天利科技有限公司完成的“铅酸蓄电池清洁生产闭合循环产业链建设项目”。四是评定2013年度阳泉市科技进步奖38项。按行业分：农业类成果7项，工业类成果21项，医疗卫生类成果10项。按项目类别分：应用研究29项，成果推广及产业化9项。其中“高瓦斯自燃煤层火灾防治技术”等应用研究类一等奖7项、二等奖9项、三等奖13项；“阳泉市猪人工授精技术推广”等成果推广及产业化类一等奖1项、二等奖4项、三等奖4项。此外，推荐的阳泉煤业(集团)股份有限公司和中国矿业大学共同完成的“阳泉矿区复杂水文地质条件下煤层带（水)压安全开采防治水技术研究”获得2013年度山西省科技进步奖科技进步类二等奖。 (李雪枫)

【科技体制改革】 年内，阳泉市加快推进科技体制改革。一是制定了《阳泉市创新驱动发展战略实施方案》《阳泉市创新驱动行动计划细化工作方案》，推进转型综改和创新型城市建设。二是出台《阳泉市低碳创新行动计划工作方案》《阳泉市培育和发展新兴产业规划》《阳泉市科技惠民计划实施办法》等具体措施，对全市科技创新进行安排部署和结构性调整。三是成立了由受理、评审、绩效管理、监督管理等部门组成的科技项目管理中心，将职能科室的工作重点从项目的具体管理转移到规划、政策、布局、监督和效率等宏观管理上。 (李雪枫)

【科技交流与合作】 年内，阳泉市在继续深化与京晋科技合作的同时，加强各类技术交流合作。一是先后组织80多家企业与北京技术交易促进中心、武汉理工大学、山西工程技术学院进行3次技术交流对接会。二是与中科院、北京大学、北京科技大学等10多所科研院所、大专院校的专家、教授30余人开展合作，达成合作意向40多项，引进循环经济、磁性材料、冶金材料、固废综合利用等领域先进科技成果100多项。三是组织40余家耐火企业、大学、科研机构共同发起成立全省唯一一家省级耐火材料产业技术创新战略联盟。 (李雪枫)

【区域孵化体系建设】 年内，阳泉市高新技术创业园出台新的园区孵化器管理办法，设立种子基金，用于支持入驻孵化器企业开展新产品研发，高新技术产品推广、应用转化，研发实验中心建设，培育和扶持高新技术企业和科技型小微企业。同时，对园区进行资源整合，使入孵企业达到56家，涉及信息技术、新材料、装备制造、生物农业、环保等领域。年内，孵化器共承担市级以上科技项目26项，申请专利100余项，产生市级以上科技成果6项、Q板上市企业1家。此外，平定县金潭小微企业孵化器正式投入运行，盂县科技孵化器进入招商阶段，以市科技孵化器为龙头、县区和企业孵化器互助互补的区域孵化体系初步建立。 (李雪枫)

【高新技术产业发展基金】 年内，设立高新技术产业发展投资基金是阳泉市承担省全面深化改革的一项重要任务。市政府拿出1000万元作为种子基金，与省科技厅共同成立全省首支市级科技股权投资基金。阳泉市积极与工信部中小企业上市联盟、北京君和投资管理公司、山西典石投资管理公司、山西红土基金、山西科技基金总公司等国内著名基金投资管理机构进行了方案研究和探讨，并召开了基金建设方案论证会议，最终形成阳泉市高新技术产业投资基金的建设方案。方案出台后，组织市科技局、市金融办、市工商局、市国资委等部门组建阳泉市众科高新技术产业股权投资有限公司，完成公司架构，基金公司落户市高新技术创业园。 (李雪枫)

【企业上市】 年内，阳泉市通过加快培育高新技术企业、引导企业加大科研投入、指导企业创办自主创新平台、积极推动产学研合作、对重点企业开展“一对一”培养等措施，推进高新技术企业上市融资。市高新技术园区的山西邦奥伟业有限公司在上海股权托管交易中心Q板成功挂牌上市，结束了阳泉市没有中小企业上市的历史。中嘉磨料、昌鑫生物等一批重点企业加快开展上市准备工作。 (李雪枫)

【农业科技工作】 2014年,阳泉市实施市本级现代农业科技计划项目88项,扶持资金394万元。其中产业化环境建设重点项目10项、农业技术创新示范应用与推广项目27项、农业科技创新服务体系建设17项、科技富民强县专项项目34项。争取到省级以上科技计划项目扶持7项,扶持资金88万元。其中,2014年度山西省科技成果转化与推广计划(星火计划)项目3项,扶持资金38万元;山西省农业科技攻关计划项目1项,扶持资金10万元;山西省"百千万"科技强农富民项目1项,扶持资金5万元;山西省科技基础条件平台建设项目1项,扶持资金15万元;山西省大型仪器升级购置补助1项,扶持资金20万元。组织9家近年来承担国家及省级星火重点项目且实施良好的企事业单位和农村合作经济组织申报了山西省星火示范基地,山西十月秋农业科技有限公司、阳泉市易汇农业开发有限公司2家企业入选。在盂县路家村镇、西潘乡、下社乡以及阳泉市易汇农业开发有限公司4个点建设"新农村信息科技服务示范站"。 (李雪枫)

【科技型企业】 年内,阳泉市科技型企业队伍继续发展壮大,特别是国家重点扶持的高新技术企业认定数量取得历史性突破。全市国家级高新技术企业达到17家,其中年内新认定9家,分别为:山西建工申华暖通设备有限公司、阳泉市东风耐火材料有限公司、阳泉市麟豪机械制造有限责任公司、盂县晶辉机械制造有限公司、山西贝特瑞新能源科技有限公司、山西力腾高科磁业有限公司、阳泉华盛矿用设备厂有限公司、阳泉市联宇星信息技术有限公司、山西麦格耐特电机科技有限公司;省级民营科技企业达到81家,其中年内新认定9家,分别为:阳泉川峰科技有限公司、山西麦格耐特电机科技有限公司、平定县乾丰养殖有限公司、山西纬图矿山测控技术有限公司、山西立博线缆有限公司、阳泉市联宇星信息技术有限公司、山西智联天下信息技术服务有限公司、盂县华亨铸件有限公司、阳泉恒翔防爆电器灯具厂;省级创新型企业达到11家,其中年内新认定4家,分别为:阳泉市中嘉磨料磨具有限公司、山西邦奥伟业半导体照明有限公司、山西昌鑫生物农业科技有限公司、阳泉市长青石油压裂支撑剂有限公司。 (李雪枫)

【企业研发中心】 年内,阳泉市共培育市级工程技术研究中心2家,分别为:山西博亮硅业有限公司阳煤集团山西吉天利科技有限公司"铝资源综合利用工程技术研究中心"、山西阳泉华岭耐火材料有限公司"铝硅系耐火材料工程技术研究中心",市级工程技术研究中心总数达到5家;培育市级重点实验室5家,分别为:阳泉市不定形耐火材料研究所"不定型耐火材料重点实验室"、阳泉贵友自动化设备有限公司"工业网络及现场重点实验室"、山西贝特瑞新能源科技有限公司"新型碳素材料重点实验室"、山西工程技术学院"量子调控重点实验室"、山西天道测控技术有限公司建设的"惯导系统重点实验室",市级重点实验室总数达到9家。(李雪枫)

【科普工作】 年内,市科技局开展丰富多彩的科普活动。一是围绕"科学生活 创新圆梦"的主题,成功举办"4·26"知识产权宣传日活动和第十四届科技活动周大型科普活动(5月17日至24日)。二是开展省级科普基地、市级工程技术研究中心、市级重点实验室等免费对外开放活动,青少年和科技工作者参观达3000余人次。三是继续编办《科技情况与动态》月刊,全年共发行12期1800余份。四是编辑阳泉科技信息95期,为相关部门了解掌握科技工作提供及时、准确的信息。五是广泛利用各种媒体营造科技氛围。在《山西科技报》(3月27日)头版刊载《阳泉科技银行纾困中小微企业》文章。在《阳泉日报》组编科技专刊50期。六是组织2次科技、文化、卫生"三下乡"活动。深入农村宣传科学思想传授实用技术,开展科技咨询培训、常见疑难病义诊和文化演出。编辑发放种养殖农作物及食品安全知识等5种科普宣传册1000余份。 (李雪枫)

【技术市场管理】 2014年,全市技术合同成交总量稳步增长。全年共签订技术合同20项,成交总金额5299.7万元,其中技术交易金额为133万元。 (李雪枫)

【科技惠民】 年内,阳泉市在全省率先出台《阳泉市科技惠民计划实施办法(试行)》,着力强化科技惠民工作。围绕人口健康、公共安全、生态建设、资源环境等领域布局一些先进适用民生项目,包括临床医疗的诊治技术研究,疾病预防、护理,余热利用,污水处理,煤矸石综合利用,公共突发事件应急预报等20项。申报国家级科技惠民计划3项,申报省级科技惠民计划3项。其中市自来水公司的《阳泉市饮用水水质改善工程技术与示范》和市肿瘤防治研究所的《阳泉市食管癌高发区防控模式建设和示范》同时申报了国家和省级科技惠民计划,市生产力促进中心的《阳泉旱地适生中药材规范化种植技术集成示范与推广》申报了国家科技惠民计划,盂县生产力促进中心的"食用菌生产废弃资源综合利用与推广示范"申报省级科技惠民计划。 (李雪枫)

知识产权

【概况】 2014年,阳泉市专利申请量为1078件,每10万人专利申请量78件。全市授权或公开专利达到508件,其中发明289件、实用新型168件、外观设计51件。对20家专利工作成绩突出的单位和专利权人进行奖励,奖金达20万元;培育扶持中小企业和专利试点企业13家，扶持资金26万元；专利推广实施资助项目7项，金额达14万元；有20个专利项目获得市级科研与开发专项资金支持，资金达442万元。截至年末，累计对2275件授权专利进行资助，资助资金达263.94万元；对86家单位和个人进行专利奖励，奖励资金达118万元；培育专利试点企业38家，支持资金60万元。 （李雪枫）

【专利宣传活动】 年内，市科技局先后4次组织专利企业参加国家级博览会和大型知识产权宣传庆祝活动。一是组织参加"4·26"世界知识产权宣传周活动，举行以"保护·运用·发展"为主题的第十四个世界知识产权日宣传活动。二是组织参加科技活动周系列宣传活动，展出了阳泉市部分优秀专利技术。三是组织涉及传统农业、食品加工、日常家用、思维教学、机械制造和矿山安全等方面的31项优秀专利技术参加第九届中国国际专利技术与产品交易会，阳泉市天成鑫门窗有限公司的"易清洁旋转窗"当场达成300万元的合作意向，市科技局获得大会"最佳组团奖"。四是组织全市23家企业和发明人的28个优秀专利项目参加在江苏昆山举办的第八届中国国际发明展览会，共获得9枚奖牌，其中"吉必盛优秀发明奖"专项奖1枚、金奖2枚、银奖4枚、铜奖2枚。 （李雪枫）

【企业知识产权管理标准推行工作】 年内，阳泉市启动企业知识产权管理标准推行工作，新培育市级专利工作试点企业10家、知识产权贯标企业5家。全年企业专利申请量达388件。截至年末，阳泉市共培育国家级知识产权优势企业1家，山西省知识产权优势企业5家，市级专利工作试点企业38家。专利实施和转化率达到43%，高于全国平均水平，其中职务发明专利实施率超过50%。 （李雪枫）

青少年科技活动

【第二十九届青少年科技创新大赛】 2月，阳泉市举办了第二十九届阳泉市青少年科技创新大赛，收到参赛项目和作品共计3459件。其中项目563件、科幻绘画2767幅、科技实践活动53项、科学影像活动作品23项、机器人竞赛作品12项、科技辅导员创新成果作品41件。经评审，共评出科协主席奖1名；项目一等奖18项、二等奖22项、三等奖55项；科幻绘画一等奖30幅、二等奖84幅、三等奖194幅；优秀科技实践活动一等奖3项、二等奖7项、三等奖10项；机器人竞赛二等奖1项、三等奖9项；科学影像活动作品一等奖1项、二等奖7项、三等奖9项；科技辅导员创新成果竞赛一等奖5项、二等奖7项、三等奖20项；优秀科技教师31名；优秀组织奖23名。11月20日，召开了第二十九届阳泉市青少年科技创新大赛总结表彰会。全市大赛结束后，选出113件作品参加第二十九届山西省青少年科技创新大赛，阳泉市矿区红岭湾小学王喆的《固钉器》等4个作品获省优秀项目一等奖；平定县实验小学石露徭的《未来的居住世界》等14幅绘画获省优秀科幻绘画一等奖；阳泉一中的《浅议红绿灯时长差异对人们违规的影响》等3项活动获省优秀科技实践活动一等奖；矿区沙台小学翟兴转的《渗水实验装置》等5项作品获省科技辅导员创新成果竞赛一等奖；矿区红岭湾小学赵泽宇、高峰的《樱花病了》获省科学影像节活动一等奖。此外还获得省级二等奖38项、省级三等奖22项。在北京举行的第二十九届全国青少年科技创新大赛中，郊区山底小学王仙平老师的科技教育方案《它们是怎样工作的》获全国辅导员创新成果竞赛二等奖，为山西省科技教师近年来在全国大赛中取得的最好成绩；平定县第二实验小学贾雨的《科技之家》等6幅作品获全国优秀科幻绘画二等奖；市一中尹国华小组的《浅议红绿灯时长差异对人们违规的影响》等3件作品获全国优秀科技实践活动三等奖；阳泉市科协获全国基层赛事优秀组织奖。 （宋崇军）

【青少年科学影像节活动】 年初，阳泉市30名学生参加省级青少年科学影像节活动，获省级科学影像活动作品一等奖1项、二等奖7项、三等奖9项。11月在郑州举行的全国青少年科学影像节活动比赛中，矿区红岭湾小学赵泽宇、武家卉、高峰的《樱花病了》获全国二等奖，郊区义东沟学校侯凯璐、侯凯玥、张璇的《科学饮食、健康生活——清水PK蔗糖水》获全国三等奖。 （宋崇军）

【第十四届青少年机器人竞赛】 5月，由矿区赛鱼小学、段家背小学、郊区青少年活动中心共20名选手组成的队伍代表阳泉市参加第十四届全国青少年机器人竞赛（山西赛区）联赛。最终获得省二等奖1项、省三等奖9项，市科协再次获得省级优秀组织奖。 （宋崇军）

【第十届宋庆龄少年儿童发明奖活动】 年内，在省妇儿工委与省科协联合举办的第十届山西省宋庆龄少年儿童发明奖评选活动中，阳泉市推荐的36件作品获省级一等奖7项、二等奖13项、三等奖16项、优秀园丁奖3名，市科协获优秀组织奖。在8月的全国大赛中，平定县第二实验小学王煜心的科技绘画《雾霾清理器》获全国奖，也是山西省在此项目中的唯一获奖项。 （宋崇军）

【青少年高校科学营活动】 7月12日至18日，市十一中、一中、荫营中学、平定县一中和育英学校的高中师生22人参加由中国科协与教育部联合主办的全国青少年高校科学营海洋科学专题营活动。7

月12日,22名师生到达青岛。13日上午,师生在中国海洋大学参加全国青少年高校科学营海洋科学专题营的开营仪式,聆听中国物理海洋学家胡敦欣院士的专题讲座。在随后的6天时间里,阳泉师生在中科院海洋研究所分组开展关于海浪模拟仿真和DNA方面的实验室课题研究,并在导师指导下撰写开题报告,成功进行汇报。其间,同学们还进行海洋生物的采集、分类和标本制作,聆听了中国科学院院士郑守仪的《海洋有孔虫研究》专题讲座,分批参观海洋大学的海洋物理实验室、海权馆,中科院海洋研究所的生物标本馆、海洋生态养殖实验室、趣味物理实验室等。闭营仪式上,阳泉市有4名同学获优秀营员荣誉。在8月底召开的全省青少年高校科学营总结表彰会上,阳泉市作为地市科协代表作了典型发言。（宋崇军）

【实施INTEL求知计划】 年内,阳泉市科协承担由中国科协、INTEL公司举办的INTEL求知计划培训。在郊区义东沟学校、平定县东关小学及盂县实验小学、矿区桥头小学开展此项活动,共培训学生440名,并全部通过上级部门最终的评估。这次培训主要是通过具体的项目和活动,向参加的学生介绍常用的计算机应用技能。（宋崇军）

【青少年科学调查体验活动】 年内,阳泉市举办"创新在我身边——2014年青少年科学调查体验活动"。在全国的科学调查体验活动评审中,新华小学的学生获得一等奖1项、二等奖1项;矿区段家背小学的学生获得二等奖1项、三等奖1项。此外,在阳泉市郊区荫营中学、矿区赛鱼小学等8所中小学开展启梦"天宫"——太空种子种植活动,作为此次调查体验活动的拓展活动。80%以上的学校成功种植出西红柿,约1000多名学生参加活动。（宋崇军）

地震

【概况】 2014年,市地震局坚持"四抓四促"三结合"(即坚持夯实基础与重点推进相结合,自身建设与社会管理相结合,素质教育与能力提升相结合;抓机遇,促发展——抓住国家、省、市有关法律法规政策支持和人民群众高度关注等契机,促进我市防震减灾事业转型跨越发展;抓难点,促重点——抓住落实防震减灾规划任务的难点,促进防震减灾事业投入保障机制;抓体系,促民生——"以三大体系同步建设为基础,切实保障全市经济建设、社会发展和人民生命财产安全;抓机制,促全面——抓好建立健全防震减灾执法机制、监测预报机制、科普宣传长效机制、应急救援科学机制,促进全市防震减灾工作健康有序的发展)的工作思路,全面推进防震减灾综合能力建设,为全市转型发展提供地震安全保障。在全国市县防震减灾工作考核中,阳泉市被评为"2014年度全国地市防震减灾工作先进单位"。（李小艳）

【防震减灾目标责任考核】 2月13日,市政府组织召开了2014年度全市防震减灾领导组会议,安排部署全市防震减灾工作,市政府与各县区政府及市防震减灾领导组主要成员单位签订目标责任书。8月26日至27日,由市监察局牵头,市政府督查室、市应急办、市地震局组成联合监督检查组对全市6个县(区)政府和发改、规划、教育、民政等12个部门的防震减灾工作进行专项监督检查,各部门对查出的问题均及时进行了整改并上报备案。（李小艳）

【地震台监测环境维修改造工程】 年内,新建的阳泉台水平摆辅助观测项目气象三要素投入运行。维修改建地震观测数据处理设备。对地震台围墙、院落、大门等实施硬化、维修。该工程总投资30万元。（李小艳）

【地震小区划工作】 地震小区划是对某一特定区域范围内地震安全环境进行划分,预测这一范围内可能遭遇到的地震影响分布。年内,市地震局与市规划、住建、国土等部门合作,投入70万元完成新北区建设工作的资料收集、方案编写、前期调研和立项等工作,省地震局专家组对该项目进行评审论证和审批立项。年内该项目进入实施阶段。（李小艳）

【地震应急演练】 年内,阳泉市组织开展或参与多层次、类型的地震应急演练。1月28日,组织开展常规性市县地震系统联动应急演练。5月9日,市地震灾害紧急救援队救援一队公安消防支队、救援二队武警阳泉支队开展了地震灾害紧急救援队应急拉动和实战演练。7月14日和8月9日先后两次参加了省地震局组织的联合应急实战演练。（李小艳）

【地震灾害救援队伍】 年内,原"阳泉市地震应急救援抢险队"更名为"阳泉市地震灾害紧急救援队",以市公安消防支队和武警阳泉支队为基础,成立救援一队、二队。以曾赴国家地震紧急救援训练基地参加培训的18名队员为培训技术骨干,组织为期30天的防震救灾专项训练,培训项目包括搜索与救援行动等基础理论以及障碍物移除、破拆、医疗救援等实用技术。（李小艳）

【北山公园Ⅰ类地震应急避难场所建设】 年内,总投资1828万元的北山公园Ⅰ类地震应急避难场所项目经国家发改委批复,正式投入建设。建成后可满足市区北部区域62190余人的应急避难需求。（李小艳）

【防震减灾科普教育基地】 年内,市小南坑小学防震减灾科普教育

表 24

2014 年阳泉市地震目录一览表

序号	日　期	时间(时/分/秒)	地点	纬度	经度	震级	震源深度(千米)
1	2014-01-28	03-12-53	盂县	38.19	113.27	-0.6	5
2	2014-02-06	08-27-17	盂县	38.16	113.10	-0.9	11
3	2014-02-21	20-46-53	阳泉	37.95	113.3418′	1.0	11
4	2014-02-22	23-56-15	盂县	38.28	113.5354′	-0.3	6
5	2014-03-26	22-30-01	盂县	38.13	113.0823′	-0.9	5
6	2014-07-28	12-27-02	盂县	38.18	113.2617′	-0.4	8
7	2014-08-13	06-41-04	盂县	38.38	113.2855′	-0.4	7
8	2014-10-15	17-22-51	盂县	38.18	113.4505′	0.1	5
9	2014-10-22	18-25-14	盂县	38.23	113.19′	-0.3	5
10	2014-12-12	02-33-03	阳泉	37.89	113.35	-0.2	17
11	2014-12-17	11-26-30	盂县	38.25	113.10	-0.9	8

（李小艳）

基地正式成立。该教育基地以素质教育与防灾教育相结合、学校主导与社会互动相结合、课堂教学与网络平台相结合，教师与学生互动、学校与家长互动、常识与演练互动的“三个结合、三个互动”形式，推进学校防震减灾科普宣传教育工作，并建有减灾文化室和地震体验小屋。（李小艳）

气　　象

【概况】 2014 年，阳泉市气象部门以服务经济建设为目标，扎实开展各项工作。一是完成了仪器设备的检定工作。经检测，全市观测自动站和人工站使用的所有仪器安装规范、标准、整齐并有合格检定证，无超检仪器，仪器设备计量检定率达 100%。二是完成了地面气象观测业务调整工作。各站均严格执行国家气象局、省气象局的技术规定，业务运行正常有序。三是于 5 月完成了省气象局下达的“使用 MDOS 系统”任务。组织完成了全市业务人员 MDOS 系统应用及相关数据处理等方面的培训。四是通过视频会商系统学习与现场学习相结合的方式完成培训 40 余次 254 人，受到了基层业务人员的好评。五是积极开展常态化 72 小时内空气污染气象条件预报业务和 24 小时空气质量预报。年内，24 小时晴雨预报、24 小时最高最低气温质量相对于国家气象局指导预报均为正订正，达到省气象局下达的目标任务要求。对造成重大影响的暴雨、寒潮、暴雪、强对流天气、地质灾害、雾、霾、沙尘暴等灾害过程无漏报。六是抓好科研开发。组织申报省气象局一般课题 2 项、青年基金课题 1 项、地方科技局课题 2 项。组织业务人员参加山西省气象年会并提交论文 8 篇，在《高原山地气象研究》《气象与环境学报》上发表论文 2 篇。（陈　鹏）

【气象现代化建设】 年内，阳泉市继续实施气象现代化各项工程。一是“国家突发公共事件预警信息发布系统阳泉市分中心”于 11 月 28 日顺利招标。建成后将承担对自然灾害、事故灾难、公共卫生事件三大类突发公共事件信息的接收、处理、及时发布，确保相关部门和社会公众及时获取预警信息。二是“雷达监测预警平台与应急服务系统”进入软件开发阶段。其中“阳泉市现代气象业务集约化平台”已进入业务试运行阶段。三是应用了国家气象局、省气象局推广的多个业务平台，包括国家突发公共事件预警信息发布系统、山西省县级公共气象服务业务平台、山西省农业气象服务平台、县级预报综合业务平台、卫星天气应用平台(SWAP)等。（陈　鹏）

【气象科普宣传】 2014 年，阳泉市坚持开展气象科普“进农村、进社区、进企业、进学校、进家庭”五进活动，广泛宣传气象防灾减灾知识，提高群众防灾减灾意识，取得了较好效果。3 月 23 日，由市气象局有关领导带队、气象志愿者组成的科普宣传队在北山公园广场，开展了以“天气和气候，青年人的参与”为主题的世界气象日科普宣传活动。5 月 12 日，由市气象局各类技术专家组成的科普宣传队走进社区，开展了以“城镇化与减灾”为主题的全国防灾减灾日宣传活动，向市民普及气象防灾减灾知识。11 月 3 日，组织 400 余名师生参观了气象科普教育基地及气象观测场。（陈　鹏）

文化

综合工作

【概况】 2014年,全市文化系统大力弘扬改革创新精神,全市文化改革发展取得新进展。一是服务群众,为民办实事。组织开展300个偏远贫困村"一年一场戏"文化惠民活动。二是改善文化民生,提升公共文化服务效能。先后开展送欢乐下基层、"群星奖"作品巡演、"群星风采"广场文化活动、送图书送设备送展览、公益电影放映等"文化惠民在山城"8项系列活动。三是实施精品战略,繁荣艺术创作生产。音乐剧《评梅女士》(又名《高君宇与石评梅》)列入全省艺术创作计划;晋剧《清明》、豫剧情景剧《梦想成真》、大型文献纪录片《狂飙为我从天落》等荣获不同奖项。全年"中国梦"文艺创作完成书法作品60幅、美术作品30幅、摄影作品100幅、音乐作品8首、舞蹈作品8支、影评文章5篇、戏剧剧本2部、楹联作品20则、民间工艺20余件。四是搭建发展平台,增强文化产业总体实力。中国刻花瓷文化园建设项目作为全省唯一入选项目成为文化部2014年度特色文化产业重点项目,平定刻花瓷文化传习园主体建筑完成,平定砂器旅游文化产业园等项目顺利推进,山西阳泉工业版画研究院矿区版画基地投入使用。五是创新体制机制,推进文化领域改革。市晋剧院深化内部改革分为2个团,实现经济效益与社会效益双丰收。六是强化行政管理,推动广播影视行业发展。做好广播电视安全播出工作,确保重要保障期安全播出;建成广播电视监测系统,提高安全播出监管能力;组织电视购物专项整治行动;完成全市各电影放映单位、境外卫星接收单位和广播电视播出机构年度检查工作。七是提升监管能力,规范文化市场经营秩序。深化行政审批制度改革,做好文化市场技术监管与服务平台数据采集工作,开展阳光娱乐场所、绿色星级网吧创建活动,举办文化市场经营业主、执法人员培训班,促进文化市场繁荣。八是净化文化环境,加强新闻出版工作。深入开展扫黄打非,组织"清源""秋风""净网"专项行动;做好打击侵犯知识产权和制售假冒伪劣商品工作,开展版权案件查办工作;全面开展政府机关使用正版软件工作自查和督查工作,推进该工作的制度化、常态化、规范化。九是传承本土文化,加强文物保护利用工作。做好第四批市级文物保护单位的相关工作,加大古遗址保护和古建筑维修力度,为平定县文庙大成殿申请到省级保护资金,对盂县西寺大殿、平定县文庙大成殿保护修缮方案进行专家评审。 (王晓波)

【送文化下基层 进社区】 年内,市文广新局组织所属单位在全市范围内开展"送文化下基层、进社区"活动。元旦前夕,市晋剧院赴郊区汉河沟村,演出折子戏《金水桥》《喜荣归》等经典剧目;1月8日,市歌舞团走进市福利院,演出舞蹈《美了美了》《追太阳》,女声独唱《亲吻祖国》《党啊,亲爱的妈妈》等17个节目;1月9日,市豫剧团到石家庄车辆段阳泉站修车车间慰问演出,演出豫剧精品段子《抬花轿》《挡马》《亲家母对唱》《上山》等;1月21日和22日,市艺校分别到城区龙躺梁社区和小阳泉南社区慰问演出,演出《报答》《葡萄熟了》《送我一支玫瑰花》等精彩节目;春节期间,市晋剧院走进阳煤集团二矿俱乐部,开展"送戏进矿山"演出活动,演出《春草闯堂》《杨门女将》《徐九金升官记》等7场经典剧目;5月5日,市晋剧院二团、市歌舞团赴郊区佛洼村慰问演出,市晋剧院演出折子戏《喜荣归》《龙棚打架》《书生拜将》等剧目,市歌舞团表演了歌曲《红旗飘扬》《祝福》《为祖国干杯》等节目;7月30日,市文广新局、市歌舞团赴荫营驻监武警部队,演出歌伴舞《相信》、男声独唱《精忠报国》、三重唱《国家》、女声独唱《军中飞来一只百灵》等军旅歌曲以及经典舞蹈《美了美了》、歌曲《越变越漂亮》等节目。　（郭雅菁）

【文化下乡】 1月10日，市文广新局组织市歌舞团、市图书馆、市展览馆等单位的文化工作者近70余人走进盂县东盂北村开展文化下乡活动。市歌舞团编排群众喜闻乐见的文艺节目，如歌舞《春暖花开》《追太阳》，女声独唱《热情的沙漠》、男女对唱《自由飞翔》等17个节目；市晋剧院国家二级演员侯润娥表演《玉簪记》选段，刘海涛清唱经典晋剧《打金枝》选段；市豫剧团表演现代豫剧《朝阳沟》选段，王晶清演唱传统豫剧名段《抬花轿》；市图书馆为村图书室捐赠有关农业、科技、生活等方面价值4000元的图书300余册；市展览馆制作以反腐倡廉宣传画为主要内容的展板50余块，并在活动现场展出。　（郭雅菁）

【"文化惠民在山城"系列活动】 3月3日，市文广新局组织的2014年"文化惠民在山城"系列活动启动仪式在市电影院举行，市委常委、市委宣传部部长杨永生，市人大常委会副主任刘志强，市政府副市长任衍钢，市政协副主席赵永红和市文广新局班子成员以及各县区文体局负责人、社区群众共90人参加启动仪式。系列活动从2014年3月1日开始至2014年12月31日，主要开展8项活动。一是"幸福山城"送欢乐到基层活动；二是"中国梦·山城情"庆祝建国65周年文化活动；三是"爱心接力"关爱特殊群体服务活动；四是"快乐生活"文化馆站生活，"群众大课堂""群众大舞台""群众大展厅"活动；五是"润物无声"公共图书馆服务活动；六是"文化e行"数字文化工程服务活动；七是"精彩无界"社会共建文化服务活动；八是"幸福使者"文化企业优惠服务活动。　（王燕平）

【非物质文化遗产骨干暨传承人培训班】 6月23日至25日，"阳泉市非物质文化遗产骨干暨传承人培训班"在盂县梁家寨乡举行。培训班由市文广新局主办、市群众艺术馆承办，市、县（区）文体局和文化馆工作人员，乡镇街道文化站文化员和非物质文化遗产传承人共计80余人参加培训。省文化厅非物质文化遗产处处长张卫东就"非遗"保护工作的机构、代表性传承人、专项资金的申报、制度建设情况以及"非遗"如何纳入公共文化服务体系等方面进行讲解，省非物质文化遗产保护中心老师边疆就"非遗"项目的申报、代表性传承人的申报以及申报书、申报视频的制作等方面进行讲解。　（王燕平）

【文化遗产日宣传】 6月14日，"中国文化遗产日"宣传活动在市文化中心广场举行，活动由市文广新局主办，市群众艺术馆、市文物管理局承办。活动通过"阳泉市文化遗产摄影展""阳泉评说"以及发放宣传资料、制作宣传展板等形式，宣传阳泉市在非物质文化遗产保护和文物保护方面取得的成果，提高全社会对于保护文化遗产重要性的认识，唤起全社会保护文化遗产的自觉意识。　（王燕平）

【张俊 李全才家庭获全国"书香之家"称号】 年内，荫营镇下荫营村张俊家庭、上社镇大西里村李全才家庭被授予首届全国"书香之家"荣誉称号。其中，张俊家庭藏书1500余册，李全才家庭藏书8000余册。在他们的带动下，其家庭成员和周围群众开始参与阅读。（张瀚尹）

【"阳泉市十大文化亮点"】 2014年，阳泉市开展"十大文化亮点"评选工作。偏远贫困村"一年一场戏"文化惠民工程，阳泉市制作完成的首部数字电影《伏击》，第三届上海、大连、阳泉职工画展，平定砂器与平定黑釉刻花陶瓷制作技艺入选第四批国家级非物质文化遗产代表性项目名录扩展项目名录，在美国出版发行的刘慈欣科幻作品《三体》（英文版），阳泉市体育健儿参加亚运会、省运会喜获佳绩，在央视播出的3集纪录片《最后的铸造厂》，"中国刻花瓷文化园"入选全国2014年度特色文化产业重点项目库，盂县创建楹联文化县，全市"一校一品、一生一技"校园文化建设助力均衡教育10个文化项目获得"阳泉市十大文化亮点"荣誉称号。　（王景莲）

文学艺术

文　学

【刘慈欣《三体》英文版在美发行】 11月，中国科幻作家、阳泉市作家协会副主席刘慈欣的畅销科幻作品《三体》三部曲的第一部英文版在美国出版发行。小说一经发行便得到了美国主流媒体的肯定，《科克斯书评》将《三体》（英文版）第一部评为11月力荐的科幻小说。《三体 II：黑暗森林》《三体 III：死神永生》也将陆续在美国发行。　（孙雪艳）

【3部作品入选"中国梦"主题重点扶持项目】 4月，阳泉市有3部作品入选山西省作协"中国梦"主题2014年度重点作品扶持项目，分别为侯讵望的《中共第一城（暂定名）》、文德芳的《希望与现实——现代人心灵影像》、小岸的《我们是姐妹》。7月，小岸的《我们是姐妹》入选中国作协"中国梦"主题2014年度重点作品扶持项目。（孙雪艳）

【5篇作品入选鲁迅文学奖参评作品】 5月，阳泉市有5篇作品入选中国作家协会第六届鲁迅文学奖参评作品名单，分别是侯讵望的短篇小说《郭家大事》、小岸的《唐娜姨妈的爱情》、贾彩青的短篇小说《1980年的理想》和散文集《河流里的母亲》、马玉隆的诗集《归来集——半知堂吟

草五编》。5篇作品均是《娘子关》杂志社推荐的作品,这是近年来《娘子关》杂志社入选鲁迅文学奖参评作品数量最多的一次。 (孙雪艳)

【9篇文章获山西文艺评论奖】 6月20日,在省委宣传部牵头、省文联主办的山西省第九届文艺评论奖评选工作中,市文联推荐的参评文章有9篇获奖。其中,葛栋玉的《宋诗的理趣和摄影的寓意》(摄影类)获一等奖;李昕皓的《别有怀抱——简说石评梅》(文学类)获二等奖;孟宏儒的《平民情结——祁寯藻诗作的一大亮点》(文学类)、孙雪艳的《纳兰心事几人知》(文学类)、马晋乾的《〈东山吟草〉:自由之歌》(文学类)、张艺和山佳的《草根情结的艺术表达——简评侯讵望先生的短篇小说》(文学类)、董怀庆的《时代的画卷 心灵的咏叹——张穆和他的诗》(文学类)、陈贵兴的《高长虹诗文中的美》(文学类)、李彦良的《读书是欣赏别人 著书是修炼自己》(文学类)获三等奖;市文联获第九届山西文艺评论奖组织奖。(孙雪艳)

【散文《回乡》获奖】 12月,在《海外文摘》杂志社、《散文选刊·下半月》杂志社联合举办的"2014年度中国散文年会"评选活动中,市文联主席侯讵望创作的散文《回乡》获二等奖。 (孙雪艳)

【3人获"赵树理文学奖"】 年内,阳泉市3名作家获"赵树理文学奖"。其中,小岸以中篇小说《车祸》获"赵树理文学奖"中篇小说奖;侯讵望因主编10余种文学丛书,并主编《娘子关》杂志10余年,发现、培养和扶持了一大批有实力的中青年作家而获"赵树理文学奖"优秀编辑奖;刘慈欣因《三体Ⅲ·死神永生》曾获中国作协第九届"全国优秀儿童文学奖"而荣获"赵树理文学奖"荣誉奖。此外,市文联还荣获省作协颁发的2013年度"文学创作成绩奖",这是市文联第5次获得该奖项。 (孙雪艳)

【《保晋风云》首发式】 5月9日,市文联召开张风瑞长篇纪实小说《保晋风云》首发式,市委常委、市委宣传部部长杨永生,市人大常委会副主任刘兆林,市委宣传部常务副部长史玉宝以及三区两县作家、艺术家参加首发式。《保晋风云》由北岳文艺出版社出版,反映1896年山西人民反抗清政府出卖煤炭开采权,取得争矿保晋运动胜利的史实,是一部反映重大题材的文学作品。 (孙雪艳)

【《娘子关》杂志评刊会】 年内,《娘子关》杂志全面改版,开本由原来的大16开改为正16开,页码由原来的64页增加为80页,增加《名家》栏目。6月6日,市文联在平定刻花瓷文化园召开《娘子关》杂志评刊会,就改版后《娘子关》杂志的办刊风格、理念、内容、形式等进行交流和探讨。市文联全体工作人员、《娘子关》杂志老中青三代读者及刊物评审员20余人出席会议。与会者就《娘子关》的栏目设置、刊物内容、推介文学新人等提出意见建议。12月,《娘子关》杂志订阅量增加至近500册,辐射全国28个省市自治区。 (孙雪艳)

【阳泉青年作家"中国梦"创作笔会暨散文征文颁奖会议】 6月27日,阳泉青年作家"中国梦"创作笔会暨散文征文颁奖会在中国刻花瓷文化园举行。会议首先对"深化改革,赞美家乡,共筑中国梦"主题散文征文活动的获奖作者进行颁奖。此次征文活动自3月启动以来,共征集公务员、教师、工人、学生等各行各业文学爱好者来稿100余篇,最终评出一等奖2名、二等奖3名、三等奖5名及优秀奖10名。指尖的《半日录》和史翠花的《安,我的城》获一等奖。颁奖结束后,市文联举行青年作家"中国梦"创作笔会,历时3天,省作协党组副书记、副主席杨占平,省作协专职副主席、党组成员张锐锋,《山西文学》主编鲁顺民,《黄河》主编黄风,省作协创联部副主任王保忠,省作协创研部副主任李金山等应邀作讲座,内容包括文学创作现状,散文、小说、纪实文学的创作等。 (孙雪艳)

【特色题材图书出版】 年内,市美协、评梅女子文学社、高长虹研究会、楹联学会充分挖掘阳泉特色文化资源,先后编辑出版《上海大连阳泉职工画展画册》《奋进中的勇士——中国工业版画新秀展作品集》《石评梅全集(一套三册)》《石评梅全集(合订本)》《石评梅纪念文集》《红鬃马文丛(五)》《美丽阳泉·历代名人咏阳泉百首诗词书法作品集》《高长虹精选集》《中国对联集成阳泉卷》等书籍,多角度展现阳泉的本土文化。 (孙雪艳)

【《中国对联集成·阳泉卷》首发式】 6月29日,《中国对联集成·阳泉卷》首发式在市政协会议室举行,市政府副市长、本卷编委会主任任衍钢,市政协副主席、本卷编委会顾问任美福等领导以及市楹联协会部分会员出席首发式。《中国对联集成·阳泉卷》分5编16章,共收入古今650多名作者的楹联作品6300余副,理论文章和楹联故事50余篇。全书共800页60多万字,是阳泉有史以来编纂出版的一部收集对联最多、涵盖面最广、对联资料最全的史料性对联书籍,具有较强的阅读价值和收藏价值。会后,市楹联协会举办了"阳泉市楹联艺术家协会楹联知识首期讲座"。 (孙雪艳)

书法 美术 摄影

【书法作品参展】 年内,全市49位书法家的作品在全国书法权威报纸《书法导报》专版刊登,这是阳泉市书法界面向全国书界同仁的第一次集中展示。16位书法家作品入展山西省第二届群众展,2人获奖。50件作品参加市人大成立60周年书画展,15件作品参加"我们的中国梦"山西省美术书法摄影展,30件书法作品在阳泉市群艺馆建馆65

周年回顾展上展出。《美丽阳泉·百人诗词咏阳泉书法作品集》由山西人民出版社正式出版，收录了全市120余人的书法作品。（孙雪艳）

【丹青绘美中国梦·大连 上海 阳泉美术作品联展】 10月24日，“丹青绘美中国梦·大连、上海、阳泉美术作品联展”在阳泉展出，该展览是由阳泉市文化广电新闻出版局、中共大连市委宣传部、大连市文学艺术界联合会、上海市工人文化宫联合举办，展览于10月11日在大连展出、11月5日在上海展出。本次美术作品联展是第三届上海、大连、阳泉职工作品巡回展，共展出美术佳作130余幅，阳泉市20名画家的35幅作品参展。（郭雅菁）

【首届中国工业版画新秀展】 7月23日，“奋进中的勇士——首届中国工业版画新秀展”在市展览馆开展。该展览由中国工业版画研究院、矿区区委、矿区政府、山西阳泉工业版画研究院和阳泉美术院共同主办，是阳泉市首次举办的全国性大型展览，为期12天。展览展出湖北、黑龙江、湖南、天津、重庆等19个省市80余位作者的360余件优秀作品。（郭雅菁）

【美展创作动员会】 1月22日，市美术家协会召开“阳泉市美术家协会2014年年会暨山西省第十六届美展、全国第十二届美展创作动员会”。市委宣传部常务副部长史玉宝、市文联领导、市美协主席团成员、各县区大专院校美协负责人、阳泉美术院专职画家、全市美术创作骨干共计40余人参加会议。会议总结了市美协2013年的工作，安排部署了2014年的重点工作，并对省十六届美展、全国十二届美展作出动员部署。7月，在省委宣传部、省文联、省美协主办的山西省十六届美展中，阳泉市有46件作品入选，19件作品获奖，11件作品送全国参选。（孙雪艳）

【美术作品参展并获奖】 2014年，全市新创美术作品410余件，303件参加省级以上展览。其中，3件作品入选全国专业展（中国美协主办），1件作品获优秀奖；34件作品入选全国性展览（全国范围征稿），5件作品获奖（新秀奖3件、优秀奖2件）；2件作品在国外参展；213件作品入选省级展览，71件获奖（金奖1件、银奖2件、铜奖5件，一等奖7件、二等奖19件、三等奖26件、优秀奖11件）；52件作品跨省级展览。王定锁的中国画《中华飞天梦》获中国美协主办的“第八届中国西部大地情中国画、油画作品展”优秀奖，《农乐图》入选中国美协主办的全国第四届中国画线描艺术展。孙鸿骏的中国画《云岭悠居》参加中国国画研究会、上海国画研究院主办的《’2014最具代表性当代中国画百家巡回展》。宫来祥的水彩画《刀马旦》入选2013年至2014年深圳水彩双年展。石中华的版画《跃》《悦》，石中华、任世宝的版画《速度与激情》在“奋进中的勇士——首届中国工业版画新秀展”中获新秀奖。尹贤真的中国画《疆域囊正香》入选第八届民族百花奖全国中国画作品展。韩东升的中国画《醉春图》入选“情系中国梦·庆祝新中国成立65周年全国产业文联美术精品展”并获优秀奖。贾廷庠的中国画《又见山里红》在全国第七届花鸟画展中获优秀奖。赵华双的中国画《寒香凝瑞》参加由中国书画家协会、安徽省美协主办的当代书画名家邀请展。王雨来的版画《博》、刘静的版画《大时代》入展创新中国工业版画研究院和德国maikasten美术家协会德中版画作品联展。（孙雪艳）

【书画笔会】 5月17日，市文联举办“纪念毛泽东同志《在延安文艺座谈会上的讲话》发表72周年三都笔会”，市文联领导及市书协、市美协、市摄协部分艺术家20余人参加活动，即兴创作书画作品30余幅、摄影作品50余幅，书画作品全部捐赠给郊区三都村。6月25日，市文联在义井镇义东沟社区开展“党员下社区”书画笔会，组织市书协、市美协艺术家10余人参加活动，创作书画作品30余幅。10月28日，市文联与民革阳泉市委联合举办“两岸同牵手，共圆中国梦”书画笔会，省市知名书画家参与创作。11月21日，市文联举办“劳动美·中国梦娘子关发电公司书画笔会”，组织书画家20余人赴娘子关发电厂送文化进厂矿，创作并捐赠书画作品50余幅。（孙雪艳）

【首届农民书画大赛暨展览】 3月18日，市文联、市农业委员会联合下发《关于举办阳泉市首届农民书画大赛的通知》，面向全市农民征稿。活动共征集书画作品200余幅，经初评、复评，评选入展作品109幅。其中，史克云的书法作品获书法组特别奖，郑玉春、王宽的书法作品获书法组一等奖；荣继联、史雪剑的美术作品获美术组一等奖。此外，还评选出二等奖作品6幅、三等奖10幅、优秀奖17幅。7月7日，市文联在郊区荫营镇三都村举办“劳动美·中国梦”阳泉市首届农民书画展。开幕式上，对获得特别奖、一等奖、二等奖、三等奖和优秀奖的作者给予表彰。（孙雪艳）

【工艺美术获奖】 年内，全市的工艺美术获得多个奖项。平定古窑陶艺有限公司的“中国刻花瓷文化园”入选文化部文化产业司公布的2014年度特色文化产业重点项目，刻花瓷“民族之花”入选中国工艺美术学会《’2013中国陶瓷艺术年鉴》，刻花瓷“盛世和谐民族团结”获联合国教科文组织’2014杰出手工艺品徽章认证。“平定黑釉刻花瓷技艺”名列第四批国家级非物质文化遗产保护项目公示名录。梁盛萍的剪纸作品“男女平等 关爱女孩”“中国梦之向阳花开”“计生家庭”分别获全国首届“中国梦——幸福家庭”剪纸艺术展一等奖、三等奖和优秀奖,“龙凤呈祥盘合”“十二吉祥小盘合”参加首届中韩剪纸艺术交流展,获优秀创意奖,“龙凤呈祥盘合”还被韩国美术协会永久收藏。在(中国)世界工艺文化节、第十五届中国工艺美术大师暨国际手工艺精品展中,付海云的面塑作品“贵妃醉酒”“福撒人间”获银奖,其所传承的面塑被确定为省级非物质文化遗产保护项目。 (孙雪艳)

【工艺美术普查】 2014年4月至12月,阳泉市开展工艺美术行业普查工作。此次普查主要划分为工艺美术经济和工艺美术文化两个方面,涉及工艺美术行业的企业、作坊和个体均属普查范围。普查采取3种方法,一是对典型地区产品、企业或个人进行重点普查,以点带面;二是以产品分类和规范表格形式反映全市工艺美术历史、人物、作品、艺术特色,传统工艺美术主要品种现实生存状态以及存在的主要问题等;三是多角度寻找线索,如通过媒体进行资料寻找、通过同行提供的信息寻找、通过查阅历史资料寻找等。普查收集到大量资料,建立普查档案88个,拍摄照片5000多张、普查影像资料1000余分钟,并出版《阳泉市工艺美术行业普查报告》和《山西·阳泉工艺美术》画册。经普查,阳泉市有工艺美术种类10个;工艺美术企业22个,其中集体企业2个、非公有制企业20个;从业人员3751人,年产值45915万元;企业产品涵盖8个种类,其中美术陶瓷9个企业、雕塑工艺品4个企业、金属工艺品3个企业、漆器工艺品1个企业、花画工艺品1个企业、天然植物纤维编织工艺品2个企业、地毯挂毯1个企业、民族工艺及其他制品1个企业;民间艺人工作室5个,艺人178人,其中从事美术陶瓷11人、雕塑工艺品40人、金属工艺品2人、花画工艺品16人、天然植物纤维编织工艺品9人、抽丝刺绣工艺品14人、民族工艺及其他制品86人。 (白建光)

【摄影作品获奖情况】 年内,全市选送210幅作品参加省第二十届艺术摄影大赛,7幅入选,其中王坚克的作品《群芳》获三等奖;选送60余幅作品参加中国艺术摄影家协会举办的第十六届全国艺术摄影大赛,13位作者获奖,其中王谦的作品获人像摄影类银奖、王世钧的作品《冬日恋歌》获艺术类银奖、李文芳等的作品获优秀奖;在全国第十届“外来青工风采”摄影大赛中,王世钧的作品《光明使者》获优秀奖。另外,王世钧的作品《丰收韵律》入选国际摄影学会IPA国际数码摄影大赛。 (孙雪艳)

【校园书画摄影大赛展】 9月29日,“庆祝中华人民共和国成立65周年校园书画摄影大赛展”在阳泉市展览馆开展,展览由阳泉市教育局、市文联主办,市书法家协会、美术家协会、摄影家协会、文学艺术发展促进会协办,市委常委、市委宣传部部长杨永生,市人大常委会副主任刘志强等出席开展仪式。校园书画摄影大赛自6月16日开始征稿,共征集作品近500幅。最终评出入展作品201幅,其中书法作品88幅、美术作品76幅、摄影作品37幅,并评出获奖作品及优秀作品97幅,其中特别奖1幅、一等奖13幅、二等奖19幅、三等奖30幅、优秀奖34幅。这些作品集中反映中华人民共和国成立以来阳泉市的历程和成就,也充分展示广大师生热爱祖国、热爱家乡、昂扬向上的精神风貌和艺术风采。 (孙雪艳)

音乐 曲艺

【音乐作品获奖】 年内,在全市2013年优秀创作歌曲评选中,全市有30首歌曲获奖,其中金奖5首、银奖6首、铜奖9首,优秀奖10首。在2014年“快乐阳光”第十一届中国少年儿童歌曲卡拉OK电视大赛上,“酸溜溜”组合获组合组金奖,李想、陈珂冉获幼儿组铜奖,王玉兰获全国“优秀指导老师奖”。在“筑梦中国·放歌大连”首届浪漫之都全国合唱大赛中,阳泉爱乐合唱团获“金蔷薇”奖银奖第三名。 (孙雪艳)

【合唱团获奖】 5月27日至29日,市艺校合唱团、市干部合唱团分获山西省第九届“合唱三晋美、同圆中国梦”三晋之春合唱比赛金奖和银奖。比赛由山西省文化厅、山西省教育厅联合主办,山西省合唱协会承办,全省有39支非职业合唱团队入围决赛。市艺校校友合唱团演唱外国优秀作品《茨冈》和山西民歌《清凌凌的水、蓝茵茵的天》,并获得金奖第三名;市干部合唱团演唱了《永远的小平》《重整河山待后生》,并获得银奖第一名。 (郭雅菁)

【曲艺表演】 年内,阳泉市举办了“平定公交杯”首届曲艺小品大赛,邀请省曲艺专家王秀春、李鸿民进行节目评选,市曲艺协会推选的12个节目分别获得一、二、三等奖。5月,市曲艺协会举办封闭型创作笔会,创作了大型阳泉评说剧《评说春秋》。6月,市曲艺协会在城市广场举办“百年阳泉评说”专场展演和“群星风采”曲艺专场晚会,深受观众喜爱。 (孙雪艳)

戏剧 舞蹈

【“一年一场戏”文化惠民活动】 年内,全市开展免费为300个偏远贫困农村送戏活动,即“一年一场戏”文化惠民活动,该活动是市委、市政府2014年度为民办实事之一,由市委宣传部、市文广新局、市农业局、市财政局共同主办,市文广新局具体组织实施。通过“一年一场戏”文化惠民活动可解决偏远贫困村长期以来的“看戏难”问题,让广大农民群众共享文化发展成果,保障农民群众基本文化权益,促进城乡基本公共文化服务标准化、均等化,《山西日报》《中国文化报》等媒体对此进行报道。 (郭雅菁)

【“杏花奖”获奖情况】 年内，阳泉市的新编历史剧《清明》及多名艺人获第十四届山西省“杏花奖”。市晋剧院演出的新编历史剧《清明》获新剧目奖，王伟、魏强获编剧奖，武学文获导演奖，李保青获音乐设计奖，徐明获舞美设计奖，李岩获灯光设计奖，龚元获服装造型奖，要素明获演员奖；市豫剧团乔春雨、董新春获戏曲表演类演员奖；市歌舞团王春瑛、唐贝贝获声乐类演员奖。（郭雅菁）

【戏剧演出】 6月30日，市戏协与市文广新局组织市晋剧院、市豫剧团、市歌舞团3个专业演出团体赴平定县、盂县、郊区300个贫困村进行文化惠民演出，全年完成300场的演出任务。此外，还组织2014年“文化惠民在山城”系列活动“幸福山城”送欢乐到基层活动晋剧专场演出，演出《下河东》《黄飞虎反五关》等经典剧目；组织“送文化到基层”“送戏进矿山”演出活动，组织豫剧、晋剧表演艺术家到石家庄车辆段阳泉站、阳煤集团二矿、城区龙躺梁社区、小阳泉南社区、郊区佛洼村等地，演出《书生拜将》《喜荣归》《龙棚打架》等剧目；举办2014年“群星风采”广场文化活动，演出晋剧、豫剧、歌舞4场。（孙雪艳）

【舞蹈作品获奖】 年内，在山西省第十一届“星星火炬”才艺大赛中，阳泉红舞鞋艺术中心荣获8个一等奖、10个二等奖、9个三等奖。在第七届华北5省舞蹈大赛中，红舞鞋艺术中心的《快乐儿歌》《赶太阳》获一等奖，《迎宾舞》《炫炫炫》《快乐小鱼儿》获二等奖，《让我试试》《迷彩兵》《下雨啦》《溜溜的康定溜溜的情》获三等奖。在中国舞蹈家协会第297届少儿舞蹈大赛中，红舞鞋艺术中心的《快乐的魔法师》获一等奖，《“鼠”你快乐》获二等奖，《拉丁风暴》获三等奖。在全国“七彩阳光”青少年才艺大赛上，红舞鞋艺术中心的《美丽中国》获一等奖。在“魅力校园”“六一”国际少儿歌舞展演中，《红灯情》获优秀奖。在中国·邯郸“新世纪杯”国际标准舞全国公开赛中，红舞鞋艺术中心获25枚金牌、10枚银牌、12枚铜牌。

3月，市舞蹈协会王志鹏编导的《小骑手》参加山西少儿频道主办的《童星梦工厂》，获优秀奖。

5月，在华北5省市舞蹈大赛山西赛区中，阳泉选送的舞蹈《小嫚》获一等奖，辅导老师杨锦丽获“优秀辅导教师”称号；市舞蹈协会王志鹏编导的原创独舞《我的梦想》获表演一等奖、创作二等奖，《滴答滴答》获表演一等奖、创作三等奖，独舞《爱莲说》获专业组表演一等奖；市舞蹈协会何珊编排的舞蹈《凉山姑娘》获二等奖。

7月，在全国群众文化学会主办的“小荷花”艺术大赛山西赛区中，市舞蹈协会李泉锁辅导的少儿舞蹈《兵娃娃》获表演一等奖，李泉锁获优秀教师奖。

8月，何珊编排的健身秧歌获山西省第十四届运动会职工健身秧歌比赛规定套路二等奖、自选套路二等奖。9月，又获得市老年体协、老干部活动中心举办的第五套健身秧歌比赛一等奖。

10月，在第四届全国全健排舞大赛中，阳泉煤业集团获中青A组规定曲目、自选曲目比赛一等奖，舞蹈《绽放》获自由创编项目一等奖，《绢花飞舞》获一等奖。

此外，阳泉市的舞蹈作品还获得了一系列奖项。王秀怀、郝建军创作的《那年，那些回忆》获“中韩民歌民谣民舞”文化交流大赛金奖；杨瑞升创作的舞蹈《茅古斯印象》在“第七届华北五省全国舞蹈大赛”中获创作金奖、表演金奖。（孙雪艳）

【首届职工全健排舞大赛】 5月12日至14日，阳泉市举办首届职工全健排舞大赛，大赛由阳泉市总工会主办，市舞蹈家协会协办，市工人文化宫、阳泉广播电视台承办。参赛人数近500人，设团体规定项目、团体自选项目、单双人项目。最终，阳煤集团五矿、市第一人民医院代表队获团体规定项目比赛一等奖，市煤气公司、市商业银行、南煤集团代表队获团体自选项目比赛一等奖，阳煤五矿获团体两项特别奖，单双人项目8名选手获奖。（孙雪艳）

【“山西民间舞小花戏”培训班】 7月10日至11日，市舞协在工人文化宫举办“山西民间舞小花戏”培训班，聘请山西文化职业学院副教授张种丽授课，市舞协会员及舞蹈爱好者近50人参加培训。培训中，主要讲授小花戏组合中的蝴蝶扇组合、撒扇组合、三颠步转身组合、箭跳步组合等内容。（孙雪艳）

群众文化

【“群星风采”广场文化活动】 7月25日，阳泉市2014年“群星风采”广场文化活动在城市中心公园启动，该活动由市委宣传部、市文广新局、市园林管理局主办，市群众艺术馆、市歌舞团、市晋剧院、市豫剧团、城市中心公园管理处承办。从7月25日到8月15日每周五晚8时，市歌舞团、市豫剧团、市群众艺术馆、市晋剧院在城市中心公园广场为山城百姓演出精彩晚会。阳泉市的“群星风采”广场文化活动从2002年起至2014年举办了13年，文化活动范围由市区扩展到各县区、乡镇、村、社区，演出节目形式多样、内容丰富，观众参与逐渐增多、社会影响不断扩大。（王燕平）

【“群星奖”获奖作品巡演】 6月18日，大地情深——“群星奖”获奖作品巡演暨“文化惠民在三晋”活动在郊区荫营镇上千亩坪村翼德广场举行，该活动由省文化厅主办，市群众艺术馆、郊区总工会、郊区荫营镇人民政府协办，省群众艺术馆、省戏剧职业学院、市文广新局、山西华夏之根艺术团承办。此次巡演共有14个节目，大多为全国“群星奖”获奖作品，阳泉市获全国第十六届“群星奖”的男子舞蹈《矿工情》也参加了演出。“群星奖”是国家为群众文化活动设立的最高奖项,阳泉市推荐的节目在全国第十五届、十六届“群星奖”中连续两届荣获大奖。（王燕平）

【“百花迎春”群众文艺会演颁奖晚会】 2月18日，阳泉市2014年“百花迎春”群众文艺会演颁奖晚会在阳泉广播电视台举行,晚会由市委宣传部、市文广新局主办,市群众艺术馆承办,市领导王旭明、杨永生、刘志强、任衍钢、赵永红等领导到场观看晚会,并为获奖单位颁奖。合唱《亲圪蛋下河洗衣裳》、评说小品《洋媳妇要来》等10个节目获优秀节目金奖,舞蹈《咏梅》、小品《看病》等15个节目获优秀节目银奖，小品《常回家看看》、歌舞《五星红旗》等20个节目获优秀节目铜奖，城区、矿区文体旅游局,盂县、郊区、平定县文体广电局及阳煤集团工会获优秀组织奖。（王燕平）

影 视

【电影放映】 全年全市共发行影片94部,其中故事片79部、戏剧片5部、科教片10部;订购电影场次13028场，其中故事片10586场、戏剧片960场、科教片600场;完成各类放映场次12146场;完成各项收入共计115万,比上年增长10万元,增长10.5%,比目标责任超额完成3万元。年内,市影协与中国移动联合举办“中国移动送电影进万家”专题放映2500场,收入6万元。（孙雪艳）

【微电影创作专题讲座】 6月19日，市文联举办微电影创作专题讲座，邀请省电影家协会副主席杨志刚授课。市文联主席侯讵望、党组书记李银荀等以及部分微电影创作者和爱好者共计60余人参加会议。讲座中对微电影的类型特征、基础元素及运用方法、写作重点和要点进行了全面生动的讲解。（孙雪艳）

【数字电影《伏击》座谈会】 7月29日,由山西省作家协会、中共阳泉市委宣传部主办,阳泉市文联承办的“山西省塑造文化品牌电影工程(阳泉市)数字电影《伏击》座谈会”召开,标志着阳泉市首部数字电影制作完成。会上,与会者观看影片，主创人员畅谈创作感受,参会人员从不同角度就影片的人物塑造、拍摄手段、故事情节、战争场面等发表看法。（孙雪艳）

【微电影《片警侯哥》获奖】 10月28日，市电影家协会报送的微电影《片警侯哥》荣获山西省首届微电影大赛评选三等奖。此次大赛由省文联、省电影家协会等主办,以讲述山西好故事、塑造山西好形象、精彩呈现“中国梦”为主题。市文联、市电影家协会获优秀组织奖。（孙雪艳）

【电视获奖情况】 年内，阳泉市举办第七届电视艺术评奖活动,评出5类获奖作品17部，其中一等奖7部、二等奖6部、三等奖3部,纪录片《狂飙为我从天落》获特等奖。在山西省第二十届电视艺术评奖活动中,阳泉市有8部作品获奖,其中文艺晚会“山城记忆·阳泉市2013年春节晚会”、广告片《石马寺》、高长虹纪录片《狂飙为我从天落》获一等奖。此外,文艺晚会“山城记忆·阳泉市2013年春节晚会”获全国春节晚会节目评比二等奖。（孙雪艳）

文 物

【文物保护】 年内，市文物局开展一系列文物保护工作。第一，配合省文物局对2013年公布的4处国家级文保单位(盂县藏山祠、平定县天宁寺双塔、平定县冠山书院、平定县开河寺石窟）进行了档案建设和保护标志碑树立。第二,完成盂县西寺大殿、盂县西孟北泰山庙、平定县文庙大成殿保护工程修缮方案并进行严格评审。第三,组织郊区编制完成国保单位关王庙总体保护规划。第四，对行业内文物藏品严格按照第一次全国可移动文物普查的标准规范开展测量、拍摄、信息数据采集、信息登录等各项工作。第五,制订下发《阳泉市文物保护项目管理办法(试行)》《阳泉市各级文物保护单位修缮设计方案审批管理办法（试行)》《阳泉市文物保护工程招投标工作管理办法(试行)》等规章制度。第六，召开全市文物消防安全工作会议，对全市文物消防安全进行安排部署,修订完善《阳泉市文物安全突发事件应急预案》。（郝楚婧）

【不可移动文物挂牌保护】 根据阳泉市第三次全国不可移动文物普查结果，全市有900处不可移动文物需要挂牌保护。年内，市文物局为900处不可移动文物制作保护标志牌，并于3月在平定县河头村老爷庙举行挂牌仪式，此后全市各县区均开展此项工作，并于6月底全部完成。（郝楚婧）

【《阳泉文物通览》】 年内，阳泉市文物管理局对全市第三次全国不可移动文物普查成果进行梳理总结,编印完成3卷《阳泉文物通览——阳泉市第三次全国不可移动文物普查图录》,分别为城区、矿区、郊区卷,平定县卷,盂县卷,共收录1118处不可移动文物，并收录全市市级以上文保单位名单。（郝楚婧）

图 书

【概况】 2014年,阳泉新华书店不断深化改革，转型升级步伐加快，经济实现平稳发展,“两教”(教材、教辅）任务稳中有升、POS机销售再创佳绩，党建工作扎实开展,各项管理效能提升,各项工作都取得一定成绩。资产保值增值率目标值为110.04%，实际完成111.93%；营业总收入目标值为12000万元，实际完成13321.2万元，完成年目标值的111.01%；利润总额目标值调整前为376万，调整后为423万元，实际完成432.6万元，完成年目标值的102.27%，绝对额比目标值增加9.6万元；费用率目标值为21%，实际完成15.10%，比目标值减少5.90个百分点；货款回收率目标值为95%，实际完成88.94%，比目标值减少6.06个百分点；货款承付率目标值为100%，实际完成100%，教材教辅、一般图书均圆满完成货款承付。市店本部营业总收入目标值为6520万元，实际完成7790.8万元；利润目标值调整前为70万，调整后为102万元，实际完成133.5万元；费用率目标值为22.6%，实际完成16.74%。（苗红卫）

【“两教”发行工作】 年内，教材、教辅重点品种发行复杂，公告外教辅品种的发放工作困难重重。中小学教材发行部积极加强外部沟通协调，牢牢抓住教材教辅发行工作主动权，持续加大教材教辅发行的市场控制力和影响力，分区逐校的进行宣传征订，以高效优质的服务和灵活的经营机制，巩固原有发行品种，大力开拓其他教辅产品，全年完成销售码洋5100万元。平定新华书店“两教”发行受政策影响，学校除公告内产品以外，其余“两教”重点产品不再进行征订，发行码洋比上年有所下降，基本完成销售任务。盂县新华书店“两教”发行完成码洋1902万元，比上年增加2万元。（苗红卫）

【POS机销售】 年内，全市图书POS机销售完成1520.78万元，完成年计划的101.39%；传媒POS机销售完成655.60万元，完成年计划的100.86%。第一，政治类图书发行。盂县新华书店发行《习近平总书记系列重要讲话读本》8242册，平定新华书店发行《十八届四中全会辅导读本》8500本。全年政治类读物码洋达26万元。第二，综合书店完成全年任务。矿区书店完成图书销售任务，图书销售任务比上年增长40万元；开发区书店携手阳泉市第二监狱举办第八届优秀图书展，活动期间共销售图书码洋68572.9元；阳泉新华书店科技书店、盂县新华书店、平定新华书店进军营开展“全民阅读月 书香进军营”活动。第三，参加政府采购招标。市店中标市文化局为社区书屋采购60万元的采购权，盂县新华书店中标均衡教育设备340万元的采购权以及农家书屋40万元的采购权，平定新华书店中标农家书屋60余万元采购权。（苗红卫）

【业务拓展】 年内，阳泉新华书店分别在盂县一中、平定县二中建立校园书店，面积共600平方米，完成省新华书店下达的任务指标。此外，11月12日，阳泉新华书店微信公众平台正式开通，微商城与实体卖场的营销相结合，进一步优化客户体验，拓宽市场空间。（苗红卫）

档　案

【概况】 2014年，阳泉市档案局开展档案宣传，坚持依法管档，加大档案行政执法力度，各项工作取得良好成效。

档案资源体系建设　开展落实国家档案局8号令、9号令和10号令相关工作的审批；开展对市人大档案资料、市广播电视总台声像档案和阳泉日报社《阳泉日报》《阳泉晚报》电子版的收集和接收工作；开展基层档案室档案规范化管理，重点对8个基层档案室进行复查和评定；开展重大建设项目档案专项验收，开具专项验收意见书。

档案利用体系建设　创新档案服务利用方式，为利用者提供更加方便快捷的档案利用服务，全年共接待查阅利用者835人次，提供档案资料2071卷次；对馆藏1984年（含）以前全部档案开展鉴定划控工作；举办“阳泉市党的群众路线档案图片展览”，通过图文并茂的形式展示党的群众路线教育的提出、形成、发展、丰富完善的历程等。

档案安全体系建设　加强档案安全防护工作，安装档案馆大楼安全防护栅门，增加监控视频探头，更换库房防火门，购置档案特藏柜，维修消防灭火装置，添置密集架，有效保证档案馆大楼和档案实体的安全。加强档案数字化工作安全管理，制定档案数字化工作的各项制度，实现数字化加工人员工作区与休息区隔离，在数字化加工工作区新增2个监控摄像头，封闭计算机外接接口，对档案数据进行备份，确保档案信息安全。

档案宣传和法制教育　积极开展“档案文化进社区”活动，为社区群众展出“档案在你身边”和文化宣传系列展板；开展以“走进档案”为主题的“6·9”国际档案日宣传活动；深入开发区康达社区开展“依法行政月”宣传活动。全年阳泉档案工作被各级各类报纸、简报、网络等媒体先后报道90次，增强档案工作的影响力，提高广大群众的档案意识。

档案执法检查工作　组成档案行政执法检查组对全市17个机关、团体、企事业单位开展档案执法检查，对存在的个别问题提出整改建议，对贯彻落实档案法律法规不力且问题较突出的单位，下发“限期整改通知书”，要求限期整改并对整改情况进行复查。同时，对全市档案法律法规执行情况进行汇总，下发《阳泉市档案局2014年度档案执法检查通告》。

档案队伍建设　在全局范围内，开展领导干部讲党课和进行专题讲座6次、科级干部上讲台14次，同时还开展基层档案员、县（区）档案干部职工和申报档案初级职称岗位人员培训，共计80多个单位、123人次。（赵小瑢）

【党的群众路线档案图片展览】 年内，为配合党的群众路线教育实践活动，市档案局和中共阳泉市委党的群众路线教育实践活动领导小组办公室共同举办“阳泉市党的群众路线档案图片展览”。展览展示党的群众路线教育的提出、形成、发展、丰富完善的历程，第一批党的群众路线教育实践活动的成果以及阳泉市开展教育实践活动的基本情况。展览于4月9日开展，集中展出两个月。本次展览共接待市直单位226个，共计4000余人次，收到各类留言、感言、建议和意见137条。展览得到《中国档案报》和“新浪山西”“山西政府网”“山西法制信息网”等40多家国家、省、市媒体的关注，先后报道73次。同时，市档案局将展览制作成视频，发布在“阳泉市档案局”门户网站。 (赵小瑢)

【档案查阅和宣传】 年内，市档案局创新档案查阅利用方式方法，购置计算机和触摸一体机，实现民生档案和政务信息公开自助查询；在全省首个开通“阳泉档案”官方微信平台，足不出户就可获知所需档案有无；开通电话、电子邮件、信函查询等，实现实时在线预约查询。同时，市档案局还创新档案宣传手段，制作并发布“阳泉市党的群众路线教育实践活动档案图片展览视频”，编制“媒体中的阳泉档案事业”“2014年阳泉档案工作荟萃”“2014阳泉档案工作信息”等电子杂志，开辟宣传工作新途径，扩大档案工作的影响力。 (赵小瑢)

【档案文化进社区】 年内，市档案局与上站街道办事处等联合举办“携手走基层，文化进社区”主题活动。活动以“守护历史、传承文明、弘扬文化、服务社会”为宗旨，先后深入到上站街道德胜街社区、金三角社区、油娄沟社区、窑坡社区、小阳泉北社区和开发区康达社区等，为社区群众展出“档案在你身边”和文化宣传系列展板，并作讲解。同时，还为社区建设建言献策，为社区文化室、图书室捐赠市档案馆编纂的各类图书，丰富群众精神文化生活。 (赵小瑢)

【档案行政审批工作】 年内，市档案局成立8号令(《关于贯彻落实国家档案局〈机关文件材料归档范围和文书档案保管期限规定〉的实施意见》)、9号令(《各级各类档案馆收集档案范围的规定》)、10号令(《企业文件材料归档范围和档案保管期限规定》)审批委员会，分别对各级档案馆以及机关、企业的档案工作进行规范。第一，指导和督促市委组织部、市直机关工委、市城镇集体联合社、市环保局、市文化局、市妇联、市工商联、市外事旅游局、市规划局、市银监会、市委台办等11个单位完成《机关文件材料归档范围和档案保管期限表》的上报工作，并由8号令审批委员会审批通过。第二，指导和督促5个县(区)编制《档案馆收集档案范围实施细则》《档案接收进馆名单》，并针对每个县(区)的具体情况提出修改意见，经多次修改，由9号令审批委员会审批通过并下发各县(区)执行。同时，市档案局也编制完成《阳泉市档案馆收集档案范围实施细则》，上报省档案局审查通过，并以市政府办公厅文件正式下发全市执行。第三，指导和督促市热力公司和市煤炭运销公司完成《企业文件材料归档范围和档案保管期限表》的上报工作，并由10号令审批委员会审批通过。 (赵小瑢)

【档案接收和鉴定划控】 年内，市档案馆接收档案8913卷又1363件、资料70卷，接收市广电总台《阳泉新闻》500G和《111报道》400G声像档案，接收阳泉日报社《阳泉日报》《阳泉晚报》电子版，完成馆藏1984年(含1984)以前全部档案的鉴定划控任务，共计109个全宗、33416卷、408861件，确定开放204909件、控制203952件。 (赵小瑢)

【档案规范化管理】 年内，按照《山西省机关档案工作目标管理办法》(晋档字〔2002〕23号)和《山西省企业科技事业单位档案工作规范化管理等级评定办法（试行）》(晋档字〔2005〕23号)文件要求，市档案局对基层档案室开展档案规范化业务指导。一是配合省档案局对已达省一级标准的市检察院、矿区检察院档案室进行复检，对晋升省一级标准的市房产交易中心档案室进行验收；二是对已达省二级标准的市人大办公厅、市政协办公厅、市房地产交易中心档案规范化管理进行复检；三是对市委办公厅和平定县医保中心档案工作进行省二级标准验收，对市热力公司档案工作进行晋升企业AA级标准验收。 (赵小瑢)

【重大建设项目档案工作】 年内，市档案局开展重大建设项目档案验收工作。第一，开展省煤销集团旧街煤业技改工程档案管理登记和河坡发电“上大压小”发电组工程档案检查。第二，对桃河流域白南铁路桥至阳五高速公路桥段河道治理工程项目档案进行业务指导以及专项验收。专项验收组认为，该项目文件材料的收集、整理、归档和项目档案的整理和移交符合《国家重大建设项目文件归档要求与整理规范》及《科学技术档案案卷构成的一般要求》，竣工图编制符合要求，同意桃河河道生态环境综合治理水利工程项目档案通过档案专项验收，并出具专项验收意见书。(赵小瑢)

【档案利用】 年内，市档案馆不断创新档案利用方式。一是在录入馆藏民生档案人名索引的基础上，实现计算机检索，可查阅时间范围为1968年至2002年，节省查阅时间，为利用者提供快捷便利的服务。二是申请开通“阳泉档案”官方微信，利用者可通过微信平台进行档案预约查询，足不出户就可获知所需档案。三是集中有限资金优先改善查阅室的服务环境，对查阅室进行整修,购置空调,更换目录柜,更新工作服务台,为利用者创造便捷、舒适的查阅环境。四是在档案查阅室配备电脑和查阅检索触摸一体机,利用者可进行自助查询,检索查阅政府公开信息等。全年共接待利用者835人次,提供档案资料2071卷次,其中通过创新方式实现民生档案利用607人次、1181卷次,分别占总数的73%和57%。　(赵小瑢)

【数字档案馆建设】 年内,市档案馆加强数字化建设。一是建立健全工作制度,起草《阳泉市档案馆数字化建设实施方案》,规划市档案馆档案数字化建设工作。二是加强人员管理,规范数字化加工工作,制定《阳泉市档案馆数字化加工保密协议》《阳泉市档案馆机房管理制度》《阳泉市档案馆录入人员管理制度》《阳泉市档案馆信息岗位人员离岗离职安全管理制度》等,实施机房设备管理、非机房人员进入机房登记规定,严格保障档案数字化加工工作的安全。三是开展档案数字化加工,安排专门人员开展档案数字化加工,录入全引目录6.99万条,录入民生档案目录1.9万条,全文扫描1万幅。四是加强档案数字化工作安全管理,实现数字化加工人员工作区与休息区隔离,在数字化加工工作区新增2个监控摄像头,封闭计算机外接接口,对档案数据进行备份,确保档案信息安全。　(赵小瑢)

【阳泉市档案系统先进事迹报告会暨现场观摩会】 4月16日,"阳泉市档案系统先进事迹报告会暨现场观摩会"在阳泉市郊区档案馆召开,全市各级档案部门共计40余人参加。与会人员观看反映郊区档案事业发展的专题片《典藏宝藏 兰台记忆》,听取郊区档案局(馆)长康建琴所作的题为《四环联动上水平,五星齐抓创一流》的经验介绍,实地参观郊区档案馆库房、现行文件利用中心和展厅等。　(赵小瑢)

【档案执法检查】 9月至10月,市档案局组成档案行政执法检查组在全市开展档案执法检查。检查组深入到全市17个机关、团体、企事业单位,采取听汇报和实地察看方式,重点围绕档案管理规章制度是否建立健全、档案管理人员是否配备、档案安全保密措施是否完备等进行检查。在执法检查过程中,对贯彻落实档案法律法规较好的单位给予肯定,同时对存在的个别问题提出整改建议,做到执法必严;对贯彻落实档案法律法规不力且问题较突出的单位,下发"限期整改通知书",要求限期整改并对整改情况进行复查,做到违法必究。同时,对全市档案法律法制执行情况进行汇总,下发"阳泉市档案局2014年度档案执法检查通告"。　(赵小瑢)

【档案法制宣传】 6月9日,阳泉市开展"6·9"国际档案日宣传活动,邀请市上站街道办事处及所辖10个社区的基层干部到馆参观,实地了解和认识档案及档案工作,听取档案馆藏介绍及馆藏珍贵档案讲解,观看"6·9"国际档案日档案图片展览和"阳泉市党的群众路线教育实践活动图片展览"。活动期间,市档案局还为过往群众和社区干部发放档案宣传资料,并现场解答群众的咨询和疑问。　(赵小瑢)

【档案专项保密检查】 年初,市档案局开展市直机关、企事业单位的档案数字化、开放档案及政府公开信息网上查阅专项保密检查工作。检查采取自查和重点抽查相结合的方法,对市委、市政府、市人大、市政协、市经济信息中心以及河坡电厂等3家国有企业进行实地检查。经检查,大部分单位档案、保密工作都有专人负责,有档案保密制度,内外网分设,涉密计算机独立,能严格执行《阳泉市政府信息公开保密审查制度》。同时,对文件通过QQ邮箱传送、档案审核流程不规范等问题提出整改建议。　(赵小瑢)

【赴外考察数字档案馆建设】 为借鉴先进地区数字档案馆建设经验,推进阳泉市档案馆数字化建设进程,5月20日至26日,市档案局副局长张瑞萍一行4人赴上海松江区、青浦区档案馆,南京中国第二历史档案馆考察学习数字档案馆建设经验。考察学习期间,考察组先后听取三馆存量纸质档案数字化、增量档案电子化、档案数字化过程中档案实体和信息安全管理以及档案工作前沿化经验总体介绍和具体做法,仔细观看档案馆数字化加工现场、计算机中心机房及档案数字化加工的各项流程。　(赵小瑢)

【档案馆业务培训】 7月30日至31日,市档案局组织开展为期2天的全市档案馆业务工作培训。市档案局安排有关人员,认真准备,针对完成全省"313"工作任务(即用3年时间全省各市、县级档案馆实现山西省三级以上等级管理)、档案馆鉴定工作、数字档案馆建设和贯彻国家档案局9号令的问题,对全市各级档案馆近40名业务工作人员进行培训。培训期间,授课人员仔细讲解,听课人员认真听讲,对涉及的业务问题及时进行交流探讨,形成互动。　(赵小瑢)

【阳泉市档案馆微信公众账号开通使用】 为了使社会公众享受更加方便快捷的服务,8月18日,阳泉市档案馆官方微信服务账号开通。广大社会公众通过此微信公众账号,可及时了解阳泉档案信息,同时阳泉市档案馆还在此开通档案利用预约查询服务。档案利用预约查询服务是指社会公众如有档案方面的查阅利用需求时,可通过"YQ_dangan"与档案馆工作人员交流,说明需要查阅档案的具体内容,工作人员将根据查阅需求提前进行查找,并及时回复查找结果。如果找到所需档案,利用者便可前来进行利用;如果查找无果,利用者则可省却专程奔波之苦。　(赵小瑢)

【国家重点档案抢救和保护技术培训】 为做好国家重点档案抢救和保护工作,7月21日至24日,市档案局组织市县两级档案馆的重点档案抢救和保护业务人员6人赴内蒙古呼和浩特,参加由国家档案局举办的国家重点档案抢救和保护工作技术培训。此次培训,由国家档案局聘请有关专家对国家重点档案的修裱、字迹恢复和数字化等保护技术进行详尽的讲解,既有理论高度,又有较强的实用性。通过参加培训,本市6名参训者对国家重点档案的抢救思路和方法有清晰的认识,对下一步全市重点档案的抢救工作具有指导意义。 (赵小瑢)

【阳泉市委办公厅档案管理达省二级标准】 10月20日,市档案局组成验收组对市委办公厅的档案管理工作进行考评验收。验收组通过听取汇报、实地查看、综合评议等形式,对市委办公厅档案管理工作给予充分肯定,并评定为省二级标准。年初,市委办公厅将档案管理达省二级标准纳入年度目标责任考核,成立档案管理达标工作领导组,制定《档案管理达标实施方案》,给各科室(单位)下发详细的任务分解,并按照《山西省档案管理条例》和《山西省机关档案工作目标管理考评标准》的要求,集中力量对跨历史年度的资料不断收集、整理和规范,完善历史资料的存储归档,规范档案的整理编目,清晰档案室目录检索,实现档案的数字化管理和查询。截至年底,市委办公厅存放有文书档案1302卷、5978件,会计档案667卷,声像类档案3册,照片18件1259张,实物档案64件,此外,编撰《大事记》《组织沿革》《发文汇集》《领导讲话文集》等资料方便查询和利用。 (赵小瑢)

【市档案局获奖】 年内,经开发区精神文明建设指导委员会办公室考核验收,开发区文明委会议审定,市档案局被评为开发区“文明单位”。2014年,市档案局着力抓好档案资源体系、档案利用体系和档案安全体系“三大体系”建设,拓展深化群众性精神文明创建活动,深入开展学习型机关建设,提高干部队伍整体素质;开展档案文化进社区系列活动,增强档案文化影响力;发挥档案馆“爱国主义教育基地”功能,为服务全市中心工作贡献力量;与康达社区共驻共建,转变干部队伍作风;深入开展帮扶工作,实现精神文明创建和档案工作的相互促进、齐头并进。年底,市档案局又被山西省档案局评为2014年度目标考核优秀单位。阳泉市档案馆工作、机关和企事业单位档案规范化工作、农业农村档案工作、档案综合工作、档案文化建设工作均受到省档案局的肯定。 (霍世龙)

新闻 报纸

【概况】 2014年,国家级、省级各类媒体共刊发关于阳泉市的稿件838篇。从题材上看,经济发展类篇目91篇,占11%;民生保障类篇目264篇,占32%;社会治安类篇目132篇,占16%;其他各项社会生活类篇目351篇,占41%。从媒体级别上看,国家级媒体刊发157篇,占19%;省级媒体刊发681篇,占81%。从传统媒体和新媒体上看,报纸刊发450篇,占54%,其中国家级22篇、省级428篇;网络媒体刊发140篇,占17%,其中国家级133篇、省级7篇;广播电视刊发248篇,占29%,其中国家级2篇、省级246篇。从主流媒体和影响力看,国家级主流媒体刊发102篇,其中人民网报道64篇、《人民日报》报道4篇、新华网报道29篇、中国经济网报道5篇;省级主流媒体刊发390篇,其中《山西日报》报道229篇(各版头条22篇,头版头条6篇,文字专版共6篇),山西电视台播报157篇,《山西经济日报》报道4篇。 (苏红霞)

【大型集中采访】 年内,市新闻中心组织开展“实施‘四大战略’助推转型综改”大型集中采访活动。10月10日至11日,邀请新华社、中新社、中央电视台以及《人民日报》《光明日报》《山西日报》《阳泉日报》等40家中央、省、市媒体采访团,深入到郊区西南舁霍树头村和咀子上村以及城区金三角社区,听取郊区和城区在基层社会管理上的创新举措汇报;走访盂县鑫磊工业循环园区、山西康泰来生态农业产业、梁家寨温泉国际旅游景区;参观平定县大正伟业蛋鸡养殖及禽蛋加工项目、天元城市矿产资源循环利用产业集聚区、王家庄工业园区年产2×20万吨乙二醇项目等,了解阳泉市在“项目见效年”中重点工程建设取得的成效。截至年底,人民网·山西频道播发题为《阳泉实施“四大战略”助推转型综改》的报道,《中国日报》刊发《阳泉:循环经济引领绿色发展》《阳泉郊区:联村党委发挥大作用》《阳泉:乡村旅游成为推动农村经济新引擎》,《中国商报》、山西新闻网等媒体也推出有关阳泉的转型综改报道15篇。 (苏红霞)

【首届优秀外宣品评比】 年内,全市开展首届优秀外宣品评比活动。市新闻中心在全市共征集外宣品51件,其中出版类16件、音像类7件、实物类28件。征集到的作品体现了三方面的特点,一是有特色,主要是地域特色,如刻花瓷、煤雕、砂器;二是有层次,主要是层次较高,如铝箔画《孔雀》获省首届文博会神功奖,《阳泉版画作品集》参加“全国十大美术馆馆藏精品展”,《大宋》在中央电视台纪录片频道播出;三是有底蕴,如市文联推出的图书丛等。作品中的一部分被推荐参加全省外宣品评比,其中《大宋》被评为音像类一类作品,《阳泉版画作品集》被评为出版类二类作品,《崛起中的魅力阳泉》被评为音像类三类作品。 (苏红霞)

【新闻发言人培训】 年内,为提高全市新闻发言人组织新闻发布的工作能力，市新闻中心组织开展为期两天的全市新闻发言人专题培训活动。活动主要围绕应对重大突发新闻事件、新时期新闻发布的意义及用途、提高领导干部引导舆论能力等内容进行培训，各县区、市直各委（局）新闻发言人和新闻联络员共160余人参加培训。此次培训热点为新闻发布会模拟实战演练，省委党校教授程建明对参加模拟实战演练的人员进行点评，并为参训人员熟悉掌握新闻发布会程序和现场引导舆论相关技术技巧性问题做了指导。　（苏红霞）

【外宣报道】　年内，市新闻中心围绕全市的农业发展、招商引资、生态建设、民生保障、新农村建设、党的建设等方面的新闻亮点，联系中央、省级媒体记者，加大外宣报道力度。《中国民航》（8月期刊）刊登《阳泉：文献名邦魅力山城》的报道，《山西日报》头版头条也刊登《阳泉政府企业联席会“有事就办”》《阳泉“飞地经济”渐入佳境》《锦江来了——国企兆丰民营化管理的探索》《阳煤一矿开拓四队安全生产48年》等纪实型报道。　（苏红霞）

【阳泉日报社概况】　2014年，阳泉日报社认真履行党报职责，落实全市宣传工作会议精神，坚持正面宣传，弘扬主旋律，传播正能量，发挥舆论导向作用。在2013年度新闻奖评选中，该社有22件作品获奖。其中，7件作品获山西新闻奖（一等奖1件、二等奖2件、三等奖4件），8件作品获中国城市党报好新闻奖（一等奖2件、二等奖3件、三等奖3件），7件作品获阳泉新闻奖（一等奖2件、二等奖2件、三等奖3件）。　（苏　伟　王　丰）

【掌上阳泉APP手机客户端】　年内，为加快阳泉新媒体发展，提高传播力、适应现代人的阅读与消费习惯，阳泉日报社开通sxyqrb公众微信平台，成立APP项目部。9月，与北京前方科技公司合作上线阳泉首个囊括山城业务资讯搜索在内的地市级APP手机平台“掌上阳泉”，并实现“掌上阳泉”APP手机客户端上线内测。　（苏　伟　王　丰）

【公益徒步行】　4月22日，为迎接第45个“世界地球日”，300多名市民参加“’2014保护地球，爱我家园”公益徒步行活动。此次活动由阳泉日报社主办，目的为倡导绿色出行。参加活动的市民来自阳泉日报社、同至人购物中心阳泉店、阳泉浩木游泳健身有限公司、大益茶阳泉店、居然之家、恒美家居、阳泉移动公司等单位。参加活动的人员统一穿着印有“绿色出行，我在行动”的上衣，步行5千米并沿途宣传低碳环保的理念。　（苏　伟　王　丰）

【新闻采编人员岗位考试】　根据《新闻记者证管理办法》的有关规定和国家新闻出版广电总局的安排部署及山西省新闻出版广电局《关于开展新闻采编人员考核工作有关事宜的通知》等有关文件要求，在2014年全国统一换发新版记者证之前，组织新闻单位的采编人员进行统一考试。2月22日，市文广新局组织开展2014年新闻采编人员岗位考试，市报刊出版单位、市县广播电视台等新闻单位的203名新闻采编人员参加考试。　（张瀚尹）

广播电视

【概况】　2014年，阳泉市广播电视基础设施建设进一步完善，产业发展与队伍建设再上台阶。阳泉市广播电视台开办有阳泉新闻综合频道、阳泉科教频道、睛彩阳泉频道、阳泉娱乐频道、阳泉影视频道、阳泉图文频道6个电视频道，新闻综合广播、交通广播2个广播频率，阳泉网络电视台1个互联网站，“无线阳泉”手机客户端以及CMMB手持移动电视平台，开通微信公众平台和新浪官方微博等。电视台自办栏目有8个，分别是《阳泉新闻》《111报道》《政风行风追踪》《民生记录》《小韩帮忙》《评说阳泉》等，节目时长3.35小时。广播自办栏目有23个，分别是《阳泉新闻》《山城论坛》《政风行风热线》《叨舌叨舌》《1027新闻大视野》《901早班车》《汽车地带》《音乐时间》《的哥你好》《娱乐爱上车》《精彩不塞车》《都市不眠夜》等，节目时长20.7小时。

全市共设2个发射台和转播站，阳泉有线电视已实现全市一张网，网内同时传输150套数字电视和48套模拟电视节目，12套调频立体声广播节目。有线电视网内开展数据交换、宽带业务、VOD点播、网络电视录像、时移回看、高清数字电视、EPG业务等增值业务。全市共有数字电视用户27.7万户，覆盖全市所有乡镇和534个行政村。无线数字电视网络在不断完善无线网络信号覆盖的基础上，将补点基站向村一级延伸，年内按计划完成对平定县岔口村的无线覆盖。同时，按照《山西省“十二五”广播电视村村通工程建设规划》要求，完成全市87个自然村823户的广播电视“村村通”建设任务，全年全市共安装无线电视网络8423户，完成年度任务的140.4%。　（马　芳　戴宏英）

【宣传报道】　年内，市广播电视台通过广播、电视、网络及客户端等各种媒体，开展全方位、多角度，形式多样、内容丰富的宣传报道活动。

主题性重点报道　年内，市广播电视台推出《践行群众路线坚持执政为民》《心系群众》《践行社会主义核心价值观》等专栏，同时，还推出《治理占道停车顽疾》《耕地撂荒不可觑》等监督调查类节目，深度挖掘新闻，发挥监督作用。全年组织广播电视开设相应专栏30余个，播发主题性报道近700余条，安排播出公益广告、宣传标语800余次。

民生类报道　年内，市广播电视台开设《新春走基层》《山城故事》

《最美乡村故事》《1027大家帮》《希望的田野上》等专栏。系列纪录片《山城遗珠》以记录的形式、艺术化的镜头语言,向人们展示全市特有的地域文化特色和历史底蕴,得到社会各界的认可和好评。《阳泉新闻》《小韩帮忙》《政风行风热线》《政风行风追踪》等栏目切实帮助百姓解决实际问题达1900余件。

阳泉网络电视台及无线阳泉客户端报道　7月18日,阳泉网络广播电视台在上线1周年之际做了全新改版,改版之后的网络电视台由看天下、看电视、看万象三大版块组成。全年上传广电所有栏目整条、拆条视频新闻9641条,转载各类文字、图片新闻13274条;"无线阳泉"APP上传资讯8781条,视频新闻1037条;举办微信活动10个、制作网络专题15个、采制电子杂志7期;发布微信2570条、微博信息5747条。

对外宣传报道　全年市广播电视台在省级以上媒体发稿322件,其中新闻综合广播68件、新闻综合频道216件、科教频道38件,在中央级媒体发稿7件。一批反映全市转型跨越发展、实施"四大战略"的主题性报道在《山西新闻联播》播出,为宣传阳泉发挥了作用。虽然在省级以上媒体发稿量有所下滑,但总量在全省各地市台中仍保持优势。

精品创作　年内,市广播电视台有41件作品获省级以上等级奖。电视述评《地锁疯狂 心锁难解》、电视专题《古米贵:20年资助420个贫困学子》、广播新闻《会前听民声》、广播专题《留守老人找快乐》等作品获得省级奖。电视栏目《小刘说道》获全国文明交通宣传作品电视专栏优秀奖,综合广播《政风行风热线》获得中国广播电视协会第三届全国广播电视民生影响力领导品牌栏目奖。另外,专题片《躬耕墨海驾长风》获得了第二届全国市县电视台推优活动一等奖,这是全省唯一获此殊荣作品。　(马　芳　戴宏英)

【"无线阳泉"手机客户端】　6月,市广播电视台创办的"无线阳泉"手机客户端进入开发阶段。9月26日,"无线阳泉"手机客户端安卓版在互联网各大市场正式上线供网友下载。12月12日,苹果版本也登陆苹果商店(App Store)。按计划,"无线阳泉"手机客户端开发共分为三期。一期包括资讯、直播、爆料、天气、游戏、微博圈6个应用模块,已经完成。二期、三期方案已确定,正在开发中。　(马　芳　戴宏英)

【节目质量管理】　年内,市广播电视台提升宣传报道水平,节目质量提高。一是每月定期组织自办节目抽评工作,汇总评审意见,及时反馈给节目部门,不断推动宣传工作上水平。二是引进先进的节目考评办法,继续完善节目抽评标准,把日常评审与节目抽评紧密结合起来,使评审更趋于全面、科学、高效,共组织12次广播电视抽评工作,汇总梳理评审意见320条,对提升节目质量起到明显作用。三是加大对自办节目的监听监看力度,严格执行节目选题审查报批制度,对日常节目,特别是直播节目进行监听监看,为节目创新创优提供依据。四是注重反馈,通过专家、有线收费大厅、阳泉网络广播电视台等渠道广泛收集各方评价意见,发放"阳泉广播电视节目收听收视率调查表"2000份,为节目创新创优提供依据。五是科学改版节目,不断增强关注度,新闻综合广播、科教频道、睛彩阳泉等先后推出的新版《政风行风热线》《小刘说道》等栏目,引起受众广泛关注。六是强化记者站管理。针对《县区直通车》新闻栏目的改版调整情况,及时与县区台沟通交流,不断培训打造通讯员队伍,全年共组织开展业务培训11次。全年《县区直通车》栏目共播出277期,播发新闻报道4500条。　(马　芳　戴宏英)

【节目创新】　年内,市广播电视台大胆创新,新推出各类栏目服务不同受众。综合广播推出的节目《1027大家帮》《美妞勇哥谝阳泉》陆续亮相,风格进一步趣味化、互动化。新闻综合广播推出的新版《政风行风热线》栏目时长增加1倍,选题更准确,监督更有力,引导更积极,听众参与热情高涨,热线咨询和投诉受理大幅提高。科教频道推出的相亲服务类栏目《我想有个家》,为单身男女青年提供一个婚恋交友平台,社会反响良好;新版《小刘说道》则为市民出行提供更加权威、精细的服务窗口。睛彩阳泉推出的全市首档美食生活服务类栏目《食客准备》节目风格轻松幽默,好吃优惠的美食推荐受到广大观众喜爱和欢迎。交通广播围绕人、车、路节目进行有效调整,加入违章查询版块,便民信息扩展至市政、供电、供水等方面,并充分利用微信、微博等平台加强线上互动和线下参与,吸引更多车友关注。　(马　芳　戴宏英)

【品牌增效】　年内,市广播电视台坚持"节俭办春晚、群众大联欢"原则,走出新路子,在演出队伍、舞美设计、节目内容上亮点频出、雅俗共赏,社会反响教好。"万家灯火幸福年——2014年阳泉春晚"获全国"春晚奖"二等奖,其中节目《三晋社火大串烧〈旺火通天〉》获最佳节目创意奖。在丰富群众文体生活方面,市广播电视台举办"大宋大冲关"活动,山城百姓积极参与,体会挑战自我的兴奋和激情,娱乐全民化进一步凸显。三季车展、"职工全健排舞大赛""大宋杯——少儿舞蹈大赛"等大型活动的举办,实现社会效果与经营创收的双赢。　(马　芳　戴宏英)

【技术设施建设】　年内,为保证宣传报道质量,市广播电视台加大基本技术设备投入,投资50万元改造600平方米演播室灯光,投资60万元增加摄录设备,投资15万元增加话筒、三脚架等记者采访需要的配件,投资30万元解决播出数模转换问题。狮脑山机房改扩建项

目主体工程完工，计划2015年完成搬迁。（马　芳　戴宏英）

【安全播出】　年内，市广播电视台将安全播出工作作为重中之重狠抓落实。在中共十八届四中全会、APEC会议、阳泉市“两会”等重要保障期内，启动“零报告”制度和领导带班值班制度，加强与610办公室、公安、国安、供电、消防等部门的沟通协调。第一，认真执行24小时值班、“三不离”制度（人不离岗、手不离操作键、眼不离屏幕），进行无缝化监听监看。第二，严格落实上级的各项安全播出要求，做好应急预案制定和安全防范检查工作。第三，强化广告节目、外购节目的播出审查力度，广告内容更加规范。第四，组织安全播出应急培训和演练，确保各套广播电视节目的优质安全播出，保证重要保障期安全播出无事故。全年共完成节目录播35场，电视直播2场，广播直播43小时，为中央、省、市台安全发射节目83614小时。（马　芳　戴宏英）

【广告经营】　年内，市广播电视台在广告经营上通过多种手段、多种渠道进行创收。一是发挥第一系列栏目的电视媒体创收主力作用。二是继续开展各类主题营销活动，将春、夏、秋三季车展常态化，基本掌控了全市汽车销售的节点。三是通过与其他单位企业合作举办“全健排舞大赛”“少儿合唱大赛”“智勇大冲关”等活动加大广告承载量。四是努力与各区县政府达成合作，进行一系列地方性宣传，以“郊区乡村旅游年”为主题，向广大观众推介了郊区十大景区，并配套相关活动，拉动创收，实现广告创收2815万元。（马　芳　戴宏英）

【网络建设】　年内，数字化整转、宽带业务、高清电视、网络工程建设等业务推广均有进步。新增宽带用户6212户，完成目标任务的124.2%；双向网改造4.3万户，达到目标任务的113.2%；市政管网建设6.8千米；创收6215.9万元，完成年度任务的92.8%。（马　芳　戴宏英）

【新媒体建设】　年内，新媒体建设发展速度加快。一是网络广播电视台的改版创新，由原先的“看天下”“看电视”改版为“看天下”“看电视”“看万象”三大版块，适应广大网友需求。二是将CUTV直播嵌入阳泉网络广播电视台直播系统中，凡重大活动都用双路直播保障，根据网台和“无线阳泉”APP的发展情况及时调整服务器配置，保证网台与“无线阳泉”APP的安全运行。三是“无线阳泉”手机客户端进入开发程序，“无线阳泉”手机客户端安卓版正式上线，资讯、直播、爆料等6个应用模块完成。（马　芳　戴宏英）

【《最后的铸造厂》在央视播出】　年内，由阳泉广播电视台制作的三集纪录片《最后的铸造厂》入选为国家广电总局推荐的2014年第二批优秀国产纪录片，与央视制作的《百年潮·中国梦》《舌尖上的中国Ⅱ》《客从何来（第一季）》等28个纪录片一同成为各卫视频道、各级电视台纪录片栏目、各纪录片专业频道、各科学教育类专业频道的推荐展播片目。该片由阳泉广播电视台资深导演郭东升独立导演制作，于2013年初立项并开始调研拍摄，历时1年4个月制作完成。讲述有着60年历史的阳泉阀门厂铸造车间在关停前后，工人们的命运和前途的故事。播出后受到广泛关注，先后荣获阳泉市10大文化亮点工程奖，第二十届中国电视纪录片系列片十优作品奖，以及“金熊猫”国际纪录片节社会类最佳摄影提名奖，第二届中国镇江西津渡国际纪录片盛典评选活动提名作品。（马　芳　戴宏英）

【广播影视监管】　年内，市文广新局采取一系列措施开展广播影视监管。一是严格宣传导向管理。深入推进以“中国梦”为主题的广播电视作品创作生产和播出工作，进行“创新性山西建设”和“转型跨越发展暨转型综改区建设”宣传报道工作，加强对广播电视宣传的宏观管理和综合协调，确保正确舆论导向。二是严格播出机构管理。对全市7家广播电视播出机构进行年检，确保全市各广播电视播出机构依法运作。三是严格广告管理。全市各广播电视播出机构对所有在播广告进行清理检查，均未发现自办节目中存在违法居家购物广告和电视购物广告。四是严格卫星管理。全年共检查境外卫星电视节目接收单位20余家次，出动20余车次，人员90余人次，没收设备50余套，打击非法安装和使用卫星地面接收设施的行为。五是广播电视监测系统建设。为掌握全市节目播出、传输、覆盖情况，快速发现和通报播出异常，市文广新局建设完成广播电视监测系统，实现对全市广播、电视节目的统一监测。（段晓蕾）

【广电公共服务体系建设】　年内，为加强公共服务体系建设，全市广电系统完成一系列工作。一是完成“十二五”广播电视村村通工程建设任务。按照《山西省“十二五”广播电视村村通工程建设规划》要求，完成全市87个自然村823户的广播电视村村通建设任务。二是完成农村公益电影放映和农村寄宿制中小学优秀电影放映任务。全年农村公益电影播放11520场，观影人数达229.90万人次；每月为全市53个农村寄宿制学校学生放映一场爱国主义教育为主要内容的优秀影片，全年共播放212场。三是城市影院发展迅速。全年，阳泉电影院、橙天嘉禾影城、星泰世纪影城收入1018.5万元，共放映15044场次，观影人数达28.71万人次。四是县级城市数字影院建设。引导和推动县级城市数字影院建设发展，做好规划设计指导、技术指导和管理服务等工作，盂县有1家影院（盂县凯通影城）符合申报条件。（段晓蕾）

文化产业

【概况】 年内,全市各级文化部门深入挖掘本土文化的时代价值,推进各种文化元素的融会贯通,从推动区域经济社会发展、促进社会和谐、加快经济转型升级和新型城镇化建设的战略高度出发,大力发展文化产业。平定砂器制作技艺和平定黑釉刻花瓷制作技艺两个“非遗”项目成功申报为国家级项目,填补了山西省国家级非物质文化遗产项目中“陶瓷技艺类”的空白,使全市国家级“非遗”项目达到4个。中国刻花瓷文化园建设项目列入由文化部确定的2014年度特色文化产业重点项目,成为全省唯一入选项目。平定刻花瓷文化传习园开工建设,主体建筑完成工程量的80%。中国刻花瓷文化园二期、平定砂器旅游文化产业园等项目顺利推进。加快文化与旅游的融合发展,逐步将郊区打造成为市民休闲旅游的“后花园”。组织参加第十届中国(深圳)国际文化产业博览交易会,平定刻花瓷、盂县工艺蝴蝶、城区付海云面塑等特色文化产品在文博会上展出。组织编写《三晋史话·阳泉卷》,全方位展现了阳泉市传统文化魅力。在全市开展十大文化亮点评选活动,选树了一批新的文化品牌,赋予文化建设新的亮点。(马晓鹿)

【中国刻花瓷文化园】 6月,平定古窑陶艺有限公司的“中国刻花瓷文化园”建设项目入选文化部2014年度特色文化产业重点项目,系全省唯一入选项目。平定古窑陶艺有限公司多年来致力于刻花瓷的传承、保护、开发和推广工作,在继承传统黑釉刻花瓷的基础上,先后开发上百个品种的刻花瓷产品,培养多名省级、市级工艺美术大师,多件作品被国家级、省级博物馆收藏,2件作品在人民大会堂永久陈列,是阳泉市唯一的国家级、省级文化产业示范基地。2008年,公司投资6000多万元兴建的中国刻花瓷文化园项目,一期工程基本完成并投产,具备陶瓷研发生产和销售、文化旅游休闲等基地功能。 (王景莲)

【文化产业园区建设】 年内,全市的文化产业园区建设发展迅速,市文广新局在调研基础上,制定了《阳泉文化产业创意园区建设工作实施方案》,拟开发以市纺织厂、针织厂和市高压电瓷厂厂房为主体,建设集产、研、销于一体的文化创意园区,形成产业规模。此外,文化产业园区项目建设逐步推进,平定刻花瓷文化传习园主体结构全部完成,平定砂器旅游文化产业园建设正在进行,砂器博物馆、生产车间及基础设施建成使用。 (王景莲)

【文化产业开发】 年内,全市的文化产业发展良好。城区在市老干部活动中心开办彩面塑、雕刻、布艺、黑陶、剪纸、根雕6个活动室,成为城区民间工艺创研、传承、展示的工作室;利用民间资本,在城区图书馆二楼创建城区美术馆,为城区艺术品展示及走向市场搭建平台。矿区以全市打造“中国版画城”为契机,制订矿区版画发展规划,成立矿区版画协会,并多次举办版画创作培训班,培养了一支在全国有影响的工业版画创作队伍,形成具有煤矿特色的地区文化品牌,2014年山西阳泉工业版画研究院矿区版画基地投入使用。盂县文化艺术中心主体封顶。 (王景莲)

【文化产品亮相文博会】 5月15日至19日,平定刻花瓷、盂县工艺蝴蝶、城区付海云彩面塑亮相第十届中国(深圳)国际文化产业博览交易会,该文博会被誉为“中国文化产业第一展”。在本届文博会上,阳泉市的刻花瓷、工艺蝴蝶颇受青睐,多家文化产品专业经销商表达合作意愿;付海云的面塑工艺则吸引大批参观者和购买者。 (王景莲)

【文化产业对接恳谈会】 9月3日,在第二届晋商大会文化产业对接恳谈会上,阳泉市文化产业项目负责人就4个项目与晋商代表进行对接恳谈,分别是中国刻花瓷文化园二期项目、平定刻花瓷文化传习园项目、平定砂器旅游文化产业园项目、平定砂器传承与创新项目。其中,中国刻花瓷文化园二期项目入选第二届晋商大会项目部《第二届晋商大会招商项目册》,平定刻花瓷文化传习园项目、平定砂器旅游文化产业园项目、平定砂器传承与创新项目入选省文化厅《山西省文化产业招商项目册》。 (王景莲)

文化市场管理

【节假日文化市场安全检查】 年内,为确保节假日期间文化市场安全稳定,市文广新局召开圣诞节、元旦、春节、元宵节文化市场安全检查工作会议。会议要求,一是按各自管理范围,严格检查每一个单位、每一个部位、每一个环节、每一台设备,不留盲区,对存在的问题不忽视;二是提高文化市场管理的科学化水平,创新文化市场管理,推动全市文化市场繁荣和文化产业振兴工作;三是市场天天查,文化市场执法人员24小时开机,全天候应对市场特殊情况,确保文化市场稳定,发现工作不到位的单位,及时通报批评。节假日期间,全市共检查网吧316家次、娱乐场所120家次,针对存在的问题能当场整改的立即督促整改,不能当场整改的责令停业整改,确保经营场所规范经营。(赵海珍)

【文化执法人员岗位练兵与技能比武培训】 2月至9月,全市开展文化执法人员岗位练兵与技能比武培训,培训分为宣传动员、全员培训、重点培训知识考试、全市大比武4个阶段,学习比赛内容包括政策法规、文书制作、案卷归档、文化产品识别、执法程序规范、网络执法及办公系统应用6个方面。培训采取自学、集中学习、聘请专业人员授课、队员讲课等多种形式。通过培训提高执法人员的法律素质，强化依法行政的能力。市文广新局在全省文化市场综合行政执法能力技能比武活动中获组织奖。　（赵海珍）

【文化市场技术监管与服务平台数据采集】 4月28日，市文广新局文化市场技术监管与服务平台基础数据采集培训会在市执法大队会议室召开，两县三区的数据采集管理员10余人参加培训。培训会播放文化部平台建设宣传片、平台管理员操作指南，市文广新局市场科和市执法大队相关负责人对平台权限设置及基础数据采集工作进行讲解，各县区平台管理员全部上机进行实际操作和考试。5月14日至21日，两县三区数据采集管理员对文化市场基础数据进行采集，采集网吧174家、娱乐场所46家、演出团体11家、演出场所4家、美术品经营场所20家，优化和整合文化市场信息化建设资源，用信息化建设促进文化市场管理的规范化。　（赵海珍）

【文化市场安全督查】 5月4日，市文广新局对开发区范围内的12家网吧和2家娱乐场所进行督查。督查的重点是网吧、歌舞娱乐等公众聚集的文化经营场所，查找场所在经营管理、消防安全等方面存在的漏洞，及时预防并排除隐患，防止发生安全事故。在检查中，要求网吧经营业主落实好场地巡查制度，对吸烟者及时予以制止，不要因一时的疏忽酿成惨剧，同时，要求歌舞娱乐场所每个职工都要承担安全员责任，把安全隐患消灭在萌芽状态，确保场所安全经营。　（赵海珍）

【文化行政审批人员业务培训】 6月26日，市文广新局召开全市文化行政审批人员业务培训会，各县区负责文化行政审批工作的分管领导、科长、文化窗口工作人员20余人参加培训。培训会上，集体学习文化市场、出版物市场、广播影视市场方面的管理法规、规章及各项审批业务的办理程序，并对全体参训人员进行考试。　（赵海珍）

【文化市场经营单位消防安全培训会】 12月25日，市文广新局文化市场经营单位消防安全培训会在文化中心报告厅召开。培训特邀市公安消防支队高级工程师梁彦隽讲授消防安全常识及应急措施。通过培训，提高全市文化市场经营场所规范、安全经营的意识。当晚，市政府副市长任衍钢带队，市文广新局和市公安消防支队联合对城区、开发区范围的网吧、歌舞娱乐场所进行检查。　（赵海珍）

【非法出版物集中销毁】 4月23日，市"打黄扫非"工作领导小组在市文化中心广场举行阳泉市2014年侵权盗版及非法出版物集中销毁活动和以"拒绝盗版、共筑未来"为主题的"绿书签行动"系列宣传活动。此次销毁的侵权盗版制品及各类非法出版物共12000余件，其中非法盗版图书6000余册，非法盗版音像制品3000余盘，非法医疗、医药广告3000余份。在"绿书签行动"系列宣传活动中，参加活动的领导、学生、出版物经营店、印刷厂负责人、执法人员等在印有"拒绝盗版、共筑未来"的条幅上签名。活动中发放了"绿书签"、宣传海报等资料，选定了有代表性的中小学校、影剧院、书（音像）店张贴"绿书签行动"海报。同时，选定阳光购书中心开展绿书签优惠购书活动。　（张瀚尹）

【政府机关正版软件工作培训会】 11月19日，全市召开政府机关使用正版软件工作培训会。会上，宣读了《关于成立阳泉市推进使用正版软件工作领导小组的通知》，省版权局版权处处长杨志云就政府机关使用正版软件长效管理机制建设作专题讲座，金山软件公司技术人员对WPS Office 2013办公软件的新特性、新功能、使用技巧和安装等进行讲解。同时，还向各县区、市级政府机关颁发"阳泉市人民政府使用正版软件工作责任书"和"阳泉市市级政府机关使用正版软件工作责任书"。　（张瀚尹）

【非法医药广告清理工作会】 8月15日，市文广新局、市工商局、市卫生局等部门联合召开全市集中清理整治民营医院药店制作散发非法"医疗医药广告"工作会，集中清理整治非法"医疗、医药广告"专项行动工作领导小组组成人员、全市民营医院的负责人等参加了会议。会上，宣读并下发由市文广新局、市工商局、市卫生局、市食药局联合制定的《阳泉市集中清理整治民营医院、药店制作散发非法"医疗、医药广告"专项行动方案》，就集中清理整治非法"医疗、医药广告"专项行动进行工作安排，强调对民营医院提出严格管理。参会的民营医院负责人签订"拒绝非法医疗广告宣传承诺书"。　（张瀚尹）

卫生 体育

卫 生

综合工作

【概况】 2014年,阳泉市各级医疗机构的诊疗条件和诊疗环境得到改善,医疗卫生服务、疾病防控、应急反应能力不断提升,行业作风建设成效明显,群众就医感受好转,看病难、看病贵问题得到缓解。新型农村合作医疗制度和大病保险制度持续推进,社区卫生服务中心开展签约医生服务工作。截至年底,全市共有各级各类医疗卫生机构1440个,其中三级医院3所、二级医院11所、一级医院24所、中医医院3所、妇幼保健院(所)6所、乡镇卫生院32所、村卫生室906个、社区卫生服务机构57个、社会办医及民营医院8所,采供血机构1个、急救中心1所、疾病预防控制中心6个、卫生监督所6所、健康教育所1所。全市卫生系统共有职工12525人,卫生技术人员9283人,其中执业(助理)医师3946人、护士3813人、药剂师659人、技师434人,共有床位7428张。全年全市医疗机构总诊疗6506482人次,住院病人人均住院费用8920.9元。 (梁乔森)

【医保体系改革】 年内,全市医保体系改革逐步到位。第一,1月1日,阳泉市城镇居民大病保险计算机网络即时结算系统正式启用,实现城镇居民基本医疗保险和居民大病保险同步即时结算。新农合大病保险计算机网络即时结算系统和新农合医疗管理平台对接前期工作完成,正式运行之前,平定县、盂县和郊区实现人保公司与县区卫生局新农合办公室合署办公,可实现即时结算。第二,全市新农合大病保险筹资标准由2013年的每人每年15元调整为30元,共筹资1714.93万元。截至年底,全市新农合大病保险补偿1459人,补偿金额843.1万元,人均补偿近6000元。全年城镇居民大病网络即时结算5940人次,理赔支付1404万元。第三,平定县、盂县和郊区在乡(镇)、村两级定点医疗机构推行新农合以门诊费用总额预付的支付方式,并有序推进新农合按病种付费支付方式,将22个重大疾病的补偿列入按病种付费的范畴,保证参合农民实际受益。 (梁乔森)

【基本药物制度】 年内,全市实施基本药物制度的政府办和非政府办基层医疗卫生机构达72.7%,其中城区、郊区、平定县和盂县实现基本药物制度全覆盖。全年全市基本药物订购金额3725.31万元,到货金额3105.44万元,到货率83.36%,人均订购金额28.60元,回款率95.67%。 (梁乔森)

【县级公立医院综合改革】 年内,中央财政下拨平定县和盂县县级公立医院改革补助资金600万元,市、县(区)两级财政下拨县级公立医院改革补助资金5007.42万元。截至年底,全市7所县级公立医院全部取消药品加成,实行零差率销售,取消药品加成后减少的合理收入全部足额补偿到位。"五升两降"医疗服务价格调整完成,诊查费、治疗费、护理费、手术费医疗服务项目价格上调13%,床位费上调36%,医用设备检查费、检验费降低10%。 (梁乔森)

【村医补助提高】 年内,为了稳定村医队伍,全市不断提高补助标准。对符合条件的乡村医生每人每月发放退养补助100元,即在国务院《乡村医生从业管理条例》颁布后依法取得乡村医生及以上执业资格、正式受聘于村卫生室、年满60周岁且连续在村卫生室执业满10年以上的离岗人员可享受补助,到龄暂未离岗的村医不享受补助。全年全市享受养老退养补助的村医有223名,其中郊区133名、平定县77名、盂县13名。省市县财政为全市1039名60岁以下的乡村医生按每人每月30元交纳新型农村养老保险。郊区对乡村医生参加新型农村社会养老保险制度给予补助，人均年补助720元，对招聘的81名大学生村医年人均补助12000元，比标准多补2000元。（梁乔森）

【乡村卫生技术人员培训】全年全市开展乡村卫生技术人员培训7241人次，其中乡镇卫生院管理人员100人次、乡镇卫生院业务骨干和医务人员175人次、村卫生所从业人员6966人次。同时，举办全市大学生村医培训班，对2009年以来招聘的216名在岗大学生村医进行培训。（梁乔森）

【新型农村合作医疗】　全年全市共有571642人参加新型农村合作医疗，参合率99.46%，其中，平定县参合人数229325人、参合率99.15%，盂县参合人数221503人、参合率99.87%，郊区参合人数120814人、参合率99.31%，基本做到应保尽保。第一，新农合筹资标准提高。中央财政每人每年补助由2013年的156元提高到180元、省级财政每人每年补助由2013年的62元提高到70元、市级财政每人每年补助由2013年的32元提高到35元、县级财政每人每年补助由2013年的32元提高到35元，参合农村居民个人缴费由2013年每人每年60元提高到70元，筹资总额由2013年每人每年342元提高到390元。全年全市新农合基金筹资总额为2.23亿元。第二，提高补偿比例。乡级定点医疗机构补偿比达到85%，县级达到80%，市级二级医疗机构达到65%、三级医疗机构达到60%，省级达到55%，省外就医的参合农民患者实行医药费用扣除起付线之后，补偿比例为30%和55%（省外二级以上非公立医疗机构为30%，省外二级以上公立医疗机构为55%），全年个人累计住院补偿封顶线为15万元；参合农民在确定的定点救治医院住院医药费用实行单病种最高限额付费，不设起付线，限额内费用由新农合基金按实际发生医药费用的70%补偿，参合农民个人按实际发生医药费用的30%付费；列入重大疾病范围的不计封顶线；慢性病种类由2013年的26种增加到31种，补偿比例为60%。

2014年，全市享受新农合住院补偿受益39917人次，发生医疗总费用34773.01万元，补偿金额16332.67万元，住院实际补偿比例46.99%，统筹县区新农合政策范围内住院补偿比例80.5%；享受门诊补偿受益1288710人次，发生门诊医疗总费用3779.86万元，补偿金额2219.12万元，门诊实际补偿比例58.71%。（梁乔森）

【社区公共卫生服务】　年内，全市各社区卫生服务机构按照《国家基本公共卫生服务规范（2011版）》要求，开展11项基本公共卫生服务。建立社区居民档案48.33万份；举办健康知识讲座467场；新生儿访视2672人，0–36个月儿童健康在管累计12090人，4–6岁儿童健康在管累计11778人；孕12周前建册2644人，孕产妇健康在管2905人，产后访视2723人；65岁老年人健康体检27601人；重性精神疾病患者管理653人；高血压患者累计管理31596人；糖尿病患者累计管理10462人。（梁乔森）

医政管理

【医院管理】　年内，全市加强对医疗机构的监管和质量检查，较好地完成各项工作。第一，加强医疗机构监管。组织专家对39家医疗机构开展医疗、护理等10个方面督导检查，经检查，各医疗机构坚持依法执业，强化医疗护理质量安全管理，开展便民服务，医疗服务质量明显改观；组织专家检查指导医疗机构规范诊疗行为，并为医疗机构出具了年度校验监督检查意见书，全年共校验医疗机构103家、注销2家。全市建立8个质控部，其中，院感质控部对全市基层医疗机构院感现状进行抽查和调查，并组织开展基层医疗机构院内感染培训；药事质控部开展对二级以上抗菌药物专项整治指导和监测，促进合理用药；护理等其他质控部开展对全市各级医疗机构（重点是二级及以上和民营机构）培训、现场指导和督导检查工作。第二，开展“三好一满意”（服务好、质量好、医德好，群众满意）活动。全年参加义诊的医务人员达300余人，为市民提供义诊服务8000余次，收治住院病人30余人，为患者减免费用5万余元；市一院、市三院、阳煤总医院、市四院、市中医医院、平定县医院、平定县中医医院、盂县人民医院、郊区人民医院开展优质护理病区达到100%，其他二级医院均达到60%；预约诊疗人次约10万人次，“检查结果互认”为患者减免费用6万余元；全市各医院开展临床路径的专业数、病种数分别为市一院20个、78种，市三院15个、56种，阳煤总医院12个、50种，平定县医院8个、40种，盂县人民医院14个、35种，郊区人民医院13个、30种。第三，强化平安医院建设工作。年内，全市卫生系统与综治、公安等部门联合开展医疗机构秩序治理，严厉打击涉医违法犯罪行为，同时召开推进平安医院创建工作座谈会，要求全市二级及以上医疗机构建立警务室，确保医务人员安全。截至年底，12家二级及以上医疗机构均建立警务室。（梁乔森）

【卫生支农】　年内，全市开展了各种卫生支农活动。第一，阳泉市第一人民医院对口支援盂县人民医院、郊区人民医院、城区人民医院、五台县人民医院，阳煤集团总医院对口支援平定县人民医院、矿区人民医院、岢岚县人民医院，阳泉市第三人民医院对口支援郊区人民医院、繁峙县人民医院，3家支援医院分别与受援医院签订对口支援协议书，并派出骨科、心内科等科室医师29名，手术30余次，开展讲座

60余次。第二,开展二级以上医疗卫生机构对口支援乡镇卫生院和社区卫生服务机构工作,制订了《2014年二级以上医疗卫生机构对口支援乡镇卫生院项目管理方案》,按照"四个一"的要求,即联系一个村、一周一坐诊、一月一培训、一人一徒弟,建立县乡村三级联动制度,县级医院对口支援乡镇卫生院,乡镇卫生院大学生村医、院长对口支援村卫生室。第三,引进省内外优质医疗资源建立医疗联合体。平定县人民医院和山西省人民医院、山西省肿瘤医院、阳煤总院建立医疗联合体,可实现双向转诊,通过帮扶,平定县人民医院建设普外科腹腔镜治疗中心;盂县人民医院和市中医院、北京安贞医院、阜外心血管病医院、武警总医院、北京中医院、石家庄国际和平医院、山西省人民医院、山西医科大学附属第二医院、山西医科大学附属第三医院、太原中心医院建立长期技术协作关系;郊区人民医院和北京301解放军总院建立远程医学会诊平台。 （梁乔森）

【中医工作】 年内,阳泉市创建成1个省级中医药特色社区卫生服务中心、4个省级中医药特色乡镇卫生院、1个省级综合医院中医药工作示范单位,并创建了7个市级中医药特色乡镇卫生院、6个市级中医药特色社区卫生服务中心,实现了每个县区均有1个以上中医药特色乡镇卫生院或社区卫生服务中心,全市100%的社区卫生服务中心、90.63%的乡镇卫生院、88.64%的社区卫生服务站和65.78%的村卫生室可以提供中医药服务。第一,城区和平定县卫生系统均完成2014年基层中医药适宜技术培训任务,共培训244人,同时,郊区选派80名乡村医生接受了省中医院组织的中医药知识与技能培训,盂县、矿区、平定县、郊区均已完成县级名中医评选工作,设置4个县级名医堂,选拔出12名县级名中医开展师带徒活动。第二,市中医院完成了中医药预防保健服务平台建设,"治未病"科设置健康状态信息采集与管理区域(体质辨识室)、健康状态辨识及其风险评估区域(健康干预室)、健康咨询与指导室以及辅助区域,各区域布局合理,工作流程便捷。中医综合治疗区包括康复科、针灸科、康复室、熏蒸蜡疗室等科室,配备8名工作人员,梯队基本合理,可开展30余项中医非药物治疗。第三,成立中医药预防保健及康复服务工作队,深入各县区12个基层卫生服务机构和乡镇卫生院进行中医药预防保健服务指导工作,并与南山社区卫生服务中心、娘子关职工医院、南娄镇卫生院、牛村镇卫生院4所基层医疗机构签订"阳泉市加强区域中医药预防保健建设协议书"。 （梁乔森）

【继续医学教育】 年内,全市各级卫生机构均开展继续医学教育。一是实现继续医学教育网络化管理,各县区、市直医疗卫生单位基本实现继续医学教育网络化管理全覆盖,市直医疗机构覆盖率达100%,县级医疗机构覆盖率达90%,乡镇卫生院和社区卫生服务机构覆盖率超过60%,村卫生室覆盖率将近30%。二是卫生技术人员获取学分达标率保持稳定,全市高级职称897人、达标率78.26%,中级职称2132人、达标率57.22%,初级职称3713人、达标率47.40%。 （梁乔森）

【医师定期考核】 年内,全市开展医师定期考核工作。全年参加考核人员3634人,其中简易程序2501人、一般程序1133人,涉及18个专业,通过率为97.3%。 （梁乔森）

【血液管理】 年内,市卫生局加强对血液的管理。第一,全年共有12433人参加无偿献血,无偿献血501.97毫升,采集全血总量493.31万毫升,基本满足临床用血需求,采集血液足量比例和采血一针率均达99%以上。截至年底,全市无偿献血率100%,成分输血比例达98.5%,一次献血400毫升人数达到献血总人数的98.9%,重复献血人数达68.5%,无偿捐献机采血小板100%。第二,组织临床用血质控部和市中心血站联合开展用血机构专项检查和盲样调查,建立医疗机构用血情况专项档案。第三,成立市输血协会,与输血质控部配合定期对用血机构开展质量检查,截至年底,全市符合临床用血条件供血的医疗机构有22家。 （梁乔森）

【医院评审】 年内,市卫生局组织专家组对全市6所医院进行评审。其中,阳泉市第四人民医院达到二级乙等,阳泉华康医院、晋东医院、南庄煤炭集团有限责任公司医院、大阳泉煤炭有限责任公司医院达到一级甲等。 （梁乔森）

【职业资格考试】 全年全市卫生系统初中级卫生专业技术资格考试报考1202人,通过审核1197人,涉及4203科。其中,初级798人、2816科,中级399人、1387科。全年护士初级执业资格考试报名595人。 （梁乔森）

卫生监督

【医疗服务市场秩序整顿】 年内,全市开展医疗服务市场巡查、美容保健品销售市场涉医涉药专项整治、医疗广告专项整治、打击非法行医宣传周等专题活动。全市共出动执法人员4852人次,执法车辆1891台次,检查医疗卫生单位2619户次;查处无证行医案件46起,现场取缔无证诊所46户,罚款金额10.3万元;查处违法违规医疗机构44家,其中警告38户、责令改正39户、罚款41户,罚款金额3.94万元。综合医院、专科医院监督覆盖率达100%,卫生监督信息录入100%。 （梁乔森）

【学校卫生监督】 年内,市卫生局以学校卫生组织领导机构、生活饮用水卫生安全情况、传染病防治情况、教学环境卫生情况、学校卫生室(保健室)设置及人员配备情况、健康教育开展情况等为重点内容,对全市各级各类学校进行监督监测,排查卫生安全隐患。全年共监督检查学校392所,建库率、经常性卫生监督覆盖率达100%。（梁乔森）

【职业病和放射诊疗监督检查】 年内,全市各级卫生监督机构对全市职业健康检查机构、职业病诊断机构、放射诊疗机构依法执业情况进行监督检查。全年共检查职业健康检查机构13个、职业病诊断机构3个、放射诊疗机构98个,监测放射诊疗设备162台、放射工作人员个人剂量和职业健康监护情况210人,经常性监督覆盖率达100%,并针对放射工作人员、职业病防治工作人员举办培训班，共计培训200余人次。同时,以“防治职业病,职业要健康”为主题,在全市宣传《中华人民共和国职业病防治法》等法律法规和配套规章、标准及常见职业病的科普知识,共设立咨询台30多个,展出宣传版面60余块、宣传条幅15条。（梁乔森）

【生活饮用水供水单位建档】 年内，全市卫生系统对生活饮用水供水单位情况进行摸底建档。截至年底,全市共有现制现售饮用水经营单位27个(包括单位及个人),现制现售饮水机131台,使用的水质处理器包括水盾、天天一泉等9个品牌。同时,在全市设立62个监测点,对生活饮用水水质进行监测,监测范围包括城镇集中供水、二次供水等,水样类型包括出厂水、末梢水和二次供水等。（梁乔森）

【公共场所卫生监管】 年内，全市卫生系统以城乡接合部、城镇繁华街道为重点区域，以小美容美发店、小旅店、小网吧、小歌舞厅为重点对象,对全市公共场所进行卫生监督。对辖区内营业性游泳场(馆)和内部开放的游泳场所的水温、pH值、游离性余氯、浸脚消毒池水余氯等进行监督,对住宿、沐浴、游泳池、美容美发场所、商场(超市)、影剧院、饭馆(餐厅)等公共场所进行控烟监督检查，对住宿、沐浴、美容美发场所、人工游泳池、商场(超市)、影剧院、饭馆(餐厅)等公共场所室内空气、顾客用品用具、水质卫生质量进行检查。（梁乔森）

【健康教育】 年内,全市各级卫生系统采取多种形式加强宣传教育,传播健康知识,促进全民健康行为养成。通过结核病、预防接种、碘缺乏病、“无烟日”“慢病日”等卫生主题宣传日活动,开展疾病预防控制知识科普宣传教育,提高居民防病知识知晓水平。全年全市共印制宣传资料230余种,发放宣传资料30余万份,开展健康咨询活动680余次,制作各类宣传版面5000余块,在社区卫生服务机构和乡镇卫生院共举办健康知识讲座2500余次。通过开展“健康教育进社区(农村)、进学校、进机关、进企业、进家庭”活动,城市、农村居民卫生防病知识知晓率分别为75.1%和71.6%,城市、农村居民基本卫生防病行为形成率分别为72%和70.9%，目标人群重点卫生防病知识知晓率为74.9%，目标人群中35岁以上高血压知晓率为58.6%。（梁乔森）

疾病控制

【传染病防控】 全年全市传染病总体疫情稳定,未发生重点传染病暴发流行,无甲类传染病发生。全市乡镇卫生院、社区卫生服务中心传染病网络直报覆盖达到100%。艾滋病防治及宣传工作取得阶段性成果。（梁乔森）

【基本公共卫生】 全年全市从事基本公共卫生服务人员达1943人,建立起以村卫生室、社区卫生服务站为基础服务平台,乡镇卫生院、社区卫生服务中心为服务枢纽,市、县公共卫生机构提供技术指导的基本公共卫生服务体系，并开展基本公共卫生服务项目12项。全市共建立居民健康档案116.985万份，累计建立电子档案108.2601万份,电子建档率达78.4%;重性精神疾病患者规范管理2629人;高血压患者健康管理117395人、规范管理114175人，血压得到有效控制72071人；糖尿病患者健康管理26720人、规范管理25455人,血糖得到有效控制16164人;65岁及以上老年人登记管理12.3万人、健康管理9.65万人；上消化道癌症高危人群筛查0.35万人。（梁乔森）

【结核病防治】 年内，市卫生局有效处置盂县上社中学学生结核病聚集性疫情8例，并开展农村寄宿制学生免费结核病筛查，共完成农村寄宿制学生免费结核病PPD试验筛查10638人，完成省卫生厅下达任务的156.5%，其中确诊肺结核3人，完成病例报告工作并进行规范化治疗。市三院开展分枝杆菌药敏试验;各县(区)卫生系统推行结核病“三位一体”(构建疾控机构、定点医疗机构、基层医疗卫生机构,分工明确、协调配合的结核病防治服务体系)防治服务模式,并开展痰培养试验。（梁乔森）

【碘缺乏病防治监测】 年内，全市卫生系统对5个县区、25个乡镇(街道办事处)、100个行政村（居委会）开展碘缺乏病防治监测。采集居民户食盐1500份，其中食用碘盐1497份,碘盐覆盖率为99.80%;全市1500份食盐中,合格碘盐1477份,合格碘盐食用率98.47%。（梁乔森）

【中医药健康管理服务】 年内,全市卫生系统为65岁及以上的常住居民提供中医体质辨识和中医药健康指导,为0—36个月儿童提供中医药调养和健康指导。截至年底,全市共完成65岁以上老年人中医体质辨识51124人,目标人群覆盖率为44.95%;0—36月儿童中医健康指导完成13893人,目标人群覆盖率为44.27%。（梁乔森）

妇幼保健

【重大公共卫生妇幼项目】 年内，全市二级以上妇幼保健机构占到60%，共补助农村孕产妇住院分娩3335例、100.5万元，为育龄妇女发放叶酸10100人份，完成农村妇女宫颈癌筛查12500例、农村妇女乳腺癌筛查3500例。全年全市孕产妇死亡3例，死亡率35.29/10万；5岁以下儿童死亡97人，死亡率11.41‰。 (梁乔森)

【基本公共卫生妇幼项目】 年内，全市5次及以上产前健康检查的孕产妇7937人，孕妇健康管理率85%，产后访视8216人，产后访视率88%。0—6岁儿童应管理人数为67667人，实际管理63546人，儿童健康管理率93.9%；全市活产数9334人，新生儿访视8292人，新生儿访视率88.84%。 (梁乔森)

应急抢救

【紧急医疗救援】 年内，市紧急医疗救援中心出车7563趟次，转运病人4854人次，处理3人以上突发事件73起，参与较大突发公共事件应急抢救77次，为大型活动提供医疗保障115次，急救车累计行程近25万千米。 (梁乔森)

【卫生应急预案体系建设】 年内，全市以制定和完善应急预案为主线，加强卫生应急预案体系建设，内容涉及自然灾害、突发群体性事件、地震、反恐怖袭击、重污染天气、人禽流感、甲型H1N1流感、非典型肺炎、埃博拉出血热疫情等多方面内容，卫生应急处置工作逐步向规范化、制度化迈进。 (梁乔森)

【卫生应急队伍】 全年全市共有市级卫生应急队伍11支，其中，医疗救治专业队伍6支，传染病防控、群体性不明原因疾病、食物中毒、职业中毒化学中毒和放射事故、心理危机干预5个专业各1支队伍，队员160人。同时，成立市级突发事件处置专家咨询委员会，下设传染病防控组（包括不明原因疾病、生物恐怖），医疗救治组，食物中毒处置组，职业中毒、核和放射处置组(包括化学恐怖、核恐怖)以及预测预警组5个专业组，委员94人。专家咨询委员会平均年龄为47岁，高级职称占到总人数的74%，中级职称占到总人数的26%。 (梁乔森)

【应急演练】 年内，根据省卫计委要求，市卫生局组织举办卫生系统应对流感大流行桌面演练。平定县、盂县卫生局相关部门、疾控及医疗机构相关负责人和有关专业人员30余人分别组成应急管理、卫生防疫、医疗救治3个小组，根据情境需要，逐一回答相关问题，达到预期效果。 (梁乔森)

【食品安全风险监测】 年内，全市食品污染物及食品中有害因素监测36类314份，其中常规监测268份、专项监测46份；食品中食源性致病菌监测213份，样品采集率为101.4%，全部检测并网报，检测阳性32例，阳性率为19.8%，阳性复核正确率93.8%；特定病原体食源性疾病监测246份，任务完成率为102.5%。同时，确定全市二级及以上医疗机构为疑似食源性异常病例/异常健康事件监测哨点医院，市一院、市三院、平定县人民医院、郊区人民医院为食源性疾病病例信息采集与调查监测医院，市一院、市三院为特定病原体食源性疾病监测哨点医院的食源性疾病监测网络。此外，市疾病预防控制中心分别于5月和10月举办全市食源性疾病监测工作培训班和食品安全人员培训班，累计培训150余人次。 (梁乔森)

【红十字会援助】 年内，市红十字会为三区两县特困家庭和贫困群众2200户、6600人捐赠物资；救助2名贫困大病患者，发放救助金55000元；通过阳光天使基金和小天使基金救助先天性心脏病和白血病贫困儿童14名。8月，云南鲁甸发生地震后，市红十字会共收到捐款45000元，全部上缴省红十字会。全年有4人确认并填写器官捐献志愿者申请登记表；有2名志愿者造血干细胞配型成功，并参加造血干细胞捐献高分辨血样采集工作，其中1人高分辨成功并捐献了骨髓。 (梁乔森)

食品药品监督管理

【概况】 全年全市完成食品药品国抽（国家食品药品安全监督抽验)57批次、抽检合格率91.23%，省抽(山西省食品药品安全监督抽验)34批次、抽检合格率94.12%。市食药局投入抽检资金20余万元，配合市场执法检查进行监督性靶向抽样71批次，合格率77.46%。全年全市共出动执法人员38234人次，检查单位13000余户次，责令整改3790户次，查办“狮脑山”牌绵白糖、无证经营豆制品等案件237起，比上年下降17.1%，移送案件2起，没收涉案的原辅材料50余吨，收缴罚没款133.7万元，比上年增长75.7%。全市未发生较大规模食品安全事故。 (毛赟程)

【食药监系统机构完善】 年内，全市食药监系统通过完善机构建设，确保监管工作有序开展。一是理顺监管职责，健全组织机构。全市食药监系统机构改革基本到位，接管卫生部门的食品安全综合协调职责、质监工商部门的食品生产流通安全监管职责、商务部门的酒类食品安全职责以及农委的上市果蔬监管职责，还承担对食品、药品安全性和有效性统一监管的职责。基本上形成市级一局、一队、两中心，县区局一局、一队、基层站的机构布局。市公安局成立打击食品药品犯罪侦查支队并入驻市食药监局，县区公安部门在治安科加挂打击食品药品犯罪侦查机构牌子。平定县、盂县新组建食品药品综合检验检测机构，城区、矿区在疾病预防控制中心的基础上增加食品药品检验检测职能，弥补全市检验检测的空白。二是增强执法力量，夯实基层工作。全市44个乡镇（街道）设立42个食品药品监管站，并在每个村(社区)设立1名专、兼职协管员，落实每人每月100元的补助。全市食药监系统核定编制469名，其中新增编制293名，在岗人员360名。　（毛赟程）

【食品药品安全专项整治】 年内，阳泉市先后开展食品生产企业出厂自检、鱼肝油、春季学校食堂、中高考期间餐饮安全、集体聚餐、粽子、特殊用途化妆品、违法广告等一系列专项监督检查。

食品生产环节　按照建立和完善原产地可追溯制度的要求，下发《关于全市食品生产加工企业开展全面自查的通知》《关于食品生产加工企业严格出厂检验的通知》《生产加工小作坊监督管理办法(试行)》等文件，为每户企业完善监管档案，从原辅材料购进、生产过程控制、严格落实产品出厂批批检验等环节入手，找准企业潜在的食品安全隐患，从食品生产的根源上堵塞漏洞，提高食品安全监管水平。此外，为提高食品安全生产监管水平，召开全市食品生产质量安全专题会议，编制《食品质量安全市场准入审核细则汇编》并下发到各县区食药监局。

食品流通环节　围绕建立最严格的食品药品安全监管制度，形成全过程追溯体系，出台《食品流通环节索证索票和进货查验制度专项整治的通知》和《关于进一步规范商场、超市、集贸市场内的非餐饮服务类和前店后坊式食品小作坊许可和管理工作的通知》等规范性文件，要求食品经营者建立健全食品进货查验和进销台账制度、食品安全管理责任制度等自律机制，督促食品经营者依法查验核实食品生产者提供的证照和食品质量检测的批次报告或证明文件。做到出厂检查、索证有印、索票编号、账票相符，上可追溯供货商资质，下可追溯食品数量去向，达到食品来源的快速追溯目的，有效杜绝问题产品流入百姓家中。

餐饮环节　以餐饮单位量化评级为契机，在动态等级评定过程中，建立长效机制，稳步推进餐饮业食品安全管理上水平。同时，进一步加强对大型集体聚餐的监管，落实大型集体聚餐报告制度，并制定统一的“农村集体聚餐申请表”，加强对农村红白喜事集体用餐服务单位人员健康、场地环境、清洗消毒的管理，规范农村集体用餐服务。开展学校食堂及学校周边餐饮食品安全专项检查和夏秋季餐饮食品安全专项检查，进一步提高餐饮食品安全保障水平。

药械监管方面　开展中药饮片、医疗器械、美瞳、骨科植入物和介入器材、特殊用途化妆品及违法广告等专项整治；召开新版GSP认证推进暨座谈会，并组织全市药品批发、零售连锁企业相关人员和各县(区)局40余人到山西省首家通过药品GSP认证的国药集团山西有限公司观摩学习，全年共对85家药店进行GSP现场检查验收，其中限期整改10家；组建药械不良反应监测中心，强化不良反应报送工作，共报告医疗器械不良事件172例，药品不良反应1015例，超出全年目标95.2%。　（毛赟程）

【食品药品安全监管】 年内，阳泉市食药监系统加强对学校食堂、集体聚餐、添加剂滥用、基本药物等食品药品安全问题的监管，彻底排查隐患，强化安全保障。一是明晰事权划分，充分发挥市、县、乡三级合力。出台《阳泉市食品药品监督管理局事权划分办法(试行)》，以“地方政府负总责，属地监管为主”的理念，明确市、县(区)食品药品监管机构改革后的监管事权划分，落实地方政府负总责、监管部门各负其责、企业是第一责任人的责任体系和“网格化监管、格式化检查、痕迹化管理”的“三化”管理模式。同时，为进一步调动市、县(区)积极性，充分发挥市、县、乡三级监管部门的监管合力，市食药监局制订出台《阳泉市食品药品监督管理局县(区)督查办法(试行)》，分三层次开展督查，即对高风险、社会影响大、带有源头性的企业，市级部门在县(区)食药监局日常监管的基础上，实行全覆盖式督查；对燃点低、触点多、问题隐患频发、社会群众又较敏感的单位和环节，市食药监局重点跟踪、高频次督查；对于其他的行政相对人，随机抽取一定比例进行督查检查。督查结果纳入年度目标责任制考核。二是创新工作机制，用制度建设提升工作效能。制定“12331”24小时投诉举报热线工作流程，整合全市举报电话，全年共接到投诉举报160起，咨询271起，做到有记录、有查处、有反馈；出台律师参与案件合议制度，邀请市级、城区两级检察院开展执法文书检查和指导；出台企业负责人约谈制度、食品药品安全“黑名单”制度，对华龙、鲁阳、招财鱼等违规企业负责人约谈10余次，对被查处的行政相对人，按照信息公开标准进行公示；加强部门和企业之间的沟通，进一步提高案件查办效率；建立问题倒逼机制，认真梳理风险隐患，做到工作开展有计划、推进有措施；出台《关于规范全市索证索票和进货台账制度的通知》《食品生产加工小作坊和食品摊贩监督管理实施细则(试行)》等规范性文件，并在城区和盂县分别召开全市创建食品安全城市工作推进现场会。截至年底，全市89%的街道和69%的农村达到食品安全城市标准，按照每村补助1500元，每乡镇补助2500元的标准，共计下发69.4万元的经费补助。　（毛赟程）

【食药市场监管】 年内，阳泉市食药监系统采取一系列措施加强市场监管。第一，通过与公安召开联席会议、信息共享、协同办案等方式，查处和取缔无证生产腐竹、面皮等品种的

7家违法生产经营窝点。第二,开展食品安全专项整治,对高风险、社会影响大、省食药监局确定的6家重点生产企业的督查覆盖率达到100%,对大型超市的督查覆盖率达到88.9%,对学校食堂的督查覆盖率达到62.1%。第三,市财政下拨食品安全监管专项经费50万元,完成药品抽验550批次,合格率98.5%,抽验食品80批次、器械16批次、保健品化妆品29批次;投入资金20余万元开展日常监督抽验,抽检药品213批次、餐饮具1100份以及纯净水、酒类、月饼等食品12个品种71批次,在市食药监局官网和媒体上发布抽验结果公告7则,同时发布消费警示18则、监管公告2期,对不合格的产品进行立案查处。第四,全年移送违法广告270则,暂停销售违法广告品种15个。 (毛赟程)

【食品药品检验检测】 年内,阳泉市食药监系统全部完成食品药品检验检测任务。一是药品检验工作。根据《2014年度山西省药品监督抽验计划》和《阳泉市2014年药品监督抽验计划》,市食药监局承担国家基本药物47个品种和山西省基本药物补充品种18个品种的检验工作,承担辖区内日常监督检验160批次以及中药材中药饮片专项检验任务20批次,承担省食药监局调拨的长治市日常监督检验任务45批次以及中药饮片专项检验20批次。全年完成检验品种总数557批次,其中基本药物235批次、中药注射液安全性考察样品4批次、日常监督213批次、中药材专项检验41批次、中医院委托检验7批次,其他检验57批次。不合格8批次,不合格率为1.6%,不合格品种为八珍益母丸、芪蛭通络胶囊、川贝母、菟丝子、川木通、麦冬、白芍、紫苏子。二是食品检验工作。11月,市食药监局向省质监局申请6个类别25个参数的食品检验项目,其中13个参数通过认证,超出年度目标30%。 (毛赟程)

【食药安全宣传教育】 年内,全市食药监系统开展一系列食药安全宣传活动。一是拓展宣传渠道。与团市委合作组建200余人的食品药品青年志愿者宣传队伍,利用食品药品安全宣传月、普法宣传周、“3·15”等活动,深入开展以“五走进”(走进农村、走进学习、走进社区、走进机关、走进工地)为主要内容的大调研大宣传和以“尚德守法,提升食品安全治理能力”为主题的食品安全宣传周活动,发放宣传资料26000余份。二是创新宣传形式。与电影公司合作投入10余万元制作食品药品安全知识动画作为电影片头,通过电影进农村、进社区在全市放映12000余场;与公交公司合作在全市364辆公交车LED屏全天候滚动播放食品药品公益宣传资料百万余条次;利用户外大屏、短信群发消费警示等方法宣传食药安全知识;在《三晋都市报》“阳泉社区”专刊上开办专栏,对食药监管工作进行专题宣传62条;主动做客《行风热线》,从履行职责、创新工作、食品药品安全监管等方面同群众零距离沟通答疑解惑;在市食药监局开设食药大讲堂,每月选取1个主题为市民普及饮食用药常识,全年共开办3期。三是及时曝光典型案例。同阳泉电视台合作,在市公安局打击食品药品犯罪侦查支队的配合下,在阳泉电视台《111报道》实况展示捣窝点、除隐患专项行动;与阳泉电视台共同制作了5期食品药品安全问题典型案例专题,在全市主流媒体滚动播出。 (毛赟程)

爱国卫生

【概况】 2014年,阳泉市爱国卫生工作以创建国家卫生城市为主线,以爱国卫生月活动为切入点,按照“远离病媒侵害,你我同享健康”要求,强化组织领导,周密安排部署,细化目标责任,采取各种有效措施改善生活环境,收到显著成效。阳泉市被省爱卫会评为省级卫生城市,平定县、盂县被评为省级卫生县城,城区、矿区、郊区被评为省级卫生区,市卫生局、交通运输局等47个单位被评为省级爱国卫生先进单位,盂县仙人乡坳上村等30个村被评为省级卫生村镇,郊区小河村等20个村被评为省级改厕先进村。 (王浩亮)

【爱国卫生宣传活动】 年内,全市开展形式多样、内容丰富的爱国卫生宣传活动,调动广大群众的积极性,营造人人参与环境整治、齐抓共管共驻共建美好家园的氛围。活动期间,共发放知识手册和宣传资料10万份,设置宣传站(点)283个、展板500余块。 (王浩亮)

【集中整治】 年内,阳泉市开展城乡环境卫生综合整治活动。一是对政府机关、各企事业单位、驻地单位全面开展工作生产场所卫生清理。在成立卫生督察工作组、制定长效措施、建立督察制度的基础上,市爱卫会工作人员不间断督促检查工作,以彻底消除卫生死角,确保工作生产场所干净、整洁。二是集中开展垃圾清理和市容环境卫生整治。从4月份开始对全市环境卫生进行集中清理整治,共出动各种车辆800余台、人员近5万人,清理积存垃圾40000余吨、卫生死角3000余处,清理绿地杂物20000余平方米,清理消除小广告、牛皮癣27000余处。三是集中开展社区居民楼院卫生整治活动。以社区为单位,重点开展了楼宇内公共部位、外围区域内的公共场地、小区私搭乱建、小区绿化、生活垃圾清运收集、小区立面清洁6项清理工作。 (王浩亮)

【病媒生物防制】 为做好病媒生物防制工作,市爱卫会从2013年11月至2014年6月投入15.6万元,采取招标、采购方式,购置背负式喷雾器40台、外环境杀虫剂30箱、防护服装40套、粘鼠板40箱、灭蛆块20箱、灭鼠药10000袋、灭蟑药10000袋、粘蝇条10000条,粘蟑条

10000条、杀虫气雾罐100箱等，发放到各县区及相关企事业单位，并在4月和夏秋季期间，将药品集中投入到“四害”（老鼠、蟑螂、蚊子、苍蝇）滋生地，最大限度减少“四害”繁殖率。根据各区域特点和病媒生物危害情况，各县区购买相关药品，组织机关、企事业单位、社区居民和专业防制队伍集中开展灭鼠、灭蟑、灭蚊、灭蝇活动，重点清理卫生死角，消除“四害”滋生地。在调查摸底的前提下，饭店、食堂、副食店、超市、医院、美容美发店、小旅店以及居民社区等不同行业和单位都进行室内外环境投药，同时做好安全警示工作，防止意外事件发生。截至年底，全市各相关单位签订病媒生物防制责任书、承诺书2600余份，全市“四害”密度大幅度降低，控制在国家标准范围内。（王浩亮）

【农村改厕】 全市农村改厕主要是指将农村户厕、旱厕改造为双瓮漏斗式无害化卫生厕所，一部分厕所改造为通风改良式、水冲式、沼气式的卫生厕所。至年底，全市累计改造农村户厕、旱厕13400个，卫生厕所普及率达61.51%。（王浩亮）

【省级卫生城市检查验收】 9月15日至16日，阳泉市通过了省卫生城市检查团的检查验收。检查团一行深入阳泉市部分单位、居民区和街巷、村镇，对爱国卫生组织管理、健康教育、环境卫生、环境保护、食品安全、生活饮用水、公共场所卫生、病媒生物防制、传染病防治、单位和社区卫生、城中村及城乡接合部卫生等方面进行综合检查。经检查，15个单位和5条（个）路段、区域存在问题。为及时整改检查发现的问题，市爱卫会印发《关于整改卫生城市检查中存在问题的通知》。10月29日至30日，市爱卫会组织市卫生局、市食品药品监督管理局、城区爱卫办、矿区爱卫办有关人员对存在问题的单位、路段、区域进行复查。经复查，全部问题已经逐条逐项进行整改，并及时健全相应的管理制度，落实各项措施。（王浩亮）

【“门前三包”责任制】 年内，为加强城乡环境卫生管理，建设长效管理机制，使综合整治工作得以巩固，市政府出台《关于落实“门前三包”责任制的实施办法》。各县区与驻地单位、商铺、小区签订“门前三包”责任书11968份，并统一制作“门前三包”责任牌9121块，发放到各相关单位进行悬挂。（王浩亮）

体 育

综合工作

【概况】 2014年，阳泉市举办各级各类全民健身活动2000余项次，全年经常参加体育锻炼的人口超过40万人，占全市总人口的32%。全年全市在国际、国内大赛中共获得金牌19枚、银牌14枚、铜牌11枚。在第十四届山西省运动会上，阳泉市体育代表团获得输送贡献奖第三名、金牌总数第四名、总分第六名的成绩，并被授予体育道德风尚奖。全年全市销售体育彩票4652万元，比销售任务4500万元超额完成152万元。年内，阳泉市体育局被省人社厅、省体育局评为“山西省体育工作先进集体”，被市委、市政府评为“阳泉市体育工作先进集体”。市体校被确定为“全国乒乓球后备人才基地”，市体育中心被确定为“全国全民健身活动中心”和“山西省高水平体育后备人才基地”。（司淑清）

【第六次全国体育场地普查工作】 年内，阳泉市完成第六次全国体育场地普查工作。截至2013年底，全市有各级各类体育场地3271个，场地面积161.02万平方米，人均体育场地面积为1.16平方米。（司淑清）

【高危体育项目经营场所联合检查】 9月，市体育局联合工商、安监、质监、人社等相关部门对全市5个县区17个高危险性体育项目经营活动场所进行检查，主要涉及游泳、漂流等高危项目的经营活动场所。检查中，对未办理高危险性体育经营许可证的单位督促其尽快办理，对部分经营不规范的场所责令其立即整改。（司淑清）

【平定县全民健身活动中心】 8月1日，平定县全民健身活动中心正式对外开放。该中心是在平定县体育场的基础上，争取国家和省专项资金900万元进行改造的，包括塑胶跑道、草坪足球场以及羽毛球、篮球、门球、网球场地等。（司淑清）

竞技体育

【王智伟获奖】 3月9日，在第七届亚洲气枪锦标赛中，阳泉籍运动员王智伟与队友在男子气手枪团体赛中以1759环获得冠军，平了该项目的世界纪录，个人赛中其获得亚军。6月9日，在德国慕尼黑举行的“2014年国际射联世界杯”德国站比赛中，王智伟获男子50米手枪银牌。7月7日，在“好视力杯”射击世界杯北京站比赛中，王智伟获男子手枪50米慢射冠军。9月8日至19日，在西班牙格拉纳达举行的第51届射击世锦赛中，王智伟与队友合作，夺得男子50米手枪慢射团体比赛和男子气手枪团体比赛2枚金牌。9月20日至21日，在韩国仁川亚运会男子射击项目中，王智伟与队友庞伟、蒲琪峰合作以1692环夺得50米手枪慢射团体金牌；在50米手枪慢射个人比赛中，其获得铜牌；在男子10米气手枪团体比赛中，其与队友合作以1环之差获得银牌。（司淑清）

【胡杨获全国射击冠军赛第六名】 4月16日，在全国射击冠军赛步枪项目比赛中，阳泉籍运动员胡杨以

411.6 环获得男子 50 米步枪 3 种姿势比赛第六名。（司淑清）

【山西省第十四届运动会参赛】 8 月 8 日至 18 日，阳泉市运动员组团参加山西省第十四届运动会青少年组 16 个大项、259 个小项以及职工组、老年组 13 个项目的比赛。在青少年组（专业组）比赛中，阳泉市体育代表团共获得金牌 73.75 枚、银牌 54.75 枚、铜牌 59.25 枚，并以总分 2094.25 位列全省总分第六名。此外，职工组获得个人第二名 2 个、个人第八名 1 个、个人第十名 1 个、团体二等奖 3 个、团体三等奖 2 个以及体育道德风尚奖 3 个，老年人组获得团体一等奖 3 个、团体二等奖 9 个、团体三等奖 5 个、体育道德风尚奖 6 个。（司淑清）

群众体育

【象棋比赛】 1 月 2 日至 3 日，阳泉市"百纺杯"象棋邀请赛在阳泉市百纺购物中心举行，共有 37 名选手参赛。市青少年宫象棋教练米珍珠以 7 战 5 胜 2 和积 12 分获得冠军，城区刘建军获得亚军，开发区的乔中平、矿区的鹿小兵、开发区的申文革、百纺购物中心的乔建平、城区的郗润祥、郊区的张义平分别获得第三名至第八名。4 月 12 日至 15 日，阳泉市象棋代表队参加山西省第十九届农民象棋比赛，张义平获得男子个人第二名、王玉梅获得女子个人第二名、王莉芬获得女子个人第五名，同时，女子团体获得第二名、男子团体获得第五名。（司淑清）

【"大寨核桃露杯"2014 年阳泉市象棋锦标赛】 12 月 5 日至 7 日，"大寨核桃露杯"2014 年阳泉市象棋锦标赛在阳泉经济技术开发区举办，比赛由阳泉市体育局主办，市棋牌协会承办，开发区管委会协办，共有来自全市各县区的 9 支代表队 66 名选手分别参加团体比赛和男女个人赛。最终，城区代表队、平定县一队、一矿代表队、开发区康达代表队、开发区代表队、盂县代表队分别获得团体赛前 6 名，米珍珠、孟千林、贾廷辉、柳铁汉、刘建政、鹿小兵分别获得男子个人赛前 6 名，郭燕、米苗、王利芬分别获得女子个人赛前 3 名，南煤集团代表队、公安局代表队、平定县二队获得体育道德风尚奖。（司淑清）

【桥牌比赛】 1 月 4 日至 5 日，阳泉市桥牌锦标赛在阳煤集团第二医院举行，来自全市的 16 支代表队参赛。市安监局代表队获得冠军，新五行、桥缘、矿区、平定县、农业联队代表队分列第二名至第六名。同时还进行 2014 年阳泉市桥牌代表队选拔赛，何文斌、郭建波、白敬泉、张翔、翟瑞琴、郭月珠、陈红伟、毛斌 8 人入选。4 月 26 日至 27 日，市桥牌协会吴学斌、李天祥、焦以亮、陈红卫、杨保玉、毛斌 6 名队员代表阳泉市参加山西省第八届"百龄杯"桥牌赛，阳泉代表队获得亚军。5 月 24 日至 25 日，阳泉市"滋生堂杯"桥牌公开赛在阳泉市矿山救护大队训练馆举行，阳泉市新五行代表队获得冠军，太原市桥协、桥缘队、长治桥协、矿区队、郊区队分别获得第二名至第六名。（司淑清）

【半程马拉松赛】 1 月 4 日，市长跑健身协会举办迎新年翠枫山半程马拉松比赛。比赛起点为翠枫山景区广场，终点为城市广场，约 21 千米，来自全市的 70 余位长跑爱好者参加了比赛。3 月 8 日，市长跑健身协会在桃河公园举办"新平"杯庆"三八"女子半程马拉松比赛，来自全市的 60 余位长跑爱好者参加比赛。冯秀平以 1 小时 24 分获得冠军，李满娣、毕娥田分别获得第二名、第三名。（司淑清）

【太原 10 小时越野赛参赛】 3 月 16 日，市长跑健身协会会员李满娣、黄新平参加 2014 年龙城首届 10 小时越野耐力挑战赛。比赛赛道为太原东山森林公园 4.8 千米折返道路，每圈 9.6 千米，最大坡度 30 度。李满娣获得女子亚军，黄新平获得女子第四名。（司淑清）

【乒乓球比赛】 1 月 10 日至 12 日，阳泉市"工贸杯"迎新春乒乓球精英赛在市福利院博悦乒羽俱乐部举行。来自全市的 72 支代表队 400 余人参加团体比赛和个人比赛。任巧花、王秀莲、张彦萍获得领导组女子单打前 3 名，段宝山、宋高志、张宝明获得领导组男子单打前 3 名，博悦乒羽俱乐部代表队、阳煤直属机关代表队、郊区代表队获得领导组团体前 3 名，辰诚一队、食品总厂代表队、太行工贸代表队获得职工组团体前 3 名。9 月 19 日至21 日，阳泉市组队参加山西省"三晋友谊杯"乒乓球比赛。阳泉市代表队获得市级组女子团体第三名、市级组男子团体第八名以及优秀组织奖，段宝山 / 王秀莲获得男女混合双打第三名，许文珍获得市级领导男子单打第五名，王秀莲获得县处级女子单打第五名。12 月 5 日至 7 日，阳泉市"大宋温泉杯"迎新春乒乓球精英赛在市福利院博悦乒羽俱乐部举行。来自全市的 82 支代表队、500 余人参加普通组和领导组的比赛。此外，昔阳、和顺等周边地区的乒乓球爱好者组队参加比赛。博悦乒羽俱乐部、盂县机关一队、市地税局代表队获得领导组团体前 3 名，阳煤总院的段宝山、阳泉联通的宋高志、阳煤辰诚的刘万江获得领导组个人前 3 名，天海国际大酒店、跃进煤业、下五渡代表队获得普通组团体前 3 名。（司淑清）

【第六届晋冀鲁豫城市网球联谊赛参赛】 9 月 20 日至21 日，阳泉市 10 名运动员参加第六届晋冀鲁豫城市网球联谊赛。比赛采取 5 场 3 胜制，包括领导组双打、女子双打、常青双打、混合双打、男子双打。最终，阳泉市代表队获得团体比赛第三名。（司淑清）

【红牛城市羽毛球赛阳泉站】 4月6日到7日，阳泉市举行“羽林争霸”2014年红牛城市羽毛球赛华北赛区阳泉站比赛，来自省内的25个代表队150余名羽毛球爱好者参加比赛。阳泉代表队获得阳泉站第一名、华北站第五名。　（司淑清）

【毽球比赛】 5月17日至18日，“阳泉体校杯”2014年第七届毽球比赛在市体育馆举行。来自全市各县区文化体育局、毽球协会、各企事业单位、各乡镇村、街道社区、社会团体、俱乐部以及太原、昔阳、榆次等周边城市的32支代表队的200多名毽球爱好者参赛。比赛项目有毽球男子3人赛、平推毽混合3人赛和1分钟单人踢计数赛。最终，开发区平坦垴村代表队获得毽球男子3人赛第一名，盂县代表队的施润平、陈新果和阳泉供电公司代表队的甄彩荣分别获得1分钟单人踢计数赛的前3名。10月9日至12日，在2014年山西省毽球锦标赛中，阳煤二矿获得女子3人赛第四名，阳煤一矿获得男子3人赛第七名，阳泉市全部参赛代表队均获得大会授予的体育道德风尚奖。　（司淑清）

【老年人门球比赛】 4月16日至19日，阳泉市老年体协在阳煤集团三矿离退休职工管理服务中心门球场，举办阳泉市“建依杯”老年人门球比赛。来自全市的19支老年门球代表队共200余名运动员参加比赛。获得前8名的代表队分别是阳煤集团二矿、阳煤集团三矿、阳泉铁路地区、南煤集团、阳煤天兴公司、阳泉二监、阳泉一监、阳煤宏厦一建。5月9日至11日，阳煤集团老年人门球队代表阳泉市参加山西省第十四届运动会老年组门球比赛，获得三等奖和“体育道德风尚奖”。　（司淑清）

【第十四届省运会老年组太极拳（剑）比赛】 5月21日至23日，阳泉市承办山西省第十四届运动会老年组太极拳(剑)比赛，来自全省各市的16支代表队近200名运动员、教练员参加比赛。最终，阳泉一队获得集体太极拳二等奖、集体太极器械一等奖，阳泉二队获得集体太极拳、集体太极器械三等奖，两队均获得“体育道德风尚奖”。　（司淑清）

【健身秧歌比赛】 10月15日至16日，由阳泉市委老干部局、市老年体协举办的“迎国庆 庆重阳”全市中老年人健身秧歌比赛在阳泉市老干部活动中心举行，共有来自全市的15支代表队200多名运动员参加比赛。此次比赛通过第五套健身秧歌的预赛和决赛，共评选出一等奖4名、二等奖5名、三等奖6名。其中，阳煤集团、浩木游泳健身休闲中心、华越公司、阳光发电公司4支代表队获得一等奖。　（司淑清）

【健步走大联动活动】 11月11日，市体育局、市老年体协举办阳泉市中老年人健步走大联动活动，行程为北山公园广场和公园北面路径约3000米的路程。来自平定县、郊区、城区、矿区、开发区、市老干部活动中心、市老年大学、阳煤集团、南煤集团、阳泉铁路地区、城区老年大学、中国大地保险阳泉支公司的600余名中老年人参加活动。同时，盂县文体局、盂县老年体协组织全县10个健身指导站300名中老年人在盂县东坪生态园、阳煤集团老年体协组织1000名中老年人在桃河公园也进行了健步走。　（司淑清）

【市直机关拔河比赛】 4月28日至30日，由市总工会、市直机关工委、市体育局主办的拔河比赛在市体育场举行。比赛设男子组和女子组，分预赛、复赛、决赛3个阶段，共有59支队伍1300多名运动员参赛。最终，市交通局代表队获得男子组和女子组冠军，市煤炭工业局代表队、市建筑设计院代表队分获男子组亚军和季军，市第四医院代表队、市机关事务管理局代表队分获女子组亚军和季军。　（司淑清）

【第二届球迷友谊联赛】 7月16日至9月20日，市体育中心青少年足球俱乐部第二届球迷友谊联赛在市体育场举行，来自全市各县区的10支球队120多位足球爱好者参加联赛。比赛采用7人单循环赛制，以积分排出名次。最终，青少年俱乐部队获得冠军，众诚学校队和联城竞技队分别获得第二名和第三名。　（司淑清）

【中学生篮球比赛】 4月24日至28日，2014年阳泉市中学生篮球赛在市一中举行，比赛由市教育局和市体育局联合主办，市一中和市体校承办，分为初中男、女和高中男子3个组别，共有21所学校的25支球队300多名运动员进行60场比赛。最终，市二中、市十一中、荫营中学分别获得高中男子组前3名，市四中、市实验中学、市七中分别获得初中男子组前3名，市实验中学、杨家庄中学、市十九中分别获得初中女子组前3名。　（司淑清）

【中小学生田径运动会】 10月13日至16日，由市教育局、市体育局主办，市体育运动学校、市体育中心协办的2014年阳泉市中小学生田径运动会在市体育场举行，共有来自全市21所小学、11所初中和11所高中的700多名运动员参加了各个组别22个项目的比赛。最终，北大街小学、上站小学、段家背小学、南楼小学、平定县实验小学、洪城河小学、阳泉十九中小学部、北岭小学分别获得小学组团体总分前8名；李家庄学校、阳泉四中、阳泉实验中学、阳泉三中、阳泉六中、阳泉十九中分别获得初中组团体总分前6名；平定县一中、玉泉中学、阳泉一中、阳泉三中、外国语学校、平定县二中分别获得高中组团体总分前6名。此外，育英学校、阳泉十七中、阳泉二中、阳泉七中、刘家垴小学、沙台小学、桥头小学、平潭街小学分别获得体育道德风尚奖。　（司淑清）

社会生活

人民生活

【概况】 2014年，全市居民人均可支配收入19419元，比上年增长8.4%;城镇常住居民人均可支配收入24825元(根据国家统计局住户办相关规定,从2014年起,将城镇住户调查范围由原先的城、矿区扩大到三区两县所有城镇住户)，增长7.4%;城镇占调查总户数20%的低收入居民人均可支配收入8018元，增长8.2%。农村常住居民人均可支配收入10742元，增长10.1%；农村占人口20%的低收入居民收入3880元,增长12.4%。 （潘维新 和继明）

【城市居民生活】 2014年,受整体经济形势影响,阳泉市城市居民收入增长趋缓,家庭消费支出继续保持增长,居民生活质量进入稳步改善新常态。

收入增长趋缓　年内,阳泉市城市居民人均可支配收入较上年增加1710元,增幅7.4个百分点。

工薪收入继续占据主导地位。城市居民家庭人均工薪收入18316元,比上年增长7.3%,占家庭可支配收入的74%，贡献率为73%,拉动人均可支配收入上升5.4个百分点，是居民收入增长的主要因素。工薪收入平稳增长的主要因素首先是提高行政事业单位职工津贴补贴,并在年内补发,政策性调资推动居民工资及补贴收入增长。

转移性收入呈现较快增长。城市居民人均转移性收入3217元,较上年增长8.1%，占可支配收入的13%,贡献率14%,拉动可支配收入1.04个百分点。政策性上调离退休人员养老金及城乡低保标准等措施是拉动转移性收入增长主要因素。

经营净收入是增收重要补充。随着个体经济的发展,自主创业型择业观念逐步被人们接受,城市居民个体经营者人数增加,经营性净收入增长较快,人均经营净收入2191元,比上年增长17.7%，占可支配收入8.8%，贡献率为19%,拉动可支配收入1.42个百分点。

财产性收入出现下降。城市居民人均财产性收入1101.24元，比上年下降8.8%,占可支配收入4.4%，贡献率为–6%，影响可支配收入–0.46个百分点。

消费支出保持增长　年内,阳泉城市居民人均消费性支出比上年增长12.8%，家庭消费的八大类支出呈现全面增长格局,生活水平进入稳步改善新常态。

食品仍是消费性支出的主体。随着人们生活水平的提高,城市居民更加注重均衡饮食,各种粗杂粮、绿叶菜、新鲜水果等越来越受到老百姓的欢迎，人均食品类支出为3480元,比上年增长5.9%,占家庭消费支出的比重为26.9%。

衣着消费支出保持增长。居民服装消费质量普遍提高,着装品位“个性化”程度不断提升,加之实体店和网上购物平台形式多样的促销手段,使居民衣着类消费支出不断增长,人均衣着支出1431元,比上年增长9.9%。

居住类支出增长放缓。受房地产市场整体走低影响，居民住房装潢、居住服务等消费支出增长放缓,新购房装潢等方面的支出有所减少,人均居住类消费支出为2411元，比上年增长6.7%,增幅明显回落。

家庭设备用品及服务支出增长强劲。居民家庭设备更新换代加快,家庭耐用品需求逐步向品牌化、高档化及节能环保化改变,人均家庭设备用品及服务支出1097元,比上年增长25.7%。

教育文化娱乐服务支出不断增长。随着生活水平的提高,人们更加注重生活品质,电视、电脑更新不断加快,人均教育文化娱乐服务消费支出为1379.9元,比上年增长9.1%。

交通通信支出呈较快增长。随着家用轿车不断增加及手机的普及,居民家庭人均支出1680元,增长26%。

居民保健意识不断增强，医疗

保健支出大幅增长。人均医疗保健支出1082元,比上年增长19.9%。

其他商品及服务人均支出380.63元,比上年增长44.6%。主要原因是年内黄金价格不断走低,居民购买黄金饰品支出增加。（武 伟）

【农民生活】 2014年,阳泉市各级党委、政府多渠道增加对“三农”的投入,严格执行耕地保护制度,落实粮食直补、农资综合补贴、农机购置补贴、种粮大户补贴等一系列强农惠农富农政策,保障粮食生产安全;市政府出台十大惠农政策,平定出台肉鸡产业和畜牧业贷款政策,郊区列支财政资金1000万元用于现代农业发展,一方面带动农民转移性收入增长,另一方面推动产业经济发展,为农村居民收入持续、快速增长创造了良好条件。另外,做强做大龙头企业、扩大种养基地规模、打造精品农业园区,加快农业产业化步伐,为农村经济实现又好又快发展奠定了基础。据农村住户抽样调查资料显示:全市农民人均纯收入达10742元,比上年增加982元,增长10.1%。分县区农民人均纯收入呈现如下特点:农民收入绝对额和增速同步增长,各县区均稳步增长。其中,郊区绝对额增幅最高为1020元、平定县增速最高为10.4%。

农民纯收入位居全省第二。境内农民人均纯收入绝对额在全省继续保持第二水平,比全省8809元平均水平高出1933元,比位于全省第一的太原市低1874元,比位于全省最低水平的忻州市高出4638元。从农民人均纯收入增幅看,比上年增长10.1%,增幅比上年的12.2%回落2.1个百分点。比全省10.8%的平均增幅低0.7个百分点,比增幅第一的长治市低1.6个百分点,在11个市中列第十位。

农民收入增幅高于城镇居民。境内农民人均纯收入10742元,比上年增长10.1%;城镇居民可支配收入比上年增长7.4%,农民人均纯收入增幅高于城镇居民可支配收入增幅2.7个百分点。（张秀玲）

2014年阳泉市城市居民家庭消费支出情况表

表25 单位:元、%

指 标	绝对值	比上年增长	消费结构
消费支出	12940.56	12.75	100.00
一、食品	3479.85	5.93	26.89
二、衣着	1430.53	9.95	11.05
三、家庭设备用品服务	1096.62	25.74	8.47
四、教育文化娱乐服务	1379.91	9.11	10.66
五、医疗保健	1081.71	19.85	8.36
六、居住	2411.02	6.69	18.63
七、交通和通信	1680.29	26.48	12.98
八、其他商品及服务类	380.63	44.58	2.95

注:国家实行城乡一体化后,统计口径有所调整。（张琳云）

2014年阳泉市分县(区)农民人均纯收入情况表

表26 单位:元、%

区域	2014年	2013年	比上年增长	
			绝对额	相对数
山西省	8809	7949	860	10.80
阳泉市	10742	9760	982	10.10
郊 区	11320	10300	1020	9.90
平定县	10212	9250	962	10.40
盂 县	9810	8734	991	10.10

2014年山西省各地市农民人均纯收入位次及增幅简表

表27 单位:元、%

区 域	人均纯收入	比上年增长	位次	增幅排位
山西省	8809	10.80	—	—
太原市	12616	10.40	1	8
大同市	7137	10.80	9	6
阳泉市	10742	10.10	2	10
长治市	10311	11.70	3	1
晋城市	10087	10.40	6	9
朔州市	10137	10.80	4	7
晋中市	10100	11.00	5	5
运城市	8125	11.50	8	2
忻州市	6104	11.20	11	4
临汾市	8755	11.40	7	3
吕梁市	6754	10.00	10	11

社会保障

【概况】 2014年,全市人事和社会保障系统围绕转型发展,扎实工作,锐意进取,圆满完成各项目标任务,多项工作取得突破性进展,为全市经济实现平稳发展做出了贡献。

社会保险 建立了全市统一的城乡居民基本养老保险制度,稳步提高社会保障待遇水平,基本实现人人享有社会保障。截至年底,全市养老、城镇医疗、失业、工伤和生育五项主要社会保险参保人数分别达到68.47万人、63.04万人、25.05万人、24.84万人和24.58万人;全市城镇职工基本医疗保险基金、工伤保险基金、生育保险基金和失业保险基金征缴收入分别为102150万元、7512万元、2205万元和16426万元,分别完成年初目标任务的109.84%、106.36%、119.19%和153.52%,征缴社会保险基金总额达31.91亿元,累计发放社会保障卡88万张;其中参加城镇居民医保人数达到251065人,基金收入10233万元,参保人数实现连续6年稳步增长。

就业再就业 年内,受经济下行压力影响,就业形势严峻,阳泉市坚持"劳动者自主择业、市场调节就业、政府促进就业"的方针,把扩大就业作为经济社会发展的优先目标,实施促进就业政策措施,开展创建国家级创业型城市工作,以高校毕业生就业为重点,以创业带动就业,通过完善就业政策、拓宽就业渠道、提升就业能力、强化就业服务,促进就业持续增长,保持就业局势稳定。截至年底,全市实现城镇新增就业25225人,完成年度目标任务的100.9%;失业人员再就业13304人,完成年度目标任务的102.34%;安置"4050"等就业困难人员3529人,完成年度目标任务的102.38%;创业带动就业6952人,完成年度目标任务的102.23%;转移农村劳动力10377人,完成年度目标任务的100.75%;创业培训3163人,完成年度目标任务的126.52%;农村劳动力培训10032人,完成年度目标任务的200%;职业技能鉴定7736人,完成年度目标任务的155%;高级技工学校毕业生就业率达到96.07%;城镇登记失业率3.13%,低于省定4.2%的控制目标。 (郑 兵)

社会保险

【企业离退休人员基本养老金调整】 4月,按照省人社厅、省财政厅联合下发的《关于2014年调整企业退休人员基本养老金的通知》精神,阳泉市完成退休人员调整待遇工作。全市67219名退休人员人均月增养老金225元,企业退休人员人均每月基本养老保险金达2172元。(郑 兵)

【养老保险征缴】 按照省人社厅、省社保局下发的《关于山西省2013年度在岗职工平均工资和个人账户储存额记账利率的通知》,阳泉市全面推进养老保险缴费工作,市政府于11月下发《关于建立统一的城乡居民基本养老保险制度的实施意见》,全市新农保由原来按年度缴纳的100元到500元的5个缴费档次增加到12个档次,最高档次为2000元。同时,对困难群体实行政府全部代缴最低标准的养老保险费,完善多缴多补等激励机制,修订个人账户资金余额继承政策,完善制度内跨地区转移接续办法。截至年底,全市各类参保人员684657人(含离退休人员)。其中,企业养老保险参保人数162897人,完成目标任务的101.3%;机关事业养老保险参保人数24462人;城镇居民养老保险参保人数56714人,完成目标任务的103.1%;新型农村养老保险参保人数370163人,完成目标任务的100%。全市共征缴养老保险基金189706万元。其中,企业养老保险基金征缴176493万元,完成103.8%;机关事业单位征缴5915万元,完成102%;城镇居民养老保险征缴1665万元,完成393.6%;新型农村养老保险基金征缴5633万元,完成174.7%。全市共为201147名企、事业单位、城居保和新农保离退休人员发放、拨付养老金198370万元,足额发放率100%。全市共滚存结余养老保险基金379510万元。企业离退休人员实行社会化管理率为81.7%。 (郑 兵)

【医疗保险异地就医结算】 年内,阳泉与省直定点26所医院开通异地就医结算系统。阳泉参保职工备案后持卡到太原26家医院看病就医,可按阳泉市医保政策即时结算。截至年底,全市参保患者办理省内异地就医相关备案手续720人次,在异地就医平台上结算345人次,发生费用564万元,其中个人账户支付26万元、统筹基金支付396万元、个人自费142万元。另外,省内其他地市参保患者在阳泉市一院、三院、阳煤总医院、中医院4家办理住院备案195人次,在异地就医结算平台上结算11人次,发生费用85253元,其中个人账户支付7831元、基本基金支付62750元、个人自费14672元。同时,凡在省内其他开通异地就医结算系统的市县,阳泉市退休后异地居住人员也实现了就医直接结算。 (郑 兵)

【城镇基本医疗保险政策调整】 年内,根据国家关于城镇基本医疗保险"以收定支、收支平衡略有节余"的原则,结合阳泉市城镇基本医疗保险基金承受能力,市人力资源和社会保障局、市财政局联合印发《关于调整我市城镇基本医疗保险待遇和部分政策的通知》,调整后的待遇支付政策从7月1日起执行,提高重特大疾病患者医保待遇,减轻参保患者个人负担,累计为患者减轻负担1500多万元。政策调整主要涉及五个方面:一是提高城镇职工医疗保险最高支付限额,一个保险年度内，医疗保险基金最高支付限额由40万元提高到45万元；二是提高城镇职工基本医疗保险统筹基金支付比例，参保人员在一类、二类、三类收费标准的定点医疗机构住院时发生符合规定的医疗费用，在职人员分别提高到82%、87%、92%，退休人员分别提高到84%、89%、94%，中华人民共和国成立前参加革命工作的退休工人分别提高到87%、92%、97%；三是将患病人数较多、临床诊断依据明确的慢性阻塞性肺疾病、帕金森综合征、风湿性心脏病（合并心功能不全经常在Ⅲ级以上）等3种慢性病病种纳入门诊大额疾病支付范围，以上3病种城镇职工一个保险年度内统筹基金支付限额为5000元，城镇居民为2000元；四是将门诊大额疾病检查项目中所涉及的CT、核磁等放射性用药的显影剂纳入门诊大额疾病用药的小目录范围，将脑血康丸（颗粒、胶囊、片、滴丸、口服液）、养血清脑丸（颗粒）纳入高血压三级极高危和脑血管病后遗症致神经功能缺损病种用药范围，将丹参酮ⅡA磺酸钠注射液纳入心肌梗塞（包括冠心病心功能不全）病种用药范围；五是降低城镇基本医疗药品诊疗项目等自付比例，参保人员住院期间，使用乙类药品、国产医用材料、进口医用材料发生的费用，个人自付比例分别降为8%、15%、25%。（郑　兵）

【失业保险金支付】 年内，阳泉市失业保险管理机构共支付失业保险金4355.87万元，其中为33604人次失业人员支付失业保险金2709.1万元，为33111人次失业人员缴纳城镇职工基本医疗保险费733.03万元，为参加失业保险的2238名农民合同制工人发放一次性生活补助913.74万元。另外，根据省人社厅、省财政厅《关于为领取失业保险金的失业人员发放取暖补贴的通知》精神，截至年底，累计为失业人员发放冬季取暖补贴166.9万元。（郑　兵）

劳动就业

【高校毕业生就业创业】 年内，阳泉市面向广大高校毕业生招考公务员325人、事业单位工作人员690人，就业见习802人，大学生创业引领就业300人，开发公共管理及社会服务工作岗位安置256人，将高校毕业生就业见习生活补贴由每人每月1290元提高至1450元。全市举办人才交流会39场，网络人才交流会78场，1152家参会单位累计提供招聘岗位4944个，为182名困难家庭高校毕业生发放一次性求职补贴18.2万元。（郑　兵）

【就业创业培训】 年内，经过市、县（区）人社部门及各培训机构努力，全市就业技能培训10032人，完成全年指标任务的200.6%，培训合格率90%，就业率80%。岗位技能提升培训3014人，完成任务的103.9%，培训合格率90%。新成长劳动力培训2053人，完成任务的102.7%；城镇失业人员再就业培训2082人，完成任务的104.1%。组织创业培训3163人，创办小微企业650家，创业成功率20.6%，带动就业2700人，其中农民工创业培训1000人、大学生创业培训858人，培训合格率80%。共组织职业技能鉴定工种69个，鉴定人数7736人；取证人数7281人，完成任务的154.7%，高技能人才培养201人，合格率94%，完成全年指标的100%。（郑　兵）

【小额担保贷款和贴息】 年内，市人社部门扩大小额贷款担保经办机构范围，新增6家政策性融资担保机构和12家银行业金融机构；优化了小额担保贷款及贴息经办程序，确定了贴息资金“先付后贴”原则；提高了小额担保贷款额度。对符合条件的高校毕业生合伙经营和组织起来就业的，最高人均贷款额度为15万元；对创业个人贷款提高到10万元。创新服务方式，开通网上银行，确保创业人员小额担保贷款贴息资金及时拨付。通过实行“先付后贴”等措施，全市发放小额担保贷款1.3亿元，拨付小额担保贷款财政贴息资金391.76万元，走在全省前列。（郑　兵）

【职业介绍服务】 年内，市职业介绍部门共举办各类招聘会99次，提供用工信息6165条，就业岗位40344个，帮助城乡劳动者22006人（城乡失业人员14541人、农村富余劳动力7465人）实现了就业。其中，市中心市场介绍成功5578人，较上年提高4.7%。全市办理“就业失业登记证”7115人，为灵活就业人员劳动关系事务代理25639人，为1172名下岗失业人员灵活就业发放社保补贴388.5万元，有效促进了就业局势稳定。（郑　兵）

【职业技能鉴定】 年内，市职业技能鉴定部门以提高劳动者技能素质为目标，大力推行职业资格证书制度，围绕市场需求，增强技能鉴定的针对性和实效性，收到良好效果，共组织鉴定69个工种，涉及餐饮服务人员、机械制造加工人员、机械设备装配人员、机械设备修理人员、矿物开采人员、工程施工人员、保育家庭服务人员等10余类行业，总人数7736人，完成全年任务的154.7%。其中初级工4702人、中级工2828人、高级工206人；取证总人数为7281人，其中初级工4551人、中级工2529人、高级工201人；总合格率为94.1%，其中初级工合格率96.8%、中级工合格率89.4%、高级工合格率97.6%。（郑　兵）

信访仲裁

【信访工作】 年内，市劳动信访仲裁部门接待群众到访746批1362人次，其中集体访28批292人次，息诉罢访率达98%。共接收各级交办、转办案件66件，其中市信访局转办信访件28件、市纪委转办信访件7件、省人社厅交办信访件5件、巡视组交办信访件5件、市长接待日交办信访件9件、市长信箱交办信访件5件、信访突出问题专项活动交办信访件4件、群众路线教育实践活动省督导组交办信访件1件、群众路线来信来访登记表信访件1件、信访专项督办信访件1件，以上信访件均妥善处理，办理完毕。（郑 兵）

【劳动争议仲裁】 年内，市劳动人事争议仲裁委员会认真落实省人社厅下发的《2014年山西省劳动人事争议调解仲裁工作要点》，推进仲裁机构实体化建设，促进并协调乡镇街道劳动就业社会保障服务机构调解组织建设达70%以上。全年共接收劳动争议案件201件，其中受理劳动争议案件110件、不予受理91件，结案110件，结案率100%，为劳动者解决工伤保险待遇、经济补偿金、赔偿金等3269万元，及时化解了一批劳资纠纷，保证了劳动保障法律法规的贯彻实施。（郑 兵）

【劳动者合法权益保障】 年内，市人社部门大力实施劳动合同制度，规范劳动用工秩序，加强劳动用工管理，健全三方协调机制，全市劳动合同签订率达98%。在劳动保障监察方面，共接受劳动者投诉举报案件545件，立案277件，结案257件，投诉逾期未结案0件，结案率100%，累计为6548名劳动者追讨工资9811万元；检查用人单位4457户，补签劳动合同2525份，及时处理突发群体性农民工工资拖欠案件21起，涉及农民工3051人，农民工工资保证金账户运行良好，有44家建设单位开设农民工工资保证金账户，存入专项资金1086万元，有效保障了劳动者合法权益。（郑 兵）

救助救济

【社会救助】 2014年，阳泉市城市低保人均月标准达410元，高于全省平均的374.46元，人均补差265.97元；农村低保人均月标准225元，高于全省平均的199.44元，人均补差163.72元。农村五保对象分散供养标准提高到人年均3100元，高于全省平均的2698元；集中供养标准提高到人年均6067元，高于全省平均的4314元。截至年底，全市城乡低保对象83486人，农村五保对象7377人，集中供养率21%。借助居民家庭经济状况核对系统，加强了低保申请对象资格的科学界定，形成了低保家庭进退有据格局。市低保中心先后四批次对10891名低保对象的家庭经济状况信息进行网上核对，检出资格不符人员占比6.7%。贯彻落实《社会救助暂行办法》，积极开展“救急难”试点工作，建立社会救助工作部门联席会议制度，草拟《社会救助暂行办法》实施方案、“救急难”工作实施方案、“一门受理、协同办理”工作办法、社会救助联席会议制度等文件草案。城乡医疗救助进一步提标扩面，医疗救助“一站式”服务正式开通。医疗救助累计93009人次，发放救助金2867.56万元；临时救助3785户次，发放救助金327.19万元。（刘 蓉）

【防灾减灾】 年内，阳泉市民政部门健全救灾体系，提升防灾减灾能力，基本完成冬春救灾任务，累计下拨受灾群众临时生活困难救助资金1070万元，“送温暖、献爱心”筹集到善款近70万元。修订完善《阳泉市自然灾害救助应急预案》，配合交通、环保、地震、国土、气象等相关部门制定应急联动方案。在“5·12”防灾减灾日期间，联合相关部门开展集中宣传活动，累计设立宣传展板867块，发放宣传资料10万余份，进一步提高全社会的防灾减灾意识。开展救灾专项资金检查工作，对各县区救灾资金专账核查，确保专款专用。加大救灾队伍建设，对基层民政助理员、自然灾害信息员开展业务技能培训，提升队伍素质。开展“省级综合减灾示范社区”评选申报工作，推荐上报“全国综合减灾示范社区”，新华东街、小阳泉南、中心广场、小阳泉北、水潭、东山、赛鱼社区等10个社区被国家减灾委命名为“全国综合减灾示范社区”，段北沟、河边街、德胜街等9个社区被山西省减灾委命名为“山西省综合减灾示范社区”。（刘 蓉）

社会福利

【养老工作】 年内，阳泉市民政部门全面加强养老工作，养老机构建设、养老服务网络搭建及养老服务队伍建设同步推进。阳泉市养老公益苑项目自规划筹建后，争取到项目资金4006.81万元，完成土地、规划等手续，在积极寻求社会投资合作，着手初步设计等工作。县级社会福利中心建设全面推进，全市确定建设的4个县区社会福利中心规划总建筑面积23213平方米，总投资5741万元，建成后可新增养老床位591张，截至年底，完成主体工程1所、在建1所、其余2所在办理前期手续。下拨市级公益金1470.18万元，资助新建、改扩建、维修、设备配套和经费补助的福利项目54个。对各级各类养老机构进行分级行政许可和登记管理工作，由市民政局、市机构编制委员会办公室、市工商行政管理局联合制订出台了《关于我市养老机构登记管理有关问题的通知》，对市、县（区）设立养老机构分级行政许可的范围和许可机关作出具体规定。“阳泉市宜康居家养老服务中心”和“阳泉市友爱敬老服务指导中心”2个居家养老服务网络试点进驻市民政局社会公益组织“孵化园”，通过整合公共资源，采用网络平台和实体机构相结合模式，为老年人提供生活帮助、紧急救援、健康服务指导等居家养老服务。先后组织71名福利机构工作人员参加部、省举办的培训班，养老服务机构工作人员专业技能和服务质量得到提高。（刘 蓉）

【流浪人员救助与孤儿保障】 年内，市民政部门以积极申报救助机构等级评定为抓手，全面加强救助站的规范管理。着手构建市、县(区)、乡镇(办事处)、村(社区)四级救助服务网络，探索建立流浪人员和困境儿童临时救助点，建起6个社区临时救助点，分别是城区的小北沟社区、南边堰社区、德胜街社区，矿区赛鱼社区和郊区、开发区救助点。探索开展综合救助，与市法律援助中心联合设立“阳泉市流浪乞讨人员及流浪未成年人法律援助工作站”，为受助人员免费提供法律援助；与团市委联合设立“阳泉市流浪未成年人爱心驿站”，为流浪未成年人开展心理疏导；与市妇联联合设立“阳泉市困境妇女儿童庇护中心”，为身处困境的妇女儿童提供庇护场所。截至年底，救助站累计实施救助3257人次。

在孤儿保障方面，市民政部门共为全市311名孤儿发放基本生活费278.92万元，确保社会散居孤儿每人每月630元，机构供养孤儿每人每月1030元的补助落实到位。“残疾孤儿手术康复明天计划”实施9例，手术成功率100%。市福利院成立康复部，与太原康宁医院脑瘫科合作，为脑瘫患儿提供专业康复护理与治疗。为1名成年孤儿落实廉租房。对县区儿童福利设施需求情况进行摸底调查，申报“平定县社会福利综合服务中心儿童部”和“盂县儿童福利院”2个项目。孤儿收养登记依法合规，新接收入院孤儿11人，国内送养5人，涉外送养9人。 (刘 蓉)

【福彩及福利企业】 截至年底，全市共销售福利彩票2.11亿元，较上年增长3900万元，增幅23%。福利企业年检工作下放到各县区，方便县区民政局对所属福利企业监督管理。通过年检，进一步规范福利企业的生产经营和用工行为，保障了残疾人合法权益和残疾人集中就业税收优惠政策落实。年检合格福利企业61家，注销福利企业资格3家。全市福利企业新增2家，达63家，残疾职工1838人，占职工总数的52%。 (刘 蓉)

【农村老年人日间照料中心建设】 年内，市民政部门继续加大对农村老年人日间照料中心建设，组织召开“全市农村社区老年人日间照料中心项目建设专题会议”，并将建设任务分解到各县区，并明确建设标准、建成时间和服务内容。对全市3个农业县区近百个村进行现场调研、规划。项目建设省、市配套资金1127万元，县区对每个项目的2万元运营补贴列入县区财政预算。截至年底，120个农村老年人日间照料中心项目全部建成，投入运营98个，新增床位1500张，受益人群1.2万人。建成项目中，盂县的垴上村，平定的营庄村、甘泉井村，郊区的下召章村设施齐全、环境整洁、运行规范，树为先进典型在全市推广。 (刘 蓉)

【慈善工作】 年内，市民政部门初步遴选出5类21项慈善公益招募项目。开展中国移动爱“心”行动——贫困先心病儿童救助计划项目筛查工作，共为265名贫困家庭先心病患儿进行了筛查，成功实施手术70例。开展“把耳朵唤醒——天籁列车”项目，200余名听力障碍患者免费获得助听器。为困难人群与爱心企业、爱心人士搭建平台，多次联系企业为困难大学生资助学费、为重大病患者资助医疗费等。 (刘 蓉)

社会专项事务管理

【殡葬管理】 年内，市民政部门广泛宣传殡葬政策，积极推动殡葬改革。起草《关于全市党员干部公职人员带头推动殡葬改革的实施意见》，努力推行绿色殡葬；继续加大殡葬惠民力度，为188人发放惠民殡葬补贴金26.59万元。 (刘 蓉)

【老龄工作】 年内，老年人高龄津贴实现社会化发放，老年优待证办理服务水平进一步提高。继续做好90岁以上老年人高龄津贴发放工作，改进发放形式，老年人高龄津贴经费由市财政局直接下拨各县区财政局，通过银行实行社会化发放，全年发放121.17万元。老年优待证办理服务更加便民，经过积极协调，老年证办理权限由省民政厅下放到各市，办理时限由过去的三个月缩短为立办立取。截至年底，发放老年证5343件。 (刘 蓉)

【婚姻登记】 年内，全市婚姻登记标准化信息化建设进一步提升，在实现网上查询和在线登记基础上，继续做好电子档案录入工作，基本完成1990年以后婚姻登记信息的录入。共办理结婚登记10001对、涉港澳台结婚登记3对、离婚登记2401对、补办证件1867对、开具证明5745份。 (刘 蓉)

人口与计划生育

【概况】 2014年，阳泉市人口计生部门坚持稳定低生育水平和有序实施单独两孩政策“两手抓”，坚持稳妥推进机构改革和全面抓紧基层基础“两不误”，坚持创新人口管理模式和引深优质服务“两促进”，圆满完成各项工作任务。据2014年人口抽样调查，年末全市常住人口为139.27万人，比上年末增加0.66万人。其中，城镇人口90.47万人，城镇化率64.96%。全市出生人口1.41万人，人口出生率10.14‰；死亡人口0.74万人，死亡率5.36‰；自然增长率4.78‰。 (张海银)

【山西省首个单独两孩服务证】 5月30日17时06分07秒，山西省首个单独两孩再生育服务证在阳泉市颁出。29日，山西省单独两孩政策开始实施，凡是符合单独两孩政策的夫妇均可申请再生育。阳泉市的刘捷、常虹夫妇符合政策,并就相关事项咨询过市人口计生委工作人员。政策出台后,市人口计生委联合其所在县区、街道办事处完善了相关手续,在孩子出生2小时内即办妥再生育服务手续并送证上门。《山西日报》头版刊发题为《全省首例单独两孩服务证阳泉颁发》的报道,《阳泉日报》全文刊发《答记者问》和《山西省单独两孩政策实施细则》,《阳泉晚报》《阳泉日报》分别以头条和专版的形式、阳泉电视台以新闻和专题节目的形式对单独两孩政策实施进行报道。此外,阳泉还对县、乡、村三级1100余名人口计生干部就“单独两孩”政策问题进行轮训,截至年底,全市共审批发放单独两孩再生育服务证313个。 (张海银 路军平)

【孕前优生健康检查】 年内,市人口和计生部门下发《关于2014年免费孕前优生健康检查实现城乡居民全覆盖的通知》,将覆盖面由农村和流动人口拓展到境内全人群。全市人口和计生部门层层签订《孕前优生健康检查项目工作责任书》,形成“一级抓一级,层层抓落实”的工作格局和政府主导、部门配合、技术支撑、专家指导、立足乡村、面向家庭的工作机制。对免费孕前优生健康检查工作实行“一票否决”、定期督查、现场培训和综合协调等制度,实现目标人群摸底、检查对象组织发动、工作人员培训、检查检验、评估反馈、档案完善、信息录入等环节的无缝对接、高效运转。全年共为4528对待孕夫妇进行免费孕前优生健康检查。(张海银 路军平)

【人口信息化管理】 年内,市人口计生部门创新人口管理模式,建起全员人口信息数据库,建成全省唯一的地市级人口数据中心。全市共划分2265个网格,每个网格配备1名管理员,以房管人,实施信息化引导服务。全员人口信息管理系统做到数据及时变更,信息入库率98.72%,人房对照数据匹配率95.25%,身份证号码准确率99.63%,人口数据审核差错率0.16%,个案信息重复录入率0.33%,人口信息数据质量进一步提升。 (张海银 路军平)

【“三晋康家”工程】 年内,省人口计生部门下发《关于全面开展“三晋康家”工程的实施方案》和《关于进一步推进“三晋康家”工程的通知》后,阳泉市全面兑现国家、省的“2+4”奖扶政策,共落实奖扶资金5239万元。集中审核财政供养的城镇职工中独生子女父母退休一次性奖励135人,发放奖励资金27万元。在实施“生育关怀·温暖行动”中,对56户困难计生家庭进行救助,发放救助金16.8万元;在“生育关怀·一县一品”工作中,累计投入帮扶慰问金8万元;在实施计生家庭致富发展贷款扶持项目中,对26个致富发展项目给予立项,投入贴息贷款资金31万元。截至年底,全市重点帮扶“三结合”项目单位和计生家庭致富发展项目187个,累计投入贷款991万元,共计贴息102.8万元。 (张海银 路军平)

【失独家庭爱心综合保险】 爱心综合保险是市人口计生委、计生协会专门对全市计划生育失独家庭设立的一份爱心保险。保险对象是独生子女死亡且不再生育或收养子女,年龄在49周岁以上,具有阳泉市户籍的计划生育家庭夫妇。10月18日,市人口计生委、市计生协会为144名符合政策人员办理爱心综合保险,共投入6.795万元,保险期限为1年。在保险期间内,被投保人发生意外伤残、死亡的,享受意外伤残、身故保险金3万元;住院享受住院医疗费报销6000元、住院护理费定额补贴80元/日。同时,计生和人口管理部门投入47.34万元为15782户计生家庭办理意外伤害保险,投入3.825万元为1275户计生服务员家庭办理意外伤害保险。 (张海银 路军平)

民族 宗教

【概况】 截至2014年末,全市共有汉族、蒙古族、回族、藏族、维吾尔族、苗族、彝族、壮族、布依族、朝鲜族、满族、侗族、瑶族、白族、土家族、哈尼族、傣族、黎族、傈僳族、佤族、畲族、高山族、拉祜族、纳西族、景颇族、土族、仫佬族、羌族、毛南族、仡佬族、锡伯族、阿昌族、鄂温克族等33个民族。汉族人口占全市总人口的99.65%,少数民族人口有5000余人,占总人口的0.35%。超过百人以上的少数民族有回族、蒙古族、土家族、彝族、苗族、壮族和满族,其中回族是境内人口最多的少数民族,有1501人。盂县秀水镇东白水村是全省唯一的蒙古族聚居村,有蒙古族人口410人,占该村总人数的36.6%;蒙古族户数110户,占该村总户数的27%。

全市有佛教、道教、基督教、天主教、伊斯兰教五大宗教,分布在境内的寺观教堂和固定宗教活动场所400多处,信教群众10万余人,占全市总人口的7.68%,其中佛教、道教信众8.75万人,基督教1.33万人,天主教0.26万人,伊斯兰教0.3万人。宗教团体有市佛教协会、市基督教“两会”(基督教“三自”爱国运动委员会、基督教协会)、天主教爱国会筹备组、市伊斯兰教协会;全市经政府批准的法定宗教活动场所36处,其中佛教24处、道教2处、基督教7处、天主教2处、伊斯兰教1处。截至年底,全市依法备案的宗教教职人员77人,其中佛教比丘(比丘尼)35人、道教2人、天主教神甫2人、基督教长老4人、传道员33人、伊斯兰教阿訇1人。 (冯晓琴)

【少数民族服务站(中心)建立】 年内,为加强对少数民族群众的服务,市民族宗教管理部门分别在城区上站德胜街社区、新市街社区,矿区大院社区，郊区固庄煤矿，盂县金龙社区、逸夫实验小学，平定冠山镇，开发区康达社区等少数民族居住相对集中的社区、单位建立了少数民族服务站，由专人负责，为少数民族群众提供劳动就业咨询、政策法规咨询、子女上学入园、法律援助等服务。（冯晓琴）

【和谐寺观教堂创建活动】 年内，市民族宗教管理部门深入开展以“教风”建设为主题的和谐寺观教堂创建活动。首先是结合工作实际制订活动方案。出台《关于规范宗教教职人员教风建设十条规定》，指导各宗教活动场所和教职人员查找问题，制订整改措施，健全完善相关制度，确保创建活动扎实有效。其次是开展“宗教政策法规学习月”活动，开展宗教政策法规学习和社会主义核心价值观教育。举办全市宗教政策法规知识讲座，特邀国家宗教事务局政策法规司副司长刘金光授课，各级党政领导、民族宗教干部180余人参加了培训讲座；开展“宗教政策法规进社区”活动，深入开发区、城区德胜街社区开展讲座，宣传党的宗教政策和有关法律法规；开展社会主义核心价值观教育，教育引导宗教教职人员和信教群众爱国爱教；开展“宗教政策法规知识百题”竞赛，印发1000余份试题下发至各宗教活动场所，组织教职人员和信教群众参与答题，取得良好效果。第三是开展“宗教慈善周”活动。指导各县（区）民宗局、各宗教团体和各宗教活动场所，深入开展形式多样的公益慈善活动，共捐款24万元；走访慰问困难群众100多户，组织举办各种公益慈善活动10余场。第四是开展宗教团体述职考评工作。组织各宗教团体秘书长以上人员进行述职，组织宗教教职人员和信教群众对宗教团体班子建设和班子成员进行测评，宗教团体自身建设得到进一步加强，为发挥桥梁纽带作用创造了条件。（冯晓琴）

【民族团结进步创建活动】 年内，市民族宗教管理部门发挥少数民族聚居社区和单位优势，打造民族团结进步创建活动示范单位。春节期间，市民族宗教事务局对全市60余名少数民族代表人士和40余户少数民族困难群众进行慰问救济；开展“民族宗教政策法规”进社区活动，宣传党的民族政策和法律法规；编印《阳泉市民族团结进步简明读本》，并赠予各级党政领导干部；树立典型，表彰先进，推荐市伊斯兰教协会会长马连池为受国务院表彰的民族团结进步模范个人，以城区德胜街社区和阳泉市第二监狱2个“省级民族团结进步示范单位”为引领，推进了全市民族团结进步创建活动。（冯晓琴）

【教职任职备案】 为提升宗教教职人员整体素质，强化教职人员规范化管理水平，年内，市民族宗教管理部门开展了宗教活动场所主要教职任职备案工作。印发《关于开展宗教活动场所主要教职任职备案工作的通知》，制订工作方案。5月15日至26日，在盂县永清寺率先进行试点工作，掌握工作方法流程，为在全市推开工作奠定基础。按照《宗教事务条例》和《主要教职人员认定备案办法》，严格推荐、申请、审批、认定环节。全市符合条件的30名宗教活动场所主要教职人员完成任职备案工作。（冯晓琴）

【民族宗教信息化平台创建】 年内，为进一步完善民族宗教信息数据库，市民族宗教管理部门先后到平定、盂县、城区、郊区的17个乡镇、5个农村（社区）、10个宗教活动场所进行调研，掌握全市民族宗教基本情况。同时，结合调研情况和自身工作实际，市、县两级民族宗教干部共撰写调研报告16篇；发挥“三级网络、两级责任制”的作用，切实掌握基层信息，对多媒体信息平台建设做出规划，并聘请专业技术人员制作。（冯晓琴）

【民族宗教联防联治工作】 年内，为加强与相邻地市民族宗教部门的协调联系，市民族宗教管理部门加大联防联治工作力度。3月26日至27日，市民宗局与石家庄市民宗局就加强和防范跨区域非法传教活动形成联防联治机制达成共识，签订加强双方民族宗教工作的协议；5月30日，阳泉市与太原市、盂县与阳曲县签订协议，就加强相邻地区民族宗教事务管理、强化民族宗教工作联系交流等方面达成一致意见；8月19日，与晋中市民族宗教事务局就加强民族宗教工作进行座谈，阳泉市郊区、盂县、平定县分别与晋中市寿阳县、昔阳县签订相关协议；10月23日至24日，市民宗局与忻州市宗教局、盂县与定襄县、五台县宗教局分别签订合作协议。（冯晓琴）

旅游服务

旅游

【概况】 2014年,阳泉市旅游工作围绕转型综改目标,推进重点旅游项目建设,加强旅游行业安全监管,开展旅游宣传促销,各项目标任务完成。按照国家旅游统计口径计算:全市接待入境游客3995人次(年内,省旅游局重新调整旅游入境游客统计方式);旅游外汇收入87.32万美元,比上年增长4.3%;接待国内旅游者1816.75万人次,增长22.51%;国内旅游收入149.22亿元,增长24.46%;旅游总收入149.35亿元,增长23.81%,超出省下达指标5.81个百分点。截至年底,全市共有旅行社38家,旅行社分社18家;星级酒店11家,与上年持平;A级景区11家,其中AAAA级4家、AAA级3家、AA级3家、A级1家;12月,新评定省级休闲农业与乡村旅游示范点4个——郊区咀子上村、平定上南茹村、盂县燕子崖村、盂县金玉米农庄。

旅游规划 年内,在《阳泉市旅游发展总体规划》指导下,《盂县北下庄乡旅游总体规划》《盂县尖山景区旅游总体规划》《盂县忠义谷旅游文化园总体规划》《盂县桃峪沟旅游规划》《平定县东回镇旅游发展规划》等景区规划先后编制完成并通过专家组评审。

项目建设 省级重点项目盂县梁家寨大宋温泉度假区温泉酒店、室外温泉区、水上乐园等主体工程完工并投入运营;水神山报国寺主体工程完工;桃林沟景区通过招商引资,引进山西悦池娱乐有限公司滑雪场项目,并于年底实现试营业。

行业监管 市旅游局承接由省旅游局下放的"旅行社设立审批"事项,根据有关要求完善各类程序和文书文本。开展市场整顿检查工作,对各类旅游企业下达整改通知书11份;与工商部门联合查处1家无证经营旅行社,给予负责人罚款2000元的行政处罚。

旅游安全 市旅游局落实旅游管理部门监管职责和旅游经营者安全主体责任,开展集中性安全大检查6次,下达整改通知书15份,对存在安全问题的企业进行督导,并联合有关职能单位进行查处;同时通过开展多种形式安全宣传教育,提高游客和旅游从业人员安全意识。

队伍建设 市旅游局对全市旅游从业人员开展专项培训,组织导游人员参加省旅游局举办的导游大赛;印制《阳泉旅游质检人员手册》,规范质监执法人员行为;组织开展2013年导游年审培训工作。

宣传促销 市旅游局通过在中央电视台、凤凰卫视等媒体投放旅游宣传广告,组织参加旅游交易会、博览会、推介会,举办"5·19"中国旅游日、"9·27"世界旅游日及其他系列旅游惠民活动,与周边地区开展区域旅游合作等方式,提升阳泉旅游影响力。此外,根据全市旅游发展变化,市旅游局制作了旅游类的手提袋、扑克、画册、宣传折页、地图等系列宣传资料,丰富了旅游宣传载体。 (赵海亮 靳红平)

【"爱我山城乐游阳泉"旅游直通车启动】 3月10日,市旅游局召开"旅游直通车"工作座谈会,邀请市交通运输局、市运管处、县(区)旅游局、省运阳泉分公司、市公交公司及部分重点景区、酒店、旅行社负责人参加。旅游直通车是根据《山西省人民政府关于推动"美丽山西休闲游"若干措施》的有关要求,结合阳泉实际,为适应当代旅游市场新业态,做好旅游公共服务新要求而开设的。16日,由市旅游局主办,市天海假期旅行社、四海假期旅行社、公交神游旅行社承办的"爱我山城乐游阳泉"旅游直通车启动仪式在市文化中心广场举行。全市各重点景区、部分旅行社参加宣传活动。旅游直通车产品首批推出大宋温泉、藏山、娘子关及固关、翠枫山景区4条一日游线路,在满足"阳泉人游阳泉"市场需求的同时,也为到阳泉旅游的外地散客提供了专业服务。(赵海亮)

【市旅游局参加"晋善晋美 美丽山西休闲游"推介会】 4月16日至23日,市旅游局组团赴济南、南京、杭州参加由山西省旅游局组织的"晋善晋美·美丽山西休闲游(山东/江苏/浙江)"推介会。推介会上,阳泉市的旅游推介员从历史文化、山水资源、交通区位、地方特产等多个角度向与会客源地嘉宾推介阳泉旅游产品。同时,市旅游局协调全市旅游景区,针对山东、江苏、浙江市场的组团旅行社推出"门票七折"的合作优惠政策。交通集团万通国际旅行社作为阳泉市地接社代表,与客源地组团社负责人进行交流,为下一步开展业务合作,互推旅游产品,实现共赢打下良好基础。(靳红平)

【大宋温泉度假景区运营】 5月6日,盂县梁家寨大宋温泉度假景区一期工程建设完成,开始正式运营。一期项目占地面积14公顷,投资5亿元,按照国家AAAA级旅游景区标准打造,集温泉沐浴、休闲养生、水上乐园、生态旅游于一体,住宿、餐饮、娱乐、购物、会务等配套完整,综合服务设施达到国内先进水平。大宋温泉池分为动感温泉区、水中风情区、养生温泉区、大韩风情区、仇犹文化区、水上乐园区6部分,共有40多种70多个功能各异、大小不一的泡池。大宋温泉水质独特、资源丰富,出水温度达60摄氏度以上,水中富含氡、钠、钙、镭、镁等40多种矿物质,是稀有的医疗矿泉。水上乐园是山西省首家现代化大型水上主题乐园,游乐设施主要包括儿童乐园、四彩滑道、海浪池、超级大喇叭、冲天回旋、巨兽碗等;设置适合家庭游乐的合家欢项目,能够满足3岁到60岁各年龄层次的需求,并专设儿童游乐戏水池及年轻人喜欢的冒险项目等。(赵海亮)

【参加石家庄旅游交易会】 6月13日至15日,市旅游局组织县区旅游局、重点旅游景区和旅行社参加石家庄首届旅游交易会,副市长任衍钢出席。市旅游局在交易会上特装3个标准展位,在大屏电视上循环播放阳泉市旅游宣传片。13日,举行"阳泉旅游"专场推介会,阳泉市重点景区代表进行了旅游线路、合作优惠等方面的推介。藏山景区与河北青年国际旅行社、娘子关景区与河北海外旅行社、万通国旅与河北航空国际旅行社分别签署旅游合作协议。(赵海亮 靳红平)

【参加"京冀晋陕"高铁旅游城市联盟成立暨旅游推介活动】 6月26日至29日,市旅游局组织多家旅游企业参加在太原举行的"京冀晋陕"高铁旅游城市联盟成立暨旅游推介活动("京冀晋陕"高铁旅游城市联盟成员包括北京西城区、昌平区,河北省石家庄市、保定市,山西太原市、阳泉市、晋中市、临汾市、运城市、大同市、朔州市、忻州市,陕西省西安市、渭南市等市、区和太原铁路局、中国铁道出版社)。阳泉市旅游推荐员向与会嘉宾介绍阳泉的旅游资源、服务设施、特色线路及优惠政策,阳泉市藏山景区、大宋温泉度假景区、小河古村评梅景区、翠枫山景区及万通国际旅行社负责人在南宫广场进行现场宣传推介。(赵海亮 靳红平)

【参加2014北京国际旅游博览会】 为强化阳泉市作为北京"后花园"的市场定位,不断加强区域旅游交流与合作,6月27日至29日,市旅游局组织部分县区旅游局和旅游企业参加在国家会议中心举办的2014北京国际旅游博览会。其间,阳泉市展团共发放各类旅游宣传资料3万余份,循环播放全市和部分旅游景区宣传片,现场向参观公众推介了多条精品旅游线路。藏山景区在展会现场进行特价门票售卖,平定亮晶晶砂锅有限公司作为阳泉唯一参展的旅游纪念品企业,进行现场展示和销售,吸引了众多受众参观、购买。(靳红平)

【夏季旅游惠民活动】 7月9日,由阳泉市与石家庄、邢台三市旅游局共同举办的"消夏避暑、清凉度夏"夏季旅游惠民活动启动仪式在藏山景区举行。三市旅游局负责人、39家景区代表计60余人参加活动。活动时间为7月10日至8月31日。阳泉市藏山景区、大宋温泉、翠枫山景区、小河古村评梅景区、娘子关景区、银圆山庄、固关长城景区针对活动出台相应优惠政策。门票优惠的同时,部分景区还举行了丰富多彩的主题活动,加强与游客的互动。藏山景区推出"1000只大熊猫"邀你一起"躲猫猫"游戏、大宋温泉度假景区的"智勇大冲关"活动让游客在畅游美景、清凉避暑的同时享受到全新旅游体验。(赵海亮 靳红平)

【5村获"山西最美旅游村"称号】 7月28日,在太原由省旅游局、省农业厅、山西日报社、山西广播电视台联合举办的"山西最美旅游村新闻发布会"上,阳泉市盂县西小坪、大宋村,郊区上千亩坪、小河、咀子上村获奖,5村各具特色,发展势头明显,是阳泉市乡村旅游和休闲农业的代表和典型。全省共有65个村获奖。(赵海亮)

【参加兰州国际旅游博览会】 为强化阳泉市与"丝绸之路经济带"的旅游交流与合作,8月24日至26日,市旅游局组团参加在兰州市举行的第四届中国·兰州国际旅游博览会。市旅游局通过展示旅游产品、发放宣传资料和纪念品、播放景区宣传片等方式,推介多条精品旅游线路和重点景区,与兰州、西宁等市旅游同业进行交流。(赵海亮)

【"9·27"世界旅游日公益惠民暨红岩岭玉皇洞宣传推广活动启动仪式】 9月27日,市旅游局在平定县岔口乡主铺掌村红岩岭自然风景区举行"9·27"世界旅游日公益惠民暨红岩岭玉皇洞宣传推广活动启动仪式。各县区旅游局、旅游景区、旅行社负责人,阳泉各新闻媒体、省级媒体驻阳泉记者站及石家庄市主要媒体参加活动。新开发的玉皇洞是北方山脉中发现的规模最大、钟乳石最多的溶洞,为阳泉旅游业增添了新内容,也为开展乡村旅游接待、增加农民收入带来机遇。境内7个景区和酒店推出门票免费或消费打折优惠措施。 (赵海亮)

【桃林沟景区游乐场运营】 4月16日,总投资1.8亿元的桃林欢乐世界项目开工建设。截至10月1日,项目一期完工并投入运营。项目由福建省南平市鑫利达游乐发展有限公司投资兴建,占地面积4公顷。项目分两期建设,一期建设完成1亿元游乐项目,包括大型过山车、跳楼机、高空飞翔、摩天轮等;二期工程计划于2015年春节前完工,投资8000万元建设大摆锤、狂呼、轮盘及7D影院等项目。 (赵海亮)

【参加中国国际旅游交易会】 11月14日至16日,市旅游局组织县区旅游局和旅游企业参加了在上海举办的"2014中国国际旅游交易会"。省旅游局搭建了以"晋善晋美·美丽山西休闲游"为主题的展馆,阳泉市藏山、翠枫山、娘子关、狮脑山百团大战遗址公园等景区位列其中。阳泉市旅游宣传人员在现场回答公众咨询,并推介阳泉旅游资源,发放宣传资料;万通国际旅行社作为阳泉市参展旅行社代表,与其他参展国内、国际旅行商进行交流,为双方下一步开展旅游业务合作奠定了基础。 (靳红平)

【阳泉导游在全省导游大赛中获奖】 11月26日至27日,由省旅游局主办的2014"银联杯"山西省寻找最美导游暨导游员大赛在汾阳市贾家庄村举行。其中,四海假期旅行社导游安婷获第九名,获"山西最美导游"称号;万通国际旅行社导游张乐和王世华获"山西省优秀导游员"称号;市旅游局获大赛组织奖。 (赵海亮 靳红平)

【新增4个国家级旅游景区】 5月,阳泉市桃林沟景区被全国旅游景区质量等级评定委员会评定为AAAA级景区。12月26日,在山西省旅游景区质量等级评定委员会发布的公告中,阳泉市又新增3个国家级旅游景区,分别是大宋温泉景区AAAA级、华北奕丰生态园AAA级、银圆山庄景区AA级。截至年底,阳泉市A级景区数量达到11家,其中AAAA级4家——藏山、翠枫山、桃林沟、大宋温泉,AAA级3家——小河古村评梅景区、固关长城、华北奕丰生态园,AA级3家——娘子关、关王庙、银圆山庄,A级1家——冠山。 (赵海亮)

【水神山佛教文化区主体完工】 水神山景区建设项目位于盂县孙家庄镇大吉村,紧临阳泉北站,规划总占地面积40万平方米,建设分为佛教文化区、自然生态旅游区、旅游接待服务区三部分,计划总投资2.8亿元。截至2014年底,累计投入1.8亿元,包括烈女祠、报国寺在内的旅游区初具规模。早在2010年6月,盂县政府为加快水神山旅游开发,经县政府常务会议研究决定,把水神山旅游项目交由县佛教协会进行开发;2012年,在县政府和县文物旅游局主持下,编制完成《盂县水神山景区控制性详细规划》并通过评审。以县佛教协会为投资主体,景区先后开展发改委备案、土地审批、环保审批、水电等基础设施建设、修缮烈女祠、建设佛教文化区报国寺,启动景区步道、旅游厕所、停车场等配套设施建设。项目建成后与盂县植物园、高神山森林公园联合形成市民假日休闲的好去处,可带动区域旅游产业的发展。 (赵海亮)

【参加华北6省(市)15市冬季旅游惠民活动】 为丰富冬季旅游产品,满足广大游客冬季出游需求,12月,市旅游局联合石家庄、天津、保定、邢台、邯郸、沧州、衡水、太原、晋中、安阳、德州、聊城市等6省(市)15市旅游局共同举办以"养生温泉、激情冰雪"为主题的冬季旅游惠民活动。28日,阳泉市旅游局组织6家旅游企业参加在河北国御温泉举行的2014—2015冬季旅游惠民活动启动仪式。阳泉市藏山、大宋温泉、小河评梅景区、桃林沟滑雪场、红岩岭玉皇洞和药林会议中心制订相应优惠政策参与活动,形成了区域联动、资源共享,互为客源市场、互利共赢的格局。 (赵海亮)

2014年阳泉市A级以上景区基本信息简表

表28

景区名称	景区地址	负责人	景区电话(区号0353)	景区级别
翠枫山自然风景区旅游服务中心	阳泉市郊区	程建青	4075500	AAAA
藏山旅游风景区	阳泉市盂县	杨连富	8145333	AAAA
大宋温泉度假景区	阳泉市盂县	史晋明	13934489768	AAAA
桃林沟景区	阳泉市郊区	史华波	18303438000	AAAA

续表 28-1

景区名称	景区地址	负责人	景区电话(区号 0353)	景区级别
小河古村评梅景区	阳泉市郊区	周向阳	2585158	AAA
华北奕丰生态园	阳泉市盂县	吴彦青	18635365013	AAA
平定固关景区	阳泉市平定	苏文欲	13503536818	AAA
林里关王庙	阳泉市郊区	赵增贵	5053493	AA
平定娘子关旅游景区	阳泉市平定县	马贵明	6031454	AA
银圆山庄景区	阳泉市郊区	张振胜	13503537389	AA
冠山景区	阳泉市平定县	晋 林	13453347719	A

(赵海亮)

2014 年阳泉市旅游主管部门监管旅行社简表

表 29

旅行社名称	地 址	负责人	联系电话(区号 0353)	许可证号
阳泉市交通国际旅行社有限公司	阳泉市桃南东路 322 号	杨建平	2597345 2597333	L-SX-CJ00040
阳泉市华信旅行社有限公司	阳泉市南大街工商大厦一层旁	陈奕俊	2035004	L-SX00130
阳泉宾馆华夏旅行社	阳泉市北大街 119 号	毕立群	2018870 2041881	L-SX00131
阳泉劲松旅行社有限公司	阳泉城区北大街金联大厦 A 座七层	程世亮	2905002 2024132	L-SX00132
阳泉市阳光旅行社有限公司	阳泉城区桃北中路 18 号	曹 曼	2034066 6699086	L-SX00141
阳泉墨玉旅行社有限公司	阳泉矿区北大西街 202 号	王宝林	7077800 7071843	L-SX00250
平定县娘子关旅行社有限公司	平定县东大街省运汽车站	王海平	6067509 6065083	L-SX00251
盂县藏山旅行社有限责任公司	盂县政府宾馆前一楼	陈新燕	8081560 8082549	L-SX00255
阳泉假日旅行社有限公司	阳泉市泉中路 6 号	李厅绩	2053799	L-SX00257
阳泉市扬帆旅行社有限公司	阳泉市开发区大连路	常卫东	2014488 2045959	L-SX00325
阳泉市大自然旅行社有限公司	阳泉城区桃北中路 18 号	袁郁华	2398600	L-SX00326
阳泉市环宇旅行社有限公司	阳泉城区青年路(十二中右侧)	任 乐	2032616 2565868	L-SX00327
万通国际旅行社有限公司	阳泉城区南大街 58 号	陈庆勇	2010439 4296666	L-SX00460
阳泉市海龙旅行社有限公司	阳泉市郊区荫营东大街 18 号	刘子龙	5153888 5153777	L-SX00474
阳泉恒泰旅行社有限公司	阳泉市新建路 4 楼 1 号	王若尧	2022270 2022271	L-SX00477
阳泉市春秋旅行社有限公司	阳泉城区南大街 349 号	梁素芳	4260892 4260891	L-SX00478
阳泉市翔宇旅行社有限公司	阳泉市新建路 95 号	闫 斌	2024358 2051466	L-SX00479
阳泉吉祥旅行社有限责任公司	经济技术开发区大连路 36 号远东大厦	王冬雪	2912800	L-SX00480
阳泉市青春旅行社有限公司	阳泉市巨兴街 22 号	李晋献	2019899 2019599	L-SX00614
阳泉市友谊之旅旅行社有限公司	阳泉市矿区马南区 3 号楼 4 号底商	郭丽珍	7086135	L-SX00661
阳泉市天海假期旅行社有限公司	阳泉城区德胜东街 31 号	焦 阳	2939000 4060666	L-SX00662
阳泉荣国旅行社有限公司	阳泉市北大西街苹果园 150 号	雷雪青	4062210	L-SX00664
阳泉恒信旅行社有限公司	郊区荫营镇坪上村政府招待所 102 房	任运亮	2903113 18935312998	L-SX00710

续表 29-1

旅行社名称	地址	负责人	联系电话(区号 0353)	许可证号
阳泉市公交神洲旅行社有限公司	城区新火车站东侧公交总公司 2 楼	胡近元	2298298	L-SX00296
阳泉市泉美国际旅行社有限公司	阳泉市南大西街 15 号	高承武	2151896 2563777	L-SX00780
阳泉市欣欣旅行社有限责任公司	阳泉市火车站铁道宾馆 102 室	崔虎成	4222299 13994524500	L-SX00848
阳泉凤凰旅行社有限公司	阳泉市桃北中路 74 号	顾俊江	4060822 13934288111	L-SX00849
阳泉亿万达旅行社有限公司	阳泉市南大街 103 号	张艳锋	3312211 3302611	L-SX00862
阳泉市康辉旅行社有限公司	滨河凯旋广场金联大厦 B 座 1007 房间	张晓捷	3039288	L-SX00877
阳泉市晋阳假期旅行社有限公司	阳泉市南大街东方宾馆一层	王秀平	3031588 3031599	L-SX00882
阳泉百通博达旅行社有限公司	阳泉市城区南大街 114 号	葛卫卫	4260138 4260139	L-SX00903
阳泉市华龙旅行社有限公司	阳泉市城区北大街 114 号	王海棠	2010828	L-SX00904
盂县亿通旅行社有限公司	盂县金龙西街	付　伟	8027888 8147888	L-SX00923
阳泉万佳源旅行社有限公司	平定县锦程华远 3 号楼 201	李　菲	6111116 6063838	L-SX00924
阳泉市四海假期旅行社有限公司	阳泉市南大街金地商务大厦 8 层	刘　博	2033505 2051100	L-SX00925
阳泉市华行天下旅行社	开发区新泉北路安康小区 3 栋 17 号	田家良	2036000	l-SX00969
盂县万达旅行社	盂县金龙东街锦隆小区底商	闫　燕	8091680	L-SX00970
阳泉市祥云旅行社有限责任公司	阳泉市南大街颐高数码 1001	樊志梅	15803530004	L-SX-YQ-001
阳泉市交广旅行社有限公司	阳泉市开发区大连路广电大楼 6 楼	刘　军	2903880	L-SX-YQ-002

(赵海亮)

服　务

【概况】 2014 年,全市服务业完成增加值 268.7 亿元,比上年增长 2.7%,占 GDP 的比重为 43.6%,提高 3 个百分点。服务业对 GDP 贡献率为 33.9%,拉动经济增长 1.0 个百分点,服务业增速回落 2.3 个百分点。按统计口径,服务业分为七大服务行业,除交通运输和仓储邮政业、批发零售业保持 9.7%和 4.5%的较高增速,且高于全市服务业增速平均水平外,其他行业呈现微增长,房地产业则为负增长。 (和继明)

【阳泉市出台《关于做好当前全市服务业发展工作的若干措施》】 10 月,阳泉市政府制订《关于做好当前全市服务业发展工作的若干措施》。措施包括 9 项内容:一是努力促进县域服务业发展,二是推动阳泉市服务业重点行业发展,三是突出做好服务业中小微企业发展工作,四是启动培育“三个一批”(成长型、重点、突出贡献)服务业企业,五是鼓励服务业企业“限下转限上”“限上促增长”,六是认真做好服务业达限企业入库工作(利用第三次全国经济普查结果,在年底前分两批将达到限额以上标准的服务业企业纳入国家服务业统计联网直报库),七是协调总部分支服务业企业(沃尔玛

2014 年阳泉市七大服务行业情况简表

表 30　　单位:亿元、%

服务业分类	完成增加值	比上年	对服务业贡献率	拉动服务业增长	占服务业比重
交通运输和仓储邮政业	39.3	9.7	51.3	1.40	14.6
批发和零售业	48.4	4.5	31.9	0.90	18.0
住宿和餐饮业	22.8	2.2	6.9	0.20	8.5
金融业	39.1	1.9	9.7	0.30	14.6
非营利性服务业	56.5	0.2	1.5	0.04	21.0
营利性服务业	28.4	0.1	0.4	0.01	10.6
房地产业	33.1	-0.5	-2.4	-0.10	12.3

注:营利性服务业包括信息传输计算机服务和软件业、租赁和商务服务业、文化体育娱乐业和居民服务业。

(和继明)

超市、美特好超市、百度云计算中心等)在地统计,八是落实好发展服务业的政策措施,九是建立服务业发展联席会议制度。上述措施对于促进阳泉市服务业发展具有重要的指导意义。 (赵 芳)

【泉美餐饮服务有限公司概况】 2014年,泉美餐饮服务公司在上年实施的"发展、市场、营销、产品、管理"五方面观念转型基础上,逐步实现从浅层业态到行业的深度转型,公司旗下各酒店的市场定位、产品重塑、营销模式、调整结构等结合实际找到了突破点。

泉美国际酒店以客房经营与服务为重点,散客入住比例上升到70%,团队入住占5%,网络中介订房占25%,客源结构表明泉美国际的品牌知名度在扩大。在营销服务方面通过优先升级、随时调整保留房、微信会员优惠、高奖励等手段吸引散客,并通过进房送饮品、送粥品等超值服务赢得众多回头客。在房间硬件提升上对酒店九层以上进行装潢改造;在节能降耗方面,所有房间镜前灯和走廊灯更换为LED灯照明,小件易耗品更换为易回收的环保纸盒,以综合服务品质赢得较好的入住率。

泉美映像酒店在经营体制上进行了大幅调整,客房和餐饮实行独立核算。客房部通过配套营销将偏僻劣势变一站式接待,即客房和洗浴以多套系组合营销、客房与餐饮微利取量的食宿接待联合行动,创出价优质高的泉美映像会议团队接待品牌;餐饮部成立恒海餐饮有限公司烤鸭店,以烤鸭为亮点,同时组建集湘菜、川菜、晋菜于一身的烹饪组合菜系,以价低、色鲜、味特、型美为特色的时尚简约菜品赢得消费者认可。

泉美饭店位处酒店集中、竞争激烈的市中心地段,根据自身经营环境,细化宴会市场客源,负一楼推出398元宴会餐标,针对15桌以下生日宴、乔迁宴、寿宴等做专场氛围布置,吸引客源消费。同时,通过美团网,精心搭配菜品团购销售,对宣传酒店产品、吸引网购客人起到带动作用,团购客源占到全部客源的30%,在推广网络销售渠道方面积累经验。泉美豆捞在客源分流、成本增大、负利经营的压力下,通过调研火锅市场,提高羊肉品质和销售价位,降低原材料成本和浪费,同时对冻品、海鲜、水果、粮油、酒水等食材做了相应调整,并以充值卡推销提成来激发员工与客人沟通的积极性,提高了服务质量。泉美农家乐将本地菜进行改良,推出平定"三八席"之精选菜,搭配到系列菜系中,让宾客既品尝到传统菜的经典,又经济实惠;同时将农家大锅炖的瓜果时蔬和面食进行混搭配菜,突出农家杂粮菜品的健康与营养,赢得喜好养生与本土菜肴食客的青睐。 (赵利亚)

【"泉美"微信营销平台投入运营】 1月,泉美公司开始筹建"泉美"微信营销平台,各酒店通过扫二维码增加手机微信会员;截至年底,微信会员突破6万人,会员交易量达4万人。泉美公司所辖各店通过创设的"泉美"微信平台,每月定时发布宣传信息,起到较好营销效果。通过微信平台,各店与美团网、拉手网、糯米网等网络服务商合作,实现各店产品线上销售、线下服务的经营模式,特别是美团网的销售为各店增加了收入,其中泉美饭店的美团客户占到客户量的30%。年底,公司开通了微信平台订餐、订房服务,设立24小时在线客服,随时接受宾客预订服务。 (赵利亚)

【北冰洋大酒店概况】 2014年,北冰洋大酒店营业收入1000万元,上缴税金56万元,平均出租率35.65%;全年客房接待入住宾客22259人次,其中外宾120人次;餐厅接待宾客近10万人次,宴会193场;全年会议接待150场次,接待宾客3万多人。为打造高标准婚宴服务,从婚庆到宴会接待量均较上年提高60%,成为2014年新亮点。截至年底,酒店拥有标准间、单人间、套房等各类房型140间,餐饮包间17个,大中小多功能厅3个,可同时容纳800人就餐,康乐集洗浴、棋牌、按摩、休闲等服务于一体,酒店在职人员150人。针对酒店婚宴接待实际情况,聘请专业人才成立婚庆部,增加婚庆礼仪服务,在宴会厅安装2组LED屏,增添灯光、音响设备,从婚礼策划、现场布置、道具准备、婚车装饰、LED背景资料及现场督导等一条龙式为新人设计奢华又独特的婚礼庆典。同时,酒店积极开展微信、团购等网络营销,提高酒店知名度,助力酒店整体销售。 (梁文斌)

【墨玉宾馆概况】 2014年,墨玉宾馆围绕"经营创收、管理创效、服务创优、安全创稳"四大目标,不断巩固自身优势,打造星级酒店品牌,树立企业良好形象。11月,山西省百姓最放心食品(餐饮)品牌推选活动由省商业联合会、省科技传播中心等单位主办。经过百姓海选,短信、微信、问卷投票,大范围、深层次、全方位征集意见等环节的推选,组委会根据百姓投票和专家评审团意见,经过公示无异议后,授予墨玉宾馆"2014年山西省百姓最放心大众化酒店品牌"荣誉称号,系阳泉市唯一被授予单位。年内,宾馆先后获得"省国有企业文明单位""阳泉市守合同重信用单位""阳泉市消费者满意单位""阳煤集团先进基层红旗党支部"等称号,全年实现营业收入2818万元。

经营策略调整 面对市场竞争压力不断加大,墨玉宾馆适时调整经营策略,借助科技手段加入"美团"网,客房部推出特价房,餐饮部推出大型聚餐优惠政策及精美套餐,利用网络平台营销,以优惠的折扣价格、美观的宣传图片提升吸引力,数日内接待20多单"美团"网订餐、订房宾客。此外,餐饮部以经济创收为中心,于1月推出“墨玉便民外卖点”,经过7个月的运行实现预期经营目标;8月,增加“机关综合楼便民点二部”,以经营“大众喜爱的家常菜、方便快捷的半成品、地方风味主食”等系列产品为主,全年实现营业收入46万元。墨玉婚庆开通微信公众平台,实现与客户面对面互动及一对一全程督导,在风格与创新上打造出梦幻系婚礼、森林系婚礼、明星系婚礼,大型实景情景剧婚礼的尝试更是开婚庆行业先河,获得业内人士赞誉。

配套服务提升　墨玉宾馆根据自身发展需求,对配套设施进行改造,先后完成客房部、清华园无线网络信号的覆盖,方便宾客使用;客房部添置了活动式桌椅,满足了会议及大型接待服务需求;清华园男女休息区完成改造;餐饮部更新空调、电视及灶具;洗衣部完善洗涤设备,强化了洗涤功能。(单丽娟)

【豪远国际大酒店正式营业】 豪远国际大酒店是集住宿、餐饮、休闲、娱乐、洗浴、会议为一体,以政务接待、商务会议及休闲功能于一身的准五星级酒店,位于阳泉市城区泉中路1号,投资2.8亿元,继2013年12月18日试营业后,于2014年6月18日正式对外营业。酒店客房分9种房型共206间,其中商务单人房32间、双人房106间、观景房32间、商务套房16间、行政单人房5间、总裁房8间、行政套房3间、家庭房3间、大使套房1间。多功能宴会厅豪远国际金色大厅820平方米,可容纳600人;小宴会厅豪远国际水晶厅340平方米,可容纳餐位数360人;大会议室豪远国际钻石厅525平方米,可容纳餐位185人;小会议室4间,1号会议室“博鳌”70平方米可容纳16人、2号会议室“达沃斯”39平方米可容纳8人、3号会议室“亚太”50平方米可容纳10人、4号会议室“世贸”35平方米可容纳10人。餐饮服务项目有中餐(包房、宴会)、自助西餐、旋转餐厅,其中迪拜旋转餐厅可容纳88人就餐,是阳泉唯一观景休闲旋转餐厅;回马廊渔人码头西餐厅可容纳160人,自助餐包间2间,可容纳22人就餐。酒店康乐部主要包括游泳馆、棋牌室、康体中心、兰桂坊KTV、SPA、健身房等,其中游泳馆位于酒店负一层,水温夏季26摄氏度、冬季28摄氏度,水质采用24小时水循环系统,每日进行标准消毒,符合国家标准;棋牌室位于酒店24层,环境优雅,可俯瞰全市美景,分设“美高梅”“新濠”“银河”“葡京”“威尼斯人”“金沙”“永利”7间房,以麻将、扑克、象棋、围棋等为主娱项目;康体中心位于酒店负一层,分男浴和女浴;兰桂坊KTV位于酒店负一层,拥有豪华包间10间,其中大包2间、家庭影院2间、中包2间、小包4间,拥有进口音响、完整曲库,是消费者休闲、减压、聚会的理想去处。12月18日,位于酒店二层的豪远小馆开业,以家常菜肴为主。(李华钦)

【放心早餐工程新建改造103个网点】 年内,市商务局认真贯彻落实省政府办公厅《关于加快推进放心早餐工程的意见》精神,从培育龙头企业、促进放心早餐工程项目建设入手,以丰富早餐市场、方便居民消费、提升早餐及大众化餐饮品质为目标,扎实推进阳泉市放心早餐工程建设,截至年底,先后建成2个市级、2个县级主食加工配送中心(中央厨房),新建改造早餐网点103个,超额完成市政府确定的建设改造100个早餐网点的任务,新设置早餐亭62个,累计发展连锁经营网点180个,年销售额3000多万元,安置就业500余人,连锁经营网点遍及市县各社区,受益人群10万余人。(陆泽宇)

2014年阳泉市个体及私营服务业情况简表

表31　　单位:户、人、万元

分类	个体工商户			私营企业			
	户数	从业人员	注册资金	户数	投资者	雇工	注册资金
旅馆业	3554	11798	19083.09	253	490	3761	31621.00
娱乐服务业	252	681	1730.80	90	153	741	9703.00
计算机应用服务业	887	2301	2040.94	300	542	2313	29851.70
其他	37058	69933	130586.70	9388	20820	113499	2676045.39
合计	41751	84713	153441.53	10031	22005	120314	2747221.09

(李文娟)

区县简况

城　区

【概况】 阳泉市城区面积16.19平方千米，辖6个街道办事处46个社区居民委员会，常住人口19.62万人。

2014年，全区生产总值148亿元，比2013增长3.1%；财政总收入5.09亿元，增长3.37%；服务业增加值125.9亿元，增长4.6%；社会消费品零售总额148.1亿元，增长9.7%；固定资产投资31.7亿元，下降52.7%；规模以上工业增加值6.6亿元，下降10.1%；公共财政预算收入2.84亿元，下降4.6%；城镇居民人均可支配收入25840元，增长7.7%。

项目建设积极推进。全年全区项目储备353个，总投资2061亿元，为年初任务的166.21%；项目签约21个，总投资62亿元，为年初任务的124%；项目落地21个，总投资56.41亿元，为年初任务的115.12%；项目开工24个，总投资46.44亿元，为年初任务的105.55%；项目建设49个，完成投资3.9亿元，为年初任务的105.69%；项目投产9个，完成投资57.3亿元，为年初任务的108.11%；全年协议利用外来投资62.18亿元、为年初任务的124.36%，实际到位资金30.71亿元、为年初任务的109.6%。

产业转型成效显著。努力适应经济发展新常态，大力发展现代服务业和新兴服务业，实施电子商务引领发展战略，与厦门市电子商务协会顺利签约。培育壮大健康服务业和养老服务业，在城区人民医院成立老年护理中心，在全省率先开展医养融合发展新探索。着力打造晋东地区最大的智慧物流中心，投资10亿元的“广货（山西）分拨交易中心项目”前期规划初步完成。大力发展“飞地经济”，天元循环经济项目、金星激光项目开工建设，地源热泵项目、蒙牛乳业物流项目、国药物流项目、LED项目选址中。大力发展民营经济，出台《关于扶持中小微企业发展的实施办法》，积极推进中小微企业助保贷工作，着力解决企业融资难问题，全年为24户企业提供增信贷款额度达到2940万元。

各项改革有序推进。积极探究服务业发展促进机制，推进服务业实体经济项目申报、市场认证工作，建立中小微企业台账、总部及楼宇经济台账以及物流企业、专业市场、大型商业网点等专项服务业台账。进一步深化行政审批制度改革，实行行政审批“绿色通道”制度，建立民生服务类项目帮办机制。创新社会治理体制，全面推进社会管理网格化建设。进一步深化医药卫生体制改革，户籍、财税、就业、社保等重点领域改革稳步推进。（王世钧）

领导人名录

中共阳泉市城区委员会

书　记　康晓剑（12月免）
副书记　武　雪（女）　任时杰
常　委　康晓剑（12月免）
　　　　武　雪（女）　任时杰
　　　　李保存　杨献斌　李昱平
　　　　刘志军　胡秀毅　田　青
　　　　王志伟
区委党校常务副校长　赵志勇

中共阳泉市城区纪律检查委员会

书　记　杨献斌

阳泉市城区人大常委会

党组书记 主任　李忠祥
副主任　李　力　姚培万
　　　　范秀林（女，8月免）
　　　　吴祥玉　夏爱林（女）

阳泉市城区人民政府

区　长　武　雪（女）
常务副区长　李昱平

副区长 刘志军 杨红梅(女)
李忠何 吴东作 赵建军

政协阳泉市城区委员会

党组书记 主席 杨柱英
副主席 胡道宏 余占玉(女)
田秀贞(女) 董美玲(女)
任锁才

阳泉市城区人民法院

院 长 张秋籽

阳泉市城区人民检察院

检察长 贾建胜

阳泉市城区公安分局

局 长 王庚明

阳泉市城区人民武装部

部 长 田 青
政 委 陈福生

【城区获“感动中国十大公益项目”表彰】 1月14日至15日，城区区委、区政府推荐的“学习型组织建设”项目、区委宣传部推荐的“城区梦·大学堂”项目、区民政局推荐的“幸福社区创建，公益服务在行动”项目受到“感动中国2013年十大公益项目表彰暨教育培训”组委会认可，城区区委、区政府和区民政局被评为“最佳支持公益教育培训政府”，“城区梦·大学堂”荣获“中国最佳公益培训协会”称号。 （王世钧）

【老年护理中心投入使用】 7月31日，城区老年护理中心在城区人民医院正式运行。该中心是集医疗、康复和关怀为一体的失能老人护理型养老机构，设有高级病房、营养厨房、洗澡间、洗衣房、健康教育室、文艺活动室和户外活动场所，配备有康复器材、检查监护设备和抢救设备等。中心专门接收失能老人，工作人员平时按养老模式进行服务，每天有医护人员免费查房，开展基础医疗服务；发现病情变化需住院治疗时，就地转入医院相应科室进行治疗；如需转院就诊，中心随即办理相关手续；病情好转后，再转回养老模式。该项目的开展不仅可以解决失能老人家庭成员的后顾之忧和老人的养老、医疗、临终关怀等社会问题，同时也提高了医院的经济效益。 （王世钧）

【“爱心手工坊”入围中国公益慈善项目百强】 7月，城区义井街道南边堰社区的“南边堰社区爱心手工坊项目”在第三届中国公益慈善项目大赛中入围，成为山西省唯一入围创意类项目百强的公益慈善类项目。城区义井街道南边堰社区的“爱心手工坊” 吸纳社区周边多名优秀的民俗手工艺人，通过他们的免费培训，多位家庭妇女、残疾人、困难居民和少数民族居民成为“爱心手工坊”的骨干。通过制作各种精美的手工艺作品和定期开展义卖活动来筹集善款，以社区微公益形式形成效益。收益的一部分用于服务社区的空巢老人、五保户、残疾人等困难家庭，另一部分存入爱心基金，用于持续开展各类爱心服务项目。 （王世钧）

【“新家庭计划——家庭发展能力建设”项目】 9月10日，国家卫生和计划生育委员会“新家庭计划——家庭发展能力建设”项目在城区上站街道金三角社区启动。该项目是围绕家庭文化、家庭保健、科学育儿和养老照护四个方面开展的服务家庭所有成员、服务生命全周期的全面性综合工程；主要通过开展培训和组织项目活动，推进项目的实施，以达到“提高家庭成员健康水平和家庭发展能力，促进家庭和谐幸福”的总体目标。城区金三角社区作为全省唯一的城市区试点，被列入全国首批62个试点之一。 （王世钧）

【金三角社区获“全国计划生育基层群众自治示范村(居)”称号】 年内，城区上站街道金三角社区被中国计划生育协会授予“全国计划生育基层群众自治示范村(居)”称号。近年来，该社区采取多种措施做好人口和计划生育工作。一是利用区域联合党委的影响力，建立完善基层组织建设和计划生育协会会员、志愿者注册管理机制，促进基层自治示范创建工作的科学发展；对计划生育协会的组织网络、工作阵地、协会制度等进一步完善，充分发挥计生协会这一群体组织的“带头、宣传、服务、监督、交流”作用。二是完善育龄群众履约协议的签订，发挥群众自我教育、自我管理、自我监督、自我服务的作用，提高计生率。三是进一步改善社区软硬件环境，高标准建立健全社区计生服务室，并提高服务室的服务水平；开设30余平方米的亲子园，满足社区内0–3岁婴幼儿早教活动的需求。四是围绕计划生育政策法规、优质服务、帮贫扶困、婚育新风等方面搞好宣传服务，并开通飞信信使服务，定期不定期地为居民群众发送计生政策法规、民生服务、法律知识等短信。五是在建立育龄妇女诚信档案的同时，搞好人头数据的清理核查工作，做到账、卡、册、单、机、簿“六相符”。 （王世钧）

【专业社会工作人才队伍建设】 近年来，城区在创新基层社会治理中高度重视人才建设工作，实施社区精英培训工程、社会工作学历教育培训工程、社会工作专业人才继续教育工程和社会工作知识普及工程，鼓励社区在职人员参加全国社会工作者职业水平考试，并邀请省内高校社会工作专业资深老师免费为报考的社区工作者进行考前辅导和疑难解答，促进全区社区社会工作人才队伍的专业化、快速化发展。年内，全区共有15名社区工作者通过考试，其中中级2名、初级13名。截至2014年底，全区持

证专业社会工作人才达22名，其中社会工作师5名、助理社会工作师17名。（王世钧）

【智慧网络服务"直通车"】 年内，城区下站街道办事处"幸福下站"网站（www.yqxz.gov.cn）开通运行，内设街道动态、特色工作、通知公告、办事指南、民生在线等栏目。至此，下站街道办事处利用现代信息传媒手段，搭建网站、微信、微博、QQ群等综合公共服务平台，畅通民意渠道，提升服务水平，构建"四位一体"智慧网络为民服务"直通车"，实现服务群众"零距离"。"幸福下站"网站是街道综合信息管理平台，侧重于发布政务信息、传达政策法规等；微信是公共服务平台，主要通过每天一期的《幸福下站》向居民发送街道动态、便民信息、生活常识等信息；微博是信息发布推广平台，侧重于党的政策宣传、热点新闻和街道社区重点工程进展；QQ群是交流互动平台，主要用于组织公众实时交流，及时倾听居民意见，第一时间处理居民反映的问题。（王世钧）

【三社联动工作】 年内，城区继续推进"三社联动"（社区、社会组织和社会工作人才简称"三社"）工作。一是推行社区工作体制机制改革，设立民办非企业性质的社区服务站承接政府行政事务事项，形成新型社区治理服务体系。二是加强基层党组织建设，加强"社区党委—网格党支部—楼栋党小组"的三级网络机制建设，完善党建工作联手、思想工作联做、廉政文化联抓、社区服务联办、社区治安联防、环境卫生联创、文体活动联动的"七联"工作机制。三是加强社会组织的培育发展，通过培育孵化、发展引进、项目扶持等方法，发展壮大社会组织，逐步达到每万人拥有10个以上社会组织且发展有序、门类齐全、层次丰富、覆盖广泛的目标。四是大力推广项目化运作的工作理念，开发策划贴近居民、易于操作、效果明显的公益服务类、社会事务类、慈善救济类、社会维权类等服务项目，为社会组织的承接提供广泛的项目来源。五是着手建立以教育培训、考核评价、激励保障为主要内容的社会工作人才建设体系；鼓励引导有资质的各类专业社会工作者，支持他们承接服务项目，发展社区社会组织。六是拓展深化社区志愿服务，搭建公益服务信息发布和需求对接的平台，推动志愿服务队伍由青年为主向全体社会成员的共同参与转变。七是大力发展养老服务业，以养老服务为突破，拓展城区"星火乐园计划之幸福桑榆情"项目，充实服务内容，拓展服务范围；推进城区老年护理中心养老服务工作开展，探索医养结合的养老服务模式。（王世钧）

【传统文化进校园】 年内，城区所属中小学校通过多种形式开展"传统文化进校园"活动，将国学教育与现行幼儿教育、中小学教育相结合，不断深化教育教学改革，在提升教育质量的同时，也十分注重学生内在素养的历练和培养。一是精心选编适用教材，大力充实专业师资力量，合理安排课程；二是持之以恒做好宣传，克服升学、考试或是家长担心影响孩子学习成绩等方面的压力；三是科学制定评估机制，以长远发展的成效为重，不急于求成；四是以灵活的教育方式，不拘形式，引发学生的兴趣，让他们在轻松愉悦的环境中受益于国学教育；五是使广大学生系统了解传统文化知识，培养文化自觉和文化自信，让青少年在潜移默化中形成正确的世界观、人生观和价值观。（王世钧）

【"一周社工"活动】 年内，城区在全区机关部门开展机关党员、干部进社区做"一周社工"活动。"一周社工"活动就是在社区建设联创共建活动中，每周有一名机关党员、干部以社工的身份深入社区，通过开展"体验活动""帮办活动""志愿活动"，促进社会工作专业服务理念的树立和社会工作方法与技巧的掌握，提高做好社会工作的能力和本领，进一步促进多元主体参与社会治理新机制的构建。"体验活动"就是通过机关党员干部的入户走访、资源整合、化解矛盾、居民动员、服务策划等具体活动，体验社会工作信息沟通者、资源链接者、关系协调者、活动组织者、社工行动者的角色；"帮办活动"就是通过机关党员干部为社区送服务、送温暖、送思路、送机制，帮助社区进一步理顺关系，减负增效，完善机制，提升服务水平；"志愿活动"就是通过志愿者队伍的发展、活动的开展、骨干的培养，传承志愿精神，打造志愿品牌，营造良好的社会环境。"一周社工"活动的开展，使机关党员干部与社区工作人员形成良好互动，促进社区社会工作专业化水平的提升，扩大社会工作的知晓率，形成城区本土社工培养和社会工作专业服务的长效机制。（王世钧）

矿　　区

【概况】 阳泉市矿区面积19.15平方千米，辖6个街道办事处40个社区居民委员会，常住人口24.78万人（包括五矿）。2014年，全区生产总值137.1亿元，财政总收入6.56亿元，规模以上工业增加值104.23亿元，固定资产投资94.1亿元，公共财政预算收入3.12亿元，社会消费品零售总额20.9亿元，第三产业增加值25.2亿元，城镇居民人均可支配收入25520元。

巩固壮大总部经济。强化与阳煤集团的沟通协商，及时了解阳煤集团生产经营状况、投资动态，加强对全区经济形势的研判。对企业实行精准帮扶，包企领导定时到企业上门走访、实地调研，帮助企业解决实际问题，全力支持企业做大做强。为阳煤集团新成立公司、原材料供应商、新引进企业提供优质便捷的工商注册、税务登记等服务；同时，出台《发展总部经济促进商贸企业发展的实施意见》《矿区政府关于协税护税、发展总部经济的实施细则》等文件,并实施房租补贴等一系列配套政策,为入驻企业减轻负担。充分发挥"政、银、企"担保平台作用,年内帮助企业融资近4000万元。截至2014年底,围绕阳煤集团经营的总部类企业达550多户,全年上缴税收3.24亿元,占到财政总收入的49%。

持续推进飞地经济。与毗邻县区融合式发展,形成优势互补、联动发展态势。以"飞地"模式引进项目12个,其中5个项目落地,涉及资金4.3亿元,双隆办公设备制造项目开工建设,鑫利达游乐园对外营业;石头造纸等7个项目完成签约并确定选址,涉及资金58亿元。另外,有4个项目达成初步合作意向,涉及资金19.2亿元。

招商引资量质齐升。全年招商引资、协议利用外来资金77.8亿元、实际到位资金28.8亿元。成功签约矿区城市文化综合体、乏风及低浓度瓦斯氧化利用、振发新能源阳泉光伏发电等项目。落实《扶持税域内企业发展的实施办法》《进一步支持中小微企业发展的措施》,建设完成中小企业培训基地,引进培训机构1个。对企业商户进行帮扶、培育,为中小企业拨付发展扶持资金、争取省级补助资金272万元。

加快发展第三产业。全年新增内资、私营企业161户,个体工商户547户。新泉物流公司电子物流平台建设取得进展,与海南八百里物流公司签订合作框架协议。新建、改造标准化放心早餐店12家,新开华龙之星连锁店3家。北京易盟矿区分公司新增2个服务网点,服务覆盖全市及周边城市。洪城河文化产品一条街粗具规模,煤雕、剪纸等特色文化产品实现规模化经营。成功举办全国艺术文化产品交流展销会。

继续加大民生投入。全年民生投入4.37亿元,占财政支出的72.1%。新增就业人员2500人,城镇基本医疗保险参保8.59万人、城镇居民社会养老保险参保1.85万人,发放低保金2299.7万元、医疗救助金264万元。对教育投入2.75亿元,占全年财政支出的45.4%;投资2200多万元,为各中小学师生配备1153台电脑等各类教学设备。实施药品零差率销售,对药品差价给予100%补偿;全区社区卫生服务中心和服务站全部开展家庭签约式服务,组建全科医生团队63个,签约家庭2万余户、签约人口近9万。完善食品安全三级监管网络,对225家餐饮单位实行量化分级管理。

加强平安矿区建设。全年解决信访问题401个,办结率达96%。刑事案件比2013年减少112起,下降18.8%,万人发案率低于全市4.86个点。荣获省级平安区和"全国和谐社区建设示范单位"称号。投资40万元升级改造管理系统,新建电视电话会议系统、舆情监测系统、政法信息系统和手机报平台。将"天网"系统和无人值守监测系统进行有效整合。开展安全大检查,查处安全隐患354条,并全部得到整改。

推动文化产业发展。建成国家级文明单位1个、省级文明单位6个、市级文明单位29个、区级文明单位72个,区级以上文明社区覆盖率达到32%。在全区16个市级以上文明单位开设"道德讲堂"。中国工业版画阳泉研究院落户矿区,承办首届中国工业版画新秀展。实施"文化惠民"工程,举办社区文体艺术节、矿区非物质文化遗产进校园等公益活动。矿区基层文化园区国家级服务业标准化试点项目通过国家验收。 (张　嘉)

领导人名录

中共阳泉市矿区委员会

书　记　刘德跃(12月免)
副书记　刘乙佑　冉志伟
常　委　刘德跃(12月免)
　　　　刘乙佑　冉志伟　侯彦军
　　　　王宝新　吴亚非　高海明
　　　　王晓丽(女)　张世庆
　　　　史晓文(11月免)
区委党校常务副校长　任建平

中共阳泉市矿区纪律检查委员会

书　记　史晓文(11月免)

阳泉市矿区人大常委会

党组书记　主任　苏满晓
副主任　史豪强　石文辉　唐　鲁
　　　　连秀芳(女)　张栗平

阳泉市矿区人民政府

区　长　刘乙佑
常务副区长　王晓丽(女)
副区长　高海明　徐本宁　杨志强
　　　　雷永平　王希田

政协阳泉市矿区委员会

党组书记　主席　王贵平
副主席　丁慕国　康银柱
　　　　温巧兰(女)　王前进

阳泉市矿区人民法院

院　长　梁　庆

阳泉市矿区人民检察院

检察长　严志勇

阳泉市矿区公安分局

局　长　韩文明

阳泉市矿区人民武装部

部　长　张世庆
政　委　王国峰

【《新矿区》手机报开通】 2月14日,《新矿区》手机报正式开通。该报内容涉及矿区的重大决策、会议报道、社会动态等百姓关注的热门话题;通过手机彩信的方式,向全区副科级以上干部和各社区主任发送,一般每周发送一次,如有需要随时发送。《新矿区》手机报以图文并茂的形式,宣传矿区的新风貌、新成果,为全区经济、社会发展营造良好的舆论氛围。 (孙燕平)

【新泉物流与海南八百里物流签约】 7月18日,新泉物流有限公司与海南八百里物流有限公司就汽运物流信息化项目合作签订框架协议。海南八百里物流有限公司是一家专门从事国内各地物流、货运配送服务的现代物流企业,可为客户提供实时的货物跟踪、网上查询、卫星导航、车辆保险等业务。此次签订的汽运物流信息化项目将通过建设物流贸易园区,形成统一的物流集散地,搭建全市首个电子物流平台,以信息技术整合物流资源,实现物流配载无缝对接,最大限度地满足市场需求。 (孙燕平)

【矿区重视版画创作工作】 近年来,矿区抓住阳泉市打造“中国版画城”的发展机遇,出台矿区版画发展规划,成立矿区版画学会,多次举办版画创作培训班,培养了一支在全国有重要影响力的版画创作队伍,形成具有鲜明煤矿特色的地区文化品牌。7月23日,由矿区区委、区政府,中国工业版画研究院、阳泉工业版画研究院、阳泉美术院联合举办的首届中国工业版画新秀展在阳泉市展览馆开展。此次展览,是矿区首次主办的全国性大型展览,来自北京、黑龙江、湖北、湖南、大连等全国19个省市地区的工业版画学者及爱好者的360余幅作品参展。 (孙燕平)

【“优秀兵妈妈”“十佳好军嫂”表彰会】 7月25日,阳泉市“优秀兵妈妈”“十佳好军嫂”表彰会暨微电影《绒花》首映式在矿区召开。会上,10位“优秀兵妈妈”和10位“好军嫂”受到表彰,她们都是阳泉市广大官兵母亲和妻子的优秀代表。当中有从兵姐姐、兵嫂嫂一直到兵妈妈,把一生的爱都奉献给驻地子弟兵的芦存林;有竭尽全力支持孩子献身国防事业的兵妈妈魏爱荣、赵素芳;有为丈夫安心服役,一人挑起全家重担的好军嫂李晓雨、郄春平、吕素英等。 (孙燕平)

【驻公安机关“检察官办公室”成立】 7月29日,矿区检察院驻公安机关“检察官办公室”在矿区公安分局成立,是阳泉市首个派驻在公安机关的检察官办公室。在公安机关设立检察官办公室,是矿区检察院探索实践对公安机关执法监督的创新型举措,对进一步加强公安机关与检察机关在刑事诉讼活动中的相互配合,及时准确打击刑事犯罪活动,确保案件质量,提高诉讼效率具有重要意义。 (孙燕平)

【青少年社会工作站成立】 10月16日,亲 & 青 Family——阳泉市矿区青少年社会工作站在矿区段南沟社区成立,是全省首家共青团组织开办的青少年社会工作站。该工作站聘请山西铸仁社会工作服务中心的专业青少年社会工作者做技术指导,以阳泉市“心知旅”心理辅导站等6家社会公益组织为社工服务主体,为矿区桥头5个社区的1.4万名青少年在创业就业、心理咨询、重点青少年融入社会等方面提供专业服务,重点关注辖区内的闲散青少年和城市留守青少年。 (孙燕平)

【郭志芳获全国“湘版义教美术课堂教学大赛”奖】 11月23日至30日,矿区美术教师郭志芳执教的《条纹乖乖》一课,在山西省晋中市举办的由《中国教师报》主办的全国“湘版义教音乐美术课堂教学大赛”中,获全国湘版美术课堂教学大赛现场课评比二等奖。郭志芳系矿区桃南路小学美术教师兼政教主任、大队辅导员,在教学一线工作15年,曾获得“全国第八届优秀自制教具展评”三等奖、“全国首届新课程小学优秀课例评选”三等奖、山西省自制教具一等奖、山西省第五届基础教育“三优工程”评选优质课一等奖等荣誉。 (孙燕平)

【赵泉祥获全国“最美清洁工”称号】 11月30日至12月1日,矿区环卫处环卫工人赵泉祥在由中国中小商业企业协会清洁行业分会主办、中国清洁业(北京)环境科学研究院承办的第七届中国清洁(环卫)行业年会上被授予“最美清洁工”称号。赵泉祥是矿区环卫处清掏组组长,1979年参加工作,在环卫一线工作35年。2010年至2014年,他所在的清掏组共清掏厕所1200余次,清运粪便4000余吨。 (孙燕平)

【《中国共产党阳泉市矿区历史》出版】 12月10日,矿区首部党史资料文籍——《中国共产党阳泉市矿区历史》正式出版。该书采用编年纪事与本末纪事相结合的体例编纂,记载1926年4月至2011年12月的矿区党史,主要包括矿区工人阶级的产生和活动、矿区地方党组织的建立及其领导的斗争、抗日救亡运动和牺盟会的成立等内容。全书设12编31章,计44万字,由山西人民出版社出版,阳泉市正达彩色印刷公司承印。 (孙燕平)

【星级公厕创建】 12月,矿区环卫处所辖居馨花园公厕通过省城市星级公厕竞赛活动办审核验收,被评为四星级公厕。2012年至2014年,矿区环卫处每年确定1座公厕作为城市星级公厕创建点,对照《山西省城市星级公厕创建标准》,改进目标公厕的管理、卫生、设施设置、服务等工作,定时或不定时对目标公厕的管理、卫生状况、公厕管理员在岗、消杀等情况进行督查;面向社会公开热线电话,听取群众意见,确保公厕服务让群众满意。截至2014

年底,矿区环卫处完成桥北中街商业银行旁、四矿口华龙宜购旁和居馨花园3座公厕省级四星级公厕的创建工作。(孙燕平)

郊区

【概况】 阳泉市郊区面积616.89平方千米(不含开发区),辖4乡4镇184个村民委员会和2个居民委员会,常住人口23.85万人,其中城镇人口17.05万人、乡村人口6.8万人。

2014年,全区生产总值81.12亿元,比2013年增长8.1%;公共财政收入4.79亿元,下降7.99%;规模以上工业增加值21.06亿元,增长12.6%;固定资产投资76.54亿元,增长8.3%;社会消费品零售总额13.98亿元,增长8.7%;城镇居民人均可支配收入20860元,增长8.1%;农村常住居民人均可支配收入11320元,增长9.9%。

转型综改注重创新。全区89家企业进入"山西省重点企业项目库",金隅通达等3家企业完成"小升规",立博线缆获省级"专精特新项目"企业称号。"助保金贷款"业务融资规模达到2.3亿元,为12家企业发放贷款7360万元。推进城乡建设用地增减挂钩,获批周转指标33.33公顷(500亩),报批各类建设用地107.8公顷(1617亩)。通过"企业领租、大户领种、市民领养"等多种方式,全年全区累计流转土地1000公顷(1.5万亩)。实行项目联合预审,变串联审批为并联审批,联合审批项目80余项,平均每个项目节省审批时间近40个工作日。有效承接省、市下放的21项行政审批事项,17项开始办理。

项目为先带动发展。全年实施项目81项,完工40项。旧街煤业60万吨标准化矿井完成转产验收,荣光能源垃圾电厂按期开工,河坡电厂"上大压小"等重点项目有序推进。积极打造发展平台,307复线小微企业集聚区形成平台186.67公顷(2800余亩),河底京昆高速商贸物流园打造平台20公顷(300亩),西南舁耐火产业集聚区1.6千米平台公路建成通车。招商引资步伐加快,成功举办"新时期新发展"县域经济发展研讨会。桃林沟鑫利达游乐园建成运营。全年新签约百万元以上经济技术合作项目31项,实际到位资金74.1亿元。

农业显现城郊特色。2014年,郊区财政专门列支1000万元扶持农业发展。粮食产量达到2900万公斤,生猪、蛋鸡、奶牛存栏分别达到6.3万头、200万羽和1032头,温室大棚、果园、中药材面积分别累计达到380公顷(5700亩)、1200公顷(1.8万亩)、346.67公顷(5200亩)。年初确定的12个农业项目完工8项,全年新增省级"一村一品"专业村11个、市级6个。以"乡村旅游年"为主题的十大旅游项目推介活动拓宽了农民增收渠道,扩大了郊区文化旅游的知名度;全区全年接待游客87.5万人次,比2013年翻了两番;桃林沟成功申报国家AAAA级景区,辛庄村被命名为第三批"中国传统村落",上千亩坪、小河、咀子上3村入选"山西最美旅游村"行列。

城乡面貌焕然一新。漾泉大道一期和珍宝园小区建设有序实施,漾泉大道二期拆迁扫障基本完成,新城大道供热供水管网改造工程全面完工。全年重点实施荫营东西大街集中整治工程,完善水、电、气、暖、污水处理等管网改造,翻修拓宽路面,美化绿化街道,安装红绿灯,新增3所公厕,荫营城面貌焕然一新。完成水质净化工程,荫营镇居民喝上安全放心的饮用水。乡村清洁工程大力实施,农村环境面貌明显改观,涌现出汉河沟、后洼、南杨家庄等一批先进典型。

生态环境不断优化。阳五高速、西环高速、刘备山旅游公路通道绿化完成45.7千米,新增造林面积1666.67公顷(2.5万亩),全区森林覆盖率达到25.8%。取缔关停矾石土竖窑107支,淘汰黄标老旧车近1300辆。2014年,荫营城区二级以上天气达到336天。

民生民计得以改善。全年财政支出的75%以上用于民生事业发展。多渠道开发就业岗位,新招录公务员20名、事业单位人员68名,安置退伍军人和高校毕业见习生130人,新增就业岗位3070个,城镇登记失业率稳定在4%以内。继续完善社会保障体系,建成各类保障性住房3542套,改造农村危房1165户;新建农村老年人日间照料中心36个,乡村和城市低保标准分别由202元、355元提高到225元和410元。加大劳动监察仲裁力度,全年受理劳动争议案件233件,为农民工清理欠薪5079万元。行政村通公交全覆盖、边远山村任职教师岗位津贴全覆盖、参合农民大病保险全覆盖等民生工程有效落实。

社会事业全面进步。4所省级农村幼儿园新改扩建和110所中小学(幼儿园)饮用水净化工程全面完成;师资队伍建设不断加强,教育教学质量稳步提升,郊区顺利通过国家级"义务教育发展基本均衡县(区)"验收。深入乡村开展"文化惠民"演出92场,小河村入选央视4套百集大型纪录片《记住乡愁》。继续深化区医院与北京301医院的远程合作,低保对象免费享受新农合医保和村级卫生所免收一般诊疗费实现全覆盖。"单独两孩"政策全面落实。全年申请专利342件,向上级争取扶持资金505万元。运用现代科技网络嫁接耐火传统产业,建成的"耐耐网"电子交易平台发展线下客户1200余家。郊区荣获"全国养成教育实验基地""全国农村五保供养工作先进单位""省级平安县区""全省造林绿化先进集体""全省第三次全国经济普查先进集体""全省基本公共卫生服务项目考核先进县区"等称号。

社会大局和谐稳定。深入开展安全大检查和"六打六治"打非治违专项行动(指打击矿山企业无证开采、超越批准的矿区范围采矿行为,整治图纸造假、图实不符问题;打击破坏损害油气管道行为，整治管道周边乱建乱挖乱钻问题；打击危化品非法运输行为，整治无证经营、充装、运输，非法改装、认证，违法挂靠、外包，违规装载等问题；打击无资质施工行为，整治层层转包、违法分包问题；打击客车客船非法营运行为，整治无证经营、超范围经营、挂靠经营及超速、超员、疲劳驾驶和长途客车夜间违规行驶等问题；打击“三合一”“多合一”场所违法生产经营行为，整治违规住人、消防设施缺失损坏、安全出口疏散通道堵塞封闭等问题），各项安全指标有效控制在市政府下达指标之内，煤矿百万吨死亡率连续6年为零。全年查扣非法采矿设备92台，立案查处案件23起，追究刑事责任7人，行政拘留9人，党纪政纪处分17人。深入开展“法治郊区”“平安郊区”创建和“六五普法”教育，人民群众安全感满意度提升。

抓实党建转变作风。扎实开展党的群众路线教育实践和学习讨论落实活动，切实解决一批“四风”问题及群众反映强烈的突出问题。新建西河、龙泉锦园2个联村党委，在全区推广“民事代办”工作法。乡镇干部“住读”、科级干部实绩档案、农村干部管理20条等多项新制度使干部队伍建设更加制度化、规范化。在全市率先完成第十届农村“两委”换届工作。认真落实“两个责任”（指在落实党风廉政建设责任制过程中，“党委负主体责任，纪委负监督责任”的简称）。积极开展廉洁乡村创建，切实加大案件查办力度，共查处作风纪律、公款吃喝等问题28件44人次，党纪政纪处分17人。（侯晋元）

领导人名录

中共阳泉市郊区委员会

书　记　苏秀瑞
副书记　韩加政
　　　　杨艳红（女，6月免）
　　　　侯向军（挂职，11月免）
常　委　苏秀瑞　韩加政
　　　　杨艳红（女，6月免）
　　　　孙　毅　王振杰　田进勇
　　　　王建华　张斌武　周新革
　　　　杨兆权（4月任）
党校常务副校长　罗树宏

中共阳泉市郊区纪律检查委员会

书　记　孙　毅

阳泉市郊区人大常委会

党组书记　主任　王梦贺
副主任　张凤英（女）　陈玉俊
　　　　王可剑　张富英　潘　钰

阳泉市郊区人民政府

区　长　苏秀瑞（3月免）
　　　　韩加政（3月任）
副区长　田进勇　程继喜　樊志红
　　　　刘瑞生　郭满仓
　　　　赵素卿（女）

政协阳泉市郊区委员会

党组书记　主席　王如生
副主席　杨济才　乔国强
　　　　王振涛（女）　刘金文

阳泉市郊区人民法院

院　长　冯晋明

阳泉市郊区人民检察院

检察长　王建明

阳泉市郊区公安分局

局　长　李　华

阳泉市郊区人民武装部

部　长　杨兆权
政　委　周新革（3月免）
　　　　封士进（3月任）

郊区白泉工业园区管委会

主　任　蔺计平
党工委书记　罗树宏

【“五大战略”目标】 1月26日，郊区区委八届四次全体（扩大）会议召开，会上提出几年内郊区经济社会发展的总体构想是：实施“五大战略”，打造生态宜居新城，建设现代城郊强区。实施“五大战略”的核心内涵主要是：实施产业强区战略，确立产业转型是“第一支撑”的理念，走出资源型城郊经济发展的新路子；实施拓城靓区战略，确立城镇化建设是“第一抓手”的理念，走出新型城镇化发展的新路子；实施综改活区战略，确立改革创新是“第一动力”的理念，走出转型综改试点的新路子；实施民生安区战略，确立改善民生是“第一追求”的理念，走出社会事业协调发展的新路子；实施实干兴区战略，确立党的建设是“第一保障”的理念，走出党建科学化的新路子。（高志宏）

【“移风易俗倡文明 摒弃陋习树新风”活动】 4月4日，郊区“移风易俗倡文明、摒弃陋习树新风”活动在区人民广场启动。启动仪式上，试点镇荫营镇介绍开展移风易俗活动的经验和做法；区委宣传部、区文明办向全区发出“移风易俗倡文明、摒弃陋习树新风”的倡议；参会人员和群众在“移风易俗倡文明、摒弃陋习树新风”条幅上签名。此次活动的开展，紧紧抓住当前群众关注和反映强烈的讲排场、比阔气、慕虚荣等问题，主动靠前解决问题，将革除陋习、移风易俗、勤俭持家与深入开展党的群众路线教育实践活动相结合，与培育和践行社会主义核心价值观相结合，有力地引领全区思想道德建设导向。（侯晋元）

【千名职工登高健步走】 4月30日，郊区总工会、区文化体育广播电视局联合组织开展登高健步走活动。参加活动的队伍从荫营镇坪上村刘备旅游公路起点统一出发，健步走向终点刘备山顶峰，全程4千米。该活动以“团结、和谐、健身”为主题，旨在不断提高广大干部职工体育健身意识和健康水平，深化党的群众路线教育实践活动，进一步转变工作作风，以更加饱满的工作热情和活力投入到工作中，推动全区各项事业蓬勃发展，促进社会文明和谐。郊区区直机关、区煤炭运销集团公司、各乡镇机关和村级工会组织的1160名干部职工参加活动。 (侯晋元)

【真金耐火材料交易网(平台)建成】 5月15日，真金耐火材料交易平台启动暨“漾泉耐材”推广大会在郊区举行。真金耐火材料交易网(平台)是由阳泉市明华科技(集团)有限公司投资5000万元创办的耐火工业信息产业平台，是全国耐火行业交易量最大、最专业的B2B生态圈行业网站。该网站建立行业垂直数据服务系统，围绕耐火材料商务交易的运营，建立高效现代的网络交易系统、信息发布系统、安全防范系统，自行设计开发的耐火材料现货邀约等交易平台和金融服务平台，具有电子自动撮合签订合同、场内交易、远程交易、货款结算、货物交收等全程化多方位服务功能；用户可以方便地使用手机微网、会员客户端、微信公众服务号获得信息，即时或实时进行交易；在线交易产品可获得产品质量险、产品质量责任险、产品运输险、产品无理由退货险，平台客户交易得到保障。真金耐火材料交易网(平台)的启动，对于全面推进耐火材料电子商务进程，发展壮大耐火产业具有重要意义。 (高志宏)

【三都村被命名为“阳泉书法之村”】 7月7日，由市文联、市农委联合主办，郊区文联、荫营镇政府、荫营镇三都村承办的阳泉市首届农民书画展在郊区荫营镇三都村举办。展会上，三都村被阳泉市文联命名为“阳泉书法之村”。三都村历史文脉积淀厚重，擅书惜墨传统悠久；全村老少，舞毫弄墨，蔚然成风，喜书善画，屡见不鲜，截至2014年底，共有市、区级以上书法协会会员40多名，20世纪90年代跻身全省“文化特色村”行列。首届农民书画展览以“劳动美·中国梦”为主题，三都村有28幅作品参展，占到参展总数的26%；获奖作品14幅，占到该村参展总数的50%。 (侯晋元)

【县域经济发展研讨会召开】 7月26日至27日，“新时期新发展”县域经济发展研讨会在郊区举办。研讨会邀请国家部委相关领导和行业专家共商郊区发展大计，推动郊区转型跨越发展。会议期间，财政部财政科学研究所所长、博士生导师、著名财经专家贾康，原国务院法制办财政金融司司长、中国投资公司中国光大银行董事冯艾玲，国家行政学院教授、经济学研究部博士生导师、政府经济研究中心主任王健，耐火行业专家范海波等，在参观考察郊区耐火行业发展情况、乡村旅游发展现状、招商引资重点工程项目进展情况，听取郊区经济社会发展情况介绍后，分别从“政府融资与税收提升”“金融体制改革”“宏观经济与城镇化”“当前耐火行业动态及发展趋势”等角度，为区委区政府党政领导，各乡镇、各部门主要负责人进行详细解读。 (高志宏)

【LNG汽车物流园项目竣工】 9月2日，郊区首家LNG汽车物流园——山西通宝鑫能物流有限公司LNG汽车物流园一期项目竣工投产。山西通宝鑫能物流有限公司LNG汽车物流园项目，主要包括LNG重型汽车销售、维修、道路运输、仓储物流服务等，是区重点招商引资项目，占地面积3.33公顷(50亩)，计划总投资1.2亿元；其中一期项目郊区LNG汽车物流园，建成办公楼、陕汽重卡4S店、汽车维修车间、LNG加气站等，完成投资7000万元。山西通宝鑫能物流有限公司是山西省货运企业质量信誉考核AA企业、陕西重型汽车有限公司“百强服务商”、阳泉市“青年文明号”，是陕西重型汽车有限公司LNG天然气重型卡车阳泉地区一级代理商，是郊区唯一的LNG天然气重型卡车物流企业。 (侯晋元)

【老人医养 颐养项目落户郊区】 9月12日，阳泉智慧生态医养敬老工程产业园项目和金翰福阳泉颐养中心项目同时落户郊区，年内开工建设。

阳泉智慧生态医养敬老工程产业园项目，由阳泉市中旭鑫源敬老产业开发有限公司投资建设，地址在河底镇大固庄村和小固庄村。项目分两期建设，拟投资13.65亿元，一期建设用地41.33公顷(620亩)，其中老年公寓建设用地29.33公顷(440亩)，先期建设金色港湾、银色港湾、配套服务设施等；公共服务区建设用地10.4公顷(156亩)，先期建设康复疗养中心、老年会所、社区水域等；配套设施区建设用地1.6公顷(24亩)，建设物质配送中心、综合办公楼、职工公寓、变电站、洗衣房、污水站等。二期建设用地26.67公顷(400亩)，其中老年公寓建设用地19.6公顷(294亩)，建设宜安居、荷花园等；公共服务区建设用地7.07公顷(106亩)，建设商业街、大型露天广场、门球场、四季果园等。该项目建成后可容纳3000名以上的老年人颐养天年，可解决2000余人的就业。

金翰福阳泉颐养中心项目，由北京万方地产开发有限公司投资建设，地址在荫营镇上千亩坪村，占地面积约40公顷(600亩)，总建筑面积30.8万平方米；规划养老床位5000张，总入住容量8000人，包含医护、教育、商业三大配套和两类居家养老产品。该项目计划投资18亿元,分五期建设,分别是营销示范区、老年公寓区、老年文体活动中心,老年康复医院、养护院、叠墅颐养区和职工住宅区,幼儿园、老年大学、二期老年公寓区,合院别墅颐养区、高端定制单体别墅颐养区,小学和精品酒店区等。 (侯晋元)

【王桃花获山西省第五届道德模范提名奖】 9月26日,郊区西南舁乡大洼村村民王桃花在太原举行的“第五届山西道德模范”颁奖仪式上获“第五届山西道德模范提名奖”。多年来,王桃花饱尝生活艰辛与常人难以承受的苦难,精心伺候护理瘫痪在床的公婆、丈夫与儿子,以实际行动谱写孝老、敬老、爱亲、救亲的人间大爱。 (高志宏)

【4个行政村入选中国传统村落保护项目名录】 12月3日,辛庄村入选第三批中国传统村落保护项目名录。截至2014年,郊区有4个行政村入选中国传统村落保护项目名录,分别是小河村、官沟村、大阳泉村和辛庄村。 (侯晋元)

【荫营东西大街道路维修工程完工】 年内,郊区实施荫营东西大街道路维修工程。该工程东起荫营明珠城住宅小区,西至育才小学,全长约3千米,投资2500万元。工程于6月9日开工建设,实施分段封闭施工。雨水管网工程8月底完成,路面和人行道工程9月完成,改造路面和雨水管网2500米,铺设沥青油面38956平方米、铺设人行道13429平方米,更换排水管道5110余米、更换双联雨水井箅126套、更换(增设)路灯160盏,在区体育馆中兴南北路及教育局、旧政府两侧增设两组交通信号灯,将沿街商户牌匾统一更新为彩钢板牌匾。 (高志宏)

【郊区实现村村通公交车】 年内,全区新增13条公交线路,基本解决偏远山村群众的出行问题,村村通公交车全覆盖基本实现。同时,区政府投资1300万元用于刘备山公交枢纽站的建设与改造22个候车站台、新建29个候车厅、对248个候车厅进行清洗维修等工程;投资360余万元,对滴苇线、水韩线、霍牵线、东吴线、辛吴线5条县级公路加设防撞护栏和简易防撞护栏、修复路面破损以及县乡公路完善交通标志、标线等安保设施工程。对全区行政村通车情况进行摸底汇总,根据人流量和车流量合理调配公交运营线路及车次;在5个乡镇投入7辆车,采取循环运营的模式,将较偏远的村民接到镇区,再换乘区、市公交车,为全区老百姓出行提供便捷。村村通公交车统一实行公交票价,对老年人、残疾人实施优惠乘车政策,构建起以郊区区委、区政府所在荫营镇区公交站场为枢纽、各乡镇公交小循环、乡镇联网的公交服务网络。 (王九存 史晋阳)

【廉洁乡村创建】 年内,郊区全面开展廉洁乡村创建活动。此次活动按照分类指导的要求,将全区184个村分为示范村、推进村、一般村和重点联系村4种类型来制定不同的监管办法,运用“十星级”(廉政教育理论星、民主议政群策星、三务公开透明星、三资监管理财星、民主监督考问星、便民服务惠民星、班子团结实干星、培育亮点创新星、营造氛围廉韵星、档案规范品牌星)创建方式,实现农村“六个好”(农村方针政策落实好、村领导班子形象好、廉政宣传教育好、村务公开民主管理好、村级廉政监督好、村级事业和谐发展好)目标。

在创建活动中,针对农村存在的主要领导大权独揽、现金随意支取、工程乱包、合同无章等问题,及时研究制定出台村级干部廉洁履职“521”八项制度及日常行为暂行规范。“521”八项制度即财务预决算、工程项目、经济合同、(审批权限、资产处置、管理费)限额、负债管理5个报备制度,统一使用收据、统一管理财务印章2个统一制度,资产资源台账实行乡村双建双管1个管理制度。村干部日常行为规范从维护稳定和应对突发事件、外出报批、饮酒及宴请、公务用车、办公场所、婚丧事宜、公款消费、工作纪律、抵制歪风、注重仪表等方面作出规定。规章制度的出台,使农村干部权力得到制约、行为得到规范。活动期间,举办农村干部廉洁履职强化培训班,进一步强化农村干部对廉洁履职若干要求等制度的认识,增强廉洁履职的自觉性;开展廉洁乡村创建征文活动,在全区营造风清气正的廉政氛围。

通过廉洁乡村创建,全区共有28个村进入示范村行列,占全区农村总数的15.2%;38个村达到推进村标准,占20.7%;一般村有89个,占50%;先后有26个村退出重点联系村行列。与此同时,对存在问题进行整治和查纠,查办上章召、西峪掌等典型案件,全年共查处农村案件28起、占案件总数70%,党纪处分农村干部31人,撤职以上16人。 (侯晋元)

开发区

【概况】 阳泉经济技术开发区面积10.06平方千米,分东、西两区,辖区内有5个行政村。东区辖区范围为:东起王垅村,西至原207国道下五渡村段,南起石太铁路,北至驼岭头村,包括下五渡、河坡、王垅3个行政村;西区辖区范围为:东起原207国道下五渡村段,西至平坦垴村,南起原阳泉钢铁公司,北至李白公路,包括平坦垴、上五渡2个行政村。常住人口5.99万人。

2014年,全区地区生产总值14.09亿元,比2013年增长8.3%;固定资产投资30.81亿元,增长10.13%;规模以上工业增加值4.51亿元,增长7.6%;社会消费品零售总额11.27亿元,增长8.97%;外贸进出口4805万美元，下降7.74%；财政总收入4.68亿元，增长56.74%；公共财政预算收入2.93亿元，增长70.2%。

项目建设 2014年，全区共签约项目23个，签约金额61.37亿元，其中，18个项目落地，亿元以上项目达到6个。百度云计算2号、4号模组正式投入运行，红星美凯龙家具店正式开业，高端液压支架油缸升级项目完成油缸厂房、表面处理厂房和厂区部分工程建设。入驻标准化厂房的伯纳德蓝宝石项目完成厂房建设和设备采购，智能视频监控项目完成8路视频的监控等试验工作，信洪武博士的阳泉信心生命科学有限公司注册成立，太原理工大学张卫珂博士的煤层气制备纳米碳项目完成中试并进行设备采购。先后与上海"北美洲中国学人国际交流中心""杨浦创业中心"和北京中国招商引资研究院初步建立委托招商合作意向。标准化厂房1号厂房竣工并投入使用。租用企业2800平方米办公区域用于发展总部经济。众盈服务公司正式成立。

城市环保 年内，开发区查封、关停采石场1家和矾石厂7家，停用燃煤锅炉3台，推广使用燃料洗浴茶炉14台，报废黄标车、废旧车139辆。所辖5个行政村均通过卫生示范村验收，垃圾转运站正式启动运行。投资750万元的龙柱公园开工建设，完成4100多平方米义白路匝道绿化。增加虹桥路、天津街2条示范街道。康达小区节能改造试点稳步推进。

社会事业 全年用于教育投入3500万元。完成王垅学校危旧房改造、实验小学入校道路和操场硬化工程，实验幼儿园建成并投入使用；公开招聘中小学幼儿园教师28名；通过国家义务教育发展基本均衡县区的认定。保障性住房完成投资2.3亿元，新开工建设1480套，续建竣工3603套。完成了城市低保提标任务，全年为低保户发放救助资金和生活补贴1100余万元，为贫困居民576人次发放临时救助和医疗救助资金180万元。城镇职工基本养老保险参保人数达到2695人，城镇基本医疗保险参保人数超过2万人，城镇居民社会养老保险参保人数达到2386人。城镇新增就业人数1000人以上。成立新澳城社区，社区总数达到8个。投资近50万元的王垅村、平坦垴村老年日间照料中心投入使用。王垅河坡片区改造整体规划方案完成并上报有关部门审批。协助农民工追讨欠薪2000余万元。

社会安全 全区全年检查各类生产经营单位近400家，查处隐患700余项。配备巡防员、平安志愿者130余名，安装"天网"探头120余个、全区探头总数达到近1400个。针对康达小区节能改造、平坦垴公益性公墓建设和"村改居"等重大民生工程，启动社会稳定风险评估机制。打击私挖滥采力度加大。对盛世新城南区棚户区改造涉及的煤炭资源依法进行处置，收回资源价款390万元。 （董中华）

领导人名录

中共阳泉经济技术开发区党工委

书　记　要　真
副书记　马　骥

中共阳泉经济技术开发区纪检工委

书　记　刘文军

阳泉经济技术开发区管委会

主　任　马　骥
副主任　高　银　刘振明　武治学
办公室主任　杨金元
经济开发局(民营经济发展局)
　局长　朱卫东
社会管理局(西区街道办事处)
　局长(主任)　王贵青
财政局局长　贾秉强
建设环保局局长　刘建军
人事劳动局局长　刘秀田
党群工作办公室主任　张医才

市公安局开发区分局

局　长　张晋龙
政　委　郭建勇

【网络信息安全开发及物联网产业园项目】 4月3日，开发区管委会与北京盛世光明软件股份有限公司签订网络信息安全开发及物联网产业园项目协议。该项目建成后，将在国家公共网络信息安全、教育行业信息化建设等方面发挥作用，推动开发区经济社会信息化发展。 （董中华）

【总部经济基地设立】 7月3日，开发区以租赁方式取得顺恒建材厂办公楼2800平方米的经营使用权，并以该办公楼和正在建设的标准厂房为依托，建立总部经济基地，为入区企业提供全方位优质服务。年内，有6家企业入驻，分别是，山西阳泉亮洁科技有限公司、山西能投国际贸易有限公司阳泉分公司、阳泉市恒昭阳商贸有限公司、山西中兴环能科技有限公司、阳泉信心生命科学有限责任公司、阳泉经济技术开发区众盈企业服务中心。 （董中华）

【众盈企业服务中心成立】 10月，开发区众盈企业服务中心成立。该中心作为开发区企业创业基地和总部经济基地的运营主体，致力于打造企业服务平台，为开发区各类中小微企业提供全方位服务；同时负责全面推进开发区创业基地建设，根据开发区管委会安排部署和总体规划，完成各项建设任务；服务中心按照相关规定管理、运营创业基地和总部经济基地的资产，服务于全区经济发展大局和招商引资工作。 （董中华）

【海外人才创业基地】 近年来,开发区高度重视人才工作,尤其是将海外高层次人才引进和培养工作放在促进开发区高端产业发展的优先地位,采取多种措施加速海外高层次人才快速聚集。一是积极探索"人才+项目+资本"的创新创业模式,以新材料、云计算等重点发展产业为基础,采取拓宽人才引进渠道、大力推进产业聚才、建设人才创业平台3项举措,促进产业与人才发展相融合;二是提供政策支持,强化资金保障,每年拿出财政收入的8%,设立高层次人才专项资金;三是改变以往人才引进和服务由人事部门单独管理的局面,组织开发区招商中心、经济开发局、财政局、建设环保局等职能部门共同参与人才引进工作。截至2014年底,开发区与李茂贞、马兆远、信洪武、张卫珂4名海外高层次人才签约,3个人才领军项目积极推进。 (董中华)

【科技扶持】 2014年,阳泉经济技术开发区管委会加大科技扶持力度,出台《开发区科技研究与开发资金管理暂行办法》,新增山西邦奥伟业半导体照明有限公司、山西力腾高科磁业有限公司、山西建工申华通暖设备有限公司、阳泉市联宇星信息技术有限公司、阳泉市鳞豪机械制造有限责任公司5家高新企业,申报专利47项,申报国家和省、市新成果11项,获得科技奖励资金277万元。 (董中华)

【农村老年日间照料中心】 年内,开发区王垅村、平坦垴村老年日间照料中心建成,加上之前建成的上五渡村、下五渡村老年日间照料中心,共有农村老年人日间照料中心4个,建筑面积900多平方米,投资额达170多万元。日间照料中心共有床位45张,设有休息室、娱乐室、图书室、厨房、餐厅、卫生间等,配套设施完备,并安排专职服务人员为老年人提供全面照顾,为老年人打造一个幸福安逸的晚年生活,也为子女减轻了负担。 (董中华)

【晋东物流园投入运营】 年内,阳煤集团天成晋东物流园完成建设正式投入运营,其前身是成立于2006年的阳泉天成煤炭集运有限公司。2012年4月,阳煤集团天成晋东物流园正式开工建设;2014年5月,园区主体完工;2014年8月、12月分别通过北京铁路局和阳煤集团的验收。该物流园占地面积61.33公顷(920亩),在原单一煤炭发运业务的基础上,新增耐材、建材、铝材、钢材、化肥等白货运输业务,同时,拓展电子商务、信息服务、流通加工、仓储配送、贸易经营等业务;拥有铁路装卸线5条、调车线2条及全市最多货位数的铁路发运站台,年收发货能力达1000万吨以上,系辐射晋、冀、陕、鲁、蒙的大型物流中心。物流园的运营拉动了周边地区各行业发展,缓解了阳泉出市乃至山西出省的公路负荷,提供千余个就业岗位,对加快商品流通,提升城市品位,促进阳泉市乃至整个晋东地区的经济发展具有积极意义。12月31日,位于物流园区内的阳煤集团天成铁路专用线改扩建工程获批后首列非煤产品专列发运。 (董中华)

平定县

【概况】 平定县面积1395平方千米,辖8镇2乡318个村民委员会和17个社区居民委员会,常住人口33.97万人。

2014年,全县生产总值85.79亿元,比2013年增长11.53%;规模以上工业增加值31.03亿元,增长14.09%;社会消费品零售总额31.86亿元,增长11.70%;全社会固定资产投资136.08亿元,增长21.1%;财政总收入9.39亿元,下降6.37%;公共财政预算收入4.23亿元,下降9.94%;城镇居民人均可支配收入22845元,增长7.4%;农村居民人均可支配收入10212元,增长10.4%。

粮食产量达到12.66万吨,被评为全省粮食生产先进县。继续实施以猪鸡养殖业为主的畜牧产业"一县一业"战略,生猪、蛋鸡饲养总量分别达到22.5万头、161万羽,肉鸡出栏量212万羽,被评为全省畜牧业生产先进县。万和曲脂、乾丰养殖、大正伟业等9家企业被省农业产业化领导组办公室确定为第五批农业产业化省级重点龙头企业。"513"(指按照省、市、县三级总体规划、分层次推进、重点扶持的原则,在现有农业产业化国家级及省级龙头企业中选择30个企业、在全省资源型企业转产和招商引资企业中选择20个投资额在亿元以上的企业,作为省级梯队重点培育的50个企业;选择100个有一定规模、发展前景好、带动力较强的农产品加工龙头企业,作为市级梯队进行培育和指导;选择300个成长性好的农产品加工龙头企业,作为县级梯队进行培育和指导。)农产品加工龙头企业实现销售收入7.95亿元,比2013年增长14%。

规模以上工业企业实现利税3.5亿元,比2013年增长1.8亿元。煤炭产业"增量、提质、延伸"取得突破。新增煤炭产能180万吨,全县煤炭产能达到450万吨,实现煤炭产量250.84万吨。煤炭洗选率达到80%以上。阳煤乙二醇、晋煤漾泉蓝焰煤层开发利用等煤炭延伸项目取得进展。非煤产业增加值占规模以上工业增加值的比重达到39.14%。全年完成发电量66.51亿千瓦小时,实现利润总额2.98亿元,上缴税金2.88亿元,比2013年增长99.6%,占到财政总收入的30.63%。阳煤远胜2×350兆瓦热电联产项目前期工作基本完成。陶粒砂、特重石墨、金刚石纯化粉等新材料产业规模扩张。全县陶瓷生产规模达到2000万件。春明激光、煜昌制造、兆丰天成铝业等一批装备制造企业支撑效应显现。

服务业增加值完成 34.46 亿元，占 GDP 比重达到 40.16%，比 2013 年提高 32.2%。“中国刻花瓷文化园”建设项目列为全省唯一入选的国家级重点文化产业特色示范项目。里釉刻花陶瓷制作技艺和砂器制作技艺成功申报为国家级非物质遗产保护项目，平定砂器旅游文化产业园区一期工程建成运行。以七亘大捷、南庄地道战为代表的红色旅游，以西锁簧、瓦岭、娘子关、上董寨等“中国传统村落”为代表的绿色旅游粗具特色。晋东商贸物流园冠亚建材投入运行。晋东商贸物流园二期工程 2.3 万平方米建筑封顶，晋东华美物流园区项目主体在建。推进农村便民连锁店上档升级，150 家便民连锁店在线管理、移动业务、金融服务等“一店多能”的信息化改造完成。实施放心早餐工程，新建 20 个连锁早餐经营网点。城镇集体工业联庄多年来坚持走“集体搭台 + 市场运作 + 政府扶持”的转型企业发展之路，发展交通服务业、养老服务业、家庭(家政)服务业，提供就业岗位 1200 多个。

城乡水电路气热等基础设施不断完善。水利方面，原坪水库应急专项除险加固工程和白杨沟、杜家峪、新村、夏庄、岳家庄 5 座小二型水库的除险加固工程完工；实施农村饮水安全工程 17 处，解决了 9 个乡(镇)15 个行政村 2 所学校 5.3 万人的饮水安全问题；岔河、将军峪 2 个流域 12.7 平方千米水保工程完工，南川河县域段 8.5 千米河道治理主体工程基本完成；县域及周边 2 个乡(镇)17 个村 12 万人的县城自来水管网改造工程有序实施。供电方面，实施农网改造升级工程，全县 99.78%的农网变电台区供电控制在 500 米半径以内，电力安全和供电质量得到保障。道路方面，药林寺旅游公路、平赵线、冠山舍利文化园旅游公路主体完工，阳泉市汽车客运南站主体建设顺利推进；县城评梅西街延伸段、自强路全段实现通车。供气方面，新增用户 3585 户，总户数达到 47328 户，县城供气覆盖率达到 84%。供热方面，新增供热面积 21.4 万平方米，新增供热用户 2800 余户；供热总面积达到 516.6 万平方米，总用户达到 45206 户，县城供热覆盖率达到 79.3%。以娘子关镇、冶西镇 2 个“全国重点镇”和张庄镇、娘子关镇 2 个“全省百镇建设重点镇”为重点，积极推进小城镇建设。岔口乡甘泉井村、冶西镇被评为第四届全国文明村镇。城镇化率达到 38.57%，比 2013 年增加 1.57%。

推进大气污染防治净空工程。开展石灰石、铝矾土开采及加工企业整治，淘汰黄标车和老旧车 2883 辆。万元地区生产总值能耗降幅 4.34%；工业固体废弃物综合利用率 73.5%；万元工业增加值耗水量 81.8 立方米，降幅为 6.1%；二氧化硫、氮氧化物、烟尘、工业粉尘、化学需氧量、氨氮 6 项污染物全部超额完成减排任务。营林造林 3333.33 公顷(5 万亩)。实施改善农村人居环境工程，开展城乡环境卫生综合整治活动，投入 1114 万元，新增 100 名环卫工人，总数达到 400 名，配备小挖机、小铲车、洒水车等 100 余辆，加大了城乡环境卫生管理力度，城乡环境面貌得到改善。

全年民生支出约 12.37 亿元，占到财政支出的 79.11%。提高城乡低保、五保供养等特困人员生活保障标准，发放救助资金 8462 万元。提升重点优抚对象保障水平，发放抚恤补助、安置资金 1740 万元。建成 49 个农村老年人日间照料中心。离退休职工养老金实现 10 年连续增长，全县养老金按时足额发放。县人民医院、县中医医院分别与省肿瘤医院、省中医学院附属医院建成医疗联合体医院。张庄镇卫生院、娘子关镇卫生院改扩建工程完工。城镇居民基本医疗保险工作实现全覆盖，新农合参合率达到 99%。嘉山第三、第四期在建保障性住房 846 套，其中 780 套主体完成。高考首批达线人数达到 1461 人，比 2013 年增长 196 人。6 所农村幼儿园改扩建工程完工。投入 73 辆公交车，免费接送 9 个乡（镇）220 多个村庄的义务教育阶段寄宿生上下学。

推进行政审批制度改革，行政审批事项从 37 个单位 178 项精减合并到 87 项，精减率 51%；审批总时限从 2071 天压缩到 716 天，压缩率达到 65.4%；企业注册登记办理时限从 183 个工作日压缩到 37 个工作日，压缩率达到 79.8%；投资项目并联审批时限从 297 个工作日压缩到 38 个工作日，压缩率达到 87.2%。实施公立医院试点改革，被评为全省 2014 年县级公立医院改革先进县。 （洪晓琴）

领导人名录

中共平定县委员会

书　记　王银旺(6 月免)
　　　　杨自明(8 月任)
副书记　任晓华　郭爱聪
常　委　王银旺(6 月免)
　　　　杨自明(8 月任)　任晓华
　　　　郭爱聪　高锦孝　李宏革
　　　　郝建国　赵文骥　梁海昌
　　　　王卫东　武　艺
党校常务副校长　石银山

中共平定县纪律检查委员会

书　记　高锦孝

平定县人大常委会

党组书记 主任　李建恩
副主任　张存喜　郜福田　白宝忠
　　　　刘选民　赵庆华(女)

平定县人民政府

县　长　任晓华
常务副县长　郝建国

副县长 梁海昌 王卫东 李 君 王海平(6月免) 李有义

政协平定县委员会

党组书记 主席 赵珍珠
副主席 王忠义 郭海联 赵远长 张金凤(女)

平定县人民法院

院 长 黄计生

平定县人民检察院

检察长 孔海峰

平定县公安局

局 长 仇利军

平定县人民武装部

部 长 秦建国
政 委 武 艺

平定县娘子关旅游景区管理委员会

主 任 李有义

【晋剧《文山狐女》首演】 2月11日,平定县晋剧团自编自导自演的晋剧《文山狐女》在县文化宫剧场进行首场演出。该剧由原县文联主席翟志祥主编,县晋剧团国家二级演员、导演王成元执导,以晋剧形式将传说“乔尚书冠山恋狐仙”的动人故事搬上舞台。(洪晓琴 费徐阳)

【阳泉汽车客运南站开工建设】 2月25日,阳泉汽车客运南站工程开工。阳泉汽车客运南站建设工程位于平定县西外环庙沟村,距太旧高速平定南互通7千米、距东纵高速平定北互通10千米、距阳泉市中心5千米,兼备长途客运、农村客运、城市公交、物流中转和大型停车场为一体,建设标准为一级汽车站,建设工期两年。该工程总占地面积151058平方米,总建筑面积32464平方米,其中客运站房12892.68平方米、调度中心6798.81平方米、餐饮服务中心1399.4平方米、辅助用房1692.34平方米,概算总投资2.19亿元。(洪晓琴 费徐阳)

【巨城人民法院获“全国法院先进集体”称号】 4月,平定县巨城人民法院被最高人民法院授予“全国法院先进集体”称号。巨城人民法院管辖范围为巨城、岔口、娘子关3个乡镇102个行政村,面积540平方千米,总人口7万多人,农民占到80%以上。该院处于郊区、盂县和河北省井陉县的结合部,是一个民事案件和治安问题均比较突出的审判辖区。多年来,法院全体干警克服人少案多的困难,牢固树立“群众利益无小事”的观念,狠抓案件质量,强化调解工作。具体工作中,注重发挥司法调解在大调解格局中的支撑和引导作用,积极做好诉前调解、诉中调解、庭后调解和判后回访等工作,调撤率达80%以上;同时与司法所、派出所、民政部门联系,构建多元化调解格局,建立起同3个乡镇、102个行政村和数10家辖区内企业的联合调解机制,使一些基层纠纷得以在乡村化解,营造了和谐稳定的社会环境。2013年至2014年,共审结案件360件。 (洪晓琴 费徐阳)

【首个“烈士纪念日”公祭活动】 9月30日,平定县在七亘大捷纪念碑前举行公祭活动,深切缅怀革命先烈的丰功伟绩。县级党政有关领导、部分烈属、老战士代表、驻军代表、各界群众代表、少先队员代表共计70余人参加活动。9时许,参加公祭仪式的全体人员肃立奏唱国歌;佩戴红领巾的少先队员代表齐唱中国少年先锋队队歌;县委、县人大、县政府、县政协向烈士纪念碑敬献花篮;全体人员向烈士纪念碑行三鞠躬礼,并瞻仰烈士纪念碑,追忆英魂,表达哀思。 (洪晓琴 费徐阳)

【《平定》改版】 《平定》前身为《平定小报》,1947年创办,1990年复刊,2001年由周三刊发展成为日报,2005年创办子报《平定百姓》,2014年《平定》改版。改版后的《平定》由四开四版改为对开的四版彩印,每周一、三、五出版。报头题字选自西苑出版社出版的毛泽东手书真迹(中卷)《中共发言人评南京行政院的决议》一文中。整体布局为一版要闻,二版综合,及时反映当地时政要闻与经济动态;三版实行专版化,反映社会各界动态;四版突出媒体服务力和亲民性,开辟百姓、社会、聚焦等版面。(洪晓琴 费徐阳)

【全省首座智能变电站投入运行】 2014年,山西电网首座智能农网变电站——国网平定县供电公司35千伏岔口智能变电站启动送电。该变电站在设计、工艺、建设、管理等方面均采用先进的电网工程技术,采用的智能设备具有先进、可靠、集成和环保的优点,能够自动完成信息采集、测量、控制、保护、计量和检测的多种功能,同时具备支持电网实时自动控制、智能调节、在线分析决策和协同互助等高级功能。 (洪晓琴 费徐阳)

盂 县

【概况】 盂县面积2514.38平方千米,辖8镇6乡1个城镇办事处453个村民委员会和10个社区,常住人口30.68万人,其中非农业人口6.74万人。

2014年,全县生产总值135亿元,比2013年减少1.3%;财政总收入12.5亿元,下降10.6%;公共财政收入6.92亿元,增长0.06%;全社会固定资产投资142.1亿元,增长30.3%;规模以上企业工业增加值71.68亿元,减少13.3%;社会消费品零售总额45.14亿元，增长9.4%；农民人均纯收入10801元，增长10.1%；城镇居民人均可支配收入24677元，增长7.2%。

大力推进结构调整，产业转型实现新突破。全年新建、续建重点项目87项，投产项目75项，完成投资113.92亿元。阳光电源光伏发电项目、中广核风力发电一期项目分别建成后并网发电；兴峪煤业和圣天宝地煤业2个煤层气发电项目建成投产；格盟国际盂县2×100万千瓦燃煤发电项目、鑫磊2×35万千瓦低热值煤发电项目前期工作有序展开。光伏和风力新能源的发展填补了阳泉市的空白，2×100万千瓦燃煤发电落地，是全市单机规模最大的项目。东坪、石店、跃进煤业矿井达到省级安全质量化标准矿井，大贤、常顺煤业顺利转产，秀南煤业完成竣工验收，坤宁煤业现代化矿井建设完成“四通一平”（即施工现场水通、电通、路通、通信要通，施工现场要平整）。清理规范涉煤收费，取消煤炭可持续发展基金、价格调节基金和煤焦收费站，实施煤炭资源税从价计征改革，为企业减负5000万元。阳煤盂县化工完成安全拆迁工作，具备试产条件；恒耀化工AAAA沸石项目土建工程完工；吉天利铅酸蓄电池环保指标全部达标，废旧电池无害化处理再生系统环保改造基本完成；西小坪20万吨新型复合材料项目建成投产；铝矾土开发形成规范，全年新增税收7000万元。2014年，盂县把旅游作为重要产业全力推进，积极创造条件发展旅游项目，提高旅游景区档次，被确定为全省重点旅游县。

进一步强化“三农”工作，新农村建设扎实推进。2014年全面实施农业提质工程，认真落实各项支农惠农强农政策。全年粮食总产量达到1.35亿公斤。新增核桃树种植1333.33公顷（2万亩）、日光温室16.67公顷（250亩），蔬菜、中药材、食用菌种植分别达到1726.67公顷（2.59万亩）、886.67公顷（1.33万亩）、26万平方米；肉牛、肉羊、生猪、蛋鸡饲养量分别达到1万头、16万只、18.7万头和50万羽。康泰来、鑫源伟业等一批农业产业化龙头企业发展壮大，康泰来香菇菌包打开了美国市场。全县各类农业专业合作社发展到1146个，农产品加工企业发展到32家，“一村一品”专业村达到248个。全县农产品龙头加工企业实现销售收入7.84亿元，比2013年增长10%。以完善提质、农民安居、环境整治、宜居示范为主要内容的农村人居环境建设工程顺利推进。先后为全县农村配备垃圾桶1200个、保洁车772辆、垃圾清运车188辆、小型装载机13台，实现清运设备、保洁人员全覆盖。改造农村危房1200户，改造农村厕所1000座；2个乡镇18个建制村环境集中连片整治工程高标准完成，10个美丽乡村试点村建设成效明显。脉坡村、车谷村易地搬迁工作基本完成。“百企千村”重点产业扶贫开发工程累计完成投资3500万元。

城镇化建设稳步提升，环境保护综合实施。年内，改造完成秀水西街、香河南路、桃园路和孙交线。开工建设和推进迎宾大道、西白外环公路工程。完成西坡底、红崖头等4条县城小街小巷改造。公共交通进一步完善，改造县城候车亭20个，新开通公交线路2条，调整线路7条，新增公交车25辆。县国防动员指挥中心、县文化中心、县中医院等完成主体建设。完成25个“政府早餐”工程建设，并投入试运行。秀水东街和西街2所星级公厕建成使用。县城生活垃圾填埋场正式运营。南村垃圾中转站建成完工。县城主要街道新增果皮箱300个、垃圾桶300个，规范经营摊位85处，规范刷新各类广告35600处，主要街道保洁率达到100%。第4代移动通信基础设施建设延伸提质，光纤覆盖区域具备三网融合能力，县城160个住宅小区光纤覆盖全部到户。通过实施蓝天碧水工程，开展净空行动和打击违法排污专项行动，拆除燃煤矾石窑106座、石灰窑57座；淘汰黄标车、老旧车816辆；对11家非法排污企业依法实施断电关停，县城二级以上天气达到348天。跃进煤业矿井水处理项目完成主体建设，东坪煤业矿井水处理项目启动实施。县正阳污水处理厂提标改造及再生水回用工程稳步推进。香河和秀水河西崖底段河道综合治理完成可行性研究与初步设计。全年完成各类造林面积3333.33公顷（5万亩），县城建成区绿地面积达到45万平方米，绿化覆盖率达到38.4%。龙华口水库建设积极展开，乌河水库建设全面启动。青崖头、苗家庄等采煤沉陷区治理试点工作有序开展，生态环境不断改善。

重点改革深层破冰，开放引进纵深拓展。行政审批制度改革不断引深，行政审批项目由最多时期的232项减少到88项。县直23个部门和金融机构进驻县行政审批服务中心，全年共集中办理行政审批事项和民生服务事项75万余件。三级政务服务体系建设整体推进，初步形成县有行政审批服务中心、乡（镇）有便民服务中心、村有便民服务代办站的三级政务服务体系。省级电子政务平台试点县建设有效推进，县直46个部门和14个乡镇的网络接入全部完成，政务公开和政务服务的项目梳理工作基本完成。企业改制步伐加快，县二轻系统11家企业改制工作完成。农村集体经济组织产权制度改革试点和农村土地流转制度改革积极展开，全年流转土地3153.33公顷（4.73万亩）。扩权强镇试点工作有效实施。招商引资纵深拓展，进一步深化与中煤能源集团有限公司、太钢集团有限公司、晋能集团有限公司等大企业、大集团合作，全年达成投资意向20家，签订投资协议11家。金融创新步伐加快，全年金融机构为实体经济、中小微企业和农业发展融资贷款21.8亿元。

倾力关注民计民生，社会事业

协调进步。全年公共财政70%以上投入到民生领域。全年新增就业人员4000人，城镇登记失业率控制在3.97%。全县城镇基本养老保险、医疗生育保险、失业保险、工伤保险、农村新型养老保险均实现全覆盖，县老年颐养中心及34个“老年人日间照料中心”基本完工。大力发展科技教育，被国家教育督导委员会认定为“全国义务教育发展基本均衡县”。全年高考本科二批以上达线人数达到989人。全年申请各项专利85件，高锰耐磨件厂等21家企业被确定为“省级民营科技企业”。盂县被中国楹联学会命名为“中国楹联文化县”。“三馆一院”（即图书馆、博物馆、艺术馆和大剧院）建设走在全市前列。梁家寨乡文化站、牛村镇文化站被评为全省一级文化站。通过举办消夏晚会、送戏下乡和公演电影等活动丰富群众文化生活。有序推进医药卫生体制改革，在全县公立医院实现药品零差率销售。新农合参合率达到99.8%，人均筹资标准达到390元。人口自然增长率控制在5.19‰，获得全省目标责任考核先进奖。（郭　玲）

领导人名录

中共盂县委员会

书　记　张玉斌
副书记　杜平华　武润珍
常　委　张玉斌　杜平华　武润珍
　　　　王　刚　王海珠　闫庶民
　　　　靳毅刚　李　春
　　　　刘淑英（女）
党校常务副校长　张文星（6月免）

中共盂县纪律检查委员会

书　记　王　刚

盂县人大常委会

党组书记　主任　张存福
副主任　马　俊　张彦萍（女）
　　　　韩计明　常　军（女）
　　　　李俊林

盂县人民政府

县　长　杜平华
副县长　张立君　高建琴　郗文保
　　　　王建华

政协盂县委员会

党组书记　主席　史和斌
副主席　左　征　张云龙
　　　　郭爱东（4月免）
　　　　王红雁（女）

盂县人民法院

院　长　杨玉春（女，12月撤职）

盂县人民检察院

检察长　高秀瑾

盂县公安局

局　长　郝富平

盂县人民武装部

部　长　王海珠
政　委　刘计平

盂县龙华口水库筹建处

主　任　李俊林

【山西省首届“美丽中国”国家版图知识竞赛】 9月25日，由山西省测绘地理信息局主办，山西省测绘职业资格管理中心承办，阳泉市国土资源局、盂县国土资源局协办的山西省首届“美丽中国”国家版图知识竞赛在盂县东坪煤业有限公司职工俱乐部举行。此次竞赛旨在全省广大职工中普及国家版图知识，提高全民国家版图意识，是贯彻落实中国共产党第十八次全国代表大会提出的维护国家领土主权完整和海洋权益的重要举措。全省共有15支代表队参赛，长治市代表一队获一等奖，阳泉市代表一队和晋中市代表二队获二等奖，阳泉市代表二队、晋中市代表一队、长治市代表二队获三等奖。（郭　玲）

【盂县河灯节入选第四批省级“非遗”名录】 年内，盂县河灯节（梁家寨乡大崔家庄村）入选省人民政府公布的第四批省级非物质文化遗产名录。盂县河灯节起源于南宋末期，每逢正月十五元宵节，百姓家家户户都要自发地传油、传棉花、传柴、做贡献、烧香，当夜幕降临，人们成群结队，敲锣打鼓、鞭炮齐鸣，集中到村旁岸边七亩大的巨石“望河梁”上，祭拜河神，放河灯。据传，柴火越旺，丰收在望，旺火照到哪里，哪里就不受霜冻，不下冰雹；于是，人们把对平安、幸福、丰收的美好愿望寄托在河灯节的习俗里。河灯节在民间流传700多年，成为当地老百姓的生活习俗和固定节日，对滹沱河流域老百姓的生产、生活、文化的形成都有一定影响。（郭　玲）

【山西康泰来生态农业园产品出口创汇】 山西康泰来生态农业园区位于西烟镇南社村，占地866.67公顷（1.3万亩），分为“一心、一园、六区”八大功能区，即管理培训中心，农产品物流园，食用菌种植加工区、瓜菜种植加工区、生态养殖区、有机肥加工区、休闲观光区、经济林区。2013年园区开工建设，计划分三期完成，到2018年全部完工，总投资5.88亿元。园区采用“公司＋基地＋农户”的形式，向基地周边地区销售菌包，逐步扩大“一村一品”的规模，打造成华北地区著名的食用菌反季节生产基地。2014年，一期工程完工，建成食用菌工厂化生产车间4座、出菇温室大棚85座，以及行政办公区、住宿区等，总面积超过6万平方米;配套设施建设完成硬化道路3000平方米,以及水电暖等设施的安装。年内,出菇大棚区共生产平菇2760公斤、海鲜菇4350公斤,实现销售收入700余万元,带动当地农民就业200余人;工厂化食用菌正式投产,日生产能力为1.4万包菌袋,公司采用"国内发菌,国外出菇"的出口经营模式,在美国、加拿大、澳大利亚和韩国等国家和地区建立出菇基地,实现鲜菇就地上市,已销往美国宾夕法尼亚州菌包5万个,实现阳泉地区农业出口的零突破。 (郭 玲)

【《盂县古代壁画录》入选优秀晋版新书书目】 年内,《盂县古代壁画录》入选2014年第一号优秀晋版新书书目文化类的9种书籍之一。该书收录了盂县境内现存壁画作品200余幅,图解了许多难以用文字表述清楚的古代社会内容和非物质文化遗产,是一部资料性图书;其中,明清时期的寺观壁画16处、庙宇廊板画5处,金代和元代的墓葬壁画3处,均出自民间艺人之手,画技高超,乡土气息浓郁,展现内容涉及当地的佛教、道教、历史人物、民间故事、民俗民风等。《盂县古代壁画录》系"三晋文化研究"丛书之一,由三晋出版社出版,主编赵培青、李晶明。 (郭 玲)

【盂县获全省重点旅游县称号】 年内,盂县荣获"全省休闲农业乡村旅游示范县""全省重点旅游县"称号。近年来,盂县坚持以重点项目为龙头、乡村旅游景点为基础、农家乐为补充的发展思路,加快推进旅游项目建设。省级转型综改标杆项目藏山景区投资2000万元建成了景区景观大道,公共服务设施和景点不断充实完善,2014年,游客接待量达30余万人、旅游收入1900余万元。梁家寨温泉旅游度假区规划面积100公顷(1500亩),计划投资16亿元;5月,一期工程大汖温泉区对外开放,其功能集温泉养生、水上运动、旅游观光、商务会议于一体,年内,实现经营收入4000余万元,游客接待量达15万人次。市级重点旅游项目水神山景区完成投资7000余万元,建成佛教文化园主体工程。奕丰生态园完成投资1.1亿元,建成农业科技观光园、动物养殖场、生态酒店、苗圃等节点和园区旅游基础设施等。藏山翠谷完成投资2600万元,建成连栋花卉温室、蔬菜大棚、林果园并已完成栽植,完成景区主干道、旅游休闲观光步道等基础工程,完成部分农家乐设施。忠义谷完成投资600余万元,兴建了滑草、卡丁车、骑马、餐饮等一期项目。年内,梁家寨温泉旅游度假区、奕丰生态园分别被评定为国家AAAA、AAA级旅游景区,奕丰生态园、藏山翠谷景区先后被评定为省休闲农业和乡村旅游示范点,藏山、梁家寨温泉旅游度假区被《山西科技报》等新闻媒体评为山西省十大知名旅游品牌,大汖、西小坪村被省旅游局等部门评定为"山西最美旅游村"。2014年全县游客接待量达到50万人次,旅游经济总收入37亿元,比2013年增长19%。 (郭 玲)

【"全国义务教育发展基本均衡县"工作通过国家验收】 年内,盂县创建"全国义务教育发展基本均衡县"工作通过国家教育督导组工作验收。近年来,盂县采取各种措施促进城乡义务教育学校办学条件、管理水平、师资实力、教育质量等方面均衡发展提高。2008年至2014年,投资3.62亿元,新改扩建学校80所、面积23.79万平方米,已全部峻工并投入使用;2005年至2014年,累计投入资金1.1亿元,有步骤地更新和补充教学设施;提高义务教育生人均经费标准,小学由450元提高到795元、初中由692元提高到1037元;在落实国家对困难生补助23%的基础上,盂县提高到50%;重视教师队伍建设,2005年至2014年,全县共为乡村招聘教师800余名;在全县范围实行校长、教师在城乡学校之间轮岗制度;组建城乡教育发展联合体,通过开展送教下乡、名师与农村骨干教师结对活动,县直中小学和14个乡镇联校、中学建立城乡学校对口帮扶机制,使基础教育落后的学校达到义务教育的标准;在中小学招生中,严格按照"免试、就近、划片、分配"的原则,优质高中农村招生名额由原来的50%提高到70%;做好适龄三类(视力、听力和智力)残疾儿童随班就读和到省市特殊学校就读工作,全县适龄三类残疾儿童入学率达到85%以上。从2012年至2014年,全县九年义务教育阶段巩固率小学达到94.3%,初中达到96.2%,均达到国家标准。 (郭 玲)

【盂县荣获"中国楹联文化县"称号】 年内,盂县被中国楹联学会命名为"中国楹联文化县"。2013年,盂县正式启动创建"中国楹联文化县"工作,其间多次邀请盂县籍的楹联大家赵云峰老先生,中国楹联学会顾问赵望进等楹联大家到县指导、开展活动;盂县人民广场、千年古刹永清寺、名胜古迹藏山分别被打造成"楹联文化广场""佛教楹联文化园"和"楹联文化风景区",是盂县三大楹联标志工程,并组织成立了梁家寨乡、孙家庄镇等楹联学会;相继开展了楹联基础知识讲座、楹联笔会及"楹联文化进校园"系列活动,建立了诗词、楹联创作示范基地,盂县一中、孙家庄中学等被评定为中小学楹联教育示范基地,县第四中学和第二实验小学挂牌"山西楹联教育基地";举办了"大美盂县"楹联、书画、摄影全国有奖征文大赛等活动,这些活动的开展,丰富了创建"中国楹联文化县"的实践内涵。 (郭 玲)

人物传略

李格正（1918.2—2014.4）山西省阳泉市郊区河底镇北小西庄村人。1937年4月参加牺牲救国同盟会，9月入伍投身抗日战争，10月加入中国共产党。1938年4月在对日作战中负重伤，后住院治疗一年多。1939年11月到延安荣誉军人学校学习。1941年8月起，先后在延安军委直属政治部军工科和军委军事工业局工作，任组织干事、机要秘书等职。1946年4月赴东北参加解放战争。1948年9月任东北野战军后勤子弟学校政治委员，同年11月任东北军区政治部巡视团巡视员。1949年5月任东北军区军需部三局二厂监委，同年10月任中南军区军需部政治部组织科科长。1952年10月任中南军区后勤部岳阳办事处政委。1953年任中南军区后勤部331厂政委。1954年8月调总后勤部军需生产部工作，1956年9月任总后勤部政治部直属工作部副部长。1959年任工程兵特种工程指挥部（7169部队）军事检察院副检察长，1960年9月任检察长。1962年任工程兵工程部政治处主任。1963年任青海省军区玉树军分区政委。1964年任青海省军区政治部副主任，1966年任主任，1968年兼任青海省西宁市警备区政委。1969年12月任青海省军区副政委。1980年5月离休。1955年荣获中华人民共和国三级独立自由勋章、中华人民共和国三级解放勋章。1960年被授予上校军衔。1988年荣获中国人民解放军最高军事委员会二级红星荣誉章。2014年4月5日在西安病逝，享年96岁。

在长期的革命生涯中，李格正始终坚持党的理想信念，革命意志坚定，不管条件多么恶劣、环境多么复杂，他坚决跟党走的信念从未动摇过。他服从组织安排，无论在哪个工作岗位上，都严格遵守各项纪律，严于律己，身先士卒。革命战争年代，他将个人生死置之度外，敢打敢拼，轻伤不下火线。1938年4月，在山西吕梁的上寺浩对日作战中，他左下肢中弹致粉碎性骨折，与部队走散，被当地老乡隐藏在山洞里50多天，在腿伤还很严重的情况下辗转找回部队，因作战勇敢受到决死第四纵队十二总队油印小报《火线》表扬，后虽经多次手术，左腿仍落下残疾，被鉴定为三等甲级残废。解放战争中，参加四保临江战役、辽沈战役和平津战役，为中华民族的独立与解放做出了贡献。

中华人民共和国成立后，李格正长期从事部队政治工作，为人民军队的政治建设倾注了大量精力与心血。他理论联系实际，密切联系群众，注重调查研究，积极宣传马列主义、毛泽东思想，坚持用党的路线、方针、政策武装部队，狠抓部队教育管理，使所在部队的革命化、正规化建设水平不断提高。20世纪50年代末至60年代初，李格正随部队参加甘肃酒泉导弹发射基地建设工作，恶劣的自然环境和超负荷工作使他患上夜盲症，但当时条件艰苦没有得到有效治疗，最终导致晚年失明。在青海省玉树军分区工作期间，他参与领导藏区叛乱残匪搜捕、营房建设、部队训练与生产等工作，经常深入牧区帮助牧民解决实际困难，促进了部队建设。

1964年到青海省军区工作后，李格正注重抓好部队政治建设。1969年12月任青海省军区副政委后，负责军区"三支两军"（支左、支农、支工、军训、军管）工作，带领干部战士坚持原则、严守纪律，艰难开展工作，在协调军队与地方关系、控制派系争斗、维护地方稳定等方面做出了努力，帮助和保护了一批受到冲击的老干部。与此同时，他经常下连队、到牧区蹲点,参加农田基本建设、剪羊毛、伐木等劳动。曾有一位知青老师因生活有困难想调动工作,他知道后想办法帮助解决了困难,老师从此安心工作。10余年间,他几乎跑遍了所辖州县的牧区和知青点,与牧民、知青同吃同住同劳动,耐心宣传党的民族政策,了解基层情况,帮助解决问题,为稳定青海局势、增进民族团结、加强军民关系做出了积极贡献,受到军民的一致好评。

1980年,组织准备重新为李格正安排工作,征求个人意见时,他从部队的长远建设出发谢绝组织安排,提出离休要求。离休后,他依然严格要求自己,注重政治理论学习,关心国家大事,积极发挥余热。1992年他亲赴山西离石寻找当年的救命恩人,为已过世的恩人立碑,并长期资助其后人。2010年玉树地震发生后,92岁高龄的他主动为灾区捐款,奉献爱心。他长期关注家乡阳泉的经济社会发展。2000年,为缅怀革命先烈和传承革命传统,他出资在家乡北小西庄村修建了"烈士堂"。2001年将毕生收藏的240余册珍贵图书捐献给阳泉市图书馆。2005年捐资1万元在家乡小学设立"奖学助学基金"。

李格正的一生,胸怀大局,为人正直,敢于直言,敢于担当,不论职位高低,从不摆架子讲排场,从不计较个人得失,从不搞个人特殊化,谦虚谨慎,平易近人,为他所挚爱的军队和人民奉献一生,体现了一名老共产党员的崇高精神境界,深受部队广大官兵爱戴。(段永军　高志宏)

王　敏

(1924.2—2014.5)

山西省五台县人。1937年参加革命工作,1938年加入中国共产党。曾任八路军115师344旅678团战士、班长,苏北六分区司令部通讯连副排长,苏北六分区宿北警卫团排长、连长,新四军3师10旅3团通讯参谋,苏北军区12纵队105团通讯参谋,苏北六分区司令部通讯参谋,华中党校学员,苏北军区司令部通讯参谋。中华人民共和国成立后,历任山西省面粉公司副科长,太原面粉二厂党支部书记、副厂长,太原西山石膏厂副厂长,阳泉碾铁厂厂长,阳泉市工业局副局长、局长,市煤管局局长、市冶金局局长,市经济委员会副主任,市粮食局党委书记兼局长,市商业局党委书记、局长、革命委员会主任,市革命委员会生产组副组长,市委常委,市财贸组组长,市委常委、市委组织部部长,山西金属材料公司副经理等职。1983年当选政协阳泉市第六届委员会副主席。系阳泉市第五、六、八届人大代表,阳泉市老龄委员会顾问。1989年12月离休。2014年5月9日病逝。

王敏早年参加革命,在抗日战争和解放战争期间,曾参加粉碎日军"九路围攻"战役、淮北反顽斗争和淮海、渡江等战役,为中国人民的解放事业做出了贡献。中华人民共和国成立后,王敏长期从事经济、财贸、粮食管理和党务工作,先后担任多个部门的领导职务,曾参与领导娘子关提水工程、战备工程、白南铁路支线等重点工程的建设,为奠定阳泉市工业和财贸基础,以及全市经济和社会发展做出了不懈努力。1983年,王敏当选六届市政协副主席后,分管学习委工作,为新时期人民政协工作的恢复、政协机关建设以及开创政协工作新局面尽心尽力,做了大量工作。

王敏无论身处战争年代,还是置身复杂环境,始终政治坚定,立场鲜明,具有坚强的党性和组织纪律性。他一生勤勉严谨,清正廉洁,严于律己,宽以待人,始终以党和人民的利益为重,时刻保持着共产党员的高尚情操,在人民群众中享有很高威望。(苏向东)

莫显标

(1932.11—2014.5)

广东省南海县人。1949年毕业于上海新沪中学,1950年于上海私立南洋无线电专科学校肄业,同年入北京通县重工业部干部学校人事干部训练班学习。1950年3月参加工作,1963年3月加入中国共产党。历任晋东化工厂科员、技术员、技师、技校教导处主任、车间技术室副主任、党委办公室秘书,阳泉市委宣传部干事、办公室主任,市委政研室主任,市委副秘书长兼办公厅主任,市委秘书长兼市直机关党委书记。1987年当选市第九届人大常委会副主任、党组副书记。系市第十届人大代表、第六届市委委员。曾任山西省职工思想政治工作研究会理事,阳泉市职工思想政治工作研究会副会长。1993年4月退休。1996年起,任市关心下一代工作委员会常务副主任。2014年5月10日病逝。

莫显标无论在哪个单位哪个工作岗位,他都兢兢业业,牢记全心全意为人民服务的宗旨,始终保持坚定的共产主义理想信念。

在市人大常委会任职期间,莫显标带领工作人员做了大量富有成效的工作。1989年组织开展全市执法大检查,对220部法律法规执行情况进行全面检查,查出违法问题2063件,纠正违法案件6842件,产生较大影响。1990年7月至1991年11月,组织部分人大代表对市县(区)两级法院、市政府及7个局,以及市人大常委会的工作进行评议,得到省人大常委会的肯定。1991年4月,省人大司法监督工作座谈会在阳泉市召开,阳泉市人大介绍评议市政府工作的经验,全国人大法工委和晋、冀、豫、津等省市人大常委会负责人、山西省各地市人大常委会负责人参加会议。同年9月，全国人大办公厅新闻局组织《人民日报》等中央媒体的采访组到阳泉市采访评议情况，《人民日报》海外版、《人民代表报》作重点报道。推进依法治市工作，带领法工委及部分人大代表赴辛集市学习实行部门执法责任制的经验，邀请本溪市人大常委会负责人到阳泉市介绍依法治市经验。

莫显标从1996年起担任市关心下一代工作委员会常务副主任，分管社区关心下一代工作，在青少年法制宣传教育、促进未成年人健康成长等方面做了很多工作。从2002年开始，围绕青少年法制宣传、思想道德教育问题，莫显标先后深入社区、学校调研50余次，深钻细研法律法规，撰写学习体会、调研报告、典型经验等30余篇，其中《关于对青少年违法犯罪基本情况的调查及预防对策》《阳泉市城区搞好"释解"人员安置帮教工作的几点做法》《用爱心唤醒"网瘾"孩子》等文章，在中国关工委《中国火炬》或省关工委《关心下一代》刊载。利用培训、座谈、讲座等形式对青少年开展法制宣传教育，呼吁社会各界加强对失足青少年进行帮教。2012年，作为全省离退休干部争先创优先进事迹巡回报告团成员，在晋城、运城、临汾、长治、晋中、太原作报告6场。2013年，在市委组织部和市委老干部局联合组织的"同心共筑中国梦"专场报告活动中，作为报告团成员，在各县区和市直单位作多场报告。

莫显标多次被评为市人大、市直机关及全市优秀共产党员。2006年，获省委依法治理领导组"2001-2005年度普法依法治理先进个人"称号；被市委、市政府授予"离退休干部先进个人"称号。2009年，被市委依法治市领导组评选为"首届(2008-2009年度)十大法治新闻人物"；被市委老干部局授予"离退休干部发挥作用好的十佳标兵"称号。2010年，获中国关工委、中央文明办"全国关心下一代先进工作者"称号。

莫显标一生谦虚谨慎，平易近人，热爱学习，对党忠诚，对事业充满热忱，积极践行全心全意为人民服务的宗旨，始终保持了一名共产党人的政治本色。他勤奋敬业，顾全大局，在不同岗位上为阳泉市的经济社会发展和民主政治建设做出了积极贡献，赢得广大群众的尊敬与爱戴。（杨柳青）

王英杰

(1924.11—2014.6)

女，河北省沙河县人。1941年2月参加革命工作，1946年3月加入中国共产党。1943年6月至1946年7月，先后任沙河县一、二、三区妇救会主任。1946年7月至1949年8月，任沙河县妇联主任。1949年8月至1951年10月，任山西省妇联秘书。1951年11月至1952年10月在中央政法干部学校学习。1952年10月至1967年4月，任阳泉市民主妇女联合会(1958年更名为阳泉市妇女联合会)主任。1967年5月至1972年7月在阳泉"五七"干校劳动。1972年7月至1973年7月，任阳泉市纺织厂副厂长、厂长。1973年8月至1982年7月，任阳泉市妇联主任。1982年7月当选阳泉市第八届人大常委会副主任。系中共阳泉市第二、三届委员会候补委员，第四届委员；山西省第一至第四届人大代表；阳泉市第一至第六届、第九届人大代表。1987年11月离休。2014年6月26日病逝。

王英杰历经不同历史时期，始终牢记全心全意为人民服务的宗旨，始终保持坚定的共产主义理想信念，在各个不同的工作岗位上做出了贡献。

在主持妇联工作期间，王英杰带领妇联组织为推进男女平等、妇女解放作出不懈努力。组织开展争当"三八"红旗手(红旗集体)和"五好家庭"评比活动，涌现出苏景云、赖金华、王玉仙、李怡敏等一大批先进人物及蔡银花、顾保香、孟子元等全国"五好家庭"。为解除广大妇女的后顾之忧，使她们全身心投入到经济建设中，市妇联带领全市各级妇女组织，在全市所有的居民区建起妇女服务站，在80%以上的农村、街道办事处办起托儿所和幼儿园，并于1981年率先成立全省首家校外活动站，使中小学生在寒暑假有了活动场所。另外，全市各级妇联还层层建立妇女法律顾问小组，聘请律师为妇女开展法律咨询、代写诉状、法庭辩护等服务，维护妇女儿童的合法权益。王英杰多次获得表彰，1960年被山西省妇联授予"先进工作者"称号，1990年获全国妇联"为妇女解放事业做出积极贡献"荣誉证书及奖章。

王英杰担任市人大常委会副主任期间，分管教育、科学、卫生、文化方面的工作。她经常组织开展视察、调研、检查活动，发现有关问题，及时向政府有关部门提出建议，促进了相关工作的开展。针对群众反映强烈的酱醋厂厂址问题展开调研，最终人大常委会作出决议，促使政府重新选址建厂。针对农村学校环境差的问题，关注教学条件改善工作，与政府有关部门协调沟通，促使全市80%的村建起新校，改善了学生的学习环境。

王英杰对事业满腔热情，对工作尽职尽责，对群众充满感情，竭尽全力为群众排忧解难。她一生服从党的安排，恪尽职守，廉洁奉公，公道正派，勇于担当。在阳泉工作期间，为全市经济社会发展、民主政治建设和妇女解放事业做出了积极贡献。（杨柳青）

人物简介

赵永军

1968年6月出生,山西省昔阳县人。1991年7月淮北煤炭师范学院中文系毕业后,被分配到阳泉矿务局五矿中学任教。1998年7月调入阳煤集团第一中学任教。2003年11月晋升中学高级教师职称。2004年9月任年级主任。2006年6月加入中国共产党。2009年9月任阳泉市十一中(2005年12月阳煤集团第一中学改为阳泉市十一中)教务处副主任。2013年7月任阳泉市十一中教研室主任。系省教育厅高级职称评审专家组、市教育局中级职称评审专家组成员。

赵永军20余年奋战在教育教学第一线,深入钻研教材,创新课堂结构,形成既扎实有效又充满活力的教学风格。他坚持每周批改不少于50篇作文或试卷,坚持每天和10名以上学生单独沟通,坚持每天在校工作时间12小时以上,坚持开好每周1次的班主任例会和每天1次的教学碰头会以及每次考试之后的学情分析会。他深入学生群体,了解学生所需,分析学生在学习过程中遇到的困难和问题,积极搭建学生和学生、教师和学生、教师和教师沟通交流的各种平台,实现教师教学和学生学习的无缝对接,实践了教学相长的教育理念。

在日常的教学活动中,赵永军善于发现学生的亮点,学生的每一点进步他都会大力表扬。走进他所负责的高三年级教学区,迎面而来的是各种形式的表彰板报和学生进步照片墙,每一位学生都能得到老师和同学的尊重,都充满昂扬向上的激情和舍我其谁的自信。他非常重视学生非智力因素的开发,积极创设适合各类不同个性学生的教育情境,坚持开展各种有利于学生成长的教育活动,无论是安全教育、励志教育,还是班团会教育活动,他都组织得有声有色。在高考百日冲刺动员大会上,他提出"今日亮剑备高考,明朝圆梦报国恩"的口号,激励全体学生把个人的人生理想与中华民族伟大复兴的中国梦联系在一起,把爱国主义教育落实到学生的学习实践中,引起学生的强烈共鸣,教育效果良好。在2013年全国中学生学科竞赛中,他所代的学生有20多人次获得一、二、三等奖。2013年全省普通高中学业水平考试中,学生合格率名列全市第一、优秀率名列全市第二,其中信息技术学科优秀率名列全市第一。2014年,市十一中高考成绩创历史最好水平,一大批优秀毕业生被中国人民大学、南开大学等名校录取。

2013年担任教研室主任后,赵永军秉承科研兴校的理念,真抓实干,致力于学校的课堂教学改革和教学研究工作。他坚持落实教研制度,严格检查,务求实效。强化教研组长队伍建设,培养学科队伍带头人。先后组织校内外名师在学校开设"名师讲坛"10余次,深受师生欢迎。2013年10月,与市教育局教研室联合,在市十一中组织召开全市高三年级语文教师高考备考复习研讨会,对全市的高考备考工作起到积极的指导作用。他积极拓展校际教学研究活动,带领部分学科组长赴河北省石家庄市第一中学和石家庄市精英中学学习取经,推进学校课堂教学改革工作。在充分调研的基础上,他总结出课堂教学"三环七步"模式,"三环"即导学课、展评课、检测课3种课型,"七步"即导、思、议、展、评、检、用7个环节。要求各学科教师根据实际情况,在每个课时教学时间内,落实7个教学环节,激发了学生的学习兴趣和教师的创新性,课堂效率大幅提高。2014年12月,在市总工会和市教育局共同举办的"全市课改新模式大赛"中,他带领的团队有11位教师分获一、二、三等奖,7位教师荣立个人一、二、三等功,学校荣立集体二等功。

与此同时,赵永军还致力于校园文化建设。积极落实建设教师儒雅、学生文雅、校园高雅的"三雅校园"办学理念,创建了校园读书角,建立学生公共阅览场地,组织教师和学生代表开辟"高考英语角",方便广大学生的阅读和交流,提高学生的英语表达能力,营造了浓厚的学习氛围。

由于工作业绩突出,赵永军多次受到各级表彰。2006年,被省教育厅授予"师德标兵"荣誉称号。2008年,被市委、市政府授予"教育功臣"称号。2011年,被省劳动竞赛委员会授予"山西省五一劳动奖章"。2014年,被中华全国总工会授予"全国五一劳动奖章"。 (申建军)

任海平

1971年7月出生,山西省阳泉市郊区人。1990年8月毕业于三矿中学。1990年9月至1995年7月在市氯碱厂工作。1995年8月招工到阳泉矿务局一矿四尺煤掘二队工作。1997年9月至2000年7月在山西煤炭职工联合大学机电一体化专业脱产学习。2001年6月调入一矿运输工区载波组。2006年5月加入中国共产党。2009年2月任一矿运输工区机电队副队长。2010年5月任一矿运输工区电检队副队长。同年11月任一矿运输工区主任助理。

参加工作后,任海平以兢兢业业的态度扎根煤海,刻苦学习,潜心技改革新,屡创佳绩。为适应矿井新型电气设备种类日益增多、自动化程度和技术精密度日益提高的要求,他在工作之余自学了微电子技术、PLC编程语言、VB编程语言、CAD制图等专业知识,并结合实际不断钻研技术,练就集知识、技术、创新于一身的过硬本领。从事载波工作10年间,他参与井下电机车动态防追尾报警器的研制,利用电机车的红外线编码发射装置,将井下人车场架线自动停送电装置的手动方式改进为自动控制方式;探索出新的井下语音报警器触发方式,杜绝了因井下潮湿而导致高压窜入的问题,仅此一项每年可为单位节约成本2.5万余元;针对1#猴车变频器频繁偷停现象,他同其他技术人员一起研制出定量仓南北箕斗手动阀闭锁系统,在变频器和PLC之间加装整套系统的吸收回路,彻底解决猴车变频器偷停问题。2012年,新引进的20吨变频机车主逆变驱动板和气泵逆变电源经常发生故障,价值近2万元的驱动板一块接一块地报废,任海平看在眼里,急在心上,他一边翻阅资料,一边向专家请教,经过反复试验,最终总结出一套技改方案,设备故障率直线下降,创造价值近100万元。2013年,在他主持下,运输工区在北丈八井北翼大巷投入使用运输机车信集闭系统,实现地面调度室对井下大巷机车运行的监控和调度。近几年,矿井运输线路不断延长,井下机车运输量不断增加,靠人工记忆车辆运行状态稍一疏忽就可能酿成重大行车事故。任海平和队友经过一年多时间的研发实践,对主控机、通讯站、控制分站、电源箱等设备组成部分进行系统安装,并将其设计上的缺陷反馈回厂家进行修正,在降低事故发生率的同时,提高了井下运输效率和运行能力。

一矿运输工区主要担负着井下煤炭、矸石、物料的运输及人员的上下井运送任务。随着阳煤集团转型跨越发展步伐的加快,运输系统不断投用大型设备,设备能否正常运转、车辆能否正常作业,直接影响着矿工的人身安全,同时也制约着整个矿区生产目标的顺利完成,任海平和其他技术人员每日数次往返20多千米奔走于各个维修现场。2011年,在全矿开展的"干部上讲台,培训到现场"活动中,任海平技能大师工作室成立。与此同时成立培训活动组,按照每个学员的学习课时、成绩、操作能力等逐月进行奖励,全工区"比、学、赶、超"的氛围空前浓厚,技术创新层出不穷。同年,技术人员自主研发出全煤系统第一列井下新时速人车,成功将火车的制动技术应用于机车,行驶速度提高一倍,提升了矿井的运输效率和安全系数。2012年,工作室被中国煤炭工业协会授予"煤炭行业技能大师工作室"称号,任海平获得"煤炭行业技能大师"称号,成为享受省政府津贴的高级技师。2013年,工作室被省劳动竞赛委员会、省总工会授予"山西省劳动模范创新工作室",并荣升"国家级技能大师工作室",获得财政部、人社部下发的专项经费。同年,任海平主持设计出无线通讯协议程序,机车过弯道、道岔等不安全地段时,系统对司机进行前期提示。几年间,工作室培养出一大批优秀技术人员,有的还走上管理岗位,为全矿的可持续发展提供了人才保障。任海平技能大师工作室成为引领员工进步、培养专业技术人才的基地。

2007年,任海平被省委、省政府授予"山西省劳动模范"称号。2008年,被省劳动竞赛委员会授予"山西省五一劳动奖章"和"职工技术创新能手"称号,被省国资委评为"高级专家"。2010年,被省委、省政府授予"山西省特级劳动模范"称号。2012年,被人力资源和社会保障部评为"全国技术能手"。2013年,被省总工会、省科技厅、省经济和信息化委员会、省人力资源和社会保障厅评为"山西省十大职工优秀技术带头人"。2014年,被中华全国总工会授予"全国五一劳动奖章"。　(霍继军)

人物名表

副地市级以上领导人名表

(以姓氏笔画为序)

表 32

姓名	性别	出生年月	籍贯	政治面貌	文化程度	毕业院校	参加工作时间	职务及任职时间
马　骥	男	1960.4	山西临猗	中共党员	中央党校在职研究生毕业	中央党校研究生院	1982.9	开发区管委会主任(2011.9-　) 开发区党工委副书记(2011.10-　)
王　民	男	1955.4	山西蒲县	中共党员	中央党校函授本科毕业	中央党校领导干部函授班	1971.3	市委常委、市纪委书记(2008.8-2014.10　)
王旭明	男	1962.3	山西临县	中共党员	省委党校在职研究生班毕业	省委党校	1983.9	市委常委(2006.8-　) 副市长(2006.9-2013.5) 2007.8 明确为常务副市长 市政府党组副书记(2007.6-2013.5) 市委副书记(2013.4-　) 市委党校校长(2013.5-　)
王守林	男	1959.5	山西山阴	中共党员	成人脱产专科毕业	山西广播电视大学	1981.9	市人民检察院副检察长、代检察长(2012.4-2012.5) 市人民检察院党组书记(2012.4-　) 市人民检察院检察长(2012.5-　)
王志忠	男	1962.2	河南镇平	中共党员	大学函授本科毕业	南京陆军指挥学院	1976.11	军分区司令员(2014.9-　)
王振国	男	1956.10	山西寿阳	中共党员	大学专科毕业	晋中师专	1974.12	市政协副主席(2007.5-2010.5) 市总工会党组书记(2008.8-　) 市总工会主席(2008.9-　) 市人大常委会副主任(2010.5-　) 市人大常委会党组副书记(2012.5-　)
王斌权	男	1962.2	山西和顺	中共党员	中央党校函授本科毕业	中央党校函授学院	1981.10	市公安局局长(副厅级)、党委书记(2008.4-2014.6) 市长助理(2008.8-2014.6)
王湜洲	男	1960.4	山西平定	中共党员	中央党校函授本科毕业	中央党校函授学院	1981.9	副市长(2006.9-2011.9) 市国资委党委书记(兼,2006.11-2010.1) 市委常委、市委政法委书记(2011.8-　)
田桂明	男	1963.4	河北辛集	中共党员	大学本科毕业	工程兵学院	1980.9	军分区政治委员(2013.9-　) 市委常委(2014.12-　)
吕昌政	男	1959.10	河北井陉	中共党员	中央党校在职研究生毕业	中央党校研究生院	1983.9	市人大常委会副主任(2012.5-　)

续表 32-1

姓名	性别	出生年月	籍贯	政治面貌	文化程度	毕业院校	参加工作时间	职务及任职时间
任衍钢	男	1958.10	山东济宁	民进	大学本科毕业	山西师范学院	1975.1	民进阳泉市委主委(2001.11-) 市政协副主席(2007.5-2012.5) 副市长(2012.5-)
任美福	男	1957.12	山西昔阳	中共党员	大学本科毕业	山西财经学院	1982.2	市政协副主席(2012.5-)
刘　星	男	1969.5	山西洪洞	中共党员	硕士研究生毕业	湖北中医学院	1991.8	市委常委(2011.5-2012.5) 市委统战部部长(2011.5-2012.4) 副市长(2012.5-2013.5) 市委常委(2013.4-) 市委秘书长(2013.5-)
刘兆林	男	1953.9	阳泉郊区	民建	大学普通班毕业	山西农学院	1976.9	副市长(2002.3-2012.5) 民建阳泉市委主委(2002.4-) 市人大常委会副主任(2012.5-)
刘志强	男	1959.5	河北深州	中共党员	大学本科毕业	山西财经学院	1976.8	市人大常委会副主任(2012.5-)
刘高官	男	1956.5	山西山阴	中共党员	中央党校函授本科毕业	中央党校函授学院	1972.3	市委常委(1995.1-2006.6) 市委秘书长(1995.3-2000.6) 市委副书记(2000.6-2006.6) 市政协党组书记(2006.6-2012.5) 市政协主席(2007.5-2012.5) 市人大常委会主任、党组书记(2012.5-)
许文珍	男	1954.10	山西盂县	无党派	自考专科毕业	中国政法大学	1975.12	市政协副主席(2007.5-)
孙金明	男	1960.1	山西平定	中共党员	省委党校函授大专毕业	省委党校函授学院	1981.9	市人大常委会副主任(2012.5-)
杨　勇	男	1963.8	山西盂县	中共党员	中央党校函授本科毕业	中央党校函授学院	1984.7	阳泉师范高等专科学校党委书记(2012.7-)
杨广耀	男	1956.10	山西夏县	中共党员	研究生班毕业	中国社会科学院	1976.1	太原理工大学阳泉学院党委书记(2010.9-)
杨永生	男	1961.10	山西临猗	中共党员	大学本科毕业	山西大学	1982.9	市委常委(2006.9-) 市委统战部部长(2006.9-2011.5) 市委宣传部部长(2011.5-)
李天祥	男	1956.12	山西定襄	九三学社	大学本科毕业	太原工学院	1974.8	九三学社阳泉市委主委(2006.4-) 市政协副主席(2007.5-)

续表 32-2

姓名	性别	出生年月	籍贯	政治面貌	文化程度	毕业院校	参加工作时间	职务及任职时间
李云峰	男	1969.7	山西洪洞	中共党员	中央党校在职研究生毕业	中央党校研究生院	1994.7	市委常委(2013.4–) 市委统战部部长(2013.5–)
李利生	男	1966.10	山西柳林	中共党员	硕士研究生毕业	山西大学	1992.9	开发区管委会主任(2005.12–2011.9) 开发区党工委副书记(2006.5–2011.10) 市委常委(2011.8–) 市委秘书长(2011.8–2013.5) 常务副市长、市政府党组副书记(2013.5–)
李定武	男	1957.11	山西寿阳	中共党员	中央党校函授本科毕业	中央党校函授学院	1978.10	市委常委(2011.3–) 市委组织部部长(2011.4–)
李顺宽	男	1957.9	山西河曲	中共党员	中央党校函授本科毕业	中央党校函授学院	1978.11	市政协副主席(2012.5–)
吴丽萍	女	1955.11	北京市	无党派	大学本科毕业	山西大学	1975.12	市人大常委会副主任(2007.5–)
陈永奇	男	1967.11	山西怀仁	中共党员	博士研究生毕业	山西大学	1992.7	市委副书记、市政府党组书记(2013.2–) 副市长、代市长(2013.2–2013.4) 市长(2013.4–)
陈永昶	男	1961.11	山西芮城	中共党员	大学本科毕业	山西师范大学	1982.9	阳泉师范高等专科学校校长(2012.8–)
陈明华	男	1965.7	山西柳林	中共党员	法律硕士	山西大学	1987.7	市中级人民法院副院长、代院长(2012.8–2012.11) 市中级人民法院党组书记(2012.8–) 市中级人民法院院长(2012.11–)
邰爱国	男	1954.2	山西黎城	中共党员	中央党校函授本科毕业	中央党校函授学院	1970.10	市委副书记(2000.9–2011.8) 市委党校校长(2006.12–2011.8) 阳泉行政学院院长(2007.2–2011.9) 市人大常委会副主任、党组副书记(2011.5–2012.5) 市政协主席、党组书记(2012.5–)
尚建军	男	1965.8	山西绛县	中共党员	大学本科毕业	山西大学	1987.8	市公安局局长、党委书记(2014.6–)
要　真	男	1956.12	山西盂县	中共党员	大学本科毕业	太原工学院	1974.12	开发区党工委书记(2012.1–)

续表 32-3

姓名	性别	出生年月	籍贯	政治面貌	文化程度	毕业院校	参加工作时间	职务及任职时间
赵　峰	男	1956.9	山西盂县	中共党员	大学普通班毕业	太原工学院	1972.9	郊区区委书记(2007.4–2012.4) 副市长(2011.9–　)
赵平有	男	1957.4	河北定州	中共党员	大学本科毕业	山西师范学院	1975.2	市政协副主席(2012.5–　)
赵永红	女	1957.3	山西平定	民盟	大学本科毕业	山西医学院	1974.8	民盟阳泉市委主委(2001.11–　) 市政协副主席(2007.5–　)
荆俊明	男	1966.6	山西绛县	中共党员	大学本科毕业	石家庄陆军学院	1983.8	军分区参谋长(2010.2–　)
郝培亮	男	1963.11	山西定襄	中共党员	博士研究生毕业	太原理工大学	1984.7	副市长(2013.5–　)
洪发科	男	1956.10	山西曲沃	中共党员	中央党校在职研究生毕业	中央党校研究生院	1974.8	市委书记(2012.1–　)
夏　晗	男	1965.1	安徽寿县	中共党员	大学本科毕业	长沙炮兵学院	1983.1	军分区政治部主任(2012.5–　)
徐　芃	男	1967.5	湖北襄樊	致公党	大学本科毕业	武汉工学院	1990.8	副市长(挂职,2012.8–2014.10)
曹凯民	男	1957.12	山西芮城	中共党员	大学本科毕业	太原工学院	1982.1	市政协副主席、党组成员(2011.5–　) 市政协党组副书记(2012.5–　)
密国林	男	1963.5	山西闻喜	中共党员	成人脱产本科毕业	南京陆军指挥学院	1981.10	市委常委(2013.11–2014.12) 军分区司令员(2013.6–2014.9)
彭喜平	女	1959.2	河南清丰	中共党员	大学本科毕业	山西大学省委党校大学班	1976.7	市委党校常务副校长(2005.3–　) 阳泉行政学院常务副院长(2005.4–2011.12) 阳泉行政学院院长(2011.12–　)
董仙桃	女	1962.10	山西五台	中共党员	硕士研究生毕业	太原重机学院	1986.7	副市长(2011.5–　)
韩保清	男	1963.10	山西盂县	中共党员	硕士研究生毕业	山西师范大学	1987.7	太原理工大学阳泉学院院长(2010.9–　)

(崔晓亮　郭宇扬)

人物名录

先进人物名录(202人)

全国五一劳动奖章(2人)

赵永军　任海平

山西省特级劳动模范(5人)

宋青红　靳海军　刘建平　张志生　荆素俭(女)

山西省劳动模范(37人)

付书俊　温文文　王军红　张喜才　王润成　李维昌　李志强　刘开科　石棋章
杜传传　王桂林　郭丽萍(女)　王跃贤　崔彦明　张喜明　陈明泽　李润萍(女)　张桃贵
刘贵平　任和平　张宝科　裴海平　韩明明　李富义　郭建兰(女)　王焕娥(女)　荆红军
胡培明　王　雪(女)　郑高魁　尹向华(女)　梁　庆　安　立　康　权　刘维青　马建峰
申继红(女)

其他省部级荣誉获得者(7人)

魏增玲(女)　侯明华　王建华　岳　瑜　姚　曜(女)　侯洪波　黄慧文(女)

阳泉市劳动模范(151人)

平定县(21人)

刘　恭　张田孩　耿林华　李占刚　冯海明　潘力志　卢玉明　任便银(女)　张延安
杜俊慧(女)　刘同礼　刘　忠　董　娟(女)　张怀军　李仁瀛　史云章　李玉柱　白绿洋
王连廷　耿黑眼(女)　贾元慧

盂县(21人)

王怀宝　刘昕亮　刘志后　孙学文　冯变珍(女)　赵保乡　刘建平　任晓丽(女)　赵保俊
郭东双　李维清　崔学跃　胡金毛　崔月来　梁建瑞　韩树平　李卫红　武正祥
王建明　王爱军　李正华

郊区(18人)

荆所成　霍计有　王志华　张建军　胡存玉　张三虎　段　富　刘连文(女)　李丹霞
曹小英(女)　郭利青(女)　王　录　石守建　王召元　王建文　刘金娥(女)　白青海　高秀杰

城区(5人)

张莉红(女)　史海凤(女)　姚改梅(女)　史立新　田凤琢(女)

矿区(4人)

徐金林　李　英(女)　李晓光　刘青松

开发区(3人)

宋东升　李　明　刘海军

阳煤集团(17人)

吕维赟　李国栋　宋永林　周永成　贾常忠　任紫亭　武万华　黄　钢　王　浩
王林军　韩富昌　贾彬丽(女)　刘振岗　高　勇　韩正华　殷建国　孙贵平

煤炭系统(14人)

张国伟　岳军慧　李盘文　苗　俊　史俊龙　任　龙　李海庆　陈世洲　贾宝平
史瑞亮　赵桃锁　陆田周　张　娜(女)　郭建波

工交建通系统(15人)

王学田　白晶海　张　燕(女)　梁成印　尚迎锋　路永生　梁忠月(女)　李彦明　王　昭
张增禄　贾美珍(女)　李　凯　李红庆　张瑞征　王　芳(女)

电力系统(4人)

梁朝晖　魏绍青　李　杰　贾庆朝

财贸金融系统(10人)

王　洪　贾玉宝　韩新红　蔡海星　姜　江　李新良　张　军　贾琴丽(女)　李万里　张华明

文教卫生系统(6人)

侯润娥(女)　李玉娟(女)　宋素青(女)　马海英(女)　潘玉泉　白慧斌

市直机关(10人)

郝文彤　梁凤珍(女)　李建明　石晓军　葛云琳(女)　崔建国　张海军　于迎红(女)　武有东　成艳丽(女)

政法系统(3人)

冯志刚　杨锋泰　张卫华

高级专业技术人员名录(227人)

2014年,阳泉市各类专业技术人员中,晋升高级专业技术职务(包括副高晋升正高)者共227人。其中,中学教师系列副高级61人,中专教师系列副高级4人,档案系列副高级1人,新闻系列正高级2人、副高级7人,工程系列正高级2人、副高级15人,卫生系列正高级20人、副高级80人,经济系列副高级2人,农业系列副高级6人,技工学校系列副高级9人,群众文化系列正高级1人、副高级1人,艺术系列正高级1人、副高级2人,图书资料系列正高级1人、副高级1人,自然科学系列副高级2人,统计系列副高级3人,党校系列正高级1人,审计系列副高级2人,会计系列副高级3人。具体人名依系列分录于后。

中学教师系列(副高级61人)

王晓云(女)　白雪峰　李　峰　霍绍周　史瑞萍(女)　董润珍(女)　王海云(女)　周　红(女)　刘锁贞
史应真(女)　王和平(女)　王美先(女)　臧燕燕(女)　岳玉翠(女)　程建红(女)　李淑英(女)　康庆华(女)　郭永金
朱艳芳(女)　郗桂花(女)　穆启斌　侯爱英(女)　高喜春　张亚丽(女)　李荣英(女)　吴红梅(女)　袁志钢
闫爱风(女)　韩建荣(女)　冉　静(女)　苏文霞(女)　王巧弟(女)　梁爱平(女)　郑秀春(女)　乔爱莲(女)　凌永宏
刘旭明　武光明　朱　洪　毕海俊　赵　瑞　赵海霞(女)　史爱红(女)　张莉英(女)　郝先明
李风丽(女)　陈书考　张俊芳(女)　刘斌旺　赵海燕　李淑青(女)　刘　玮　穆银籽(女)　王纬明
郗爱英(女)　王鸿雁(女)　郭海珠　侯国强　杨小花(女)　刘卯生　韩进图

中专教师系列(副高级4人)

石莉莉(女)　黄美琴(女)　赵建芸(女)　姚瑞林(女)

档案系列(副高级1人)

庞鸿英(女)

新闻系列(正高级2人、副高级7人)

正高级

高　扬　朱建国

副高级

辛江美(女)　颜秉军　王大江　马　芳(女)　许丽萍(女)　史　静(女)　武勇峰

工程系列(正高级2人、副高级15人)

正高级

潘晓军　张江华

副高级

赵　旭　窦艳芳(女)　马建力(女)　刘建明　贾瑞鑫　王红梅(女)　翟建玲(女)　韩惠莲(女)　刘建宏
李华军　牛昌茂　杨承清(女)　施丽芳(女)　米　楠　王志萍(女)

卫生系列(正高级20人、副高级80人)

正高级

王　洲　李慧筠(女)　姚爱武(女)　陈魁胜　丁耀耿　赵乃煜(女)　王　雁(女)　张芬芳(女)　陈　迅
王　琳　赵志崇　朱小宁　吴秋状　梁先才　张艾芳(女)　刘向萍(女)　王国荣(女)　荣长泰

王淑春(女) 冯　铁
副高级
宋仲怀 郭秉青 马文梅(女) 常本迅 田永平 杜旭芳(女) 聂维彦(女) 王秀琴(女) 李亚林
翟翠红(女) 王克昌 王爱花(女) 申海英(女) 王文琴(女) 冯秀忠 王春琴(女) 林　渝(女) 杨卫玉
成连生 李学然 刘　岐 靳文剑 郑玉巨 侯志岭 吕金梅(女) 王彩虹(女) 张子敬
张慧文(女) 樊秀清 李芬萍(女) 张美琴(女) 杨海栋 刘志平 张福平 朱　卉(女) 李新柱
宋晓华(女) 李瑞荣(女) 张　莉(女) 高　岚(女) 张宏伟 赵　琴(女) 张红丽(女) 陈雪连(女) 荣鹏会
李云峰 刘翠平(女) 杨万春(女) 武雪莲(女) 王翠荣(女) 杨晓芬(女) 王凤婵(女) 史雅琴(女) 段保宏
李秀红(女) 梁学锋(女) 李桃梅(女) 王改生(女) 马静达(女) 李志芳(女) 李永红(女) 梁巧玲(女) 高　君
陈艳珍(女) 闫妍新(女) 石永华(女) 王　荧(女) 卢立锦(女) 张利平(女) 魏春艳(女) 游晓东(女) 朱旭峰
栗慧娟(女) 崔林桥(女) 曹淑珍(女) 王淑青(女) 杨启明(女) 韩爱萍(女) 武俊香(女) 曹建英(女)

经济系列(副高级2人)

高秋生 杜振英(女)

农业系列(副高级6人)

侯文英(女) 施爱珠 岳润庆 高志鸿 武新钢 尹　钊

技工学校系列(副高级9人)

张玉玲(女) 沈　键 杨金花(女) 郭美珍(女) 刘兵来 翟彦军 张生杰 陈春红(女) 刘　华

群众文化系列(正高级1人、副高级1人)

正高级
王雨来
副高级
郑亚克

艺术系列(正高级1人、副高级2人)

正高级
侯玉生
副高级
白燕忠 李建才

图书资料系列(正高级1人、副高级1人)

正高级
毛志宏
副高级
方惠萍(女)

自然科学系列(副高级2人)

张智日 张庭杰

统计系列(副高级3人)

王　娟(女) 王俊雁(女) 史慧芳(女)

党校系列(正高级1人)

李志华(女)

审计系列(副高级2人)

胡晋湘 邓雅文(女)

会计系列(副高级3人)

蔺建红(女) 葛　翔(女) 卢晓桦(女)

阳泉市2014年大事记

1月

2日 阳泉市有3人获得2010–2012年度“赵树理文学奖”。其中,侯讵望获优秀编辑奖,小岸(董俊英)以《车祸》获中篇小说奖,刘慈欣获荣誉奖。

7日 省委书记袁纯清到阳泉市就“智慧阳泉”工程建设情况进行调研。

8日 全国总工会副主席张少琴率领慰问团到阳泉市慰问困难职工和困难劳模。

26日 省委常委、常务副省长高建民到阳泉市走访乡镇敬老院和困难企业,看望慰问基层群众。

月内 市工商局被人力资源和社会保障部、国家工商行政管理总局评为“全国工商行政管理系统先进集体”。

2月

20日 市委召开党的群众路线教育实践活动动员大会,学习贯彻中央、省委的决策部署,对全市开展党的群众路线教育实践活动作出安排部署。全市4个市级班子、186个县级班子、4341个基层党组织,市级党员干部30名、县级干部980名、科级干部5476名、党员7.62万名,参加教育实践活动。10月17日,全市党的群众路线教育实践活动总结大会召开,会议贯彻落实习近平总书记在中央党的群众路线教育实践活动总结大会上的重要讲话精神和省委书记王儒林在全省党的群众路线教育实践活动总结大会上的重要讲话精神,对全市教育实践活动的成果和经验进行总结,并对活动的后续工作和全面推进从严治党作出安排部署。

24日 由山西春明激光科技有限公司联合中国科学院半导体研究所、物理研究所等单位申报的“钛酸锶与铝酸镧薄膜制备技术及器件开发”项目,成功列入国家“863计划”——科技部国家高技术研究发展计划。作为该项目的一部分,山西春明激光科技有限公司承担“紫外激光器工程化技术及激光分子束外延系统集成研究”课题,为阳泉市首个入选国家“863计划”的项目。

月内 阳泉汽车客运南站工程正式开工。阳泉汽车客运南站是2014年山西省重点站场建设工程,位于平定县西外环庙沟村,距市中心5千米,距太旧高速公路平定南互通7千米,距东纵高速公路平定北互通10千米。总占地15.13万平方米,总建筑面积3.20万平方米,概算投资2.19亿元。建设标准为一级客运汽车站,兼具长途客运、城乡公交、出租客运、物流配送、汽车修理检测、旅游集散、大型停车场、交通指挥调度和配套服务设施等功能。至年底,阳泉汽车客运南站主体框架结构基本成型,完成投资1亿元。

阳泉市22家企业的23个产品获得“山西省名牌产品”称号。其中,山西昌鑫生物农业科技有限公司、阳泉丛鑫橡塑制品有限责任公司、阳泉华越创力采掘机械制造有限公司、阳泉市麟豪机械制造有限责任公司、阳泉煤业(集团)有限责任公司药林会议中心5家企业的6种产品为新增的山西省名牌产品。

3月

10日 市长陈永奇在北京拜会了北京铁路局局长杨宇栋和有关专家,铁道第三勘察设计院集团有限公司负责人报告阳大铁路项目可行性研究方案,阳泉市与北京铁路局就项目建设中的有关问题进行对接与交流。

山西兆丰天成年产20万吨高精铝板的一期项目正式投产。项目由山西兆丰天成铝材有限责任公司

大事记

建设,采用国内先进的铸轧工艺,分两期建设,总投资4亿元。一期项目于2013年7月底开工,主要产品为装饰带坯料、PS版基坯料、幕墙板坯料。二期项目于2014年6月开工。项目全部达产达效后,可达到年产20万吨铝板带产品的目标,预计年可新增产值30亿元,实现利润1亿元。

19日 山西天元绿环科技城市矿产资源循环利用产业集聚园区项目在平定县张庄工业园区奠基。项目由山西天元集团与浙江慈溪多家家电龙头制造企业合作建设,通过国家有关部门的立项审批和验收,列入国家环保名录,取得专业资质,并享受国家基金补贴。项目规划投资21.5亿元,占地66.67公顷(1000亩)。项目投产后预计年可生产环保节能洗衣机、电冰箱、空调、小家电1500万台,实现产值53亿元、利税9.01亿元,可安置就业6500余人。

25日至29日 阳泉供电分公司检修公司检修专业晋善晋美QC小组自行研制的"35千伏隔离开关吊装装置",在第八届"海洋王"杯全国QC小组成果海口发表赛上荣获一等奖。此次发表赛由中国质量协会主办,共有全国各省市、各行业的181个QC小组参赛。

4月

19日 郊区荫营镇下荫营村的张俊家庭、盂县上社镇大西里村的李全才家庭获得首届全国"书香之家"称号。首届全国"书香之家"评选活动由国家新闻出版广电总局举办。

21日至24日 政协阳泉市第十二届委员会第三次会议在阳泉宾馆召开。会议应到委员291名,实到272名。会议审议和通过市政协主席郜爱国所作的工作报告和市政协副主席李天祥所作的提案工作报告。与会委员列席阳泉市第十四届人民代表大会第四次会议。增补马军、王满田、李立国、李保明、张建军5人为市政协十二届委员会常委。

22日至24日 阳泉市第十四届人民代表大会第四次会议在阳泉宾馆召开。会议应到代表286名,实到271名,列席人员112名。会议听取、审议市长陈永奇作的《政府工作报告》和市人大常委会主任刘高官、市中级人民法院院长陈明华、市人民检察院检察长王守林作的工作报告,审查和批准各项报告,通过相应决议。

25日 市委、市政府隆重召开劳模表彰大会,对全市各条战线涌现出的模范单位、模范集体和劳动模范进行表彰。

30日 由中央电视台纪录频道立项、阳泉广播电视台承制的3集纪录片《最后的铸造厂》在央视纪录频道播出。纪录片由郭东升导演制作,历时16个月完成,讲述了有着60年历史的阳泉阀门厂铸造车间在关停前后,国企工人的命运和前途的故事。

5月

5日 市交通集团万通国际旅行社被省旅游局评为"2013年度山西省十佳旅行社",这是万通国际旅行社连续第三年获得该荣誉,为阳泉市唯一获得该荣誉的旅行社。

6日 盂县梁家寨大汖温泉度假景区一期工程建成运营。大汖温泉旅游景区项目规划占地66.67万余平方米(1000余亩),计划投资25亿元。温泉度假景区为一期项目,占地13.33万余平方米(200余亩),投资5亿元,按照国家AAAA级旅游景区标准打造。景区集温泉沐浴、休闲养生、水上乐园、生态旅游于一体,具有住宿、餐饮、娱乐、购物、会务等多种功能,综合服务设施先进。

14日 全省首家未成年人定向关护中心在阳泉市郊区检察院成立。中心负责对全市不捕、附条件不起诉和相对不起诉的涉罪未成年人进行考察、教育、矫治、回访,根据每个涉罪未成年人的具体问题制订个性化的关护方案。

15日 全市党的群众路线教育实践活动先进事迹报告会在阳泉宾馆报告厅举行。市四大班子领导、市督导组全体成员、各参学单位负责人、县区组织部部长,以及窗口单位、服务行业代表等共700余人参加报告会。矿区马家坪派出所社区民警侯明华、市自来水公司营业管理处职工费敏、市蔬菜技术服务中心副主任李红、市公共交通总公司职工李娜、郊区汉河沟村党支部书记宋晓文结合各自的工作实际,在大会上作精彩报告。

27日 山西工程技术学院经教育部批准成立。山西工程技术学院以原太原理工大学阳泉学院为资源基础,以实施本科教育为主,填补了阳泉市没有本科高等院校的空白,为山西省第5所工科类本科院校。

阳泉市晋商文化交流中心在北京晋商博物馆揭牌。

28日 由市科技局推荐的山西十月秋农业科技有限公司、阳泉市易汇农业开发有限公司被省科技厅认定入选"首批山西省星火示范基地"。全省共有30家企业入选。

月内 平定县古窑陶艺有限公司的"中国刻花瓷文化园"建设项目列入文化部2014年度特色文化产业重点项目库,系全省唯一入选项目。全国共有51个项目入选。

6月

4日至27日 "作风建设永远在路上"主题展览在市展览馆展出。展览分重要讲话、工作成果、反面案例、党员楷模、先进典型5个部分,由市纪委、市委组织部、市委宣传部、市委党的群众路线教育实践活动领导小组办公室和市文化广电新闻出版局共同主办,市展览馆承办。市四大班子领导及各县区、市直各单位、企业、农村、社区的党员干部先后参观展览,接受教育。

13日 由郭东升导演、市广播

电视台摄制的5集电视纪录片《大宋》获得由国家新闻出版广电总局颁发的"2012-2013年度国产纪录片及创作人才扶持项目"优秀中片奖。

27日 省长李小鹏到山西天元大型城市矿产循环产业集聚园区、西格里泉海碳素(山西)有限公司、山西河坡电厂热电联产项目建设现场等地,调研企业生产经营和项目建设情况。

30日 "一年一场戏"演出活动在郊区旧街乡新庄窝村启动。"一年一场戏"是阳泉市的一项大型文化惠民活动,被列为2014年市委、市政府为民办实事之一,通过政府买单方式,为全市300个偏远贫困村每年送一场戏。11月底,300场演出任务完成。

7月

4日 全国政协副主席、全国工商联主席王钦敏一行到阳泉市,就落实企业投资自主权和示范项目开展第三方评估工作进行调研。

7日 阳泉煤业集团以2013年度营业收入311.94亿美元的业绩,进入2014年《财富》世界500强榜单,位居第391位,较上年前进16位。《财富》世界500强排行榜是衡量全球大型公司实力的权威榜单,由美国《财富》杂志每年发布一次。

16日 郊区小河村、官沟村、大阳泉村入选由住房和城乡建设部、文化部、国家文物局、财政部确定的2014年第一批列入中央财政支持范围的中国传统村落保护名单。

17日至18日 中共中央政治局委员、国务院副总理汪洋在山西考察调研农业农村工作期间,到阳泉市村庄农户、田间地头,了解农业生产、农村改革和政策落实情况,与干部群众共商兴农富农之道。

28日 阳左高速公路通车。阳左高速公路起点位于阳泉市平定县西郊村,与太旧高速和阳盂高速公路相接,途经阳泉市平定县和晋中市昔阳县、和顺县、左权县,终点位于左权县突堤村,与和榆高速公路相接,路线主线长91.25千米,批复概算77.87亿元,双向四车道,设计时速每小时80千米。2011年2月开工建设,2014年1月通过交工验收。

28日至30日 全国人大常委会副委员长沈跃跃率队在山西进行《中华人民共和国大气污染防治法》执法检查期间,深入阳泉市的企业单位实地查看环境综合整治、工业污染治理等情况,并与人大代表、基层执法人员和企业代表座谈。

29日 平定县第三中学的鹿中一在全国青少年五好小公民"美丽中国 我的中国梦"主题教育活动演讲全国总决赛中,获得中学组一等奖。此次活动由教育部关工委在重庆市主办,山西省选派3名学生代表参赛。

月内 阳泉市首部数字电影《伏击》拍摄完成。影片以"七亘大捷"史实为题材,由省委宣传部,阳泉市委、市政府,省作协,平定县委、县政府联合摄制,省作家影视艺术制作有限公司、市委宣传部、市文联共同制作。

8月

3日 省道314线48千米+600米路段发生一起重型半挂牵引车与小型轿车接触事故,导致3人死亡。

7日 省委书记袁纯清到阳泉郊区李家庄乡汉河沟村、河坡发电厂、盂县梁家寨温泉生态景区、山西康泰来农业生态科技有限公司、鑫源伟业农业开发有限公司进行调研。

8日至18日 在山西省第十四届运动会上,阳泉市体育代表团获得金牌73.75枚、银牌54.75枚、铜牌59.25枚,位列全省金牌榜第四名。其中,方嘉诚、胡杨在射击男子10米气步枪决赛中,分别以694.2环和692.3环的个人总成绩打破该项目691.1环的省纪录,第十四届省运会共有3人次在2个小项中打破省纪录。同时,阳泉市以向省级以上优秀运动队输送16名运动员、参加国际国内大赛获得257枚金牌(2011-2014)的优异成绩,获得"输送贡献奖第三名"。

12日 阳煤集团新元公司通过省现代化矿井审核验收,获得"省级现代化矿井"称号。

9月

3日 阳泉市狮脑山百团大战纪念馆(碑)入选国务院公布的第一批80处国家级抗战纪念设施、遗址名录。

4日 市流浪未成年人爱心驿站在市流浪未成年人救助保护中心成立,8名心理学、教育学、法学方面的辅导员进驻爱心驿站工作室,为流浪未成年人提供服务与帮助。此为全省首家流浪未成年人爱心驿站。

17日 省长李小鹏带领省督查组到阳泉市督查项目见效年进展情况。省委常委、常务副省长高建民参加督查。

18日 省委常委、省委政法委书记王建明带领督查组到阳泉市,就涉煤收费清理规范工作进行督查。

18日至10月4日 在韩国仁川举行的第17届亚运会上,阳泉籍乒乓球运动员武杨获女团金牌、女双银牌,蹦床运动员涂潇获男子个人银牌。

19日至25日 由市文化广电新闻出版局主办、市展览馆承办的"摄影家眼中的美丽阳泉"专题摄影展60余幅作品在第十四届中国平遥国际摄影大展上展出。此为阳泉市连续第3年组织优秀作品参加平遥国际摄影大展。

23日至24日 省委副书记楼阳生到阳泉市盂县、郊区、开发区,就全市经济社会发展和人民群众生产生活、重点项目进展、新农村建设等方面的工作进行调研。

29日 华盛桥改扩建项目完工通车。该项目为2014年阳泉市城建重点项目,于4月4日开工,按百年一遇的防洪标准建设，由市政工程管理局实施。新桥为6跨预应力钢筋混凝土连续梁桥，长180米，宽30米，为双向6车道，其中机动车与非机动车混行车道宽21.5米，两侧人行道各宽4.25米。

30日 市委、市政府在狮脑山革命烈士纪念碑前广场举行公祭活动，缅怀先烈功绩，弘扬革命精神。市四大班子领导和各界干部群众学生代表等共计600余人参加活动。

10月

18日至21日 阳泉爱乐合唱团在《筑梦中国 放歌大连》首届浪漫之都全国合唱大赛中，获金蔷薇奖第三名。大赛由中国合唱协会主办，共有21个省、市、自治区的69支合唱团参赛。

23日至24日 由中共阳泉市委主办、市委政研室承办的市级机关党刊《阳泉工作》，在河南省洛阳市召开的全国城市党刊研究会第23届年会上被评为"全国城市优秀党刊"。

26日至11月3日 由中央宣传部、住房和城乡建设部、国家新闻出版广电总局、国家文物局联合组织实施，中央电视台中文国际频道摄制的百集大型纪录片《记住乡愁》在郊区小河村进行拍摄。纪录片以弘扬中华优秀传统文化为宗旨，选取100个以上的传统村落进行拍摄。中国共有村庄约60万个，其中古村落约有5000个，被住房和城乡建设部、国家文物局界定为传统村落的有1561个。

29日 阳煤中小企业集团旗下的山西邦奥伟业有限公司在上海股权托管交易中心Q板成功挂牌上市，成为阳煤中小企业集团首家上市的公司，标志着集团正式迈入资本市场。

31日 由市公安局政治部组织编写、拍摄的全市公安系统首部微电影《片警侯哥》在山西省首届微电影大赛中获得三等奖。大赛由省文联、省电影家协会等部门联合举办，时长26分钟的《片警侯哥》是阳泉市唯一一部获奖微电影。

月内 拟投资93亿元的盂县电厂2×100万千瓦超临界空冷燃煤发电机组项目获得国家能源局批复，项目被纳入国家火电建设规划。项目计划于2015年核准并开工建设，2017年投产发电。

11月

5日 市公安局举行"五化"社会治安防控体系启动暨移动警务车发放仪式，向城区、矿区、开发区、西城、市公安局巡特警支队发放10辆移动警务车，标志着阳泉市"屯警街面、动中备勤"的武装巡逻防控常态化机制全面启动。

5日至7日 市长陈永奇带队赴山东省开展招商引资考察活动，推进项目落地。考察期间，成功签约4个项目，总投资60亿元。

6日 阳煤集团在中国煤炭工业协会信息化分会第三次会员代表大会上获评"2012-2013年度煤炭工业两化融合示范企业"。为山西省唯一获此殊荣的省属国有企业。

8日 桃南西街简子沟路段发生一起小型轿车与重型半挂牵引车尾部相撞事故，导致3人死亡。

17日 郊区辛庄村，平定县宋家庄村、苇池村、乱流村、南庄村、上盘石村、桃叶坡村和盂县乌玉村8个村落被住房和城乡建设部、文化部、国家文物局、财政部、国土资源部、农业部、国家旅游局列入第三批国家级传统村落名录。加上之前入选第一、第二批国家级传统村落的郊区小河村、大阳泉村、官沟村，平定县西锁簧村、瓦岭村、娘子关村、上董寨村、下董寨村和盂县大汖村，全市国家级传统村落总数达17个。

18日至19日 省委常委、省委组织部部长盛茂林到阳泉市郊区、平定县、城区、矿区等地，就农村"两委"换届、党的群众路线教育实践活动整改落实情况、基层党组织建设等工作进行调研。

19日 五盂高速公路全线贯通。五盂高速公路为全封闭、全立交的双向四车道高速公路，设3个服务区，设计速度为每小时80千米。项目概算投资75.60亿元，全长75.22千米。全线桥隧比例52%，起点位于忻州市五台县张家庄村西，与忻阜高速公路相接，途经阳泉市盂县梁家寨乡、下社乡、上社镇、孙家庄镇、牛村镇5个乡镇的35个行政村，终点位于盂县牛村镇元吉村东，与阳盂高速公路相接。

19日至20日 省委常委、省委统战部部长孙绍骋到阳泉市调研统战工作。

19日至22日 在江苏省昆山市举办的第八届国际发明展览会上，市科技局组织参展的专利项目共获得9枚奖牌，其中，"综合防治矿山重大事故装备"获得"吉必盛优秀发明奖"专项奖，项目与"河流、沟渠莲鱼池蓄水坝养鱼、种藕防护装置"均获金奖；"电磁感应加热器""双向闭墙泄压装置""一种锂质瓷""一种核桃油生产方法"获银奖；"电导油超高温瞬时液态灭菌机""大规模负离子防灭火装备"获铜奖。国际发明展览会由科技部批准、中国发明协会主办。

20日至21日 副省长张复明到阳泉市就科技创新、教育发展和文化改革发展进行调研。

27日 中国铁塔股份有限公司阳泉分公司成立并举行揭牌仪式。阳泉分公司成立后，将改变全市三大通信运营商基站设备自为政的局面，实现集中资源、统一规划、统筹安排建设和维护铁塔，避免重复建设，从根本上实现基站的共建共享。

28日 经国家体育总局乒羽中心批准，"全国乒乓球后备人才基地"在市体育运动学校挂牌。

30日至12月1日 在北京召开的第七届中国清洁(环卫)行业年会"中国清洁行业年度推优"和"最美清洁工"颁奖仪式上，阳泉市矿区环卫处工人赵泉祥荣获"最美清洁工”称号。活动由中国中小商业企业协会清洁行业分会主办、中国清洁业(北京)环境科学研究院承办。

月内 阳泉市作家刘慈欣的科幻作品《三体》第一部在美国出版发行,印数为1.5万册,为中华人民共和国成立后第一部在美国发行的中国科幻长篇小说,得到美国主流媒体的肯定。

阳泉市首个风电项目——中广核山西盂县风电项目一期工程完工并投入运营。项目是充分利用盂县东梁乡和西烟镇境内风力资源丰富的优势而建设的一个大型风力发电站,由中国广核集团风力发电有限公司开发建设,山西省电力勘测设计院设计,计划总投资10亿元,于2013年11月开工,分两期实施。工程全部建成运营后,装机规模将达到10万千瓦,年可发电2亿千瓦小时、替代标煤6万吨、减少二氧化碳排放25万吨。

娘子关供水二期工程主体工程全部完工,进入设备安装阶段,投运后市区日供水能力将增加13万吨。娘子关供水工程是阳泉市的主力供水工程,分两期建设。一期于1980年建成投运,日供水能力13万吨。二期于1998年开工,2003年底因资金不足停工。为从根本上缓解全市水资源供需矛盾,二期续建工程于2013年9月开工。

阳泉市3200户农村危房改造任务全部竣工。

12月

1日 零时,晋能集团在阳泉太旧高速公路煤焦管理站举行撤站仪式,标志着全省境内所有公路的煤焦管理站点全部被撤销,存续31年的山西公路煤焦管理站点退出历史舞台。

3日 平定砂器与平定黑釉刻花陶瓷制作技艺入选第四批国家级非物质文化遗产代表性项目名录扩展项目名录。加上之前的平定县武迓鼓和盂县赵氏孤儿传说2个项目,阳泉市的国家级非物质文化遗产代表性项目达4项,省级以上非物质文化遗产代表性项目达20项。

4日 七良线3千米+255米路段发生一起半挂货车与小型轿车接触事故,导致3人死亡。

5日 全市学习讨论落实活动动员大会召开。会议学习贯彻全省学习讨论落实活动动员大会精神,对全市开展学习讨论落实活动进行安排部署。

8日 阳煤集团正式控股南煤集团。南煤集团于2001年3月由地方国有阳泉市南庄煤矿联合阳泉市大阳泉煤矿、阳泉市通泰铁路公司共同组建。2004年进行股权重组,国家开发投资公司控股62%,山西省经济建设投资公司参股24.67%,阳泉市国资委参股13.33%。阳煤集团收购南煤集团股权后,南煤集团股权结构发生变更,阳煤集团占股51%,省经济建设投资公司占股24.67%,市国资委占股24.33%。

18日 省委书记王儒林到阳泉市调研指导工作。省委常委、省委秘书长王伟中一同调研。

25日 阳泉市政法系统第七届“双十佳”评选表彰活动结束,市人民检察院反贪污贿赂局等10个集体荣获“执法为民十佳集体”称号,司泉生等10名政法干警荣获“执法为民十佳干警”称号。

26日 阳泉市中医医院新门诊住院大楼正式运行。市中医医院是全国重点建设的100所中医医院之一,新门诊住院大楼工程于2011年7月开工建设,2014年7月试运行。工程建筑面积1.37万平方米,共13层,开放床位200张。市中医医院成立于1984年8月1日。

阳煤集团宏厦一建参与建设的山西煤炭运销集团泰山隆安煤业有限公司1.2Mt/a矿井兼并重组整合项目荣获2013-2014年度国家优质工程金质奖。宏厦一建承建项目的矿井机电安装工程。国家优质工程奖是工程建设质量方面的最高荣誉,也是工程建设行业设立最早、规格要求最高、奖牌制式严格统一的国家级质量奖,由中国施工企业管理协会组织评选,每两年一次。此次共有212项工程获国家优质工程奖,其中金质奖10项。

28日 盂县晋阳新能源发电有限公司一期50兆瓦并网光伏发电项目实现并网发电。项目位于盂县牛村镇曲曲城村,占地约160公顷(2400亩),投资4.8亿元,于2013年9月15日动工,设计运行年限25年,年发电量为6797万千瓦小时。一期项目并网发电后,二期开始筹建,工程完工后总装机容量达100兆瓦。

29日 经过3年多施工,阳泉市西环高速公路通车运营。西环高速公路是全省高速公路规划“三纵十二横十二环”中的重要项目,是连接国家主干线京昆高速与青银高速的重要通道,属省投市建项目。项目北起太阳高速公路盂县枢纽互通处,往南经盂县南娄和鹿峪、郊区保安至终点新店村,与太旧高速公路相交,设置旧街枢纽互通。项目批复投资概算22.27亿元,主线全长22.50千米,桥隧比49.37%,设计时速80千米,双向4车道。

31日 阳煤集团天成晋东物流园投入运行。物流园前身为成立于2006年的阳泉天成煤炭集运有限公司,位于阳泉经济技术开发区。物流园于2012年4月28日开工,占地面积61.33公顷(920亩),投资概算3.83亿元,拥有铁路装卸线5条、调车线2条,设东、西、北3个站台和1个综合贸易服务区,年吞吐能力在1000万吨以上。物流园除承担煤炭、铝矾土、耐火材料、铝产品、钢材、机械、化肥等货物发运业务外,还经营电子商务、信息服务、流通加工、仓储配送等业务,是立足阳泉,面向山西,辐射河北、陕西、山东等省的大型物流中心。

月内 阳煤集团奥伦胶带公司入选“2013-2014年度中国输送带行业十强”第八名。榜单由中国橡胶工业协会胶管胶带分会发布。

统计资料

2014年全市主要核算指标一览表

表33 单位:万元

指标名称	绝对额		2014年比上年增长(%)
	2014年	2013年	
一、总产出	13603170	13373225	3.9
第一产业	213740	196564	4.7
农、林、牧、渔业	218180	200685	4.7
农业	119870	114025	2.7
林业	23715	17828	7.8
畜牧业	67682	62422	7.4
渔业	2473	2288	7.2
农、林、牧、渔服务业	4440	4122	5.6
第二产业	8433202	8403270	4.2
工业	6957199	6992618	4.0
第三产业	4956227	4773391	3.3
交通运输、仓储和邮政业	1062787	989709	7.2
批发和零售业	1226385	1181460	1.9
住宿和餐饮业	342200	322793	3.3
二、地区生产总值	6166154	6145908	3.2
第一产业	110090	101398	4.8
农、林、牧、渔业	112225	103385	4.8
农业	62372	59091	3.1
林业	10735	8095	7.4
畜牧业	35786	33101	7.1
渔业	1198	1111	6.9
农、林、牧、渔服务业	2135	1987	5.4
第二产业	3369007	3404000	3.5
工业	2942122	3012390	4.0
第三产业	2687057	2640510	2.7
交通运输、仓储和邮政业	393940	380700	9.7
批发和零售业	484422	466300	4.5
住宿和餐饮业	227905	219499	2.2
三、人均地区生产总值(元/人)	44382	44450	2.7
四、支出法地区生产总值	6166154	6145908	3.2
五、最终消费	2243642	2268513	1.2
六、资本形成总额	4798314	4543589	6.9
七、居民总消费水平(元/人)	11491	11787	-0.2
农村居民	7079	7713	-6.0
城镇居民	13921	14126	0.9

注:绝对额为现价,增长速度为可比价。 (潘维新 和继明)

2014 年全市国民经济和社会发展主要指标

表 34

指标名称	单位	2014 年	2013 年	2014 年为 2013 年(%)
一、人口				
总人口	万人	139.26	138.60	100.5
城镇人口	万人	90.47	88.70	102.0
乡村人口	万人	48.80	49.90	97.8
城镇人口比重	%	64.96	64.01	101.5
出生率	‰	10.14	9.87	102.7
死亡率	‰	5.36	5.70	94.0
自然增长率	‰	4.78	4.17	114.6
人口密度	人/平方千米	305.00	304.00	100.3
就业人员	万人	73.11	72.36	101.0
第一产业	万人	14.95	14.86	100.6
第二产业	万人	30.44	30.39	100.2
第三产业	万人	27.72	27.11	102.3
二、工业(规模以上)				
工业企业单位数	个	144	163	88.3
工业增加值	亿元	239.1	290.3	82.4
工业总产值	亿元	656.88	716.00	91.7
年末固定资产原值	亿元	1285.57	870.50	147.7
年末资产总额	亿元	2075.18	1272.70	163.1
主营业务收入	亿元	792.56	627.40	126.3
利税总额	亿元	35.56	52.80	67.4
三、农业				
农村乡村人口	万人	71.6	72.9	98.2
农村乡(镇)劳动力	万人	39.45	39.5	99.9
年末实有耕地面积	公顷	76310.80	76339.00	100.0
乡镇企业总产值(现价)	亿元	139.02	224.60	61.9
四、工农业主要产品产量				
原　煤(规模以上)	万吨	6212.41	6456.9	96.2
发电量	亿千瓦小时	107.7	114	94.5
水　泥	万吨	365	295	123.6

续表 34-1

指标名称	单位	2014 年	2013 年	2014 年为 2013 年(%)
焦　炭	万吨	70.7545	42.5	166.5
粮　食	吨	293583.9	290879.0	100.9
油　料	吨	215.8	313.9	68.7
蔬　菜	吨	92834.6	91418.5	101.5
肉　类	吨	19751	18866	104.7
五、交通运输和邮电业				
铁路货运量	万吨	4053.8	4076.36	99.4
铁路客运量	万人次	259	247.2	104.8
公路货运量	万吨	4489	4337	103.5
公路客运量	万人次	2042	3069	66.5
邮电业务总量	亿元	16.3	14.6	111.6
六、固定资产投资和建筑业				
全社会固定资产投资总额	万元	5173685	4855450	106.6
其中:固定资产投资	万元	4646677	4131537	112.5
房地产投资	万元	527008	723913	72.8
新增固定资产	万元	3384313	2761994	122.5
资质以上建筑企业单位数	个	105	87	120.7
建筑业总产值	万元	1000195	1231095	81.2
建筑业完成竣工产值	万元	490832	577225	85.0
七、城市公用事业				
年末实有铺装道路面积	万平方米	619.96	724.7	85.5
公共汽车运营车辆	辆	769	804	95.6
公共汽车客运量	万人次	17276	19432	88.9
年末实有出租车数	辆	2236	2236	100.0
人均日生活用水量	升	111.7	115.8	96.5
全年供水总量	万立方米	5137	5014.8	102.4
天然气供气总量	万立方米	85499	99584	85.9
城市人均住宅建筑面积	平方米/人	33.24	33.47	99.3
八、国内贸易业				
社会消费品零售总额	亿元	276.3	251.5	109.9
城镇零售额	亿元	246.2	223.3	110.2
乡村零售额	亿元	30.1	28.2	106.3

续表 34-2

指标名称	单位	2014 年	2013 年	2014 年为 2013 年(%)
外贸进出口总额	万元	19567	21338	91.7
九、社会事业				
高等学校在校生	人	12817	12356	103.7
中等专业学校在校生	人	3657	4538	80.6
技工学校在校生	人	5482	7158	76.6
普通中学在校生	万人	7.26	7.68	94.5
职业中学在校生	人	14213	6102	232.9
小学在校生	万人	8.368	8.39	99.7
幼儿在园数	万人	3.29	3.35	98.2
卫生机构数	个	1440	1418	101.6
其中:医院	个	48	46	104.3
床位数	张	7354	7466	98.5
卫生技术人员	张	9283	8985	103.3
其中:执业医师	人	3488	3293	105.9
注册护士	人	3813	3665	104.0
十、劳动工资				
在岗职工年末人数	万人	27.8	27.9	99.6
其中:国有经济	万人	8.4	8.5	98.8
集体经济	万人	1.9	1.9	100.0
在岗职工工资总额	亿元	123.1	130.6	94.3
其中:国有经济	亿元	38.0	37.5	101.3
集体经济	亿元	6.9	7.5	92.0
在岗职工年平均工资	元	46672	47992	97.2
其中:国有经济	元	45334	44898	101.0
集体经济	元	48231	40342	119.6
十一、财政金融				
财政总收入	亿元	98.1	111.3	88.1
公共财政预算收入	亿元	47.0	47.9	98.1
公共财政预算支出	亿元	86.9	86.4	100.6
金融机构现金收入	亿元	1152.9	1148.2	100.4
金融机构现金支出	亿元	649.4	617.4	105.2
十二、家计、物价				

续表 34-3

指标名称	单位	2014 年	2013 年	2014 年为 2013 年(%)
城市居民人均可支配收入	元	24825	23238	106.8
城市居民人均消费性支出	元	12941	13184	98.2
农民人均纯收入	元	10742	9742	110.3
农民人均生活消费支出	元	6294	7713	81.6
城市居民消费价格总指数	%	101.3	103.0	98.3

（潘维新　和继明）

2014 年全市平均每天经济活动情况表

表 35

指　标　名　称	单　位	2014 年	2013 年	2014 年为 2013 年(%)
地区生产总值	万元	16894.00	16762.00	100.80
农林牧渔业总产值	万元	576.00	550.00	104.70
工业总产值(规模以上)	万元	17997.00	19607.00	91.80
全社会固定资产投资	万元	14174.00	13302.00	106.60
公共财政预算收入	万元	1289.00	1314.00	98.10
公路客运量	万人次	5.59	8.41	66.50
公路货运量	万吨	12.30	11.89	103.40
铁路客运量	万人次	0.71	0.68	104.40
铁路货运量	万吨	11.10	11.17	99.40
原　　煤(规模以上)	万吨	17.02	17.69	96.20
发　电　量	万千瓦小时	2951.00	3122.00	94.50
社会消费品零售总额	万元	7431.00	6759.00	109.90
国有单位职工平均工资	元	124.20	125.70	98.80
集体单位职工平均工资	元	132.10	111.90	118.10
城镇居民人均可支配收入	元	68.00	63.66	106.80
农民人均纯收入	元	29.43	26.69	110.30

注:2013 年经济普查后,全国统一对 GDP 数据进行调整,故与上年同期数据比较时有所变化。　（潘维新　和继明）

重要地方文件目录

中共阳泉市委员会

表36

文　号	文　件　标　题	发文日期
阳发〔2014〕1号	中共阳泉市委、阳泉市人民政府关于命名阳泉市第二批产业英才的决定	2014年1月13日
阳发〔2014〕2号	中共阳泉市委关于深入贯彻党的十八届三中全会精神加快实施四大战略的若干意见	2014年1月16日
阳发〔2014〕3号	中共阳泉市委关于命名阳泉市五星级基层党组织的决定	2014年2月13日
阳发〔2014〕4号	中共阳泉市委关于印发《深入开展党的群众路线教育实践活动的实施方案》的通知	2014年2月19日
阳发〔2014〕5号	中共阳泉市委、阳泉市人民政府关于表彰“三农”工作先进集体和模范个人的决定	2014年2月28日
阳发〔2014〕6号	中共阳泉市委关于转发《阳泉市人大常委会2014年工作要点》的通知	2014年3月5日
阳发〔2014〕7号	中共阳泉市委关于转发《政协阳泉市常委会2014年工作要点》的通知	2014年3月5日
阳发〔2014〕8号	中共阳泉市委常委会2014年工作要点	2014年3月7日
阳发〔2014〕9号	中共阳泉市委关于印发《2014年全市县区委和市直党(工)委抓基层党建工作责任书》的通知	2014年3月31日
阳发〔2014〕10号	中共阳泉市委、阳泉市人民政府关于全面深化农村改革加快推进农业现代化的实施意见	2014年4月14日
阳发〔2014〕11号	中共阳泉市委、阳泉市人民政府关于表彰阳泉市模范单位、模范集体和劳动模范的决定	2014年4月25日
阳发〔2014〕12号	中共阳泉市委关于印发《阳泉市贯彻落实〈2013—2017年全省干部教育培训规划〉实施办法的通知》	2014年5月8日
阳发〔2014〕13号	中共阳泉市委、阳泉市人民政府关于表彰全市信访工作先进集体的决定	2014年6月17日
阳发〔2014〕14号	中共阳泉市委、阳泉市人民政府关于印发《阳泉市改善农村人居环境规划纲要(2014—2020年)》的通知	2014年6月20日
阳发〔2014〕15号	中共阳泉市委关于印发阳泉市贯彻落实《山西省贯彻落实〈建立健全惩治和预防腐败体系2013—2017年工作规划〉的实施办法》分解意见的通知	2014年7月4日
阳发〔2014〕16号	中共阳泉市委关于落实党风廉政建设主体责任和监督责任的意见	2014年7月8日

附录

续表 36-1

文　号	文 件 标 题	发文日期
阳发〔2014〕18 号	中共阳泉市委、阳泉市人民政府关于印发《阳泉市人民政府职能转变和机构改革方案》的通知	2014 年 9 月 23 日
阳发〔2014〕19 号	中共阳泉市委关于转发王民免职的通知	2014 年 10 月 8 日
阳发〔2014〕20 号	中共阳泉市委关于成立阳泉市村"两委"换届选举工作领导小组的通知	2014 年 10 月 21 日
阳发〔2014〕21 号	中共阳泉市委、阳泉市人民政府关于印发《平定县人民政府职能转变和机构改革方案》《盂县人民政府职能转变和机构改革方案》《阳泉市郊区人民政府职能转变和机构改革方案》《阳泉市城区人民政府职能转变和机构改革方案》《阳泉市矿区人民政府职能转变和机构改革方案》的通知	2014 年 10 月 31 日
阳发〔2014〕22 号	中共阳泉市委 阳泉市人民政府关于安全生产党政同责的实施意见	2014 年 11 月 18 日
阳发〔2014〕23 号	中共阳泉市委 阳泉市人民政府关于深化国资国企改革的实施意见	2014 年 12 月 3 日
阳发〔2014〕24 号	中共阳泉市委关于阳泉市社会管理综合治理委员会更名为阳泉市社会治安综合治理委员会的通知	2014 年 12 月 9 日
阳发〔2014〕25 号	中共阳泉市委关于在全市深入开展学习讨论落实活动的实施意见	2014 年 12 月 12 日
阳发〔2014〕26 号	中共阳泉市委、阳泉市人民政府关于命名第十七批文明单位(社区)的决定	2014 年 12 月 31 日
阳办发〔2014〕1 号	中共阳泉市委办公厅关于印发《袁纯清同志在阳泉市年度考核大会上的讲话》的通知	2014 年 1 月 8 日
阳办发〔2014〕4 号	中共阳泉市委办公厅、阳泉市人民政府办公厅关于召开中共阳泉市委十一届四次全体会议暨全市经济工作会议的通知	2014 年 1 月 13 日
阳办发〔2014〕5 号	中共阳泉市委办公厅、阳泉市人民政府办公厅印发《关于规范节庆论坛展会活动的意见》的通知	2014 年 2 月 11 日
阳办发〔2014〕6 号	中共阳泉市委办公厅关于印发《市委常委开展党的群众路线教育实践活动集中调研方案》的通知	2014 年 2 月 17 日
阳办发〔2014〕7 号	中共阳泉市委办公厅关于成立中共阳泉市委党的群众路线教育实践活动领导小组的通知	2014 年 2 月 19 日
阳办发〔2014〕8 号	中共阳泉市委办公厅、阳泉市人民政府办公厅、248 团关于表彰 2013 年度优秀预备役军官的通报	2014 年 2 月 21 日
阳办发〔2014〕9 号	中共阳泉市委办公厅、阳泉市人民政府办公厅关于印发《阳泉市"项目见效年"工作实施方案》的通知	2014 年 2 月 25 日
阳办发〔2014〕10 号	中共阳泉市委办公厅、阳泉市人民政府办公厅关于组建市委第二十五批农村工作队促进包村增收的实施意见	2014 年 2 月 27 日
阳办发〔2014〕12 号	中共阳泉市委办公厅转发《关于党政主要领导不直接分管部分工作的若干规定(试行)》的通知	2014 年 3 月 5 日
阳办发〔2014〕13 号	中共阳泉市委办公厅关于印发《阳泉市领导干部"访民生、知民情、解民事"集中走访工作规定》的通知	2014 年 3 月 5 日
阳办发〔2014〕14 号	中共阳泉市委办公厅关于印发《阳泉市市级党政领导干部与党外代表人士联谊交友办法》的通知	2014 年 3 月 7 日
阳办发〔2014〕15 号	中共阳泉市委办公厅、阳泉市人民政府办公厅关于印发《阳泉市党外人士双月座谈会工作规范》的通知	2014 年 3 月 7 日

续表 36-2

文　号	文 件 标 题	发文日期
阳办发〔2014〕16 号	中共阳泉市委办公厅关于成立市委全面深化改革领导小组的通知	2014 年 3 月 13 日
阳办发〔2014〕17 号	中共阳泉市委办公厅关于郗永亮等同志任职的通知	2014 年 3 月 18 日
阳办发〔2014〕18 号	中共阳泉市委办公厅、阳泉市人民政府办公厅关于 2014 年党风廉政建设和推进惩防体系建设工作任务分解意见	2014 年 3 月 25 日
阳办发〔2014〕19 号	中共阳泉市委办公厅、阳泉市人民政府办公厅关于转发《山西省“三公”经费管理和公开规定》的通知	2014 年 3 月 27 日
阳办发〔2014〕20 号	中共阳泉市委办公厅、阳泉市人民政府办公厅关于表彰全市体育工作先进集体和先进个人的决定	2014 年 4 月 2 日
阳办发〔2014〕21 号	中共阳泉市委办公厅、阳泉市人民政府办公厅关于继续组织工矿商贸企业结对帮扶新农村建设的实施意见	2014 年 4 月 9 日
阳办发〔2014〕23 号	中共阳泉市委办公厅关于调整市委党史工作、对台工作领导组成员的通知	2014 年 4 月 17 日
阳办发〔2014〕24 号	中共阳泉市委办公厅、阳泉市人民政府办公厅关于调整阳泉市涉台突发事件应急工作指挥部组成人员的通知	2014 年 4 月 17 日
阳办发〔2014〕25 号	中共阳泉市委办公厅、阳泉市人民政府办公厅、阳泉军分区政治部关于加强全民国防教育工作的通知	2014 年 4 月 29 日
阳办发〔2014〕26 号	中共阳泉市委办公厅、阳泉市人民政府办公厅关于印发《各县区、开发区和市直各部门(单位)2014 年度目标责任考核指标》的通知	2014 年 5 月 16 日
阳办发〔2014〕27 号	中共阳泉市委办公厅关于调整阳泉市年度目标责任考核领导组成员的通知	2014 年 5 月 19 日
阳办发〔2014〕28 号	中共阳泉市委办公厅关于中共阳泉市委常委会深入开展党的群众路线教育实践活动专题民主生活会的方案	2014 年 6 月 5 日
阳办发〔2014〕29 号	中共阳泉市委办公厅、阳泉市人民政府办公厅关于在全市开展解决信访突出问题专项活动的通知	2014 年 6 月 17 日
阳办发〔2014〕30 号	中共阳泉市委办公厅、阳泉市人民政府办公厅关于表彰全市信访工作先进集体的决定	2014 年 6 月 17 日
阳办发〔2014〕31 号	中共阳泉市委办公厅、阳泉市人民政府办公厅关于印发《贯彻实施〈关于深入贯彻党的十八届三中全会精神加快实施“四大战略”的若干意见〉重要举措分工方案》的通知	2014 年 6 月 20 日
阳办发〔2014〕32 号	中共阳泉市委办公厅、阳泉市人民政府办公厅关于对贯彻落实中央八项规定精神情况进行督查调研的通知	2014 年 6 月 26 日
阳办发〔2014〕33 号	中共阳泉市委办公厅、阳泉市人民政府办公厅关于成立阳泉市涉煤收费清理规范工作领导小组、推进工资集体协商工作领导小组的通知	2014 年 7 月 1 日
阳办发〔2014〕35 号	中共阳泉市委办公厅、阳泉市人民政府办公厅印发《关于推进纪检监察机关“转职能、转方式、转作风”工作的指导意见》和《关于对阳泉市纪委监察局牵头或参与的议事协调机构进行调整精简的通知》的通知	2014 年 7 月 7 日
阳办发〔2014〕36 号	中共阳泉市委办公厅、阳泉市人民政府办公厅印发《关于市级领导预约接待群众来访的办法(试行)》和《关于进一步规范市委、市政府门前信访秩序的意见(试行)》的通知	2014 年 7 月 8 日
阳办发〔2014〕37 号	中共阳泉市委办公厅印发《阳泉市 2014 年开展作风建设评议活动的实施方案》的通知	2014 年 7 月 8 日

续表 36-3

文　号	文　件　标　题	发文日期
阳办发〔2014〕38 号	中共阳泉市委办公厅、阳泉市人民政府办公厅关于印发《党的建设制度改革工作实施方案》和《党的建设制度改革专项小组 2014 年工作计划》的通知	2014 年 7 月 9 日
阳办发〔2014〕39 号	中共阳泉市委办公厅关于启用"中国共产党阳泉市委员会全面深化改革领导小组"和"中共共产党阳泉市委员会全面深化改革领导小组办公室"印章的通知	2014 年 8 月 4 日
阳办发〔2014〕41 号	中共阳泉市委办公厅、阳泉市人民政府办公厅印发《关于厉行节约反对食品浪费的实施方案》	2014 年 8 月 27 日
阳办发〔2014〕42 号	中共阳泉市委办公厅关于印发《中共阳泉市委全面深化改革领导小组工作规则》《中共阳泉市委全面深化改革领导小组专项小组工作规则》《中共阳泉市委全面深化改革领导小组办公室职责及工作规则》的通知	2014 年 8 月 29 日
阳办发〔2014〕43 号	中共阳泉市委办公厅关于印发《中共阳泉市委全面深化改革领导小组 2014 年工作要点》的通知	2014 年 8 月 29 日
阳办发〔2014〕44 号	中共阳泉市委办公厅、阳泉市人民政府办公厅关于做好中秋国庆节日期间有关工作的通知	2014 年 9 月 5 日
阳办发〔2014〕45 号	中共阳泉市委办公厅转发《关于进一步加强少年儿童和少先队工作的意见》的通知	2014 年 9 月 10 日
阳办发〔2014〕46 号	中共阳泉市委办公厅、阳泉市人民政府办公厅印发《关于精简会议的若干规定》《关于改进文风的具体措施》《关于组织开展调研活动的若干要求》的通知	2014 年 9 月 28 日
阳办发〔2014〕47 号	中共阳泉市委办公厅、阳泉市人民政府办公厅转发《关于贯彻落实省委、省政府部署的下半年经济工作的建议》的通知	2014 年 9 月 25 日
阳办发〔2014〕48 号	中共阳泉市委办公厅关于深入贯彻落实习近平总书记在党的群众路线教育实践活动总结大会上的重要讲话精神的通知	2014 年 10 月 11 日
阳办发〔2014〕49 号	中共阳泉市委办公厅、阳泉市人民政府办公厅关于认真做好第十届村民委员会换届选举工作的意见	2014 年 10 月 21 日
阳办发〔2014〕51 号	中共阳泉市委办公厅、阳泉市人民政府办公厅印发《关于加强对招商引资活动管理、改善投资环境的规定》《关于阳泉市党政机关市内公务活动接待从简的规定》《关于党政机关领导干部编书出书的规定》《关于市级领导参加外事活动的有关规定》的通知	2014 年 10 月 30 日
阳办发〔2014〕53 号	中共阳泉市委办公厅关于印发《中共阳泉市委常委班子整改方案》《阳泉市集中开展"四风"突出问题专项整治工作方案》《阳泉市治理"四风"制度建设计划》的通知	2014 年 11 月 14 日
阳办发〔2014〕54 号	中共阳泉市委办公厅关于建立完善调研联系点制度进一步加强和改进调查研究工作的通知	2014 年 11 月 26 日
阳办发〔2014〕55 号	中共阳泉市委办公厅关于做好反"四风"整改落实情况"回头看"工作的通知	2014 年 12 月 15 日
阳办发〔2014〕56 号	中共阳泉市委办公厅、阳泉市人民政府办公厅关于做好 2015 年全市元旦春节期间有关工作的通知	2014 年 12 月 24 日
阳办发〔2014〕57 号	中共阳泉市委办公厅、阳泉市人民政府办公厅转发《阳泉市 2015 年元旦、春节、元宵节"三节"群众文化活动安排意见》和《关于成立阳泉市 2015 年"三节"群众文化活动领导组的通知》的通知	2014 年 12 月 30 日
阳办发〔2014〕58 号	中共阳泉市委办公厅转发《关于对违规收送礼金、红包问题开展专项整治的通知》的通知	2014 年 12 月 30 日
阳办发〔2014〕59 号	中共阳泉市委办公厅关于印发《阳泉市市管干部选拔任用工作规程(试行)》等八个制度的通知	2014 年 12 月 31 日

阳泉市人大常委会

表37

文　号	文件标题	发文日期
阳人发〔2014〕1号	关于许可对市人大代表田怀所采取强制措施的批复	2014年3月25日
阳人发〔2014〕2号	关于许可对市人大代表张石明采取强制措施的批复	2014年3月25日
阳人发〔2014〕3号	关于对盂县人大常委会《关于补选市十四届人民代表大会代表的请示》的批复	2014年3月31日
阳人发〔2014〕4号	关于对郊区人大常委会《关于补选阳泉市第十四届人民代表大会代表的请示》的批复	2014年4月9日
阳人发〔2014〕5号	关于对阳泉军分区《关于补选阳泉市十四届人大解放军代表团代表候选人的请示》的批复	2014年4月10日
阳人发〔2014〕6号	关于尚建军等同志任免职务的通知	2014年6月25日
阳人发〔2014〕7号	关于王军义等同志任免职务的通知	2014年6月25日
阳人发〔2014〕8号	关于阳泉市第十四届人民代表大会常务委员会第十九次会议人事任免议案表决结果的报告	2014年6月25日
阳人发〔2014〕9号	关于许可对市人大代表张益智采取强制措施的批复	2014年7月24日
阳人发〔2014〕10号	阳泉市人大常委会关于对阳泉市地方税务局进行工作评议的情况通报	2014年11月7日
阳人办发〔2014〕1号	关于设立市人大常委会机关信息中心的报告	2014年1月28日
阳人办发〔2014〕2号	关于印发《市十四届人大三次会议代表建议办理情况的审议意见》的通知	2014年1月9日
阳人办发〔2014〕3号	关于召开市十四届人大常委会第十六次会议的通知	2014年1月15日
阳人办发〔2014〕4号	关于对全市粮食工作进行视察的通知	2014年2月10日
阳人办发〔2014〕5号	市人大机关关于开展机关事业单位“吃空饷”和“编外用人”专项整治工作情况的报告	2014年2月24日
阳人办发〔2014〕6号	阳泉市第十四届人大常委会第十六次会议纪要	2014年2月28日
阳人办发〔2014〕7号	阳泉市人大常委会办公厅印发《关于切实改进代表工作充分发挥代表作用的若干意见》《关于进一步规范市人大代表履职行为的暂行办法》的通知	2014年2月28日
阳人办发〔2014〕8号	关于李敏同志任职的通知	2014年3月11日
阳人办发〔2014〕9号	关于确定市十四届人大四次会议使用场所的请示报告	2014年3月12日
阳人办发〔2014〕10号	阳泉市人大常委会办公厅关于对市政府2013年税收征管法贯彻落实情况进行执法检查的通知	2014年3月17日
阳人办发〔2014〕11号	阳泉市第十四届人大常委会第十七次会议纪要	2014年3月26日

续表 37-1

文　号	文 件 标 题	发文日期
阳人办发〔2014〕12 号	关于建立健全“共青团与人大代表、政协委员面对面”活动制度的通知	2014 年 3 月 31 日
阳人办发〔2014〕13 号	关于建立“共青团与人大代表、政协委员面对面”活动驻会联络员制度的通知	2014 年 3 月 31 日
阳人办发〔2014〕14 号	关于召开阳泉市第十四届人民代表大会第四次会议的通知	2014 年 4 月 1 日
阳人办发〔2014〕15 号	关于召开全市人大代表工作会议的通知	2014 年 4 月 1 日
阳人办发〔2014〕16 号	阳泉市人大常委会办公厅关于市人民政府关于我市粮食工作情况的报告的审议意见	2014 年 4 月 16 日
阳人办发〔2014〕17 号	关于列席阳泉市第十四届人民代表大会第四次会议的通知	2014 年 4 月 16 日
阳人办发〔2014〕18 号	关于李敏同志申报职数的请示	2014 年 5 月 4 日
阳人办发〔2014〕19 号	阳泉市第十四届人大常委会第十八次会议纪要	2014 年 5 月 5 日
阳人办发〔2014〕20 号	关于视察我市固体废弃物综合利用及处置情况的通知	2014 年 5 月 13 日
阳人办发〔2014〕21 号	关于开展大气污染防治“一法一条例”执法检查的通知	2014 年 5 月 13 日
阳人办发〔2014〕22 号	关于开展 2014 年阳泉环保行活动的通知	2014 年 5 月 13 日
阳人办发〔2014〕23 号	关于召开市十四届人大常委会第十九次会议的通知	2014 年 5 月 15 日
阳人办发〔2014〕24 号	关于对全市科技成果转化工作情况进行视察的通知	2014 年 5 月 19 日
阳人办发〔2014〕25 号	关于桃河流域生态治理水利项目和中小河流治理工程实施情况专题调研的通知	2014 年 5 月 20 日
阳人办发〔2014〕26 号	关于召开市十四届人大四次会议代表议案建议交办会议的通知	2014 年 5 月 23 日
阳人办发〔2014〕27 号	关于对全市公安工作情况进行视察的通知	2014 年 5 月 26 日
阳人办发〔2014〕28 号	阳泉市人大常委会办公厅关于对经济技术开发区发展信息产业示范园情况进行调研的通知	2014 年 6 月 4 日
阳人办发〔2014〕29 号	关于认真组织开展市人大代表小组活动的通知	2014 年 6 月 12 日
阳人办发〔2014〕30 号	关于开展《中华人民共和国土地管理法》执法检查的通知	2014 年 6 月 17 日
阳人办发〔2014〕31 号	关于开展旅游专题和执法调研的通知	2014 年 6 月 18 日
阳人办发〔2014〕32 号	阳泉市第十四届人大常委会第十九次会议纪要	2014 年 6 月 26 日
阳人办发〔2014〕33 号	关于开展《中华人民共和国农产品质量安全法》和《山西省农产品质量安全条例》执法检查的通知	2014 年 7 月 2 日

续表 37-2

文　号	文　件　标　题	发文日期
阳人办发〔2014〕34 号	关于纪念全国人民代表大会成立 60 周年暨地方人大设立常委会 35 周年征文活动的通知	2014 年 7 月 11 日
阳人办发〔2014〕35 号	关于市人民政府《关于全市科技成果转化工作情况的报告》的审议意见	2014 年 7 月 11 日
阳人办发〔2014〕36 号	市十四届人大常委会第十九次会议对市政府《关于我市固体废弃物综合利用及处置情况的报告》的审议意见	2014 年 7 月 11 日
阳人办发〔2014〕37 号	关于印发全市城乡环境卫生综合整治情况专题询问工作方案的通知	2014 年 7 月 11 日
阳人办发〔2014〕38 号	关于对市地方税务局开展工作评议的通知	2014 年 7 月 14 日
阳人办发〔2014〕39 号	关于《全市公安工作情况的报告》的审议意见	2014 年 7 月 14 日
阳人办发〔2014〕40 号	关于召开市十四届人大常委会第二十次会议的通知	2014 年 7 月 15 日
阳人办发〔2014〕41 号	关于对全市 2013 年财政决算和 2014 年上半年财政预算执行情况进行调研的通知	2014 年 7 月 15 日
阳人办发〔2014〕42 号	关于印发《人大代表议案和建议办理工作满意度测评实施方案（试行）》的通知	2014 年 7 月 23 日
阳人办发〔2014〕43 号	阳泉市第十四届人大常委会第二十次会议纪要	2014 年 7 月 29 日
阳人办发〔2014〕44 号	关于对我市 2013 年市本级财政决算、2014 年上半年财政预算执行情况和 2013 年市本级财政决算及其他财政收支情况的审计工作进行视察的通知	2014 年 7 月 29 日
阳人办发〔2014〕45 号	关于对我市 2014 年上半年国民经济和社会发展计划执行情况进行视察的通知	2014 年 7 月 29 日
阳人办发〔2014〕46 号	关于对全市药品质量监管工作情况进行视察的通知	2014 年 7 月 31 日
阳人办发〔2014〕47 号	关于纪念全国人民代表大会成立 60 周年暨地方人大设立常委会 35 周年书画摄影展征稿的通知	2014 年 8 月 5 日
阳人办发〔2014〕48 号	关于对农村人居环境改善工作情况进行视察的通知	2014 年 8 月 11 日
阳人办发〔2014〕49 号	关于对市地税局进行评议调研的通知	2014 年 8 月 8 日
阳人办发〔2014〕50 号	关于对全市城乡环境卫生综合整治情况进行视察的通知	2014 年 8 月 15 日
阳人办发〔2014〕51 号	关于对全市反贪污贿赂工作情况进行调研的通知	2014 年 8 月 15 日
阳人办发〔2014〕52 号	关于召开全市城乡环境卫生综合整治情况专题询问会议的通知	2014 年 8 月 25 日
阳人办发〔2014〕53 号	关于召开人大代表集中评议地税工作会议的通知	2014 年 9 月 9 日
阳人办发〔2014〕54 号	阳泉市第十四届人大常委会第二十一次会议纪要	2014 年 9 月 9 日
阳人办发〔2014〕55 号	关于对全市卫生民生工程实施情况进行调研的通知	2014 年 9 月 12 日

续表 37-3

文　号	文　件　标　题	发文日期
阳人办发〔2014〕56 号	关于印发《关于全市反贪污贿赂工作情况的调研报告》的通知	2014 年 9 月 15 日
阳人办发〔2014〕57 号	关于组织市人大代表小组召集人学习培训的通知	2014 年 9 月 16 日
阳人办发〔2014〕58 号	印发《关于对市地方税务局工作的评议意见》的通知	2014 年 9 月 16 日
阳人办发〔2014〕59 号	阳泉市人大常委会会议关于市人民政府《关于推进全市改善农村人居环境工作情况报告》的审议意见	2014 年 9 月 17 日
阳人办发〔2014〕60 号	关于市人民政府 2014 年上半年全市国民经济和社会发展计划执行情况报告的审议意见	2014 年 9 月 17 日
阳人办发〔2014〕61 号	关于市人民政府 2013 年市本级财政决算和 2014 年上半年预算执行情况报告的审议意见	2014 年 9 月 17 日
阳人办发〔2014〕62 号	关于市人民政府 2013 年市级财政预算执行和其他财政收支审计工作报告的审议意见	2014 年 9 月 17 日
阳人办发〔2014〕63 号	关于市人民政府《关于全市药品质量监管工作情况的报告》的审议意见	2014 年 9 月 17 日
阳人办发〔2014〕64 号	阳泉市人大常委会专题询问会议关于市政府《关于全市城乡环境卫生综合整治情况的报告》的审议意见	2014 年 9 月 17 日
阳人办发〔2014〕65 号	关于对我市生态新城建设推进情况进行视察的通知	2014 年 9 月 17 日
阳人办发〔2014〕66 号	关于对全市司法行政工作情况进行视察的通知	2014 年 9 月 19 日
阳人办发〔2014〕67 号	关于召开市十四届人大常委会第二十二次会议的通知	2014 年 9 月 19 日
阳人办发〔2014〕68 号	关于组织市人大代表开展 2014 年专题调研活动的通知	2014 年 9 月 22 日
阳人办发〔2014〕69 号	关于申请批复阳泉市人代会电子签到及表决系统项目可行性研究报告的请示	2014 年 9 月 26 日
阳人办发〔2014〕70 号	关于“阳泉市人代会电子签到及表决系统建设项目”节能登记表的请示	2014 年 9 月 29 日
阳人办发〔2014〕71 号	关于视察全市农业机械化工作情况的通知	2014 年 10 月 10 日
阳人办发〔2014〕72 号	关于申请追加山西省人大财经工作座谈会暨财经监督培训班经费的报告	2014 年 10 月 11 日
阳人办发〔2014〕73 号	《阳泉人大》2013 年度自检报告	2014 年 10 月 16 日
阳人办发〔2014〕74 号	关于对全市贯彻实施国家通用语言文字“一法一办法”情况开展执法检查的通知	2014 年 10 月 16 日
阳人办发〔2014〕75 号	关于召开人大代表评议地税工作测评会议的通知	2014 年 10 月 20 日
阳人办发〔2014〕76 号	关于发放 2013 年机关干部职工未休假报酬情况的报告	2014 年 10 月 29 日
阳人办发〔2014〕77 号	阳泉市人大常委会办公厅关于对市政府道路运输管理条例贯彻落实情况进行执法检查的通知	2014 年 10 月 31 日

续表 37-4

文　号	文 件 标 题	发文日期
阳人办发〔2014〕78 号	阳泉市第十四届人大常委会第二十二次会议纪要	2014 年 10 月 31 日
阳人办发〔2014〕79 号	关于印发阳泉市人大常委会机关法律培训学习实施方案的通知	2014 年 11 月 5 日
阳人办发〔2014〕80 号	关于开展宗教活动场所规范化管理调研的通知	2014 年 11 月 7 日
阳人办发〔2014〕81 号	关于印发《市政府职能转变和机构改革情况报告的审议意见》的通知	2014 年 11 月 18 日
阳人办发〔2014〕82 号	关于对全市单独两孩政策实施推进情况进行调研的通知	2014 年 11 月 19 日
阳人办发〔2014〕83 号	关于市人民政府《关于阳泉市生态新城建设推进情况的报告》的审议意见	2014 年 11 月 18 日
阳人办发〔2014〕84 号	阳泉市人大常委会《关于全市司法行政工作情况的报告的审议意见》	2014 年 11 月 19 日
阳人办发〔2014〕85 号	关于对市十四届人大四次会议代表议案建议办理情况进行集中视察的通知	2014 年 11 月 18 日
阳人办发〔2014〕86 号	关于做好 2015 年“一报一刊”征订发行工作的通知	2014 年 11 月 19 日
阳人办发〔2014〕87 号	阳泉市人大常委会办公厅关于下拨 2014 年市人大代表小组活动补助经费和加强使用管理的通知	2014 年 11 月 19 日
阳人办发〔2014〕88 号	关于召开市十四届人大常委会第二十三次会议的通知	2014 年 11 月 20 日
阳人办发〔2014〕89 号	关于举办全市人大干部政治理论和法律法规培训班的通知	2014 年 11 月 21 日
阳人办发〔2014〕90 号	关于王敦同志任职的通知	2014 年 11 月 20 日
阳人办发〔2014〕91 号	市人大常委会关于被任命和决定任命人员报告工作的通知	2014 年 12 月 25 日
阳人办发〔2014〕92 号	阳泉市第十四届人大常委会第二十三次会议纪要	2014 年 12 月 25 日
阳人办发〔2014〕93 号	关于组织省十二届人大代表进行会前视察的通知	2014 年 12 月 26 日

阳泉市人民政府

表 38

文　号	文 件 标 题	发文日期
阳政发〔2014〕1 号	关于做好 2014 年安全生产工作的通知	2014 年 3 月 14 日
阳政发〔2014〕2 号	关于阳泉市漾泉大道二期北段占地及道路两侧土地收储实施方案的批复	2014 年 2 月 20 日
阳政发〔2014〕3 号	关于平定县县城总体规划（2012—2030 年）和平定县县域城镇体系规划（2012—2030 年）的批复	2014 年 2 月 27 日

续表 38-1

文 号	文 件 标 题	发文日期
阳政发〔2014〕4 号	关于表彰 2013 年度农业农村工作先进集体和模范个人的决定	2014 年 2 月 28 日
阳政发〔2014〕5 号	关于申报 2014 年度国家科技惠民计划阳泉旱地适生中药材规范化种植技术集成示范与推广项目请示的批复	2014 年 3 月 18 日
阳政发〔2014〕6 号	关于印发《阳泉市安全生产大检查实施方案》的通知	2014 年 3 月 31 日
阳政发〔2014〕7 号	关于表彰 2013 年度全市安全生产先进单位和先进个人的决定	2014 年 4 月 4 日
阳政发〔2014〕8 号	关于印发《阳泉市加快发展节能环保产业实施方案》的通知	2014 年 5 月 4 日
阳政发〔2014〕9 号	关于阳泉市土地整治规划(2011—2015 年)的批复	2014 年 5 月 6 日
阳政发〔2014〕10 号	关于印发《健全相关机制促进煤炭工业健康发展的意见》的通知	2014 年 5 月 14 日
阳政发〔2014〕11 号	关于印发《阳泉市工业园区建设指导意见及阳泉市工业园区考核办法》的通知	2014 年 5 月 29 日
阳政发〔2014〕12 号	关于印发《2014 年市人民政府重点工作目标责任分解》的通知	2014 年 5 月 29 日
阳政发〔2014〕13 号	关于下达 2014 年阳泉市国民经济和社会发展计划的通知	2014 年 6 月 3 日
阳政发〔2014〕14 号	关于印发《阳泉市关于扶持中小微企业发展的实施意见》的通知	2014 年 6 月 13 日
阳政发〔2014〕15 号	关于印发《阳泉市涉煤收费清理规范工作方案》的通知	2014 年 6 月 26 日
阳政发〔2014〕16 号	关于阳泉市郊区荫营镇等六个乡镇土地利用总体规划(2006—2020 年)修改方案的批复	2014 年 6 月 27 日
阳政发〔2014〕17 号	关于盂县西烟镇等四个镇土地利用总体规划(2006—2020 年)修改方案的批复	2014 年 7 月 22 日
阳政发〔2014〕18 号	关于平定县锁簧镇等四个镇土地利用总体规划(2006—2020 年)修改方案的批复	2014 年 7 月 22 日
阳政发〔2014〕19 号	关于印发《阳泉市金融支持实体经济发展若干意见》的通知	2014 年 7 月 31 日
阳政发〔2014〕21 号	关于阳泉市漾泉大道二期北段占地及道路两侧土地收储整理项目有关问题的通知	2014 年 10 月 9 日
阳政发〔2014〕22 号	关于同意设立山西阳大铁路有限责任公司有关事宜的通知	2014 年 10 月 30 日
阳政发〔2014〕23 号	关于建立统一的城乡居民基本养老保险制度的实施意见	2014 年 11 月 10 日
阳政发〔2014〕24 号	关于阳泉市盂县秀水镇、孙家庄镇两个乡镇土地利用总体规划(2006—2020 年)修改方案批复	2014 年 12 月 11 日
阳政发〔2014〕25 号	关于落实和承接省政府取消和调整一批行政审批项目等事项的通知	2014 年 12 月 30 日
阳政发〔2014〕26 号	关于公布阳泉市政府部门行政审批类权力清单的通知	2014 年 12 月 30 日

续表 38-2

文　号	文 件 标 题	发文日期
阳政发〔2014〕27 号	关于实行最严格水资源管理制度的实施办法	2014 年 12 月 30 日
阳政任字〔2014〕1 号	关于王存才等三人任职的通知	2014 年 4 月 15 日
阳政任字〔2014〕2 号	关于宁文鑫任职的通知	2014 年 5 月 22 日
阳政任字〔2014〕3 号	关于彭国勇等十五人任职的通知	2014 年 6 月 11 日
阳政任字〔2014〕4 号	关于闫丽新等二十四人任职的通知	2014 年 6 月 11 日
阳政任字〔2014〕5 号	关于尚建军等二人任免职务的通知	2014 年 6 月 30 日
阳政任字〔2014〕6 号	关于李青魁等三人任职的通知	2014 年 9 月 12 日
阳政任字〔2014〕7 号	关于提名安慧鹏免职的通知	2014 年 11 月 14 日
阳政任字〔2014〕8 号	关于李华等八人任职的通知	2014 年 12 月 5 日
阳政任字〔2014〕9 号	关于杨栋善等二人任职的通知	2014 年 12 月 5 日
阳政任字〔2014〕10 号	关于孙铁玲等二人任职的通知	2014 年 12 月 31 日
阳政办发〔2014〕1 号	关于认真做好二○一四年春运工作的通知	2014 年 1 月 8 日
阳政办发〔2014〕2 号	关于印发《阳泉市卫生事业发展“十二五”规划》的通知	2014 年 1 月 8 日
阳政办发〔2014〕3 号	关于印发《阳泉市开展城市市容环境卫生集中整治活动实施方案》的通知	2014 年 1 月 13 日
阳政办发〔2014〕4 号	关于调整十二五规划纲要主要指标的通知	2014 年 1 月 17 日
阳政办发〔2014〕5 号	印发《关于开展财政支出绩效评价工作的指导意见》的通知	2014 年 1 月 23 日
阳政办发〔2014〕6 号	关于对阳泉市万通家居建材广场有限公司“12·23”火灾事故调查处理意见的批复	2014 年 1 月 24 日
阳政办发〔2014〕7 号	关于协助做好山西省第一次全国地理国情普查工作的通知	2014 年 1 月 23 日
阳政办发〔2014〕8 号	关于对阳泉市自来水公司二期管线侯家沟段抢修工地“8·28”坍塌事故调查处理意见的批复	2014 年 1 月 27 日
阳政办发〔2014〕9 号	关于成立阳泉市中心人民医院筹建处的通知	2014 年 2 月 11 日
阳政办发〔2014〕10 号	关于 2014 年春节后全市煤矿复工复产工作的通知	2014 年 2 月 11 日
阳政办发〔2014〕11 号	关于印发《阳泉市落实省创模技术验收组反馈意见整改工作方案》的通知	2014 年 2 月 13 日

续表 38-3

文 号	文 件 标 题	发文日期
阳政办发〔2014〕12 号	关于启用阳泉市中心人民医院筹建处印章的通知	2014 年 2 月 14 日
阳政办发〔2014〕13 号	关于二○一三年四季度信息采用情况通报的通知	2014 年 2 月 17 日
阳政办发〔2014〕14 号	关于印发《阳泉市创建国家知识产权示范培育城市工作方案》的通知	2014 年 2 月 19 日
阳政办发〔2014〕15 号	关于印发《阳泉市民政事业发展“十二五”规划》的通知	2014 年 2 月 20 日
阳政办发〔2014〕16 号	关于印发《地方性法规和省政府规章草案及市政府规范性文件征求各县区政府及市直部门意见的规定》的通知	2014 年 2 月 21 日
阳政办发〔2014〕17 号	关于印发《阳泉市资源型经济转型综合配套改革试验 2014 年行动计划》的通知	2014 年 2 月 21 日
阳政办发〔2014〕18 号	关于征集 2014 年市政府为民办实事建议的通知	2014 年 2 月 25 日
阳政办发〔2014〕19 号	关于印发《落实山西省创建林业生态县实施意见》的通知	2014 年 2 月 26 日
阳政办发〔2014〕20 号	关于市政府办公厅与下属单位党的群众路线教育实践活动并属督导组的请示	2014 年 2 月 27 日
阳政办发〔2014〕21 号	关于印发《2014 年阳泉市现代农业发展十大惠农政策》的通知	2014 年 3 月 3 日
阳政办发〔2014〕22 号	关于对阳泉市郊区人民法院审判法庭迁建项目“10·22”坍塌事故调查处理意见的批复	2014 年 3 月 4 日
阳政办发〔2014〕23 号	关于印发《阳泉市人民政府办公厅深入开展党的群众路线教育实践活动工作方案》的通知	2014 年 3 月 12 日
阳政办发〔2014〕24 号	关于下达煤矿企业 2014 年造林任务的通知	2014 年 3 月 14 日
阳政办发〔2014〕25 号	关于印发《阳泉市科技惠民计划实施办法(试行)》的通知	2014 年 3 月 14 日
阳政办发〔2014〕26 号	关于印发《阳泉市 2014 年四个领域重大项目及推进措施》的通知	2014 年 3 月 18 日
阳政办发〔2014〕27 号	关于下达 2014 年保障性安居工程建设计划的通知	2014 年 3 月 18 日
阳政办发〔2014〕28 号	关于印发《2014 年全市重点工程项目》的通知	2014 年 3 月 18 日
阳政办发〔2014〕29 号	关于对阳泉煤业(集团)有限责任公司升华实业分公司第五服务中心“12·2”窒息事故调查处理意见的批复	2014 年 3 月 24 日
阳政办发〔2014〕30 号	关于印发《阳泉市青少年发展“十二五”规划》的通知	2014 年 3 月 25 日
阳政办发〔2014〕31 号	关于认真做好申报全国义务教育发展基本均衡县(市、区)督导评估工作的通知	2014 年 3 月 25 日
阳政办发〔2014〕32 号	关于印发《阳泉市清理化解乡村垫交税费债务工作实施方案》的通知	2014 年 3 月 27 日
阳政办发〔2014〕33 号	关于市人大代表建议办理工作整改情况的报告	2014 年 3 月 28 日

续表 38-4

文　号	文 件 标 题	发文日期
阳政办发〔2014〕34 号	关于表彰 2013 年度食品安全监管工作优秀单位、先进乡镇(街道)、村(社区)和先进单位的决定	2014 年 3 月 31 日
阳政办发〔2014〕35 号	关于印发《阳泉市自然灾害救助应急预案》的通知	2014 年 3 月 31 日
阳政办发〔2014〕36 号	关于 2013 年度安全生产目标责任考核兑现情况的通报	2014 年 4 月 1 日
阳政办发〔2014〕37 号	关于印发《阳泉市市本级 2014 年度国有建设用地供应计划》的通知	2014 年 4 月 4 日
阳政办发〔2014〕38 号	关于印发《阳泉市物业管理细则》的通知	2014 年 4 月 9 日
阳政办发〔2014〕39 号	关于提名郝千文等三人免职的通知	2014 年 4 月 14 日
阳政办发〔2014〕40 号	关于印发《阳泉市巩固完善基本药物制度和基层运行新机制实施方案》的通知	2014 年 4 月 15 日
阳政办发〔2014〕41 号	关于印发《阳泉市 2014 年净空工程行动方案》的通知	2014 年 4 月 16 日
阳政办发〔2014〕42 号	关于印发《阳泉市 2014 年度城市规划实施计划》的通知	2014 年 4 月 16 日
阳政办发〔2014〕43 号	关于调整全市煤矿企业安全生产挂牌责任人的通知	2014 年 4 月 29 日
阳政办发〔2014〕44 号	关于秘书长副秘书长办公厅副主任副调研员工作分工的通知	2014 年 4 月 29 日
阳政办发〔2014〕45 号	关于王卫东等三人免职的通知	2014 年 4 月 30 日
阳政办发〔2014〕46 号	关于印发《阳泉市关于加快旅游业发展的若干意见》的通知	2014 年 4 月 30 日
阳政办发〔2014〕47 号	关于印发《阳泉市节约用水管理办法》的通知	2014 年 5 月 7 日
阳政办发〔2014〕48 号	关于印发《阳泉市再生水利用管理办法》的通知	2014 年 5 月 7 日
阳政办发〔2014〕49 号	关于印发《阳泉市建设项目节约用水设施管理办法》的通知	2014 年 5 月 7 日
阳政办发〔2014〕50 号	关于印发《阳泉市 2014 年农村土地承包经营权确权登记颁证试点工作方案》的通知	2014 年 5 月 8 日
阳政办发〔2014〕51 号	关于下达 2014 年耕地保护责任目标任务分解的通知	2014 年 5 月 8 日
阳政办发〔2014〕52 号	关于武文玮等三人任免职务的通知	2014 年 5 月 8 日
阳政办发〔2014〕53 号	关于李美军任职的通知	2014 年 5 月 8 日
阳政办发〔2014〕54 号	关于全市企业参与“百企千村”产业扶贫开发工程情况的通报	2014 年 5 月 12 日
阳政办发〔2014〕55 号	关于落实省政府全体会议安排部署和李小鹏省长“访民生、知民情、解民事”集中走访活动反映问题及对策建议涉及我市目标任务责任分解的通知	2014 年 5 月 14 日

续表 38-5

文 号	文 件 标 题	发文日期
阳政办发〔2014〕56 号	关于印发《关于清理规范我市非融资性担保公司的实施意见》的通知	2014 年 5 月 15 日
阳政办发〔2014〕57 号	关于调整我市最低工资标准的通知	2014 年 5 月 19 日
阳政办发〔2014〕58 号	关于印发《推动循环型工业发展实施方案》的通知	2014 年 5 月 22 日
阳政办发〔2014〕59 号	关于印发《阳泉市名医工程实施意见(试行)》的通知	2014 年 5 月 23 日
阳政办发〔2014〕60 号	关于印发《阳泉市 2014 年度地质灾害防治方案》的通知	2014 年 5 月 28 日
阳政办发〔2014〕61 号	关于做好 2014 年全市供应低收入农户冬季取暖用煤工作的实施意见	2014 年 5 月 28 日
阳政办发〔2014〕62 号	关于加强老旧房屋隐患排查和安全管理的通知	2014 年 6 月 3 日
阳政办发〔2014〕63 号	关于印发《阳泉市落实山西省 2014 年政府信息公开工作要点实施方案》的通知	2014 年 6 月 13 日
阳政办发〔2014〕66 号	关于印发《阳泉市企业工资集体协商暂行办法》的通知	2014 年 6 月 10 日
阳政办发〔2014〕67 号	关于印发《对各县(区)2014 年招商引资任务分解及考核奖励办法》的通知	2014 年 6 月 19 日
阳政办发〔2014〕68 号	关于印发《阳泉市 2014 年土地矿产卫片执法监督检查工作方案》的通知	2014 年 6 月 24 日
阳政办发〔2014〕69 号	关于加强市级财政支出管理硬化预算约束的意见	2014 年 6 月 25 日
阳政办发〔2014〕70 号	关于印发《涉煤收费清理规范工作的专项督查方案》的通知	2014 年 6 月 25 日
阳政办发〔2014〕71 号	关于印发《阳泉市推进新型城镇化 2014 年重点任务》的通知	2014 年 6 月 26 日
阳政办发〔2014〕72 号	关于印发《阳泉市政府购买服务暂行办法》的通知	2014 年 6 月 30 日
阳政办发〔2014〕73 号	关于进一步加强人工影响天气工作的意见	2014 年 7 月 3 日
阳政办发〔2014〕74 号	关于高世亮、刘广任职的通知	2014 年 7 月 4 日
阳政办发〔2014〕75 号	关于印发《落实门前三包责任制的实施办法》的通知	2014 年 7 月 4 日
阳政办发〔2014〕76 号	关于印发《阳泉市继续深入开展安全生产大检查方案》的通知	2014 年 7 月 4 日
阳政办发〔2014〕77 号	关于执行国家第四阶段机动车污染物排放标准的通知	2014 年 7 月 7 日
阳政办发〔2014〕78 号	关于印发《阳泉市第二次全国地名普查实施方案》的通知	2014 年 7 月 10 日
阳政办发〔2014〕79 号	印发《关于发展信息产业促进消费的实施意见》的通知	2014 年 7 月 11 日

续表 38-6

文 号	文 件 标 题	发文日期
阳政办发〔2014〕80 号	关于尽快落实省人大大气污染防治一法一条例执法检查中发现问题的整改通知	2014 年 7 月 11 日
阳政办发〔2014〕81 号	关于印发《阳泉市严厉打击非法违法采矿整顿规范非煤矿山企业实施方案》的通知	2014 年 7 月 11 日
阳政办发〔2014〕82 号	关于印发《健康阳泉人——全民健康促进行动规划(2014—2023 年)》的通知	2014 年 7 月 16 日
阳政办发〔2014〕83 号	关于印发《阳泉市桃河流域生态环境综合治理工程建设方案》的通知	2014 年 7 月 16 日
阳政办发〔2014〕84 号	关于组建山西省第十四届运动会阳泉市代表团的通知	2014 年 7 月 18 日
阳政办发〔2014〕85 号	关于印发《阳泉市危险化学品事故应急救援预案》的通知	2014 年 7 月 22 日
阳政办发〔2014〕86 号	关于印发《加强机耕路建设促进全市山区机械化发展的实施意见》的通知	2014 年 7 月 23 日
阳政办发〔2014〕87 号	关于印发《阳泉市煤矿变招工为招生推进工作方案》的通知	2014 年 7 月 23 日
阳政办发〔2014〕88 号	关于印发《阳泉市改善农村人居环境 2014 年行动计划》的通知	2014 年 7 月 25 日
阳政办发〔2014〕89 号	关于印发《阳泉市城乡环境卫生整治实施方案》的通知	2014 年 7 月 28 日
阳政办发〔2014〕90 号	关于印发《2014 年阳泉市深化行政审批制度改革实施方案》的通知	2014 年 7 月 30 日
阳政办发〔2014〕91 号	关于印发《阳泉市清理整顿以电子商务名义开展标准化合约交易活动》的通知	2014 年 8 月 4 日
阳政办发〔2014〕92 号	关于印发《阳泉市贯彻实施质量发展纲要 2014 年行动计划》的通知	2014 年 8 月 14 日
阳政办发〔2014〕93 号	关于颁布实施阳泉市城市区域声环境功能区划分说明与环境管理要求的通知	2014 年 8 月 21 日
阳政办发〔2014〕94 号	关于印发《对国务院政策措施落实中存在问题的整改方案》的通知	2014 年 8 月 21 日
阳政办发〔2014〕95 号	关于印发《进一步推进放心早餐工程的实施方案》的通知	2014 年 8 月 22 日
阳政办发〔2014〕96 号	关于印发《深化义务教育学校校级领导和教师交流工作的实施意见》的通知	2014 年 8 月 22 日
阳政办发〔2014〕97 号	关于阳泉市农村土地承包经营权确权登记颁证试点工作进展情况的通报	2014 年 9 月 3 日
阳政办发〔2014〕98 号	关于印发《阳泉市矿产资源总体规划(2011—2015 年)》的通知	2014 年 9 月 4 日
阳政办发〔2014〕99 号	关于刘俊峰任免职务的通知	2014 年 9 月 5 日
阳政办发〔2014〕100 号	关于印发《阳泉市国民经济和社会发展第十三个五年规划编制工作方案》的通知	2014 年 9 月 5 日
阳政办发〔2014〕101 号	关于印发《阳泉市突发环境事件应急预案》的通知	2014 年 9 月 23 日

续表 38-7

文　号	文 件 标 题	发文日期
阳政办发〔2014〕102号	关于实施阳泉市人民政府职能转变和机构改革方案任务分工的通知	2014年9月24日
阳政办发〔2014〕103号	关于印发《阳泉市突发公共卫生事件应急处置部门协调联动机制(试行)》的通知	2014年9月28日
阳政办发〔2014〕104号	关于印发《阳泉市发展飞地经济和结对子引项目奖励暂行办法》的通知	2014年10月10日
阳政办发〔2014〕105号	关于印发《阳泉市城市基础设施配套费征收管理办法(修订)》的通知	2014年10月10日
阳政办发〔2014〕106号	关于印发《阳泉市污染减排和大气污染问题整改落实方案》的通知	2014年10月10日
阳政办发〔2014〕107号	关于印发《阳泉市新型职业农民培育工作方案》的通知	2014年10月10日
阳政办发〔2014〕108号	关于印发《做好当前全市服务业发展工作的若干措施》的通知	2014年10月11日
阳政办发〔2014〕109号	关于印发《阳泉市贯彻落实计量发展规划(2013—2020年)实施方案》的通知	2014年10月20日
阳政办发〔2014〕110号	关于印发《遏制煤矿超能力生产规范企业生产行为工作措施》的通知	2014年10月22日
阳政办发〔2014〕111号	关于印发《阳泉市深化医药卫生体制改革2014年重点工作任务》的通知	2014年10月24日
阳政办发〔2014〕112号	关于对中国铁通集团有限公司阳泉分公司"8·24"物体打击事故调查报告的批复	2014年10月27日
阳政办发〔2014〕113号	关于开展全市环境保护大检查的通知	2014年10月27日
阳政办发〔2014〕114号	关于开展全市重点工业企业帮扶活动的通知	2014年10月31日
阳政办发〔2014〕115号	关于印发《阳泉市转型综改2014年行动计划第三方考核工作方案》的通知	2014年11月12日
阳政办发〔2014〕116号	关于印发《阳泉市城镇污水处理设施建设项目落实方案》的通知	2014年11月17日
阳政办发〔2014〕117号	关于印发《阳泉市黄标车及老旧车淘汰工作实施方案》的通知	2014年11月18日
阳政办发〔2014〕118号	关于启用阳泉市黄标车及老旧车淘汰工作领导组印章的通知	2014年11月21日
阳政办发〔2014〕119号	关于印发《阳泉市集中开展煤矿隐患排查治理行动方案》的通知	2014年11月25日
阳政办发〔2014〕120号	关于印发《阳泉市处置铁路交通事故应急预案》的通知	2014年11月26日
阳政办发〔2014〕121号	关于下达二〇一四年城镇退役士兵安置计划的通知	2014年11月26日
阳政办发〔2014〕122号	关于全面落实森林防火责任的通知	2014年12月2日
阳政办发〔2014〕123号	关于加强机构改革中档案管理工作的意见	2014年12月3日

续表 38-8

文　号	文　件　标　题	发文日期
阳政办发〔2014〕124 号	关于印发《阳泉市开展农民工工资支付问题专项检查和治理整顿工作的实施方案》的通知	2014 年 12 月 9 日
阳政办发〔2014〕125 号	关于抓紧做好百日新开工项目开工工作的通知	2014 年 12 月 9 日
阳政办发〔2014〕126 号	关于印发《阳泉市劳动密集型企业和人员密集场所消防安全专项治理工作方案》的通知	2014 年 12 月 12 日
阳政办发〔2014〕127 号	关于印发《进一步改善大气环境质量的措施》的通知	2014 年 12 月 12 日
阳政办发〔2014〕128 号	关于给予周亮珺开除公职处分的决定	2014 年 12 月 15 日
阳政办发〔2014〕129 号	关于郭建琼等三人任职的通知	2014 年 12 月 15 日
阳政办发〔2014〕130 号	关于印发《阳泉市人民政府办公厅主要职责内设机构和人员编制规定》的通知	2014 年 12 月 15 日
阳政办发〔2014〕131 号	关于印发《阳泉市发展和改革委员会(阳泉市国家资源型经济转型综合配套改革试验区办公室)主要职责内设机构和人员编制规定》的通知	2014 年 12 月 15 日
阳政办发〔2014〕132 号	关于印发《阳泉市工商行政管理局主要职责内设机构和人员编制规定》的通知	2014 年 12 月 15 日
阳政办发〔2014〕133 号	关于印发《阳泉市质量技术监督局主要职责内设机构和人员编制规定》的通知	2014 年 12 月 15 日
阳政办发〔2014〕134 号	关于印发《阳泉市商务粮食局主要职责内设机构和人员编制规定》的通知	2014 年 12 月 15 日
阳政办发〔2014〕135 号	关于印发《阳泉市卫生和计划生育委员会主要职责内设机构和人员编制规定》的通知	2014 年 12 月 15 日
阳政办发〔2014〕136 号	关于印发《阳泉市文化局(阳泉市文物局、阳泉市版权局)主要职责内设机构和人员编制规定》的通知	2014 年 12 月 15 日
阳政办发〔2014〕138 号	关于印发《阳泉市住房保障和城乡建设管理局(中共阳泉市直属建设工作委员会)主要职责内设机构和人员编制规定》的通知	2014 年 12 月 18 日
阳政办发〔2014〕139 号	关于建立全科医生制度的实施意见	2014 年 12 月 18 日
阳政办发〔2014〕140 号	关于印发《阳泉市汽车加气站专项规划》的通知	2014 年 12 月 19 日
阳政办发〔2014〕141 号	关于印发《阳泉市培育和发展新兴产业规划》的通知	2014 年 12 月 19 日
阳政办发〔2014〕142 号	关于印发《阳泉市城市重污染天气应急预案》的通知	2014 年 12 月 24 日
阳政办发〔2014〕143 号	关于明确市直部门单位安全生产监管职责的通知	2014 年 12 月 29 日
阳政办发〔2014〕144 号	关于印发《阳泉市电网工程建设相关征地拆迁补偿实施办法》的通知	2014 年 12 月 29 日
阳政办发〔2014〕145 号	关于印发《加快推进新能源汽车产业发展和推广应用的实施方案》的通知	2014 年 12 月 29 日
阳政办发〔2014〕146 号	关于印发《阳泉市辐射事故应急预案》的通知	2014 年 12 月 30 日

续表 38-9

文　号	文　件　标　题	发文日期
阳政办发〔2014〕147 号	关于印发《阳泉市实行最严格水资源管理制度工作方案和考核办法》的通知	2014 年 12 月 30 日
阳政办发〔2014〕148 号	关于发布阳泉市政府核准的投资项目目录(2014 年本)的通知	2014 年 12 月 31 日
阳政办发〔2014〕149 号	关于印发《阳泉市创新五加一合一规划统筹协调机制实施方案(试行)》的通知	2014 年 12 月 31 日
阳政办发〔2014〕150 号	关于做好我市 2015 年全国 1%人口抽样调查工作的通知	2014 年 12 月 31 日
阳政办发〔2014〕151 号	关于印发《阳泉市档案馆收集档案范围实施细则》的通知	2014 年 12 月 31 日
阳政办发〔2014〕152 号	关于深入开展学习讨论落实活动的实施方案	2014 年 12 月 31 日

政协阳泉市委员会

表 39

文　号	文　件　标　题	发文日期
阳协党〔2014〕1 号	市政协 2013 年工作情况及 2014 年工作要点	2014 年 2 月 18 日
阳协党〔2014〕2 号	市政协深入开展党的群众路线教育实践活动实施方案	2014 年 3 月 6 日
阳协党〔2014〕3 号	阳泉市政协党组成员深入开展党的群众路线教育实践活动工作方案	2014 年 3 月 6 日
阳协党〔2014〕4 号	关于深入开展党的群众路线教育实践活动专题民主生活会的方案	2014 年 6 月 30 日
阳协党〔2014〕5 号	关于召开中共政协阳泉市委员会党组专题民主生活会的请示	2014 年 6 月 30 日
阳协党〔2014〕6 号	关于苏向东等同志正式任职的通知	2014 年 6 月 30 日
阳协党〔2014〕7 号	关于党的群众路线教育实践活动专题民主生活会情况报告	2014 年 7 月 16 日
阳协党〔2014〕8 号	关于党的群众路线教育实践活动整改方案	2014 年 8 月 14 日
阳协党〔2014〕9 号	市政协党组落实党风廉政建设主体责任情况报告	2014 年 12 月 29 日
阳协发〔2014〕1 号	关于进一步加强我市水资源管理、保护与利用的建议	2014 年 1 月 16 日
阳协发〔2014〕2 号	关于李保明同志任职的通知	2014 年 1 月 16 日
阳协发〔2014〕3 号	关于印发《政协阳泉市委员会常务委员会 2014 年主要工作责任制》的通知	2014 年 5 月 4 日
阳协发〔2014〕4 号	关于表彰 2013 年度政协系统信息工作先进单位先进工作者的决定	2014 年 6 月 4 日

续表 39-1

文　号	文　件　标　题	发文日期
阳协发〔2014〕5 号	关于全面深化我市市属企业改革的建议	2014 年 7 月 9 日
阳协发〔2014〕6 号	关于以就地就近城镇化为途径提高我市新型城镇化水平的建议	2014 年 10 月 11 日
阳协发〔2014〕7 号	关于学习贯彻习近平总书记、省委王儒林书记在庆祝中国人民政治协商会议成立 65 周年大会上重要讲话精神的通知	2014 年 10 月 31 日
阳协办〔2014〕1 号	关于召开市政协十二届八次常委会议的通知	2014 年 1 月 3 日
阳协办〔2014〕2 号	关于市政协十二届八次常委会议的情况报告	2014 年 1 月 16 日
阳协办〔2014〕3 号	阳泉市政协系统 2013 年第四季度反映社情民意信息工作情况通报	2014 年 1 月 16 日
阳协办〔2014〕4 号	关于社情民意直报联系点及特邀信息员 2013 年度信息工作情况的通报	2014 年 1 月 17 日
阳协办〔2014〕5 号	市政协关于成立创建精神文明单位领导组的通知	2014 年 2 月 11 日
阳协办〔2014〕6 号	市政协关于开展“吃空饷”和“编外用人”专项整治工作的报告	2014 年 2 月 24 日
阳协办〔2014〕7 号	关于召开市政协十二届三次会议有关场地的请示报告	2014 年 3 月 17 日
阳协办〔2014〕8 号	关于召开市政协十二届九次常委会议的通知	2014 年 4 月 11 日
阳协办〔2014〕9 号	关于召开政协阳泉市第十二届委员会第三次会议的通知	2014 年 4 月 15 日
阳协办〔2014〕10 号	关于列席政协阳泉市第十二届委员会第三次会议的通知	2014 年 4 月 15 日
阳协办〔2014〕11 号	关于 2014 年度市政协机关目标责任考核指标的报告	2014 年 5 月 6 日
阳协办〔2014〕12 号	阳泉市政协系统 2014 年第一季度反映社情民意信息工作情况通报	2014 年 5 月 12 日
阳协办〔2014〕13 号	关于市政协十二届十一次常委会议议题征集的通知	2014 年 5 月 12 日
阳协办〔2014〕14 号	关于调整市政协机关年度目标责任考核领导组的通知	2014 年 5 月 21 日
阳协办〔2014〕15 号	关于开展“庆祝人民政协成立 65 周年理论研讨会”征文活动的通知	2014 年 6 月 10 日
阳协办〔2014〕16 号	关于召开市政协十二届十一次常委会议的通知	2014 年 7 月 3 日
阳协办〔2014〕17 号	关于市政协常委会议室更换音响设备的报告	2014 年 7 月 4 日
阳协办〔2014〕18 号	阳泉市政协系统 2014 年第二季度反映社情民意信息工作情况通报	2014 年 7 月 30 日
阳协办〔2014〕19 号	关于印发《阳泉市政协差旅费管理实施细则》的通知	2014 年 8 月 4 日

续表 39-2

文　号	文　件　标　题	发文日期
阳协办〔2014〕20 号	市政协办公厅及专委会县级干部专题民主生活会专项报告	2014 年 9 月 23 日
阳协办〔2014〕21 号	关于召开市政协十二届十二次常委会议的通知	2014 年 9 月 29 日
阳协办〔2014〕22 号	关于开展职业教育专题调研的工作方案	2014 年 10 月 13 日
阳协办〔2014〕23 号	关于表彰“庆祝中国人民政治协商会议成立 65 周年‘政协记忆’”征文活动获奖作者的决定	2014 年 10 月 20 日
阳协办〔2014〕24 号	关于报送《关于我市扶贫开发移民搬迁工作的调研报告》的报告	2014 年 11 月 4 日
阳协办〔2014〕25 号	阳泉市政协系统 2014 年第三季度反映社情民意信息工作情况通报	2014 年 11 月 7 日
阳协办〔2014〕26 号	关于报送《在阳泉新城建设中优秀传统文化保护传承的调研报告》的报告	2014 年 11 月 13 日
阳协办〔2014〕27 号	关于成立市政协公务用车制度改革领导小组的通知	2014 年 12 月 1 日

2013 年度阳泉市科技进步奖授奖项目

表 40

获奖等级	文章标题	单位名称	人员名单
应用研究 一等奖(7 项)	坚硬顶板高瓦斯综放面初采期瓦斯涌出特征及治理关键技术	阳泉煤业(集团)股份有限公司 中国矿业大学 山西石港煤业有限责任公司	杨胜强　张庆恒　张福喜　杨相玉 闫志铭　秦　毅　杨国栋　赵长春 焦汉林　令狐建设
	高瓦斯自燃煤层火灾防治技术	阳泉煤业(集团)股份有限公司 中国矿业大学 山西石港煤业有限责任公司	张福喜　边俊国　谢俊生　刘俊平 赵　杰　赵长春　李淑敏　王玉禄 李耀谦　郭宝晶
	阳煤集团井下运输大巷列车提速系统研究与应用	阳泉煤业(集团)股份有限公司 永济新时速电机电器有限责任公司	赵石平　董霖华　崔建军　李伟林 刘　玮　王士勇　付书俊　霍凯儒 方俊正　刘有福
	新型持续对流冲洗管在骨、关节感染中的应用	阳泉市第一人民医院	葛建忠　王凯红　汪慕华　景建刚 杨红梅　励　钢　赵小明　贺建军 古锦瑞　张　涛
	克氏针固定钢丝抽出悬吊法治疗伸肌腱止点损伤	阳泉市第三人民医院	崔彦明　陈魁胜　路新民　郝丽丽 李永军　石慧征　史志强　刘　刚 古云芝　石　娜
	SLM80 型便携式森林灭火系统	山西北方晋东化工有限公司 河北燕兴机械有限公司	辛战旗　戴泓源　崔松喜　李海庆 石守礼　胡永军　崔宝生　王孝国 王志强　谢　鑫
	阳煤集团一矿井下信、集、闭系统研究与应用	阳泉煤业(集团)股份有限公司 合肥工大高科信息科技股份有限公司	赵石平　董霖华　崔建军　李伟林 刘　玮　王士勇　付书俊　霍凯儒 方俊正　刘有福

续表 40-1

获奖等级	文章标题	单位名称	人员名单
成果推广及产业化一等奖(1项)	阳泉市猪人工授精技术推广	阳泉市畜禽繁育改良站	曹水清　孟冬霞　任和平　李艳军　武新钢　乔升民　尹　钊　穆永兵　李　敏　王　华
应用研究二等奖(9项)	高瓦斯突出矿井综采工作面自动化系统的研究与应用	山西新元煤炭有限责任公司	管俊才　郗新涛　王书明　李宵尖　荆保平　于天柱　袁大小　柳军涛　李晓林　崔志芳
	井下千米钻机介质水精密过滤循环复用技术研究	阳泉煤业(集团)股份有限公司 北京怡百信环境工程有限公司	张庆恒　张福喜　樊国成　张爱科　赵长春　赵士军　赵庆珍　李志勇　李耀谦　令狐建设
	饮料加工用均质配料机的研发	平定金得蜂蜜饮料有限公司	杜　文　齐丽娟　石硬硬　李海科　李　娜　葛先武　刘瑞红　陈守中
	智能连栋温室林木穴盘育苗应用技术研究	阳泉市林云绿化有限责任公司	郭　庆　杨贵如　陈双兰　王润喜　赵成生　李宝萍　余林花　张海艳　白秀燕　葛维昌
	三维CT定量分析在口腔医学中的应用	阳泉市第一人民医院	王世伟　靳文剑　靳一恒　张艾芳　王力平　赵喜珍
	液态与泡沫状聚桂醇联合应用治疗静脉曲张型内痔临床研究	阳泉市第一人民医院 平定县中医院	张致琦　任成林　史俊玮　曹晓锋　张瑞军　张志远　王义平　周瑞昌　梁建祥　李江红
	小腿后侧双血供逆行岛状皮瓣的临床研究	阳泉煤业(集团)有限责任公司总医院	史宝明　杨　博　郑　平　侯效正　刘永军　田继暄　王　伟　王　晶
	手自一体化水雾喷淋降尘系施工工法关键技术	山西华通蓝天环保有限公司	王殿勋　王聪明　刘光远　李　洁　王晓月
	阳煤集团矿区电网(35KV)防雷技术研究	阳泉煤业(集团)股份有限公司 长沙理工大学	刘　玮　李旭昆　李　燕　武　钢　李景禄　任文斌　赵新平　李晓强　张春辉　杨廷方
成果推广及产业化二等奖(4项)	耐磨尘气蝶阀	阳泉阀门股份有限公司	梁志宝　赵爱花　梁晋生　史振兴　高　霞　贾瑞琨
	叶轮给料机	阳泉阀门股份有限公司	梁志宝　赵爱花　王彦红　李　扬　武　军　高　霞
	蜜蜂程序化规模生产综合配套技术推广	阳泉市养蜂技术推广站	高志鸿　王金宝　岳润庆　王　刚　李胜惠　曹和平　杨国威　武晓红　王丽花　史保亮
	"晋早一号"马铃薯新品种推广示范	阳泉丰裕农业科技有限公司	杨树盛　张继伟　刘秋生　苏书文　张桃锁　赵建峰　葛素云　葛树彬　王变籽　王海荣
应用研究三等奖(13项)	煤矿年产400万吨主运输系统运输能力的技术优化	阳煤集团寿阳开元矿业有限责任公司	赵志强　李新华　王　睿　刘全生　李玉平　王海林　王　强　邢进忠　赵双斌　王盛斌
	高产高效洗选煤系统综合技术的研究应用	阳煤集团寿阳开元矿业有限责任公司	王　睿　闫卫光　俞　平　荆　慧
	组合托板桁架支护结构高效回采技术研究	阳煤集团(集团)有限责任公司 阳煤集团华越机械有限公司 西安科技大学实业公司	樊国成　惠兴田　杨晓成　任紫亭　武　钢　乔志英　郭　岱　王玉禄　许国胜　陈　勇

续表 40-2

获奖等级	文章标题	单位名称	人员名单
应用研究 三等奖(13 项)	松软围岩受多次动压破坏大巷修复技术研究与应用	阳泉煤业(集团)股份有限公司 山东科技大学 河北博特威矿山工程有限公司	崔建军 贾宏俊 余北建 夏均民 李伟林 付书俊 樊国成 杨晓成 左　胜 武　钢
	履带自移式胶带输送机的开发与应用	山西新元煤炭有限责任公司	管俊才 王书明 郝来宝 李宵尖 荆保平 王瑞军 刘闯荣 柳军涛 李晓林
	DSA 下行半月节脉冲射频热凝术治疗老年患者三叉神经痛效果研究	阳泉市第一人民医院	张慧东 王凯红 梁慧莲 葛建忠 景建刚 靳文剑 秦　月 王志强
	TPN 配置管理系统研发及在危重患者救治中的应用	阳泉煤业(集团)有限责任公司总医院	任建业 段宝山 高　峰 陈　星 王志芳 李建富
	斜形张力法治疗煤矿外踝骨折研究	阳泉煤业(集团)有限责任公司总医院	史宝明 侯效正 郑　平 杨　博 刘永军 田继暄 王　伟 王　晶
	阳泉地区健康成人血清胆红素生物参考区间分析研究	阳泉市第三人民医院	张建丽 岳文强 檀虎亮 陈魁胜 张瑞芬 郭仓田 王晓东 马永虎 侯瑞军 田彦红 赵红莉
	高速公路金属结构声屏障施工工法关键技术	山西华通蓝天环保有限公司	王聪明 王殿勋 刘光远 常相红 王泽辉
	玻化微珠保温砂浆发泡喷涂施工工法关键技术	山西华通蓝天环保有限公司	王聪明 王殿勋 栗林强 李　洁 董丽华
	矿灯智能管理信息系统研发应用	阳煤集团寿阳开元矿业有限责任公司	赵志强 李新华 王　睿 李玉平 王海林 张春莲 梁满科 贾燕军 王　强 白文平
	阳煤集团医疗统筹管理信息系统	阳泉煤业(集团)有限责任公司	王付云 郑慧平 张　武 张春生 毕　菲 潘秀清 张晓阳 吕宏林 王满红 何湘娟
成果推广及产业化 三等奖(4 项)	气体密封阀	阳泉阀门股份有限公司	梁志宝 赵爱花 王永明 王彦红 武　军 靳利铭 姚海祥
	新型浅槽分选机耐磨链条及拆装器	阳泉创日冶金机械有限公司	王爱民 谢跃峥 李巨军 田忠科
	日光温室油桃种植技术的示范应用	山西溢盛源农业科技开发有限公司	王爱军 韩润峰 王建华 刘德仁 张巧秀 张建新 侯俊联 温宝新
	动物疫病快速诊断与药物靶向技术的应用推广	平定县畜牧业发展中心	任和平 蔡新军 任彦龙 冯　峰 尹　钊 乔升民 王小花 李金红 张燕红 吴丰富

（赵　颖）

2014年度阳泉市授权(或公告)专利一览表

表41

序号	申请人	发明人	专利号	类别	专利名称	通讯地址
1	白　银	白　银	201310470929.6	发明	间皮素纳米试纸抗体碳纳米管联合测癌法	阳泉市桃北中路28号
2	陈素光	陈素光　李润明	201410151979.2	发明	小米糊糊及其制备方法	阳泉市平定县柏井镇人民政府
3	陈素光	陈素光　李润明	201410151986.2	发明	玉米高筋粉及其制备方法	阳泉市平定县柏井镇人民政府
4	陈素光	陈素光　李润明	201410151987.7	发明	玉米高筋杂粮米及其制备方法	阳泉市平定县柏井镇人民政府
5	陈　宇	陈　宇	201410195866.2	发明	立式厕宝桶	阳泉市开发区青岛路26号
6	陈　宇	陈　宇	201310435074.3	发明	厕宝桶	阳泉市开发区青岛路26号山西宏图建设工程有限公司阳泉分公司
7	杜志刚	杜志刚	201310159203.0	发明	等离子氢气和二氧化碳高压气体发热装置	阳泉市矿区二矿小南坑63-1-3
8	杜志刚	杜志刚	201310159190.7	发明	等离子高压气体发热装置	阳泉市矿区二矿小南坑63-1-3
9	杜志刚	杜志刚	201310159204.5	发明	等离子氢气高压气体发热装置方法	阳泉市矿区二矿小南坑63-1-3
10	杜志刚	杜志刚	201310159205.X	发明	带压氩气和二氧化碳电热装置	阳泉市矿区二矿小南坑63-1-3
11	杜志刚	杜志刚	201310159208.3	发明	带压氩气和氢气电热装置	阳泉市矿区二矿小南坑63-1-3
12	杜志刚	杜志刚	201310159202.6	发明	等离子二氧化碳高压气体发热装置	阳泉市矿区二矿小南坑63-1-3
13	杜志刚	杜志刚	201310159201.1	发明	带压氩气和氙气电热装置	阳泉市矿区二矿小南坑63-1-3
14	杜志刚	杜志刚	201310159189.4	发明	等离子氢气高压气体发热装置	阳泉市矿区二矿小南坑63-1-3
15	杜志刚	杜志刚	201310159184.1	发明	等离子氮气高压气体发热装置方法	阳泉市矿区二矿小南坑63-1-3
16	杜志刚	杜志刚	201310162861.5	发明	等离子二氧化碳高压气体发热装置方法	阳泉市矿区二矿小南坑63-1-3
17	杜志刚	杜志刚	201310159210.0	发明	等离子高压气体发热方法	阳泉市矿区二矿小南坑63-1-3
18	杜志刚	杜志刚	201310159188.X	发明	带压氩气和氮气电热装置	阳泉市矿区二矿小南坑63-1-3
19	杜志刚	杜志刚	201310159187.5	发明	等离子氮气和二氧化碳高压气体发热装置	阳泉市矿区二矿小南坑63-1-3
20	杜志刚	杜志刚	201310159182.2	发明	等离子氢气和氮气高压气体发热装置	阳泉市矿区二矿小南坑63-1-3

续表 41-1

序号	申请人	发明人	专利号	类别	专利名称	通讯地址
21	杜志刚	杜志刚	201310159186.0	发明	等离子氮气高压气体发热装置	阳泉市矿区二矿小南坑63-1-3
22	杜志刚	杜志刚	201310115673.7	发明	带压氢气、氩气和二氧化碳电热装置	阳泉市矿区二矿小南坑63-1-3
23	杜志刚	杜志刚	201310115618.8	发明	带压氙气和二氧化碳电热装置	阳泉市矿区二矿小南坑63-1-3
24	杜志刚	杜志刚	201310115664.8	发明	带压氢气和氡气电热装置	阳泉市矿区二矿小南坑63-1-3
25	杜志刚	杜志刚	201310115575.3	发明	带压氢气和氪气电热装置	阳泉市矿区二矿小南坑63-1-3
26	杜志刚	杜志刚	201310115644.0	发明	带压氙气和氡气电热装置	阳泉市矿区二矿小南坑63-1-3
27	杜志刚	杜志刚	201310115619.2	发明	带压氢气和氖气电热装置	阳泉市矿区二矿小南坑63-1-3
28	杜志刚	杜志刚	201310115641.7	发明	带压氢气和氦气电热装置	阳泉市矿区二矿小南坑63-1-3
29	杜志刚	杜志刚	201310098536.7	发明	带压氢气、氩气和氮气电热装置	阳泉市矿区二矿小南坑63-1-3
30	杜志刚	杜志刚	201310098526.3	发明	带压氢气、氪气和氡气电热装置	阳泉市矿区二矿小南坑63-1-3
31	杜志刚	杜志刚	201310098542.2	发明	带压氢气、氪气和氙气电热装置	阳泉市矿区二矿小南坑63-1-3
32	杜志刚	杜志刚	201310098512.1	发明	带压氢气、氖气和氙气电热装置	阳泉市矿区二矿小南坑63-1-3
33	杜志刚	杜志刚	201310098495.1	发明	带压氢气、氖气和氪气电热装置	阳泉市矿区二矿小南坑63-1-3
34	杜志刚	杜志刚	201310098522.5	发明	带压氢气、氪气和二氧化碳电热装置	阳泉市矿区二矿小南坑63-1-3
35	杜志刚	杜志刚	201310068130.4	发明	一种用高压喷头雾化在采煤工作面实现化学反应预防煤炭着火和灭火的方法	阳泉市矿区二矿小南坑63-1-3
36	杜志刚	杜志刚	201310068068.9	发明	一种用高频震荡在着火区实现化学反应预防煤炭着火和灭火的方法	阳泉市矿区二矿小南坑63-1-3
37	杜志刚	杜志刚	201310068080.X	发明	一种用高频震荡在掘进工作面实现化学反应预防煤炭着火和灭火的方法	阳泉市矿区二矿小南坑63-1-3
38	杜志刚	杜志刚	201310068100.3	发明	一种用高压惰气雾化在采掘工作面实现化学反应预防煤炭着火和灭火的方法	阳泉市矿区二矿小南坑63-1-3

续表 41-2

序号	申请人	发明人	专利号	类别	专利名称	通讯地址
39	杜志刚	杜志刚	201310068077.8	发明	一种用高压惰气雾化在着火区实现化学反应预防煤炭着火和灭火的方法	阳泉市矿区二矿小南坑63–1–3
40	杜志刚	杜志刚	201310070192.9	发明	一种用高压喷头雾化在掘进工作面实现化学反应预防煤炭着火和灭火的方法	阳泉市矿区二矿小南坑63–1–3
41	杜志刚	杜志刚	201310070159.6	发明	一种用高压喷头雾化在采掘工作面实现化学反应预防煤炭着火和灭火的方法	阳泉市矿区二矿小南坑63–1–3
42	杜志刚	杜志刚	201310070150.5	发明	一种用高频震荡在采空区实现化学反应预防煤炭着火和灭火的方法	阳泉市矿区二矿小南坑63–1–3
43	杜志刚	杜志刚	201310070176.X	发明	一种用高压喷头雾化在着火区实现化学反应预防煤炭着火和灭火的方法	阳泉市矿区二矿小南坑63–1–3
44	杜志刚	杜志刚	201310070156.2	发明	一种用高频震荡在采煤工作面实现化学反应预防煤炭着火和灭火的方法	阳泉市矿区二矿小南坑63–1–3
45	杜志刚	杜志刚	201310070191.4	发明	一种用高压惰气雾化在采煤工作面实现化学反应预防煤炭着火和灭火的方法	阳泉市矿区二矿小南坑63–1–3
46	杜志刚	杜志刚	201310070207.1	发明	一种用高压惰气雾化在采空区实现化学反应预防煤炭着火和灭火的方法	阳泉市矿区二矿小南坑63–1–3
47	杜志刚	杜志刚	201310070208.6	发明	一种用高频震荡在采掘工作面实现化学反应预防煤炭着火和灭火的方法	阳泉市矿区二矿小南坑63–1–3
48	杜志刚	杜志刚	201310070209.0	发明	一种用高压喷头雾化在采空区实现化学反应预防煤炭着火和灭火的方法	阳泉市矿区二矿小南坑63–1–3
49	杜志刚	杜志刚	201310052851.6	发明	带压氢气、氦气、氡气和二氧化碳电热装置	阳泉市矿区二矿小南坑63–1–3
50	杜志刚	杜志刚	201310052852.0	发明	带压氢气、氦气、氖气、氩气、氙气和氮气电热装置	阳泉市矿区二矿小南坑63–1–3
51	杜志刚	杜志刚	201310052853.5	发明	带压氢气、氦气、氡气和氮气电热装置	阳泉市矿区二矿小南坑63–1–3

续表 41-3

序号	申请人	发明人	专利号	类别	专利名称	通讯地址
52	杜志刚	杜志刚	201310052743.9	发明	带压氢气、氦气、氖气、氩气、氪气、氙气、氡气和二氧化碳电热装置	阳泉市矿区二矿小南坑63-1-3
53	杜志刚	杜志刚	201310052749.6	发明	带压氢气、氦气、氖气、氩气、氪气和氙气电热装置	阳泉市矿区二矿小南坑63-1-3
54	杜志刚	杜志刚	201310052747.7	发明	带压氢气、氦气、氪气和二氧化碳电热装置	阳泉市矿区二矿小南坑63-1-3
55	杜志刚	杜志刚	201310052748.1	发明	带压氢气、氦气、氖气、氩气、氪气和二氧化碳电热装置	阳泉市矿区二矿小南坑63-1-3
56	杜志刚	杜志刚	201310052744.3	发明	带压氢气、氦气、氖气、氩气、氪气、氙气和氮气电热装置	阳泉市矿区二矿小南坑63-1-3
57	杜志刚	杜志刚	201310063076.4	发明	带压氢气、氦气、氖气、氙气和二氧化碳电热装置	阳泉市矿区二矿小南坑63-1-3
58	杜志刚	杜志刚	201310058221.X	发明	带压氖气和氙气电热装置	阳泉市矿区二矿小南坑63-1-3
59	杜志刚	杜志刚	201310052834.2	发明	带压氢气、氦气、氖气、氩气、氪气、氡气和氮气电热装置	阳泉市矿区二矿小南坑63-1-3
60	杜志刚	杜志刚	201310052805.6	发明	带压氢气、氦气、氖气、氩气、氡气和氮气电热装置	阳泉市矿区二矿小南坑63-1-3
61	杜志刚	杜志刚	CN201310052772	发明	带压氢气、氦气、氖气、氩气、氪气和氡气电热装置	阳泉市矿区二矿小南坑63-1-3
62	杜志刚	杜志刚	201310058193.1	发明	带压氢气、氦气、氖气、氙气和氡气电热装置	阳泉市矿区二矿小南坑63-1-3
63	杜志刚	杜志刚	201310057603.0	发明	带压氢气、氦气、氖气、氩气、氡气和二氧化碳电热装置	阳泉市矿区二矿小南坑63-1-3
64	杜志刚	杜志刚	201310058194.6	发明	带压氢气、氦气、氖气、氩气、氪气、氙气和氡气电热装置	阳泉市矿区二矿小南坑63-1-3
65	杜志刚	杜志刚	201310052785.2	发明	带压氢气、氦气、氖气、氩气、氪气、氡气和二氧化碳电热装置	阳泉市矿区二矿小南坑63-1-3
66	杜志刚	杜志刚	201310052878.5	发明	带压氢气、氦气、氖气、氪气和氙气电热装置	阳泉市矿区二矿小南坑63-1-3
67	杜志刚	杜志刚	201310052833.8	发明	带压氢气、氦气、氖气、氩气、氮气和二氧化碳电热装置	阳泉市矿区二矿小南坑63-1-3

续表 41-4

序号	申请人	发明人	专利号	类别	专利名称	通讯地址
68	杜志刚	杜志刚	201310052782.9	发明	带压氢气、氦气、氖气、氡气和二氧化碳电热装置	阳泉市矿区二矿小南坑63-1-3
69	杜志刚	杜志刚	201310058191.2	发明	带压氢气、氦气、氖气、氮气和二氧化碳电热装置	阳泉市矿区二矿小南坑63-1-3
70	杜志刚	杜志刚	201310052823.4	发明	带压氢气、氦气、氖气、氪气和二氧化碳电热装置	阳泉市矿区二矿小南坑63-1-3
71	杜志刚	杜志刚	201310058192.7	发明	带压氦气和二氧化碳电热装置	阳泉市矿区二矿小南坑63-1-3
72	杜志刚	杜志刚	201310052854.X	发明	带压氢气、氦气、氖气、氡气和氮气电热装置	阳泉市矿区二矿小南坑63-1-3
73	杜志刚	杜志刚	201310052824.9	发明	带压氢气、氦气、氖气、氩气、氪气、氙气和二氧化碳电热装置	阳泉市矿区二矿小南坑63-1-3
74	杜志刚	杜志刚	201310052877.0	发明	带压氢气、氦气、氮气和二氧化碳电热装置	阳泉市矿区二矿小南坑63-1-3
75	杜志刚	杜志刚	201310052855.4	发明	带压氢气、氦气、氪气和氙气电热装置	阳泉市矿区二矿小南坑63-1-3
76	杜志刚	杜志刚	201310052821.5	发明	带压氢气、氦气、氖气、氪气和氮气电热装置	阳泉市矿区二矿小南坑63-1-3
77	杜志刚	杜志刚	201310058195.0	发明	带压氢气、氦气、氖气、氩气、氪气、氙气、氮气和二氧化碳电热装置	阳泉市矿区二矿小南坑63-1-3
78	杜志刚	杜志刚	201310057601.1	发明	带压氢气、氦气、氪气和氡气电热装置	阳泉市矿区二矿小南坑63-1-3
79	杜志刚	杜志刚	201310052831.9	发明	带压氢气、氡气和二氧化碳电热装置	阳泉市矿区二矿小南坑63-1-3
80	杜志刚	杜志刚	201310052784.8	发明	带压氢气、氦气、氖气、氩气、氪气和氮气电热装置	阳泉市矿区二矿小南坑63-1-3
81	杜志刚	杜志刚	201310052765.5	发明	带压氢气、氦气、氖气、氩气、氪气、氙气、氡气、氮气和二氧化碳电热装置	阳泉市矿区二矿小南坑63-1-3
82	杜志刚	杜志刚	201310057605.X	发明	带压氢气、氦气、氖气、氪气和氡气电热装置	阳泉市矿区二矿小南坑63-1-3
83	杜志刚	杜志刚	201310052802.2	发明	带压氢气、氡气和氮气电热装置	阳泉市矿区二矿小南坑63-1-3
84	杜志刚	杜志刚	201310052832.3	发明	带压氢气、氦气、氪气和氮气电热装置	阳泉市矿区二矿小南坑63-1-3
85	杜志刚	杜志刚	201310052762.1	发明	带压氢气、氦气、氖气、氩气、氪气、氙气、氡气和氮气电热装置	阳泉市矿区二矿小南坑63-1-3

续表 41-5

序号	申请人	发明人	专利号	类别	专利名称	通讯地址
86	杜志刚	杜志刚	201310052835.7	发明	带压氢气、氮气和二氧化碳电热装置	阳泉市矿区二矿小南坑63-1-3
87	杜志刚	杜志刚	201310052804.1	发明	带压氢气、氦气、氖气、氙气和氮气电热装置	阳泉市矿区二矿小南坑63-1-3
88	杜志刚	杜志刚	201310053060.5	发明	带压氢气、氦气、氖气、氩气、氪气、氮气和二氧化碳电热装置	阳泉市矿区二矿小南坑63-1-3
89	杜志刚	杜志刚	201210595592.7	发明	带压氪气电热装置方法	阳泉市矿区二矿小南坑63-1-3
90	杜志刚	杜志刚	201210595589.5	发明	带压氪气电热装置	阳泉市矿区二矿小南坑63-1-3
91	杜志刚	杜志刚	201210595554.1	发明	带压氖气电热装置	阳泉市矿区二矿小南坑63-1-3
92	杜志刚	杜志刚	201210595586.1	发明	带压氦气电热装置	阳泉市矿区二矿小南坑63-1-3
93	杜志刚	杜志刚	201210595579.1	发明	带压氦气电热装置方法	阳泉市矿区二矿小南坑63-1-3
94	杜志刚	杜志刚	201210595552.2	发明	带压二氧化碳电热装置方法	阳泉市矿区二矿小南坑63-1-3
95	杜志刚	杜志刚	201210595607.X	发明	带压氡气电热装置方法	阳泉市矿区二矿小南坑63-1-3
96	杜志刚	杜志刚	201210595618.8	发明	带压氡气电热装置	阳泉市矿区二矿小南坑63-1-3
97	杜志刚	杜志刚	201210595619.2	发明	带压氮气电热装置	阳泉市矿区二矿小南坑63-1-3
98	杜志刚	杜志刚	201210595627.7	发明	带压氖气电热装置方法	阳泉市矿区二矿小南坑63-1-3
99	杜志刚	杜志刚	201210595630.9	发明	带压氮气电热装置方法	阳泉市矿区二矿小南坑63-1-3
100	杜志刚	杜志刚	201210595628.1	发明	带压二氧化碳电热装置	阳泉市矿区二矿小南坑63-1-3
101	杜志刚	杜志刚	201210488051.4	发明	防波浪侵蚀海岸堤坝皮带轮发电装置	阳泉市矿区二矿小南坑63-1-3
102	杜志刚	杜志刚	201210488731.6	发明	防波浪侵蚀海岸堤坝发电装置	阳泉市矿区二矿小南坑63-1-3
103	杜志刚	杜志刚	201210484748.4	发明	防波浪侵蚀海岸堤坝链条发电装置	阳泉市矿区二矿小南坑63-1-3
104	杜志刚	杜志刚	201210488052.9	发明	防波浪侵蚀海岸堤坝齿轮发电装置	阳泉市矿区二矿小南坑63-1-3
105	杜志刚	杜志刚	201210487944.7	发明	防波浪侵蚀海岸堤坝铰链发电装置	阳泉市矿区二矿小南坑63-1-3
106	杜志刚	杜志刚	201210330035.2	发明	公路路面汽车压敏控制电池与交流混合电源警示标志的方法	阳泉市矿区二矿小南坑63-1-3

续表 41-6

序号	申请人	发明人	专利号	类别	专利名称	通讯地址
107	杜志刚	杜志刚	201210329902.0	发明	公路路面汽车压敏控制风能电源警示标志的方法	阳泉市矿区二矿小南坑63-1-3
108	杜志刚	杜志刚	201210330056.4	发明	公路路面汽车压敏控制太阳能和风能混合电源警示标志的方法	阳泉市矿区二矿小南坑63-1-3
109	杜志刚	杜志刚	201210329947.8	发明	公路路面汽车压敏控制太阳能电源警示标志的方法	阳泉市矿区二矿小南坑63-1-3
110	杜志刚	杜志刚	201210329890.1	发明	公路路面汽车压敏控制交流电源警示标志的方法	阳泉市矿区二矿小南坑63-1-3
111	冯文山	冯文山	201310441965.X	发明	生物菌高产肥	阳泉市郊区荫营镇三都村
112	冯文山	冯文山	201310441961.1	发明	生物菌育肥精饲料	阳泉市郊区荫营镇三都村
113	冯文山	冯文山	201310441963.0	发明	仔猪成长精饲料	阳泉市郊区荫营镇三都村
114	冯振清	冯振清	201410330613.1	发明	岩石泥生态墙面材料及其制备方法	阳泉市南大西街69号3单元19号
115	高珍会	高珍会	201310460375.1	发明	高分子材料矿车碰头	阳泉市矿区悬窑沟6楼1门7号
116	贾秉堂	贾秉堂　贾江涛　贾皎皎	201410255271.1	发明	一种红薯节水的栽种方法	阳泉市郊区杨家庄乡北杨家庄村
117	贾秉堂	贾秉堂　贾江涛　贾皎皎	201410255352.1	发明	一种红薯高产的栽种方法	阳泉市郊区杨家庄乡北杨家庄村
118	贾秉堂	贾秉堂　靳庆生　贾江涛	201410201959.1	发明	一种桑葚保健酒及其制备方法	阳泉市郊区杨家庄乡北杨家庄村
119	李慧杰	李慧杰	201410095108.3	发明	外啮轮轨链条传动装置	阳泉市盂县秀水镇北关村
120	李文博	李文博　戴　玮　赵天昊　莫志鹏　方　聪	201310279399.7	发明	一种挖掘用户隐性操作行为的图像集合排序方法	阳泉市矿区中东2楼2门3号
121	梁燕龙	梁燕龙	201310178689.2	发明	预混式压力调节二次燃气烧嘴及方法	阳泉市郊区荫营镇三泉村1区25号2户
122	梁燕龙	梁燕龙	201310132880.3	发明	液压调节预混式二次燃气烧嘴及其方法	阳泉市郊区荫营镇三泉村1区25号2户
123	梁燕龙	梁燕龙	201310132907.9	发明	预混式液压伸缩的燃烧装置及其方法	阳泉市郊区荫营镇三泉村1区25号2户
124	梁燕龙	梁燕龙	201310132906.4	发明	液压调节预混式燃气烧嘴及其方法	阳泉市郊区荫营镇三泉村1区25号2户
125	梁燕龙	梁燕龙	201310060192.0	发明	调节预混式二次燃气烧嘴及方法	阳泉市郊区荫营镇三泉村1区25号2户
126	梁燕龙	梁燕龙	201310060193.5	发明	机械调节预混式二次燃气烧嘴及方法	阳泉市郊区荫营镇三泉村1区25号2户

续表 41-7

序号	申请人	发明人	专利号	类别	专利名称	通讯地址
127	梁燕龙	梁燕龙	201310060180.8	发明	预混式二次燃气烧嘴及方法	阳泉市郊区荫营镇三泉村1区25号2户
128	梁燕龙	梁燕龙	201310046574.8	发明	机械调节预混式燃气烧嘴及方法	阳泉市郊区荫营镇三泉村1区25号2户
129	梁燕龙	梁燕龙	201310021599.2	发明	可调节预混式燃气烧嘴及方法	阳泉市郊区荫营镇三泉村1区25号2户
130	梁燕龙	梁燕龙	201210597183.0	发明	预混式燃气烧嘴及方法	阳泉市郊区荫营镇三泉村1区25号2户
131	梁燕龙	梁燕龙	201210517522.X	发明	预混式可伸缩的燃烧装置及方法	阳泉市郊区荫营镇三泉村1区25号2户
132	梁燕龙	梁燕龙	201210517527.2	发明	预混式燃烧装置及方法	阳泉市郊区荫营镇三泉村1区25号2户
133	梁燕龙	梁燕龙	201210517524.9	发明	预混式机械伸缩的燃烧装置及方法	阳泉市郊区荫营镇三泉村1区25号2户
134	梁燕龙	梁燕龙	201210394833.1	发明	窑炉机械调节的燃烧装置及其方法	阳泉市郊区荫营镇三泉村1区25号2户
135	梁燕龙	梁燕龙	201210394818.7	发明	窑炉可调节的燃烧装置及其方法	阳泉市郊区荫营镇三泉村1区25号2户
136	梁燕龙	梁燕龙	201210298603.5	发明	隧道窑旋转窑炉燃烧装置	阳泉市郊区荫营镇三泉村1区25号2户
137	梁燕龙	梁燕龙	201210298616.2	发明	隧道窑机械旋转燃烧装置	阳泉市郊区荫营镇三泉村1区25号2户
138	梁燕龙	梁燕龙	201210298619.6	发明	隧道窑自动旋转窑炉燃烧装置	阳泉市郊区荫营镇三泉村1区25号2户
139	梁燕龙	梁燕龙	201210298605.4	发明	隧道窑旋转燃烧装置	阳泉市郊区荫营镇三泉村1区25号2户
140	梁燕龙	梁燕龙	201210287055.6	发明	手调节窑炉燃烧装置	阳泉市郊区荫营镇三泉村1区25号2户
141	梁燕龙	梁燕龙	201210286934.7	发明	电动调节燃烧装置	阳泉市郊区荫营镇三泉村1区25号2户
142	刘工勤	刘工勤	201410164740.9	发明	带止回功能的微力开关阀	阳泉市义东沟勤工技术实业开发有限公司
143	刘江涛	翟元德	201410324176.2	发明	五层多筒移动秧苗器	阳泉市观象台11楼1单元19号
144	刘江涛	翟元德	201410323937.2	发明	五层多筒喷灌移动秧苗器	阳泉市观象台11楼1单元19号
145	刘江涛	翟元德	201410324155.0	发明	太阳能四层多筒滴灌移动秧苗器	阳泉市观象台11楼1单元19号
146	刘江涛	翟元德	201410323961.6	发明	五层多筒秧苗器	阳泉市观象台11楼1单元19号
147	刘江涛	翟元德	201410324247.9	发明	太阳能喷灌三层多筒秧苗器	阳泉市观象台11楼1单元19号
148	刘江涛	翟元德	201410324220.X	发明	太阳能滴灌三层多筒秧苗器	阳泉市观象台11楼1单元19号

续表 41-8

序号	申请人	发明人	专利号	类别	专利名称	通讯地址
149	刘江涛	翟元德	201410324073.6	发明	太阳能移动滴灌三层多筒秧苗器	阳泉市观象台 11 楼 1 单元 19 号
150	刘江涛	翟元德	201310239975.5	发明	手提筒状精播三撮机	阳泉市观象台 11 楼 1 单元 19 号
151	刘江涛	翟元德	201310239971.7	发明	手提双行六点播种机	阳泉市观象台 11 楼 1 单元 19 号
152	刘江涛	翟元德	201310239992.9	发明	筒状双播机	阳泉市观象台 11 楼 1 单元 19 号
153	刘江涛	翟元德	201310240007.6	发明	手提双行四点播种机	阳泉市观象台 11 楼 1 单元 19 号
154	刘江涛	翟元德	201310239973.6	发明	手提精播玉米四撮机	阳泉市观象台 11 楼 1 单元 19 号
155	刘江涛	翟元德	201310239964.7	发明	手提双行七点播种机	阳泉市观象台 11 楼 1 单元 19 号
156	刘江涛	翟元德	201310240010.8	发明	手提三点播种机	阳泉市观象台 11 楼 1 单元 19 号
157	刘江涛	翟元德	201310239972.1	发明	手提双行五点播种机	阳泉市观象台 11 楼 1 单元 19 号
158	刘江涛	翟元德	201310239965.1	发明	筒体手提五撮精播玉米机	阳泉市观象台 11 楼 1 单元 19 号
159	刘江涛	翟元德	201310240008.0	发明	手提六撮播种机	阳泉市观象台 11 楼 1 单元 19 号
160	刘江涛	翟元德	201310239994.8	发明	筒状精播机	阳泉市观象台 11 楼 1 单元 19 号
161	刘江涛	翟元德	201410323939.1	发明	五层多筒滴灌移动秧苗器	阳泉市观象台 11 楼 1 单元 19 号
162	刘江涛	翟元德	201410324177.7	发明	太阳能三层多筒秧苗器	阳泉市观象台 11 楼 1 单元 19 号
163	刘江涛	翟元德	201410324219.7	发明	太阳能移动三层多筒秧苗器	阳泉市观象台 11 楼 1 单元 19 号
164	刘江涛	翟元德	201410324074.0	发明	太阳能移动喷灌三层多筒秧苗器	阳泉市观象台 11 楼 1 单元 19 号
165	刘汭霖	刘汭霖	201410545260.7	发明	一种处理肛门硬便的方法	阳泉市城区朝阳街 12 楼 1 单元
166	刘绍先　郭建红	刘绍先　郭建红	201410201922.9	发明	新型公路井盖	阳泉市郊区柳沟村
167	麻海林	麻海林	201410105105.3	发明	一种癌瘤肿块无创伤绿色免疫自愈消散方法	阳泉市矿区平坦西二区 3-6-10
168	牛占卉	翟元德	201410323986.6	发明	四层多筒滴灌秧苗器	阳泉市观象台 11 楼 1 单元 19 号
169	牛占卉	翟元德	201410324057.7	发明	太阳能四层多筒秧苗器	阳泉市观象台 11 楼 1 单元 19 号
170	牛占卉	翟元德	201410323987.0	发明	四层多筒喷灌秧苗器	阳泉市观象台 11 楼 1 单元 19 号

续表 41-9

序号	申请人	发明人	专利号	类别	专利名称	通讯地址
171	牛占卉	翟元德	201410323965.4	发明	四层多筒喷灌移动秧苗器	阳泉市观象台 11 楼 1 单元 19 号
172	牛占卉	翟元德	201410324035.0	发明	四层多筒滴灌移动秧苗器	阳泉市观象台 11 楼 1 单元 19 号
173	牛占卉	翟元德	201410323964.X	发明	太阳能四层多筒滴灌秧苗器	阳泉市观象台 11 楼 1 单元 19 号
174	牛占卉	翟元德	201410323962.0	发明	四层多筒移动秧苗器	阳泉市观象台 11 楼 1 单元 19 号
175	牛占卉	翟元德	201410324060.9	发明	太阳能四层多筒移动秧苗器	阳泉市观象台 11 楼 1 单元 19 号
176	牛占卉	翟元德	201410323963.5	发明	太阳能四层多筒喷灌移动秧苗器	阳泉市观象台 11 楼 1 单元 19 号
177	牛占卉	翟元德	201410324034.6	发明	四层多筒秧苗器	阳泉市观象台 11 楼 1 单元 19 号
178	牛占卉	翟元德	201310242623.5	发明	尖头圆形五齿镢头	阳泉市观象台 11 楼 1 单元 19 号
179	牛占卉	翟元德	201310242621.6	发明	尖头三角形三齿镢头	阳泉市观象台 11 楼 1 单元 19 号
180	牛占卉	翟元德	201310246617.7	发明	尖头圆形独齿镢头	阳泉市观象台 11 楼 1 单元 19 号
181	牛占卉	翟元德	201310239961.3	发明	尖头三角形五齿镢头	阳泉市观象台 11 楼 1 单元 19 号
182	牛占卉	翟元德	201310239962.8	发明	去草浅作空心锄	阳泉市观象台 11 楼 1 单元 19 号
183	牛占卉	翟元德	201310239950.5	发明	尖头三角形四齿镢头	阳泉市观象台 11 楼 1 单元 19 号
184	牛占卉	翟元德	201310242646.6	发明	尖头圆形双齿镢头	阳泉市观象台 11 楼 1 单元 19 号
185	牛占卉	翟元德	201310239949.2	发明	尖头三角形双齿镢头	阳泉市观象台 11 楼 1 单元 19 号
186	牛占卉	翟元德	201310239963.2	发明	尖头三角形独齿镢头	阳泉市观象台 11 楼 1 单元 19 号
187	牛占卉	翟元德	201310242625.4	发明	尖头圆形三齿镢头	阳泉市观象台 11 楼 1 单元 19 号
188	牛占卉	翟元德	201310242622.0	发明	尖头圆形四齿镢头	阳泉市观象台 11 楼 1 单元 19 号
189	牛占卉	翟元德	201410324071.7	发明	太阳能四层多筒喷灌秧苗器	阳泉市观象台 11 楼 1 单元 19 号
190	平定县冠窑砂器陶艺有限公司	张宏亮	201410253941.6	发明	砂器表面进行黑釉刻花砂的方法	阳泉市平定县冠山镇冠庄村
191	平定县冠窑砂器陶艺有限公司	张宏亮	201410253568.4	发明	砂器壶柄用绝热材料及具有绝热柄的砂器壶的制备方法	阳泉市平定县冠山镇冠庄村

续表 41-10

序号	申请人	发明人	专利号	类别	专利名称	通讯地址
192	平定莹玉陶瓷有限公司	高秋祥　岳彦庆　李文玉　贾瑞晟	201410463500.9	发明	一种高白日用瓷	阳泉市平定县府新街
193	平定莹玉陶瓷有限公司	李文玉	201410101965.X	发明	一种镉硒红釉	阳泉市平定县府新街
194	山西北方晋东化工有限公司	崔松喜　崔宝生　李　熠　石守礼　乔华平	201410005005.3	发明	车载多管抛射式远程灭火装置	阳泉市南大街 271 号
195	山西北方晋东化工有限公司	杨爱义　孟宪宝　王　虎　史朝阳　张秀梅	201310665377.4	发明	一种用于液体环境中的密封装置	阳泉市南大街 271 号
196	山西北方晋东化工有限公司	王　虎　孟宪宝　杨爱义　史朝阳　张秀梅	201310665330.8	发明	一种脉冲气压发射的森林灭火弹	阳泉市南大街 271 号
197	山西北方晋东化工有限公司	史朝阳　孟宪宝　王　虎　杨爱义　张忠心	201310665204.2	发明	一种低膛压发射的灭火弹机械发火装置	阳泉市南大街 271 号
198	山西北方晋东化工有限公司	史朝阳　孟宪宝　杨爱义　王　虎　张忠心	201310664833.3	发明	一种以脉冲气压为动力的森林灭火发射系统	阳泉市南大街 271 号
199	山西博亮硅业有限公司	徐德平　许明亮　陈啟虎　梁奉柱　杨玉芬	201210596290.1	发明	导热塑料及其制造方法	阳泉市开发区大连路 61 号（高新技术创业园 A 座 2 层）
200	山西博亮硅业有限公司	徐德平　韦辉生　陈啟虎　梁奉柱　杨玉芬	201210596296.9	发明	导热聚乙烯塑料及其制造方法	阳泉市开发区大连路 61 号（高新技术创业园 A 座 2 层）
201	山西昌鑫生物农业科技有限公司	陈冬至　杨丽丽　杨文艳　刘李玄牝	201410350082.2	发明	一种生物复合型木霉抑制剂及其制备方法	阳泉市平定县龙川工业园区
202	山西华鑫电气有限公司	李　慧　申建国　李建林　彭铁欣	201410245077.5	发明	一种坑道钻机螺旋钻杆自动安装和拆卸接头	阳泉市李家庄乡长岭村华鑫工业园
203	山西华鑫电气有限公司	李　慧　李继忠　申建国　孟保安　赵　磊　崔中保　闫　伟　刘　芳　乔　斌	201410070099.2	发明	矿用隔爆真空开关控制电源保护装置	阳泉市李家庄乡长岭村华鑫工业园
204	山西建工申华暖通设备有限公司	刘克勤　高桂花　范书兰　张云光　赵瑞英	201410068152.5	发明	环绕送风整体式燃气热风炉	阳泉市经济开发区东区 A 区
205	山西欧德宝电子工程有限公司	张莉萍　张源深	201310446709.X	发明	一种能取代防护栏、防止非法入侵的智能防盗报警器	阳泉市城区金联大厦 B 座 12–11
206	山西平定亮晶晶砂锅有限公司	张腾飞　赵京夫	201410104995.6	发明	一种砂锅及其制作方法	平定县冠山镇宋家庄工业园区
207	石玉山	石玉山	201310496617.2	发明	新型旋塞阀门	阳泉市四矿口桥北街 2 号楼 1 门

续表 41-11

序号	申请人	发明人	专利号	类别	专利名称	通讯地址
208	史真亮	史真亮	201210554704.4	发明	一种踏板自行车可折叠踏板	阳泉市郊区荫营镇桥上村
209	史真亮	史真亮	201210554705.9	发明	自行车立管折叠连接装置	阳泉市郊区荫营镇桥上村
210	田新明	田新明	201310005317.X	发明	一种地梁断裂修补法	阳泉市盂县苌池镇河口村
211	王禄林	王禄林	201410151858.8	发明	双发条自动切换动力传动装置	阳泉市郊区荫营东大街19号阳泉郊区兴城信用社
212	王庆军	王庆军	201310584671.2	发明	切割片式掘进机截割装置	阳泉市矿区四矿东山一区7楼3门9号
213	王庆军	王庆军	201310584196.9	发明	切割片式旋转臂掘进机截割装置	阳泉市矿区四矿东山一区7楼3门9号
214	王万洲	王万洲	201310614746.7	发明	井工煤矿井下立体交叉运输方法	阳泉市平定县冶西镇聂家庄村
215	王晓燕	王晓燕	201410391834.X	发明	一种具有活血化瘀和祛风除湿功效的组合物	阳泉市小阳泉建行宿舍16号楼1–202
216	阳泉贵友自动化设备有限公司	杨亚平	201210258696.9	发明	全自动洗车机仿形随动风干装置	阳泉市经济技术开发区大连东路61号高新技术创业园区A座806室
217	阳泉合意之家科技有限责任公司	朱束璋	201210281511.6	发明	翻页式拖把头	阳泉市平定县冠山镇东关街三官庙53号
218	阳泉矿山化工有限责任公司	王　新　田成生　李云杰	201210208440.7	发明	新型快速炮孔封孔剂	阳泉市矿区一矿红岭湾矿山路30号
219	阳泉煤业(集团)有限责任公司	卢泉生	201310666341.8	发明	一种阻止轨道矿车落道的缓冲碰头及其使用方法	阳泉市北大西街5号
220	阳泉市石泉节能技术有限公司	董建敏　韩锦德　范志斌　冯红霞	201410070876.3	发明	一种煤炭固硫促燃剂及其制备方法	阳泉市经济技术开发区大连路61号
221	阳泉市新鑫科技研究所有限责任公司	杜志刚	201310670262.4	发明	等离子氦气和氙气高压气体发热装置	阳泉市矿区政府东楼总部商务楼405室
222	阳泉市新鑫科技研究所有限责任公司	杜志刚	201310670264.3	发明	用太阳能生产可燃气体的方法	阳泉市矿区政府东楼总部商务楼405室
223	阳泉市新鑫科技研究所有限责任公司	杜志刚	201310670263.9	发明	一种颈垫的制作方法	阳泉市矿区政府东楼总部商务楼405室
224	阳泉市新鑫科技研究所有限责任公司	杜志刚	201310670265.8	发明	等离子氦气和二氧化碳高压气体发热装置	阳泉市矿区政府东楼总部商务楼405室
225	阳泉市新鑫科技研究所有限责任公司	杜志刚	201310670316.7	发明	等离子氙气高压气体发热装置	阳泉市矿区政府东楼总部商务楼405室

续表 41-12

序号	申请人	发明人	专利号	类别	专利名称	通讯地址
226	阳泉市长青石油压裂支撑剂有限公司 阳泉中庸陶粒有限公司 太原科技大学	白频波 李占刚 马晓娟 田玉明 柴跃生	201310477445.4	发明	陶粒油气压裂支撑剂及其制备方法	阳泉市平定县石门口乡南坪村阳泉市长青石油压裂支撑剂有限公司
227	阳泉市长青石油压裂支撑剂有限公司 阳泉中庸陶粒有限公司 太原科技大学 白频波	白频波 李占刚 马晓娟 田玉明 柴跃生 刘爱平 孔祥辰 赵鹏飞	201410405667.X	发明	经济型陶粒油气压裂支撑剂及其制备方法	阳泉市平定县石门口乡南坪村阳泉市长青石油压裂支撑剂有限公司
228	阳泉市中嘉磨料磨具有限公司	王素娟 章锡国	201310530258.8	发明	不锈钢专用超薄片砂轮及制备方法	阳泉市郊区杨家庄乡庙岭(白泉工业园区)
229	杨立斌	杨立斌	201310470440.9	发明	一种利用太阳能的汽车自动空调	阳泉市矿区阳煤集团华越机械皮带机厂
230	杨立斌	杨立斌	201310470482.2	发明	一种金属材料热处理水池	阳泉市矿区阳煤集团华越机械皮带机厂
231	杨立斌	杨立斌	201310472435.1	发明	一种利用太阳能的热处理水池	阳泉市矿区阳煤集团华越机械皮带机厂
232	杨立斌	杨立斌	201310433918.0	发明	一种盲人鞋	阳泉市矿区阳煤集团华越机械皮带机厂
233	杨振福	杨振福	201410219152.0	发明	馅饼	阳泉市朝阳街 8 号
234	杨振福	杨振福	201310587252.4	发明	固化馅品	阳泉市朝阳街 8 号
235	杨振福	杨振福	201310353756.X	发明	袋盒发酵面制品	阳泉市朝阳街 8 号
236	杨振福	杨振福	201410399702.1	发明	烤面机	阳泉市朝阳街 8 号
237	盂县社会福利高锰耐磨件厂	郭玉宝 韩 涛	201210528476.3	发明	水平式涂料搅拌机	阳泉市盂县秀水镇桃园坪
238	盂县社会福利高锰耐磨件厂	郭玉宝 韩 涛	201210529874.7	发明	多功能热水器	阳泉市盂县秀水镇桃园坪
239	盂县社会福利高锰耐磨件厂	郭玉宝 韩 涛	201210528621.8	发明	销轮传动式烘干机	阳泉市盂县秀水镇桃园坪
240	盂县社会福利高锰耐磨件厂	郭玉宝 韩 涛	201210527787.8	发明	履带板专用车床	阳泉市盂县秀水镇桃园坪
241	盂县社会福利高锰耐磨件厂	郭玉宝 韩 涛	201210528099.3	发明	上传动式干碾机	阳泉市盂县秀水镇桃园坪
242	盂县社会福利高锰耐磨件厂	郭玉宝 韩 涛	201210528874.5	发明	电空气加热器	阳泉市盂县秀水镇桃园坪
243	盂县社会福利高锰耐磨件厂	郭玉宝 韩 涛	201210530064.3	发明	筒状电热器	阳泉市盂县秀水镇桃园坪
244	盂县社会福利高锰耐磨件厂	郭玉宝 韩 涛	201210527147.7	发明	带滑轨破碎机	阳泉市盂县秀水镇桃园坪

续表 41-13

序号	申请人	发明人	专利号	类别	专利名称	通讯地址
245	盂县社会福利高锰耐磨件厂	郭玉宝　韩　涛	201210526925.0	发明	秸秆粉碎机	阳泉市盂县秀水镇桃园坪
246	盂县社会福利高锰耐磨件厂	郭玉宝　韩　涛	201210526356.X	发明	承压热水锅炉	阳泉市盂县秀水镇桃园坪
247	盂县永恒工艺厂	鄯保国　闫　俊　赵丽琴	201410189814.4	发明	一种蝴蝶工艺品的制作方法	阳泉市盂县南娄镇东宋村
248	岳晋	岳　晋　王常青	201410145191.0	发明	一种油脚米糠配合鸡饲料及其加工方法	阳泉市平定县柏井镇柏井四村
249	岳群生	岳群生	201310661902.5	发明	一种交流永磁同步电动机的控制方法及系统	阳泉市平定县冶西镇磁园北路 88 号
250	翟秀德	翟元德	201410324129.8	发明	六层多筒移动秧苗器	阳泉市观象台 11 楼 1 单元 19 号
251	翟秀德	翟元德	201410324128.3	发明	太阳能六层多筒移动秧苗器	阳泉市观象台 11 楼 1 单元 19 号
252	翟秀德	翟元德	201410324124.5	发明	太阳能六层多筒滴灌秧苗器	阳泉市观象台 11 楼 1 单元 19 号
253	翟秀德	翟元德	201410324153.1	发明	六层多筒喷灌秧苗器	阳泉市观象台 11 楼 1 单元 19 号
254	翟秀德	翟元德	201410324091.4	发明	六层多筒滴灌秧苗器	阳泉市观象台 11 楼 1 单元 19 号
255	翟秀德	翟元德	201310239933.1	发明	五坑移栽秧苗器	阳泉市观象台 11 楼 1 单元 19 号
256	翟秀德	翟元德	201310246799.8	发明	滴灌方形多层秧苗器架	阳泉市观象台 11 楼 1 单元 19 号
257	翟秀德	翟元德	201310239935.0	发明	方形多层秧苗架	阳泉市观象台 11 楼 1 单元 19 号
258	翟秀德	翟元德	201310246800.7	发明	太阳能方形多层秧苗器架	阳泉市观象台 11 楼 1 单元 19 号
259	翟秀德	翟元德	201310239947.3	发明	太阳能筒状秧苗器	阳泉市观象台 11 楼 1 单元 19 号
260	翟秀德	翟元德	201310246796.4	发明	移动方形多层秧苗器架	阳泉市观象台 11 楼 1 单元 19 号
261	翟秀德	翟元德	201310246916.0	发明	喷灌方形多层秧苗器架	阳泉市观象台 11 楼 1 单元 19 号
262	翟秀德	翟元德	201310246798.3	发明	三坑移栽秧苗器	阳泉市观象台 11 楼 1 单元 19 号
263	翟秀德	翟元德	201310242647.0	发明	四坑移栽秧苗器	阳泉市观象台 11 楼 1 单元 19 号
264	翟秀德	翟元德	201310239931.2	发明	双坑移栽秧苗器	阳泉市观象台 11 楼 1 单元 19 号
265	翟秀德	翟元德	201310246797.9	发明	筒状秧苗器	阳泉市观象台 11 楼 1 单元 19 号
266	翟秀德	翟元德	201410324092.9	发明	六层多筒喷灌移动秧苗器	阳泉市观象台 11 楼 1 单元 19 号

续表 41-14

序号	申请人	发明人	专利号	类别	专利名称	通讯地址
267	翟秀德	翟元德	201410324032.7	发明	太阳能六层多筒秧苗器	阳泉市观象台 11 楼 1 单元 19 号
268	翟秀德	翟元德	201410324121.1	发明	太阳能六层多筒喷灌移动秧苗器	阳泉市观象台 11 楼 1 单元 19 号
269	翟秀德	翟元德	201410324093.3	发明	六层多筒滴灌移动秧苗器	阳泉市观象台 11 楼 1 单元 19 号
270	翟秀德	翟元德	201410324033.1	发明	太阳能六层多筒喷灌秧苗器	阳泉市观象台 11 楼 1 单元 19 号
271	翟秀德	翟元德	201410323990.2	发明	太阳能六层多筒滴灌移动秧苗器	阳泉市观象台 11 楼 1 单元 19 号
272	张　鹏	张　鹏　张天瑞　陈巧玲　梁雅洁　高俊峰　高红波　苏怀恭　赵　颖　赵海鸿	201310559004.9	发明	河流提水灌溉多功能景观瀑布坝	阳泉市矿区宏泉家园 4–1–6 号
273	张维斌	张维斌	201310341545.4	发明	一种复合塑胶锤柄及其连接方法	平定县冠山镇小峪村
274	张新怀　梁永栋	张新怀　梁永栋	201410201840.4	发明	巷道顶板高冒区临时支护装置	阳泉固庄煤矿安全培训中心
275	张艳丽	张艳丽	201410202100.2	发明	砂锅生豆芽	平定县冠山镇常家沟村
276	张源深	张源深	201210535425.3	发明	微功耗、零噪音交流接触器	阳泉市城区凤凰城 5 号楼 1 单元 501 室
277	张祖祎　张振辉	张祖祎	201410041690.5	发明	一种安全、密封、易清洁的文化窗	阳泉市新华西街四区 1 楼 14 号
278	甄华伟	甄华伟	201410369812.3	发明	新型蓄电池桩头附带电源线保险显示快速操作装置	阳泉市郊区荫营镇三泉村 53 号 2 户
279	甄华伟	甄华伟	201410325730.9	发明	加液型蓄电池塞子上表面锁置盖	阳泉市郊区荫营镇三泉村 53 号 2 户
280	甄华伟	甄华伟	201410276340.7	发明	小型快捷式大功率启动电源载运车	阳泉市郊区荫营镇三泉村 53 号 2 户
281	甄华伟	甄华伟	201410219633.1	发明	可机动小型升降平台电源车	阳泉市郊区荫营镇三泉村 53 号 2 户
282	甄华伟	甄华伟	201410190479.X	发明	可拆装机动车电瓶的微型电源车	阳泉市郊区荫营镇三泉村 53 号 2 户
283	甄华伟	甄华伟	201410172877.9	发明	新型机动车应急救援车	阳泉市郊区荫营镇三泉村 53 号 2 户
284	甄华伟	甄华伟	201410137038.3	发明	小型应急启动施救车	阳泉市郊区荫营镇三泉村 53 号 2 户
285	甄华伟	甄华伟	201410106623.7	发明	可移动小微型大功率启动电源	阳泉市郊区荫营镇三泉村 53 号 2 户
286	甄华伟	甄华伟	201410091216.3	发明	一种微小型应急电源车载升降平台	阳泉市郊区荫营镇三泉村 53 号 2 户

续表 41-15

序号	申请人	发明人	专利号	类别	专利名称	通讯地址
287	甄华伟	甄华伟	201410091217.8	发明	一种微小型应急启动救援车	阳泉市郊区荫营镇三泉村53号2户
288	甄华伟	甄华伟	201410091218.2	发明	新型大功率应急启动救援车	阳泉市郊区荫营镇三泉村53号2户
289	甄华伟	甄华伟	201310526663.2	发明	一种微小型机动应急电源车	阳泉市郊区荫营镇三泉村53号2户
290	白晋平	白晋平	201320762655.3	实用新型	风机连接管	阳泉市二矿选煤楼2层4号
291	陈　宇	陈　宇	201420237856.6	实用新型	立式厕宝桶	阳泉市开发区青岛路26号
292	董作峰	董作峰	201320440566.7	实用新型	一种双行程皮带防跑偏装置	阳泉市矿区里沙沟18号
293	董作峰	董作峰	201320376667.2	实用新型	一种矿用电缆拖挂吊轨	阳泉市矿区里沙沟18号
294	杜　文	杜　文　葛先武　石硬硬　任智明　张淑琴	201320543815.5	实用新型	电导油煎压饼装置	平定县冠山镇大峪村
295	杜　文	杜　文　葛先武　李　娜　聂竹青	201320543898.8	实用新型	电导油果蔬烘干机	平定县冠山镇大峪村
296	杜志刚	杜志刚	201320233927.0	实用新型	一种边抽气边循环注水的环保抽气装置	阳泉市矿区二矿小南坑63-1-3
297	郭智慧	郭智慧	201420206804.2	实用新型	自行车助力设备	阳泉市矿区馨康家园南区排房4排38号
298	国网山西省电力公司阳泉供电公司　国家电网公司	李　丽　张慧明　刘建宏　李建廷	201320730451.1	实用新型	基于工作流引擎的变电站数据交换平台	阳泉市德胜东街10号
299	郝　嘉	郝　嘉	201420413457.0	实用新型	U形柜子卡	阳泉市南大街49号2楼3单元9户
300	郝　嘉	郝　嘉	201420084642.X	实用新型	折纸器工具	阳泉市南大街49号2楼3单元9户
301	郝　嘉	郝　嘉	201420442408.X	实用新型	拖把集合槽	阳泉市南大街49号2楼3单元9户
302	李辰保	李辰保	201320524234.7	实用新型	井下锚杆快速安装器	阳泉市新华东街博士苑小区1号楼110房
303	李红光	李红光	201420484101.6	实用新型	可免弯腰的大白菜收拾器	阳泉市矿区蔡洼东区4楼206号
304	李红光	李红光	201420484138.9	实用新型	一种蔬菜打顶器	阳泉市矿区蔡洼东区4楼206号
305	李红光	李红光	201420484158.6	实用新型	一种插秧打孔器	阳泉市矿区蔡洼东区4楼206号
306	李明辉	李明辉	201420024936.3	实用新型	厨房增氧机	阳泉市城区平坦垴西沟村东段50号2户
307	李　沛	李　沛	201420360624.X	实用新型	易清理的浮球地漏	平定县东大街阳光小区3号楼4单元101室

续表 41-16

序号	申请人	发明人	专利号	类别	专利名称	通讯地址
308	李　沛	李　沛	201420352499.8	实用新型	易清理的浮锥地漏	平定县东大街阳光小区3号楼4单元101室
309	李　沛	李　沛	201420262673.X	实用新型	浮锥地漏	平定县东大街阳光小区3号楼4单元101室
310	李　沛	李　沛	201320655867.1	实用新型	随身躺床	平定县东大街阳光小区3号楼4单元101室
311	李　沛	李　沛	201320633032.6	实用新型	拉杆箱外带合页式的小凳子	平定县东大街阳光小区3号楼4单元101室
312	李　沛	李　沛	201320619083.3	实用新型	挂钩式配合拉杆箱的折叠塑料凳	平定县东大街阳光小区3号楼4单元101室
313	李　沛	李　沛	201320594233.X	实用新型	电动擦炮管器	平定县东大街阳光小区3号楼4单元101室
314	李　沛	李　沛	201320506306.5	实用新型	插勾式可改变空调挂机出风方向的侧向导风筒	平定县东大街阳光小区3号楼4单元101室
315	李　沛	李　沛	201320506270.0	实用新型	带真空吸盘的可改变空调挂机出风方向的侧向导风筒	平定县东大街阳光小区3号楼4单元101室
316	李　沛	李　沛	201320440959.8	实用新型	高株观赏植物支架	平定县东大街阳光小区3号楼4单元101室
317	李　沛	李　沛	201320430781.9	实用新型	双桥载重车防滑履带	平定县东大街阳光小区3号楼4单元101室
318	李　沛	李　沛	201320319046.0	实用新型	超高楼消防装置	平定县东大街阳光小区3号楼4单元101室
319	李　沛	李　沛	201420198826.9	实用新型	大网眼T恤衫	平定县东大街阳光小区3号楼4单元101室
320	李鹏飞	李鹏飞	201420231534.0	实用新型	遥控擦窗器	阳泉市矿区太行国际新城1-3-15c
321	李　文	李　文	201320561954.0	实用新型	书法练字台	阳泉城区南山南路龙泉家园E座
322	李　文	李　文	201320541336.X	实用新型	太阳能光伏发电系统	阳泉城区南山南路龙泉家园E座
323	李　文	李　文	201320370239.9	实用新型	汤锅手挤面条袋	阳泉城区南山南路龙泉家园E座
324	李　鑫	李　鑫	201320634028.1	实用新型	自动防跑车弹簧式阻车器	阳泉市太原理工阳泉学院11号楼406室
325	梁燕龙	梁燕龙	201420048831.1	实用新型	碳素炉燃气烧嘴	阳泉市郊区荫营镇三泉村1区25号2户
326	刘工勤	刘工勤	201420199777.0	实用新型	带止回功能的微力开关阀	阳泉市义东沟勤工技术实业开发有限公司
327	卢泉生	卢泉生	201420196438.7	实用新型	消防水带端头柔性连接装置	阳泉市矿区北大西街125号墨玉宾馆
328	苗壮壮	苗壮壮	201420413430.1	实用新型	缓冲螺栓	阳泉市二矿小南坑8栋701室
329	苗壮壮	苗壮壮	201420442316.1	实用新型	解冻式地下管道	阳泉市二矿小南坑8栋701室

续表 41-17

序号	申请人	发明人	专利号	类别	专利名称	通讯地址
330	牛芬成	牛芬成	201320632940.3	实用新型	连续推进锚索钻机	阳泉市矿区悦馨居 4–23
331	牛芬成	牛芬成	201320182407.1	实用新型	液压蠕动自移临时支护装置	阳泉市矿区悦馨居 4–23
332	平定华丰陶瓷有限公司	高秋祥	201420319262.X	实用新型	生产陶瓷的天然气隧道窑炉的烧嘴	阳泉市平定县冠山镇宋家庄村
333	平定华丰陶瓷有限公司	高秋祥	201420319336.X	实用新型	生产陶瓷的天然气隧道窑炉	阳泉市平定县冠山镇宋家庄村
334	平定华丰陶瓷有限公司	高秋祥	201420319255.X	实用新型	液压传动的窑车传送带	平定县冠山镇宋家庄村
335	平定县冠窑砂器陶艺有限公司	古林子	201420304275.X	实用新型	保温砂器餐具	平定县冠山镇冠庄村
336	平定县冠窑砂器陶艺有限公司	张宏亮	201420304318.4	实用新型	保温砂器茶具	平定县冠山镇冠庄村
337	平定县冠窑砂器陶艺有限公司	张宏亮　古林子	201320793469.6	实用新型	可加热鱼锅	平定县冠山镇冠庄村
338	平定县冠窑砂器陶艺有限公司	张宏亮　古林子	201320795767.9	实用新型	茶壶砂器组件	平定县冠山镇冠庄村
339	平定县冠窑砂器陶艺有限公司	张宏亮　古林子	201320795648.3	实用新型	茶具砂器组件	平定县冠山镇冠庄村
340	平定县农兴邦农业科技发展有限公司	李燕萍	201420007004.8	实用新型	一种新型小米保鲜罐	平定县柏井镇柏木井村
341	平定县扬德煤层气利用有限公司	查　飞	201320821564.2	实用新型	一种新型控制器	平定县张庄镇新城村
342	山西邦奥伟业半导体照明有限公司	赵善龙　林泽平　严中祥	201420409586.2	实用新型	矿用电动司控道岔装置	阳泉市经济技术开发区大连路 61 号
343	山西邦奥伟业半导体照明有限公司	赵善龙　林泽平　严中祥	201420395532.5	实用新型	矿用隔爆型 LED 机车灯	阳泉市经济技术开发区大连路 61 号
344	山西邦奥伟业半导体照明有限公司	赵善龙　林泽平　严中祥	201420333166.0	实用新型	矿用隔爆兼本质安全型 LED 巷道灯	阳泉市经济技术开发区大连路 61 号
345	山西邦奥伟业半导体照明有限公司	赵善龙　林泽平　严中祥	201420252571.X	实用新型	矿用自动洒水降尘装置	阳泉市经济技术开发区大连路 61 号
346	山西邦奥伟业半导体照明有限公司	赵善龙　林泽平　严中祥	201420073585.5	实用新型	矿用隔爆兼本质安全型 LED 应急灯	阳泉市开发区高新技术创业园（大连路 61 号）办公楼 803 室
347	山西邦奥伟业半导体照明有限公司	赵善龙　林泽平　严中祥	201420037368.0	实用新型	矿用隔爆型 LED 照明灯	阳泉市开发区高新技术创业园（大连路 61 号）办公楼 803 室
348	山西邦奥伟业半导体照明有限公司	赵善龙　林泽平　严中祥	201420012145.9	实用新型	隔爆型 LED 加油站专用灯	阳泉市开发区高新技术创业园（大连路 61 号）办公楼 803 室

续表 41-18

序号	申请人	发明人	专利号	类别	专利名称	通讯地址
349	山西邦奥伟业半导体照明有限公司	赵善龙　林泽平 严中祥	201420012148.2	实用新型	隔爆兼本质安全型 LED 加油站照明专用灯	阳泉市开发区高新技术创业园（大连路 61 号）办公楼 803 室
350	山西邦奥伟业半导体照明有限公司	赵善龙　林泽平 严中祥	201420008393.6	实用新型	H 型 LED 日光灯	阳泉市开发区高新技术创业园（大连路 61 号）办公楼 803 室
351	山西邦奥伟业半导体照明有限公司	赵善龙　林泽平 严中祥	201320857179.3	实用新型	矿用隔爆兼本质安全型 LED 照明灯	阳泉市开发区高新技术创业园（大连路 61 号）办公楼 803 室
352	山西邦奥伟业半导体照明有限公司	赵善龙　林泽平 严中祥	201420252564.X	实用新型	巷道专用 H 型 LED 日光灯	阳泉市经济技术开发区大连路 61 号
353	山西邦奥伟业半导体照明有限公司	赵善龙　林泽平 严中祥	201420487230.0	实用新型	矿用隔爆型 LED 巷道灯	阳泉市经济技术开发区大连路 61 号
354	山西邦奥伟业半导体照明有限公司	赵善龙　林泽平 严中祥	201420478554.8	实用新型	LED 格栅灯	阳泉市经济技术开发区大连路 61 号
355	山西邦奥伟业半导体照明有限公司	赵善龙　林泽平 严中祥	201420447684.5	实用新型	LED 球泡灯	阳泉市经济技术开发区大连路 61 号
356	山西贝特瑞新能源科技有限公司	耿林华　蒋新良 龚　军	201420078393.3	实用新型	一种可移动的粉体吸料装置	阳泉市平定县张庄镇宁艾村
357	山西贝特瑞新能源科技有限公司	耿林华　蒋新良 龚　军	201420078469.2	实用新型	一种石墨化炉后处理装置	阳泉市平定县张庄镇宁艾村
358	山西博瑞德机电设备有限公司	张莉萍　张源深	201320584508.1	实用新型	一种带失电保护功能的微功耗、零噪音接触器	阳泉市城区金联大厦 B 座 12–11
359	山西昌鑫生物农业科技有限公司 山西舜天农业微生物科学技术研究院(有限公司)	陈冬至　杨丽丽 李　凯	201320863087.6	实用新型	一种用于科研带冷凝回流装置的小型干馏釜	阳泉市平定县石门口乡南坪村昌鑫公司
360	山西昌鑫生物农业科技有限公司 山西舜天农业微生物科学技术研究院(有限公司)	陈冬至　杨丽丽	201320863090.8	实用新型	一种滚筒造粒机内部结构的改进	阳泉市平定县石门口乡南坪村昌鑫公司
361	山西宏厦建筑工程有限公司	刘书云　王枝玑 董拥梅　杨　勇 冯永胜　石晓峰 时　朋　冯福庄	201320623826.4	实用新型	一种带组合锚索的钢筋混凝土挡墙结构	阳泉市泉中北路 413 号居馨名仕公馆 11 层
362	山西宏厦建筑工程有限公司	翟旭斌　刘书云 焦志斌　杨　明 董拥梅　时　朋 石晓峰　李晓清 王晓轶　李永贺 候文泉	201320601206.0	实用新型	一种钢筋混凝土墙与施工电梯附着架连接结构	阳泉市泉中北路 413 号居馨名仕公馆 11 层

续表 41-19

序号	申请人	发明人	专利号	类别	专利名称	通讯地址
363	山西宏厦建筑工程有限公司	李丽峰 刘书云 董拥梅 王 振 史志峰 冯永胜 霍启宇 黄 勇 王 伟	201320601173.X	实用新型	一种筒仓侧壁与悬空桁架梁连接结构	阳泉市泉中北路 413 号居馨名仕公馆 11 层
364	山西华通蓝天环保有限公司	王殿勋 肖浩天	201320792677.4	实用新型	焊接防飞溅挡板	阳泉市南大西街 188 号华通大厦 8 层
365	山西华通蓝天环保有限公司	董丽华	201320792646.9	实用新型	紧凑式长布袋除尘器	阳泉市南大西街 188 号华通大厦 8 层
366	山西华通蓝天环保有限公司	董丽华	201320792658.1	实用新型	侧进风式单机脉冲除尘器	阳泉市南大西街 188 号华通大厦 8 层
367	山西华通蓝天环保有限公司	董丽华	201320792690.X	实用新型	煤磨除尘器防爆装置	阳泉市南大西街 188 号华通大厦 8 层
368	山西华通蓝天环保有限公司	马慕胜	201320699343.2	实用新型	矿井水处理絮凝剂添加比值控制装置	阳泉市南大西街 188 号华通大厦 8 层
369	山西华通蓝天环保有限公司	马慕胜	201320699342.8	实用新型	一种罐式软水器前端稳压控制装置	阳泉市南大西街 188 号华通大厦 8 层
370	山西华通蓝天环保有限公司	马慕胜	201320699344.7	实用新型	石灰竖窑布袋除尘器保护装置	阳泉市南大西街 188 号华通大厦 8 层
371	山西华鑫电气有限公司	李 慧 申建国 温志斌 李达峰	201420372653.8	实用新型	平巷人车	阳泉市李家庄乡长岭村华鑫工业园
372	山西华鑫电气有限公司	李 慧 申建国 李建林 彭铁欣	201420294055.3	实用新型	一种坑道钻机螺旋钻杆自动安装和拆卸接头	阳泉市李家庄乡长岭村华鑫工业园
373	山西华鑫电气有限公司	李 慧 申建国 李建林 齐富国 乔云芬	201420284952.6	实用新型	一种新型矿用隔爆两组合高爆开关	阳泉市李家庄乡长岭村华鑫工业园
374	山西华鑫电气有限公司	李 慧 申建国 王永胜 樊彦泽 刘文琦	201320872701.5	实用新型	永磁电动葫芦	阳泉市李家庄乡长岭村华鑫工业园
375	山西建工申华暖通设备有限公司	刘克勤 高桂花 范书兰 张云光 赵瑞英	201420085382.8	实用新型	环绕送风整体式燃气热风炉	阳泉市经济开发区东区 A 区
376	山西立博线缆有限公司	王英春 梁智博	201420209570.7	实用新型	一种建筑用高性能铝合金电缆	阳泉郊区黄沙岩村东北侧
377	山西欧德宝电子工程有限公司	张莉萍 张源深	201320599683.8	实用新型	一种能取代防护栏、防止非法入侵的智能防盗报警器	阳泉市城区金联大厦 B 座 12–11
378	山西太行建设开发有限公司	王惠荣 白山巍 尚润祥 李海涛 李永飞 王永星 李若辉 张建敏	201320591500.8	实用新型	一种后补强支护桩结构	阳泉市北大西街 207 号
379	山西太行建设开发有限公司	武爱民 任建刚 姚变琴 白山巍 李永飞 李艳秀 胡荣丽 王惠荣	201320581460.9	实用新型	一种跨既有高压线路架线施工结构	阳泉市北大西街 207 号

续表 41-20

序号	申请人	发明人	专利号	类别	专利名称	通讯地址
380	山西太行建设开发有限公司	白山巍　尚润祥 王惠荣　李永飞 景国兴　魏光明 赵保华　毛宝越	201320510218.2	实用新型	一种带侧挡板大型钢牛腿组合结构	阳泉市北大西街 207 号
381	史晓丽	史晓丽　李雅麒	201420189539.1	实用新型	一种文具座签	阳泉市郊区行政审批服务中心（新政府广场东侧）
382	王爱民	王爱民	201320811951.8	实用新型	浅槽分选机悬浮液撤介导流器	阳泉市开发区新泉北路农贸楼 5-7
383	王禄林	王禄林	201420184367.9	实用新型	双发条自动切换动力传动装置	阳泉市郊区荫营东大街 19 号阳泉郊区兴城信用社
384	王浦华	王浦华	201420397945.7	实用新型	一种节能自发热地暖	阳泉市平定县娘子关镇坡底村
385	王庆军	王庆军	201320881159.X	实用新型	拆装式摇篮、摇椅支撑架	阳泉市矿区四矿东山一区 7 楼 3 门 9 号
386	王庆军	王庆军	201320859840.4	实用新型	集气、自动放水装置	阳泉市矿区四矿东山一区 7 楼 3 门 9 号
387	王庆军	王庆军	201320859908.9	实用新型	平衡阀排瓦斯三通	阳泉市矿区四矿东山一区 7 楼 3 门 9 号
388	王庆军	王庆军	201320859839.1	实用新型	磁铁式集气、自动放水装置	阳泉市矿区四矿东山一区 7 楼 3 门 9 号
389	王庆军	王庆军	201320858065.0	实用新型	排瓦斯三通	阳泉市矿区四矿东山一区 7 楼 3 门 9 号
390	王庆军	王庆军	201320858084.3	实用新型	摇篮式婴儿车	阳泉市矿区四矿东山一区 7 楼 3 门 9 号
391	王庆军	王庆军	201320858087.7	实用新型	摇椅式童车	阳泉市矿区四矿东山一区 7 楼 3 门 9 号
392	王庆军	王庆军	201320734874.0	实用新型	切割片式掘进机截割装置	阳泉市矿区四矿东山一区 7 楼 3 门 9 号
393	王庆军	王庆军	201320734414.8	实用新型	切割片式旋转臂掘进机截割装置	阳泉市矿区四矿东山一区 7 楼 3 门 9 号
394	王意峰	王意峰	201420324193.1	实用新型	三合一桌面擦	阳泉市桃北中路 28 号科技大厦
395	王意峰	王意峰	201420327402.8	实用新型	弧形片花瓣拖把头	阳泉市桃北中路 28 号科技大厦
396	王志军	王志军	201420502270.8	实用新型	安保警卫用伸缩式警棍钢叉	阳泉市城区南山南路 15 号 1 楼 6 单元 2 户
397	徐继光	徐继光	201320411341.9	实用新型	环保型防溢平底锅节能炉架	阳泉市郊区旧街乡旧街村
398	徐继光	徐继光	201320411335.3	实用新型	环保防溢凹底锅节能炉架	阳泉市郊区旧街乡旧街村
399	许德全	许德全	201420427348	实用新型	一种贯通式排水浮漂	阳泉市矿区大垴西区 1 楼 2 门 11 号

续表 41-21

序号	申请人	发明人	专利号	类别	专利名称	通讯地址
400	阳泉煤业(集团)有限责任公司	卢泉生	201320809596.0	实用新型	一种阻止轨道矿车落道的缓冲碰头	阳泉市北大西街5号
401	阳泉煤业集团华越机械有限公司	陈迎华 路艳旗 吴双玲 王瑞彦 梁篆芝	201420424593.X	实用新型	一种机械软启动控制装置	阳泉市矿区桃南中路112号
402	阳泉煤业集团华越机械有限公司	陈迎华 路艳旗 吴双玲 李跃军 王聪杰 刘崇晋 刘晶晶 申欢欢	201420424559.2	实用新型	基于伺服电机的蜗轮蜗杆转速控制装置	阳泉市矿区桃南中路112号
403	阳泉煤业集团华越机械有限公司	陈迎华 路艳旗 吴双玲 王瑞彦 梁篆芝	201420424503.7	实用新型	一种差速差动减速器	阳泉市矿区桃南中路112号
404	阳泉煤业集团华越机械有限公司	李跃军 陈迎华	201420424514.5	实用新型	变频器电控柜用开门即断电隔离锁装置	阳泉市矿区桃南中路112号
405	阳泉煤业集团华越机械有限公司	王志斌 路艳旗 申欢欢 任紫亭 王聪杰 陈迎华 李跃军 刘晶晶 李淑琴	201320769564.2	实用新型	圆环链搬运机器人系统	阳泉市矿区桃南中路112号
406	阳泉煤业集团华越机械有限公司	张东军 李冬侠 李瑞根	201320543791.3	实用新型	刮板输送机用液控伸缩式机头垫架	阳泉市矿区桃南中路112号
407	阳泉煤业集团华越机械有限公司	郭佩荣 刘瑞华 白永胜 常庆江 郝铁栓	201320537180.8	实用新型	煤矿井下运输车辆防落道装置	阳泉市矿区桃南中路112号
408	阳泉煤业集团华越机械有限公司	白永胜 杨桂从 张东军 姚佳威	201320537176.1	实用新型	分体式托辊小车	阳泉市矿区桃南中路112号
409	阳泉煤业集团华越机械有限公司	郭佩荣 刘瑞华 白永胜 常庆江 郝铁栓	201320537178.0	实用新型	液压支架下架车轮对装置	阳泉市矿区桃南中路112号
410	阳泉煤业集团华越机械有限公司	刘瑞华 郭佩荣 白永胜 常庆江 郝铁栓	201320537179.5	实用新型	端头和超前支架专用电缆架	阳泉市矿区桃南中路112号
411	阳泉煤业集团华越机械有限公司	张东军 白永胜	201320537177.6	实用新型	双层交叉式组合机尾	阳泉市矿区桃南中路112号
412	阳泉煤业集团华越机械有限公司	陈迎华 路艳旗 白永胜 李跃军 李淑琴	201320507038.9	实用新型	机械差速软启动行星减速器	阳泉市矿区桃南中路112号
413	阳泉煤业集团华越机械有限公司	李跃军 陈迎华 路艳旗 王志斌 王聪杰 李淑琴	201320507029.X	实用新型	基于数字油缸的可编程自动冲压设备	阳泉市矿区桃南中路112号
414	阳泉市林兴磁性材料有限责任公司	沈江涛 李寿章 白志 王建龙	201420451715.4	实用新型	一种10千伏节能型电解槽	阳泉经济技术开发区大连路(开发区管委会后楼2层)
415	阳泉市林兴磁性材料有限责任公司	沈江涛 沈江海 李寿章	201420451770.3	实用新型	稀土氧化物电解用的6000安电解炉	阳泉经济技术开发区大连路(开发区管委会后楼2层)

续表 41-22

序号	申请人	发明人	专利号	类别	专利名称	通讯地址
416	阳泉市林兴磁性材料有限责任公司	沈江涛　李寿章 王建龙	201420447600.8	实用新型	一种稀土萃取分离槽体的加热器	阳泉经济技术开发区大连路（开发区管委会后楼2层）
417	阳泉市林兴磁性材料有限责任公司	沈江涛　李寿章 王建龙	201420451795.3	实用新型	一种稀土萃取分离过程控制油水相平衡的装置	阳泉经济技术开发区大连路（开发区管委会后楼2层）
418	阳泉市林兴磁性材料有限责任公司	沈江涛　李寿章 白　志　王建龙	201420451810.4	实用新型	稀土废料回收稀土废水综合处理装置	阳泉经济技术开发区大连路（开发区管委会后楼2层）
419	阳泉市林兴磁性材料有限责任公司	沈江涛　李寿章 白　志　王建龙	201420451787.9	实用新型	一种节能降耗的搅拌装置	阳泉经济技术开发区大连路（开发区管委会后楼2层）
420	阳泉市林兴磁性材料有限责任公司	沈江涛　李寿章 白　志　王建龙	201420451768.6	实用新型	一种石灰自动给料处理稀土废水的装置	阳泉经济技术开发区大连路（开发区管委会后楼2层）
421	阳泉市麟豪机械制造有限责任公司	王新民	201420039589.1	实用新型	全方位旋转点焊机	阳泉市经济开发区西区学院路桥南头西侧
422	阳泉市麟豪机械制造有限责任公司	王新民	201420039405.1	实用新型	对角连接点焊机	阳泉市经济开发区西区学院路桥南头西侧
423	阳泉市麟豪机械制造有限责任公司	王新民	201420039660.6	实用新型	折弯折边一体机	阳泉市经济开发区西区学院路桥南头西侧
424	阳泉市盛德矿业物资有限公司	刘成元　闫吉林	201420024938.2	实用新型	矿用调向式托板	阳泉市矿区矿山路30号(红岭湾）
425	阳泉市盛德矿业物资有限公司	刘成元　闫吉林	201420024940.X	实用新型	巷道顶板波纹紧固器	阳泉市矿区矿山路30号(红岭湾）
426	阳泉市鑫耘农业机械制造有限公司	贾元银　王成生 王贵书　王朋昌	201320411342.3	实用新型	多功能新型玉米收获机	阳泉市平定县岔口乡马上固南路
427	杨昌华　赵建文	杨昌华　赵建文	201320491192.1	实用新型	钢制梯形螺纹筋双法兰直管	阳泉市城区南大街92号2楼3单元7户
428	杨启君	杨启君	201420298487.1	实用新型	一种组合式防伪包装盒	阳泉市矿区桥头桥兴街4楼3门11号
429	杨永盛	杨永盛	201420332819.3	实用新型	刻度玻璃	阳泉市郊区义井镇义东沟村圪台358号
430	杨永盛	杨永盛	201420332820.6	实用新型	一种锁紧药瓶	阳泉市郊区义井镇义东沟村圪台358号
431	杨永盛	杨永盛	201420332818.9	实用新型	C形口玻璃	阳泉市郊区义井镇义东沟村圪台358号
432	杨永盛	杨永盛	201420319436.2	实用新型	传音玻璃	阳泉市郊区义井镇义东沟村圪台358号
433	杨永盛	杨永盛	201420319424.X	实用新型	换气玻璃	阳泉市郊区义井镇义东沟村圪台358号

续表 41-23

序号	申请人	发明人	专利号	类别	专利名称	通讯地址
434	杨永盛	杨永盛	201420319437.7	实用新型	夹层中空玻璃	阳泉市郊区义井镇义东沟村圪台358号
435	杨永盛	杨永盛	201420086727.1	实用新型	一种轨道	阳泉市郊区义井镇义东沟村圪台358号
436	杨永盛	杨永盛	201320237399.6	实用新型	一种花盆	阳泉市郊区义井镇义东沟村圪台23号
437	杨永盛	杨永盛	201320252088.7	实用新型	锁紧螺母扳手	阳泉市郊区义井镇义东沟村圪台23号
438	杨玉涛　王志斌	杨玉涛　王志斌	201320570086.2	实用新型	煤矿用电缆带电指示装置	阳泉市阳泉煤业集团新景矿
439	盂县京德煤层气利用有限公司	王晓杰	201320888607.9	实用新型	一种便拆式瓦斯管道专用防爆器	盂县路家村镇苗家庄村
440	盂县京德煤层气利用有限公司	冯四平	201320815376.9	实用新型	一种火花塞烘烤装置	盂县路家村镇苗家庄村
441	盂县扬德能源开发有限公司	赵辛红	201320815391.3	实用新型	一种瓦斯发电机组的散热装置	盂县路家村镇石坡峪村
442	袁华平	袁华平	201320305871.5	实用新型	矿用巷道顶部布线的塑钢电缆挂钩	阳泉市香榭花园4-2-3
443	岳群生	岳群生	201320805060.1	实用新型	一种交流永磁同步电动机的控制系统	平定县冶西镇磁园北路88号
444	张海文	张海文	201320778999.3	实用新型	翻斗车车厢清淤机构	阳泉市阳泉职业技术学院10级采7班
445	张海文	张海文	201320778972.4	实用新型	网格桶刨根机	阳泉市阳泉职业技术学院10级采7班
446	张海文	张海文	201320778971.X	实用新型	匀受力拖把	阳泉市阳泉职业技术学院10级采7班
447	张　鹏	张　鹏　张天瑞　陈巧玲　梁雅洁　高俊峰　高红波　苏怀恭　赵　颖　赵海鸿	201320710762.1	实用新型	河流提水灌溉多功能景观瀑布坝	阳泉市矿区宏泉家园4-1-6号
448	张晓栋	张晓栋	201320515812.0	实用新型	锚固用OV型钢盘	阳泉市开发区太原理工大学阳泉学院采矿工程系
449	张泽民	张泽民	201420357629.7	实用新型	水封式止回阀	阳泉市郊区固庄煤矿旧区集体公寓1号
450	张泽民	张泽民	201420357644.1	实用新型	一种负压鱼缸	阳泉市郊区固庄煤矿旧区集体公寓1号
451	张　哲	张　哲	201420369438.2	实用新型	一种小型汽车辅助刹车系统	阳泉市矿区大脑西区13楼3门3号
452	张祖祎　张振辉	张祖祎	201420055370.0	实用新型	一种安全、密封、易清洁的文化窗	阳泉市新华西街四区1楼14号
453	赵德泽	赵德泽	201320515816.9	实用新型	矿用树脂锚杆箱	阳泉学院采矿工程系12级采矿专升本

续表 41-24

序号	申请人	发明人	专利号	类别	专利名称	通讯地址
454	赵建国	赵建国	201420333687.6	实用新型	固定式镐型煤截齿	阳泉市阳煤二矿丈八区综六队
455	赵建国	赵建国	201420333690.8	实用新型	矿车自带急停装置	阳泉市阳煤二矿丈八区综六队
456	甄华伟	甄华伟	201420376894.X	实用新型	加液型蓄电池塞子上表面锁置盖	阳泉市郊区荫营镇三泉村 53 号 2 户
457	甄华伟	甄华伟	201420330277.6	实用新型	小型快捷式大功率启动电源载运车	阳泉市郊区荫营镇三泉村 53 号 2 户
458	杜　文	杜　文	201330561558.3	外观设计	手提袋(2)	平定县冠山镇大峪村
459	杜　文	杜帅奇	201330561278.2	外观设计	包装盒(5)	平定县冠山镇大峪村
460	杜　文	杜　文	201330558057.X	外观设计	包装盒(2)	平定县冠山镇大峪村
461	杜　文	石硬硬	201330558595.9	外观设计	包装盒(1)	平定县冠山镇大峪村
462	杜　文	齐莉娟	201330558828.5	外观设计	包装盒(3)	平定县冠山镇大峪村
463	杜　文	杜帅奇	201330559132.4	外观设计	包装盒(4)	平定县冠山镇大峪村
464	韩剑峰	韩剑峰	201430042191.9	外观设计	星空投影灯（DIY 自行组装）	阳泉市盂县下社乡碾子坪村 025 号
465	李惠广	李惠广	201330463083.4	外观设计	四轮电动车	阳泉市郊区平坦镇前庄村李家湾 28 号
466	李　沛	李　沛	201430104954.8	外观设计	三键勾击鼠标	平定县东大街阳光小区 3 号楼 4 单元 101 室
467	李　沛	李　沛	201430104952.9	外观设计	双键勾击鼠标	平定县东大街阳光小区 3 号楼 4 单元 101 室
468	李　沛	李　沛	201330450209.4	外观设计	可控制的万向轮	平定县东大街阳光小区 3 号楼 4 单元 101 室
469	李　沛	李　沛	201330443345.0	外观设计	弯式长臂外卡	平定县东大街阳光小区 3 号楼 4 单元 101 室
470	李　沛	李　沛	201430146411.2	外观设计	大网眼 T 恤衫（篮球图案）	平定县东大街阳光小区 3 号楼 4 单元 101 室
471	李　沛	李　沛	201430146413.1	外观设计	大网眼 T 恤衫（金鱼图案）	平定县东大街阳光小区 3 号楼 4 单元 101 室
472	李　沛	李　沛	201430146426.9	外观设计	大网眼 T 恤衫（草莓图案）	平定县东大街阳光小区 3 号楼 4 单元 101 室
473	李　沛	李　沛	201430146428.8	外观设计	大网眼 T 恤衫(梨图案)	平定县东大街阳光小区 3 号楼 4 单元 101 室
474	李　沛	李　沛	201430146427.3	外观设计	大网眼 T 恤衫（冰壶图案）	平定县东大街阳光小区 3 号楼 4 单元 101 室
475	李　沛	李　沛	201430146415.0	外观设计	大网眼 T 恤衫（苹果图案）	平定县东大街阳光小区 3 号楼 4 单元 101 室

续表 41-25

序号	申请人	发明人	专利号	类别	专利名称	通讯地址
476	李　沛	李　沛	201430146430.5	外观设计	大网眼T恤衫（足球图案）	平定县东大街阳光小区3号楼4单元101室
477	李　沛	李　沛	201430146429.2	外观设计	大网眼T恤衫（葡萄图案）	平定县东大街阳光小区3号楼4单元101室
478	李　沛	李　沛	201430146414.6	外观设计	大网眼T恤衫（西瓜图案）	平定县东大街阳光小区3号楼4单元101室
479	李　沛	李　沛	201430146412.7	外观设计	大网眼T恤衫（企鹅图案）	平定县东大街阳光小区3号楼4单元101室
480	李　沛	李　沛	201430104953.3	外观设计	十字形可移动的花盆架	平定县东大街阳光小区3号楼4单元101室
481	卢泉生	卢泉生	201330276028.4	外观设计	六面体立式物件盒	阳泉市矿区北大西街125号墨玉宾馆
482	卢泉生	卢泉生	201330276026.5	外观设计	印章（交收款单据表格模板）	阳泉市矿区北大西街125号墨玉宾馆
483	卢泉生	卢泉生	201330276027.X	外观设计	三面体立式物件盒	阳泉市矿区北大西街125号墨玉宾馆
484	毛湘武	毛南翔　许贵庭　郭智慧　毛湘武	201330462929.2	外观设计	气动排绳装置	阳泉市矿区恒康家园
485	毛湘武	毛南翔　许贵庭　郭智慧　毛湘武	201330238790.3	外观设计	钩锁式矿车插销	阳泉市矿区恒康家园B座2单元31号
486	平定县冠窑砂器陶艺有限公司	张宏亮　古林子	201330621965.9	外观设计	蒸锅	平定县冠山镇冠庄村
487	平定县冠窑砂器陶艺有限公司	张宏亮　古林子	201330622052.9	外观设计	茶炉	平定县冠山镇冠庄村
488	平定县冠窑砂器陶艺有限公司	张宏亮　古林子	201330621298.4	外观设计	工艺品(胆瓶)	平定县冠山镇冠庄村
489	平定县冠窑砂器陶艺有限公司	张宏亮　古林子	201330622143.2	外观设计	茶杯(1)	平定县冠山镇冠庄村
490	平定县冠窑砂器陶艺有限公司	张宏亮　古林子	201330621530.4	外观设计	鼎	平定县冠山镇冠庄村
491	平定县冠窑砂器陶艺有限公司	张宏亮　古林子	201330621992.6	外观设计	鱼锅	平定县冠山镇冠庄村
492	平定县冠窑砂器陶艺有限公司	张宏亮　古林子	201330621938.1	外观设计	茶杯(2)	平定县冠山镇冠庄村
493	平定县冠窑砂器陶艺有限公司	张宏亮　古林子	201330621910.8	外观设计	工艺品(天球瓶)	平定县冠山镇冠庄村
494	平定县冠窑砂器陶艺有限公司	张宏亮　古林子	201330621868.X	外观设计	组合分酒器	平定县冠山镇冠庄村
495	平定县冠窑砂器陶艺有限公司	张宏亮　古林子	201330621319.2	外观设计	组合茶具	平定县冠山镇冠庄村
496	平定县冠窑砂器陶艺有限公司	张宏亮　古林子	201330621480.X	外观设计	茶漏	平定县冠山镇冠庄村
497	平定莹玉陶瓷有限公司	王耀玲	201430055844.7	外观设计	茶具(鹊知音)	平定县府新街

续表 41-26

序号	申请人	发明人	专利号	类别	专利名称	通讯地址
498	平定莹玉陶瓷有限公司	李文玉	201430055894.5	外观设计	瓶(翠枫秋艳)	平定县东大街阳光小区3号楼4单元101室
499	山西邦奥伟业半导体照明有限公司	赵善龙　林泽平　严中祥	201430256341.6	外观设计	LED路灯	阳泉市经济技术开发区大连路61号
500	山西邦奥伟业半导体照明有限公司	赵善龙　林泽平　严中祥	201430004153.4	外观设计	LED格栅灯	阳泉市开发区高新技术创业园（大连路61号）办公楼803室
501	山西昕亮木业有限公司	刘墨涵	201230618710.2	外观设计	家具(扶手椅)	盂县苌池工业园
502	盂县永恒工艺厂	陈艳春	201330474933.0	外观设计	装饰品(蝴蝶Ⅳ)	盂县南娄镇东宋村
503	盂县永恒工艺厂	檀秀英	201330474477.X	外观设计	装饰品(蝴蝶Ⅱ)	盂县南娄镇东宋村
504	盂县永恒工艺厂	陈艳春	201330474761.7	外观设计	装饰品(蝴蝶Ⅵ)	盂县南娄镇东宋村
505	盂县永恒工艺厂	陈艳春	201330474702.X	外观设计	装饰品(蝴蝶Ⅴ)	盂县南娄镇东宋村
506	盂县永恒工艺厂	王秀芳	201330474476.5	外观设计	装饰品(蝴蝶Ⅲ)	盂县南娄镇东宋村
507	盂县永恒工艺厂	陈艳春	201330474982.4	外观设计	装饰品(蝴蝶Ⅶ)	盂县南娄镇东宋村
508	盂县永恒工艺厂	陈艳春	201330474775.9	外观设计	装饰品(蝴蝶Ⅰ)	盂县南娄镇东宋村

注:2014年授权(或公告)专利共508件。
其中,发明专利289件、实用新型168件、外观设计51件。

（李春英）

2014年度阳泉市部分著述存目

表42

书　名	字数(千字)	责任者	出版社	出版时间
石评梅纪念文集	400	主　编:魏文瑾　郭爱华 梁盛萍　尹维花	中国传媒出版社	2014年1月
中国对联集成·阳泉卷	600	王惠卿 著	三晋出版社	2014年1月
平定刻花瓷		张文亮 著	山西教育出版社	2014年1月
仇犹古国探源	400	主　编:李晶明　宫长为	三晋出版社	2014年2月
山西历史文化(盂县卷)	350	李晶明 著	三晋出版社	2014年2月
石评梅全集·散文、游记卷	330	主　编:文　瑾	中国书籍出版社	2014年3月
石评梅全集·戏剧、书信卷	248	主　编:文　瑾	中国书籍出版社	2014年3月
石评梅全集·诗歌、小说卷	266	主　编:文　瑾	中国书籍出版社	2014年3月
保晋风云	340	张风瑞 著	北岳文艺出版社	2014年4月
美与丑:感悟欧洲	350	高巨海 著	中央编译出版社	2014年6月
石评梅全集	550	主　编:魏文瑾　魏雪燕	山西人民出版社	2014年8月
阳泉年鉴(2014)	989	主　编:任佟苏 副主编:董雪卉　高忠乐	方式出版社	2014年9月
山西省塑造文化品牌数字电影工程丛书《伏击》	254	主　编:赵建平 编　剧:史辉华　侯讵望	北岳文艺出版社	2014年10月
四十不惑	340	郭　瑞 著	北岳文艺出版社	2014年11月
2018	290	刘慈欣 著	江苏文艺出版社	2014年12月
时间移民	300	刘慈欣 著	江苏文艺出版社	2014年12月
高长虹精选集	280	主　编:张炜生	山西人民出版社	2014年12月
美丽阳泉·历代名人咏阳泉书法作品集		庞宏亮 著	山西人民出版社	2014年12月

(霍冬梅)

索　引

说　明

1、本索引为主题索引，按汉语拼音字母顺序排列。以阿拉伯数字和外文字母开头的主题词排在后面。

2、主题词后的数字是主题内容所在的页码，数字后的字母 a、b、c 分别表示左、中、右栏。

A

B

C

D

F

G

H

J

K

L

M

N

P

Q

R

S

T

W

X

Y

Z